二十世纪初中国政治改革风潮

侯宜杰 著

清末立宪运动史

辽宁人民出版社

ⓒ 侯宜杰 2020

图书在版编目（CIP）数据

二十世纪初中国政治改革风潮：清末立宪运动史 ／ 侯宜杰著 . — 沈阳：辽宁人民出版社，2020.1
 ISBN 978-7-205-09717-2

Ⅰ．①二… Ⅱ．①侯… Ⅲ．①预备立宪－史料－研究－中国－清后期 Ⅳ．① K257.506

中国版本图书馆 CIP 数据核字（2019）第 171274 号

出版发行：辽宁人民出版社
　　　　　地址：沈阳市和平区十一纬路 25 号　邮编：110003
　　　　　电话：024-23284321（邮　购）　024-23284324（发行部）
　　　　　传真：024-23284191（发行部）　024-23284304（办公室）
　　　　　http://www.lnpph.com.cn
印　　刷：辽宁新华印务有限公司
幅面尺寸：170mm×240mm
印　　张：29.75
字　　数：454 千字
出版时间：2020 年 1 月第 1 版
印刷时间：2020 年 1 月第 1 次印刷
责任编辑：赵维宁
装帧设计：留白文化
责任校对：吴艳杰
书　　号：ISBN 978-7-205-09717-2
定　　价：98.00 元

目 录

绪　论	1
第一章　惨变酿成惨祸	9
一、慈禧倒行逆施	9
二、康有为不改初衷	14
第二章　立宪思潮兴起	19
一、"新政"不新	19
二、根本变革在于立宪	23
第三章　立宪运动高涨	31
一、普遍激昂的呼声	31
二、立宪派的多方策动	35
第四章　确立基本国策	44
一、五大臣出洋考察政治	44
二、宣布仿行宪政	51
三、改革政治体制	59
四、加紧筹备	74
第五章　立宪团体应时而生	83
一、民族资产阶级的代言人	83
二、上海宪政研究会和预备立宪公会	91
三、吉林自治会	95
四、宪政公会	98

五、帝国宪政会　　　　　　　　　　　　101
　　六、政闻社　　　　　　　　　　　　　　103
　　七、广东地方自治研究社和粤商自治会　　107
　　八、贵州自治学社和宪政预备会　　　　　114
　　九、君主立宪与民主立宪的论争　　　　　123
第六章　要求确定召集国会年限　　　　　　　138
　　一、杨度首创和平请愿　　　　　　　　　138
　　二、各地纷起响应　　　　　　　　　　　143
　　三、决定九年立宪　　　　　　　　　　　159
第七章　推行地方代议制　　　　　　　　　　167
　　一、摄政王的姿态　　　　　　　　　　　167
　　二、省咨议局成立　　　　　　　　　　　174
　　三、开展地方自治　　　　　　　　　　　195
　　四、新的立宪团体　　　　　　　　　　　203
第八章　国会请愿热潮　　　　　　　　　　　207
　　一、第一次请愿　　　　　　　　　　　　207
　　二、第二次请愿　　　　　　　　　　　　215
　　三、咨议局联合会召开　　　　　　　　　225
　　四、第三次大请愿　　　　　　　　　　　229
　　五、第四次请愿　　　　　　　　　　　　245
　　六、运动的意义　　　　　　　　　　　　256
　　七、又一批政治团体出现　　　　　　　　262

第九章　资政院内风波迭起　　　　　　265
　　一、咨议局坚决反对督抚侵权违法　　265
　　二、资政院开议　　　　　　　　　　270
第十章　分道扬镳　　　　　　　　　　　293
　　一、皇族内阁粉墨登场　　　　　　　293
　　二、拟定法律　　　　　　　　　　　307
　　三、决心推翻皇族内阁　　　　　　　318
　　四、组建合法政党　　　　　　　　　329
　　五、点燃革命的导火索　　　　　　　344
　　六、由立宪转向革命　　　　　　　　354
第十一章　失人心者亡　　　　　　　　　371
　　一、面对革命的抉择　　　　　　　　371
　　二、资政院于四面楚歌中消逝　　　　416
　　三、预备立宪失败的原因　　　　　　427
　　四、立宪运动的进步作用　　　　　　435
结束语　　　　　　　　　　　　　　　　451
征引文献　　　　　　　　　　　　　　　454

后记　　　　　　　　　　　　　　　　　465
再版后记　　　　　　　　　　　　　　　466
第四版后记　　　　　　　　　　　　　　467

绪 论

　　1840年爆发的鸦片战争出现了奇异的结局，堂堂天朝、泱泱大国的清王朝居然惨败于蕞尔岛国的"英夷"之手，签订了不平等的《南京条约》。其后，英国得寸进尺，法、美等资本主义列强群起效尤，相继胁迫清王朝签约，攫取各项特权。中国由一个完全独立自主的封建国家开始沦为半殖民地半封建社会，苦难深重的中国人民益发陷于水深火热之中。奇耻大辱并没有使朝中君臣变得清醒一些，顽固与愚昧禁锢着他们的头脑，傲慢与偏见遮蔽着他们的视野，他们依然泥古守旧，恪遵祖宗成法，找不到摆脱困境的出路。而国土日丧、主权日削的严酷现实却犹如晴天霹雳，惊醒了并不抱残守缺而又关心祖国命运的少数爱国忧时之士和个别官员，他们开始进行冷静反思，认真探索中国的出路这一重大课题。

　　对于长期生活在闭关锁国、以为中国就是世界的人来说，绝难提出安邦治国的最佳方案。鸦片战争迫使人们睁眼去看世界，然而仅仅是个开端，因而缺少卓识宏论，见解粗疏肤浅。

　　林则徐最先研究"夷情"，其时英国侵略者正把罪恶的炮弹倾泻在中国的土地上，当务之急是迅即制敌于死地，故其研究的重点在军事，总结的"制夷"方略不外武器优良之类。紧迫的战争环境使其眼光局限于军事一隅。

　　接着，魏源的《海国图志》、徐继畲的《瀛环志略》、姚莹的《康輶纪行》、梁廷枏的《海国四说》和《夷氛闻记》一一问世。这些著作介绍了世界史地知识和一些国家的资产阶级民主政治，开阔了人们的眼界，启迪着人们探索救国之道，不过作者还止于对资产阶级民主政治的讴歌赞美，不敢萌生效法之念。但魏源已认识到"天下无数百年不弊之法，无穷极不变之法"①，发出改革秕政、实行变法

---

① 魏源：《筹鹾篇》，见《魏源集》下册，432页，中华书局，1983年。

的呼声；尤其可贵者，是他"师夷长技以制夷"①的思想，公然放言以"夷"为"师"，向西方学习，这在一向具有"用夏变夷"的传统文化心理的中国确是石破天惊之论。从此，人们僵化的头脑逐渐开窍，愈来愈多的有识之士踏上了向西方学习真理的途程。

其后，冯桂芬提出"采西学"，主张从更广阔的领域向西方学习，其富强之术亦有所贡献，如罢关征、发展农桑、树茶开矿、改变科举考试办法等。他对封建专制制度不满，企图解决"君民不隔不如夷"②的弊病，但因其整个学说"要以不畔于三代圣人之法为宗旨"③，故未能提出切实有效的改革措施。

与此同时，洪仁玕著《资政新篇》，设计了一套治理太平天国的蓝图，涉及经济、文化、教育、乡村政权、外交许多方面，不少超越了其前辈及同侪，遗憾的是政治制度方面毫无建树。

19世纪70年代以后，随着列强侵略的加紧，民族危机的严重，民族资本主义的产生和发展，新兴资产阶级的出现，中国和外国交往的增多，资本主义科学技术和社会政治学说的渐次传入，人们的思想又为之一变。一些反映民族资产阶级利益的维新人士和思想较为开明的官绅通过中西对比，对中国贫弱的根源探讨得更加深刻，要求变革的心情更形迫切。"诸国既恃其长自远而至，挟其所有以傲我之所无，日从而张其炫耀，肆其欺凌，相轧以相倾，则我又乌能不思变计哉！是则导我以不容不变者，天心也；迫我以不得不变者，人事也。"④他们不仅主张剔除种种弊端，采用"兵战"和"商战"与列强相抗，而且指出西方富强之本在于开设议院。郭嵩焘说：议院为英国"立国之本"⑤。陈炽说：议院为"英、美各邦所以强兵富国纵横四海之根源"⑥。陈虬亦认为："泰西富强之道，在有议政院以通上下之情，而他皆所末。"⑦稍晚，郑观应总结了几十年学习外国的经验，断言西方国家"治乱之源、富强之本，不尽在船坚炮利，而在议院上下同心，教养

---

① 魏源：《海国图志·原叙》，上海书局，1895年。
② 冯桂芬：《制洋器议》，见《校邠庐抗议》卷下，1898年。
③ 冯桂芬：《校邠庐抗议·自序》。
④ 王韬：《变法上》，见《弢园文录外编》。
⑤ 《郭嵩焘日记》，第3卷，373页。
⑥ 陈炽：《议院》，见《庸书·外篇》卷下，1897年。
⑦ 陈虬：《治平通议·东游条议》卷6，3页，1893年。

得法"①。这样，他们的探本溯源便由军事、经济、文化、教育、吏治等进入政治制度这一深层领域，开始接触到问题的症结。他们不独颂扬议会，而且要求实行。郑观应首倡其说，希冀中国"仿泰西之良法，体察民情，博采众议，务使上下无扞格之虞"②。1884年，他上书政府，"请开国会"③。同年10月，两广总督张树声在遗折中奏请开设议院。④继之，王韬、汤寿潜、陈虬、宋恕、陈炽、何启、胡礼垣、宋育仁提出了同样的主张。

早期维新派虽然要求开设议院，实行"君民共治"，但还不主张在中国实行君主立宪制度，以代替封建专制制度。因为：

首先，没有提出制定宪法。近代意义上的君主立宪制度是资产阶级民主政治的一种政体形式，是资产阶级与封建阶级妥协的产物。所谓君主立宪，系指资本主义国家的君主权力受到宪法限制。君主立宪，关键在"立宪"二字，即制定宪法。资本主义国家的宪法产生于推翻封建统治、建立资产阶级民主制度的过程之中。为了取得政治上的民主自由，动员人民参加反封建斗争，资产阶级提出"主权在民"、"法律面前人人平等"以及代议制、普选制各项主张。革命胜利后，他们就用宪法来确定这些民主原则。民主是宪法的内容和前提；宪法是对民主的确认和保障，是民主制度化和法律化的基本形式。宪法规定了资产阶级和人民群众所享有的民主自由权利，在君主立宪制国家，也规定了君主在国家中的地位和职权，君主权力受到宪法的一定限制，其行为不得逸出宪法规定的范围，否则即为违宪，故君主立宪亦称"有限君主制"。换言之，君主必须按照资产阶级的意志，在有限的范围内行使权力。君主立宪与君主专制最根本的区别，就在于有无资本主义性质的宪法限制君权，保障人民的民主权利。仅有国会而无宪法（包括成文宪法和不成文宪法），君主权力不受限制，则君主仍为专制君主，可以随时剥夺民权，直至将国会消灭。所以，单纯主张设立议院，不提制定宪法，限制君权，极而言之，只能说初步产生了向君主立宪过渡的思想，而不能说就是主张实行君主立宪。早期维新派不曾提出制定宪法，因而他们尚未具有实行立宪的思想和要求。倘若认

---

① 郑观应：《盛世危言·自序》，见夏东元编：《郑观应集》上册，233页，上海人民出版社，1982年。

② 夏东元编：《郑观应集》上册，103页。

③ 郑观应：《致潘兰史征君书》，见《盛世危言后编》卷3，14页，1909年。

④ 参见《张靖达公奏议》卷8，33页，光绪年间刊本。

为要求开设议院就是主张君主立宪,显然忽视了宪法在君主立宪中的决定性意义,没有搞清君主立宪的确切含义。

其次,未把国会视为国家最高立法机关。国会为国家最高立法机关,代表全体国民行使职权,是资产阶级民主政治的主要体现,也是君主立宪与君主专制的主要区别之一。早期维新派见不及此,仅把它看作反映民意和沟通君民关系的机构。王韬说,英国政治之美,"则以君民上下互相联络之效也";中国欲谋富强,在于"能通上下之情"①。虽也讲过"君可而民否,不能行;民可而君否,亦不能行也"②,但强调的重点是做到"类皆君民一心"③和"君民意见相同"④,从民所欲,并非民之可否具有立法作用。汤寿潜说:"泰西设议院,集国人之议以为议,即《王制》众共众弃之意。"⑤陈虬云:何谓开议院?"以通上下之情"⑥。陈炽也说,西方议院"合君民为一体,通上下为一心"⑦。认识均与王韬相同。宋育仁评论西方议院说:"民献其议,主决其计","两院议成而后谋定,国主报可而后施行","古今张弛之用不同,而求其通下情则无以异"。⑧认为民只能献计定谋,"决其计"者为君主,议院仍非立法机关。何启、胡礼垣从"天下,公器也;国事,公事也。公器公同,公事公办,自无不妥"的理论高度,论述了开设议院的必要性与合理性,可是并未逻辑地得出议院必须成为立法机关的结论,其目的是要君主做到"布公平","以亿兆之心为心","以亿兆之力为力"⑨。

早期维新派主张设立议院,基本都是从得民心、通上下之情、集思广益、办事公平的考虑出发的,其中包含有中国古代的民本思想,也包含有资产阶级民主思想。他们对西方议会的认识还是初步的,尚未把它视为立法机关,未把握住民主政治的精神实质。人民没有立法权力,当然谈不上君主立宪思想。

再次,他们设计的议院不是真正的资产阶级议院,不能实现向君主立宪制度

---

① 王韬:《达民情》,见《弢园文录外编》。
② 王韬:《重民下》,见《弢园文录外编》。
③ 王韬:《达民情》,见《弢园文录外编》。
④ 王韬:《重民下》,见《弢园文录外编》。
⑤ 汤震:《议院》,见《危言》卷1,8页,1890年。
⑥ 陈虬:《治平通议·救时揭要》卷5,11页。
⑦ 陈炽:《议院》,见《庸书·外篇》卷下。
⑧ 宋育仁:《时务论》,见《泰西各国时采风记》,8~9、27页,1897年。
⑨ 何启、胡礼垣:《新政论议》,见《新政真诠》,2编。

过渡。实行立宪，比较理想的办法是先成立国会，由国会制定宪法，限制君权，确立人民的民主权利。早期维新派认为，西方的议院"猝难仿行"，只"宜变通其法"①，"酌其损益"②。如此一来，就使他们设计的议院与西方的议院大相径庭。汤寿潜的方案是：上院由王公至各衙门堂官和翰林院四品以上官员组成，以军机处主之；下院由堂官以下和翰林院四品以下官员组成，由都察院主之。开会时各抒所见，最后由宰相"上之天子，请如所议行"③。实在说，这根本不是议院，充其量是京官的民主议政会。陈虬主张京师另设都察院，以三公主之，中设议员36人，每部各6人，由官公举，议论国事。④宋育仁提出由翰林院、詹事府和其他衙门推举若干人组织。⑤此二方案与真正的议院相去十万八千里。陈炽主张上院由原阁部成员组成，下院由各省选举。前者与原阁部会议无别，后者可会议大政，但无实权，一切"仍由在上者主之"⑥，也非真正的下院。何启、胡礼垣高明一些，主张一院制，由各省议员组成，每省议员60人，由举人从进士中选出，一年在京师开议一次，宰辅为主席，议毕各议员将本省应行之事公奏，君主"书名"而后奉行。议员"操政令之实"，可以保举各部长官和宰相，亦可将其罢黜。⑦从"操政令之实"看，议院似可起到一定的立法作用，从议员的阶级结构看，则全是进士出身，大都属于封建阶级，显见也不是资本主义的议院。

早期维新派设计的议院，不仅缺乏资本主义议院的阶级实质和民主内容，甚而起码的形式也不具备。享有议政权的不是民，而是官和绅。所谓"君民共治"，实际上是君臣共治。如此之议院，其不能进而提出制定宪法，限制君权，扩大民权，实行君主立宪，当无疑义。

早期维新派设计这样的议会方案，是由半殖民地半封建的特殊社会环境及其阶级地位决定的。列强的侵略暴露出封建统治的无能衰败，民族资产阶级利益的代表者有迫切发展资本主义的愿望和爱国思想，也有反对封建统治的要求。他们

---

① 陈虬：《治平通议·救时揭要》卷5，11页。
② 宋育仁：《时务论》，见《泰西各国时务采风记》，30页。
③ 汤震：《议院》，见《危言》卷1，8页。
④ 参见陈虬：《治平通议·经世博议》卷1，4页。
⑤ 参见宋育仁：《时务论》，见《泰西各国时务采风记》，30页。
⑥ 陈炽：《议院》，见《庸书·外篇》卷下。
⑦ 参见何启、胡礼垣：《新政论议》，见《新政真诠》，2编。

向往西方的议会制度，极力想加以模仿，达到富强的目的。然而，本身力量的弱小和封建法网的严密，又使得他们胆战心惊，加之对西方政治学说了解得不够，就造成一种非常离奇的现象，在介绍和要求设立议会时，不敢明目张胆地提出推翻封建专制政体，实行君主立宪，只能变通形式，对君主专制略加改良。他们口口声声"君民共主""君民共治"，却不敢亮出民主旗帜，力争人民参政，限制君权，只能提出让官绅充当议员，去掉君民之隔，赢得民心。

然而早期维新派毕竟传播了西学，对后人有相当的启蒙作用；在探索救国的道路上，迈出了虽不怎么理想也算可喜的一步；开设议院的要求和粗糙方案是近代议会的前奏，对后来君主立宪主张的提出也有一定的影响。

1895年后，君主立宪思想才正式出现，最初的代表人物为郑观应。这一年，他明确提出应把"开国会，定宪法"①作为救国的主要措施。在1895年至1897年间的诗作中，他主张"议院固宜设，宪法亦须编"②。并猛烈抨击了不定宪法之害："宪法不行专制严，官吏权重民太贱。妄谈国政罪重科，上下隔阂人心涣。"③同时表达了对民权和平等的向往："粤稽上古达民权，尧舜无为重择贤。平等自殊专制政，普天企望大同年。"④1898年3月《胶澳租界条约》将成之际，他又上书孙家鼐，提出"亟宜开国会，定宪法，固结民心，同御外侮"⑤。正因郑观应最早提出制定宪法，限制君权，保障民权，中国近代首倡君主立宪的桂冠理应奉献给他。但肯定其首倡君主立宪的时间不应以开设议院为标准，定在19世纪70年代，而应以制定宪法为标准，定于1895年。

1895年，中国在甲午战争中惨败，签订《马关条约》，割地赔款。继之列强掀起划分势力范围狂潮。空前严重的民族危机刺激了中华民族的觉醒，迫使志士仁人加速探索救国之道，于是戊戌维新运动应运而兴。可是郑观应这位先进的思想家却对变法表现得非常冷淡。

康有为在1895年的《公车上书》中提出了改变官制和公举"议郎"的问题，此为其提出国会问题的先声。同年6月30日又提出"设议院以通下情"，"凡有

---

① 《与陈次亮部郎书》，见《盛世危言后编》卷4，14页。
② 郑观应：《罗浮待鹤山房诗集》卷1，16页，1909年。
③ 郑观应：《罗浮待鹤山房诗集》卷1，18页。
④ 郑观应：《罗浮待鹤山房诗集》卷1，18页。
⑤ 《上孙燮臣师相条陈时事书》，见《盛世危言后编》卷3，6页。

政事，皇上御门，令之会议，三占从二，立即施行"。又言"会议之士，仍取上裁，不过达聪明目，集思广益，稍输下情，以便筹饷，用人之权，本不属是，乃使上德之宣，何有上权之损哉！"①所讲议院性质模糊不清，加之未提出制定宪法，此时的康有为尚未具有君主立宪思想。

据康有为自述，他明确讲立宪始于1897年11月之后："及丁酉胶变，数上疏陈，首言立宪"②。《上清帝第五书》与其说法基本吻合，内言"自兹国事付国会议行"，"采择万国律例，定宪法公私之分"③，正式表达了他的君主立宪思想。由此他开始了新的追求，大声疾呼："能变则全，小变则亡，全变则强，小变仍亡"④，"非大变全变骤变不能立国也"⑤。

康有为所说的"全变"是什么意思呢？一言以蔽之：制定宪法。他在进呈光绪皇帝作为变法主要参考的《日本变政考》中写道："购船置械，可谓之变器，不可谓之变事；设邮便，开矿务，可谓之变事矣，未可谓之变政；改官制，变选举，可谓之变政矣，未可谓之变法。日本改定国宪，变法之全体也，总摄百千万亿政事之条理，范围百千万亿臣民之心志，建斗运枢，提纲挈领，使天下戢戢从风，故为政不劳而易举。"⑥"变政全在定典章宪法"，日本如此而成效大著，"中国今欲大改法度"，"可采而用之"。⑦康有为把制定宪法视为变法的总纲领，算是抓住了实行君主立宪的枢纽。

康有为认为资本主义国家三权分立的原则是最好的政体："泰西之强，在其政体之善也。其言政权有三：其一立法官，其一行法官，其一司法官。""三官立而政体立，三官不相侵而政事举。夫国之有政体犹人之有身体也。心思者主谋议，立法者也；手足者主持行，行法者也；耳目者主视听，司法者也。""三者之中，心思最贵"，"三官之中，立法最要"，"今欲行新法，非定三权，未可行也。"⑧

---

① 《上清帝第三书》，见中国史学会编：《戊戌变法》二，176、184、187页，神州国光社，1953年。
② 《布告百七十余埠会众丁未新年元旦举行大庆典告藏保皇会改为国民宪政会文》，见汤志钧编：《康有为政论集》上册，597页，中华书局，1981年。
③ 《上清帝第五书》，见《戊戌变法》二，194页。
④ 《上清帝第六书》，见《戊戌变法》二，197页。
⑤ 康有为：《日本变政考》卷2，见《杰士上书汇录》，故宫博物院藏本。
⑥ 康有为：《日本变政考》卷7。
⑦ 康有为：《日本变政考》卷9。
⑧ 康有为：《日本变政考》卷1。

值得指出的是，康有为未把三者平列，认为立法最为重要。他想把立法权掌握在民族资产阶级的代表手中，企图通过制定宪法和法律把中国纳入资本主义的轨道。

关于国会及地方议会的组织，康有为未有说明，不过有一点很清楚，他主张"民选"像西方那样的"富民"为议员①，这就把议会的阶级性表达出来了。

康有为对君主立宪的认识和阐述虽不全面深刻，但无疑超越了一切前人。从这一点来说，领导变法的历史重任也非他莫属。

1898年，在年轻爱国的光绪皇帝和维新志士的支持下，康有为发动领导了一次空前的变法运动，企图效法日本的明治维新，将君主立宪的政治主张付诸实践，通过变法，废除专制制度，变贫困落后的封建中国为富强先进的资本主义中国，使屡受外国欺凌的中华民族巍然屹立于世界民族之林。运动从6月11日进入高潮，光绪皇帝陆续颁发了一系列关于政治、经济、军事、教育、文化的改革诏令，停滞死寂的社会顿时呈现勃兴景象，处于漫漫长夜中的中国人民终于窥见一线曙光。

百日维新期间，康有为虽未上过立即制定宪法和召开国会的奏折条陈，但他一直没有忘记制定宪法，召开国会，没有背弃自己的政治纲领。他认为，当前首要的急务是在宫中开设制度局，也就是成立一个由君主亲自挂帅、王大臣负责、十数名"通才"组成的"头脑"机关，以便统筹规划全局，条举总纲细目，权衡轻重缓急，制定宪法和法律章程，有条不紊地进行变法，并在适当时机召开国会。这一步做不到，其他都无法进行，即使强行变法，也只能搞得一团糟。所以他把建置统筹机构作为变法的第一个关键性措施，一再请求首先开设制度局。然而由于势力庞大的顽固守旧派坚决抵制，开设制度局流产，他迈出的第一步落空了。康有为还未来得及把制定宪法和召开国会提到议事日程，9月21日，慈禧太后便发动了政变，维新运动有如开放的昙花，异彩刚一展现，瞬间便凋谢了。康有为首次在中国实行君主立宪制度的尝试遂中寝夭折。

慈禧太后可以利用反动暴力扼杀维新事业，却无能力消除维新运动所造成的深远影响，阻挡不住滚滚而前的民主潮流。为实行君主立宪制度而奋斗的人士，不久即以鲜明的笔触为中国民主宪政史写下正式的开卷篇章。

---

① 参见《日本变政考》卷6、11。

第一章　惨变酿成惨祸

一、慈禧倒行逆施

　　1898年9月21日，慈禧发动反动政变，将维新皇帝光绪囚禁于南海瀛台，宣布重新训政，又一次开始了她的独裁统治。她一执政，便凶相毕露，残酷地诛戮迫害维新人士。训政的当日，即下令拿捕康有为及其弟康广仁，将御史宋伯鲁革职。接着，逮捕其他维新人士和同情支持变法的官员。9月28日，不经审讯，悍然将"戊戌六君子"谭嗣同、林旭、刘光第、杨深秀、康广仁、杨锐斩首。继之宣布康有为、梁启超"罪状"，着即拿办，命将翰林院侍读学士徐致靖永远监禁；户部左侍郎张荫桓、礼部尚书李端棻发配新疆，交地方官严加管束；湖南巡抚陈宝箴、湖南学政徐仁铸、候补四品京堂江标、庶吉士熊希龄、詹事府少詹事王锡蕃、工部员外郎李岳瑞、刑部主事张元济、已经开缺的户部尚书翁同龢，概行革职，永不叙用；吏部主事陈三立革职；出使日本大臣黄遵宪开去差使；查抄候补四品京堂王照家产，革职拿问。除了康有为、梁启超、王照逃脱外，维新势力几乎为其摧残殆尽。顽固派弹冠相庆，嚣张一时。

　　慈禧一面铲除摧残维新势力，一面扶植重用顽固守旧势力，以巩固自己的统治。她首先调整了军机处，留用礼亲王世铎和刚毅、廖寿恒、王文韶，调入荣禄和启秀。他们都是抵制反对维新变法的顽固守旧分子，刚毅尤甚，经常扬言："汉人皆不可用，欲满人乐，须汉人削"[①]，"变法利汉人，不利满人，宁赠天下于朋友，不送于家奴"[②]，"以为新法万不可用，必当扫除净尽，而新党之人亦必须屏斥一空"[③]。荣禄为慈禧的心腹，进入军机后管理兵部，并节制宋庆所部毅军、董福祥

---

① 赵炳麟：《光绪大事汇鉴》卷9，33页。
② 《论归政之利》，载《大公报》，1902年6月21、23日。
③ 《国闻报》，光绪二十四年九月初九日，见《戊戌变法》三，443页。

所部甘军、袁世凯所部新建陆军以及北洋各军，同时任文渊阁大学士，身兼将相，权倾朝野。对于因阻挠变法而被光绪革职的原礼部六堂官尚书怀塔布、许应骙，侍郎堃岫、徐会沣、曾广汉、溥颋，均予重用。此外，又把刑部左侍郎赵舒翘擢为该部尚书。经过如此一番调整，军机处和各部院尽为其亲信党羽所盘踞把持。

慈禧训政伊始，就大翻前案，对维新期间推行的新政大砍大杀，恣肆破坏。宣布光绪裁撤的闲曹和事务很少的机构詹事府、通政司、大理寺、光禄寺、太仆寺、鸿胪寺，督抚同城的湖北、广东、云南巡抚和东河河道总督照常设立；规复了乡试、会试及岁考、科考的科举旧制。对于光绪拟行的经济特科考试，准许士民上书言事，自由创立报馆、学会，批准设立的湖南南学会、保卫局，她也一反其道，分别加上一些罪名，下令停罢、查禁、裁撤，并饬令拿获报馆主笔和入会人员，从重治罪。还通令各府县不得强制推行学堂。慈禧的倒行逆施完全遏绝了维新生机。

慈禧也知道她搞的政变不得人心，维新变法的影响无论如何也消除不了，为掩饰自己的反动面目，她自我标榜"无时不以力图自强为念"①，并且再三申明"一切政治有关国计民生者，无论新旧，均须次第推行"②，命令各级官吏认真举办。可是，她实行的所谓"政治"，诸如整顿吏治，剔除中饱，裁汰军队，购置军舰，办理团练、保甲、积谷，设立路矿总局和商务总局，奖励工艺等，都没有超出洋务事业的范围，丝毫不涉及政治制度。"朝野上下，咸仰承风旨，于西政西学不敢有一字之涉及，何论施行。"③"天下豪俊之士鉴于康、梁之覆辙，亦复钳口结舌，不敢再置一喙。"④故时人把从戊戌政变到义和团运动这一时期称之为"新法遏绝时代"。

戊戌变法是民族资产阶级与封建地主阶级进行的一次斗争，在这场斗争中，光绪皇帝支持维新派，对慈禧揽权表示极端愤慨。阶级斗争与维新守旧、权势争夺与个人恩怨错综交织，新仇宿怨一齐涌向慈禧心头。慈禧恨透了光绪，政变一发动，她就恶狠狠地利用家法对光绪逼供，企图抓住把柄予以废黜，但未能得逞。一计不成，她又生一计，妄想借病为名废掉光绪。荣禄害怕担当恶名，向慈禧献策，

---

① 朱寿朋编：《光绪朝东华录》，4256页，中华书局，1958年。
② 《光绪朝东华录》，4225页。
③ 《论中国必革政始能维新》，载《中外日报》，1904年3月31日。
④ 《复行新政说》，载《汇报》，1899年9月27日。

先以他个人名义电询各省督抚，如疆臣均服，再行废立。慈禧首肯。荣禄遂密电各省督抚，言西太后将为同治立后。两江总督刘坤一乃疏请曲赦康、梁，以示宫廷本无疑贰，中言："君臣之义久定，中外之口难防"①，"伏愿皇太后皇上慈孝相孚，以慰天下臣民尊亲共戴之忧"②。荣禄携疏入奏，慈禧心存畏惧，废立阴谋暂时搁置。

戊戌变法失败不久，有些人就坚信："此百日中新政，中国将来必仍举行，此时遏之愈甚，再举行之期益速耳。"③看到慈禧的倒行逆施，"关心时局者无不痛心疾首，扼腕拊膺"④。今昔对比，发人深思，已经隐忍了一年多的忧时之士再也无法沉默了，他们不顾慈禧的高压恐怖政策，公开抒发对戊戌维新和光绪皇帝的深切眷念之情，要求实行戊戌时期的新政，归政光绪。

1899年9月有篇文章写道："嗟呼！时势至此而犹矜言守旧，何异睡虎窟以栖身，饮鸩酒而解渴也；虽欲不削不弱，何可得乎？诚使复行新政……始基既立，众务旋兴，而又继之以十年生聚，十年教训，则黄种四百兆何遽不日本若，而虑为印度、安南之续哉！"⑤10月，有人著文说："去岁政治维新，痛革旧习，精神为之一新，风气为之一变，海内归心，邻国耸听，莫不翘首企踵、快睹中兴之治。乃不幸风波陡起，地覆天翻……今已一年，丛脞日甚，变乱日深，平心细问，果强盛于前乎？抑败坏于前乎？……今朝廷苟犹有自强之意、自保之心，必须翻然改辙，新政重兴。"⑥同年9月5日，上海《中外日报》发表社论，要慈禧交出政权，由光绪皇帝独立自主地裁决国家大政。10月上旬又发表社论，赞扬光绪在戊戌维新时的赫赫政绩及其英明果断，再次提出必须让光绪执政。这些言论批判了慈禧扼杀维新事业的罪行，抨击了其因循守旧的误国殃民政策，公开要求其下台，重新点燃了维新之火，在社会上吹起一阵微波。

让权等于承认自己错误无能，因此，社会舆论愈是要慈禧下台，虚荣心、疑忌心愈促使她恋栈不舍，早行废立。1899年10月，慈禧决定立端郡王载漪之子溥

---

① 刘厚生：《张謇传记》，187页，龙门联合书局，1958年。
② 张謇：《年谱》，5页，见《张季子九录·专录》卷7，中华书局，1931年。
③ 《汪康年师友书札》三，3006页，上海古籍出版社，1986年。
④ 英敛之：《党祸余言》，见《戊戌变法》三，194页。
⑤ 《复行新政说》，载《汇报》，1899年9月27日。
⑥ 英敛之：《读瓜尔佳氏条陈书后》，载《汇报》，1899年10月25日。

儁为帝，于农历元旦废掉光绪，明正内禅，改元普庆。消息传出，人心惶惶，群情扰扰，许多官员啧有烦言，阴加抵制。一些驻京公使亦明言"以后不认中国有新皇帝"①。荣禄知道人心不服，各国必起而干涉，向慈禧陈述利害，献计让溥儁暂时屈居"大阿哥"（皇子）地位，承嗣同治皇帝，伺机再议禅位。慈禧始打消了即行废立的邪念。1900年1月24日，慈禧召见群臣，命光绪下诏立溥儁为同治皇帝之子，史称"己亥建储"。同日，谕令溥儁入宫读书。从此载漪渐执朝政，与军机大臣刚毅、启秀、赵舒翘，大学士徐桐互为奥援，排斥异己，政治益趋败坏。

对于光绪皇帝的安危，国内人民和海外华侨都很关注，不断电请"圣安"。1899年年底，暹罗华侨陈斗南等3万余人致电总理各国事务衙门，要求"皇上亲政，拔用贤良，速行新政"②。在立"大阿哥"的当天，《中外日报》就毫不客气地指出："退还大政，以明正皇权之所属"，乃"保华之首图"。"正天下人心，振国家维新之坠绪者，全赖此名义以为维持"。慈禧必须让出政权，交给皇帝。"不然，非议之口，不能间执，草窃之发，蔓将难图。一旦致是，是为中国之大害，而亦属皇太后之大不幸。"③建储诏旨发布，人民"刊印公议万纸，分布于通衢，以为可惊可骇之事，莫此为甚"④。1900年1月25日，上海的维新人士叶瀚、章炳麟、唐才常等1231人急赴电报局发电阻止其事，电报局总办经元善遂领衔致电总理各国事务衙门代奏，请光绪皇帝"力疾临御，勿存退位之思"⑤。次日，上海工商界发出公启，号召大家电阻立嗣，竭力救护皇上，如朝廷不理，就全体罢市。⑥《中外日报》严厉谴责立嗣之举"为背祖训"，"足以召内忧外侮"，"为国土瓦裂、种人殄绝之兆"。⑦湖北按察使岑春煊、道员郑孝胥等官绅50余人则亲自赴京，"拼命力争"⑧。天津、杭州、桂林、贵州等地的士民皆相率抗争。美洲和南洋各埠华侨亦先后来电反对。慈禧恼羞成怒，2月8日竟以"叛逆"罪名下令拿捕经元善和上海的维新人士。为了对抗舆论，慈禧和载漪还想争取外援，求得列强的承认，

---

① 《废立要闻汇志》，见《戊戌变法》三，476页。
② 《书寓暹华商来函后》，见《新闻报时务通论·国事》六，2页。
③ 《新保华策正权篇第一》，载《中外日报》，1900年1月24日。
④ 《安民篇》，见《新闻报时务通论·国事》六，4页。
⑤ 《伪政府立嗣纪闻汇记》，见《清议报》，36册。
⑥ 参见《嗣统汇闻》，见《清议报》，37册。
⑦ 《读二十四日上谕恭注》，载《中外日报》，1900年1月26日。
⑧ 《废立要闻汇录》，见《戊戌变法》三，475页。

命总理各国事务衙门讽示驻京各国公使入贺，遭到坚决拒绝。载漪恨不得将外国人立时斩尽杀光。

1900年5月，由山东、直隶边界兴起的义和团运动逐渐向京、津一带发展。义和团以"扶清灭洋"为口号，不分青红皂白地盲目排外。载漪唆使党羽奏请抚而用之，企图利用义和团的仇教心理消灭洋人，达到废立的卑鄙目的。6月10日，载漪取得管理总理各国事务衙门的大权，益发恣意妄行，在他和刚毅纵容主持下，义和团团众大批涌进北京。列强见义和团迅猛发展，严重威胁到使馆人员和侨民的生命财产安全，决定调遣联军入京保卫。

自从慈禧重出训政，列强就"颇有违言"，驻上海的各国领事甚至"欲联盟逼太后归政"。"太后大恶之，噤不敢发"。迨至1899年末阴谋废立，官僚"进谏者咸以列强仗义执言为辞"，而列强也表示"认定光绪二字，他非所知"。另外，外国人还庇护逃至海外的康有为、梁启超、经元善等，使清廷屡求不获。因此，慈禧对列强"旦夕切齿，未尝一日忘报复"。① 现在义和团要消灭洋人，正是借以报仇雪恨的大好时机；而当前的八国联军和往昔历次惨败的情景又使她惊惧万分。此时义和团团众约有10万进据北京城内，他们的汹汹扰攘同样使慈禧战栗不已。面对两方面的巨大压力，慈禧穷于应付，6月16日召开御前会议，商讨对策。载漪及其党羽力主抚团灭洋，光绪皇帝和吏部左侍郎许景澄、太常寺卿袁昶等人则主张剿团和洋，争论一天，没有结果。次日会议继续进行，载漪为促慈禧下定决心，伪造了一份洋人照会，内有要她归政等内容。慈禧一见，她那强烈的自尊心和贪婪的权势欲受到了极大伤害，立即勃然大怒，决心孤注一掷。21日，慈禧以光绪名义发布上谕，告知全国臣民，要与列强开战，旋又命各省督抚召集义和团团众，借御外侮。

与义和团、清军抗击八国联军的同时，载漪也在加紧策划为其子夺取帝位的罪恶勾当。6月25日，他率领团众闯入皇宫，妄图谋害光绪。慈禧唯恐引起轩然大波，严厉予以制止。载漪的毒计破灭了。

7月14日，八国联军攻陷天津；8月15日，攻进北京皇城东华门。慈禧惶恐万状，急急带领光绪皇帝、皇后、"大阿哥"溥儁仓皇逃命，北京沦陷。慈禧

---

① 胡思敬：《国闻备乘》卷4，8~9页，1924年；胡思敬：《驴背集》卷2，7~8页，1913年；胡思敬：《审国病书》，5~6页，1923年。

等星夜兼程，经山西、河南，一直逃到西安。

二、康有为不改初衷

戊戌变法失败，康有为、梁启超亡命日本。其时革命团体兴中会的首脑孙中山亦在日本。孙与康为同乡，早在1893年冬即知康有志西学，提出与之结交。康却让孙拜师，孙以其"妄自尊大，卒不往见"①。兴中会成立，孙中山仍想与康同办大事，康担心"与革命党公然往还，致招疑忌"②，不愿合作，孙亦因其傲慢无礼，断绝了交往。康、梁亡命日本后，孙觉得同是"逋逃客"，乃托日人宫崎滔天、平山周向康示意，拟与其商讨以后合作问题和救亡之策。③可是，康称"身奉清帝衣带诏，不便与革命党往还"；"以帝王师自命，意气甚盛，视中山一派为叛徒，隐存羞与为伍之见"；"深恐为所牵累，竟托事不见"。④梁启超与其师不同，有意同革命派合作，1898年10月下旬主动约孙中山、陈少白晤谈。以后陈少白往见康有为，历述清政府腐败已极，希望他改弦易辙，共同实行革命。康有为以保救光绪为职志，心如铁石，答称："今上圣明，必有复辟之一日。余受恩深重，无论如何不能忘记，惟有鞠躬尽瘁，力谋起兵勤王，脱其禁锢瀛台之厄，其他非余所知。"⑤断然拒绝了革命派的建议。

1899年4月初，康有为乘轮赴加拿大，作短期停留后又放洋欧洲，5月底抵达英国伦敦。流亡以来，康有为不改初衷，仍然念念不忘君主立宪，继续为之奔走奋斗。在此，他会见了英国前海军大臣柏丽斯子爵，请其说服英国政府帮助"推倒那拉氏政权，实行立宪"，但未获得英国议院通过。⑥康有为再返加拿大。

在加拿大期间，康有为连日到各大城市会见华侨，发表演说，宣扬光绪的爱民德意，称其为自古所无的"圣君"，只有他才能"救中国"。讲述变法的经过，痛诋西太后的罪行，极力鼓动华侨"日以忠君爱国相摩"，"齐心发愤，救我皇上"。⑦

---

① 冯自由：《革命逸史》初集，47页，中华书局，1981年。
② 冯自由：《革命逸史》六集，12页。
③ 参见冯自由：《中华民国开国前革命史》上编，41页，1928年；冯自由：《中国革命运动二十六年组织史》，43页，商务印书馆，1948年。
④ 冯自由：《革命逸史》初集，49页；《中华民国开国前革命史》上编，41、305页。
⑤ 冯自由：《革命逸史》初集，49页。
⑥ 参见康文佩：《康南海先生年谱续编》，1~2页，台北文海出版社。
⑦ 《在鸟喊士晚士町埠演说》，见《康有为政论集》上册，403~407页。

身处异域的华侨一方面在经济上受外国资本家的残酷剥削，政治上遭受歧视压迫；另一方面目睹了资本主义制度的优越性。他们与祖国息息相通，具有强烈的爱国感情，十分关心祖国的前途命运，热切盼望祖国能步资本主义后尘，改革政治，发展经济，早日繁荣昌盛，保护他们的利益，改变他们的处境。他们崇敬维新皇帝光绪，也尊重维新变法的倡导者康有为，因此，康有为每到一地，都受到热烈欢迎，盛情招待。

经过康有为的积极宣传鼓动，华侨李福基、冯秀石、冯俊卿、刘康恒、卢仁山、徐为经、叶恩、董谦泰、骆月湖等多次与康集议，决定创立保商会。"华侨十九皆商，故保商即保侨，亦即团结华侨以爱卫祖国之会也。旋有人献议保皇乃可保国，乃易名保皇会。"①

1899年7月20日，保皇会在加拿大千岛成立，康有为任会长，梁启超、徐勤为副会长。其后，康遣弟子徐勤、梁启田、欧榘甲等分赴世界各地游说华侨，发展会员。不数年间，保皇会分布170余埠，有会员百余万人，总部设于澳门，下有总会11个，支会103个，以澳门的《知新报》和横滨的《清议报》为其喉舌。

保皇会全称"保救大清皇帝会"，亦称"保救大清皇帝公司"或"中国维新会"。"保皇云者，当时抗那拉氏之谋而言"，②"专以救皇上，以变法救中国救黄种为主"，凡"有忠君爱国救种之心者"，皆可入会。该会许诺：如救得皇上复位，捐款之人皆可获得破格优赏，"凡救驾有功者，布衣可至将相"。还规定，会员聚会要唱《救圣主歌》。当前的任务是签名上书，奏请西太后归政皇上。③

康有为保皇固然有报答光绪知遇之恩的一面，然而这是次要的。在其心目中，光绪"极明西法，极欲维新"，"力欲变法救中国"④，"欲大与民权，共参政事"⑤，"亟亟开议院，使国民咸操选举之权以公天下"⑥。一旦复位，中国三年即可自立，

---

① 康文佩：《康南海先生年谱续编》，2页。
② 康文佩：《康南海先生年谱续编》，2页。
③ 参见《保救大清皇帝公司序例》，见上海文管会编：《康有为与保皇会》，224~263页，上海人民出版社，1982年。
④ 《在鸟喊士晚士叮埠演说》，见《康有为政论集》上册，403页。
⑤ 《布告百七十余埠会众丁未新年元旦举行大庆典告蒇保皇会改为国民宪政会文》，见《康有为政论集》上册，597页。
⑥ 《答南北美洲诸华商论中国只可行立宪不可行革命书（摘录）》，见《康有为政论集》上册，477页。

十年"则为大地最强之国"①。因此，其保救光绪的主要目的还是希冀光绪有朝一日执政，继续实现其"欲开立宪政体政府"②的宏愿，把中国推向资本主义近代化的道路。保皇会是当时华侨中最大的进步的群众性爱国政治团体。

保皇会初期的活动主要有三个方面。一是派人到各地建立组织，发展会员，募捐款项。二是猛烈攻击以慈禧为首的清政府。指出清政府顽固不化，"专以守旧为主"。那拉氏不仅是推翻戊戌新政的罪魁，也是三十年来使中国"日割垂亡"的祸首。她不过是咸丰皇帝的"遗妾"，与光绪"绝无母子之名，只有君臣之分"。她"篡君位，囚君身，夺君权"，"秽乱宫闱"，为"篡逆之贼""名教中及先帝罪人"。荣禄助纣为虐，乃为"贼臣"。对这样的"乱臣贼子，人人得而诛之"。③三是让慈禧归政，反对废立。1899年7月至11月间，保皇会曾两次发动各埠会员电请归政，一次奏请皇上复政。1900年立"大阿哥"前后，保皇会先后46处发电，每电皆数万数千人，"多言若果废上另立新主，必皆不认，且必合众讨贼"④。此外，保皇会还在海外创办中文学校、报馆、书局，传播弘扬中华文化，宣传君主立宪主张，介绍西方的政治思想。并投资经营酒店、银行、电车、矿山、铁路等工商企业。

梁启超在日本定居下来，1898年12月创刊了《清议报》，继续鼓吹变法维新。他读了一些西方政治学说，思想发生变化，倾向与革命派联合。康有为离日后，梁同革命派过从甚密，"一时孙、康合作之声浪，轰传于东京、横滨之间"。1899年夏秋之交，两派商定联合组党计划，以梁启超为首的"十三太保"请其师康有为"息影林泉，自娱晚景"。⑤徐勤急急告变，谓"卓如（梁启超字）渐入行者（谓孙中山）圈套，非速设法解救不可"⑥。康立即派叶觉迈赴日，勒令梁前往檀香山办理保皇会事务。梁启超等"视其师如帝天"⑦，缺乏挣脱封建师生关系羁绊的勇气，终于屈从于康。同年12月，梁去美洲从事保皇会活动。

---

① 《保救大清皇帝公司序例》，见《康有为与保皇会》，246页。
② 《游域多利温哥华二埠记》"说明"，见《康有为政论集》上册，400页。
③ 《保救大清皇帝公司序例》，见《康有为与保皇会》，244~258页。
④ 《致濮兰德书》，见《康有为与保皇会》，95页。
⑤ 冯自由：《革命逸史》二集，28页。
⑥ 冯自由：《革命逸史》二集，29页；《中华民国开国前革命史》上编，44页。
⑦ 冯自由：《革命逸史》二集，29页。

对于公开创立保皇会，梁启超甚不以为然，认为"明办"过于张扬，易使清廷侦知，迫害会员在内地的亲属。康有为答复"非如此，不大不固"①。梁只有听之，可他主编的《清议报》并不登载有关保皇会的文字，而主要是宣扬民权、破坏主义，攻击清政府，介绍西方的社会政治学说，开启民智，振兴民气。梁启超的文章笔锋犀利，感情浓郁，文体新颖，语言流畅，言人人想言而不能言，风靡一时，使他成为一代舆论大师。《清议报》也一版再版，成为当时先进知识分子的精神食粮。

康、梁要求归政，大肆攻击清政府，使慈禧暴跳如雷。1899年8月和12月，曾两次下令沿江沿海各省破格悬赏缉拿。1900年2月14日，又悬赏10万两购康、梁二人之头。可是康、梁受到外国政府庇护，哪里能够缉获？故上谕一发布，舆论即认为此举愚蠢至极，予以辛辣讽刺。

正在慈禧叫嚷缉拿康、梁时，康、梁也加紧了他们的勤王活动。他们认为，"非除尽奸庸之臣，不能救中国之败；而欲除奸臣，不能不动兵戈。"②流亡日本不久，梁启超便密约唐才常赴日会晤康有为，商谈起义问题。

1899年秋冬之际，唐才常再次东渡日本，与梁启超、林圭、秦力山等共商起义计划。孙中山也想联络唐，因唐与康已有成议，表示不便积极合作。经毕永年与平山周多方斡旋，二人"始订殊途同归之约"③。

唐才常回到上海，与林圭、狄葆贤、沈荩等秘密组织了正气会，作为运动机关。后改为自立会，筹组自立军。

保皇会倾全力筹备勤王工作，康有为坐镇新加坡主持一切，梁启超负责筹款，并担任计划联络等事。在澳门总会，有何穗田、王镜如、欧榘甲、韩文举负责。在日本，有叶湘南、麦孟华、罗普、麦仲华、黄为之负责。活动于国内的，上海、武汉方面有唐才常和狄葆贤，广东、广西方面有梁炳光和张学璟。徐勤则奔走于南洋，梁启田运动于美洲。1900年义和团运动爆发后，康有为认为时机已到，6月发出勤王布告，声明将起义兵"勤王讨贼"，"救皇上复位，重行新政"④；7月，又函劝各省督抚共拒载漪，剿灭义和团，营救皇上。

---

① 丁文江、赵丰田编：《梁启超年谱长编》，228页，上海人民出版社，1983年。
② 梁启超致桂绥书，抄件，1900年3月4日。
③ 冯自由：《中华民国开国前革命史》上编，66页。
④ 《勤王布告》，见《康有为与保皇会》，146页。

唐才常因会名过于激烈，1900年7月26日，邀请在上海的维新人士80余人在愚园召开"中国国会"，选举容闳为会长，严复为副会长；29日，推郑观应、唐才常等10人为干事。"中国国会"刊布了会章和英文对外宣言。其宗旨是：一、不承认满洲政府有统治中国之权；二、保全中国自立之权，创造新自立之国；三、请光绪皇帝复辟，以立宪自由之政治权利予人民；四、平定排外及篡位的内乱。①

自立军共分安徽大通前军、安庆后军、湖南常德左军、湖北新堤右军、汉口中军及总会亲军、先锋军，共七军，唐才常任诸军督办，总机关设在汉口，由林圭主持。原计划定于8月9日各路同时起义，因海外汇款未到，唐才常决定展期。在大通的前军统领秦力山未接到通知，加之事泄，仍按原定日期起事，旋被击溃。8月21日，鄂督张之洞逮捕唐才常、林圭等20人，次日杀害。接着，新堤、常德方面也被镇压，起义完全失败。

自立军起义是百日维新的继续，目的在于以军事暴力开拓一条政治改革的道路，推翻封建顽固势力，扶植光绪复位，实行立宪制度，具有进步意义。

勤王运动失败对康有为是个沉重打击，他完全丧失了武装斗争的信心，"不复再言兵事矣"②。

---

① 参见《戊戌变法》一，540页；冯自由：《革命逸史》六集，20~22、25页。
② 康文佩：《康南海先生年谱续编》，4页。

第二章 立宪思潮兴起

一、"新政"不新

慈禧与列强开战不久，就被八国联军的攻势所吓倒，天津陷落后即命直隶总督李鸿章为全权大臣，电商各国停战。北京沦陷，她昔日的虚骄之气丧失殆尽，一变而为奴颜婢膝，极力向列强献媚，再命李鸿章会同庆亲王奕劻迅速议和，并准其便宜行事。

这次惨败，在社会上层人士特别是资产阶级维新派看来，完全是由于慈禧推翻戊戌新政，重用顽固守旧大臣，实行反动政策造成的："自戊戌变政，与民更新，而忌之者辄曰祖宗成法万古不易，无论成法之如何积久弊深，新政之如何有裨实济，而概以'祖宗'二字钳制天下之目，卒以开衅邻国，而太庙不守，负罪祖宗。"①其"所谋者，不过以废立皇上，排斥外人，遏绝新学，冀遂其愿而后已"。"其蕴酿所积，风旨所在，而义和团适起，而复以勾结纵遣于其间，则祸乃立发。故今日之事，举二年以来政府任事诸臣实无一人可辞其责，况于执大权而总诸事者乎！"②抚今思昔，他们急切要求慈禧下台，请列强议和时迫使慈禧将政权交出，罢斥顽固大臣，重用维新人士，鼓动督抚联合奏请归政光绪，力行变法。慈禧的反动政策遭到了社会各阶级阶层的激烈反对，要求变法的呼声日益高涨，她已经无法照旧统治下去了。

在列强眼中，慈禧是个死硬顽固派，议和中虽未将她列入祸首，未让她归政，但对之已完全失去了信任。日本天皇在致光绪皇帝的国书中，公然提出让光绪明降谕旨，"断不举用守旧顽固诸人，亟应简选中外望重有为者派为大臣，另立一

---

① 《论新政始基》，见《新闻报时务通论》五，6页。
② 《论西人筹华以求变法得人为第一义》，载《中外日报》，1900年8月20日。

新政府"①。这简直是对慈禧的彻底否定。

慈禧这次"西狩",狼狈之状较之1860年随咸丰逃往热河有过之而无不及,此时条约虽未签订,但议和大纲的内容也比当年的《北京条约》严重得多。这就是其"训政"的结果。她脸面丢尽,无法向天下臣民交代,也无词以对光绪。为博取列强的好感,笼络安定人心,保住统治地位,她不得不放弃一向奉为至宝、钳民之口的"祖宗成法",接过维新派的旗帜,"极意维新"②。

1901年1月29日,慈禧在西逃途中以光绪的名义颁下一道谕旨,内称:"世有万祀不易之常经,无一成不变之成法","深念近数十年积弊相仍,因循粉饰,以致酿成大衅。现在议和,一切政事尤须切实整顿,以期渐致富强"。着中央地方大臣各抒所见,限两月以内条议以闻。③ 4月21日,命设督办政务处,作为负责审查条议、推行新政、考核成效的领导机关,派奕劻、李鸿章、荣禄、昆冈、王文韶、鹿传霖为督办政务大臣,刘坤一和张之洞遥为参预。10月2日,又特颁懿旨,表明其"变法自强"的决心,命令大小官员"实力奉行"。④ 11月30日,再降懿旨,废去溥儁的"大阿哥"名号。1902年初回到北京,宣布与光绪同时听政,实际上朝政仍由她一人独决。

慈禧所讲的变法,不过是对封建专制制度的修修补补。在1901年1月29日的变法上谕中即声称,"不易者三纲五常","而可变者令甲令乙","康逆之讲新法,乃乱法也,非变法也"⑤。这就把她的变法与康有为以实行君主立宪为目的的变法彻底划清了界限,为变法定下了基调。督办政务处的《开办条规》规定,变法大纲一为规复好的旧章,二为参用西法。并进一步申述:"维新之极而有康逆之乱,守旧之极而有拳匪之乱"⑥,均在摒除之列。标示其变法路线在维新派与守旧派之间,说穿了,就是洋务派的"中体西用"路线。这一路线正是慈禧变法基调的具体体现。

---

① 《光绪朝东华录》,4553页。
② 中国第一历史档案馆档案(以下简称"一档档案"):《端方致滇督魏光焘电》,端方档,去字186号。
③ 参见《光绪朝东华录》,4601~4602页。
④ 《光绪朝东华录》,4771页。
⑤ 《光绪朝东华录》,4601页。
⑥ 《特设督办政务处》,见沈桐生等编:《光绪政要》卷27,南洋官书局,1909年。

由于慈禧斥责载漪等人误国，顽固守旧派或自杀，或被戮，或被监禁，在朝中的势力大减，不敢多置一喙，"人人欲避顽固之名"①，维新成了时髦的名词，各大员条陈时政无人再敢坚持"祖宗成法"。

官员的条陈大致分为三类。

第一类主张推行洋务，代表人物为鲁抚袁世凯、鄂督张之洞和江督刘坤一。1901年4月，袁世凯提出筹办新政措施十条，即慎号令，教官吏，崇实学，增实科，开民智，重游历，定使例，辨名实，裕度支，修武备。②张之洞、刘坤一的条议以7月合上的"江楚会奏变法三折"最为有名。他们提出的育才兴学办法有四条：设文武学堂，酌改文科科举考试，停罢武科科举考试，奖励游学。整顿"中法"的办法共十二条，即崇节俭，破常格，停捐纳，课官重禄，去书吏，去差役，恤刑狱，改选法，筹八旗生计，裁屯卫，汰绿营，简文法。采用"西法"共十一条：广派游历，练外国操，广军实，修农政，劝工艺，定矿律、路律、商律、交涉律，用银元，行印花税，推行邮政，官收洋药，多译东西各国书籍。③

第二类主张实行君主立宪。最早提出的为出使日本国大臣李盛铎。1901年6月，他在条陈变法折中写道："变法之道，首在得其纲领。纲领不得，枝枝节节，不独图新诸政窒碍难行，且恐依违迁就，未睹变法之利，先受变法之害。""查各国变法，无不首重宪纲，以为立国基础。惟国体、政体有所谓君主、民主之分，但其变迁沿改，百折千回，必归依于立宪而后底定。""横览世界，殆无无宪之国可以建立不拔之基业，而幸致富强者矣。俄国国本不固，工商不兴，外强中干，皆职是故。"应"近鉴日本之勃兴，远惩俄国之扰乱，毅然决然，首先颁布立宪之意，明定国是"，命督办政务大臣"参考各国宪法"，"撷诸国之精华，体中国之情形，参酌变通，会同商拟，勒为定章，恭候睿裁，请旨颁行，垂为万世法守。大纲既立，然后条目可得而言"。④

1902年2月初，会办商约大臣盛宣怀在奏请南洋公学推广翻译编辑政书宗旨时也顺便提到："较量国体，惟日、德与我相同，亦惟日、德之法于我适宜而可用。"⑤

---

① 胡思敬：《退庐笺牍》卷1，15页，1924年。
② 参见沈祖宪辑：《养寿园奏议辑要》卷9，1~12页，项城袁氏宗祠藏版，1938年。
③ 参见《张文襄公奏稿》卷32，1920年。
④ 《追录李木斋星使条陈变法折》，载《时报》，1905年11月28日。
⑤ 盛宣怀：《南洋公学推广辑政书折》，见《愚斋存稿》卷6，1938年。

虽未明言君主立宪，意思也很清楚。

1902年夏，翰林院侍讲学士朱福诜写了一篇札记，通过掌院学士呈送朝廷。内言："处今日而欲挽回世运，收拾人心，固非立宪不可。夫事事综核，非不足以为治，然中国因循粉饰，视为故常，非大有作为，不足划除积习。惟有改定宪法，以移天下之耳目，震慑薄海之心思，使凡平权自由流血革命之徒，一皆回视返听，而乐为我用。"又献策说，如派遣大臣游历欧美，"采辑各国政治，参用本国制度，定为改宪章程，归国后奏而行之，其上也。"①

1902年8月，翰林院编修赵炳麟在其进呈的"防乱策"中亦指出："欲固国本，必达下情；欲达下情，必行宪法。""民主、联邦宪法断不可行于中国，惟君主宪法其君执一切主权，其民有一切公例，参酌行之，有利无害。""宪法既行，一切用舍举废兵刑财赋皆秉公约，君以民为心，民以君为心，安有革命之说摇惑众志哉！"②

第三类介于前二类之间，这就是两广总督陶模奏请设立议院。他说，政治不善，在于上下隔阂，欲去其弊，必须设立议院。"议院议政，而行政之权仍在政府，交相为用，两不相侵，而政府得由议员以周知民间之好恶，最为除壅蔽良法。"③

君主立宪的变法纲领与朝廷的变法大纲是对立的，前者旨在把中国推向资本主义的近代化，后者旨在维护封建制度；加之李盛铎等人微言轻，其主张自然不会为慈禧和督办政务处所采纳。就是陶模设立并非真正议院的主张也同专制主义不相容，难以被接受。张之洞和刘坤一在督抚中资格很老，身为参预政务大臣，举手投足均引人注目。1901年11月7日继李鸿章任直隶总督兼北洋大臣的袁世凯备受信任。他们三人都是洋务派，条议的变法之策既不伤害封建专制制度，又与顽固守旧分子有别，正符合慈禧的意图，因而政府这一时期推行的新政多以他们的献策为主。

1901年至1904年，清政府推行的新政主要有：改总理各国事务衙门为外务部，增设商部，裁撤詹事府、通政司、路矿总局、东河河道总督，考核部院司员，翰林院编检以上官员学习政治，裁革书吏、差役，停止报捐实官；设立铁路、矿务、农务、工艺各公司，订立相应律例，设立商会，保护利权，整理财政，设厂铸币；

---

① 《摘录海盐朱学使福诜壬寅夏进呈札记》，载《时报》，1906年2月26日。
② 赵炳麟：《防乱论》，见《赵柏岩集·文存》卷1，1922年。
③ 陶模：《变通政治宜务本原折》，见《陶勤肃公奏议遗稿》卷11，1924年。

科举考试废除八股，改试策论，增考中国政治史事论和各国政治艺学策，停止武科生童试和乡、会试，复开经济特科；各省府州县设立大中小学堂，选派留学生；裁减绿营、防勇，编练新军，设立武备学堂；办理巡警；准满汉通婚等。

这些"新政"有些是洋务派早已提出的，有些是在戊戌维新期间推行的，"新政"其实不新。尽管如此，较之昔日的顽固反动政策，还是在缓慢前进了。

二、根本变革在于立宪

1901年9月7日，清政府同英、美、日、俄、法、德、意、奥和比利时、西班牙、荷兰11个国家签订了空前丧权辱国的《辛丑条约》，中国人民的灾难愈益严重，中国的半殖民地化进一步加深。

条约签订以后，沙俄十余万军队赖在东三省不走。1902年清政府与俄国订立《中俄交收东三省条约》，规定俄军分三期撤出，半年一期。至期，俄国非但不撤军，反而提出应在东三省享有七项特殊权益，在旅顺设立远东都督府，重新进占奉天（今沈阳），猖狂地进行军事威胁。俄国势力的扩张与日本的侵华政策发生尖锐冲突。英国在1903年11月派遣侵略军进攻西藏地区。与此同时，英、美、日等国通过修订航行条约，扩大在华权益，对中国实行经济渗透，掠夺铁路、矿山，使中国危机四伏，濒临绝境。

清王朝并不完全甘心受帝国主义欺凌摆布，实行新政亦有其自强自救的主观愿望在内，故三令五申催促省实行，在兴办实业、教育、留学、编练新军诸方面也确实取得一些成绩。但由于戊戌党祸的教训，官吏以为慈禧深恶变法，不过借行新政以塞众望，认真举办者少，徘徊观望敷衍塞责者多，因而成绩不太显著。

经过了戊戌变法特别是八国联军之役以后，人民期望实行重大的根本的政治改革，而清政府抛出的竟是一套早被维新派批判过的洋务派货色，自然满足不了人们急欲改变国家贫弱面貌的心理需求。维新派人士眼见"新政"不过如此，极为愤怒，以致把"新政"的成绩全盘抹杀，一概斥之为"有名无实"，"枝枝节节"。他们深知"衣裳欲新人欲旧"①的欺骗性和"以旧人行新政"②的荒谬性，深知"新政"无裨于国强民富，因此，迫切要求在政治上来一番根本改革。于是，君主立

---

① 《衣裳欲新人欲旧》，载《杭州白话报》，光绪二十七年十月十五日。
② 《论中国以旧人行新政之谬》，载《中外日报》，1901年4月28日。

宪作为一种政治思潮与革命思潮同时在中国兴起了。

（一）梁启超的思想和保皇会的活动

大力宣传君主立宪思想的首先要推梁启超。此时梁启超的思想经常处于"保守性与进取性交战于胸中"①的状态，时而发表赞扬民族主义、破坏主义、排满的文章，时而阐扬君主立宪的理论。

梁启超第一次阐述君主立宪主张是1901年6月7日发表的《立宪法议》②。此文说，现在世界上有君主专制、君主立宪、民主立宪三种政体。"立宪政体亦名为有限权之政体，专制政体亦名为无限权之政体。有限权云者，君有君之权，权有限；官有官之权，权有限；民有民之权，权有限。"君主立宪与民主立宪是由各国的历史情势不同造成的，但"同为民权"。宪法"为国家一切法度之根源"，君主、官吏和人民必须"共守"。三种政体比较而言，君主立宪最为理想。因为民主立宪施政方略变易太快，选举总统时竞争太烈，对国家不利。君主专制视民如草芥，人民疾君如寇仇，人民极苦，君亦极危，治日少而乱日多。而君主立宪国家的君位承袭皆有一定，权奸无篡位之隙可乘；君主发号施令和大臣进退必经议院协赞，不可能出现大权旁落的情况，人民有疾苦诉之议院，可"永绝乱萌"。又说："今日之世界，实专制、立宪两政体新陈嬗代之时也。"按照"公理"，新旧两种事物相嬗代必有斗争，"争则旧者必败而新者必胜，故地球各国必一切同归于立宪而后已"。中国也要"归于立宪"，任何人都阻挡不住。当权者如真有爱君爱国之心，就应当兴民权，早日实行君主立宪。

现在中国是否马上可以实行立宪政体呢？他回答说："不能。立宪政体者，必民智稍开而后能行之。日本维新在明治初元，而宪法实施在二十年后，此其证也。中国最速亦须十年或十五年，始可以语此。"不过行之在十年之后，而定为立宪政体当在十年之前，各种措置才能准备。所以"决行立宪，实维新开宗明义第一事，而不容稍缓者也"。

对于实施预备立宪的次第，他的设想是：1.皇上颁诏，定中国为君主立宪帝国。2.派遣大臣3人带领随员考察欧美、日本各国宪法和法律，一年为期。3.考察完毕，在宫中开设法制局，起草宪法。4.翻译各国宪法及解释宪法名著，颁布天下。5.将

---

① 梁启超：《清代学术概论》，63页。
② 载《清议报》，第81期。

宪法草稿刊布于官报，令全国士民辩难讨论，提出修改意见，五年或十年后损益制定；定本既颁，以后非经全国人民投票，不得擅行更立。6.自下诏定政体之日始，以二十年为实行宪法之期。

这篇文章实际上批判了朝廷的变法大纲，吹响了人民要求立宪的号角，促进了立宪思潮的兴起。

其后，梁启超阐述了下列几点宪政思想：

第一，君主无责任及责任内阁。他说，君主有责任，一旦失政，人民便起来革命，故为了国家安定，只能让其处于无实权的地位。君主立宪国家的宪法都写有"君主无责任"及"君主神圣不可侵犯"的明文，而二者是"异名同实"的，"惟其无责任，故可以不侵犯；惟其不可侵犯，故不可以有责任"。担负国家行政责任的是责任内阁。君主颁布法令，内阁要副署。法令不符人民愿望，"民得而攻难之"，大臣害怕人民指责，不敢不努力把国家治理好。[①]还介绍了西方的政党政治，说立宪国家的政党至少两个，一在朝，一在野，互相竞争，为了胜利，"不得不勤察民隐，悉心布画，求更新更美之政治"。"其竞愈烈者，则其进愈速"，"而其有造于国民固已大矣"[②]。

第二，立法权必须属于多数国民。他赞扬孟德斯鸠的三权分立的学说，又根据英国学者边沁的政治学理论，阐发主权在民的思想，指出"国家为一国人之公产"，国家意志只能由国民体现出来，立法权只能属于国民。因此，国民有权利思想者，"必以争立法权为第一要义"[③]。

第三，从根本上变革专制政体，劝告清廷实行立宪。他尖锐批判了专制政体，指出它是"数千年来破家亡国之总根原"[④]。国民如欲自存，"必自力倡大变革、实行大变革始"[⑤]；如欲救亡，使国家进步，"必取数千年横暴混浊之政体，破碎而齑粉之"[⑥]。

[①] 以上引文均见梁启超：《政治学学理摭言》，载《新民丛报》，第15期。
[②] 梁启超：《新民说》，见张枬、王忍之编：《辛亥革命前十年间时论选集》，第1卷上册，148页，三联书店，1960年。
[③] 梁启超：《论立法权》，载《新民丛报》，第2期。
[④] 《论专制政体有百害于君主而无一利》，载《新民丛报》，第21期。
[⑤] 《释革》，载《新民丛报》，第22期。
[⑥] 《新民说》，见《辛亥革命前十年间时论选集》，第1卷上册，154页。

他根据世界大势及中国的实际，劝告清廷猛醒，速行立宪。说专制政体绝对不能生存于现今世界，如君主能视专制政体为敌，则安富尊荣不难取得，否则国民就会把君主当作敌人加以推翻。警告说：君主应主动把立法权交给国民，如待至国民起来争取的时候，君主就要蹈法国路易十六被推翻的覆辙了。① 还特撰《敬告当道者》专文，指出当前的改革不过是伪改革，引起革命的媒介。要当道者认清世界形势，学习德国的俾斯麦、意大利的加富尔、日本的板垣退助，实行真正的改革②，也就是实行立宪。并且要实行英国式的立宪："吾以为君主之尊荣者，莫如英吉利；君位之巩固者，莫如英吉利。故欲尊其君者，不可不学英吉利；欲安其国者，不可不学英吉利。"③

此外，他主办的《新民丛报》还发表了其他人撰写的立宪论作，介绍了一些国家的立宪史和宪政专著，告知读者："今日世界文明各国莫不有宪法，宪法者立国之元气，而今日中国急当讲求之一大问题也。"④ 积极予以鼓吹。

1903年11月，梁启超游历美洲返回日本，"深叹共和政体实不如君主立宪者之流弊少而运用灵"⑤，思想言论大变，从此放弃排满及破坏主义，专主实行君主立宪。

康有为一直坚持立宪而不动摇。1902年春，美洲华侨因西太后掌权，内地加税，民不聊生，且视"备极忠义"的保皇会为"逆党"，纷纷致书康有为，主张革命自立。其弟子中革命思想也大为膨胀，如欧榘甲著《新广东》，礼赞独立、自由、平等，主张各省自立，建立联邦政府，推翻清政府。为了消除保皇会内部的危机，康有为一面致书其弟子，责备盛倡革命之"大谬"；一面发表公开书，告诫华侨只可行立宪，不可行革命。他说，中国由君主专制"必须历立宪君主，乃可至革命民主"，此一秩序决不可紊乱。要革命也可以，但要等到光绪皇帝遭遇不测之后，目前光绪皇帝健在，应等待其复辟，"上定立宪之良法，下与民权之自由"⑥。

---

① 参见《论立法权》，载《新民丛报》，第2期。
② 参见《新民丛报》，第18期。
③ 《答某君问德国、日本裁抑民权事》，载《新民丛报》，第20期。
④ 《介绍新著》，载《新民丛报》，第6期。
⑤ 梁启超：《新大陆游记》，78页，湖南人民出版社，1981年。
⑥ 《答南北美洲诸华商论中国只可行立宪不可行革命书（摘录）》，见《康有为政论集》上册，474～490页。

康有为在宪政理论上没有做出什么贡献，他反复强调的是君宪与民宪差别甚微，说二者皆"为立宪政治，民有议院政权则同"①。"若立宪，君主既已无权，亦与民主等耳"②。"民之实权不可失，故必求之；君主民主之虚位，无关要事，则可听之"③。

康有为同样批评清廷的"新政"没有抓住"本原"，认为当前最重要的是"亟宜行立宪法，亟宜开议院"。先宣布颁布宪法、召开国会的期限，让人民从容研究。现在民智未开，不能骤立议院，但可先开地方议会，实行自治，开启民智；或先设一院以议庶政，且备顾问，作为权宜之计。④

康有为在宪政理论上给人启示的东西甚少，而在实际行动方面却走在了国内人士的前面。1902年8月18日，贝子载振奉使英国后路经加拿大维多利亚，该埠保皇会首领叶恩、李梦九等百余人往谒⑤，上书请其劝告慈禧归政，实行地方自治，然后开设议院，"确立宪法，满汉民族同担义务，同享权利"⑥。同年，康有为亲自拟折，以数百万华侨名义呈请代奏，要求慈禧归政皇上，立诛荣禄、李莲英，尽罢内监，与民权，立宪法。其中写道："今之变法，国必不救，以无其根本而从事于枝叶，无其精神而从事于形式"。"中国者，民等四万万人公共之产也"，"民等之公产，则民等当公共保存之，当一切预闻之"。"今欧美法至美密而势至富强者何哉？盖以民权为国，乃其根本精神之所在也"。请"立定宪法，以垂后世，立与民权，以保国祚"⑦。上书开创了民间要求立宪的先例。

（二）留日学生的救国方案之一

庚子以后，知识分子目睹国事日非，相率负笈求学于外国，尤其是一衣带水的近邻日本。他们绝大多数都是满腔热血的爱国青年，为了拯救祖国，创办各种刊物，各本其信仰，著论立说，希冀唤醒同胞，担起救国大任。他们如饥似渴地

---

① 《致罗璪云书》，见《康有为与保皇会》，158页。
② 《大同书（选录）》，见《康有为政论集》上册，518页。
③ 《答南北美洲诸华商论中国只可行立宪不可行革命书（摘录）》，见《康有为政论集》上册，477页。
④ 参见《康有为政论集》上册，555~557页；《辛亥革命前十年间时论选集》，第1卷上册，172~190、350~351页。
⑤ 载振：《英轺日记》卷10，13页，上海文明编译书局，1903年。
⑥ 叶恩：《上振贝子书》，载《新民丛报》，第15期。
⑦ 《请归政皇上立定宪法以救危亡折》，见《康有为与保皇会》，8~24页。

汲取欧美、日本的政治学说，可是接受的并不一样，所以在1901年至1903年期间，留日学生中的政治思想非常活跃，有主革命救国者，有主教育救国者，有主实业救国者，有主自治救国者，有主留学救国者，各逞词锋，竞相短长。即使同一刊物，也是各种思想兼容并蓄，纷然杂陈。这是新的资产阶级知识分子诞生后出现的一种必然现象。

君主立宪也是留日学生的救国方案之一。当时虽也有革命、立宪的论驳文章，但政治上的分野还不太鲜明，一般都认为二者同样是革命的、爱国的、反封建专制的。"夫言革命者固为革命，即言保皇者亦何尝非革命"①，不过"激急者求革命，温和者主立宪"②而已，所以谈立宪者也不仅仅限于主张立宪。如《国民报》写道："所谓国民者，有参政权之谓也。所谓权也者，在君主之国须经君主及议员所承认，在民主之国须经国民全体代表所许可，定为宪法，布之通国，彼暴虐之君主，专擅之政府，多数之党派，皆不得而破坏之、专横之、攘窃之也。"③《江苏》称："十九世纪以来，世界之大国或为立宪，或为共和，其国民尽达其自由之目的而去矣。"④"多数政体者，不论为民主，为君民共主，民皆有参政之权者也。"⑤《湖北学生界》也认为中国最适宜的政体"惟宪政是已"⑥。所以国民必须力争参政权。这些言论都程度不等地助长了立宪思潮的扩展。

杨度则批判了清廷的"变法"，提出要救国必须实行立宪。他说："今地球各国之政体于民主无论矣，其余亦何莫非立宪政体，民与君约而限定其权力，使不得伤我主人之权利乎？而独中国为君权无限之国，人民之学术、身家、财产皆压于专制之下，无由自振，以期于发达。不明乎此而日言变法，虽百变而无一效也。故居今日而欲救中国，乃犹君主立宪之不敢言，民与君约之不敢请，则宁不谈变法可也。"⑦

为了促进立宪到来，有的还致书同胞，号召实行地方自治，以为立宪之预备。

---

① 《苏报案》，见《辛亥革命前十年间时论选集》，第1卷下册，778页。
② 公衣：《国民之进步欤》，载《江苏》，第2期。
③ 《说国民》，载《国民报》，第2期。
④ 辕孙：《露西亚虚无党》，载《江苏》，第4期。
⑤ 竞庵：《政体进化论》，载《江苏》，第1期。
⑥ 《宪政平议》，载《湖北学生界》，第2期。
⑦ 《汪康年师友书札》三，2379~2380页。

如《浙江潮》第 2 期刊登的《敬告我乡人》说:"立宪政体之要素,在人民之有参政权",国民何时始得此权利,现在不能预言,"然其准备则今日其时矣"。准备之事不一端,"而为练习之地步,地方自治之首端也"。

(三)国内舆论

国内人民对清廷的变法纲领也极端反对,认为"变法不自设议院、改宪法始,则变如不变"①。但在开始的阶段,一般都是宣扬设立议院,伸张民权,开启民智,很少有人与制定宪法联系起来。关于议院的具体方案,只有张謇有所规划,其办法,以"四五大臣领之。此四五大臣者,予以自辟议员之权,慎选通才,集思广益,分别轻重缓急,采辑古今中外政治法之切于济变者,厘定章程,分别付行法、司法之官次第举行"②。此时的张謇考虑"人民之风俗,士大夫之性情"多,强调与其"意行百里而阻于五十,何如行二三十里者之不至于阻而犹可达也"③,主张"循序改进"④。思想比较保守,提出的要求是低标准的,其所云议院亦非真正的议院。

随着对"新政"的失望,人民对国家民族的命运给予越来越大的关注,学习资产阶级政治学说的愿望愈益强烈。适应这一需要,一批西方和日本的政治学名著和宪政书籍被翻译出版。国内知识分子的头脑得到了武装充实,政治思想境界升华到一个新的高度。他们的着眼点已经不是议院、法律、官制等等,而是探讨政体的优劣,明确要求建立君主立宪政体了。

1902 年 6 月 16 日,《中外日报》指出,要收变法自强之效,必须马上"立宪法","取东西各国已行之法,择其善者而从之,斟酌会通,勒为成书,实力施行,务使上自皇室下至庶民皆范围于宪法之中"⑤。同年,《政艺丛报》发表《政治通论外篇》,较全面地介绍了君主立宪制度,指出中国人民是热烈欢迎君主立宪的,因为"得此宪法,以制限主治之权威,以保护被治之权力,以巩固其国家安全,以增进其人民之幸福,以除公害,以谋公益,三权之权限由是焉定,人民之权利义务由是焉定者也";议院"代表全国人民之参政权","有其完全独立不羁之立法权","参国政,定国法,保护全国之人民权利义务",最为公平。

---

① 孙宝瑄:《忘山庐日记》上册,556 页,上海古籍出版社,1983 年。
② 《变法平议》,见《张季子九录·政闻录》卷 2。
③ 《变法平议》,见《张季子九录·政闻录》卷 2。
④ 张孝若:《南通张季直先生传记》,135 页,中华书局,1930 年。
⑤ 《论时局之可危》,载《中外日报》,1902 年 6 月 16 日。

1903年，舆论稍多，颇有一股要求立宪的劲头。最为突出的是1902年6月英敛之在天津创办的《大公报》。英敛之为满族人，又得法国人帮助，比较放言无忌。该报创办没几天，即倡言慈禧归政，反复论述开设议院的必要性。1903年，该报经常发表应行立宪的政论。8月18日（农历六月二十六日）光绪皇帝寿辰时，该报在报头旁边用特大号字刊登的祝词是："一人有庆，万寿无疆；宪法早立，国祚绵长。"同时不断指出，现在国家内忧外患已达于极点，皆由专制制度造成。"图治之根原，首在立宪法，予民权。如此则上下相安，君民一德，联合大群以防外患之来，则中国之前途或犹可补救于万一。"①

还有人直接给当道者上万言书，企图说服他们实行立宪。有份上书写道：西方各国皆立宪法，故"无人亡政息之患"。至20世纪，世界上只有中国、俄国和土耳其没有立宪。"今俄国党人反抗之力激动其政府改革之心，宪法之成计日可待。呜呼！我国与土耳其，其谓之何！"②1903年6月，上海部分人士召开国民议会时，康有为的门徒龙泽厚曾提议"乘势向清廷请愿立宪"③。

总之，到1903年，君主立宪作为一种社会思潮已经在国内和海外留学生、华侨当中初步勃兴起来了。人们从此把主张君主立宪者称为立宪派④，"维新派"一词遂为"立宪派"所取代。

---

① 《论内乱外患有相因之势》，载《大公报》，1903年4月24日。
② 《上京外当道万言书》，壬寅（1902年），手稿，不著姓名，中国社会科学院近代史研究所藏。
③ 冯自由：《革命逸史》二集，71页。
④ "立宪派"这一称谓最早见之于1903年9月出版的《浙江潮》第7期所载《四政客论》。

第三章　立宪运动高涨

一、普遍激昂的呼声

1904年，日俄两国为争夺朝鲜特别是我国东北地区发生尖锐冲突，最终诉诸武力。2月10日，双方宣战，一场罪恶战争就此爆发。

日俄战争发生在中国的土地上，遭受战火祸害的是中国人民，清政府理应积极干预。可是日本在战前就劝告清政府保持中立，而清政府确也无力制止日俄两大强国，只好于2月12日宣布保持局外中立。次日声明无论胜负如何，东三省主权仍为中国所有。

以前，立宪思潮声势不大，此后情况骤变，迅即高涨，形成一个全国性的运动。

日俄战争的刺激是立宪运动走向高涨最主要的原因。由于日俄战争关系到中国的安危存亡，又是在立宪的小国日本和专制的大国沙俄之间进行的，因此中上层人士无不注目而视，倍加关切。

对于日俄军队在中国土地上厮杀，立宪派首先感到的是耻辱与愤怒；同时，也敏锐地预感到战争将使中国的前途和人们的思想发生有利变化。日俄宣战后三天，《中外日报》即发表社论，称日俄之战"实有一大可喜之事在"。说过去黄种人不如白种人的言论已经深入人心，此次战争"又得发明世间一至大之公例"，这就是"国家强弱之分，不由于种而由于制"①。并断定战后"吾国人之理想必有与今天大异者矣"②。还有人说："国中志士怵于垂危，自此战争可以悟世界政治之趋势，参军国之内情，而触一般社会之噩梦，则日俄之战不可谓非中国之幸。"③

基于这种认识，立宪派相信日本必定胜利，并为此与接近官场的守旧人物展

---

① 《论日俄之战之益》，载《中外日报要闻》，光绪二十九年十二月二十八日。
② 《祝黄种之将兴》，载《中外日报》，1904年2月19日。
③ 《日俄战争之影响于处金衢严若何》，载《萃新报》，第4期。

开了一场争论。守旧派说，俄大日小，日必败。立宪派反驳说："日本虽小，而国民爱国之精神蓬蓬勃勃，如釜上气；俄国虽大，而腐败之气象与我国等。""国之盛衰在精神，不在大小，俄犹以大骄人乎？俄必败。"守旧派又争辩说，日本"以权与民"，兵临战场，"必各顾其命"；俄国权操自上，令出必行，日败俄胜可以预决。立宪派答称：民权乃天赋之权，"故立宪国民每至战阵之场，各以保守天权为务，生死不计也"，"岂彼专制之国专以军令示威者所可同日语耶？"①立宪派期望日胜俄败并不是出于对日俄有什么特殊的好恶，而是企图以此来打破黄种人不如白种人的谬论，证明立宪胜于专制的世界"公例"，促进政府和人民猛醒，实行立宪，抵御外侮。"盖专制、立宪，中国之一大问题也。若俄胜日败，则我政府之意，必以为中国所以贫弱者，非宪政之不立，乃专制之未工。此意一决，则凡官与民交涉之事，无一不受其影响，而其累众矣。黄种、白种，中国之一大问题也。若俄胜日败，则我国国人之意，必以为白兴黄蹶，天之定理，即发愤爱国之日本亦不足与天演之公理相抗，而何论于中国。此意一决，则远大之图，一切灭绝，而敬畏白人之意将更甚于今日，而天下之心死矣。"②他们的担心不是多余的。清政府固知日本可怕，而更畏惧土广民众、号称头号强国的沙俄，并且已经确定了亲俄路线，一旦俄国获胜，毫无疑问，清政府将更相信专制的威力，拒绝做政治上的根本改革，而人民也就会更觉希望破灭，难以振作。

日俄战争朝着立宪派的预想进展，至 5 月上旬，俄国舰队在旅顺附近受到重创，陆军的鸭绿江防线亦被日军突破。立宪派再次以抑制不住的兴奋心情断言："若中国，则黄种之专制国矣。鉴于日本之胜，而知黄种之可以兴，数十年已死之心庶几复活；鉴于俄国之败，而知专制之不可恃，数千年相沿之习庶几可捐。此二者之观念人人至深，感人之捷，数年之间必有大波轩然而起，虽政府竭力沮之，吾知其不能也。"③

1905 年 5 月，俄国东调的舰队在对马海峡全军覆没。立宪派进一步指出：全球富强之国不是立宪，就是共和，没有专制者，这一事实本来可以证明立宪胜于专制的"公例"，可是由于俄国的缘故，又有人发生怀疑。"于是政府遂以俄为

---

① 康继祖：《豫备立宪意见书·中国立宪原起》，1~2 页，教育品物公司校印，1906 年。
② 《论中国所受俄国之影响》，载《中外日报》，1904 年 4 月 4 日。
③ 《论中国前途有可望之机》，载《中外日报》，1904 年 5 月 5 日。

口实以拒绝民权"。现在好了，俄国的败局已定，"此疑释矣"。①

战争的结局证实了立宪派的预想，预想的被证实反过来又鼓舞他们投身于政治改革运动。其他人士亦从日俄战争中受到启示，确信找到了同专制主义斗争的依据。一致得出结论：专制必败，立宪必胜。纷纷说："日俄之役也，群以为非军队之竞争，乃政治之竞争。卒之日胜而俄败，专制立宪，得失皎然。"②"此非日俄之战，而立宪、专制二政体之战也。自海陆交绥，而日无不胜，俄无不败，于是俄国人民乃群起而为立宪之争，吾国士夫亦恍然知专制昏乱之国家，不足容于廿祀清明之世界，于是立宪之议，主者渐多。"③"以小克大，以亚挫欧，赫然违历史之公例，非以立宪不立宪之义解释之，殆为无因之果。于是天下之人，皆谓专制之政不足复存于天下；而我之士大夫，亦不能如向日之聋聩矣。"④

日俄战争有力地刺激着中国人士的觉醒，相信立宪可以救亡图存。连许多守旧人物也转而鄙弃专制，投入立宪运动的洪流。

立宪运动高涨的原因之二是由于民族危机的震惊。

日俄战争结束后，东三省主权能否保住不被侵占，十分令人焦虑。不仅如此，战争期间，其他帝国主义也趁火打劫，向中国伸出魔掌。1904年7月，英军侵占西藏江孜，8月攻占拉萨，9月强迫西藏地方当局订立所谓《拉萨条约》（清政府未承认），索取特权，妄想把西藏变为它独占的势力范围。同年8月，德国兵舰强行驶入江西鄱阳湖，提出无理要求。9月，美国索取陕西榆林、延安两府的煤矿权。法国要求取得上海至绍兴的内河航行权，并遣军舰驶进鄱阳湖，耀武扬威。1905年，沙俄在对日作战的同时，还分兵侵犯新疆的喀什噶尔、伊犁等地。危机感犹如千钧巨石压在每一个爱国者的心头，迫使他们认真谋求国家民族的出路。

出路何在？立宪派说，只有彻底改革专制制度，实行立宪，才是"扶危定倾之至计"⑤。并十分悲愤地告知政府：今日中国已至"生死之关头，存亡之分界"，"急治之则生，缓治之则死；治得其道则存，治失其道则亡"。欲救其亡，只有大事改革，

---

① 《论日胜为宪政之兆》，载《中外日报》，1905年5月21日。
② 沈其昌：《议员要览》，61页，预备立宪公会印，1910年。
③ 《立宪纪闻》，1页，载《东方杂志》临时增刊《宪政初纲》，光绪三十二年十二月。
④ 别士：《刊印〈宪政初纲〉缘起》，见《宪政初纲》。
⑤ 《论出洋诸钦使奏请变法事》，载《中外日报》，1904年3月26日。

"而其大事改革之第一着",就是"宣布天下,改为立宪政体"。①

革命运动的影响是促进立宪运动高涨的又一原因。

中国资产阶级民主革命起自孙中山创立的兴中会,而在国内的发展则始于义和团运动以后。1904年,革命派在各地组织了一些小团体。次年8月20日,孙中山和国内革命派共同成立了中国资产阶级的第一个革命政党中国同盟会。

革命运动以武力推翻清政府,建立资产阶级共和国为目的,同立宪运动一样,属于资产阶级民主运动的范畴,但主张民主立宪,反对君主立宪。革命运动的兴起引起立宪派的注意。立宪派认为革命的起因和动机是完全合理的、正当的,因而反对政府镇压革命。但他们不同意采取暴力手段,认为革命一起,"海内若鼎沸者数十年,亦未知能大定否";即或大定,也要消耗无数民财,残伤无数民命,大伤国家元气。"而列强之视眈眈、欲逐逐者得此机会,更将大张其势力,以逞鲸吞蚕食之谋。故内界虽清,而外界之侵蚀益甚,瓜分之局,仍恐不免"。②在他们看来,革命虽可铲除专制毒瘤,但外患太严重了,国家经不起如此巨大的动乱,否则列强乘虚而入,国家便有被瓜分之危。从国家民族大局考虑,倒不如全国人民促进朝廷实行根本的政治改革来得稳妥而有利。

立宪派既担心日益高涨的革命运动会妨碍全国一致对外和国家进步,又坚决反对清政府的镇压政策,如何才能消除革命呢?一言以蔽之:实行立宪。他们说:实行立宪,将国家公诸国民,一切平等,满汉不分,就可以融化满汉形迹,平息汉人的不平之气,汉人就不会仇满、排满、革满人之命了。制定宪法以后,新政必然日见起色,朝政既无可訾议,革命之势自然冰消瓦解。革命党志在得民权,如开设议院,给国民参政权,民气大伸,革命党人的目的达到,也就没有借口了。实行立宪,消除上下隔阂,合全国之力以御外侮,革命党就用不着冒险以求进取了。

立宪运动的高涨表现为呼声的普遍高昂。赞成立宪的人骤然增多了,"上自勋戚大臣,下逮校舍学子,靡不曰立宪立宪,一唱百和,异口同声"③。立宪派的舆论阵地也随之加强。1904年3月,商务印书馆经理夏瑞芳在上海创办了大型综合杂志《东方杂志》,月出1册;6月,梁启超协助狄葆贤在上海创办了日报《时报》,

---

① 《敬告政府诸公》,载《大公报》,1904年9月22日。
② 《论改良政俗自上自下之难易》,载《东方杂志》,第2年第1期。
③ 《中国未立宪以前当以法律遍教国民论》,载《东方杂志》,第2年第11期。

报馆楼上辟有精室"息楼",为立宪派聚会之所。这两家报刊都积极鼓吹立宪。值得一提的是《大公报》,它不仅进行一般的言论鼓吹,还别出心裁地开展宣传。1905年,为庆贺该报出至1000号,拟出8个题目悬赏征文,结果中头等奖的3篇中有2篇是《振兴中国何者为当务之急》,皆以立宪为言。①创办人英敛之感到非常自豪,说"此举为中国日报绝无仅有者"②,确非虚语。其他报刊亦连篇累牍地宣扬急行立宪。立宪派群呼:"立宪者,中国众注之的,而欲奔赴者也。""今日俄之役既明明示以立宪之利、专制之害,苟中国之人心犹未死尽,则其翻然悔悟,固不必待上智神圣之生。"③"二十世纪之时代,不立宪诚无以为国,不自由诚无以为民矣。"④"振兴中国,变专制为立宪,实为当务之急焉。"⑤一时之间,立宪的声浪响遍全国,"乃如万顷洪涛,奔流倒注,一发而莫之或遏"⑥。"立宪"二字遂成为士大夫的口头禅。

立宪派颇具新兴阶级的朝气,一开始就以人民代表的姿态理直气壮地声明:"立宪法之希望,即今日欧美通行之政治学说,所谓最大多数之最大幸福之义也。"⑦他们向往的是真正的资产阶级民主政治,此后他们同政府的一切分野和斗争均是由此产生出来的。

二、立宪派的多方策动

立宪运动的高涨还突出地表现在立宪派开展的实际活动上。活动的重点是策动地方和中央权要赞成立宪,派遣大臣出国考察政治,主角为江浙的立宪派人士。江浙的立宪派认为,将来实施立宪要靠权要主持,这些人也最能耸动朝廷;要促成立宪,必须使权要赞助并进行陈请。他们这时走的完全是上层路线。

还在日俄战争爆发前夕的1904年1月19日,署云贵总督丁振铎、云南巡抚林绍年曾联电奏请速行变法。说中国面临着极其危险的局面,要想挽救,"惟有

---

① 参见《大公报》,1905年4月13日,作者为灵效、史彬。
② 《英敛之先生日记遗稿》,乙巳年三月七、八日,台北,文海出版社。
③ 《论各省督抚议请立宪事》,载《警钟日报》,1904年5月20日。
④ 《论自由必先具裁制之力》,载《时敏报》,1904年9月22日。
⑤ 《振兴中国何者为当务之急》,载《大公报》,1905年4月21日。
⑥ 文元:《中国政体变迁论(续)》,载《大同报》,第7期。
⑦ 《论朝廷欲图存必先定国是》,载《时报》,1904年8月7日。

急宣上谕,誓改前非",迅告各国,"一切尽行改革,期于悉符各国最善之政策而后已"。"苟再因循,恐欲图变法而已受分割,被人挟制,无可以自变之日"。①

日俄战争刚一爆发,江浙的立宪派人士张元济、张美翊、赵凤昌和张鹤龄以及盛宣怀的幕僚吕景端等就进行了紧急磋商,开始了"奔走运动"。他们"诚恐日后各国大会构和,始终置我局外,尽失主权",首次提出了遣使分赴各国的问题。认为"此时我不预备,迅派专使分赴各国,声明东三省主权所在,将来恐为柏林之续"②。同时,决定把他们的想法向盛宣怀和鄂抚端方陈述,再由盛商之办理商约大臣吕海寰(时亦在沪),以其3人的名义电告政府,奏请实行。

盛宣怀接受了张美翊等人的意见,立即同吕海寰商议,并由他草拟了一篇奏稿,转给端方。他考虑仅凭他们的地位身份还难以引起朝廷的足够重视,又拉两江总督魏光焘和署两广总督岑春煊一起行动。1904年3月4日,他分别致电端、魏、岑征求意见。复电皆表示同意联衔作速入奏。

3月9日,吕海寰、岑春煊、魏光焘、端方、盛宣怀联衔奏称:中立政策不能保障东三省主权不受日俄侵害,欲避其害,必须早做准备,与诸国政府直接协商,否则将来各国开会干预日俄,恐被摈之局外,"祸变之来,何堪设想!"怎么办呢?宜乘美国宣布保全我国土地主权之机,"迅速特简亲重大臣,以考求新政为名,历聘欧美有约诸邦,面递国书,以维均之势立说,东三省开通商埠,利益均沾为宗旨,恳派使臣设会评议"。并且申明东三省为我国主权,不得误认为中国已失之地;日俄战争有损各国商务,请各国调停息战,东三省人民遭日俄军队蹂躏,应予抚恤;以北京为各国会商之地;会议既定,战事既息,中国允以东三省遍开商埠及厂栈路矿诸项利益以为酬劳。同时,"择最大新政切实举行数事,痛除旧习,以动天下之观听"。这样,将来召开国际会议,中国"必能预占一席,然后随事补救,抵制斡旋,消息既较灵通,办法尚可布置。失此不图,后悔无及"。③ 出使的名义是考求新政,实际任务是保卫主权,尚未触及立宪问题。但较之立宪派的筹划又进一步,确定了与各国交涉的要点。

---

① 王彦威、王亮编:《清季外交史料》卷181。
② 《南洋公学张美翊致两广督署幕府书》,光绪三十年二月五日,中国社会科学院近代史研究所档案。又函称:"此议之起,实在去腊下旬。""去腊下旬"当1904年2月6日至15日,10日战争爆发,讨论此事当在11日至15日之间。
③ 一档档案:朱批奏折,帝国主义侵略类,241号。

上奏之前，江浙的立宪派人士与盛宣怀商定，最好由贝子溥伦兼充出使大臣。因他即将以中国馆监督的身份赴美国参加世界博览会，可以借此游历各国而不露痕迹，避免日俄猜忌。旋溥伦抵达上海，他们与之协商，溥伦亦以此举重要，愿膺此任。唯云"庆邸（指庆亲王奕劻）与我不合，恐其疑我在沪谋兼此差，公电待我到东洋后再发"①。后首席军机大臣庆亲王奕劻果以溥伦"年轻，未克当此"②拒之。对于吕海寰等5人的联奏，由于当权者认为时机未到，应"俟战事稍有眉目再定"③，3月21日奉旨，折被留中。

张美翊以"此奏关系大局，诚不可少"，得悉折被留中，立即致函岑春煊的幕僚们说，预料秋冬之间战争必有眉目，宜"趁此机会，先定国是，速派专使，天下事固大可为"。"丁（振铎）、林（绍年）两帅奏请变法，驻使联衔亦以为言，颇干天怒。鄙意以为此不联合旗帅之故，遂致疑立宪为革命。"因此他鼓动两广督署的幕僚们敦请岑春煊牵头，联合锡良、端方、赵尔巽、魏光焘、袁世凯、张之洞、丁振铎、吕海寰、盛宣怀等满汉大员合词再请，以期朝廷允准。④值得注意的是，立宪派此时所考虑的已不仅仅是保卫主权，而是把"先定国是"，即朝廷疑为革命的"立宪"也包括在内了。岑春煊的态度不得而知，不过再请之事沉寂了。

4月，出使法国大臣孙宝琦又奏请立宪。出使法国之前，其弟孙宝瑄曾"草立宪之议"，要他代呈当道，他"疑而不敢上"⑤。到法国一年多，他考察了资本主义国家的政治制度，认识到"其所以上下一心，日兴月盛者，皆在宪法之立。中国变法，首宜于此提纲挈领，而后有庖丁解牛之效"⑥。从此赞成立宪。但他开始不敢谈真实想法，1904年2月条陈政见时就没有新鲜见解。3月22日联合出使俄国、英国和比利时大臣胡惟德、张德彝、杨兆鋆上奏时，也只是要朝廷颁示超出张之洞、刘坤一的"江楚会奏变法三折"的要政，没有说出想说的话。即使如此，朝廷还嫌过激，未予采纳。这反而促使其下定了决心，4月遂单衔上书政务处，略称：变法所以未见成效，"以未立纲中之纲，而壅蔽之弊未除"，"欲求所以除壅蔽，

---

① 《惜阴堂笔记》，载《人文月刊》，第2卷第8期。
② 《寄江宁魏午帅、武昌端午帅、广州岑云帅》(二月十一日)，见《愚斋存稿》卷97。
③ 《南洋公学张美翊致两广督署幕府书》，光绪三十年二月五日。
④ 参见《南洋公学张美翊致两广督署幕府书》，光绪三十年二月五日。
⑤ 孙宝瑄：《忘山庐日记》下，1280页。
⑥ 一档档案：《孙宝琦致端方函》，端方档，704号，函28。

则各国之立宪政体洵可效法"。应"仿英、德、日本之制,定为立宪政体之国"。同时,饬令大臣采访各国宪法,制定宪法。还建议变通各国议院成例,定政务处为上院,都察院为下院,各省府县设公议堂,议定国家和地方事务。① 书上之后,他又致函端方,鼓动端方和张之洞"将立宪之意合疏上陈"②,希图让他们说服朝廷。

孙宝琦的上书政务处未予转奏,却给立宪派很大鼓舞。《时报》欣喜地欢呼:"数月以来,吾国有大喜过望、易亡为存之一大纪念,出现于黑幕时代,则吾人宜如何鼓舞而欢迎之也。现此一大纪念维何?曰驻法公使孙宝琦氏上王大臣书请立宪法是已。"③

这时,张謇也加紧了活动。1903年下半年赴日考察归来,张謇始注意研究立宪问题,只是"但求如日本耳,不敢遽望德,尤不敢望英"④。不过他既是在籍的状元,又是兴办近代工业、教育卓有成效的东南社会名流,与社会上层人士和官场均有密切交往。这种优越的地位使他的意见易于为督抚大员所接受,也是他得以领袖东南群伦的一个客观条件。1904年5月,他就不断与魏光焘、张之洞讨论立宪问题,游说他们奏请立宪,并为他们代拟立宪奏稿,汤寿潜、赵凤昌等也参加了研究。折稿大意谓:日俄战后,中国必有极大危险,欲加预防,只有实行立宪。胆小谨慎的张之洞没有立即出奏,嘱张謇探询直督袁世凯的态度,以决进止。张謇也认为如能得袁倡导,对推动立宪十分有利,乃于6月致袁一函,请其赞助立宪。中言:"今全球完全专制之国谁乎?一专制当众立宪,尚可幸乎?日本伊藤、板垣诸人共成宪法,巍然成尊主庇民之大绩,特命好耳。论公之才,岂必在彼诸人之下。"⑤惯于政治投机的袁世凯以为气候不到,答以"尚须缓以俟时"⑥。张之洞、魏光焘知反对者多,未敢将折稿呈进。

在与袁世凯联系的同时,江浙的立宪派又另辟了蹊径。6月初,张謇、汤寿潜、张美翊、许鼎霖、张元济、吕景端、夏瑞卿连日进行了会谈。5日,张美翊写了一份说帖让人转呈其师军机大臣兼外务部尚书瞿鸿禨。说帖着重指出:"当此列强

---

① 参见《出使法国大臣孙上政务处书》,载《东方杂志》,第1年第7期。
② 一档档案:《孙宝琦致端方函》,端方档,704号,函28。
③ 《论朝廷欲图存必先定国是》,载《时报》,1904年8月7日。
④ 上海社会科学院历史所编:《辛亥革命在上海史料选辑》,1057页,上海人民出版社,1981年。
⑤ 沈志远:《袁世凯与张謇》,载《古今半月刊》,第53期。
⑥ 张謇:《年谱》,12页。

注目东方,改定宪政,亦足震动耳目,气象一新,必为环球所许,从此满汉界、新旧界可一扫刮绝。夫人心既定,凡事可为,我大清且亿万年。""我若乘慈圣万寿圣节,先行颁发诏令数条,一面调查宪法,合我政体,酌定纲领,或十年或十五年颁布实行,似亦有益无损。然此事必须联络满人,而以汉人辅之,中外合力陈请,必邀俞允。""吾师能一倡斯议否?时会所迫,不能不改,无所用其踌躇审固也。"①请瞿鸿禨认清形势,果决地倡导立宪,派人调查宪法,促朝廷于年内颁布诏令。7月,张謇闻听奕劻及其子商部尚书载振有赞成立宪之意,"北方殊有动机",认为"原动力须加火以热之"②,加紧催促赵凤昌赶印《日本宪法义解》,分送宫廷和达官贵人。慈禧读了以后说,"日本有宪法,于国家甚好"③;瞿鸿禨亦派其弟赴沪托赵凤昌选购有关各国宪法的书籍,作为参考。立宪派的努力初步产生了效果。

清廷觉得是筹划东三省事宜的时候了,8月2日谕令疆臣各抒对策。督抚奏复,除陈述对东三省的政策外,有主联日拒俄者,有主联德联美者,有主调停议和者,只有林绍年奏请"尤有所最要者,则无如改专制为立宪法";署川督锡良请简重臣游历欧美各国,用资联络。④

清廷决定商请各国公使出面斡旋议和,但遭到拒绝。在无路可走的情况下,不得不考虑许多大臣的意见,"议派钦使前往各国,调查各国政治,归而变法"⑤。这是清政府首次讨论,虽未做出什么决定,但已提到了议事日程,有了转机。

9月10日,汤寿潜通过章梫连呈瞿鸿禨二函,第一函是鼓励瞿勇敢地站出来倡导立宪。函云:"宪法之义,走以渎吾师者三年余矣。以去就争之,岂非中国一伟人乎?成则人人将以铜象,不成则奉身而退,此心可讯三光。"⑥第二函是向瞿献策。内称:"今有一笔两用之策,莫妙于考求宪法为词。凡立宪各国,俨然以文明自负,我若有所输入,星轺所莅,无不全国欢迎;入手得势,暗中与商及俄日之局,彼更易于水乳。否则,如此专使游迹,不容独遗俄国,唯以宪法

---

① 《张美翊致张劭熙、朱桂莘函》,光绪三十年四月二十日,中国社会科学院近代史研究所档案。
② 杨立强等编:《张謇存稿》,8~9页,上海人民出版社,1987年。
③ 张謇:《年谱》,12页。
④ 各折见一档档案:朱批奏折,帝国主义侵略类,241号。
⑤ 《大公报》,1904年9月4日。
⑥ 《汤寿潜致章一山函》,光绪三十年八月一日,中国社会科学院近代史研究所档案。

为名，彼中无可采访，不妨弃之如遗。"①汤寿潜提出的考求宪法与保卫主权的"一笔两用之策"，再一次揭示出出洋考察宪法的主题，把立宪与保卫主权圆满有机地结合起来。此函还写道："善化师（指瞿）抱冰握火，独为其难，天下之幸。""穰三（张美翊字）以智力不逮，辞颇坚。走谓栋折侨压，义不容诿；即善化师一片愚公山、精卫石之心，忍令独为其难，于情于理，有一安乎？穰穷于对，谓严词正义，诚无所逃……如公学有妥人可替，情愿去为师门典签，聊尽区区于万一。"它透露出这样一个信息：瞿鸿禨不但采纳了立宪派的进言，对立宪和派遣专使业已默许，而且还准备亲自出洋考察。所以函中有瞿"独为其难，天下之幸"一语，和汤寿潜说服张美翊跟随瞿出国之事。立宪派的活动终于获得瞿鸿禨的赞助支持。瞿鸿禨颇受慈禧信赖，诏旨多其秉笔，他的态度转为积极，会促进慈禧的决策。

随着日胜俄败以及民族危机的加深，先已勃发的立宪舆论愈益高昂。1905年1月，部分留日学生闻列强将有瓜分中国之说，异常激动，四川籍学生邓孝可写了一份《要求归政意见书》，要求慈禧归政，宣布立宪，准备推举代表入都请愿，张澜等自告奋勇伏阙奏陈。后遭各省同乡会反对而作罢。②与此同时，革命党人陈天华也拟出一份《要求救亡意见书》，准备以全体留学生的名义赴京请愿。《意见书》向清政府提出的对内条件，实际也是实行立宪。经黄兴、宋教仁屡次与之"大开谈判"，"以改变宗旨、受保皇党运动责之"，陈天华放弃了自己的意见。③这两件事虽未见诸实行，但反映了留日学生中萌发了以国民资格向政府请愿的思想。

1905年2月23日，出使日本大臣杨枢又奏请"变法大纲，似宜仿效日本"，定为立宪政体。④

此时瞿鸿禨对立宪越来越感兴趣了，不时私下与一些具有新政治知识的人士讨论国家大政。4月，他召见了户部主事陈黻宸，"询及今天下事"。陈面谈之后，又上了一个条陈，指出："以一不立宪国居群立宪国之间，不待远识之士，而知其不可为矣。""故以今日而言外交，言内治，惟立宪二字，强于百万之师。"

---

① 《汤寿潜致章一山函》，光绪三十年八月一日。
② 参见《东京留学界议请归政立宪之汇志》，载《大陆》，第3年第2期。
③ 参见《宋教仁日记》，31~34页，湖南人民出版社，1980年。
④ 折见《光绪朝东华录》，5286~5288页。

并提出"作为他日立宪大备之基础"的若干建议和办法。①

6月,美国总统罗斯福电请日俄各派代表议和。清政府急向美国政府提出,中国将派专使参与日俄议和会议。罗斯福冷冰冰地加以拒绝。清政府只好于7月6日向日俄两国政府声明,凡牵涉中国事件,未与中国商定者,概不承认。

清政府一面力谋直接同日俄交涉,一面于6月26日,电谕各省督抚和出使大臣就如何因应日俄议和及将来接收东三省善后事宜,密行电奏。

此前,张謇为抵制美货事曾致书袁世凯,中言:"万机决于公论,此对外之正锋,立宪之首要"。"今更为公进一说,日处高而危,宜准公理以求众辅"。"且公但执牛耳一呼,各省殆无不响应者。安上全下,不朽盛业,公独无意乎?及时不图,他日他人构此伟业,公不自惜乎?"②从个人的安危荣辱下说辞打动袁,请其赞助立宪。此时立宪已成为大势所趋,袁世凯为了避免孤立和将来光绪执政报复自己,消弭革命,同时也为了执立宪之牛耳,于是联合调为江督的周馥和鄂督张之洞电奏,请实行立宪政体,以十二年为期。③

7月初,周馥又单衔奏请实行"立法、行法、执法"三权分立和地方自治的立宪政体。④

粤督岑春煊接谕后即电出使美国大臣梁诚帮助筹划办法。梁告岑,东三省可保无虞,应"径仿东西政治,与民更始"⑤。岑立电奏:"欲图自强,必先变法;欲变法,必先改革政体。为今之计,惟有举行立宪,方可救亡。"⑥请求立宪的督抚中又增加了一位要员。

作为深受立宪派影响的军机大臣瞿鸿禨,更是"造膝密陈"⑦,面奏派员出洋,"自请亲赴欧美考察政治"⑧。

---

① 参见《陈黻宸上瞿夫子条陈数事》,光绪三十一年三月十六日,中国社会科学院近代史研究所档案。
② 《为抵制美货事致袁直督函》,见《张季子九录·政闻录》卷3。
③ 参见《时报》,1905年7月2日。
④ 参见《中外日报》,1905年8月10日;《时报》,1905年7月18日。
⑤ 罗香林:《梁诚的出使美国》附录二,293、296页,台北,文海出版社。
⑥ 《中外日报》,1905年8月3日。
⑦ 《汤寿潜致瞿尚书函》,光绪三十一年六月,中国社会科学院近代史研究所档案。
⑧ 余肇康:《瞿文慎公行状》,6页,1919年。

奕劻和其他"枢臣懿亲亦稍稍有持其说者"①。

至此，在8位总督中就有滇、粤、江、鄂、直5位奏请立宪，1位川督请派员游历各国。军机大臣则有瞿鸿禨和奕劻。加上林绍年、孙宝琦等巡抚和出使大臣的奏请，出洋考察政治就成为不可避免的了。故自7月初起，枢府大员就连日会议，讨论立宪。4日，商讨了派员出洋考察政治的问题。9日，便正式决定了遣使出洋考察政治之事。②

后来，袁世凯又奏请"考求各国宪法，变通施行"③，自为政府所采纳。

关于出使人选，最初定为商部尚书、奕劻之子载振和军机大臣荣庆、户部尚书张百熙、湖南巡抚端方，宗室、军机大臣、部院大臣、巡抚各一。后荣庆不愿前往，改为瞿鸿禨，张百熙以头晕辞，荐户部左侍郎戴鸿慈代替。7月15日商部值日，载振面奏："臣父在枢廷日久，瞿某以外部兼军机，一与外人直接，遇有交涉事件，恐难转圜，不如另派他人前往。"④慈禧以为然，命载振、瞿鸿禨留京。16日，慈禧召见大臣重新研究，确定派宗室镇国公载泽和刚入军机的徐世昌以及戴鸿慈、端方4人前往。同日，发布谕旨说："方今时局艰难，百端待理，朝廷屡下明诏，力图变法，锐意振兴，数年以来，规模虽具而实效未彰，总由承办人员向无讲求，未能洞悉原委。似此因循敷衍，何由起衰弱而救颠危。兹特简载泽、戴鸿慈、徐世昌、端方等随带人员，分赴东西洋各国，考求一切政治，以期择善而从。嗣后再行选派，分班前往。"⑤

谕令出洋考察政治之举是由多种因素促成的，既有内因，也有外因。外因为日俄战争的刺激和民族危机的严重。清廷鉴于列强环伺，情见势绌，"推日胜俄败之故，乃悟专制政治之结果，国虽大无当也"⑥，知道过去推行的"新政"无济于事，不得不另作政治改革的尝试。而在当时的历史条件下，改革政治只能适应世界资本主义的潮流，实行立宪。内因为革命运动的高涨、官僚的奏请、立宪派的呼吁和策动。直接出面奏请的是官僚，在后面推动官僚的是立宪派，"舆论既盛，

---

① 《立宪纪闻》，1页，见《宪政初纲》。
② 参见《荣庆日记》，84~85页，西北大学出版社，1986年。
③ 《时报》，1905年7月22日。
④ 《中外日报》，1905年8月4日。
⑤ 故宫博物院明清档案部编：《清末筹备立宪档案史料》上册，1页，中华书局，1979年。
⑥ 宣樊：《政治之因果关系论》，载《东方杂志》，第7年第12期。

朝议亦不能不与为转移"①。没有立宪派的强烈呼吁和积极策动,就没有官僚的奏请,即使有个别人如孙宝琦的上奏,也不会为朝廷所重视。从根本上来说,促成派员出洋考察政治的动力是立宪派。

在官僚之中,袁世凯所起的作用不是最重要的。1904年他还是立宪的反对者,1905年的奏请是在张謇等推动下动作起来的。至于出洋考察宪政,别人早就考虑到了,政府也做过研究。时论把清廷立宪和派员考察政治归功于袁世凯的"主动"奏请,显然只是看到了问题的表面,过高地估计了他的作用。他所起的作用不会比"造膝密陈"、自请出访欧美的瞿鸿禨大,态度也不如瞿鸿禨积极。

自中国与世隔绝的坚固壁垒被列强的大炮轰塌以后,清廷再也无力重新构筑,以防欧风美雨的侵袭。在"坚船利炮"的教训下,它被迫在经济、军事和科学技术领域做了有限的开放,但在政治制度上依然顽固地奉行封闭政策,恪守祖宗法制,坚持"中学为体",拒绝根本改革。而且表现得极其敏感,任何赞扬资本主义政治制度的言论都被斥为"异端邪说",严行禁锢。它同列强建交几十年,除了缔结条约、赔礼道歉和礼节性的外交活动外,从未派遣一个代表团出去调查了解外国的政治制度,宗室人员平时甚至不得越出京师一步。只是在八国联军之役中遭到惨败之后,才允许中央和地方官员去日本考察学务、商务和农务。几年来的实践证明,不从根本上改革政治制度,"新政"不可能卓有成效。现在它感到有"洞达"新政不见实效的"原委",派遣宗室和大臣到世界各国考察政治的必要了。这一事实预示着清政府的政策将发生重大变化,准备在政治上由闭关转向开放,由恪守祖制转向改革,由"中体西用"转向效法"西体"。对于顽固守旧的清政府来说,这一转变是极其痛苦的,然而又是个巨大的进步。从此,中国政治制度的近代化,即由纯粹的封建专制政治向资产阶级民主政治过渡的序幕真正拉开了。

---

① 别士:《刊印〈宪政初纲〉缘起》,见《宪政初纲》。

第四章　确立基本国策

一、五大臣出洋考察政治

考察政治的上谕一颁，立宪派以为这是朝廷实心改革政治的先声；经过考察，"可以定变法维新之国是"，"可养大臣政治之常识"，"可振臣民望治之精神"①；资本主义国家立宪无不经人民革命流血或艰苦奋斗得来，而中国人民未费多少力气便迎来了立宪时代，实为福气，"人人有一团精神，人人有一番思想，无不欢欣鼓舞"，"京内京外，学界、军界、商界，欣然色喜，群相走告"。北京的"学界谱诗歌，军界演军乐，商界则预备金花彩烛"，专候欢送考察政治大臣出京，以壮行色。②江浙的立宪派也准备考察政治大臣过沪时热烈欢迎。

帝国主义国家对清廷此举一般反映较好，认为中国"已如大梦方醒"③。

此时慈禧尚未下定实行立宪的决心，对人说："派各臣工往列国调查之后，果无弊害，即决意实行。"④她对立宪的实际内容和利弊如何，尤其会不会影响君主权力是心中无数的，也是不放心的，立宪是一件亘古未有的大事，她不敢轻率决定，从调查入手，持审慎态度，是可以理解的。

上谕颁发后，袁世凯奏请派遣官绅游历日本，开启民智，为将来实行自治打下基础。御史顾瑗、刑部侍郎沈家本和出使朝鲜大臣曾广铨又奏请实行地方自治。政务处议复可行，1905年8月，朝廷令奉天和直隶试办。在长期的封建社会里，中国只有官治、官权，而无自治、民权。"自治制度和专制制度根本不能相容"⑤，是资产阶级民主政治的一种形式，也是预备立宪不可缺少的一项重要内容。清廷

---

① 《读十四日上谕书后》，载《时报》，1905年7月18日。
② 参见康继祖：《豫备立宪意见书·中国立宪原起》，3页。
③ 《时报》，1905年8月4日。
④ 《时报》，1905年8月5日。
⑤ 列宁：《怎么办？》，见《列宁全集》，中文2版，第6卷，90页，人民出版社，1986年。

谕令在奉天和直隶试点,是其向政治制度近代化迈出的实际的第一步。

接着,周馥、袁世凯和转为御史的赵炳麟又奏请立宪。另一些官员要求把立宪政体确定下来。故至9月,政府对立宪业已定议,只是宣布仍要俟考察政治大臣回国以后。

为了节约时间和经费,政府确定分途进行考察,载泽、徐世昌、绍英(8月14日加派)一行前往日本、英国、法国、比利时,戴鸿慈与端方前往美国、德国、意大利、奥地利、俄国。9月18日,朝廷谕令出使各国大臣会同考察政治大臣悉心考求,以便取得较好效果。9月24日上午,考察政治五大臣率领参赞、随员同时由京启程。京师各学堂师生、绅商界人士、大小官员以及驻京各国公使均前往送行,正阳门车站冠盖纷纭,锣鼓喧天,歌声震荡,观者如潮,煞是热闹。11点钟,五大臣登上专车,列车正拟开动,忽然霹雳一声巨响,震天动地,人喊马嘶,纷纷奔逃。待惊魂稍定,始知炸弹爆炸,载泽额角微受轻伤,绍英受伤稍重,此外死伤10余人。五大臣当即商定,改期缓行。此次暗杀系革命党人吴樾所为,他没有炸毙五大臣,自己却当场牺牲了。

次早,戴鸿慈等将情况面奏慈禧和光绪,慈禧"慨然于办事之难,凄然泪下"[①]。当即谕令有关部门缉拿"正凶"。

吴樾的炸弹震惊了清廷,但并未能阻止住出洋考察政治,恰恰相反,倒是促使当权者越发感到立宪的必要与紧迫了。端方在致上海报界电中说:"炸药爆发,奸徒反对宪政,意甚险恶,然益征立宪之不可缓也。"[②]一些督抚、将军和出使大臣致电政府说:"此事必是革命党中人所为,盖恐政府力行新政,实行变法立宪,则彼革命伎俩渐渐暗消,所以行此狂悖之举,以为阻止之计。当此更宜考求各国政治,实行变法立宪,不可为之阻止。"[③]

立宪派本对革命很表同情,这次暗杀事件也让他们大为光火。《时报》评论说:"五大臣此次出洋考察政治,以为立宪预备,其关系于中国前途最重且大,凡稍具爱国心者宜如何郑重其事而祝其行。乃今甫就道,而忽逢此绝大之惊险,虽五

---

① 戴鸿慈:《出使九国日记》,42页,湖南人民出版社,1982年。
② 《时报》,1905年9月29日。
③ 《时报》,1905年10月9日。

臣均幸无恙,然此等暴徒丧心病狂一至于此,其罪真不容诛哉!"①《大公报》亦惊呼:"此真出乎人情之外而莫能索解!"同时指出政府不应畏难而退,而应"奋勇前进","急行其志,无俟踌躇"。②《申报》认为这不是坏事,而是好事:"今日爆烈弹之一掷,实不啻以反对党之宗旨,大声疾呼于政府,俾知立宪之大有利于皇室,而不可不竭力以达成之。"③张謇益发感到"立宪尤不可缓",立电端方,请"奏布明诏,以消异志"④。总之,立宪派要以此事为契机速行立宪。

10月8日,为了预防革命党人破坏,清廷设立巡警部,任命徐世昌为尚书,徐一时难得脱身;绍英创伤未愈,不便让其远涉重洋。同月26日,改派山东布政使尚其亨和顺天府丞、新任命的出使比利时国大臣李盛铎代之。比利时为出访国家之一,李盛铎一面帮助考察,一面赴任,较为便利。尚其亨因为椒房贵戚(其妹为慈禧弟桂祥之妻),故也获荣任。

出洋延宕下来,人事变更是原因之一,更重要的是有人阻挠:"小阻盛宣怀,大阻袁世凯"⑤。盛宣怀先曾奏请仿效德国、日本政体,但在五大臣遇炸后却"力陈立宪之不利于国家"⑥。袁世凯于奏对时亦"谓可有立宪之实,不可有立宪之名"⑦。袁世凯出尔反尔,并不是真诚的立宪主义者,张謇说他"觇候风色不决"⑧,态度模棱两可,实非妄言。盛、袁的奏陈动摇了慈禧的决心。

内阁学士吴郁生担心立宪"遂成敷衍",10月27日奏请"先明降谕旨,改定宪法,预立年限","然后分遣使臣考求要政"⑨。端方也认为非此不足"以慰舆情而树风声",乃商诸载泽、戴鸿慈、李盛铎、尚其亨,准备在出国之前奏请"先行颁告立宪期限"⑩,以十五年为期⑪。11月,胡惟德将俄国工人阶级举行政治总罢工和广大人民反抗专制统治,迫使沙皇政府让步,承认人民有言论出版、集会结社、

---

① 《时报》,1905年9月25日。
② 《论出洋五大臣临行遇险事》,载《大公报》,1905年9月26日。
③ 《申报》,1905年9月28日。
④ 《张謇日记》,乙巳年八月二十六日,江苏人民出版社,1962年。
⑤ 《汪康年师友书札》一,837页。
⑥ 《时报》,1905年11月2日。
⑦ 《汪康年师友书札》一,837页。
⑧ 张謇:《年谱》,13页。
⑨ 一档档案:《内阁学士吴郁生奏变法宜统筹全局折》,录副奏折档,6号。
⑩ 《大公报》,1905年11月4日。
⑪ 参见《大公报》,1905年11月7日;《时报》,1905年11月14日。

人身和信仰自由，扩大选举权，召开国家杜马（议会）的情况报告了清政府，清政府大感不安。慈禧没有同意宣布立宪期限，但立宪的决心又稳定下来了，特于11月18日谕令政务处大臣先"筹定立宪大纲"①，俟五大臣回国后再行修改。

接着，出使美国大臣梁诚与新任出使英国大臣汪大燮拟了一份奏稿，联合前出使英国大臣张德彝、前出使法国大臣孙宝琦和新任出使大臣刘式训、前出使比利时大臣杨兆鋆、前出使德国大臣荫昌、新任出使德国大臣杨晟入奏。该折在讲明立宪是当今世界大势所趋之后写道："我国东临强日，北界强俄，欧美诸邦，环伺逼处，岌岌然不可终日矣"，保邦致治，非立宪莫由。目前应急需实行三事，以树基础。1."宣示宗旨"，"将朝廷立宪大纲列为条款，誊黄刊贴，使全国臣民奉公治事，一以宪法意义为宗，不得稍有违悖"。2."布地方自治之制"，"宜取各国地方自治制度，择其尤便者酌订专书，著为令典，克日颁发各省督抚，分别照行，限期蒇事"。3."定集会、言论、出版之律"，此三者为"诸国所许民间之自由，而民间亦以得自由为幸福"，宜采"诸君主国现行条例，编为集会律、言论律、出版律，迅即颁行"。"期以五年，改行立宪政体"。②出使各国大臣比较了解资本主义国家的政治和世界大势，思想比一般官员开放，故提出的立宪期限也最短。

朝廷依然坚持待五大臣回国后再决定一切，没有宣布实行立宪期限。11月25日，下令设立了考察政治馆。这是一个在政务处直接领导下研究、编选各国宪政资料，供朝廷参考的新型机构。它的设立表明了朝廷改革的意图和方向，是清政府为预备立宪而迈出的又一实际步骤。

同日，朝廷命各省认真查禁革命党，以防扰害地方治安，阻碍新政实行。

鉴于上次车站遇险的教训，考察政治五大臣商定两起分别出京，不坐专车，属员人等一律免送。12月7日，戴鸿慈、端方乘车出京，19日由上海放洋。载泽、尚其亨、李盛铎11日出京，1906年1月14日由上海放洋。随同考察的还有湖北、奉天、广东、湖南、江西等省派出的官绅。

---

① 《光绪朝东华录》，5434页。
② 康继祖：《豫备立宪意见书·奏章》，4～6页，题为《出使各国大臣会衔奏请宣布立宪折》。《辛亥革命》（四）的编者署"载泽等"所奏，造成张冠李戴的错误。现仍有论者不加深察，沿用此说。参见拙作《〈出使各国大臣会衔奏请宣布立宪折〉非载泽等所上》，载《社会科学研究》，1989年第2期。

此次出访的重点是实行君主立宪制的英国、德国和日本，主要任务为考察政治。

载泽、尚其亨、李盛铎一行于1906年1月16日抵达日本，后经美国赴英国，再赴法国，最后到比利时，6月6日考察完毕，李盛铎留赴比利时出使大臣任，载泽、尚其亨7月12日回到上海。戴鸿慈、端方先到日本参观，1906年1月23日抵美，后取道英、法抵德国，继之考察奥、俄、意，并游历了丹麦、瑞典、挪威、荷兰、瑞士。其间于6月初在布鲁塞尔与载泽等会晤，商定回国后应行各事。7月21日回到上海，张謇、汤寿潜、赵凤昌等先后四次谒见，"竭力劝其速奏立宪，不可再推宕"①。8月6日到达天津，同袁世凯讨论了筹备立宪及改革官制等事。10日回京复命。

考察政治大臣出访为时半年左右，周游14个国家。他们考察调查的范围很广，概括起来，活动有四个方面。一是参观，如议院、行政机关、学校、警察、监狱、工厂、农场、银行、商会、邮局，乃至博物馆、戏院、浴池、教会、动植物园等等，几乎无所不包。二是请政治家、学者讲解宪政原理。三是调查各项制度。四是搜集翻译各类图书和参考资料。回国以后，载泽等派人编辑书籍67种，并将其中30种分别撰写提要，进呈慈禧和光绪阅览，另将400余种外文书籍送交了考察政治馆。戴鸿慈、端方也带回许多资料，为供朝廷采择，他们赶写出《欧美政治要义》一书，简明扼要地介绍了欧美各国的政体和制度。以后又编撰了《列国政要》133卷。这些书籍和资料大致叙述了各国政治的源流和概况，不仅对改革政治和其他制度具有重要参考价值，而且使慈禧和当权亲贵对世界大势有所了解，宪政知识有所增长，有利于基本国策的确定。

五大臣之中，只有李盛铎思想比较先进。其余均未出国门一步，对资本主义国家缺乏感性认识，因而不论将资本主义制度说得如何优越，他们思想上也不会完全接受。端方尽管赞成变法，日俄开战后"未尝不叹立宪、专制之不同，其收效为大异也"②，然而得悉留日学生要求归政、立宪时，却电出使日本大臣"密加防范，勿为所惑"③，直到受命出洋考察政治始明确赞成立宪，其是否真正赞成不能不令人怀疑。

---

① 张孝若：《南通张季直先生传记》，140页。
② 一档档案：端方档，函字100号。
③ 一档档案：端方档，370号。

此次考察使载泽等开始走向世界、认识世界，思想发生明显的变化。他们目睹了资本主义国家的物质文明和政治制度的优越性，眼界为之大开，每出访一个国家，都从内心发出赞叹，觉得别国的经验有许多可取之处。载泽、尚其亨访日后写道："大抵日本立国之方，公议共之臣民，政柄操之君上，民无不通之隐，君有独尊之权。其民俗有聪强勤朴之风，其治体有划一整齐之象"，"以三岛之地，经营二三十年，遂至抗衡列强，实亦未可轻量"[1]。他们非常推崇英国的议会政治和地方自治，说："一事之兴，必经众人之讨论，无虑耳目之不周"，"其一国精神之所在，虽在海军之强盛，商业之经营，而其特色实在地方自治之完密"[2]。对于共和制的法国，他们也认为"可以甄采之处，良亦非鲜"[3]。小国比利时在他们眼里同样不简单："其立国治民，亦复井然有法"，"以故人自力耕，盖藏颇裕，植树艺之术，尤复有名于时"[4]。其法制特别是地方自治"完全可法"，"未可以其小而忽之"[5]。戴鸿慈、端方认为美国"驯致富强，实非无故，藉资取镜，所益甚多"[6]。参观华盛顿故居时，戴鸿慈感慨良深："盖创造英雄，自以身为公仆，卑宫恶服，不自暇逸。以有白宫之遗型，历代总统咸则之。诚哉，不以天下奉一人也！"[7] 他们赞扬德国的长处"在朝无妨民之政"，"人有独立之心"，"专注于练兵"。说："其良法美意行之有效者，则固当急于师仿不容刻缓者也。"[8] 目睹丹麦、瑞典、挪威"教育、工业均极讲求"，"学堂林立"，商务"各占优胜"，他们觉得大有好处，"适足增无穷之阅历矣"[9]。小小的荷兰也使他们钦羡不已："政治则律法、监狱是其著意之处，修明整洁，颇为他国所不逮。统计全国壤土之狭，殆不及中国一大府，而厕居列强之侧，汲汲图存，其经画治理之方，正复灿然可睹。"[10] 戴鸿慈还称颂英国的政党政治"诚所谓争公理、不争意气者，亦法之可贵者也"[11]；

---

[1] 《清末筹备立宪档案史料》上册，6页。
[2] 《清末筹备立宪档案史料》上册，11页。
[3] 《清末筹备立宪档案史料》上册，14~15页。
[4] 《清末筹备立宪档案史料》上册，18~19页。
[5] 载泽：《考察政治日记》，127页，政治官报局印，1908年。
[6] 《清末筹备立宪档案史料》上册，7页。
[7] 戴鸿慈：《出使九国日记》，83页。
[8] 《清末筹备立宪档案史料》上册，9~10页。
[9] 《清末筹备立宪档案史料》上册，13~14页。
[10] 《清末筹备立宪档案史料》上册，23~24页。
[11] 戴鸿慈：《出使九国日记》，111页。

认为资本主义国家的"政制相维,其法至善"①。

五大臣在每一个国家逗留的时间都不很长,远不能说考察得周详,了解得透彻。但事实胜于雄辩,在这为时不多的日子里,他们受到的教育之大,获得的新知识之多,却是前此无法比拟的。经此一番洗涤,他们长期禁锢的头脑为之开化,认识空前提高。

考察使他们学会了"比较学",懂得了专制封闭是中国落后的主要原因,中国要富强,就必须同各国做横向比较,不能坐井观天,夜郎自大。戴鸿慈、端方说:"欧洲各国,逼处中原,犬牙相错,甲变乙随,各有忧勤恐惧之心,遂收集思广益之效。中国远在亚东,又为数千年文化之古国,不免挟尊己卑人之见,固未尝取世界列国之变迁而比较之也……然则谋国者亦在善用其比较之法而已矣。"②

戴鸿慈和端方还对近几十年来的中国外交失败探求了原因。他们说:过去许多人认为失败在于外国富强,中国贫弱,固然不无道理。"然概观各国之土地人民,殆无一能及我国者,甚或土地小于我数十倍,人民少于我数十倍,而其兵之强、国之富乃转有过于我数十倍数百倍者",又是什么道理呢?这就"非论者之言所能尽也"。通过"悉心观察",他们做出如下回答:"乃知其所以富强者,不当于其外交之敏捷求之,而当于其内政之整理观之。夫世固未有政治不修,而其国能富、其兵能强者;亦未有内政不修,而外交能制胜利者。欲判其内政之能修与不能修,此不必问他,但问其政体之为何而可以判之矣。"东西洋各国之所以日趋强盛,"实以采用立宪政体之故";中国之所以失败,"实以仍用专制政体之故"。最后得出结论说:当此霸国主义时代,中国若想生存,国富兵强,"除采用立宪政体之外,盖无他术矣"。③

近代以来统治阶级内部不断探讨争论的富强之术,至考察政治大臣出访各国后才算得到了一次清算,进行了一次总结。中国与列强的根本差别不是任何别的东西,而是先进与落后两种社会政治制度的不同。不革除封建专制政治,中国无论怎样努力,也不可能富强,缩短与外国的差距。这就是他们此行最大的收获、最大的进步。这一结论来之不易,意义特别重大,直接关系着朝廷对改革政治的

---

① 戴鸿慈:《出使九国日记》,249页。
② 《回京复命胪陈应办事宜折》,见《考察各国政治条陈折稿》,1906年。
③ 《请定国是以安大计折》,见《端忠敏公奏稿》卷6,1918年。

决策，关系到中国究竟向何处去，即照旧实行封建专制统治还是走资本主义道路的根本问题。事实证明，他们的考察结论起到了积极作用。

二、宣布仿行宪政

在五大臣出访期间，又有一些官员奏请速定立宪大计。清政府因需等考察政治大臣归来方决定大政方针，故政治上未有大的举动，唯在教育方面进行了初步改革。1905年9月2日，袁世凯、赵尔巽、张之洞、周馥、岑春煊、端方会奏立停科举，推广学校，得到批准，着自明年开始，所有乡会试、岁科试一律停止。同年12月6日设立学部，1906年4月25日又裁撤学政，改设提学使，逐步健全教育行政体制。

考察政治馆设立以来迄未开展工作，1906年6月6日，政务处始奏派宝熙和刘若曾充任该馆提调。

日俄战后民族危机依旧相当严重，日本同清政府签订了东三省事宜正约和附约，加紧推行其侵华的"大陆政策"。南昌发生了教案，英法军舰驶入鄱阳湖。立宪派深恐列强进兵内地，极力促使清廷早早决断，要求明确宣布立宪年限，让全国人民了解朝廷的趋向，安定人心，给人民政治自由。1906年5月上旬，在法国的留学生向载泽提出召开国会及各级地方议会的要求。① 戴鸿慈、端方回京路经天津时，8万余名学生又上书提出"奏颁宪法，更改官制，重定法律"②。

立宪派也认识到，要早日实行立宪，仅仅依靠政府是不行的，统治者决不会轻易地把政权让给人民，宪政的实现，最终要靠人民起来争取，人民更应积极准备，不能等待。可是，由于长期的专制统治，一般人民落后愚昧，许多知识分子也缺乏宪政知识和政治能力，不能承担起要求立宪的使命。因此提出，必须广泛开展多种形式的教育，启迪民智，培养人民的爱国思想，提高其参政意识和自治能力。知识分子和绅商更应设立宪法研究会，增长宪政知识，拟出宪法和法律草案，规划改革方案，编辑政法书籍，或上之政府，或供广大人民学习讨论。只有这样，人民才有能力防止政府借口民智不开而不实行立宪，同阻挠立宪的人和将来可能出现的假立宪进行斗争，争取制宪权，制定完美宪法。还提倡各地设立会社，调

---

① 参见《时报》，1906年6月16日。
② 《中华报》，1906年8月20日；《汇报》，1906年8月15日。

查研究情况，养成自治能力，"能自治然后不致依赖官力，于应享之权利可以保全"①。自治"固为人民应有之权利，不必政府之承诺而后行"，人民可自行成立，以便"富裕其政治之经验，而闲熟其实地之措施"②。

在舆论和实行方面，做得最好的要数上海。1905年，资本家李平书、郭怀珠等"惕于外权日张，主权浸落，道路不治，沟渠积污"，集议创设总工程局，"整顿地方，以立自治之基础"③，正式向地方当局表达了参与政治的愿望。苏松太道袁树勋表示同意。李平书等集众公议，认为选举一时难以实行，先就绅商中选出76人，送袁树勋遴派。10月16日，袁树勋派李平书为领袖总董，莫锡纶、郁怀智、曾铸、朱佩珍为办事总董，姚文枏等33人为议事经董，上海内外城厢总工程局成立。其具体任务是收取捐税，编查户籍，转让地产，清扫拓筑道路，安装路灯，修建桥梁，浚河填浜，兴办学堂，编练巡警，处理违警事件，从封建地方政权中分享了地方税权、社会治安、民政和公用事业管理权。总工程局内设代议机关议事会、执行机关参事会，议事以多数意见为准，是按照资产阶级民主制度建立起来的地方自治机构。它的成立标志着资产阶级已经主动地要求参与地方政权，用民主制度管理行政事务，改变封建专制制度。1905年10月，上海青年会首先在其创办的夜校中增开了政治专科讲习班，聘请近代思想启蒙大师严复讲解政治学说，培养造就立宪国民的资格。配合国民教育，广智书局编译了30余种新的资产阶级政治学著作。

人民的这些要求和实际行动，对清廷确立改革的基本国策是一种促进。

载泽在出访英国时就"极愿归国有所建白，于公折外单衔陈请立宪及财政、地方自治等"。但他在政府中没有职务，"深虑阻力之大"，"所言终归无用"④，故归国后竭力消除慈禧的疑虑。1906年7月24日召见时，他详细回答了慈禧的询问。次日又蒙召见，并上折奏请立宪。略谓：东西各国富强"莫不以宪法为纲领"，中国新政"卒未能卓有成效者，则以制治之未得其要也"，要收自强之效，必须实行立宪。"或者以民权渐盛、政俗未合为疑"，此为过虑。凡事"顺其流而导之也易，逆其势而折之也难。今日之事，非行宪法不足以靖人心"。法国、英国

---

① 《论今人民对于立宪之责任》，载《时报》，1905年9月8日。
② 舜修：《论立宪当有预备》，载《东方杂志》，第3年第3期。
③ 杨逸等：《上海市自治志·大事记》甲编，1页，1915年。
④ 《汪康年师友书札》一，837页。

与中国情况不同，难以强效，唯日本"以立宪之精神，实行其中央集权之主义，施诸中国，尤属相宜"。请"破群疑以决大计，秉独断而定一尊，明发谕旨，布告立宪，酌定若干年为实行之期"。并令考察政治馆博采各国宪法拟订草案，广兴教育，改良法律，整理财政，实行地方自治，以为立宪预备。① 载泽身为懿亲，对君权比较注意，特向伊藤博文详细请教，故不主张采用英国的虚君共和制，而主张师法日本。

戴鸿慈、端方出国不久分别晋升为礼部尚书和闽浙总督。返京后连续被召见，面奏出访情况，"详言立宪利国利民，可造国祚之灵长，无损君上之权柄，及立宪预备必以厘定官制为入手"②。同时，上折陈明欧美各国大势，强调指出谋国必须有"真实为国为民之心"，希望朝廷把中国与外国加以比较，确定方略。③ 其后又上《请定国是以安大计折》，这是他们设计的正式立宪之前政治改革的总体方案。他们说，中国贫弱的根本原因在专制，若想富强，只有"采用立宪政体"。但今天还非颁布宪法的时候，因为中国的制度与立宪制度相去太远，贸然仿行，国事更加混乱。只有仿照日本，预定立宪之年，先下定国是之诏，使官员和人民预为准备。国是诏中应该明白宣示：（一）"举国臣民立于同等法制之下，以破除一切畛域"，即宣布在法律、权利、义务面前人人平等。（二）"国事采决公论"。国家先设临时议政机关，地方酌行议会。（三）"集中外之所长，以谋国家与人民之安全发达"，在学术、教育、法律、制度各方面，都要采取外国的长处。（四）"明官府之体制"，宫廷与政府体制划分清楚，皇室经费与国家经费分开。（五）参考各国政治体制，"定中央与地方之权限"，并"先行演习"地方自治。（六）做好实行预算决算的准备。这六件大事必须作为方针确定下来，"宣示天下，以定国是，约于十五年至二十年，颁布宪法，召议员，开国会，实行一切立宪制度"。④ 这个方案比载泽提出的全面具体。

实行立宪不仅仅是政体的改变，同时意味着国体即各阶级在国家统治中的地

---

① 参见杨寿枏：《吁请立宪折（代考察政治大臣泽公拟）》，见《思冲斋文别钞》，1~2页，1928年。载泽所上原折迄未查到，仅发现这个代拟折稿。杨寿枏为载泽出国考察时的随员，负责起草折稿，所言当能反映载泽的思想。
② 戴鸿慈：《出使九国日记》，272页。
③ 参见戴鸿慈、端方：《回京复命胪陈应办事宜折》，见《考察各国政治条陈折稿》。
④ 《端敏忠公奏稿》卷6。

位的改变和整个专制制度的改变，最终导致资本主义制度的确立。对此，当时绝大多数官员尚未认识到。反对派的视线完全集中在权势和利禄上，他们知道自己顽固的思想意识、有限的陈旧知识、因循的作风习惯、敷衍的办事能力，都无法与立宪这场深刻变革相适应，唯恐将被淘汰。对于抱有民族偏见的满族官员来说，还有一个所谓"立宪利汉不利满"的问题在作怪。考察政治大臣归国前，一些反对派就在明的暗的进行破坏，有的公然上折为专制制度辩护，说中国贫弱不在专制，相反，"其病总由于君权之不振"，立宪"施之我国，则有百害而无一利"①。考察政治大臣回国奏陈以后，反对派坐立不安，有的阳为赞成，阴实反对；有的赤裸裸地否定立宪，胡说"立宪，弊政也，主张平等者之莠言也。果实行之，行将不利君，不利国，不利官，而民气日嚣，不可复制"②。此种言论专从私利上耸人听闻，最足打动朝廷及官僚之心，用意极为险恶。

戴鸿慈、端方7月抵上海后，曾致电各省督抚征求对立宪的意见。朝廷亦以此事关系至大，电令各督抚、将军条陈应否立宪及期限长短。原先主张仿效明治维新的丁振铎表现最差，说此次考察的不是各国当年变法时的政治，不能仿行，今日所急在于养成国民之公心。张之洞认为民智未开，教育未普及，反对宣布立宪。袁世凯、周馥和奉天将军赵尔巽均同意宣布立宪。岑春煊主张预备立宪以十年为期。

无论是朝内还是朝外，反对立宪的势力都很强大，立宪能否确立在不少人心目中尚是一个疑问，如任反对派肆意鼓簧，淆乱观听，必然动摇朝廷的决断。载泽目睹此情，异常愤怒，8月23日毅然单衔上奏，力挽狂澜。奏折首先针对反对派散布的无耻谰言，揭露了他们的肮脏灵魂。指出："宪法之行，利于国，利于民，而最不利于官。""盖宪法既立，在外各督抚、在内诸大臣其权必不如往昔之重，其利必不如往日之优，于是设为疑似之词，故作异同之论，以阻挠于无形。彼其心非有所爱于朝廷也，保一己之私权而已，护一己之私利而已。"接着驳斥了反对派散布的几个说法。有人说立宪有损君主权力，其实不然，立宪有"皇位永固"、"外患渐轻"、"内乱可弭"三大利。有人说人民程度不足，"不知今日宣布立宪，不过明示宗旨，为立宪之预备。至于实行之期，原可宽立年限"。有人说立宪利汉不利满，"方今列强逼迫，合中国全体之力尚不足以御之，岂有四海一家自分

---

① 《清末筹备立宪档案史料》上册，107~108页。
② 《立宪论》上，载《华字汇报》，1906年9月23日。

畛域之理？至于计较满汉之差缺，竞争权力之多寡，则所见甚卑，不知大体者也"。"不为国家建万年久长之祚，而为满人谋一人一家之私"，"忠于谋国者决不出此"。最后言："伏乞圣明独断，决于几先，不为众论所移，不为浮言所动。"① 载泽所论并不完全正确，如说立宪后君权不受损害就不符合实际，所言立宪有"三大利"也未必真有那样大的效力，但对反对派阴暗心理的揭露颇能击中要害，通篇立论均从国家前途和大局出发，既无狭隘的民族偏见，亦不考虑个人利害，心地比较光明正大，敢于同顽固守旧势力斗争，在宗室和满人中实属一个人物。

慈禧对立宪并无太深的成见，她最关心的只有四件事："一曰君权不可侵损，二曰服制不可更改，三曰辫发不准薙，四曰典礼不可废。"② 现在看到载泽奏折，大为感动。时人评论说，"吾国之得出专制而进于立宪，实以此折为之枢纽"③，可见其在朝廷决策中所起的作用之大。

8月25日，戴鸿慈、端方又奏请改定官制。他们认为日本在预备立宪期间两次大改官制，效验显著，借鉴实行，可以事半功倍。提出八项具体改革意见，即：略仿责任内阁制，以求中央行政统一；划分中央和地方权限；中央、地方重要衙署皆设辅佐官（次官），中央各部主任官（长官）事权应当统一；调整中央机构；变通地方行政制度；裁判、税收官员独立；取消吏胥，代以书记；重新制定任用、升转、惩戒、俸给、恩赏诸法及官吏体制。

同日，朝廷命醇亲王载沣，军机大臣奕劻、瞿鸿禨、荣庆、鹿传霖、铁良、徐世昌，政务处大臣张百熙，大学士孙家鼐、王文韶、世续、那桐和参预政务大臣袁世凯阅看考察政治大臣条陈的折件。

8月27日，慈禧召见袁世凯，袁面奏先组织内阁，从改革官制入手。戴鸿慈、端方奏请设立编制局，制定官制。

28日，受命阅看考察政治大臣折件的诸大臣讨论是否实行立宪。奕劻首先发言说：立宪有利无弊，符合民意，应从速宣布。孙家鼐认为变动太大，容易引起骚乱，应徐图变更。徐世昌说：唯有大变，才能振起全国人民精神。孙家鼐再言：人民知道立宪的极少，马上实行非但无益，反而有害。张百熙指出：国民程度的

---

① 《镇国公载奏请宣布立宪密折》，见《宪政初纲·奏议》，4~7页。
② 《余肇康致止公相国函》，光绪三十二年八月五日。
③ 《宪政初纲·奏议》，7页。

高低全在政府劝导，如坐等提高，永远不能立宪，只有先事预备立宪，诱导提高国民程度。荣庆非难说：中国情势与外国不同，实行立宪，必至执政者无权，坏人得以栖息其间，为祸非小，应使官吏尽知奉法以后再议。瞿鸿禨回答说：正因中外情势不同，才定为预备立宪，而不是立即实行。铁良又提异议，说人民不知要求立宪，授之以权，不仅不以为幸，反而以分担义务为苦。实行自治，坏人便会掌握地方命脉，非常危险。袁世凯又作了解释。载沣年轻，未正式发言，但赞成立宪。① 多数同意改为立宪政体，从改革官制入手，预备立宪。

袁世凯入京后对立宪表现得空前热心，对人扬言："官可不做，法不可不改"，"当以死力相争"②。大臣"有欲梗其议"者，他就用无限上纲的办法大扣其政治帽子，呼叫："有敢阻立宪者，即是吴樾"，"即是革命党！"经其恐吓，"于是无敢言者"③。他的表演赢得倡导立宪的声名。

29日，慈禧召见会议宪政大臣，询问立宪之事。诸大臣皆回答应行立宪，唯鹿传霖、王文韶默然，他们都是反对派，鹿传霖就对奕劻说过："我看此次变法比戊戌年变政更为扰乱，不可不慎。"④ 慈禧再问，他们始勉强表示同意。实行立宪就此决定。

1906年9月1日，朝廷发布了仿行立宪的上谕。上谕在叙述了中国国势不振和各国富强的原因之后写道："时处今日，惟有及时详晰甄核，仿行宪政，大权统于朝廷，庶政公诸舆论，以立国家万年有道之基。但目前规制未备，民智未开，若操切从事，涂饰空文，何以对国民而昭大信。故廓清积弊，明定责成，必从官制入手，亟应先将官制分别议定，次第更张，并将各项法律详慎厘订，而又广兴教育，清理财务，整饬武备，普设巡警，使绅民明悉国政，以预备立宪基础。著内外臣工切实振兴，力求成效，俟数年后规模粗具，查看情形，参用各国成法，妥议立宪实行期限，再行宣布天下，视进步之迟速，定期限之远近。"⑤

这道上谕确立了实行立宪的基本国策，国家由此进入预备立宪时期，即由封

---

① 参见《立宪纪闻》，3~4页，见《宪政初纲》。
② 陶湘：《齐东野语》，见陈旭麓主编：《辛亥革命前后——盛宣怀档案资料选辑之一》，28~29页，上海人民出版社，1979年。
③ 孙宝瑄：《忘山庐日记》下，914页。
④ 《汇报》，1906年10月17日。
⑤ 《清末筹备立宪档案史料》上册，43~44页。

建专制政治向资产阶级民主政治过渡的新时期。

过去,慈禧曾把提倡君主立宪视为大逆不道,加以残酷镇压。而今上谕公开承认中国的政治制度不如资本主义优越,宣称必须"仿行宪政",这对一向虚骄狂妄、顽固守旧的清政府来说,如果没有丝毫的诚意和决心,是决然办不到的。虽然这是被迫的、不自觉的,但不容否认,能承认这一点就表明执政者开始意识到欲在弱肉强食、竞争激烈的世界旋涡中求得生存和发展,就只能抛弃腐朽落后的专制制度,向资本主义国家看齐,向先进的制度学习,并非仅仅为了欺骗人民蓄意玩弄的一场假立宪骗局。

上谕强调"大权统于朝廷,庶政公诸舆论",说明执政者对政权的开放极为有限,准备采用日本预备立宪时期开明专制的老办法。

上谕罗列的预备立宪的内容非止政治制度一端,企图把教育、财政、军事、巡警等一齐纳入近代化的轨道,雄心可谓不小,可惜未能把握住立宪的主要精神。

中国原有的政治制度与立宪国家根本不同,广大人民也缺乏应有的政治觉悟、参政能力和文化素养,实行立宪有个过渡时期完全有必要。但上谕没有确定立宪年限,只说视进步之迟速,定期限之远近,弹性很大,不能给人以明确的盼头,易使人产生遥遥无期之感,有故意拖延之嫌,是个很大的缺点。其所以说得如是含糊其辞,一方面是大臣意见不统一,一方面是他们对这起破天荒的大事没有任何把握,既担心"操切从事,涂饰空文",无法向国民交代;又顾虑过于迟缓国民产生怨言,只好走一步看一步,过几年视情况再定。平心而论,确也有其不得已的苦衷。

走立宪之路是历史发展的必然,社会的巨大进步,符合人民的利益愿望。上谕发表以后,立宪派和绅商学子认为:"以五千年相沿相袭之政体,不待人民之请求,一跃而有立宪之希望,虽曰预备,亦极环球各国未有之美矣"①,"诚古今未有之盛举"②。他们"奔走相庆,破涕为笑"③,莫不"额手相庆曰:中国立宪矣,立宪矣,转弱为强,萌芽于此"④。他们欢呼:"大哉王言,其真曲体舆情者

---

① 《汤寿潜致瞿中堂函》,光绪三十二年,中国社会科学院近代史研究所档案。
② 《论实行立宪不定期之善》,载《南方报》,1906年9月4日。
③ 中国第二历史档案馆编:《中华民国史档案资料汇编》,第1辑,100页,江苏人民出版社,1979年。
④ 《论报馆恭祝立宪》,载《申报》,1906年9月16日。

乎！虽然，自其过去者言，则十三日（9月1日）之上谕，所以结十三日以前数千年专制之局；自其未来者言，则十三日之上谕，所以开十三日以后数百年或数千年立宪之幕。"① "今日我等所处之地位，与七月十三日以前已如隔世，真堪为中国贺。"② "我中国以四五千年破坏旧船，当此过渡时代，列强之岛石纵横，外交之风波险恶，天昏地暗，民智未开，莫辨东西，不见口岸。何幸一道光明从海而生，立宪上谕从天而降，试问凡我同舟，何等庆幸！"③

与欢呼的同时，立宪派和绅民张灯结彩，敲锣打鼓，热烈庆贺。都城北京最先行动，9月5日，商务印书馆、公慎书局、江西学堂以及一些报馆、阅报社，就开始高悬国旗庆贺。其后京西健锐营各学堂、城内各学堂也进行了庆祝。11月25日（农历十月十日）为慈禧的寿诞，以往人们并不理会，今年不同，"从此要实行立宪，这次圣寿就是实行立宪的纪念。这等的好日子，拍着巴掌，跳着脚儿，要喜喜欢欢的庆贺大典"④。这一天，各学堂师生万余人齐集京师大学堂，举行了庆贺立宪典礼。

直隶的天津、保定教育界都召开了庆祝大会。天津开会时有女士发表演说，保定开会时师生同呼"立宪万岁"，高唱《庆贺立宪歌》两遍。

最热烈的要数江苏，其中又以上海居首。9月9日，上海城厢内外总工程局和总商会、华商体操会、南市商业体操会、洋货商业会馆、商学补习会、锡金商会、商学公会以及中央学校等单位都开了庆贺会，有的还举行了游行。16日，《时报》、《同文沪报》、《中外日报》、《申报》、《南方报》联合召开了庆贺会，各界到者千余人，会上马相伯、郑孝胥作了讲演，会后演出了名剧。南京、无锡、常州、扬州、镇江、松江等地的商会、商务分会和学堂均开会以示庆贺。扬州商学界撰写的《欢迎立宪歌》表达了他们的喜悦心情，歌词为：

大清立宪，大皇帝万岁万万岁！光绪三十二年秋，欢声动地球。运会来，机缘熟，文明灌输真神速。天语煌煌，奠我家邦，强哉我种黄。和平改革都无苦，立宪在君主。大臣游历方归来，同登新舞台，四千年旧历史开幕。英雄数巨子之

---

① 《敬注十三日上谕》，载《南方报》，1906年9月3日。
② 《郑苏龛京卿演说稿》，载《申报》，1906年9月17日。
③ 《马相伯观察演说词》，载《时报》，1906年9月18日。
④ 《京话实报》，1906年第53号。

东之西，劳瘁不辞，终将病国医。纷纷革命颈流血，无非蛮动力。一人坐定大风潮，立宪及今朝。搜人材，备顾问，一时大陆风云奋。勖哉诸君，振刷精神，铸我中国魂。辛苦十年磨一剑，得此大纪念。圣明天子居九重，忽然呼吸通。古维扬，新学界，侧闻立宪同罗拜。听我此歌，毋再蹉跎，前途幸福多。①

其他许多省都举行了庆祝会。处于英国殖民统治下的威海卫人民也念"究属我国疆土，甚盼将来我国恢复海军，倚为根踞"，9月9日在刘公岛举行了大会，"预贺立宪前途，同尽国民义务"②。

立宪派不无夸张地说："凡通都大邑，僻壤遐陬，商界学界，无不开会庆祝。"③当各地绅商士民庆贺的电报汇呈上去的时候，慈禧、光绪"颇深嘉悦"④。

当然，诅咒、反对的也大有人在。在中国这块古老的土地上，封建的伦理道德、专制独裁等思想意识已经浸润了数千年之久，企图在短期内要顽固守旧人物脱胎换骨，转变观念，那是不现实的。前进的道路上荆棘丛生，困难重重。但立宪既已成为历史发展的大趋势，任何力量也无法逆转了。

三、改革政治体制

预备立宪的工作相当艰巨复杂，非一朝一夕所能完成，必须根据人民的愿望和实际能力，国家的具体情况，各民族的不同特点，国际形势的发展变化等等，分别轻重缓急，难度大小，进行全面规划，统筹安排。清政府接受了考察政治大臣的建议，确立了师法日本的指导思想，明治维新从改革官制入手，清廷亦然。改革官制就是确立中央和地方的政治体制。实行自上而下的改革要靠各级政权决策部署和贯彻执行，首先改革政治体制未尝不是抓住了重要的一环。问题的关键在于是否真正按照立宪国家的体制进行改革。下面将中央和地方的体制改革分别加以叙述。

（一）中央体制改革

清政府的中央机构原有吏、户、礼、兵、刑、工六部和都察院、理藩院、大

---

① 载《华字汇报》，1906年9月20日。
② 一档档案：《威海卫商学界呈泽公、宪政大臣电》，外务部档，4746号。
③ 松隐居士：《〈立宪盛典〉文牍论说初编序》，见《立宪盛典》，文宜书局，1906年。
④ 《申报》，1906年10月2日。

理寺；行政中枢为军机处，军机大臣无定员，均有兼职；内阁原为行政总汇之地，后逐渐被军机处取代，至清末已成为闲曹；此外，尚有太常寺、翰林院等机构。

中央体制改革以1901年应列强要求改总理各国事务衙门为外务部为嚆矢。外务部设尚书一人，左右侍郎各一人，上有总理大臣、会办大臣，下置左右丞、左右参议，人数、体制均与六部有别。1903年，增设商部，除不设总理大臣、会办大臣外，其余均与外务部相同。1905年，又增设巡警部和学部，均同商部。另外，还增设了财政处、练兵处和税务处。这样就出现了新旧并存的现象。而更重要的是，在专制制度下，行政、立法、司法不分，行政缺乏监督，财政没有检查，体制很不健全；机构配置也不合理，职责不明。企望如此的政府领导好预备立宪是毫无希望的，对之进行改革是完全必要的。

1906年9月2日，朝廷派载泽、世续、那桐、荣庆、载振、奎俊（吏部尚书）、铁良、张百熙、戴鸿慈、葛宝华（刑部尚书）、徐世昌、陆润庠（工部尚书）、寿耆（都察院都御史）、袁世凯共同编纂官制，着总督端方、张之洞、升允、锡良、周馥、岑春煊派司道大员来京随同参议，奕劻、孙家鼐、瞿鸿禨总司核定。4日，编纂官制大臣召开第一次会议。6日，设立编制馆，以孙宝琦、杨士琦为提调，金邦平、张一麐、曹汝霖、汪荣宝、陆宗舆、邓邦述、熙彦、吴廷燮、郭曾炘、黄瑞祖、周树模、钱能训为各课委员，六部和财政处、练兵处亦有京曹与议。

对于制定官制，编纂官制大臣拟定了五条基本原则：1．"参仿君主立宪国官制厘定"，此次只改行政、司法，其余一律照旧；2．改革要做到"官无尸位，事有专司，以期各副责成，尽心职守"；3．实行三权分立，议院一时难以成立，先从行政、司法厘定；4．钦差官、阁部院大臣、京卿以上各官作为特简官，部院所属三、四品作为请简官，五至七品为奏补官，八、九品为委用官；5．另设集贤院、资政院安置改革后的多余人员。①

按照谕旨的本意，制定官制应由载泽主持，但实际上却为袁世凯所控制。袁在编制馆中安插了不少亲信，掌握起草工作，一切说帖都要经其阅定。他从一己私利出发，极力想同奕劻组阁，操行政用人大权，并借内阁代皇帝负责，防止将来光绪执政对其出卖戊戌维新之举进行报复。新官制草案拟出，他就让张百熙具

---

① 参见《宪政初纲·奏议》，7~9页。

疏密保奕劻为总理,他为副总理。

体制改革是一次政治权力的再分配,牵涉到所有官员和集团的利益,因此阻力特别强大。御史吴钫分析阻力来自三个方面,一是各部大员,"一切仰给于官,一经裁并,闲废必多,若无罪而罢斥,亦人情所难堪";二是各部司员,他们积至这种资格至少要十几年,"一旦弃已成之绩,舍其旧而新是谋,则向日之资格概归乌有,将来之升沉更不可知";三是满员,改革之后,"无数冗员将归裁汰,出身之路既绝,谋生之术俱穷"。① 这里说的还不包括地方官员。现实的利益使百官难以保持缄默,一场激烈的斗争势所难免。

在开始起草修改方案的一段时间内,斗争表现不太明显。迨裁撤内阁、军机处、吏部、礼部、都察院,归并其他机关,成立责任内阁的草案传出以后,斗争立即趋于激烈。反对派的主角为军机大臣铁良、荣庆。如成立责任内阁,不得兼职,荣庆肯定只能专任学部尚书,地位下降;铁良如出任副总理,其财政权(户部尚书)、兵权(练兵处会办)将同时失去,亦非所甘心。铁良声言"立宪非中央集权不可,实行中央集权非剥夺督抚兵权财权、收揽于中央政府则又不可"②,与袁世凯大起冲突。为了破坏改革,有些人还煽动太监起来闹事,散布说,改革官制,所有宫监悉于摒除,内务府也要裁撤。太监闻风,都跑到慈禧面前泣诉。宗室的王公、贝子、将军等听说袁世凯提议以后不许他们干预政事,也群起哄闹不已。慈禧被干扰得寝食俱废,对人说:"我如此为难,真不如跳湖而死。"③ 袁世凯不得不把不议宫廷机构的意思宣布,以释群疑。

9月22日,御史王步瀛奏陈改革官制应"兼采众议",令百官各抒所见④,奉旨俞允。于是京朝各官奏章竞上,9月下旬至10月上旬斗争达到高潮。

翰林院撰文李传元,内阁学士麒德,御史涂国盛、联魁、杜本崇认为,改革不能全面更张,不能过急,应从缓办理。御史刘汝冀说,总理大臣代替君主负责,是"率天下士夫,内背朝廷","不可轻设"。⑤ 御史王步瀛认为责任内阁不如军

---

① 《清末筹备立宪档案史料》上册,404~405页。
② 《时报》,1906年9月30日。
③ 陶湘:《齐东野语》,见《辛亥革命前后——盛宣怀档案资料选辑之一》,29页。
④ 中国社会科学院近代史研究所档案。
⑤ 《清末筹备立宪档案史料》上册,421~423页。

机处好。① 御史张瑞荫、翰林院侍读柯劭忞、吏部主事胡思敬说，内阁权重，"用人偶失，必出权臣"，君权将被取代，军机处万不可废。② 翰林院侍读周克宽全面否定官制草案，主张保留旧制。③ 内阁中书王宝田、户部笔帖式忠文、户部郎中李经野、兵部员外郎马毓桢等反对体制改革，也反对立宪。他们叫嚷：立宪"有大谬者四端，可虑者六弊，不可不防者四患"。改革官制是"用夷变夏，乱国法而害人心"，设立内阁"实阴以夺朝廷之权"。④ 内阁学士文海指斥立宪有"削夺君主之权"，内阁有"败坏国家"等"六大错"，要求裁撤编制馆，饬令袁世凯速回本任。⑤ 一些人还"指斥倡议立宪之人，甚至谓编纂各员谋为不轨"⑥。

御史赵炳麟、蔡金台、石长信、王诚羲、史履晋一致反对立即设立责任内阁，认为现在还不是成立的时候，否则就会出现"大臣专制政体"。⑦

在部院尚侍以上的大员中，王文韶、鹿传霖均持反对态度。都御史陆宝忠反对袁世凯主持体制改革。瞿鸿禨与奕劻、袁世凯矛盾甚深。醇亲王载沣亦反对袁世凯。

袁世凯感到不妙，接连上疏，然皆被留中。又于召见时面奏令守旧大臣退休，慈禧严厉斥之，并将参折交其与奕劻同看，袁始恐惧，以检阅南北秋操为名急急出京而去。

载泽深恐体制改革流产，10月21日上折向慈禧解释了总理和督抚权限问题，以去其疑，并请求召对，从容陈说。⑧ 慈禧对之已不复如前之信任，未予召见，体制改革后也未予重用。

反对派的阵容之强使慈禧感到左右为难，她只好命编纂官制大臣和衷共济，妥善协商。编纂官制大臣做了妥协，于是原拟裁撤的吏部、都察院被保留下来。他们拟订的草案首为内阁，以原内阁及军机处改并，置总理大臣1人，左右副大臣各1人，各部尚书同为内阁政务大臣，均辅弼君主，代负责任。每部设尚书1人，

---

① 参见《清末筹备立宪档案史料》上册，427页。
② 参见《清末筹备立宪档案史料》上册，410、429~430、433页。
③ 参见《清末筹备立宪档案史料》上册，419页。
④ 参见《清末筹备立宪档案史料》上册，152~157页。
⑤ 参见《清末筹备立宪档案史料》上册，139~140页。
⑥ 张一麐：《古红梅阁笔记》，见《心太平室集》卷8，38页，1947年。
⑦ 《清末筹备立宪档案史料》上册，125、441页。
⑧ 参见一档档案：《申明厘定官制要旨折》，朱批奏折档，109号。

主管本部事务，为本部最高长官；左右侍郎各1人，协助尚书处理部务。所设之部为外务、民政、财政、陆军、海军、法、学、农工商、交通、理藩、吏部。另改政务处为资政院，礼部为典礼院，大理寺为大理院。都察院仍旧，增设集贤院、审计院、行政裁判院和军咨府。

总司核定大臣奕劻、孙家鼐、瞿鸿禨复核时，又将财政部改名为度支部，交通部改名为邮传部，取消典礼院，恢复礼部。11月2日，将核定的方案呈进。并上折说明此次厘定的中央官制以"与宪政相近为要义"，"尤以清积弊，定责成，渐图宪政成立为指归"。对于内阁，他们声明："如以议院甫有萌芽，骤难成立，所以监督行政者尚未完全，或改今日军机大臣为办理政务大臣，各部尚书均为参预政务大臣，大学士仍办内阁事务。虽名称略异，而规制则同，行政机关屹然已定，宪政官制确有始基矣。"①

慈禧看过京官的条陈，害怕责任内阁成立后君权潜移，疑忌袁世凯权势过重，不同意设立，对奕劻等提出的改军机大臣为政务大臣的方案也仅接受了一半。

11月6日，朝廷发布裁定中央官制上谕，内阁、军机处照旧；各部尚书均充参预政务大臣。外务部、吏部、学部均仍旧。巡警部改为民政部。户部改为度支部，以财政处并入。礼部以太常、光禄、鸿胪三寺并入。兵部改为陆军部，以练兵处、太仆寺并入。应行设立的海军部及军咨府，在未设以前，暂归陆军部办理。刑部改为法部，专任司法。大理寺改为大理院，专掌审判。工部并入商部，改为农工商部。轮船、铁路、电线、邮政设立专司，名为邮传部。理藩院改为理藩部。除外务部堂官照旧外，各部堂官均设尚书1员，侍郎2员，不分满汉。都察院改设都御史1员，副都御史2员，六科给事中改为给事中，与御史均暂如旧。资政院、审计院均着设立。其余衙门毋庸更改。

同日，命奕劻、瞿鸿禨仍留军机处，世续补为军机大臣，林绍年以侍郎用，在军机大臣上学习行走。鹿传霖、荣庆、徐世昌、铁良均开去军机大臣，专管部务。谕令继续编订地方官制。

次日，任命了各部尚书。外务部仍存旧有体制，以奕劻为管部总理大臣，那桐为会办大臣，瞿鸿禨为会办大臣兼尚书；其余各部尚书分别为：吏部鹿传霖，

---

① 《清末筹备立宪档案史料》上册，463~465页。

民政部徐世昌，度支部溥颋，礼部溥良，学部荣庆，陆军部铁良，法部戴鸿慈，农工商部载振，邮传部张百熙，理藩部寿耆，都察院都御史陆宝忠。

此次中央体制改革虽未设责任内阁，究与过去有所不同。第一，军机大臣减少，各部尚书均充参预政务大臣，责任权限加重，有向责任内阁过渡的意图；第二，各部堂官只设尚书1员，侍郎2员，不分满汉，侍郎为尚书的辅佐官，名额有所减少，打破了过去满汉各半和尚侍平等的体制，各部机构设置趋于一致；第三，确认了三权分立的原则，行政、司法开始分离；第四，尚侍成为专职，可以加强责任心，集中精力办理部务；第五，准备增设资政院、审计院、海军部和相当于总参谋部的军咨府，陆军和海军、军政和军令分开，向世界各国体制看齐，将使国家体制趋于完善。

清廷仅仅用两个月的时间就搞完了中央体制改革，速度是够快的，但迈出的步子并不大。就一种政治制度来说，改革的目的在于保留增设有益的机构，裁减归并不必要的机构，保证内部运营机制得以畅通无阻，提高效能。对于预备立宪来说，仅仅这样还远远不够，因为要向立宪过渡，改革的任务就不能限于形式上的模拟，而应使机构发生质变，达到根本的改观。此次改革恰恰没有做到这一点，虽有进步，依旧不脱专制性质。在11个部的13名大臣、尚书中，有7人为满族，5人为汉族，1人为蒙古族，虽云满汉不分，而事实却是满多于汉，尚不如改革前的满汉各半。

因此，多数立宪派人士均感失望，尖锐地批评是"伪改革"，"徒为表面之变更"①，"袭皮相而竟遗精神"②。有的愤怒地说："政界事反动复反动，竭数月之改革，迄今仍是本来面目，政界之难望，今可决断。"③梁启超似乎早有思想准备，未抱多大希望，对人言："此度改革，不餍吾侪之望，固无待言。虽然，又当思此度之动机果发自何所乎？不过一二人偶以其游历所耳食者，归而姑尝试之耳，若国民则全未有厝意于此……故望此次改革之有大效，实无有是处；而因此次改革之无效而失望，益无有是处也。"④

---

① 《论今日时局之危》，载《申报》，1906年12月6日。
② 英敛之：《新年颂》，见《也是集》，35页，大公报馆，1907年。
③ 丁文江等编：《梁启超年谱长编》，368页，上海人民出版社，1983年。
④ 丁文江等编：《梁启超年谱长编》，368页。

外国舆论没有好评，日本尤甚，讥之为"弥缝主义"，"因循而已，姑息而已，不足以有改革之价值"①，"可谓之龙头蛇尾之改革"②。

此次改革经历了激烈的斗争，性质复杂，不能简单地归结为守旧派的胜利和改革派的失败。

如前所述，刘汝骥、王步瀛、胡思敬、周克宽、王宝田、文海等不仅反对体制改革，而且从根本上反对立宪，企图阻止社会前进，是地地道道的顽固守旧派，他们对改革体制的攻击无疑具有守旧派与改革派斗争的性质。

赵炳麟、蔡金台、石长信、王诚羲、史履晋等之反对马上设立责任内阁，却是另外一种情况。首先，他们都积极赞成立宪，属于革新势力，此举"非阻挠立宪彰彰明矣"③。其次，他们不是认为责任内阁不好，而是认为不到设立的时候。他们说，立宪的根本精神在于议院，只有待议院成立时才能设立责任内阁，没有议院执行立法和监督权，内阁就会利用代君主负责和本身职权实行专制。从立宪角度观察，赵炳麟等是属于高层次的，坚持真正的君主立宪和民主政治；而袁世凯等步趋的则是日本预备立宪时期的官僚专制政治，相较之下，赵炳麟等倒是更为激进一些。再次，他们斗争的直接矛头是针对袁世凯的政治野心。赵炳麟说得很明白："袁世凯自戊戌政变与皇上有隙，虑太后一旦升遐，必祸生不测，欲以立宪为名，先设内阁，将君主大权潜移内阁，己居阁位，君同赘疣，不徒免祸，且可暗移神器……炳麟拜御史之命次日上第一疏，又五日上第二疏，世凯大恐。"④又说："立宪精神全在议院，今不筹召集议院，徒将君主大权移诸内阁，此何心哉！连疏论之。"⑤

此时袁世凯已训练完北洋六镇常备军，手握重兵，身兼八差，党羽遍布朝野，权势炙手可热，"朝有大政，每由军机处问诸北洋"⑥，天津被人称为"第二政府"；他不仅欲壑难填，而且为政专擅，其与贪婪的奕劻组阁，怎能实行真正的立宪？仅以他主持起草的官制草案而论，既是一个全面的改革方案，那就应当将标志着

---

① 《东报对于改革官制之批评》，载《申报》，1906年11月22日。
② 《龙头蛇尾之改革》，载《时报》，1906年11月20日。
③ 《清末筹备立宪档案史料》上册，127～128页。
④ 赵炳麟：《谏院奏事录》卷1，18页。
⑤ 赵炳麟：《光绪大事汇鉴》卷12，3～4页。
⑥ 张一麐：《心太平室集》卷8，36页。

民主的议会的性质、权限以及与责任内阁的关系等明确规定下来（尽管不能马上设立），以体现立宪的基本精神。但草案不讲议会，只讲资政院，而资政院又是由政务处改设的"采取舆论之地"，"无强政府以施行之权"①。其关于设立资政院的说明更将其用心暴露无遗："国民义务以纳税为一大宗，现在财政艰难，举行新政何一不资民力，若无疏通舆论之地，则抗粮闹捐之风何自而绝？营业税、所得税等法必不能行……近日民智渐开，收回路矿之公电，告讦督抚之公呈，纷纷不绝，若听其漫无归宿……政府将应接不暇。惟专设一舆论总汇之地，非得由资政院不得上闻……通国之欲言于政府者，移而归诸资政院，化散为整，化嚣为静，又限制该院只有建言之权，而无强政府施行之力，使资政院当舆论之冲，政府得安行其政策。"②说穿了，意图有二，一是借资政院增加捐税，二是让资政院分谤，根本不是为了扩大民权。不仅如此，他连唯一能够纠劾行政的都察院也主张取消，任何监督机关都不要，还谈什么预备立宪？专制而已。正因看透了袁世凯的用心，赵炳麟等才针锋相对地予以揭露，阐明内阁与议会的关系，宁愿在议会成立之前仍让改革皇帝光绪执掌国家大政，也不愿袁世凯的政治野心实现。因此，赵炳麟等反对设立责任内阁不是以守旧反对改革，而是改革派内部不同集团之间的斗争。就同袁世凯个人的斗争看，则是真立宪派与伪立宪派的斗争。

主张立宪的瞿鸿禨在责任内阁问题上与赵炳麟等取同一立场，同一目的。瞿与奕、袁交恶已非一日。他"持躬清刻"，"锐于任事"③，颇负清望，对奕劻的昏庸贪婪和袁世凯的植势跋扈、结党营私，深恶痛绝。改革体制时袁曾有意拉拢，瞿不为所动，对内阁不置可否，而"隐沮之"，暗中向慈禧进言，慈禧卒"采鸿禨之议，仍用军机处制，世凯大失望，益衔鸿禨"④。他们的分歧表面看去是为设立责任内阁，实际乃是"斗法"⑤，仍是改革派内部不同集团之间的权势之争。

（二）地方体制改革试点

清代的地方体制比较复杂，内地建制为行省，东三省以八旗驻防体制为主，兼采行省制度，"藩部"内蒙古、外蒙古、青海、西藏是特别行政区域，此外还

---

① 《资政院官制清单》，见《改正官制原奏全录》，京话实报馆，1906年。
② 《宪政初纲·官制草案》，57~58页。
③ 赵尔巽等编：《清史稿》本传，中华书局，1977年。
④ 汪诒年：《汪穰卿先生传记》卷4，8页，1938年。
⑤ 《汪康年师友书札》一，895页。

有京师的顺天府。

1900年以前，行省的体制分为省、道、府、县四级。省的最高机构为督抚衙门，最高长官为总督、巡抚。下有承宣布政使司（藩司），置布政使，主管民政和财政；提刑按察使司（臬司），置按察使，主管司法和监察。另有提督学政，掌管学校教育，由中央简放，无属官。省下为道，置道员。道员约分二类，一类专管一事，如粮道、河道、盐法道等；一类是与行政有关的按地区划分的分巡道和分守道，前者掌辖区司法，后者掌辖区财政。道下为府（直隶州、直隶厅），领有属县，长官称知府。府下为县（散州、散厅），长官称知县。省、道都是执行上级政令并监督下级的机关，府、县直接管理人民。

推行新政期间，清政府对地方体制做过个别调整，裁撤了督抚同城的巡抚，改学政为管理近代教育的行政机构提学司，增设了巡警局，但整个体制基本未变。这种旧体制是建立在自然经济基础之上的，层次太多，官员知识陈旧，无法适应资本主义事业的发展，只有镇压剥削人民的反动消极作用，罕有促进社会进步的积极功能。

中央体制大体确定之后，编纂官制大臣开始讨论改革地方体制的大纲。载泽、戴鸿慈、瞿鸿禨、徐世昌等主张全体性改革，孙家鼐、王文韶、鹿传霖、荣庆、葛宝华等主张在原有的基础上略加变更，双方争论不休。最后决定将两种改革办法电告督抚，征求意见，再决取舍。

1906年11月5日，编纂官制大臣通电各省督抚，基本内容如下：

厘定官制为立宪之预备，各省官制自应参仿中央各级官制。今拟分地方为府、州、县三等，现设知府不管所属州县，专治附廓县事，仍称知府，从四品，原设首县裁撤。直隶州知州、直隶厅抚民同知均不管属县，与散州知州统称知州，正五品。直隶厅抚民通判及知县统称知县，从五品。府州县各设六至九品官，分掌财赋、巡警、教育、监狱、农工商及庶务，同集一署办公。另设地方审判厅，受理诉讼。府州县各设议事会，由人民选举议员，公议应办之事；设董事会，由人民选举会员，辅助地方官办理议事会议决之事。以后再加推广，设立下级自治机关。适当增减巡道，并置曹佐。

省城院司各官，现拟两层办法。设行省衙门，督抚总理政务，略如各部尚书。藩臬两司，略如部丞。下分各司，设官略如参议。督抚与属官共同办公，一稿同画，不必彼此移送申详。府州县公牍直达于省，由省径行府州县。各省设高等审判厅，受理上控案件。行政、司法各有专职，文牍简壹，机关灵通，与立宪国官制最为相近。此为第一层办法。第二层办法，以督抚直接管理外务、军政，并监督行政、司法。布政司专管民政和农工商。按察司专管司法行政，监督高等审判厅。另设财政司，专管财政，兼管交通。均设属官佐理一切。学、盐、粮、关、河各司道仍旧制。各司道事务均秉承督抚意旨办理。此系照现行官制量为变通，以专责成而清权限。①

次日，朝廷命奕劻等继续拟定地方官制，并会商督抚筹备地方自治。

各督抚接电后，绝大多数在1907年2月17日以前表明了态度。明确赞成第一层办法的有：吉林将军达桂、新疆巡抚联魁、晋抚恩寿、湘抚岑春蓂、盛京将军赵尔巽、滇督岑春煊、黑龙江将军程德全；认为第一层办法最佳，但目前不能实行，应从第二层办法入手，或先在个别省区试点的有：黔抚庞鸿书、桂抚林绍年、苏抚陈夔龙、川督锡良、赣抚吴重熹；主用第二层办法的为陕抚曹鸿勋、浙抚张曾扬、粤督周馥、鲁抚杨士骧，主张折中调和的为尚未到任的闽督丁振铎；鄂督张之洞、甘督升允对两层办法都反对。豫抚张人骏、皖抚恩铭态度不明朗。

对于其他各项，督抚没有逐一答复。从已提到的情况看，关于巡道，赞成裁撤者较多。关于省府州县设立审判厅，大都以司法人才不足而主张缓办，或逐渐推行。对府州县不相统属，赞成与反对者旗鼓相当。关于府州县设曹佐分司治事，多数同意，但都强调增官过多，财政拮据，人才难得，不能马上实行，应先培养人才，或先从富庶地方办起。关于府州县设议事会、董事会，绝大多数都认为有必要，然又说教育未普及，民智未开，各地情形悬殊，实行尚非其时，有的主张先普及教育，有的主张先在民智高的地方试办。②

载泽又上折痛斥大臣因循昏聩，力请照原议第一层办法办理。慈禧因中央体制改革效果不佳，欲待整顿好后再作考虑，未予批准。编纂官制大臣也觉各省情况不同，民智、人才、经费均有问题，全国同时并举，确实不易，经过再三掛酌，认为"东三省根本重地，经画宜先，且一切规模略同草创，或因或革，措置亦较易为功"，乃决定先从东三省试点，"俾为各省之倡"。③

---

① 《厘定官制大臣致各省督抚通电》，光绪三十二年九月十九日，见《各省督抚请厘定官制电稿》，中国社会科学院近代史研究所档案。
② 各督抚将军的复电见《各省督抚请厘定官制电稿》，中国社会科学院近代史研究所档案。
③ 《清末筹备立宪档案史料》上册，505页。

第四章 确立基本国策

东三省为清王朝的"龙兴之地",一直被朝廷视为特别区域,限制人民出关,长期实行封禁。建置的一套制度也自成体系。最高长官为将军,由满族人或蒙古族人担任。吉、黑将军署下,分设户、礼、兵、刑、工五司;盛京为"陪都",体制较崇,特设户、礼、兵、刑、工五部,又设奉天府尹,制比京师的顺天府,掌理陪都的教化政令。三省实行的都是八旗驻防和民政并存、而以八旗驻防为主的体制。以后随着流民的移入,土地的垦辟,商业的发达,城市的兴起,不得不在经济发达的地区陆续设立府厅县,置官管理人民,这种情况在庚子年以后更趋明显。另一方面,体制本身存在着许多固有矛盾。日俄战争结束以后,俄国据有北满,日本据有南满,压力特大,旧有体制尤难适应新的形势。总之,"交涉日繁,郡县日辟","旧司新局,分列渐多,旗署民官,畛域显判,几于漫无统纪,浸就废弛"①。盛京将军赵尔巽深感办事困难,奏请派遣大臣赴奉查看。1906年10月,朝廷派载振和徐世昌赴东三省考察。1907年4月20日,朝廷下令将盛京将军改为东三省总督,兼管三省将军事务,每省设巡抚一员。授徐世昌为总督、钦差大臣,唐绍仪为奉天巡抚,朱家宝署理吉林巡抚,段芝贵以布政使衔署理黑龙江巡抚。并命徐世昌等拟定官制。

5月22日,徐世昌等将东三省官制及督抚办事要纲上奏。奉旨如所议行。

东三省新的体制不同于内地,三省各设行省公署,取消了督抚、藩、臬各署,公署内设承宣厅、议政厅,以左、右参赞领之,又置交涉、旗务、民政、提学、度支、劝业、蒙务7司。督抚与僚属共同办公。公署外另设督练处,主持军政;设提法司,以理刑法。总督为三省的最高长官,巡抚为次官。八旗事务的处理权均转到督抚之手。②

东三省过去虽号称为"省",但无内地行省建置的意义。经过此次改革,才改变了以驻防为主的旗民双重体制和特殊区域的性质,真正同内地行省一律;使机构具有了多元功能的近代化特征;取消了长期封禁的状况,加强了同内地政治、经济、文化的交流和联系。

东三省体制改革不久,奕劻等根据各方面的反映,在东三省改革的基础之上

---

① 《光绪朝东华录》,5670页。
② 参见《光绪朝东华录》,5670页,《东三省督抚办事要纲》、《东三省职司官职章程》,载《申报》,1907年5月29日~6月1日。

制定了全国通行的地方体制。慈禧总觉利少弊多,谕以缓议。后袁世凯与端方电商,先从直隶和江苏试办,慈禧方允。

1907年7月7日,奕劻、孙家鼐上奏颁行地方体制章程。①

从组织机构上看,通行的地方体制变化不大,仅改按察司为提法司,增设巡警道和劝业道,府州县仅将有辖境的同知、通判改为州县,有属县的直隶厅改为直隶州,裁撤了分守、分巡道。

但与过去相比,还是有很大区别。首先,规定督抚设会议厅,定期传集司道以下官员讨论紧要事件,决定施行。涉及地方,要让乡绅与议。此种办法多少可以抑制督抚的专制作风。其次,府州县取消了佐贰杂职,一律以佐治官代之,分掌巡警、教育、农工商、交通、监狱和税收事宜,通过考试录用。既可使长官专力于行政管理,又使其他事务有专人负责,机构趋于合理化。再次,各省设提法司,置提法使,管理司法行政,监督各级审判,并规定设立前所未有的高等、地方和初级审判厅,为司法独立打下了基础,地方司法行政与审判分离也于此时奠定。最后,规定分期设立府州县议事会、董事会,增设民意机构,试行地方自治,此亦为过去所无。新体制在向近代化接近。

同日,朝廷允准,谕令由东三省首先实行,直隶、江苏择地试办,待有成效,逐渐推广,限十五年全国一律实行。

(三)"丁未政潮"

1907年,以东三省督抚的任命为直接起因,最高统治集团中引发了一场激烈斗争,史称"丁未政潮"。

1907年初赴东三省考察回京路经天津小住时,载振为歌妓杨翠喜所倾倒。直隶道员段芝贵以为奇货可居,当即将杨赎出,向载振献上,并从商会会长王竹林处借银10万两作为奕劻寿礼,运动得黑龙江巡抚缺。1907年春确定东三省改革体制,袁世凯为了扩充个人势力,把东三省变成自己的外府,交给奕劻一个名单。奕劻便提出以徐世昌为总督,唐绍仪、朱家宝、段芝贵为巡抚。瞿鸿禨与奕劻、袁世凯素不亲善,见所提尽属袁党,特别是段芝贵以道员而晋升巡抚,实为前所

---

① 参见《清末筹备立宪档案史料》上册,503~510页。

罕见,"不大赞成"①,与林绍年一起"力争其不可"②,而慈禧竟于4月20日宣布了对徐世昌等人的任命。举朝为之哗然。

岑春煊在戊戌变法时支持过光绪皇帝,八国联军进京时积极率兵勤王,护驾西逃有功,极得西太后宠信,由布政使一直做到总督。1907年春正在上海养病,奉旨调补川督。他极为痛恨奕劻、袁世凯的所作所为,想趁机"造膝密陈种种危迫情形",于是以赴任为名,抵达武汉,突然电请顺道入觐,且不待复电乘车北上,4月29日到京。次日慈禧、光绪即予召见,并且一连召见三日。岑面奏:"近年亲贵弄权,贿赂公行,以致中外效尤,纪纲扫地,皆由庆亲王奕劻贪庸误国,引用非人。"将打击的矛头直指奕、袁集团,参劾大僚20余人。又言:"臣不胜犬马恋主之情,意欲留在都中为皇太后、皇上作一看家恶犬。"③慈禧大受感动,5月3日,授其为邮传部尚书。同日,岑又面参该部侍郎朱宝奎,朱被革职。奕、袁"闻日来上词色甚厉,一再责备枢臣",深感"大局可虑"④。岑与瞿鸿禨关系密切,这一来二人站到了同一条战线上。

关于段芝贵向载振献杨翠喜、向奕劻行贿,岑春煊也进行了密奏。5月7日,台谏著名的"三霖"之一御史赵启霖(另两位是江春霖、赵炳麟)亦就此事狠参段芝贵一本,同时指出,段"无功可纪,无才可录","专恃夤缘","诚可谓无廉耻";而奕劻、载振父子"惟知广收赂遗,置时艰于不问,置大计于不顾,尤可谓无心肝"⑤。西太后大怒,立将段芝贵撤职,命载沣和孙家鼐查办,并怒斥奕劻:"如是欺蔽朝廷,不如用麻绳缢死我母子为佳。"⑥奕劻惶恐万分,载振急走天津问计于袁世凯。袁让其将杨翠喜送回天津,其余由他安排。经过袁的精心策划,杨翠喜已变成王益孙的使女,王竹林矢口否认有借钱给段之事。载沣、孙家鼐派人到天津调查一无所获,以查无实据复奏。5月16日,慈禧以赵启霖任意污蔑亲贵重臣,将其革职。次日,载振请开去农工商部尚书及一切差使,慈禧俞允。

都御史陆宝忠上折为赵启霖辩护,御史赵炳麟亦上折营救,御史江春霖则要

---

① 《陆宗舆致端方函》,五月六日,见《端方存札》,中国社会科学院近代史研究所档案。
② 汪诒年:《汪穰卿先生传记》卷4,6页。
③ 岑春煊:《乐斋漫笔》,见《近代稗海》,第1辑,100、102页,四川人民出版社,1985年。
④ 一档档案:《袁世凯致端方电》,端方档,354号。
⑤ 《光绪朝东华录》,5660页。
⑥ 孙宝瑄:《忘山庐日记》下,1019页。

求彻查杨翠喜案，以扳倒奕劻，为赵启霖洗雪。慈禧概不允准，轰动一时的杨翠喜案就此结束。通过此案，奕、袁的勾结又进了一步。

奕劻、袁世凯认为岑春煊的行动系瞿鸿禨所指使，林绍年是瞿的重要帮手，"非去之不能自全"①。3人之中，又以瞿、岑为主要对手。并认为岑最不利于己，但深受慈禧信赖，一时不易扳倒，应首先将其排挤出京。所以参案一结束，他们就发起反击，对岑进行恶毒中伤，并借广东有革命党起事，只有岑堪胜剿抚之任为名，5月28日，奏调岑为两广总督。岑在京不到一月，即被排斥而去。

在排岑的同时，奕、袁还想把林绍年逐出军机，5月29日，由奕奏请，授林为度支部侍郎。经瞿鸿禨与世续力请，林方仍留军机处。

岑春煊临行，又密疏参劾奕劻"甚烈"，"上颇动"。袁担心"不日恐有变局"②，为了保住自己，他们采取主动进攻的策略，让农工商部侍郎杨士琦拟稿，用1.8万两白银贿买侍讲学士恽毓鼎，并许诺将其外放为布政使，要其具名参劾瞿鸿禨。恽毓鼎甘作奕、袁的枪手，劾瞿"暗通报馆，授意言官，阴结外援，分布党羽"③。6月17日，慈禧不经查实即将瞿革职。瞿被革职的主要原因在于奕、袁诬陷他"为政归计"④，"自恃得君，密请赦还康、梁，至于再三"⑤，"忤太后旨"，"失宠太后"⑥。故以后虽查明未有被参各事，慈禧亦未收回成命。

6月19日，奕劻请开去军机大臣，慈禧未允；同日，却令载沣在军机大臣上学习行走，以分其势，作将来取代之计；同时，授鹿传霖为军机大臣，填补瞿鸿禨之缺。

之后御史赵炳麟、陈田、陆宝忠不断参劾袁世凯揽权营私，奏请严禁党援。袁世凯内不自安，亦于7月25日奏请"明党派"，攻击瞿鸿禨"专务汲引私人，阿比亲旧"，"内外结引，排异联同"，搞的完全是私党。又说现值预备立宪，政党将兴，应"严辨于君子小人之界"，"究竟为公为私，而因示以劝惩焉"。⑦

---

① 《汪穰卿先生传记》卷4，8页。
② 一档档案：《袁世凯致端方电》，端方档，354号。
③ 《光绪朝东华录》，5681页。
④ 《袁世凯致端方密札》，见《汪穰卿先生传记》卷4，10页。
⑤ 汪诒年：《汪穰卿先生传记》卷4，13页。
⑥ 金梁：《光宣列传》224，6页，1934年；《清史稿》卷437，《瞿鸿禨传》。
⑦ 一档档案：《直隶总督袁世凯密陈管见十条清单》，光绪三十三年六日十六日，军机处朱批档，宪政专题，114号。

第四章　确立基本国策　73

企图洗刷自己，蒙骗朝廷，并落井下石，防止瞿鸿禨死灰复燃。

岑春煊虽被排斥出京，但"眷尚未全衰"①。奕劻、袁世凯认为他是一大祸根，立意把他搞垮。他们知道慈禧最痛恨康、梁，而岑同康、梁的关系也非寻常，于是"密奏春煊曾入保国会，为康、梁死党"。慈禧并未轻信。后蔡乃煌"侦得其情，思媚袁以求进，因入照相馆觅得春煊及康有为影相各一，点景合成一片，若两人聚首密有所商者，献于袁世凯。世凯大喜，交奕劻密呈太后，证为交通乱党"②。7月上旬，御史陈庆桂又两次劾岑。慈禧对岑的信任动摇了。

8月9日，奕劻、袁世凯的枪手恽毓鼎又缮折参劾岑春煊。本日，他在日记中记述："自缮封奏，劾粤督岑春煊不奉朝旨，逗留上海，勾结康有为、梁启超、麦孟华，留之寓中，密谋推翻朝局，情迹可疑……康、梁自日本来，口以排满革命之说煽惑我留学生，使其内离祖国，为渔翁取鹬蚌之计。近又迫韩皇内禅，攘其主权，狡狠实甚。余惧岑借日本以倾朝局，则中国危亡，不得不据实告变，冀朝廷密为之备也。蔡伯浩、顾×× 来，久谈。"③他加给岑春煊结交康、梁"密谋推翻朝局"，"借日本以倾朝局"的罪名，全是诬陷不实之词，这一无情的杀着显然是经过密谋的，日记中与恽久谈的"蔡伯浩"就是向袁世凯献岑春煊、康有为合影的蔡乃煌。次日，恽将参折呈上。

这次参劾深触慈禧之忌，8月12日，岑春煊被开缺。林绍年也被赶出军机，出任河南巡抚。奕劻、袁世凯在这场政潮中获得胜利，瞿鸿禨、岑春煊彻底失败。

但袁世凯肆无忌惮地与贪庸误国的奕劻紧密勾结，未免把自己的野心暴露得过于昭然。在官员的接连参劾下，慈禧决定将其调离北洋，9月4日，授袁为军机大臣兼外务部尚书。与袁同时进入军机的还有张之洞。慈禧调袁、张入京，用意颇深，既因疑忌袁权势过重，也因袁、张都是推行新政的能手；同时，也是为了避免人们对重满抑汉政策的攻击。她对奕劻说："国事如此，人皆曰我满人为之，今且听彼汉人了当一切，看如何。是故袁、张二大臣所议办事，我曹自今勿阻挠也。"④

---

① 一档档案：《袁世凯致端方电》，端方档，354号。
② 胡思敬：《国闻备乘》卷3，12页。按：史料记载此事多有异同，此取胡记。
③ 恽毓鼎：《澄斋日记》，光绪二十三年七月一日，稿本。
④ 孙宝瑄：《忘山庐日记》下，1069页。

经过"丁未政潮",军机处无形之中进行了一次改组。慈禧期望袁世凯、张之洞能够有所作为,但他们并没有转变为真正的立宪派官僚,对宪政也仅知皮毛,况袁"主张急进",张"主张缓进"①;袁热衷权势利禄、结党营私,张向以孤高廉洁自恃,二人常常明争暗斗。奕劻党袁,世续、鹿传霖顽固,载沣懦弱无能,在如此一个班子领导下,可以预期立宪的预备工作是不可能搞好的。

四、加紧筹备

(一)革命与外患的震惊

在1906年9月至1907年7月这段时期,清政府的筹备立宪工作主要集中于改革体制,其他方面甚少进展。

清政府认为教育是立宪的基础,比较注意发展近代教育事业,学部派遣一些人员赴西方国家和日本进行调查考察,制定了一些章程,数次研究了推行强迫教育,做了一些初步工作。

司法方面仅有天津地方的试办。1907年3月,天津府高等审判厅、县地方审判厅和乡谳局成立。由于袁世凯的指导思想是"于变通旧法之中,寓审慎新章之意"②,搞得不伦不类。中央的法部与大理院为权限之事纠缠不清,后请教梁启超,方做了妥协划分,增改了大理院官制,并着手拟定审判章程。

直隶、奉天地方自治的试点稍有成绩。

直隶、奉天奉命试点为1905年8月。袁世凯决定先在天津府试办,为此设立自治局,派员筹办。为解除误会,自治局首先在城区和四乡开展宣讲工作,使人了解自治的利益和方法。同时,编印法政官话报,分发府属州县学习,并将自治知识编成白话,广为张贴。为培养自治人才,局内又设自治研究所,令各县选送绅董入内研究学习。1906年11月,袁世凯令自治局在天津县试办议事会和董事会。自治局组织了由各界代表和局员在内的自治期成会,讨论通过了试办章程。1907年4月开始划分选区和选举的宣传活动,以后进行了议事会的初选和复选。8月18日,天津县议事会成立,李士铭和王劭廉当选为正副议长。同月30日,袁世凯奏请以天津县自治为模范,计划全省自治,三年一律完成。另外,还饬令分期分

---

① 张一麐:《古红梅阁笔记》,见《心太平室集》卷8,40页。
② 一档档案:《袁世凯专设审判由天津试办由》,军机处朱批档,宪政专题,143号。

批组织各州县士绅赴日本考察地方自治。天津的试点为在全国推行提供了经验，此后各省举办地方自治多以天津为榜样。①

奉天人民在日俄战争期间曾在部分地区自发地组织起来，实行自治。如：1904年8月，兴京厅和海龙府的绅商就创立了东三省保卫公所，"保卫本地商民之生命财产"，公选职员，民主议事，负责本地立法，裁判诉讼，与日俄交涉，管理公款，抵御外侮；② 1905年3月，经日本军政署允许，袁金铠在辽阳联合46村成立了公议局，实行自治。另有40余村也成立了公议局。

1906年12月，奉天设立了全省地方自治局，1907年2月开办了调查员养成会，接着又开办自治研究所。1908年2月，自治局召集各府厅州县商会代表、劝学员等开会，讨论了自治办法。5月间开办了自治讲习所，培训自治人员。

光绪对预备立宪的进展很不满意，斥责各级官员办事不力。1907年7月6日，光复会的核心人物之一徐锡麟在安庆率巡警学堂学生起事，将巡抚恩铭击伤，恩铭旋即死去。起事虽然马上遭到镇压，但对清廷震悚很大，筹备立宪的工作也为之一变。

清廷预备立宪的目的之一是为了消弭革命，革命派因反对立宪而加速起事，而起事反过来又促进了预备立宪，客观上成为预备立宪的动力。所以立宪派认为像徐锡麟这样的革命党人对于中国前途来说，不是可悲，"实为可贺"。"可贺者何？贺其鞭策我政府速行立宪也。"③事实确也如此。奕劻"闻皖恩铭被戕警耗，大惧，以为实行预备立宪，庶可免暗杀之患"④。对慈禧、光绪说："欲弭革命之叛乱，舍实行立宪主义，实无良策。盖此辈无他术，只以中国为专制政体，专以压制为惑人之术，我若及早颁布实行，则革匪无术以惑人。"⑤端方电铁良说："吾等自此以后无安枕之一日，不如放开手段，力图改良，以期有益于天下。"⑥

徐锡麟起事直接促成了朝廷加速预备立宪的决心和步伐。7月8日，谕令除

---

① 关于天津自治的资料，参见《天津自治局文件录要》、《试办天津县地方自治章程》，见甘厚慈编：《北洋公牍类纂》卷1、2，北京益森公司，1907年；《清末筹备立宪档案史料》下册，719~721页。
② 参见《创立东三省保卫公所章程》，原载《时报》，转见《北京报》，第50册，3~5页。
③ 《大公报》，1907年7月16日。
④ 《皖变始末记》，见《辛亥革命浙江史料选辑》，444页，浙江人民出版社，1981年。
⑤ 《盛京时报》，1907年7月16日。
⑥ 《辛亥革命浙江史料选辑》，444页。

原许专折奏事者外,其他官员和人民均可条议预备立宪之方,施行之序,"官民均应讲求,务使事事悉合宪法"①,开始承认人民有参议国家大政的权利。

此时国际形势也发生了重大变化。6月10日,日本与法国签订了日法协定。通过换文,确定了两国在中国的势力范围,法国为两广、云南,日本为福建、东北。7月19日,日本逼迫朝鲜国王李熙让位于太子李坧,24日又与朝鲜外交大臣签订新约,使日本驻朝统监成为朝鲜政府的太上皇。7月30日,原为敌国的日本与俄国也签订了日俄协定。8月31日,英国与俄国又签订协定,俄国承认英国在西藏具有特别利益。三个协定促成了过去日英同盟和俄法同盟的合作及日俄法英4国的妥协,中国面临着严重的民族危机。日本的吞并朝鲜政策,更直接造成对中国东北的威胁。这些都极大地震撼着中国人民的心灵,也影响着清政府预备立宪的实施。

官员应诏陈言,反对立宪者少,要求迅速宣布立宪年限者多。于是,朝廷接二连三地下令,立宪的筹备工作以前所未有的速度进行。

(二) 措施种种

清廷为加快筹备工作,除迭次命令各级官员速设宪政研究会和法政学堂,讲求、调查宪政,培养、推荐立宪人才外,还采取了如下措施。

1. 改组考察政治馆为宪政编查馆

1906年10月19日,考察政治馆始启用关防。由于任务不重,同年12月初又将会议政务处(11月改政务处为会议政务处)的工作并入该馆。奕劻等认为,预备立宪的入手方法,"总以研究为主,研究之要,不外编译东西洋各国宪法,以为借镜之资;调查中国各行省政俗,以为更张之渐。凡此两端,皆为至当不易、刻不容缓之事。"因此于1907年8月13日奏请将考察政治馆改为宪政编查馆,由军机大臣总理其事,将会议政务处事宜改归内阁办理。②同日,奉旨俞允。

8月24日,奕劻奏准宪政编查馆办事章程。宪政编查馆归军机大臣直接领导,性质类似立宪国家责任内阁的法制局,与资政院的关系是"一司编纂,一主赞定",资政院成立后,该馆"核定之稿送由院中陆续议决"。③其任务是:议复奉旨交议

---

① 《清末筹备立宪档案史料》上册,44页。
② 参见《清末筹备立宪档案史料》上册,45~46页。
③ 《清末筹备立宪档案史料》上册,48页。

有关宪政折件，承拟军机大臣交付调查事件；调查各国宪法，编订宪法草案；考核法律馆所订法典草案，各部院各省所订单行法及行政法规；调查各国统计，汇集全国统计表及各国比较统计表。组织编制设提调2员，综理馆中一切事宜。总核2员，负责稽核各项奏咨文牍及官报事件。下置编制、统计两局，另有官报局等。为使该馆将来编订各种法案有所依据，10月22日，奕劻等又奏请让各省设立调查局，考察调查本省民情风俗、历史现状，随时汇报编查馆。同日，谕令各省设立调查局，中央各部院设立统计处。10月26日，《政治官报》创刊，除军机、外交秘密，凡立法、行政之上谕，官员奏折及咨牍，各项章程等等，均予选登。旨在公开庶政，让官民传观研究，增加透明度。

宪政编查馆提调由原考察政治馆提调宝熙、刘若曾担任。12月3日，复将其他人员配齐。主要人物有：总核王庆平、曹广桢，编制局正副局长吴廷燮、章宗祥，统计局正副局长沈林一、钱承，官报局局长华世奎，总务处总办左孝同；编制局正科员汪荣宝、曹汝霖、恩华，统计局正科员延鸿、林棨、陈毅。副科员之中，留学归国的法政学生几乎占了一半。1908年4月20日，杨度经袁世凯和张之洞推荐，被赏加四品京堂候补，在宪政编查馆行走。① 5月23日，劳乃宣亦被授为同样职衔。

改组宪政编查馆体现了政府对预备立宪的重视，从此预备立宪有了专门机构预筹，军机大臣有了决策的帮手，过去茫无头绪的现象将有所改观。可是，由于馆内东西洋留学生皆有，所学各异，主张各别，俨然分为两派，有的还为利禄所诱，成为当权者的应声虫，以致削弱了它可能发挥的作用。

2. 再派大臣考察宪政

对于宪法，五大臣出访时注意到了，但未进行深入的考察。现在筹备立宪，制定宪法为首要一着，故又有人提出考察宪法问题。1907年7月28日，袁世凯奏陈说，在立宪国中，德国与日本最与我国相近，应派大臣分赴两国"专就宪法一门，详细调查"②。政府认为，到德日考察是必要的，然英国为西欧立宪之祖，也

---

① 许多记载及论著均说杨度任宪政编查馆提调，实误。杨初为"行走"，未定职务，后明确为"参议"，兼充增设的考核科会办。彭剑先生查阅档案后指出，宣统三年三月二十九日杨度又兼任了考核科总办。
② 《清末筹备立宪档案史料》上册，202页。

不能遗漏。于是9月9日，朝廷特简外务部右侍郎汪大燮、邮传部右侍郎于式枚、学部右侍郎达寿分充出使英、德、日考察宪政大臣。

11月底以后，达寿、于式枚、汪大燮先后出京考察。1908年3月23日，朝廷命达寿回京供职，改以出使日本大臣李家驹代之。

3. 筹办代议机关

中央体制改革时已经确定在中央设立资政院，但直到1907年6月岑春煊奏请，均未引起足够重视。恩铭被刺以后，7月25日，袁世凯又奏请迅速设立，以"采群言"，说"预备立宪之方，莫亟于此"①。8月11日，赵炳麟提出，"资政院宜实有议院性质"，议案得多数同意者，"政府不得拒绝"；政府违法失政，多数同意弹劾者，"必付行政裁判官评议，其重大者，政府不得居其位"。②12日，徐定超亦请迅设上下议院。9月18日，署黑龙江巡抚程德全认为，资政院"选举之途略狭，权责之寄太轻"，国会为"宪政之精髓"，不如"径开国会"，奏请在设立责任内阁的同时，"创立国会，以重监督政府之权"。③

会议政务处同意袁世凯的意见，否决了赵炳麟的意见，认为议院与政府立于对等地位，不应有所偏重，"今以资政院为议院基础，藉为政府之监督，在宪法未定、议院未立之时，组织办法，应使彼此相维，先使议政、行政权限分明，庶无凌虐之弊。"④

根据会议政务处的意见，1907年9月20日朝廷颁谕说："立宪政体取决公论，上下议院实为行政之本。中国上下议院一时未能成立，亟宜设资政院以立议院基础。著派溥伦、孙家鼐充该院总裁。所有详细院章，由该总裁会同军机大臣妥慎拟定，请旨施行。"⑤任命溥伦、孙家鼐为总裁，资政院的筹备工作有了具体负责人。

9月25日，正副都御史陆宝忠、伊克坦、陈名侃认为资政院类似各国的上院，奏请改都察院为"国会"，以立下议院基础，下议院议员由都察院中简充，并由

---

① 一档档案：《直隶总督袁世凯密陈管见十条清单》，光绪三十三年六月十六日，军机处朱批档，宪政专题，144号。
② 《清末筹备立宪档案史料》上册，512页。
③ 《清末筹备立宪档案史料》上册，255、258页；下册，606页。
④ 一档档案：《会议政务处议复赵炳麟奏组织内阁宜确定责任制度折》，会议政务处档，19号。
⑤ 《清末筹备立宪档案史料》下册，606页。

各省督抚保荐2至3人共同组成。同时，设立省、县、市议会。三四年后再将资政院、"国会"改为上下议院，下议院议员由选举产生。① 这个意见遭到都察院全体御史反对。御史们认为陆宝忠等所奏大失立宪精神，10月6日由忠廉领衔联名上奏说，议院与都察院性质不同，作用绝异，强附都察院以下议院之名，不唯得不到下议院精神，而且会失去都察院的作用，为害极大。应"详议组织国会之法，酌定召集国会之期，扫除一切以察院代国会、以保荐代投票之谬说，务使下院特别设立，不失民选之义"。②

10月22日，会议政务处讨论此事。认为资政院已"参合上下两院之制"，预备立宪"自有此必循之阶级"，"所以不遽开国会者，非靳之也，盖有待也"。"谏官与议员体制不同，万难混合"，否定了陆宝忠等的意见。至于忠廉等所奏设立议院，"应俟资政院办有规模，再当审时度势，次第推行"。③

11月12日，又有湖南举人萧鹤祥呈请代奏速开国会。

迟至12月15日，会议政务处方议复程德全和萧鹤祥请开国会折呈。他们仍然坚持："今资政院既经议设，实为议院之基础，并非贵族之更名，并令各省酌开董事会、议事会，以办理地方自治，应俟议事会、董事会办有成效，再行议开国会，庶免欲速不达之弊。"④ 政府认定，立宪必须循序渐进，分阶段步骤，只能先设资政院，预立议院基础，过几年后再审时度势，考虑召开国会问题。

1908年1月20日，朝廷简派景星、俞廉三、丁振铎、曹鸿勋、陆元鼎协理开办资政院事务。3月15日，又派宝熙、沈云沛帮办资政院开办事务。同日，资政院奏调顾瑸、汪荣宝、程明超、俾寿、赵炳麟、章宗祥、曹汝霖帮助拟定院章。

1907年7月上旬，民政部为开创风气，树立预备立宪基础，特饬京师内外城巡警总厅倡导地方自治，组织自治局和自治研究所。8月，又通咨各督抚仿照直隶办法，择地试办。

朝廷认为，"议院言论之得失，全视议员程度之高下。非教育普及，则民智

---

① 参见《清末筹备立宪档案史料》下册，606~608页。
② 《清末筹备立宪档案史料》下册，617~619页。
③ 一档档案：《会议政务处奏议复都御史陆宝忠等请改都察院为国议会折》，录副奏折档，光绪三十三年，6号。
④ 一档档案：《会议政务处奏议复萧鹤祥请开国会折附片》，录副奏折档，光绪三十三年，6号；《会议政务处议复黑龙江巡抚程德全奏胪陈管见折》，宪政编查馆考察筹备宪政档，48号。

何由启发；非地方自治，则人才无从历练"。为使"议院早日成立，宪政可期实行"，特于9月30日命学部统筹普及教育善法，民政部妥拟自治章程，"随时切实稽查，立为考成，勿任空文塞责"①。

在民政部迭次督催下，一些省开始筹办地方自治。1907年，浙江开办了全省地方自治会。广西设立全省自治局，附设自治研究所。广东成立了自治期成会。江苏在江宁设立筹办地方自治总局，并附设自治研究所、实地调查所，次年又在苏州设立了另一个自治局（督抚不同城，总督驻江宁，巡抚驻苏州）。1908年，湖北也设立全省地方自治局和武汉公民养成所，在法政学堂附设自治研究班。徐世昌札饬哈尔滨道设立中国自治局。湘抚岑春蓂札饬长沙府开办地方自治。其他省也跟着行动起来。

1907年10月19日，朝廷以为资政院设立以后，各省"亦应有采取舆论之所，俾其指陈通省利弊，筹计地方治安，并为资政院储材之阶"，又正式通谕督抚在省会速设咨议局，慎选官绅创办。同时，将"各府州县议事会一并预为筹画，务期取材日宏，进步较速，庶与庶政公诸舆论之实相符，以副朝廷勤求治理之意"。②

4. 消除满汉界限

革命运动逐渐高涨的原因之一，就是满汉畛域即两族人民存在着不平等的问题。清王朝入关伊始，实行民族压迫政策，歧视防范汉人。以后随着满族人民的不断汉化，民族压迫亦趋缓和，可是彼此之间的界限并未消除。以官缺而论，有专为满缺者，有满汉并用者。中央体制改革以后，尽管各部院尚书侍郎不再分别满汉，各旗都统、驻省将军等这些专为满人而设的官缺也开始兼用汉人，而实际情况改变不多。官缺的升转满汉还存在着差别，为镇压汉人反抗而设的各省驻防依然未撤。汉人纳税，满人皆著兵籍，义务很不均衡。满汉刑律也不一致。这些都说明清朝统治者狭隘的民族偏见相当牢固。革命派就是利用这些事实和顽固守旧的满族亲贵散布的排汉言论，掀起革命排满运动的。当然，革命并非单纯的排满，然而排满几乎成了革命的同义语。

革命潮流的激荡使许多人认识到，要消除革命，必须消灭满汉界限。中央体制改革前端方就提出了这个问题，恩铭被刺后又有一些人提出新的建议。朝廷也

---

① 《德宗景皇帝实录》卷578，7页。
② 《清末筹备立宪档案史料》下册，667页。

意识到这个问题的重要，1907年8月10日下令让中央地方各衙门筹划全部化除满汉畛域的办法。

严格说来，一国之内的民族政策并不属于宪政的范畴。可是，立宪政治是平等的政治（虽然不会有真正完全的平等），要求全国人民在法律面前人人平等，享受同等的权利，担当同等的义务。如果各民族间的不平等差别不消灭，要做到这一点是不可能的。可以说，国内各民族一律平等是实现立宪政治的一个先决条件。清廷下令研究化除满汉畛域办法，固然是为了消除革命，与立宪同样有极为重要的关联。他们把化除满汉畛域作为预备立宪的措施之一，是根据中国的特殊国情做出的，也是应当的。

化除满汉畛域得到绝大多数满汉人民的拥护，许多满汉官员都积极贡献了建设性的意见。这些意见大体有：官缺不分满汉，用人唯才，划一满汉官员晋升办法，黜陟赏罚一律；裁撤驻防，取消旗档，编为民籍，归州县管理，旗丁分年裁撤，发给钱粮，自谋生计，或由国家筹办实业，安置旗民；移驻京旗屯垦东三省荒地；废除满人专律；满汉通婚，学生同校；礼俗一致；变通满人姓氏等。总之，满汉一切都要同样，不能再存任何界限差别。

朝廷的态度比较坚决，一方面劝导极少数思想不通的旗民，一方面采取措施。9月27日谕令各省督抚会同将军、都统，查明驻防旗丁数目，妥拟章程，先就驻防原有马厂、庄田各产业，分划区域，计口授地，责令耕种；如不敷安插，再于农闲季节在驻防附近以时价购买田地，每年按旗丁的1/10或再少一些授给领种，逐渐推广。所授之地严禁典售，以所授田地多少，作为裁撤口粮标准。旗丁归农以后，丁粮词讼统归地方官治理，一切与平民无异。同时，要认真举办各项实业和教育，扩大旗丁谋生之计。一定要破除情面，实力奉行，不得听任旗人"挟持私见，阻挠大计"，"期于化除畛域，共作国民"。①10月9日，又令礼部和修律大臣议定满汉通行的礼制和刑律，"用彰一道同风之治"②。这些办法对密切两族人民的关系无疑是非常有益的。

袁世凯又一次提出责任内阁问题，但多数官员认为没有立法和监督机关，不能组建责任内阁，主张与议院同时设立。会议政务处则以为现在军机大臣、各部

---

① 《光绪朝东华录》，5740页。

② 《光绪朝东华录》，5745页。

大臣皆已参加会议政务处会议，"出则为各部行政长官，入则为内阁政务大臣，衡之各国中央合议之制，已有初基"①；况各项立宪制度尚未确定，单独组阁亦非其时。组阁之事就此搁置。

---

① 《政务处奏会议袁世凯奏密陈管见折》，载《盛京时报》，1907年9月24日。

第五章 立宪团体应时而生

一、民族资产阶级的代言人

19世纪70年代，中国就有了民族资本主义工商业，但发展非常缓慢。至20世纪初年，由于抵制外国货物和收回利权运动的推动，政府的鼓励，方获得较为迅速的发展。1900年以前，民族资本主义企业约有156家，资本共5000余万元；1901年至1911年，全国新设立的厂矿激增至340家，资本达1亿元有余，数量和资本总额均为此前20余年的两倍多。纯粹商办企业的比重也有显著增长。1900年前，商办厂矿121家，约占资本总额的40%；1901年至1911年，商办厂矿277家，占资本总额的60%。①特别是1905年至1908年期间，发展突现一个高峰。集资兴办铁路和轮船也很突出，商办铁路公司遍及15个省区②，资本在5万元以上的轮船公司新设17家之多③。各省情况同样反映了这一趋势。以浙江为例，1904年以前共有民族资本企业15家，而1905年后4年新增设的即与其相等；资本1万元以上的工厂，1901年至1904年仅4家（包括1家官商合办），资本总额为21.4万元；1905年至1908年增至13家，资本总额为149万元。④其他如广东、广西、湖南、湖北、江苏、直隶、福建、四川发展亦相当迅速。新式企业的迅速发展又推动了资本主义商业的繁荣。民族资产阶级经济实力的增长，基本队伍的扩大，使其成长为一支独立的社会力量。

可是，在半封建半殖民地的中国，民族资本主义不可能得到自由长足发展。帝国主义继续对华进行资本和商品输出，极力排斥民族资本主义企业。清政府虽

---

① 参见严中平编：《中国近代经济史统计资料选辑》，93页（设立年代不详者未计在内），科学出版社，1955年。
② 参见宓汝成编：《中国近代铁路史资料》，第3册，1147~1148页，中华书局，1963年。
③ 参见严中平编：《中国近代经济史统计资料选辑》，223~224页。
④ 参见《辛亥革命浙江史料选辑》，1~2页。

然采取了鼓励政策,但在实际执行中仍有许多阻碍、束缚,官府的刁难敲诈使一些投资者裹足不前,苛重的捐税窒息着企业的生机,关卡层层勒索的厘金制度更让商人畏如猛虎。张謇曾对人说:"过捐卡而不思叛其上者非人情,见人之酷于捐卡,而非人之欲叛其上者非人理。"① 因此,民族资产阶级具有强烈的反对帝国主义和封建主义的要求。他们希望摆脱帝国主义和封建主义的压迫束缚,为民族资本主义的发展开辟广阔的道路,希望参与掌握政权,改革政治,保护本阶级的利益。但他们大都程度不等地同帝国主义和封建主义保持着某种联系,加之本身力量还不很强大,因而又缺乏反帝反封建的坚决性、彻底性。

民族资产阶级是新生的向上的阶级,代表着先进的生产方式,有着光明的未来。但当他们还处于分散状态的时候,其先进作用的发挥受到很大限制。1904年1月清政府颁发《商会简明章程》,倡导商民在省会和商业繁华地区设立商务总会,中小城市设立商务分会,村镇设立商务公所,从而加速了资产阶级力量的凝聚。商会有处理商务诉讼的职权,负有调查商情,处理破产和倒骗,受理设立公司,申请专利,进行文契债券的公证等职责,亦可向商部提供建议,符合民族资产阶级的愿望。故凡商业繁盛之处的商民均禀请设立。至1911年,全国除西藏和内蒙古以外,各省都设立了商会,计有总会56个,分会669个②,商务公所那就更多了。商务总会与分会之间有着十分密切的联系,分会成立的呈文均经总会批复和呈转,也可提出修正意见和驳回;分会兴革各事,也报总会备案;与地方当局发生冲突时,分会总要向总会请求援助;总会有重大政治活动、推行新政、进行商情调查、征集货品时,亦取得分会的支持。这样民族资产阶级便以各级商会为纽带,形成了一个由大中城市直到乡镇的巨大网络,将力量集结起来。不仅如此,商会总理、协理和会董均由选举产生,议事采取少数服从多数的原则,具有一定的民主性。通过商会,资本家受到了民主训练,增强了组织观念。1907年在上海参加商法讨论会的80余埠商会代表又倡议组织华商联合会,准备把全国各商会联为一体,进一步组织资产阶级的力量。

民族资产阶级刚刚开始凝聚力量,就在社会上表现了与众不同的姿态。他们并不以自己在整个社会中的势力不够强大而妄自菲薄,公开宣言:"商兴则民富,

---

① 《答南皮尚书条陈兴商务改厘捐开银行用人材变风气要旨》,见《张季子九录·实业录》卷4。
② 据《中华民国元年第一次农商统计表》上卷第176~196页统计,1914年。

民富则国强，富强之基础，我商人宜肩其责。"①俨然将国家民族的命运系于己身。1905年上海资产阶级主动要求成立城厢内外总工程局，实行自治，说明他们的政治参与意识之强和向封建政权夺权的愿望之烈。同年兴起的抵制美货运动则展现了他们的爱国反帝激情，显示了他们的力量及其阶级意识自我认识的程度。

抵制美货运动发起于上海。1894年，清政府在美国胁迫下签订了《限禁来美华工保护寓美华人条约》，使限制华工、歧视虐待华侨合法化。1904年条约行届期满，清政府照会美国，声明期满即行废止，另订新约。美国拒不接受。寓美华侨唯恐清政府屈从，急电上海商务总会力加抵制。上海商务总会遂发起抵制美货运动，全国各地及海外华侨热烈响应，为时8个月之久。在运动中，资产阶级以"国民全体"代表的资格向清政府声明，签订新约"必先布告国中，使国民全体公认，方可签字。否则续约虽订，吾国民决不承认"②。"换约谋及商人，或讶无此政体，此中国向来之说。若外国则素重商权，无一国不咨询后行，所以外交鲜有偾事。"③他们要求像外国的资产阶级一样参与国家事务，初步认识到自己在国家中的主人翁地位，具备了独立的政治品格。尤为可喜的是，通过运动，他们认识到团结合群的重要意义。有人倡议在上海设立"国会总会"，各地设立支会，"以后国有大政与民同休戚者，均开大会以议决，上呈政府以备采择。苟有大违舆论之举，该会亦须切实力争，以匡不逮。如此则无议院之名而有议院之实"。④尽管这里所说的"国会"只是一个政治性团体，然而也说明民族资产阶级政治上已经觉醒，懂得搞政治斗争必须要有本阶级的政治组织。

接着而来的收回路权、矿权爱国运动使民族资产阶级再次一试身手。全国的民族资产阶级几乎都置身其中，发挥了领导、组织作用。通过斗争，资产阶级增长了力量，而更重大的收获是政治与组织觉悟的提高。他们认为，拒款并不是单纯地为了保护自己的私有财产，还关系到国民的参政权："借款成则民气摧，民权丧，政府日恢复其专制之势力"，"故预期他日立宪政体之成立，必自今日争回路权始"。争路权实为"专制与民权消长之机"。⑤他们把本阶级的经济利益、

---

① 《商为强国之本说》，载《商务报》，第8期。
② 《时报》，1905年10月5日。
③ 转见张存武：《光绪三十一年中美工约风潮》，243页。
④ 苏绍炳编：《山钟集》下，240页。
⑤ 《争路权与立宪之关系》，载《申报》，1907年11月19、27、28日。

政治利益同国家民族的利益结合为一体，认识到本阶级在改革国家政治制度中承担的责任。为了保障拒款斗争的胜利和立宪的实现，他们越发感到结成团体的迫切性，说："能结团体不特于铁路上有希望，于立宪前途正大有益。"① 有的呐喊："趁此时机能结合一团体，则大政党皆由此出，不仅于路事有裨也。"②

民族资产阶级的成长与觉醒为立宪派队伍的壮大和立宪团体的建立创造了物质条件，奠定了阶级基础。

资产阶级忙于经营者多，一般缺乏政治理论和思想武器，这就需要本阶级的先觉之士去探索研究，其政治上的进一步觉醒和行动也有赖于先觉之士去教育和导航。所以要了解立宪团体的建立，还应考察中国近代知识分子群体的出现。

中国近代知识分子群体是由接受了西方资本主义科学文化知识、具有近代化政治思想意识的知识分子所构成的，立宪派最初的队伍就是其中的一部分。

新知识分子群体的出现同清廷推行新政密不可分。1900年以前，中国派出的留学生极少，国内了解西学的人也屈指可数，可以说那时的知识分子大都是附着在封建主义之上的旧知识分子。1901年清廷推行"新政"，奖励游学，兴办学堂后，知识分子队伍开始了全面的转化。

日本是因学习西方而崛起的资本主义强国，向日本学习，等于向西方学习；又是近邻，费用较少；语言文字与中国相近，学习起来容易，因此官方派遣和自费出国的留学生主要集中在日本。1902年留日学生只有数百人，1903年为1000人，1905年猛增至8000人以上。后来虽然减少，但学生的素质提高了，学的都是专门学科。③ 中国学生的留学热恰好与民族资本主义的迅速发展同步。这些留学生学习的是西方资本主义的科学文化知识，耳濡目染的是资本主义发达的事实。经过几年的学习和思想上的新旧交锋，他们的知识结构基本改观，对自我价值重新做了审定，加强了社会责任感，大部分接受了资产阶级的政治学说，思想意识随之发生根本变化，认为在世界资本主义潮流冲击之下，封建专制再无立足之地，要挽救中国不致灭亡，进一步富国强兵，只有铲除封建专制独裁政治。一部分主张采取暴力手段，推翻清朝皇帝，实行民主立宪，属于革命派；一部分主张保留皇帝，

---

① 《盛京时报》，1907年10月26日。
② 《申报》，1907年11月10日。
③ 参见［日］实藤惠秀：《中国人留学日本史》，1、36、39、81页，三联书店，1983年。

进行和平改革，实行君主立宪，属于立宪派。开始两派的分野尚不很明晰，1905年中国同盟会成立，革命与立宪的营垒才判然而分。这时留学生的数量剧增，在日本的立宪派除了原来的梁启超等人，又有一大批站到这一行列里来，不独有汉族学生，还有宗室八旗学生。

新知识分子的另一来源是国内旧知识分子的转化。1901年推行新政以后，官立、公立、私立的学堂渐次增多，至1905年明令废除科举制度，大力推广学堂，近代新式教育便完全取代了旧式教育。科举制度的废除堵塞了旧知识分子靠科举入仕的道路，他们不得不接受新的知识和思想，以适应社会的需要，谋取个人的出路。随着近代教育文化事业的兴起，学校教员和管理人员、各级办学机构和教育会，以及新闻、出版等界中的人员的知识结构和思想意识也发生转换，成为新的知识分子。在校学习的广大学生受到新思想新知识的熏陶，更多地成长为一代新的知识分子。在这些新的知识分子中，也有一部分是赞成君主立宪的。

总之，立宪派的阵容比过去壮大了。

立宪派非常重视发展民族资本主义经济，把实业看成富国强兵的基础。他们对"世界公共之利无一能为吾国人所有，而吾国固有之利几尽为他国人所夺"，"漏卮日大，脂膏日竭"的情况痛心疾首，忧心如焚。指出，"欲振兴中国"，"欲求为立宪国"，"舍兴商业，其道末由"，"中国宜求为工业国"。① "实业不兴，国家无向荣之望，人民无苏息之机，安能振曜精魄，出与列强相见，以少遏其滔天之势，保吾完全独立之国乎！"② 他们要求政府彻底改变以商为贱的偏见和抑商政策，奖励保护工商业的发展。呼吁国民将全力倾注于实业，"举一国之实业而提倡之，通力合作，以自养者自保"③，夺回利权，挽回国运。同时，提出许多促进工商业发展的建议。梁启超说：振兴实业，"首须确定立宪政体，举法治国之实，使国民咸安习于法律状态。次则立教育方针，养成国民公德，使责任心日以发达。次则将企业必需之机关一一整备之，使无缺。次则用种种方法，随时掖进国民企业能力"。而最根本的则在于"改良政治组织"，即召开国会，成立责任内阁。④

---

① 《论立宪当以商学为亟》，载《申报》，1907年8月11日；《论中国宜求为工业国》，载《商务官报》，1906年第9期。
② 胜因：《实业救国之悬谈》，载《东方杂志》，第7年第6期。
③ 《论实业所以救亡》，原载《中外日报》，转见《东方杂志》，第1年第8期。
④ 参见梁启超：《敬告国中之谈实业者》，载《国风报》，第1年第27期。

其他立宪派人士也把振兴工商业的根本措施归结为政治问题。有的说，宪法不立，民权难伸，"商权亦无由振"。① 有的说，美国之所以实业发达，就在于国民享有较多的自由权利。② 张謇说："非朝廷力持宪法，笃守大信，巩固臣民权利，不能使实业振兴。"③ 他们极为看重资产阶级，将其视为全国的枢纽，社会的脊柱，人种的命脉。积极鼓励资产阶级参政，在国家政治生活中充分发挥作用，甚至主张资产阶级利用经济上的优势向政府夺取权力："政府财用日益穷乏"，"必有乞命于商之日，此时各省商民固可乘巇以要政权也"④。还有人主张倡办国民路矿协会，发展经济实力，操纵政权："握全国之财政权，即可以左右全国而操纵之，制政府之死命，钳疆吏之威权。"⑤

立宪派这些言论说的都是民族资产阶级的肺腑之语，代表了整个民族资产阶级的经济利益和政治利益，绝非仅仅有利于民族资产阶级的上层，而不利于中下层。

民族资产阶级的阶层如何划分，没有一定的标准。不过，可以肯定地说，不论如何划分，上层都是极少数，绝大多数属于中下层。据官方统计，1912年（含当年）全国共有工厂20749家，其中使用原动力的363家，非原动力的20386家。7名至30名工人的工厂18212家，30名至50名的990家，50名至100名的798家，100名至500名的514家，500名至1000名的181家，1000名以上的54家。⑥ 如果把使用原动力的资本家算作上层，那么在全部企业主中占1.75%；如果把具有500名以上工人的资本家算作上层，则只有235家，占全部企业主的1.13%；即使把具有100名以上工人的资本家算作上层，也不过749家，占全部企业主的3.61%。在其他企业和商人中，没有可靠的统计资料，估计情况当与此类似。上层资本家是如此之少，直接参加立宪运动者更微不足道了。从事立宪运动的主要是中下层群众。上层人物固然反映本阶层的愿望，中下层群众同样反映本阶层的愿望，倘若立宪仅仅代表上层的利益，广大中下层群众是不会跟着上层人物跑的，响应立宪号召的就寥寥无几，根本不可能形成一个遍及全国的群众性政治运动了。再者，

---

① 《奉告天津资本家及商业家》，载《大公报》，1904年8月21日。
② 参见陈筠：《实业砥志谈》，载《东方杂志》，第3年第4期。
③ 《汇报》，1911年6月20日。
④ 蕲照：《论制治之原》，载《东方杂志》，第2年第7期。
⑤ 丁文江等编：《梁启超年谱长编》，459页。
⑥ 参见《中华民国元年第一次农商统计表》上卷，1、3页。

立宪运动的领导者及中坚力量都是资产阶级知识分子（包括少数资本家，但其知识结构也已资产阶级化），他们的经济地位不能同上层相比拟，绝不会只为上层人物着想。"忘记下面一点就会犯错误，这就是：这种知识分子比较能够反映整个资产阶级的广义的根本利益，而这种利益同单纯是资产阶级'上层人物'的暂时的狭小的利益是不同的。"①立宪派的阶级基础绝不仅仅是上层，而是整个民族资产阶级。不应把眼光完全局限于张謇等几个人物身上。

同立宪派一样，革命派的阶级基础也是整个民族资产阶级，而不仅仅是其中下层。"资产阶级革命反映资本主义发展的需要，它不仅不会消灭资本主义的基础，反而会扩大并加深这种基础。因此，这个革命不仅代表工人阶级的利益，而且代表整个资产阶级的利益。"②革命派与立宪派都反对帝国主义的侵略和封建主义的压迫，主张铲除封建专制制度，建立资产阶级民主政治，发展资本主义，根本宗旨相同。既然如此，两派所代表的阶级利益及其阶级基础就应该是完全相同的。正因你中有我，我中有你，根本分辨不清阶层的界限，才会有各阶层的人士分别加入两个派别，才会有某些地区两派人士的密切关系，才会有两派人士不断地向对方阵营转化，也才会有辛亥革命爆发前后出现的两派联合。否则，是难以解释清楚这些现象的。

"国家的统治形式可以各不相同：在有这种形式的地方，资本就用这种方式表现它的力量，在有另一种形式的地方，资本又用另一种方式表现它的力量，但实质上政权总是操在资本手里，不管权利有没有资格限制或其他限制，不管是不是民主共和国，反正都是一样。"③任何形式的资产阶级国家，不论民主程度高低，其实质都是资产阶级专政，政权代表着整个资产阶级的利益，"现代的国家政权不过是管理整个资产阶级的共同事务的委员会罢了"④。资产阶级的政体形式与其某一阶层没有直接必然的联系，不能认为某一形式是某一阶层利益的表征，例如说君主立宪代表上层的利益，民主共和代表中下层的利益。近现代的世界历史业

---

① 列宁：《做君主派资产阶级的尾巴，还是做革命无产阶级和农民的领袖?》，见《列宁全集》，中文2版，第11卷，191页，人民出版社，1987年。
② 列宁：《社会民主党在民主革命中的两种策略》，见《列宁选集》，中文2版，第1卷，555页，人民出版社，1984年。
③ 列宁：《论国家》，见《列宁选集》，中文3版，第4卷，37~38页，人民出版社，1995年。
④ 《共产党宣言》，见《马克思恩格斯选集》，中文2版，第1卷，274页，人民出版社，1995年。

已证实，美国、法国、瑞士模式的民主共和制度，从未仅仅代表资产阶级中下层的利益，英国、德国、日本模式的君主立宪制度，也从未仅仅代表资产阶级上层的利益。前者既不是中下层的唯一选择，后者也不是上层的唯一选择。因此，由政体形式而断言它代表资产阶级哪个阶层的利益和阶级基础，在理论上难以令人折服，在历史上也难以找到坚实的依据。

两派的社会基础还要广泛一些。革命与立宪运动都是旨在变革封建专制为资产阶级民主制度的社会革命，而民主是有利于人民的，必然会得到本阶级以外的群众特别是城市市民的支持拥护。因而他们中的相当一部分能够接受立宪派的政治主张，参加立宪运动。

立宪派都由封建知识分子转变而来，不少人出身于官僚或地主家庭，获有旧的功名，或多或少地保留着一些封建思想意识，同本阶级的基本群众一样，他们也不能与帝国主义、封建主义彻底决裂，在斗争中往往温情脉脉，容易退让妥协。

由于清廷对集会结社一向悬为厉禁，立宪派队伍壮大后没有立即建立政治团体。1906年9月清廷颁布预备立宪诏旨，立宪派以为朝廷既有立宪之意，就不能不学立宪国家的样子，允许政党、社团存在，于是着手筹组，立宪团体应时而生。

为什么要建立立宪团体呢？就是为了促进立宪的实现。其具体理由，政闻社有个说明，颇能代表一般立宪人士的想法，这些理由归纳起来就是：第一，只有政治团体的舆论才有价值，才能贯彻执行。铲除专制政府，必须要有大多数国民表示态度，给政府造成强大压力，使之难以抵抗。但实际情况是，一部分国民想表态而无其途，一部分虽表态而仅代表个人，价值不大。结成政治团体，有了机关，才能形成有价值的社会舆论，并设法加以贯彻执行。第二，只有政治团体才能承担起对国民进行宪政教育的责任。立宪政治就是国民政治，欲求其实现，必须使国民关心政治，对政治好坏有判断常识，具有参政能力。这种提高国民政治素质的责任是任何个人无法担负的，只有政治团体有此能力。第三，改造监督政府，召开国会，必须掀起一个极大的国民运动，发动国民竭力要求，这一工作也只有政治团体才能胜任。第四，为组织政党、培养政党的执政能力做准备。将来召开国会后，必定出现政党，团结多数议员，监督政府，实行政党政治，直接执掌政权。

这种能力现在就要培养锻炼，而立宪团体就是政党的雏形。①

立宪派是民族资产阶级的政治代表，民族资产阶级是立宪派的阶级基础，立宪团体必然首先出现在立宪派集中和资产阶级势力雄厚的地方，中国上海、广州，日本东京最早建立了立宪团体，便是这个缘故，吉林、湖南亦然。但也不是绝对的，贵州的情况就有些特殊。下面把首批建立的立宪团体分别做些介绍。为了叙述的方便，避免重复，有关各立宪团体参加国会请愿的问题，均留待下面再讲。

二、上海宪政研究会和预备立宪公会

上海地处中外交通的重要中心，文化发达，工商辐集，向得风气之先，接受世界新思潮最快。这里麇集着一大批民族资产阶级及其知识分子，开明士绅。他们"时受外界之激刺，悲忧日积，群相晤语，每至流涕"，"皆谓非实行立宪，无以救危亡"②。爱国主义思想激励着他们向世界先进的国家寻求真理，国内立宪思潮的萌发与鼓荡最初就是从这里开始的。1906年9月1日预备立宪上谕一颁布，这里的立宪派人士就闻风而动，四处奔走联络，发起组织立宪团体。

（一）上海宪政研究会

宪政研究会发起于1906年9月中旬，较预备立宪公会为晚，但成立却最早。12月9日，召开成立大会，民主选举马相伯为总干事，雷奋为副总干事，夏清贻等为评议员。③有会员300余人。

该会"务求尽国民参预政事之天职"，在预备立宪期内"考查政俗，研究得失"，"俟实行立宪后，代表国民，赞助政府"。以"合群策群力，共谋所以利国便民"为宗旨。④出版月刊《宪政杂志》，阐述宪政理论，介绍外国立宪情况。其所办事业有调查风俗，讨论国家大政，撰译论著，发表演说，条陈政见，赞助善举，提倡学务，振兴实业几个方面。它的学术气味较浓，却非单纯的学术团体，后来便直接投入了政治运动。

---

① 参见《政闻社宣言书》，载《政论》，第1期；《政闻社上海披露会纪事》，载《政论》，第4期。
② 《中华民国史档案资料汇编》，第1辑，100页。
③ 参见《宪政研究会第一次大会纪事》，载《申报》，1906年12月10日；《会报》，载《宪政杂志》，第2期。
④ 《宪政研究会草章》，载《申报》，1906年12月10日。

由于总干事马相伯担任了政闻社的总务员,许多重要成员包括雷奋都加入了预备立宪公会,因此1908年国会请愿运动过后,其活动就停止了。

（二）预备立宪公会

预备立宪公会从酝酿到成立,经过3个多月的时间,名称也是几经磋商最后确定下来的。

预备立宪公会的成立与岑春煊很有关系。岑春煊积极主张立宪,与立宪派思想上产生共鸣。为了促进立宪,取得立宪派的支持,与袁世凯抗衡,预备立宪上谕发布后,他就写信给张謇,因张不能常住上海,便把发起组织团体的责任交给了过去的属僚郑孝胥。1906年9月10日,他派亲信陆尔奎到上海会见了郑孝胥和刘垣等人,传达了他"欲立法政研究会,愿助开办费一万元,仍筹常费岁一千"的意见。郑孝胥同意,提议团体名称宜叫"国民会"。① 同月23日,郑孝胥、张謇、刘垣、沈同芳、王清穆、王同愈、陆尔奎等再次进行讨论,又提出成立宪政研究公会,与会者皆做发起人,各捐入会费50元。② 10月21日,郑孝胥、张謇等因9月1日上谕中有"使绅民明晰国政,以预备立宪"一语,确定会名为预备立宪公会。③ 后来有关人员又做了多次研究。11月20日,岑春煊到达上海,捐款1万元,与郑孝胥等做了长谈。④ 接着,拟定了简章。

12月16日,预备立宪公会在上海愚园召开了成立大会。会员民主投票选举了15名董事,董事又选举郑孝胥为会长,张謇、汤寿潜为副会长。⑤

该会"敬遵谕旨,以发愤为学,合群进化"⑥为宗旨,"使绅民明晰国政,以为预备立宪基础"⑦。每年召开年会一次,报告一年来的工作,确定下一年的工作重点,选举新的董事和正副会长。职员会每月召开两次,研究具体工作,重大事情由董事会议决。

1907年11月24日召开第二届年会,郑孝胥、张謇、汤寿潜连任正副会长。

---

① 《郑孝胥日记》,光绪三十二年七月二十二日,稿本。
② 参见《郑孝胥日记》,光绪三十二年八月六日。
③ 参见《辛亥革命浙江史料选辑》,203页。
④ 参见《郑孝胥日记》,光绪三十二年十月五日。
⑤ 参见《时报》,1906年12月17日；《申报》,1906年12月17日。
⑥ 《辛亥革命浙江史料选辑》,206页。
⑦ 《预备立宪公会报简章》,载《预备立宪公会报》,第1期。

会董比上届增加6人。

在1908年12月6日的第三次年会上，郑孝胥、张謇、汤寿潜依然当选为正副会长。

1909年，董事增至27人。次年初董事会选举会长，郑孝胥、汤寿潜均辞，遂选朱福诜为会长，张謇、孟昭常为副会长。

1910年2月，会董议决在北京设立事务所，称京事务所，上海事务所称沪事务所。京事务所的日常工作由孟昭常主持，一切重大问题仍经沪事务所董事会议决。孟昭常赴京后，汤寿潜再次当选为副会长①，沪事务所驻会办事员由胡琪接任。

1911年2月6日，预备立宪公会召开新年大会，并补行上年年会。因会员散处各地，此次选举改用通信投票方法，张謇当选为正会长，郑孝胥、张元济当选为副会长。②

简章规定，凡本国人年在20岁以上，赞成该会宗旨，均可入会。1907年会员只有百余人，1910年增至374人。③

最初的会员以江苏、浙江、福建籍人士为多，并以实业、文化教育界的知名人士为核心。李平书、周晋镳、许鼎霖、周廷弼、王震、徐润、朱佩珍、李厚礽、李厚祐、荣宗锦、荣宗铨、郁怀智、尤先甲、吴本善、夏瑞芳等都是经济实力雄厚的资本家，并在上海商务总会、总工程局和苏州商务总会担任重要职务。《时报》的狄葆贤、《中外日报》的叶瀚、浦东中学堂的黄炎培和杨斯盛④，以及张元济等，均在新闻、文化教育界享有盛名。

在中青年中，以孟昭常、孟森、秦瑞玠、汤一鄂、邵羲、张家镇、雷奋、杨廷栋最为突出，他们均是留日学生，江浙知识分子中的翘楚，发表、编辑、出版了许多有关宪政的论著，热心宪政运动，该会的重大活动大都由他们策划和实行。

该会会员分布很广，遍及国内十余省以及香港、澳门、南洋各埠和海参崴。除江浙的名流外，江西咨议局议长谢远涵，安徽咨议局议长方履中，山西咨议局议长梁善济，四川咨议局副议长萧湘，吉林咨议局副议长庆山和松毓、文耆，广

---

① 参见《顺天时报》，宣统二年二月二十三日，转见张玉法：《清季的立宪团体》，368页，1971年。
② 参见《顺天时报》，宣统三年三月十六日，转见《清季的立宪团体》，369页。
③ 参见《预备立宪公会章程题名表》。
④ 黄炎培、杨斯盛名单见1907年会员题名表，后杨逝世，黄则不见于1910年的题名录。

东的江孔殷、李戒欺，湖北咨议局常驻议员陈登山，奉天咨议局常驻议员刘兴甲等，都是相当著名的人物。此外，还吸收了少数满汉官员。

分会仅有福建一处，设在福州，1909年3月成立，有会员数十人，会长为郭兆昌。①

预备立宪公会的工作以筹备立宪事宜，推动朝廷立宪，提高人民的宪政知识为中心，同时兼做了一些其他事情。

其一，出版书刊，宣传普及宪政知识。1908年2月29日，创办了半月刊《预备立宪公会报》。1910年2月议决设立京事务所时，决定停出《预备立宪公会报》，改出《宪志》旬刊，以表明其"志在立宪"，出版地点迁至北京。后考虑旬刊时间间隔过长，又易其名为《宪志日刊》②，5月出版，由孟昭常主编，其最注重之内容为宪法、国会、官制、自治、政党等。次年2月，又议决改《宪志日刊》为《宪报》。

该会出版的书籍有邵羲译的《日本宪法解》，汤一鹗译的《选举法要论》，其余皆会员编著。孟昭常的《公民必读》、《城镇乡地方自治宣讲书》，钱润的《地方自治纲要》，张家镇的《地方行政制度》，孟森的《咨议局章程讲义》，都畅销一时，风行海内，有的出了27版，有的出了十余版。仅官方和各团体直接向该会订购的《公民必读》就将近13万册。由于其"事业多注目于全国，故文字所及，几遍于各行省，往往有一通告辄遍发数百州县商会、教育会、劝学所者"③，影响之大，可想而知。

其二，开办法政讲习所。预备立宪公会为普及政法知识，1909年2月接办了原由江苏学会创办的法政讲习所，半年一期，招收各省学员，专门培养地方自治会议员、董事，并研究咨议局、资政院议员应有之学识。开设的课程以宪法、行政法、财政学、地方自治为主。1910年，又增设了一年毕业的班次。

其三，推动地方自治的进行和咨议局的成立。这是该会工作的重点，其出版的书刊就侧重于这一方面。1907年，张謇曾敦劝各地士绅学习法政，准备实行地方自治。1909年，该会又催宪政编查馆迅速制定地方自治章程。并认为立宪期限能否缩短，最终要看人民的能力，故对筹办江苏咨议局特别卖力。1908年，应各

---

① 参见《时报》，1909年3月9、17日。
② 孟昭常：《〈宪志日刊〉序例》，载《大公报》，1910年5月4~5日。
③ 《预备立宪公会年会纪事》，载《时报》，1909年12月28日。

省士绅的要求，会中设立了通信部，以便统一《咨议局章程》的解释和施行方法。为把各省咨议局办好，还决定从1909年10月起，每周开谈话会一次，商榷咨议局议案；同时，致函各省咨议局，征集议案，陆续在机关报发表，交流经验，互相启发。

其四，编订商法。鉴于中国向无商法，政府与外国签约不准商人过问，以致中国商人在对外贸易中吃亏太大，国家丧失利权，严重影响到工商业的振兴和国民经济的发展，同时认为国民有权参议国政，1907年7月，预备立宪公会特致函上海商务总会与商学公会，建议参预制定商法。上海商务总会与商学公会极表赞成，当即商请预备立宪公会主持其事，并函全国各商会推举代表，约期召开商法特别会议。预备立宪公会接受了委托，成立商法编辑所，聘秦瑞玠、张家镇、汤一鄂、孟昭常、邵羲为编辑。11月19日和20日，国内各商会和海外华商代表在上海召开了商法特别会议，讨论研究了商法草案提纲，决定各商会推举1人参加评议商法草案，组织华商联合会。会后预备立宪公会加派人员一面调查商业习惯，一面翻译各国公司法理。经过两年努力，《公司法》和《商法总则》先后告成。1909年12月，各商会代表予以通过，并推举孟昭常和秦瑞玠赴京呈请农工商部和法律馆奏定为成文法律。

中国的资产阶级知识分子与工商界比较隔膜，预备立宪公会打破积习，主动向工商界表示关怀，不仅代表了民族资产阶级的经济利益，而且表明他们开始与本阶级的主体队伍相结合、并肩战斗了。通过这一结合，民族资产阶级在中国近代舞台上显示了比以往任何时候都更为强大的力量。

1911年以后，张謇因担任咨议局议长不能亲理会务，郑孝胥热衷于奔走官场，此时立宪派人士正在酝酿组织政党，预备立宪公会的活动逐渐减少。武昌起义后不久即停止活动。

三、吉林自治会

吉林自治会初名吉林地方自治研究会，由松毓创办。

松毓学识冠时，思想开通，勇于任事，在当地颇有重望。他认为"立宪之基础，始于地方自治；而地方自治之基础，始于人人有普遍之知识"[①]，于1906年末自

---

① 吉林省社会科学院历史所、吉林省档案馆编：《清代吉林档案史料选编》，109页，1981年。

捐银 1000 两，联合士绅筹组吉林地方自治研究会，"延集各属品学较优、富于经验而孚于乡望之绅董入会，研究讲习，分课治事"①。1907 年 1 月 6 日召开成立大会，到者 100 余人，公选松毓为会长，庆山、文禄为副会长。

吉林地方自治研究会以预备立宪，准备地方自治，养成立宪国民为宗旨。拟定的试办章程大体上仿自上海宪政研究会，其应办事业为：调查本省自治范围以内诸事，讨论本省重要问题，著译书籍，发表演说，条陈政见，赞助善举，提倡学务，振兴实业。东三省改行省后，巡抚朱家宝对自治研究会尽力扶持，自治研究会发展较为顺利，1907 年 5 月间入会者已达 700 余人。

同年 8 月，松毓等参照各国法制及奉天、直隶办法，对简章做了重大修改，并将会名改为吉林自治会。最大的改变是自治会分设议事处和办事处。议事处"为意志机关"，即议决机关，自治会范围内事务，地方设立自治团体，地方财政等，均归其议决。办事处为执行机关，处理议事处议决事件。两者各有独立资格和职权，这种机构建置同一般地方自治会分为议事会、董事会没有什么区别；但议事处的议长和办事处的会长均由自治会会长兼充，两处由会长统一领导，这又是与一般地方自治会不同的地方。简章经督抚批准后，于 1907 年 10 月 7 日公布执行。会长仍为松毓，副会长为庆山，参议为留日学生孙树棠、文耆、李芳。

自治会编辑《自治报告书》，月出 3 册，一律赠阅。分内外两篇，内篇记自治范围以内之事，外篇刊载宪政法律方面的文章资料，第 7 期后改出《公民日报》，1908 年 6 月发行。

自治会在省城设立宣讲所 3 处，自 1907 年 10 月起，每日宣讲新学，开通风气。会中设有阅读室，供人阅读书刊报纸。

为培养人才，自治会特开办自治讲习所，由各府州县选派士绅入所学习，4 个月一期，毕业后回原籍办理地方自治。1908 年 6 月改称自治研究所。9 月又增设一班 8 个月毕业的"完全科"。

吉林自治会对于筹设本省咨议局非常积极主动，朝旨发布后两个月，即联合全省士绅召开大会，公举出士绅参议员，参预筹办，松毓、庆山为总参议。

1907 年 12 月 26 日，自治会召开周年纪念大会，提出了争"间岛"和收回吉（林）

---

① 《清代吉林档案史料选编》，109 页。

长（春）铁路修筑权的问题。

1907年8月，日本派兵占领吉林省的延吉、汪清、和龙、珲春4县地区，即所谓"间岛"，强行设立军政机构，不承认是中国领土，并向清政府提出领事裁判权和警察权等要求。清政府加以拒绝，派代表与日本政府进行交涉。吉林自治会积极搜集证据，帮助政府力争。会员文元等人周密调查了康熙年间中朝划界界碑之处，找到了光绪十二年与朝鲜分界所立的界碑原图，又参照其他资料，汇成《中韩国界历史志》1册。自治会认为足证"间岛"确属中国领土，呈送督抚据以力争，保存国土。在铁的事实面前，日军不得不退出所占地方。自治会为保卫祖国领土做出了很大贡献。

吉长铁路早就经吉林将军奏请由人民自行筹款修造，但1907年3月日本政府答允将新奉铁路售于中国的同时，又提出商定关于吉长铁路借款合同要目。4月15日，外务部与日本驻华公使订立《新奉、吉长铁路协约》，规定中国政府自办吉长铁路所需之款的半数要向日本南满洲铁路公司借用，以该铁路产业及进款作保，借款期内总工程师用日本人，并派日人监督账务。以后消息传出，吉林人民开展了收回吉长铁路修筑权的运动。1908年6月，松毓在自治会提出要求官方通知全省人民迅即招股筹款，还清日本路债，自行修筑，免被日人侵占。后自治会联合各界人士成立了吉林公民保路会，推举松毓为会长，发动群众签名筹款，向督抚请愿，坚决要求收回自办。7月，自治会电请东三省总督徐世昌、吉林巡抚朱家宝大力主持废约；向军机处、外务部和邮传部声明，"路权得失，关系存亡"，吉林旗民绅商决心遵旨"备款自筑，决不认与日人合股"，与日本所订各项条件应"全行作废"。① 后又接受全省人民的委托，将人民的愿望和集股热情电告徐世昌，要求代奏"抗废前约"②。9月上旬，自治会又推举代表赴奉天面谒徐世昌，陈述人民的意见。徐世昌和清政府都认为早已签约，碍难再改，没有允许。此次斗争虽然未能达到目的，但表现了自治会和人民高昂的爱国热情。

自治会办了不少事情，表达了人民的心声，得到普遍拥护。吉林的风气因之大开，"一时自治之感念，颇有勇往直前之概"③。可是却遭到官场之忌，松毓尤

---

① 《盛京时报》，1908年7月24日。
② 《申报》，1908年8月14日。
③ 《盛京时报》，1908年10月14日。

为人所侧目。因私欲得不到满足而怀恨在心的会员张松龄"遂以告讦之计，以为泄愤之谋"，写信控告松毓有"款项不清，任用私人"①等罪状。徐世昌和新任吉抚陈昭常遂加自治会"私拟章程，多未合法"，"于营利则多方讲求，于公益则未闻举办"，"殊与自治义理大有不合，更与政府宗旨显相违背"②的罪名，于1908年10月11日下令解散。松毓被"以把持学务，破坏政权，奏参革职"③。11月10日，徐世昌、陈昭常布告，自治会由咨议局筹办处筹办，取消全省名义，改为吉林府自治局；各属自治会一律改为自治研究所，候民政部章程颁布后逐渐推广。一个立宪团体就这样被当局扼杀了。

立宪派人士对此极为愤慨，孟森评论说："吉林自治会会长松毓隶旗籍而洞达治体，竭力补助宪政，发人民爱国心，提倡之力甚伟。此次以请缩短国会年限，政府斥为浮嚣无序，解散是会，并停其所出《公民报》，天下惜之……吾闻专制之世有离析士民不许族谈者矣，国方立宪，屡挫鼓吹宪政之人，抑又何也！"④

四、宪政公会

宪政公会初名宪政讲习会，又称中国宪政讲习会，由杨度在日本东京所组织。

杨度初倡革命，后主立宪，与梁启超交往颇多，他认为保皇会之名"太狭而窘，且内之为政府所嫉，外之为革党所指目，难以扩充，是故不肯共事"⑤。保皇会决定易名后，杨度表示欢迎。当时梁启超正想组织政治团体，1906年12月联合杨度、蒋智由、徐佛苏和熊希龄商议发起。并特致函康有为，称杨度为谭嗣同之流的人物，请以国士待之，将来团体成立，当以杨任干事长，主持本部事务。杨度开始本极热心，后来与蒋智由、徐佛苏意见不合；梁启超也发觉杨度"欲以其所支配之一部分人为主体"，其他人"皆为客体"，"颇有野心"，欲利用帝国宪政会"金钱名誉，而将来得间则拔戟自成一队"，⑥便同杨度分手了。

事实上，杨度在与梁启超等协商的过程中就准备另树一帜，秘密组织起团体

---

① 《盛京时报》，1908年10月14日。
② 《清代吉林档案史料选编》，132~133页。
③ 《清代吉林档案史料选编》，220页。
④ 孟森：《九月大事记》，载《东方杂志》，第5年第10期。
⑤ 丁文江等编：《梁启超年谱长编》，370页。
⑥ 丁文江等编：《梁启超年谱长编》，391、409页。

了。据宋教仁1907年2月11日的日记记载："（熊）岳卿告余：前日杨皙子等结立一党，表面名曰政俗调查会，实则欲成为一政党者，其宗旨在反对政府及革命党，而主张君主立宪云云。"①6月，宪政讲习会正式成立。

宪政讲习会的宗旨"在于预备宪政进行之方法，以期宪政之实行"②。会长由会员公选；评议部议决一切事务，部长由评议员互选产生，评议员由会员选举；事务员由会员选举，办理评议部议决的事务。

杨度名义上未担任职务，实际上主持一切。会长为熊范舆。

1907年7月，宪政讲习会发表意见书，激烈谴责清政府"冥顽不灵，贪饕可耻"，当权者"滥充高位，放弃职守，超然于权限之外，游行于利禄之中"，根本不负责任，是造成今天中国处于火亡之中的罪魁祸首。进而指出，政府之所以敢于不负责任，在于没有民选议院为之监督。人民如不欲亡国，"非改造责任政府不可；如欲改造责任政府，非设立民选议院不可"。还指出："担负国事，参预政权，公民之天职也"；世界各国历史证明，"有强迫政府立宪之国民，无自行立宪之政府"，"故我国民决不可守消极之态度，而立于受动之地位，坐待他人之以政权授我也。夫宪法之结果，以国民之血争来者则有效，以政府之墨草就者则无功"。"本会同志有鉴于此，誓天泣血，奋励无前，实愿与薄海同胞互相提挈，以一腔之热血，为宪政之先驱。"③无情地鞭挞了清政府，肯定了国民应当享有参政权利，号召人民主动起来争取，表现了激进的政治态度和勇敢的斗争精神。

宪政讲习会成立以后在国内发展力量，首先于湖南设立了支部。1907年10月，杨度为料理其伯父丧事回到湖南。11月底，该会成员杨德邻、陆鸿逵和方表也为运动召开国会事返回长沙。12月，杨度等邀请罗杰、谭延闿等在长沙成立了湖南支部。日本名士犬养毅曾受该会邀请发表宪政演说。在此期间，杨度还与谭延闿、龙绂瑞等开办了宪政讲习所，宣讲立宪。1908年1月4日，杨度把宪政讲习会更名为宪政公会，湖南支部亦改称湖南宪政公会。

杨度曾受熊希龄委托，帮助出洋考察政治大臣端方等译述各国宪法和政治制

---

① 《宋教仁日记》，335页。
② 《东京中国宪政讲习会总章》，载《时报》，1907年8月11日。
③ 《中国宪政讲习会意见书》，载《神州日报》，1907年7月18~19日。

度，起草报告，袁世凯、张之洞俱知其名，闻其回国，电令湘抚送杨度入都。杨度到京后，于1908年3月在京设立了宪政公会本部。并发表公启，声称世界各国"图强致富"，"无不以确定宪法、伸张民权为立国之要素"。"今吾国万万同胞阉然蜷伏于专制政体之下，生命财产仅假手于政府一二权要，以为献媚外人之具。父老子弟，痛心疾首"。"事机日迫，国威益坠，非结合大群，协力并进，无以达开设国会、宣布宪法之目的"。"恢复国民正当之权利，破除古来专制之积弊，避流血暴动之惨祸，谋和平改革之要全，此吾党同志毕生之责任也。合国内种种历史不同之民族，同舟共济，内则使国民忠爱之忱惶上达于朝廷，外则使数千年文明之古邦争雄于世界，此吾党同志莫大之事功也。"① 表明了该会的政治态度和奋斗目的。

4月20日，在袁世凯、张之洞推荐下，朝廷着杨度在政府的立宪指导机关宪政编查馆行走。立宪派人士对杨抱着很大期望，《盛京时报》为之专发社论，希望他"必能出其所学，以编成中国之完全宪法，而为实行立宪之预备"。并告诫他不要以任命"为要结权贵、导引功名之具"，而要做到"上无负国家擢用之心，下无负人士希望之意"。②

6月30日，民政部批准宪政公会成立。此时有会员54人。接着，该会召开评议会，重新改订了章程。

修改后的章程定其宗旨为"确定君主立宪政体"。领导机关改设总裁、副总裁，主持会务；常务员综理会务，常务员长由常务员互相推举。各地设立支部，支部置干事长。③

改选以后，总事务员为熊范舆④，杨度任常务员长，沈钧儒任干事部干事长兼评议部评议长。

7月，宪政公会再次宣言，其政治目的在于"团合运动，以冀开国会，布宪法，建设责任政府，消专制之威，免暴动之祸，实行君主立宪制度，上安皇室，下起民权，使吾国自危而之安，自亡而之存，合满、汉、蒙、回、苗、藏诸同胞，以与列强

---

① 《神州日报》，1908年3月21日。
② 《论杨度以党魁入政府》，载《盛京时报》，1908年4月30日。
③ 参见《宪政公会章程》，载《盛京时报》，1908年7月14日。
④ 《盛京时报》（1908年6月30日）、《正宗爱国报》（1908年7月3日）、《申报》（1908年7月8日）俱称熊范舆为总事务员，与会章所称不符。

争雄于世界"①。

宪政公会在北京、河南、安徽、山东以及上海、天津等地建有支部。该会声势颇极一时之盛,尤其在湖南、湖北,以学会形式扩充党势,到处皆其势力范围。

在商组政团时,梁启超曾对杨度说,对于宗旨相同的团体,要采取互相提携、彼此合作的方针。杨度不以为然,认为既然不是一个团体,竞争就是必然的。宪政公会为了自己的发展壮大,不断排挤政闻社,杨度甚至散布政闻社的目的专在排斥袁世凯,在汉口创办《江汉公报》就是排袁的先锋,成为政闻社发展的一大障碍。

但宪政公会的好景并不长。杨度成了政府的四品官员,政治立场在1908年8月27日召开国会上谕颁布后发生了明显转变,由立宪派的领袖变为政府筹备立宪的御用官僚,由反对政府的急先锋变为政府的辩护士;同时,他工作很忙,无暇过问会事。熊范舆1908年5月间已被豫抚林绍年聘为法政学堂总教习,后由庞鸿书保荐为知州分发到直隶补用,1909年又被滇督李经羲调往云南出任知府,极难照顾会务,会务由沈钧儒主持。政闻社遭到查禁后,一些会员托词退出,会务日形萧索。沈钧儒心灰意懒,也应浙抚增韫之聘,就任浙江咨议局筹办处总参议去了。其他主干人物如薛大可应鄂督之聘、陆鸿逵应湘抚之聘,方表、黄敦怿应鲁抚之聘,杨德邻应东三省总督之聘,筹办咨议局和地方自治,纷纷离散。宪政公会陷入涣散状态。

1908年11月中旬,光绪与慈禧相继病逝,宣统继位,国内谣言四起。杨度为博取朝廷青睐,马上发表《与各地宪政公会会员书》,进行辟谣,告诫同党遵守秩序,并大言不惭地要"全国国民恪遵屡次谕旨"②行事。1909年5月,各报攻击总督升允玩忽宪政,升允即电宪政公会辩解,请其转达各报。宪政公会复电说:"如将新政举办数端,则报界自有公论。"③其后公开活动基本停止。1911年11月初,为阻止革命扩大,曾联合其他政团向资政院上陈请书,要求立即实行立宪。

五、帝国宪政会

帝国宪政会由保皇会改名而来。朝廷下诏预备立宪之后,康有为闻之大喜过

---

① 《盛京时报》,1908年7月12日。
② 《顺天时报》,1908年12月15~16日。
③ 《盛京时报》,1909年6月1日;《申报》,1909年6月2日。

望,"不知手之舞之、足之蹈之"。他以为预备立宪与其标榜的"君民同治,满汉不分","非改为立宪民权不为治"的宗旨是相符的;"皇上日渐有权,圣躬必可无恙,从此不复劳吾同志之忧矣",保皇会的任务已经完成,就考虑把保皇会的事情结束。1906年10月21日,他写了一篇布告会众文,说:"皇上不危,无待于保,归政虽要,尚属更端"。"中国所欠,但民未有权耳,苟行立宪,民可有权,国即能强","然则从今切近之急务,莫如讲宪政矣"①。同时,拟定了《行庆改会简要章程》,说明所以要改名的理由和具体办法,决定"改保皇会名为国民宪政会,亦称为国民宪政党,以讲求宪法,要求进步"。改名的日期定为丁未新年元旦,即1907年2月13日,届时保皇会各分会皆举行重大庆典,宣告保皇会结束,庆贺国民宪政会开始。负责人要发表演说,"激励大众,讲求宪法,尽国民之义务,以成中国最先最大之政党"。并将改会名之事电告北京商部,禀呈载泽、载振、端方及两广总督存案,然后分设支会于国内各省府县。保皇会票一律换发国民宪政会票。②

梁启超不同意用国民宪政会名称,主张用帝国宪政会。康有为接受了这个意见,1907年2月13日将保皇会改名为帝国宪政会,对外国亦可称中华帝国宪政会。

3月23日至4月2日,帝国宪政会在纽约召开了各埠代表大会,康有为作了报告,会议讨论通过了会章。确定"以君主立宪为宗旨","以君民共治、满汉不分为本义"。具体纲领为尊帝室,扩民权,监督政府,讲求宪政之事。③

帝国宪政会在国内的活动除了要求召开国会外,就是运动开放党禁。康有为、梁启超以国事犯而流寓海外,一直未得赦免,不能回国,始终耿耿于怀。1907年11月4日康有为致函梁启超等人说:"恨我党不能大人内地,肃王既来提携,内情必极急,那拉旦夕必有变。若能入内地而开会,则以吾党之名誉财力,海内尚无与角者。则为今之计,以开党禁为最急,而一面推行会事焉。"④极想回国开展活动,发展势力,以便将来成为中国第一大党,执掌政权,为本党谋取利益。正如他在鼓励会员筹款时所讲的,各宪政国通行之例,"一国大政,俱归政党执权,

---

① 参见《布告百七十余埠会众丁未新年元旦举大庆典告藏保皇会改为国民宪政会文》,见《康有为政论集》上册,597~600页。
② 参见《康有为政论集》上册,602~606页。
③ 参见《帝国宪政会大集议员会议序例》,见《康有为与保皇会》,489页。
④ 丁文江等编:《梁启超年谱长编》,421页。

其党多得政者，所有行政职事，俱为本党人所允。不入本党者，不得享受。凡一切铁路、矿山、银行、工厂开辟大利，俱给本党人承受……今中国尚无政党，吾党实为之先。若筹款有厚力，各省府县中能开办报馆支会，则吾党众愈大，将来所得之权利，不可思议"①。于是从1907年起，康有为即不断指示梁启超多方运动满族亲贵善耆、载泽、铁良、世续、载涛、载洵等人，开放党禁。可是，由于种种阻力，他们的目的没有达到。

在国外，帝国宪政会开办了商务公司、华墨银行，经营商业，出版发行报刊，一方面筹措资金，资助政闻社；一方面宣传立宪。由于经营牵涉到个人利益，管理无方，账目混乱，会内矛盾百出，攻讦迭起。尤其是1908年欧榘甲、梁应骝、叶恩、刘义任与广西刘士骥谋商开办振华公司，因在华侨中募集股款，发生公司权归属问题，与康有为、徐勤等发生分歧，闹得不可开交，终至涉讼。康有为气急败坏，大呼："权利竞争，人心日坏，事变日甚，内乱日多，思之怒甚"②。

内部的矛盾削弱了帝国宪政会的力量，革命派在海外的发展又使得一部分会员转变了立场，因此声势已不如保皇会时期之大，在立宪运动中所起的作用也较迅速崛起的国内立宪团体为逊色。

清廷灭亡，民国建立，实行君主立宪已无可能，1912年2月19日，康有为通知各埠会员将帝国宪政会改名为国民党。③

六、政闻社

政闻社由梁启超所组织。梁启超认为政治改革不能单纯依赖政府，要看国民有无促进政府改革的能力，而要训练国民具有这种能力，"必赖有一机关"，"合热诚而同主义之人"④组织政团。1906年10月康有为提出改保皇会为国民宪政会时，梁启超别有打算，想在国内另设新会，并与杨度等协商。他在致康有为的信中，把另组政团的理由，与帝国宪政会的关系，组织计划，作了详细报告。其要点为：1. 海外保存旧会，名为帝国宪政会，海内另设新会，名为宪政会，两会名分而实合，

---

① 《康有为政论集》上册，603页。
② 丁文江等编：《梁启超年谱长编》，483页。
③ 参见《致各埠书》，见《康有为与保皇会》，368页。
④ 丁文江等编：《梁启超年谱长编》，369页。

始分而终合。之所以必须分开,一因海外之事不能令内地人知道,二因人们知道帝国宪政会即是旧日的保皇会后,在内地推行不便。2. 成立宪政会,康有为不出头,因内地人忌康者多,但必须戴康为会长,然后新旧才能统一。故会章中讲明,暂不设会长,虚席以待康。梁在会中不任职,仅以普通会员代行会长事。熊希龄也不出名,以便在内地运动。3. 宪政会先在东京成立,然后将本部移至上海,以干事长主之,干事长由杨度担任。4. 会章纲领大致是:尊崇皇室,扩张民权;巩固国防,奖励民业;要求善良宪法,建设责任政府。5. 发起人为梁启超、杨度、蒋智由、徐佛苏、徐勤、麦孟华、狄葆贤、罗普、汤睿等。6. 以徐勤为会计长,掌握财权。7. 梁启超亲赴上海一次,争取郑孝胥、张謇、汤寿潜等入会。8. 拟推戴醇亲王载沣为总裁,载泽为副总裁。9. 经费熊希龄负责筹15万,梁启超筹5万(请康代筹)。10. 海外会员是否加入,听其自愿。①康有为表示同意。但合作终于破裂,杨度自行成立了宪政讲习会,梁启超与蒋智由、徐佛苏也加紧组织政闻社。

1907年6月,梁启超秘密前往上海,准备会见在"丁未政潮"中被排斥出京的粤督岑春煊,争取他的支持,并拉郑孝胥、张謇等入会。郑、张等已组织了预备立宪公会,担当领导职务,自不愿屈居康、梁之下,对康、梁的国事犯身份也有所忌讳,梁难以达到预期的目的。岑春煊到沪稍迟,梁等不及,亦未见到。

梁启超回到日本后,为政闻社拟定了《政闻社社约》,接着决定停办《新民丛报》,创办月刊《政论》,作为政闻社的机关报。《政论》总发行所设在上海,主编为蒋智由,笔政由梁启超遥领。

《政论》第1期10月7日出版,刊载了《政闻社宣言书》、《政闻社社约》和《政闻社社员简章》。《政闻社宣言书》宣称,"专制政体不适于今日国家之生存",中国政府是一切罪恶的根源,必须将其连根拔除,"于政治上减杀君权之一部分而公诸民",实行国民政治;欲达此目的,只有君主立宪一途。为此,确定以实行国会制度,建设责任政府;厘定法律,巩固司法权之独立;确立地方自治,正中央地方之权限;慎重外交,保持对等权利,作为奋斗的政治纲领。为了避免政府摧残,消除人们入社的恐惧心理,还声言政闻社从事合法的活动与和平的斗争:"常以秩序的行动,为正当之要求。其对于皇室,绝无干犯尊严之心;其对于国家,

---

① 参见丁文江等编:《梁启超年谱长编》,370~373页。

绝无扰紊治安之举。此今世立宪国国民所常履之迹，匪有异也。今立宪之明诏既屡降，而集会结社之自由，则各国咸认为国民公权，而规定之于宪法中者也，岂其倏忽反汗，对于政治团体而能仇之。"《政闻社社约》载明其宗旨为：1. 确定立宪政治，使国人皆有参与国政之权；2. 对于内政外交，指陈其利害得失，以尽国民对于国家之责任心；3. 唤起国人对于政治之热心，及增长其政治上之知识与道德。关于实行办法，从三个方面入手，一为编撰，即编辑出版杂志、报纸和书籍；二为交通及调查，即联络内地，输入政治知识，通告政治利弊，调查政治之事；三为建议及警告，即关于国家大事，申告政府。凡此均表明政闻社是一个立志政治改革，为人民民主权利而奋斗的资产阶级政治团体，其政治纲领标明了追求的政治目标，显示了与其他政团的不同，具备了政党的雏形。

梁启超原先考虑的发起人中，有他本人和徐勤、麦孟华、罗普、狄葆贤、汤睿等，为避免清政府猜忌，有利于政闻社活动，在公布时仅列有蒋智由、徐佛苏、黄可权、吴渊民、邓孝可、王广龄、陈高第。

10月17日上午，政闻社开成立大会于东京神田区的锦辉馆，社员到者300余人。蒋智由报告了宗旨及筹组经过，徐佛苏对《政闻社职员简章》做了解释说明。社长暂时虚左，置总务员1名，常务员2名，总揽社务。总务员由发起人推荐，征求社员同意；常务员由社员投票选举。内部机构设置6科，主任、科员均由常务员推荐。评议员由社员公举。之后，发起人推荐马相伯为总务员，社员全体通过；选举常务员，徐佛苏、麦孟华当选；继之常务员宣布了庶务、书记、会计、编纂、调查、交际各科主任和科员名单。再后，公选出张嘉森、张寿波、戴彬、隆福为评议员。政闻社的基本干部以籍隶广东者为最多，其次是湖南，再次为江苏、浙江等省。

下午，政闻社又在锦辉馆召开演说大会，首由梁启超讲演宪政，没讲几句，同盟会会员张继等十余人便以日语厉声粗骂，口中呼打，冲向讲台，用草鞋掷中梁启超面颊，使梁不得终其说而去。后经日警出面干涉，一场闹剧方才停止。

11月9日，政闻社召开全体会议，议决支持江浙两省人民力拒借款筑路；开展国民运动，要求召开国会。

由于常务员等将往上海，东京善后无人，12月14日，政闻社遂选向瑞琨、陈介、孙志曾为干事，主持东京社务。

马相伯在汤睿迎接下抵达日本。12月15日，政闻社召开欢迎大会。马相伯发表了就职演说，号召大家"以排除专制为唯一义务"①。马的到来引起革命党人妒忌，革命党人遍发传单，把中国的外交失败归罪于政府和立宪党，说政府之罪居其三，立宪党之罪居其七，扬言要"杀立宪党"。②

1908年2月，政闻社已发展到500余人，本部迁往上海，马相伯、徐佛苏、麦孟华均到沪主持工作。3月3日，马相伯等在上海召开披露会，向各团体代表及社会名流介绍了政闻社的情况。6月18日召开第一次例会，议决在各省设立支部和从速开办《大江日报》。

关于政闻社的发展方针，徐佛苏曾写信给梁启超说："倘政界人才不稍形膨胀，民党亦决难十分发达。故吾社中人一方面当为民间之鼓动，一方面当为政界之运动。"③政闻社的活动基本上是按照这个方针进行的。迁沪前后，即以上海为中心，分派人员赴各省发展社员，建立支部，虽则扩大了一些势力，但也不很理想。如侯延爽在保定仅争取到王法勤等数人同情，在北京仅得到恒钧等人的支持。④黄可权在京、津活动一阵，只发展了一个社员。⑤联络地方大吏和满族亲贵、力争在政界站稳脚跟的企图同样未获成功，仅有少数社员被罗致。政闻社活动不能顺利开展的阻力首先来自清政府。慈禧衔恨康、梁，任何官员与康、梁交往都有可能被政敌利用，受到打击，岑春煊就是因此而被革职的。当时何天柱写信报告梁启超说："陈庆桂参西林（指岑春煊）折中，全为蜕庵（指麦孟华）一人而发，至谓西林逗留沪上，将有他图，皆麦某一人为之主谋，以应行严缉之人，而竟倚为心腹云云。现在各省查缉党人，非常严密，蜕庵到津，同乡诸人皆速其行，今已返沪。沪道得端方电，到处访查……京师近又严禁佛及函丈所著书，以后有新印之书，幸勿出名……政闻社事万勿牵合秉公（指熊希龄），否则令彼一步不可行，至为可虑。"⑥其后康、梁联络亲贵倒袁，更遭袁世凯嫉恨。因此许多官员都不敢同政闻社接近。1908年2月10日徐佛苏伤感地告诉梁启超："吾社特别为政府所嫉视，故凡在社

---

① 马良：《政党之必要及其责任》，载《政论》，第1年第3期。
② 丁文江等编：《梁启超年谱长编》，426页。
③ 《梁任公先生知交手札》二，777页，台北，文海出版社。
④ 参见《梁任公先生知交手札》二，703页。
⑤ 参见《梁任公先生知交手札》二，762~763页。
⑥ 丁文江等编：《梁启超年谱长编》，383页。

会无论如何有势力之人，一人吾社，即消灭其一部分势力。"①这种情况也严重地影响到在野人士同政闻社的关系乃至社员的活动。如在立宪思潮最为泛滥的上海，政闻社即"最不能得势力"，主要原因就在于"人有畏避之心"，以致有的社员提出了"必合他会以泯其迹，方可大争也"②的主张。再如湖南，当熊崇照和向瑞彝提议召开社员会时，新入社的曹典球便"力言其不能张扬，且此时亦不能十分活动"③。其次是受其他团体的排斥。前面已经讲到，宪政公会是政闻社的一个"劲敌"，经常与政闻社争夺地盘势力，政闻社在汉口开办报馆和学校的事情就是在其阻挠下失败的。

政闻社内部也有一些矛盾。徐佛苏任常务员刚几个月，就遭到某些社员的攻击，徐愤极，要求辞职改选。狄葆贤害怕累及《时报》，与政闻社保持相当的距离，业务上不受指挥，徐勤、汤睿皆指责狄"为叛党之人"，梁启超对狄非常不满，派麦孟华前去整顿《时报》。④

七、广东地方自治研究社和粤商自治会

1907年11月，广东成立了两个地方性的立宪团体，一个是广东地方自治研究社，一个是粤商自治会，二者各有特色。

（一）广东地方自治研究社

广东也是得风气之先的地方，维新思潮与革命思潮一直在此传播鼓荡，康、梁的思想影响相当深远。政府推行新政以后，这里的文化教育事业比较发达，许多旧的知识分子转变为新的知识分子。为了促进立宪，他们组织了立宪团体。

广东地方自治研究社是由梁庆桂倡议，联合许秉璋、杨晟、张璧封、梁致祥、孔昭鋆、莫鸿秋、罗国瑞、章若衡、莫伯伊、张端发起组织的。11月6日，开成立会于文园，与会者90余人，梁庆桂作了报告，宣读了章程草案。10日，召开第二次会议，投票选举梁庆桂为社长，易学清、杨晟、许秉璋、卢乃潼为副社长。（1909年1月，本准备改选，后经社员提议通过，全部正副社长皆继续留任。）

---

① 《梁任公先生知交手札》二，776页。
② 《梁任公先生知交手札》一，116~117页。
③ 《梁任公先生知交手札》二，644页。
④ 参见丁文江等编：《梁启超年谱长编》，432~433页。

11月17日，召开第三次会议，议定了该会职员和《广东地方自治研究录》的编辑凡例。确定莫鸿秋、杜之枞、黎庆恩、曹受坤为编辑，卢乃潼、张树枏为总编辑。次年张树枏逝世，莫鸿秋继之，编辑中又增加了骆鸿翔、张树棠、骆鸿年、叶夏声和姚修礼。这些编辑和总编除卢乃潼外，均系留日学习法政的毕业生，执教于广东法政学堂，宣传普及宪政知识的文章大都出自他们的手笔。

该社公举的名誉社长有邓华熙（前贵州巡抚）、戴鸿慈、唐绍仪、梁敦彦（外务部右侍郎）、陈庆桂（给事中）、胡思彤（军机处帮领班章京）、梁鼎芬（湖北按察使、礼部顾问官）。

1907年12月，该社通过了社章，现已不易查到，不过从发起人刊布的公启中仍可了解它的宗旨。公启说："宪政之要，必以地方自治始，其中事理之繁赜，习惯之同异，若不讨论讲求，无以为实行之预备。""同人公议，爰合斯社，以忠君爱国为首务，以研考宪法为宗旨，上以副朝廷求治之盛心，下以养国民自有之能力，广通音问，交换知识，是则本社之微旨也。"[①]

自治研究社经常派人到各地演说自治原理，将章程分寄各城乡。在其带动下，许多府州县及某些家族都成立了自治研究社（所）。不少研究社（所）都视其为上级自治团体，请求派员指导工作，有的直接申请成为支社。从现存的不完全名单中可知，到1909年8月，个人加入的至少有370余人，集体加入的至少有38个单位。个人中有旧功名职衔的约占77%，受过新式教育、从事新事业的约占11%。38个集体单位主要分布在广州市区和附近的新会、南海、番禺、鹤山、香山、顺德、清远、花县、翁城，内有地方自治研究社（所）28个，家族自治研究社（所）5个，团防总局、航业公所、商务分会、商务公所、商号各1个。[②] 社员构成以具有传统功名职衔并已转化为新型知识分子的为主，资本家很少。

组织家族自治研究社（所）是广东地方自治的一大特色，而吸收家族自治研究社（所）及集体单位加入，又是广东地方自治研究社的一大特色，为其他立宪团体所无。由于资料不完全和集体加入的单位缺少名单，研究社的人数无从确知，以保守的观点估计，它在全国诸立宪团体中应是较多的一个。

1908年1月，研究社创办了《广东地方自治研究录》杂志，作为研考宪法和

---

① 《本社纪事》，载《广东地方自治研究录》，第1期。
② 据《广东地方自治研究录》第1、4~6、9~14期统计。

探讨地方自治原理的阵地，刊登了许多关于宪法、自治、咨议局、选举法、公民权利义务的浅近文章和通俗讲义，尽量把宪政知识普及到社会各阶层。这些文章阐述了地方自治的必要性和紧迫性，号召实行，特别注意唤起"中等社会"人士"参预政权"。有篇文章写道："权贵者操政权，则骄奢淫佚，不事民事，甚且剥民肥己，其害固大。贫贱者操政权，则无学识经练，不能任事，掠富敛财，势必陷于无政府，其害亦大。惟以参政权归之中等社会，调和整理其间，而国本赖焉。自治员者，非权贵非贫贱之资格，而中等社会以上之人也。""凡百君子，群念地方自治，为参与政治之特权，而不可自放弃其责任也。"① 表达了对宪政的向往和参与政权的渴求。

为了深入研究，进一步搞好地方自治，研究社不断派人赴各地调查地势区划、物产生业、户口财政、市镇商业、风俗习惯、水陆交通，仅仅见之于《广东地方自治研究录》的就有6个州县的详细调查报告。

研究社的实际活动并不限于学术研究。它一成立就遇到英国企图攫夺西江缉捕权的问题，不少重要成员投入了这一斗争。1908年4月杨晟提议，凡关地方利弊之事，均应研究，"其与行政官厅范围内不相侵犯者，皆可逐渐试行"②。从此开始着手于地方兴革。1908年6月西江、北江、东江河水暴涨，堤围溃决，沿江各处半成泽国，哀声遍地。研究社当即成立筹赈处，发动社会捐助，请求官方和有关单位开仓、拨款，派人帮助修筑堤围，购买食物药品，分批运往灾区，救济灾民。此次赈济，使其获得很大声望。研究社还讨论了关于社会治安、学务、宣泄西江水源、开办东西两江试验场、赞助振兴工艺、制定平粜章程等公益事业，帮助修订法律馆调查了民事习惯、商事习惯。1909年，集资创办了农务总会，开办了农事试验场和农务讲习所，培养农业技术人才，试图摸出一条农业近代化的道路。

研究社对筹备咨议局也很积极。1909年筹办时，总督聘请的议绅中研究社社员占了大约一半。这些议绅极力唤醒士民要珍惜公民权利，踊跃参加选举。社员有20余人当选为议员，易学清、丘逢甲、卢乃潼当选为正副议长，基本上控制了咨议局。

---

① 骆鸿翔：《地方自治为与民参预政治之特点》，载《广东地方自治研究录》，第4期。
② 《本社纪事》，载《广东地方自治研究录》，第5期。

1911年武昌起义后,研究社无形中解散。

(二)粤商自治会

粤商自治会产生于广东人民反对英国攫夺西江缉捕权的斗争中,1907年11月19日成立。① 发起组织人为陈惠普、李戒欺,会员称他们为会长。

西江沿岸多盗,1907年11月发生一起抢劫悬挂英国旗帜的中国船只事件,英国以护航名义派出炮舰十余艘,驶进西江,同时要求清政府将西江缉捕权交由海关税务司管理。时海关由英国人控制,由海关派船巡逻缉捕,实际上将缉捕权置于英国掌握之中。广东人民无不愤慨。11月19日,省城七十二行商人和九大善堂善董数百人在戒烟总会集议,一致指出,西江缉捕权系我国主权。当即决定致电政府拒绝英国干涉;禀呈总督,严惩关卡,整顿水陆缉捕;函电中外同胞力争。同时,议定此会名为粤商自治会,以戒烟总会所在地西关华林寺为会所。②

粤商自治会"无会籍,无会费,遇有拟办之事,动辄数千人"③,组织十分松散,机构亦不健全,议事缺乏正常的民主程序,一般情况下会务均由陈惠普、李戒欺、李蘅皋处理,必要时邀请全体发起人商议解决。

自治会的主要人物大都是商业资本家和善堂善董,少数是知识分子。正因多为资本家和善董经济实力雄厚,每办一事,动辄刊印传单,登报,发电,很有声势,在社会上的影响非常之大。

以商人为主体组织政治团体,是粤商自治会独具的特点。这种情况的出现不是偶然的,阶级主体意识的增强和政治上的觉醒是使商业资本家组织起来的根本原因。广东商业之发达历来甲于他省,1909年广州市就有商店2万余间④;1912年有使用原动力的工厂136家⑤,为各省之冠;商会组织也较多,1911年有62处⑥。资本家中一些人士受到知识分子和西学的影响,"平日颇涉新知","较具新思想"⑦,认识到世界文明国家皆"商人居中控御,骎骎乎握一国之财政权",

---

① 参见《申报》,1907年11月25日。
② 参见《申报》,1907年11月25日。
③ 《广东七十二行商报二十五周年纪念刊》,50页。
④ 参见《广东咨议局编查录》下,103~104页。
⑤ 参见《中华民国元年第一次农商统计表》上卷,1页。
⑥ 参见《中华民国元年第一次农商统计表》上卷,193~195页。
⑦ 李蘅皋、余少山:《粤商自治会与粤商维持公安会》,载《广州文史资料》,第7辑。

"政界之大有举动","悉唯商人是赖"①。而且"同感世界商战日亟,外国资本侵入我国亦日多","清政日益颓腐","久怀不满"。因此,便想"联合起来,共图于商业组织中有所进展。其中更有意图借此组织力量,按步实现其拓财货、扩商权,进而参与新政,兴商富国之伟愿"。②此外,还有具体原因。该会在一封信中写道:"敝会设立省垣,自表面视之,似觉风气较开,交通较便,然其组织实比乡村市镇尤难,各界中人不易融洽联络故也。惟是地方弊病,虽则困苦同沾,而商人更有密切之关系,西江捕权此其一端,故不得不先由商界发起,俾易号召。"③他们同某些尚未完全摆脱轻贱商人偏见的士绅们之间存在着一道"界沟",而又不甘于被歧视,力图在社会上显示自己的存在和作用,便毅然建立起以本阶级基本群众为主体的政治团体。

粤商自治会的宗旨是:"遵旨预备立宪,先与同胞谋自治,将以研究内政外交之得失,发为议论,以供朝廷采择;调查工商实业之利弊,力为整顿,以谋地方之公益。"④

粤商自治会是在广东人民反对英国攫夺西江缉捕权的时刻出现的,所以成立的当天就投入并领导了这场反对帝国主义侵权的斗争。当日晚上,即电军机处和外务部,严正指出,"西江缉捕,是我主权,英人以盗劫小轮越俎干预,钧部径徇其请。兵力所及,即国权所张,沿江商民诧为卖国","特恳钧部始终拒绝"⑤。同时,致电上海总商会、南洋华侨商会力争,致函省内各团体共同研究对付办法。11月23日召开大会,到者数千人,推举陈惠普、陈章甫、李戒欺、赖燕山、麦吉甫、郭仙洲、林子祥、李亦如为代表,率众前往督署请愿,向总督张人骏陈述了挽回主权的意见。张人骏嘉奖了他们的热心爱国行动,表示竭力争回"国权",但劝其"传语众商,切勿暴动,以免生出枝节"。⑥外务部接到自治会电后,致电张人骏,谓"由中国海关增船协巡,并未许外人着手"⑦,斥自治会造谣生事。自

---

① 关百康:《粤商自治会函件初编·序》,1908年。
② 李藿皋、余少山:《粤商自治会与粤商维持公安会》,载《广州文史资料》,第7辑。
③ 《粤商自治会函件初编》,17页。
④ 《粤商自治会函件初编》,10页。
⑤ 《粤商自治会函件初编》,1页。
⑥ 《申报》,1907年12月1日。
⑦ 《申报》,1907年12月1日。

治会再电外务部驳斥。后见驶进西江的英国炮舰强行搜查中国船只,肆行骚扰,自治会一面电政府要求促英兵速退,请张人骏大力整顿水陆军队,以救燃眉之急,立与英舰商定退出日期;一面派人到沿江州县城镇及客轮散发传单,广为宣传。省城及沿江不少城镇都成立了国权挽救会。后又商请内河轮船公会,让中国船只一律改挂龙旗;制定四乡巡警章程,禀请总督下令东西两江沿岸绅商举办;设立两广邮船株式会社,由七十二行商负责招股500万元,自置轮船,抵制英轮,挽回航权。在政府的交涉和自治会的努力下,1908年1月英国舰只终于被迫退出西江,斗争取得胜利。

在这次斗争中,自治会遵照张人骏的指示,劝诫同胞不要暴动,并不反映其反帝不坚决或软弱。采取暴烈行动要分别情况,在一定的场合和平手段或许更好。通过外交途径和人民的斗争,收回西江缉捕权不是没有可能。如果采取暴烈行动,就会扩大事态,增加解决问题的难度,甚或造成不应有的严重后果。当然,他们这样做还考虑到本身的经济利益:"两广商业,以英国占优点,且中英交通最久,人民感情特深,若以此事忽生恶感,致成商务上种种之阻碍,殊非中英两国商民所愿。"① 他们既使自身的经济利益避免了重大损失,又使缉捕权获得解决,维护了国家主权,斗争策略是明智恰当的。

一波未平,另一波又起。1908年2月5日,日本商船二辰丸装运军火,在澳门附近的九州洋海面卸货,为中国海军巡逻船弋获,因其没有运往中国军火的护照,遂将船械扣留,拖回黄浦。14日,日本驻华公使林权助照会外务部,声称军火系运往澳门,经葡萄牙官员允准,非在中国领海走私,中国将二辰丸拘留显系违约。要求将船放回,交还国旗,惩办官员,赔礼谢罪。外务部提出解决办法,均为日方拒绝,威胁说,"此事即宜速了,不然日本当行相当之手段"②。3月13日,林权助又提出解决问题的五项条件,即中国政府对撤换国旗鸣炮致歉,立即无条件释放二辰丸,中国政府收买该船军火,处置扣船官员,赔偿二辰丸被扣期间的损失。15日,外务部全部予以接受。

事发之后,自治会就召开会议,斥责日本的无赖行径,致电政府"勿稍退让"。得知政府接受日方五项条件,商民大愤,3月18日自治会召开大会,议决实行文

---

① 《申报》,1907年12月19日。
② 王芸生:《六十年来中国与日本》,第5卷,152页,三联书店,1980年。

明抵制。接着,陈惠普、李戒欺率领1000余人前往督署请愿,要求设法挽救。19日为释放二辰丸之期,张人骏遵照外务部所议各节办理。自治会又刊布传单,"复沿街遍贴不买日货等条,且动言罢市"①。次日,自治会深感"今日之辱之至矣",乃召开大会,会场上用巨幅白布大书"国耻大纪念"五字,其下悬挂白布两条,以示哀痛,与会者达10万人。陈惠普等发表了沉痛至极的演说,一些人提出应罢斥军机大臣、外务部尚书袁世凯,广东不担负赔偿费。还有商民自动表示,愿将所存日货交众烧毁。接着,人们纷纷将自己所戴日帽、所穿日衫、所用日巾以及会议厅上所有日产物品,皆投入火中焚烧殆尽。②次日,商民掀起抵制日货运动,停止出售日货,原定的也去电退回。粤商自治会发起的抵制日货运动在中国历史上是第一次,坚持了半年以上,影响波及上海、广西以及香港、南洋、澳洲等地,在经济上给日本较大打击。

粤商自治会领导这两次斗争,大遭袁世凯之忌,几次致电张人骏,给自治会加上一些莫须有的罪名,压迫张查办陈惠普、李戒欺等人,解散自治会。张人骏令广州府查复。广州府复称:陈、李等十数年来,"凡地方公益无事不挺身直赴",近年所办各事,"皆为地方谋大利"。此次力争西江捕权及二辰丸案,"不过激于义愤,虽不无过激之处,要之皆爱国之士,朝廷尚须加以奖励,万不可误听谣言,以陷善类"③。张人骏据此以复,袁世凯默然。1908年11月香港掀起抵制日货高潮时,袁又旧事重提,必欲将自治会置于死地而后快。张人骏复电外务部说:粤商自治会"为全属商会中人研究商业而设,禀明在案。商会自治,功令所许,非等违禁私集,主持之人均系殷实正商"。"若将首会之人惩办,在日人为以怨报德,在我为加罪无辜","若徇外人无据之言,归咎地方正当商首,适堕彼等计中"。④尽力予以回护,袁世凯的阴谋始终未能得逞。

每当国家主权被侵害、祖国同胞被欺凌,自治会总是挺身而出,同帝国主义进行斗争。1908年冬,一名同胞从香港搭乘英国太古洋行轮船回广州,被该船执役者踢死。船抵广州,自治会马上派人和医生下船检验,"力代诉争于官辕"⑤,

---

① 《六十年来中国与日本》,第5卷,159~160页。
② 参见《申报》,1908年3月27日。
③ 《竹园白话报》,1908年6月9日。
④ 《六十年来中国与日本》,第5卷,163页。
⑤ 李蘅皋、余少山:《粤商自治会与粤商维持公安会》,载《广州文史资料》,第7辑。

要求惩办凶手，抚恤死者。还印发传单，到码头劝告同胞不要搭乘英国轮船。最后迫使英国将凶手判刑，太古洋行赔款。1909年，粤商自治会又多次开会，声讨葡萄牙侵占澳门附近中国领土湾仔的侵略行径，声明"认定旧界为主义，土地为国民财命之所寄，尺寸不得轻借与人"。派人分往镇乡演说，号召同胞"实力坚持，共负责任"①。1910年，闻美国金山海关施行虐待华民苛例，囚禁凌辱华商、留学生，粤商自治会特电美国总统，指出此举"大违公理"，要求废除。② 自治会的爱国举动"极得社会好评"③。

粤商自治会对于普及地方自治常识十分重视，1908年1月一次从预备立宪公会订购《公民必读》1万册，还购买了香港刘铸伯编的《自治须知》，送会员研究，并禀请总督下令府州县劝绅商购买。他们开办了自治研究所，培养人才，第一期招收1100余人，皆为各商店的经理和店员。对工商业的发展也很注意，先后议决倡办了轮船、煤矿及其他企业，开展了振兴工艺的调查。

粤商自治会的会员没有人当选为咨议局议员，但他们的参与意识很强，力图把自己的愿望和要求向咨议局反映出来。1909年咨议局召开第一届会议时，自治会就提出奖励商团民团、限制外国人游猎、筹办简易识字贫儿院三项议案。1910年5月临时会时又提出两项议案。同年第二届会议期间，要求政府下令禁绝赌博，保证三个月内筹足因禁赌而短缺的行政经费，给主张禁赌议员以有力的支持。

1911年，自治会坚决反对政府的铁路国有政策。武昌起义后，其主要人物同情支持革命。独立以后粤商自治会解散。

八、贵州自治学社和宪政预备会

贵州的立宪团体自治学社和宪政预备会不是同时成立的，后者晚于前者两年。由于这两个团体在成立之前就隐然分为两个集团，长期处于摩擦斗争状态，故在此一并叙述。

（一）自治学社

贵州僻处西南边陲，交通不便，消息闭塞，民族资本主义经济异常落后，至

---

① 《申报》，1909年7月6日。
② 参见《申报》，1910年4月24、27日；《时报》，1910年5月4日。
③ 邹鲁：《回顾录》，第1册，29页，独立出版社，1947年。

1912年，全省仅有7人至100人的工厂120家，其中使用原动力的只有1家，余皆手工工场和作坊。① 然而就在这样落后的地区也建立了立宪团体。

贵州立宪派的产生主要是受新思想文化的影响。较之他省，贵州的文化教育也相当落后，但新思想文化的输入却不算太晚，戊戌变法之前即已开始。变法失败后维新思想仍在继续传播，少数先进的知识分子创办了新式学会和书社，各种报刊不断流入，《清议报》和《新民丛报》更受欢迎。后来学堂兴起，知识分子的知识结构、文化心态、思想意识发生明显转换，有些人便被卷入立宪思潮之中。与此同时，部分留学生也成为立宪派。朝廷下诏预备立宪增强了他们的参与意识，民族危机的严重促进他们履行国民的责任，其他立宪团体的建立对他们也是个鼓舞。

自治学社和宪政预备会正是在这种社会背景之下出现的，当然还各有其特殊的原因。

自治学社开始酝酿于1907年12月②，本地人又称为自治社、自治党。发起人为张百麟和张鸿藻。自治学社酝酿成立之前，贵阳就存在一个以唐尔镛为首的"贵族派"，其中心人物或出身于较高的门第，或获有较高的功名，具有较高的地位。如唐尔镛的祖父官至云南巡抚，本人为举人、内阁中书，任贵州教育总会会长。任可澄的祖父官至翰林，本人亦为举人、内阁中书，任黔学会会长。何纪纲、陈廷棻、黄禄贞、徐天叙等均是举人。华之鸿之父官居知府，本人为盐商、商务总会会长。他们为社会做了一些好事，创办过官立师范传习所、时敏小学、通省公立中学、优级师范选科、宪群法政学堂、交通书局和《黔报》，对于贵州文化教育事业的发展和近代思想文明的传播做出了一定的贡献。但是，他们把持着社会团体，迎媚官场，歧视排斥他人。为了本派的私利，他们把全省的学田、义谷以及其他经费，全部拨充为通省公立中学和优级师范选科的基金，予教员以优厚的报酬，并挪移校款给官费留学生熊范舆、陈国祥、蹇念益、姚华等以津贴。而其他学校的经费则特别拮据，教员薪金极低。这就使"寒士派"即中下层资产阶级知识分子大感不平，产生了严重对立情绪，有人便提议组织团体，与之对抗。此

---

① 参见《中华民国元年第一次农商统计表》上卷，1、3页。
② 关于自治学社开始酝酿的时间，当事人的回忆很不一致。1908年出版的《自治学社杂志》第3期封底登有一则"本杂志扩张广告"说，"去岁仲冬，同人因《瓜分警告之警告》，发起本社"。知其为1907年12月发起。

时朝廷又谕令设立各级民意机构，这对于社会地位较低的"寒士派"更具有吸引力。他们想通过参与政治，一面赞助朝廷立宪，一面提高自己的社会地位，与"贵族派"分庭抗礼，组织社团的积极性很高。

适1907年10月22日《黔报》刊登一则《瓜分警告》的消息，张百麟等人阅后，"咸谓国家危急，至于此极。而四顾我同胞，其不知时事者皆梦梦似昔，其稍知时事者或以身家关系之拘束，不肯出一切实语，做一切实事。苟不组织一团体，以主义感情相联络，则全国如一盘散沙，必至一事莫举，瓜分之祸当不远矣。"①于是就商于张鸿藻，又作《瓜分警告之警告》，以警醒国民。12月，他们又在贵阳田家庵镜秋轩开会，张百麟和张鸿藻都强调救亡方法"当用国民责任说"，"首以国民责任为大前提，藉以唤起一般人之责任心，即以个人自治说为起点，以地方自治说为延长线，以国家自治说为最终之面积"。②与会者多数赞成，愿做发起人。散会以后，一些人因吸收会员和经费问题产生畏难情绪。张百麟也"心似冰冷，亟欲投身事外"，但"转念国家艰危，祸在眉睫"，乃"明知其难而姑为之"。③爱国思想促使他毅然承担起组织团体的责任。

接着，张百麟印发了《发起自治学社意见书》，阐述了组织团体的基本观点。阅者纷纷登门晤谈，均希望从速组织。张百麟唯恐组织疏忽，滋生流弊，不能长久，又草拟《发起社团预约》，将成立的宗旨、目的、任务、方法等加以说明，要大家考虑成熟，自愿加入。同时声明："发起人以宣布意见为第一步，以后之组织运动，须采取多数人之同意，投票表决。"④

经过一段时间，自愿入社者已有29人，其中教员2名，生员2名，监生1名，法政学员3名，将弁学堂、武备学堂和蚕业学堂毕业生5名，法政学生和师范、中学学生16名。张百麟和张鸿藻考虑到老年人暮气已深，少年人太过稚气，只有受过教育又有一点经验的青年学生比较"通达时变，同具热诚，忠爱所积，闻风兴起"⑤，所以联络的对象多为青年知识分子。

这时自治学社的干部尚未确定，只是推举张鸿藻、张百麟暂负责任，并主编

---

① 《自治学社成立演说记事一则》，载《自治学社杂志》，第3期。
② 《自治学社成立演说记事一则》，载《自治学社杂志》，第3期。
③ 《自治学社成立演说记事一则》，载《自治学社杂志》，第3期。
④ 《自治学社杂志》，第1期。
⑤ 《二次上各大宪禀稿》，载《自治学社杂志》，第2期。

社刊《自治学社杂志》，陈钟麟、钟振玉、王元藩、曾宪章、余培年、谢师荄分任书记、庶务和会计各事，准备明年正式选举职员。①之后，禀报省巡警局立案。第1期《自治学社杂志》出版，又呈请巡抚庞鸿书批准学社成立。庞鸿书因朝廷不准学生干预政事，而社员中学生太多，未予批准。张百麟等只得另行联络，至1908年9月已发展98名，他们都有较低的功名和职衔，年龄绝大多数在20岁至40岁之间，再次呈请，并说明原来的学生社员均已退出，仅居赞成者之列，这次庞鸿书照准了。

1908年10月4日，自治学社召开全体大会，张百麟问大家现在是否"可云成立"，"社员咸以为当报告成立"②。至此，自治学社方正式宣告成立。

自治学社是个爱国的政治团体，也是个不折不扣的立宪团体。其最初规定的宗旨是："务期人人有道德智识，养成善良品性，造就完全人格，以赞助地方自治之实行，达国家自治之希望。"③其上巡抚的禀稿开宗明义即说："亟思发愤自治，宜明忠君爱国之义，考求合群进化之理，以养成国民之资格，仰体国家预备立宪之苦心，此平日所怀抱之意见也。"④张百麟撰拟的《发起自治学社意见书》更明确地与革命派划清了界限。声称暴动"适足以速中国之亡"，"此革命排满家之谬见"。现在中国最重要的"乃国命生死之问题，非国体改变之问题"，当务之急是"养成人格的国民，使多数人有国家思想、政治能力，赞助地方自治之实行，辅翼国家立于自治之地位"。如政府实行立宪，自治学社就"赞襄之协助之"，如政府无意立宪，就"启发之请祷之"，即实行劝告与和平请愿，"以缩短中国立宪之时期"。⑤这一切都说明它是一个为立宪而奋斗、反对暴力革命的立宪团体。

据云，1908年自治学社曾向在日本的中国同盟会贵州支部通款，支部评议长于德坤鉴于革命屡次失败，思欲变计，说服支部长平刚改换"方略"，"以政治为著手地"。同盟会员胡肇安又"尝以政治怂恿于平日，平刚亦久悟急进之难于

---

① 参见《本社告白》，载《自治学社杂志》，第1期。按：第一批社员表中无谢师荄其人，《自治学社杂志》第3期将其列入各府州县赞成自治主义者之列。
② 《自治学社成立演说记事一则》，载《自治学社杂志》，第3期。
③ 《自治学社章程》，载《自治学社杂志》，第1期。
④ 《上各大宪禀稿》，载《自治学社杂志》，第1期。
⑤ 《自治学社杂志》，第1期。

望成也，于是乃议决共认自治社为同盟会同志而与之通消息云"①。

省内的革命党人分为两派，一派主张激烈，以张铭为首；另一派主张和平，以彭述文为首。激烈派在1906年萍浏醴起事失败后"益感觉急进之不可能"，"咸改善方法，从事于社会教育事业，为积极之准备"，对自治学社"固有不期而互表同情者"。②当平刚将接纳自治学社通知张铭以后，张铭便加入了自治学社，并函告在贵州的同志与自治学社接洽，听张百麟指挥。和平派的活动本来就与自治学社相同，关系融洽，"终乃合并于自治学社，为共同负责之一员"③。后来在外留学归来的同盟会会员傅佐卿、钟子光、杨昌铭等亦参加了自治学社。

同盟会会员的加入为自治学社增添了新的血液，自治学社开始与革命派建立了联系，然而自治学社并没有接受同盟会的纲领及其领导，倒是同盟会接受了自治学社的领导，自治学社仍"日以君主立宪相号召"④，性质未变，并不是披着合法社团外衣的革命组织。

1908年国会请愿运动时，自治学社在贵州呼应，召集各界开会讨论。与会者皆认为有请愿之必要，推选乐嘉藻领衔，社员周素园起草请愿书。请愿书列举了历次革命起义后指出："幸而王师克捷，迅奏肤功。弥天之祸，弭于无形"。又说，"革党之根株固未尝净绝也"，"遏之于东，则溃而之西，之南，之北，如痈疽然，毒不尽不止"。"去毒之至计，莫如改善政治"，"实行代议制度，使人民得参与其间"，"议院既开，宪法既布，改善政治之结果，不难应时而立见。革党虽家至户说，其谁听之？此所谓战胜于朝廷也"⑤。立宪团体中像自治学社这样厌恶革命的还是很罕见的。

同年9月，《自治学社杂志》第2期发表文章，对社员提出一些要求，其中有这样几点：认定自治为催促立宪、预备立宪之方法。对于宗旨相同之党，应同情协助；对于宗旨不同党派，应各行其是，不可随同。对于政府，当改造，不可

---

① 平刚：《于德坤传》，见《贵州辛亥革命资料选编》，481页，贵州人民出版社，1981年。
② 凌霄：《贵州革命史》，见《贵州辛亥革命资料选编》，362~363页。
③ 周素园：《贵州民党痛史》，见中国史学会主编《辛亥革命》六，408页，上海人民出版社，1957年。
④ 凌霄：《贵州革命史》，见《贵州辛亥革命资料选编》，360页。
⑤ 周素园：《贵州民党痛史》，载《贵州文史资料选辑》，第4辑。《辛亥革命》六收录此文时将请愿书删去。

放弃；当监督，不当怨谤；当指导，不当破坏。借鉴各君主立宪国之宪法，认君主为神圣不可侵犯。①

1909年7月，自治学社的机关报《西南日报》创刊，为什么命名为《西南日报》呢？因为"自治学社的目的在团结本省，联络西南，进而促进全国的自治"②。目的如此，足见初衷未变。

1910年7月，当《西南日报》创刊一周年时，张百麟著论总结过去的成绩，确定未来的方针，最后归结为："今欲协力救亡，政府方面，内阁问题、议院问题不能不促其早日解决，然非人民努力要求不可。"③此正立宪派的共同呼声，宗旨依旧如故。

这一年立宪派掀起了国会大请愿，自治学社也取同一步调，投身其中。《西南日报》大加鼓吹，热诚期望请愿成功；自治学社参加组织贵州国会请愿同志会，举定在京的社员钟振玉、方人凤、许嘉珍、李宗岳为学社的代表。另举支持学社的蔡岳为教育、商务两总会代表入京请愿。自治学社仍未脱出君主立宪的轨道。

学社的社长、评议员、事务员均由社员选举产生。1909年举行正式选举，钟昌祚当选为社长，张百麟当选为副社长，负实际责任。

自治学社的社员大致分为两部分，一部分是进步的上层人士，包括留学生、举人、秀才、文武官吏、议员、士绅、地主、资本家，另外一大部分是受压迫的人民大众和失意的人士，其中有哥老会会员、军人、学生、知识分子、手艺人、农民、小商人、富商子弟以及失业游民。④主体力量"多是寒士"⑤。

自治学社成立时，正值朝廷谕令筹办地方自治、咨议局，准备成立资政院，这给学社的发展造成了有利条件。一则"人民得此机会，如春雷启蛰，蓬蓬勃兴，各有参与政治、天下兴亡、匹夫有责之想"，"人民受压于官僚、权绅者，优秀分子欲得新知识者，咸自治党是趋"⑥；二则"地方官大抵不解自治为何物，则相

---

① 参见陈钟麟：《自治学社之个人》，载《自治学社杂志》，第2期。
② 吴雪俦、胡刚：《贵州辛亥革命散记》，见《云南贵州辛亥革命资料》，180页，科学出版社，1959年。
③ 周素园：《贵州民党痛史》，见《辛亥革命》六，423页。
④ 参见胡寿山：《自治学社与哥老会》，见《辛亥革命回忆录》三，466页，中华书局，1962年。
⑤ 张彭年：《贵州辛亥革命的前前后后》，见《辛亥革命回忆录》三，442页。
⑥ 凌霄：《贵州革命史》，见《贵州辛亥革命资料选编》，362页。

率优礼分社人才，以备顾问，受方略"①。所以自治学社发展较快，至1910年、1911年之交，分社成立者计50余处，社员多达10万人，为各立宪团体中人数最多的一个。

由于交通不便，自治学社的活动一直囿于本省。为了争取参与全国大政，该社竭力利用一切机会扩大联系。1911年夏天，推选杨寿篯出席了咨议局联合会，钟昌祚、张泽钧、彭述文、李泽民也到了京师。立宪派组党之时，杨寿篯参与了宪友会的筹建，并被指定为贵州支部发起人。钟昌祚、张泽钧加入了宪政实进会，彭述文、李泽民则加入了辛亥俱乐部。继之，各政党都致函自治学社，促其成立支部。自治学社进行了研究。张百麟说："吾侪雅不忘情于中央，亦至不欲牺牲其主义。今者独树一帜，为力既有不逮；而各政党中坚人物，千诡万殊，投机挟策，企图利用。吾侪未彻底了解以前，断无舍己从人之理。但目的认清，手段不妨假借，自治学社仍保持固有壁垒，同志中愿尽力支部者，亦予相当之补助。对外则平流共进，对内则通力合作。"②放手让社员组织各政党支部，但"对内"都必须接受自治学社领导，如此一来，各支部实际上均为自治学社所控制。这一策略为自治学社所采纳，于是社员出面组织了宪友会和宪政实进会支部。

（二）宪政预备会

宪政预备会筹建于1909年10月，本地人又称之为宪政党或宪党。会长为任可澄，副会长为萧筑民，评议员有黄禄贞、马克明等。

宪政预备会与自治学社的发展壮大密切相关。1909年自治学社开办了公立法政专门学堂，创办了《西南日报》，利用报刊启导教育社员，定期召开讲演会，团结群众，势力迅速膨胀，与"贵族派"的斗争也逐步趋于明朗化。这一年出现了唐尔镛从弟唐飞与其祖父之妾通奸，为其父枪毙私埋的丑闻，张百麟等乘机托蔡岳致意唐尔镛，如能从全省教育公款中提出一部分帮助解决《西南日报》的困难，有关唐飞被杀的稿件可以不予登载。唐尔镛未允。《西南日报》遂将此事披露，并质问官府对命案何以置之不问，迫得官府立案调查，还有开棺验尸之说，唐尔镛感到脸面丢尽，出走北京。

唐尔镛离黔后，"贵族派"奉任可澄为领袖。他们为了报复，时刻寻瑕抵隙，

---

① 周素园：《贵州民党痛史》，见《辛亥革命》六，429页。
② 周素园：《贵州民党痛史》，见《辛亥革命》六，441~442页。

继之又出现了自治学社韦可经与某孀妇有染，被"贵族派"协助女方亲属捆送审判厅事件；《黔报》登载自治学社某与白氏"狼狈为奸"，为白氏控告，《黔报》编辑陈廷棻被拘留的事件。这些相互攻讦加深了两派的矛盾。

法团改选和咨议局选举进一步使矛盾激化。

教育总会是"贵族派"的根据地，唐尔镛为会长，职员大半皆其同党。唐尔镛出走后，将会长让于任可澄。自治学社不甘心，发动人要求当局改选，同时改选商务总会和农务总会。通过改选，教育总会会长为赞助自治学社的乐嘉藻所得，商务总会和农务总会当选的为马汝骏、于德楷，他们皆以自治学社的周素园为辅佐，实权也落入自治学社手中。

在咨议局选举中双方展开激烈竞争。"贵族派"的唐尔镛已经出走，任可澄则因违背选举章程未能入选，结果在当选的39名议员中自治学社占了压倒的多数。后又选举乐嘉藻为议长，"寒士派"的谭西庚和"贵族派"的牟琳为副议长。常驻议员中自治学社占大多数。书记长和书记皆为自治学社社员。整个咨议局为自治学社所控制，"贵族派"一败涂地。

在政界自治学社也取得很大进展。"贵族派"为了搞垮自治学社，曾在云贵总督李经羲面前控告张百麟和周素园为"革命党"，暗中布置作乱。经巡抚庞鸿书说明两派斗争的由来，李即释然。旋张百麟谒李面陈大计，李以其是个人才，嘱按察使王玉麟酌量录用。张百麟由是厕身政界，先入审判厅筹办处，旋兼提法公所科长、禁烟局文案。周素园进入调查局筹办处，兼警务公所、地方自治筹办处科长。后又有些社员分别到劝业公所、警务公所、提法公所、高等审判厅、洋务局以及兵备处任职，在新政机关占据一定势力。

处此情况下，"贵族派"不得不认真反省，检查历次惨败的原因，"归结为没有强大的政治组织和群众基础"①。他们感到势孤力单，亟谋扩充实力，与自治学社对抗。咨议局中的非自治派议员"颇感多数压迫之苦"，也想同"贵族派"协谋合作，组织政团。②留学归来的"主张君主立宪者流，见自治社之日盛也，忌之"，亦准备组织政团，"以谋抵制"③。此时省官立法政专门学堂也有不少学

---

① 吴雪俦：《贵州辛亥革命始末》，见《辛亥革命回忆录》七，417页，文史资料出版社，1982年。
② 参见周素园：《贵州民党痛史》，见《辛亥革命》六，459页。
③ 钟全林：《先烈钟山玉先生事略》，见《云南贵州辛亥革命资料》，270页。

员主张立宪，唐尔镛、任可澄抓住机会，示意学员马克明、杨文山出面组织宪政预备会。10月开始筹划，11月28日宣布成立。名义上奉任可澄为首领，实际决策者却是唐尔镛。他们发展的会员多数素质较差，起不了多少作用。不过，他们得到地方官吏的支持，又有在省外的立宪派人士熊范舆等的声援，气势亦不甚弱。

宪政预备会同自治学社的斗争反映了该会保护并扩大既得利益的企图，他们的出身门第又使其有着比自治学社多保守、少进取的特征。然而两派都是为了把持扩大地方利权，斗争属于同一阶级内部不同集团之间的倾轧。宪政预备会的主干人物早先均"受了维新思想的熏陶，希望中国的未来是君主立宪政体，永远不变"①。在成立大会上，会长任可澄宣称：该会"系政治团体"，"以预备立宪为范围"；"上既有立宪之政府，下必有立宪之国民，惟是国民程度必成就于政治团体，故政治团体实为立宪国民之必要。"②会名本身也表明了它的政治属性，其为立宪团体当无疑义。

成立之后，宪政预备会仍不断同自治学社明争暗斗，嗾使官厅迫害自治学社，挤走支持自治学社的咨议局议长乐嘉藻，但他们也未得到什么好处。于是又迁怒于不作左右袒的巡抚庞鸿书，贿买御史参劾，庞鸿书自请开缺。继任的巡抚沈瑜庆有鉴于前，乃交欢宪政预备会。

武昌起义后，自治学社积极主动响应，宪政预备会亦赞助了贵州独立。1911年12月下旬宪政预备会改选职员，陈廷棻当选为会长，邹骥、黄宝森当选为副会长。其后该会勾结同盟会会员唐继尧入黔，武力镇压了自治学社，执掌了政权。不久，陈廷棻、任可澄、华之鸿、郭重光、何季纲等又发起组织了统一党贵州支部。

促进政府早日革除封建专制制度，建立资产阶级君主立宪制度，是各立宪团体共同奋斗的政治目标，也是使之在后来的斗争中得以联合共同行动的政治基础。然而，由于各团体领导、骨干人物构成的差别，政治态度又不完全一致。一般地说，接受了解资产阶级政治学说较多、出身和社会地位偏低的团体，就激进一些，较少保守性；反之则比较温和，较多保守性。这是因为对资产阶级政治学说接受了解得越多，思想越敏锐，对封建专制的腐朽危害看得越透彻，要求实现君主立宪

---

① 吴雪俦：《贵州辛亥革命始末》，见《辛亥革命回忆录》七，416页。
② 《申报》，1909年12月30日。

的愿望越迫切；出身和社会地位偏低的立宪派人士同封建官场距离稍远，没有太多瓜葛，甚或同官场存在着隔膜、芥蒂以至矛盾，思想上较少顾虑。而地位的低下又使他们产生不平之感，急于要求改变社会现状，参与政权，提高自己的地位，斗争起来比较坚决。还应指出，立宪派虽然代表的是资产阶级的共同利益，但立宪团体是由不同的集团组成的，各有其特殊的利益，一旦因谋求势力的发展和政治经济利益同别的集团发生冲突时，资产阶级与生俱来的自私性便表现出来，往往忘却本阶级的共同利益，不顾大局，彼此排斥，如宪政公会、预备立宪公会之与政闻社；有的甚至势不两立，欲置对方于死地，如贵州宪政预备会之对自治学社。这种状况在一定程度上妨碍了团结，消耗了相互间的力量，削弱了对封建主义的斗争。

立宪团体的建立标志着立宪派已经成长为社会上一个独立的政治派别，它们的出现将推动立宪运动向更广阔的范围和更高深的层次开展。

九、君主立宪与民主立宪的论争

1903年，章炳麟曾发表《驳康有为论革命书》，批驳康有为的立宪论，但没有争论起来。迨1905年同盟会成立，革命、立宪两派立即开展了一场理论上的论争。论争是在海外进行的，美国、加拿大、新加坡等地的两派都参加了，主要阵地则在日本。革命派方面以同盟会的机关报《民报》为核心，立宪派方面以《新民丛报》为核心，1906年、1907年达到高潮。

这次论争涉及几个原则问题，而最主要的实质性问题只有一个，即将来采取什么形式组织政体和以什么手段达到目的。对这个问题的不同回答，既是革命与立宪的根本分野，也是两派由以产生的根本原因。革命派主张以暴力手段推翻清廷，建立资产阶级共和国；立宪派主张实行和平的政治改革，建立资产阶级君主立宪国。论争的性质纯粹是两种救国道路、救国方法之争，正如革命党人汪东所说："排满论与政治革命论，皆假定之以为可以救吾国，其性质非有差也。"[①]

为了更好地了解论争的实质，首先看一看革命派对开明专制论和君主立宪论的认识。

[①] 寄生（汪东）：《〈新民丛报〉杂说辨》，载《民报》，第11期。

立宪派标榜政治革命论，反对革命派的民族革命论。"政治革命者，革专制而成立宪之谓也。"① 如何实现立宪呢？梁启超又提出开明专制论，所谓"开明专制"，"实立宪之过渡也，立宪之预备也"。他认为现在"人民程度未及格"，"施政机关未整备"，不能实行共和，也不是实现君主立宪的时候，实行立宪最快也要十年至十五年的时间。实行之前，要有一个过渡时期，预备阶段，这就是开明专制。② 目前国民对于政府应做的工作，一曰劝告，二曰要求，"所劝告者在开明专制，而所要求者在立宪"。这样做有利于国家前途和国民进步，对革命和实施约法也有帮助，国家实力增强，还可加强抵御外侮的力量。③

　　开明专制论来源于日人笕克彦，立宪、革命两派都接受了这一理论。梁启超以此为人所诟病，其实革命派比他提出的还早。1905 年 10 月陈天华在一篇文章中写道："吾侪既认定此主义，以为欲救中国惟有兴民权、改民主，而入手之方，则先之以开明专制，以为兴民权、改民主之预备，最初之手段则革命也。"④ 认为革命后至实行民主中间要经过一个"开明专制"的"预备"时期。而陈天华的说法又本源于两个月之前的同盟会《军政府宣言》。宣言说，实施政治纲领的顺序分为三期：第一期军法之治，为军政府督率国民扫除旧污之时代，军政府总摄地方行政，以三年为限；第二期约法之治，为军政府授地方自治权于人民，而自总揽国事之时代，以六年为限；第三期宪法之治，为军政府解除权柄，在宪法上国家机关分掌国事之时代，制定宪法，选举总统，召集国会。⑤ 这里所说的"军法""约法"时期虽无"开明专制"之名而有其实，而且九年时间与梁启超设想的相去无几。陈天华只不过加以明确概括罢了。所以若论"开明专制"在中国的发明权，应为革命派。正因如此，革命派对梁启超的开明专制论本身并未做过什么针锋相对的批判，倒是有些人承认由专制向立宪过渡应该有个开明专制时期。《大陆》写道："中国欲造立宪之基础，在先造成一发达之专制国。发达专制之要，在于立国家统治之根本的组织，而顺次及于百般之事项，制定法律规则，以谋立宪的要素之

---

① 饮冰（梁启超）：《申论种族革命与政治革命之得失》，载《新民丛报》，第76期。
② 参见梁启超：《开明专制论》，载《新民丛报》，第75、77期。
③ 参见梁启超：《答某报第四号对于本报之驳论》，载《新民丛报》，第79期。
④ 思黄（陈天华）：《论中国宜改创民主政体》，载《民报》，第1期。
⑤ 参见邹鲁：《中国同盟会》，见《辛亥革命》二，15~16页。

进步",这一时期至少要经十至二十年。①张钟端说:"世界各君主自动立宪者,必其先能为开明专制。"②胡汉民、汪精卫都认为"立宪之先,必有开明专制时代"。但出于宣传的需要,又驳斥梁启超。胡汉民援引笕克彦的广义开明专制说质问梁启超,既然中国早在汉唐盛世已是开明专制,而又断言"我民族不可以为共和立宪,不知何据?"③他没有弄懂笕克彦的理论,引以为据的历史事实也十分错误,同梁启超的意思根本不是一回事,质问显得苍白无力,不值一答。汪精卫领会笕克彦的狭义开明专制说与梁启超一致,可是又认为在中国实行开明专制,"尤非能望之今之政府者也"④,一下子把问题扯到"异族"上去了,转移了论争的方向。他们的辩难皆不足视为对开明专制论本身的反对。

一般而论,大凡有些资产阶级政治学说常识的革命党人,都承认君主立宪制度优越于君主专制,与民主立宪不是对立的,而是相等或属于同一层次的。汪精卫不止一次地说过,君主立宪国家的"自由平等之程度,亦近乎共和,而远于专制"⑤,"今日之英国非君主政体,乃民主政体也",并指责《新民丛报》将君宪与民宪对立为"呓语"。⑥汪东说:"革命与立宪,要非绝对的名词也。"⑦孙中山也认为"无文宪法是英国最好"⑧。《复报》亦言:"以君主立宪与民主立宪相较,不过多选举大统领一事而已。"⑨田桐说:"宪法哉,诚利益人民之生佛哉!使中国而果能立宪也,吾当顶而礼之,膜以拜之,馨香以祝祷之。"⑩《民心》有篇文章写道,"立宪而至于英国,亦吾国上下之所愿也。"⑪基于这种认识,他们对政治革命论亦无异议,如汪精卫说:"政治革命者,鼎革其政体之谓也。故非颠覆专制,不足以云政治革命"⑫,意思与梁启超相同。

---

① 《中国与立宪政治》,载《大陆》,第3年第23期。
② 鸿飞(张钟端):《对于要求开设国会者之感喟》,载《河南》,第4期。
③ 汉民:《〈民报〉之六大主义》,载《民报》,第3期。
④ 精卫:《驳〈新民丛报〉最近之非革命论》,载《民报》,第4期。
⑤ 精卫:《再驳〈新民丛报〉之政治革命论》,载《民报》,第6~7期。
⑥ 精卫:《希望满洲立宪者盍听诸》,载《民报》,第3、5期。
⑦ 寄生:《论支那立宪必先以革命》,载《民报》,第2期。
⑧ 《孙中山全集》,第1卷,329页,中华书局,1981年。
⑨ 奇零人:《中国新报》,载《复报》,第10期。
⑩ 恨海(田桐):《满政府之立宪问题》,载《复报》,第1期。
⑪ 《对于政府之民心》,载《民心》,第5期。
⑫ 精卫:《再驳〈新民丛报〉之政治革命论》,载《民报》,第6~7期。

既然如此，两派何以会进行激烈论争？这就需要进一步了解两派的具体主张了。

立宪派说，政体无绝对之美，民主立宪固然最理想，君主立宪也很理想，虽其间"有公私之轩轾"，然民宪国家之国势和国民之幸福并不一定比君宪国家优越，优越与否"全视其国民之能力如何"，与君主没有关系。所以"谋国者不可问政体之高尚与否，当就其适于救国以为采择之途"①。杨度从另一角度阐述了这个道理。他说：民主立宪与君主立宪没有高下之分，国民的程度和幸福多寡都相同，自由权利虽有异，然其"异"表现在宪法上，而宪法规定的人民自由权利完全是人民奋起争取的结果，并非国家元首赐予，"故吾人之所问者，不在国体而在政体，不争乎主而争乎宪"②。为"国体"是君主或民主即国家元首是皇帝还是总统而争斗没有必要，关键在于变专制政体为立宪政体，使宪法规定人民更多的自由民主权利。再者，有宪法规定元首的权力，世袭的君主也好，民选的总统也好，皆受宪法制约，"不能于法外为善为恶，实无别择之必要"。故君宪与民宪"无可分之高下，惟各据其国之情势而定之"。③

根据中国的情势，应当实行什么立宪呢？立宪派说，应当实行君主立宪，不能实行民主立宪。其言论可以梁启超和杨度等为代表，尽管在某些具体问题上他们的观点也不完全一致。他们列举的理由大致有这样几点：

第一，中国人民无实行共和的资格。梁启超说，君主专制国的人民缺乏自治训练和公益心，不知重秩序，唯知各营其私，革命胜利后每届总统大选，必然发生攘夺政权惨剧，杀人盈野，搞得国无宁日，最后政权还是归于一人之手，实行专制；同时，人民刚刚获得自由，也无能力实行议会政治、政党政治。④

第二，革命会引起外国干涉，造成中国分裂或灭亡，立宪则可免。梁启超说，革命发生后，政府无力镇压时，必转求外国协助。列强为保持扩张在华权益，"必

---

① 李庆芳：《立宪魂》，19~20页，1907年。
② 杨度：《〈中国新报〉叙》，载《中国新报》，第1期。按：当时人们把"国体"区分为君主和民主，把"政体"区分为专制和立宪，这是不科学的，国体应指各阶级在国家统治中的地位而言，政体乃政权的组织形式。
③ 杨度：《致〈新民丛报〉记者》，载《中国新报》，第4期。
④ 参见梁启超：《开明专制论》，载《新民丛报》，第75、77期；《答某报第四号对于本报之驳论》，载《新民丛报》，第79期；《暴动与外国干涉》，载《新民丛报》，第82期。

频促现政府削平之，否则干涉"①。"其结果，小之则自取灭亡，大之则灭亡中国。"而联合全国人民力量，"以监督改良此政府，实坦坦平平一大路"，"内既足以自立，则外人亦谁敢予侮焉"。②杨度说，汉人兵力不及蒙、回、藏人，若汉人组织共和国家，蒙、回、藏人必持民族主义而闹分离，政府无力制止，蒙、回、藏定为列强所并，影响所及，将会造成汉人国家灭亡。所以，"欲保全领土，则不可不保全蒙、回、藏；欲保全蒙、回、藏，则不可不保全君主，君主既当保，则立宪亦但可言君主立宪，而不可言民主立宪"③。

第三，立宪比革命容易，阻力小，费力少，不危害国家。梁启超说，经过预备立宪，按照顺序稳步前进，实行立宪，可以融合缓解人民与政府的冲突。实行民主立宪，人民与政府的冲突程度"必极猛烈"。④要求政府立宪所需武力极少，若颠覆政府，所需武力无限。⑤杨度说，立宪国家皆由国会掌握国家权力，中国无贵族阶级，立宪阻力很小，"尤不必以君主一人之故，而牺牲全国人民以敌之，贻国家以危害"。⑥蒋智由说："今幸立宪之机发自政府，人民但应机而施，则事半功倍。"⑦

用什么方法手段才能达到立宪目的呢？立宪派认为，"苟有可以不伤损国民之生命财产，可以不戕贼国家全体之元气，可以不招列强干涉之惨祸，而亦可以救中国之危亡者，无论其方法为难为易，吾辈必先取之。""战争实有得不偿失之虞，苟非至于计穷策尽，甘为孤注一掷之时，智者所不肯出此也。"⑧作为国民也应尽到要求政府改革政治的责任。因此，首先应搞和平改革，要求政府立宪；要求绝望，再以暗杀或武力作为解决问题的最后手段。这样做或许仍不免于失败，可是人民可以在改革中积累实力，从失败中总结出更好的斗争方法，强似一味专恃武力。

立宪派相信，只要人民一致要求立宪，"奋起再接再厉之精神以与政府斗"，

---

① 饮冰（梁启超）：《申论种族革命与政治革命之得失》，载《新民丛报》，第76期。
② 梁启超：《暴动与外国干涉》，载《新民丛报》，第82期。
③ 杨度：《金铁主义说》，载《中国新报》，第1~6期；杨度：《〈中国新报〉叙》，载《中国新报》，第1期。
④ 梁启超：《申论种族革命与政治革命之得失》，载《新民丛报》，第76期。
⑤ 参见梁启超：《答某报第四号对于本报之驳论》，载《新民丛报》，第79期。
⑥ 杨度：《金铁主义说》，载《中国新报》，第1~6期。
⑦ 蒋智由：《立宪之二大原因论》，载《政论》，第2期。
⑧ 刘篪和：《国会反对论之征伐》，载《中国新报》，第9期。

政府"终必出于让步之一途"①，人民定能取得最后胜利。并且坚信立宪以后，汉人以其固有的优良文化必能在议会中获得多数席位，掌握大权。

革命派说，中国自战国贵族政治荡尽后，人民即有立宪国家的"自由、平等、博爱之精神"，权利、义务等观念，只要发扬光大，国民就有实行民主立宪和议会政治的能力。②革命军有纪律和约法规范，决不至出现恐怖时代之惨状。③革命目的非在帝制自为，革命家不会因争夺权位而发生内乱；实行三权分立，无一机关独断之弊，历史上群雄戕杀的局面也会绝迹。④

关于革命是否引起列强干涉，汪精卫、胡汉民作了这样的回答：革满政府之命合于人道公理，不妨害列强的门户开放主义，必能得各国同情；革命以维持世界和平为义务，列强不会反对；革命不扰"外人物业"，承认清政府与各国订立的条约，偿还债款，列强不会与革命对立；战争期间，由于列强为立宪政体，"不能妄于兴戎"；清政府向一国借兵，必遭他国反对，而同时向各国借兵，纯属空想。因此，革命绝不会招致列强瓜分。中国被瓜分的原因在于不能自立，不能自立"由于满人秉政，故非扑满不能弭瓜分之祸"。⑤

双方持论各有其理，谁是谁非，殊难以派定论。例如国民程度问题，立宪派的观点就较接近实际，由此提出立宪应有预备时期，以提高国民的政治素质，无疑考虑到了社会现实。革命派说国民都具有共和国民的资格显然夸大了事实，为了强调革命，不惜把《军政府宣言》中实施军法、约法、宪法的目的，就是"俾我国民循序以进，养成自由平等之资格"⑥抛诸九霄云外了。对于革命招致列强干涉问题，双方均是从主观上加以揣测，认识过于绝对化。事物在千变万化，谁也不能事先肯定干涉与否。相较而言，立宪派对帝国主义的侵略本性认识稍微清醒一些，只是神经太过脆弱。革命派则把帝国主义看得太过善良，抱有很大幻想。不过，以上两个问题对立宪派来说，是其反对革命的理由；对革命派来说，并非

---

① 与之：《论中国现在之党派及将来之政党》，载《新民丛报》，第92期。
② 参见精卫：《驳〈新民丛报〉最近之非革命论》，载《民报》，第4期。
③ 参见精卫：《再驳〈新民丛报〉之政治革命论》，载《民报》，第6~7期。
④ 参见精卫：《驳革命可以生内乱说》，载《民报》，第9期。
⑤ 精卫：《驳革命可以招瓜分说》，载《民报》，第6期；汉民：《〈民报〉之六大主义》，载《民报》，第3期。
⑥ 邹鲁：《中国同盟会》，见《辛亥革命》二，16页。

反对立宪的理由。

革命派在理论上为什么极力反对在中国实行君主立宪？对此，革命派的回答颇不一致，概括起来，约有五种观点。

其一，认为君主立宪就是专制，甚至比专制还坏。典型的代表为章炳麟。他说，"代议政体者，封建之变相。"中国早就消灭了封建制度，"民皆平等"，民之上只有政府。如实行立宪，选举代议士，就是在民与政府之间多加了一个"抑制"人民、"挫抑民权"的"阶级"，"其蠹民尤剧于专制"。"代议政体必不如专制为善。满洲行之非，汉人行之亦非；君主行之非，民主行之亦非。"①一望而知，他缺乏最起码的宪政常识，根本分不清君主专制与君主立宪是两种绝对不同的政治制度，不懂得议员与"豪右"的区别。其反对是盲目的，无道理的。

其二，受无政府思潮影响，认为不需要宪法，因而反对君主立宪。同盟会员景定成的思想属于这一类型。②不言而喻，这是谈不上正确与科学性的。

其三，以农民的平均主义、空想社会主义反对立宪。此种观点为光复会领袖陶成章所独创。陶成章理想的社会是个没有阶级和贫富，土地公有，人人有饭吃有衣穿，兵少税轻的社会，实质上是农民的平均主义、空想社会主义。从这种观点出发，他认为任何立宪"总不免于少数人的私意，平民依旧吃苦"，因而既反对君主立宪，也反对民主立宪。也正因如此，他找不到革命成功后的出路，不知道建立什么政体好，只知让有大本领的人出来替大家办事。③他的理想尽管有反封建的意义，但在不要宪法的情况下是无法实现的；而且在资产阶级登上政治舞台后已经变成过时乃至拉历史车轮倒转了。所以，其反对君主立宪是以落后反对先进，以倒退反对进步，并不足取。

其四，以"平民主义"反对立宪。同盟会会员张钟端是这一观点的代表。张钟端认为，"国家之存在，乃为全体平民幸福之存在。"他反对任何特权阶级、阶层，主张人人在政治上和法律上平等。凡依恃国家权力营谋私利、不顾平民利益者，不能算作平民，而是"国家之蠹"，应予排斥。他说，现在的政府和官吏

---

① 参见《代议然否论》，载《民报》，第24期；《与马良书》，载《民报》，第19期。
② 参见景梅九：《罪案》，见中国社会科学院近代史研究所近代史资料编辑组编：《辛亥革命资料类编》，69页，中国社会科学出版社，1981年。
③ 参见陶成章：《龙华会章程》，见《辛亥革命》一，538、540页。

都是误国误民、利己主义的,不愿对平民开放权利的,必须将其打倒。满汉官吏都要排斥,各族平民都要"提携"。将来的政府应是"平民的政府"或"国会政体",由一切平民选举议员组成议会,行使统治权,"行国家主体之实",不允许一人或数人专制。基于上述认识,他主张民权立宪,反对君主立宪。①在诸反对观点中,张钟端的陈义最高,不带任何民族偏见和感情色彩,完全从理性立论,不仅反对一切特权和以权谋私,而且主张人人平等,建立平民的廉洁的政府。他是一位难得的急进的民主主义者,反封建反腐败都很彻底,君主立宪制解决不了这些问题,确乎有其反对君主立宪、主张民权立宪的合理性。

其五,不能拥戴"异族"君主实行立宪。前四种观点均属极少数,也不为立宪派所注意。此种观点以革命党领袖、理论家、活动家为主,理论发挥最充分,人数最多,影响最大,在整个革命阵营中居于领导地位和压倒优势,是革命派最主要最基本的观点,最引人注目,立宪派论争的对象也是他们。且看他们的理由。为了说明问题,这里需要罗列一些事实。

同盟会的革命纲领写道:"(一)驱除鞑虏 今之满洲,本塞外东胡……灭我中国……我汉人为亡国之民者,二百六十年于斯……(二)恢复中华 中国者,中国人之中国,中国之政治,中国人任之。驱除鞑虏之后,光复我民族的国家,敢有为石敬瑭、吴三桂之所为者,天下共击之。"②其《对外宣言》、《招降清朝兵勇条件》、《招降满洲将士布告》、《讨满洲檄》均有此类语言。《谕保皇会檄》更言:"此皇非我之皇,此宪非我之宪。尔等果热心祖国,爱慕乡里,当驱逐满洲国主,使出北京。"③此即同盟会标示的民族主义和反对在中国实行君主立宪的理由。会员反对立宪的言论多是据此抒发的。

1903年,孙中山即以"扑满而兴汉"④为职志。他身为同盟会总理,同盟会的纲领就是他的思想的体现。当然,他不是单纯的排满论者,也讲过"照现在这样的政治论起来,就算汉人为君主,也不能不革命"⑤的话。但这是很次要的。1910年,他就斥骂宣扬"立宪可以图强"的人"卑劣无耻,甘为人奴隶",批驳

---

① 参见鸿飞(张钟端):《对于要求开设国会者之感喟》,载《河南》,第4期。
② 邹鲁:《中国同盟会》,见《辛亥革命》二,14页。
③ 《谕保皇会檄》,见《天讨》,136~137页,上海广智书局,1928年。
④ 《孙中山全集》,第1卷,232页。
⑤ 《孙中山全集》,第1卷,325页。

教育、实业救国论时指出，"于光复之先而言此，则所救为非我之国，所图者乃他族之强也"。①

黄兴在1905年批评陈天华上书政府要求立宪时谓："吾辈以排满为宗旨，今悖党纲，请立宪，仍是君主奴隶尔。"②

汪精卫："满洲人非中国之人民"，满洲"建国以后为中国之敌国"③。"我国今日为异族专制，故不能望君主立宪"④。"对于异族政府，无论其为立宪，为专制，亡国均也；纵令满洲政府下令组织国会，而自亡国之民视之，亦与满洲政府同气类者耳"。要求立宪"为反颜事仇，非我国民所宜出也"。⑤

朱执信："革命者，以去满人为第一目的，以去暴政为第二目的"。"立宪者，其第二目的达否未可知，而第一目的之不得达则甚明也"。"大辱未雪，大欲未偿，亦复何心以商此事？"汉人"不可以与满洲人长此侪处，无论以立宪饵之也，即有共和极制，非与满洲为群无从得之者，亦有舍置之而已"。"故今日中国而欲立宪也，必汉族之驱并满洲而后能为之。"⑥

胡汉民："满政府不倾，而遂许其同化者，以狐媚为虎伥，无耻之尤者也。"⑦

女革命家秋瑾因"汉人失势，满人枭张"，反对立宪，主张"大举报复，先以雪我二百余年满族奴隶之耻，后以启我二兆万里天府之新国"。⑧

光复会首领之一徐锡麟："杀尽满人，自然汉人强盛，再图立宪未迟"⑨。

田桐："中国者，汉人之中国也，非满人之中国也"。"中国可以立宪也"，"可以为民主之立宪也，万不可以戴满洲政府而为君主之立宪"。⑩

类似之言在其他不知名人士中还有很多，如：

"要想死里求生，除非大家起来革命，把满洲贱种逐出中国，以后再来讲立

---

① 《孙中山全集》，第1卷，442页。
② 子虚子：《湘事记》，见《湖南反正追记》，60页，湖南人民出版社，1981年。
③ 精卫：《斥为满洲辩护者之无耻》，载《民报》，第12期。
④ 精卫：《驳〈新民丛报〉最近之非革命论》，载《民报》，第4期。
⑤ 精卫：《杂驳〈新民丛报〉》，载《民报》，第10~12期。
⑥ 蛰伸（朱执信）：《论满洲虽欲立宪而不能》，载《民报》，第1期。
⑦ 汉民：《〈民报〉之六大主义》，载《民报》，第3期。
⑧ 见陶成章：《浙案纪略》，《辛亥革命》三，78页。
⑨ 见陶成章：《浙案纪略》，《辛亥革命》三，80页。
⑩ 恨海：《满政府之立宪问题》，载《复报》，第1期。

宪。"①

"今者虏廷下诏预备立宪，童子愚呆亦知其伪。就令而诚，九世之仇，一矢未报，凡有血气，方触其山河之感，岂颂言之？"②

"无论满政府有若何之改革，行若何之宪法，而《春秋》之义，九世之仇，凡在儒生，岂可忘之哉！"③

"国既亡矣，何有于宪？"④

"今国亡种仇，遑论立宪！计惟有养其力，固其群，以攘夷狄而廓清宇内为志。"⑤

"非排满决不足以立宪也"⑥。

综观以上言论，可知此种观点概视满洲为"外国"，满族为"异族"，满族人主中原为吞并中国，满洲皇帝不是中国的皇帝，清廷立宪也不是中国的立宪。认为汉人当前的急务是进行"民族革命"，驱逐满族，光复汉族，民族革命第一，政治革命第二，解决"异族"统治问题是解决政治问题的前提。此仇不报，此耻不雪，此"虏"不除，无论立宪前途多么畅通，立宪制度多么美好，作为"亡国奴"的汉人绝对不能接受，即使实行共和民主亦不屑一顾。总之，他们反对批判实行君主立宪的根据和理由不在于应否实行君主立宪，而在于不能也不应拥戴满族君主实行立宪。

对于孙中山等极少数人来说，反对立宪的另外一个理由是出于反封建的彻底性。孙中山曾讲："此时全国的大权都落在人家手里，我们要立宪，也要从人家手里夺来。与其能夺来成立宪国，又何必不夺来成共和国呢？"⑦汪精卫、胡汉民亦有君主立宪不如民主立宪合理、平等的想法。但这种思想并不是完全针对和平立宪而发的，在革命派中也极少，"同盟会会员在国内宣传革命、运动革命时，只强调'驱除鞑虏，恢复中华'这两句话，而对'建立民国，平均地权'的意义

---

① 楚元王：《谕立宪党》，见《天讨》，148页。
② 望帝：《四川讨满洲檄》，见《天讨》，66~67页。
③ 志攘：《忠君主义及攘夷主义》，载《复报》，第1期。
④ 《庆贺立宪之丑态》，载《复报》，第7期。
⑤ 娲石女氏：《吊国民庆祝满政府之立宪》，载《汉帜》，第2期。
⑥ 屈魂：《仇满横议》，载《洞庭波》，第1期。
⑦ 《孙中山全集》，第1卷，281页。

多不提及"①。可见，革命派反对在中国实行君主立宪的主要根据和理由仍是"民族主义"和不能拥戴"异族"君主实行立宪。

在"民族主义"思想指导下，革命派对立宪派提出的革命、立宪难易问题不作明确答复，只是说，在"异族"统治下，不论难易，革命必须进行，不能害怕流血牺牲。即或谈到，关键均不离"异族"，仍无异于不作正面回答。

在"民族主义"思想指导下，革命派必然惧怕立宪成功。汪精卫透露了这种心态。他说："政府之势力强，而国民之势力弱；政府之进步易，而国民之进步难"。若要求政府立宪，必影响国民拓殖实力，"恐经若干年而政府之进步已跻于巩固无隙之域，虽欲颠覆之，而其道无繇矣"，"故以言革命，不可不持急进主义"。②有的说得很坦诚，要革命就快革命，"否则待虏廷万事改革，势力巩固，处处假宪政以干涉人之行动，借法律以限制人之自由，则虏着着占优势，我在在立危地矣。鼠首保命之不遑，尚云大举哉！"③为了达到反对立宪的目的，他们甚至不顾彼此矛盾，把立宪的利害说得完全相反，有的说立宪利满不利汉④，有的说立宪利汉不利满⑤。

在"民族主义"思想指导下，革命派也必然反对以和平手段要求立宪。汪精卫的观点比较突出。他说，单纯的政治革命方法是可以商量的，但必须"同是汉人"。如政府能与国民共事，也可以实行君主立宪，但现在的政府"实不可与共事，以其为异族政府"；"劝告要求亦未始一种之方法，惟既为异族政府，则劝告要求非惟无益，且有大害"。⑥因此，他希望立宪派不但讲国民主义，"同时并有民族主义"，而讲民族主义，"必不可求满洲之立宪也"。⑦还指出："要求"应有武力做后盾，方能制服政府，否则是无效的。暗杀只是革命事业的一部分，解决

---

① 李书城：《辛亥革命前后黄克强先生的革命活动》，载《湖南文史资料选辑》，第1辑。
② 精卫：《杂驳〈新民丛报〉》，载《民报》，第10~12期。
③ 铁郎：《论各省宜速响应湘赣革命》，载《汉帜》，第1期。
④ 参见恨海：《满政府之立宪问题》，载《复报》，第1期；楚元王：《谕立宪党》，见《天讨》，151~154页。
⑤ 参见怀姜：《立宪驳议》，载《复报》，第5期；《清太后之宪政谈》，载《醒狮》，第1期。
⑥ 《杂驳〈新民丛报〉》，载《民报》，第10~12期；《再驳〈新民丛报〉之政治革命论》，载《民报》，第6~7期；《与佛公书》，载《民报》，第9期。
⑦ 精卫：《希望满洲立宪者盍听诸》，载《民报》，第3、5期。

问题最终要靠武力。①

君主立宪制保留着君主、皇室以及其他封建残余，革命派坚决主张清除这些东西，思想境界高于立宪派，反封建性较立宪派彻底。立宪派过于强调和平斗争，轻视武装斗争，革命派对之进行批评，也是正确的。然而这些都是同其民族革命第一、政治革命第二的偏执思想密不可分的。

立宪派不同意革命派的"民族主义"。他们指出，满汉人民之间的确在政治、经济、军事上存在着不平等，但这种情况开始时比较严重，现在差别已经很小了。至于革命派大肆渲染的"扬州十日""嘉定三屠"，不过是封建王朝易姓时的普遍现象，并非满人入关时所独有，不值得大惊小怪。

立宪派还强调说，造成满汉不平等的原因不在于种族问题，而在于政治问题，是"专制政体之产物"②，"政治之腐败为满汉问题发生之第一原因"③。因此解决满汉问题就不应牵及种族，而应从政治入手，铲除一切不平等制度，这一点做到了，不平等问题便可迎刃而解了。

对于满族是"异族"、满洲是"外国"的说法，立宪派进行了驳斥。他们考证了满族发展的历史，证明满族在明代的所在地建州卫即为中国领土。进而指出：满族入关灭明，"不过以中国领土上之一人夺得中国君主之位耳，亡国问题安所得而发生耶？"④

立宪派认为，中国是一个由多民族组成的国家，各族"皆中国国民"；"中国非汉人私有之中国"，"乃合汉、满、蒙、回、藏、苗而共同所有之中国也"⑤。满族人民经过二百余年的演进，"实已同化汉人，而有构成一混同民族之资格者也"⑥，"满汉今已同化"，"已将合为一矣"⑦。

既然满汉不平等实质上属于政治问题，满洲是中国的领土，满族人为中国人民，并且将为汉族完全同化，就没有理由实行排满政策。

---

① 参见汪精卫：《驳〈新民丛报〉最近之非革命论》，载《民报》，第4期。
② 乌泽声：《满汉问题》，载《大同报》，第1期。
③ 恒钧：《中国之前途》，载《大同报》，第1、5期。
④ 熊范舆：《论前明时满洲与中国之关系》，载《中国新报》，第4期。
⑤ 李庆芳：《立宪魂》，10~11页。
⑥ 梁启超：《申论种族革命与政治革命之得失》，载《新民丛报》，第76期。
⑦ 杨度：《金铁主义说》，载《中国新报》，第1~6期。

立宪派还强调说，欧洲资本主义国家皆以民族主义而成统一大业，皆以民族主义强国。有些立宪国家也有多种民族，一个国家分则弱，合则强；现在"外人既持军国主义以来，我亦当持军国主义以应。世界之大势，但有国界可言，而无种界可分"。"故满汉居于今日，对外只有同心努力，以攘外患；对内只有研究政治，以谋改良"，做到满汉人民权利义务平等，中国或可久保。① 现在唯一可行的政策就是"以国家之利害为本位"②，"于立宪之下，合汉、满、蒙诸民族皆有政治之权，建设东方一大民族之国家，以谋竞存于全地球列强之间"③。若满汉两族"相排"，"蒙、回、藏、苗种族之观念亦相引而起，不观望则相率而叛矣"。各族"相排"，"中国乃大破国家之秩序，群兴种族之竞争"，即无列强干涉，"中国人之生命财产已大半埋没于腥风血雨之中"。"是故满排汉，汉排满，皆内部瓦解之媒介，而亡中国之尤也"。因此，他们认为革命派的"民族主义"不是进步，而是由国家观念时代倒退于种族观念时代的"退化"④，是"分裂"⑤ 主义。

立宪派还指出，民族革命与政治革命没有任何关系，如果真搞政治革命，就不应问君主是哪一族，把民族问题掺入其中。假若因元首问题而牵及国家，"则此后必中国无元首而后可，否则必分中国为六国。何也？中国若有元首，无论出于世袭，出于选举，必属于一族。若满人为元首而汉人不承认，则汉人为元首而欲得满、蒙、回、藏、苗之承认，必不可能之事也。则必分六种族为六国，各君其君，各族其族，而后可以相安也，夫善治家者以兄弟分居为苦，而谋国者乃以分国为乐，亦悖情悖理之甚也。"⑥

中国自古以来就是一个由多民族组成的国家，不是单一的汉族国家，满族是中华民族大家庭中的一个成员，东北三省是中国神圣领土中不可分割的一个组成部分。立宪派指出的这些是正确的。革命派硬说满族是"异族"，满洲是"外国"，后来入关灭亡了中国，完全是由于地地道道的大汉族主义在作怪。他们认定国家的统治者只能由汉人充当，少数民族只能被统治被同化。当立宪派就此问题辩论

---

① 参见恒钧：《中国之前途》，载《大同报》，第1、5期。
② 与之：《论中国现在之党派及将来之政党》，载《新民丛报》，第92期。
③ 蒋智由：《变法后中国立国之大政策论》，载《政论》，第1期。
④ 李庆芳：《立宪魂》，11~12页。
⑤ 与之：《论中国现在之党派及将来之政党》，载《新民丛报》，第92期。
⑥ 李庆芳：《中国国会议》，载《中国新报》，第9期。

时，汪精卫就直言不讳地回答："苗、瑶之于我，使其耦俱无猜，则固可以相安；苟其为患于中国，则亦仇雠而已，谁云苗、瑶可以主中国耶？"①"若云同化，必以我民族居主人之位而吸收之，若明以前之于他族可也。不辨地位，而但云并包兼容，则必非我民族所当出也。"②

中华民族包括数十个少数民族，在长达数千年的历史发展过程中，民族融合一直都是主流，是传统文化中的优秀内核，也为中国绝大多数人民和民族所承认。只有那些具有强烈民族偏见的人才高叫"夷夏之防""以夏变夷"，主张以汉族统治压迫弱小民族。这部分革命派不仅继承了"夷夏之防"的糟粕，而且违背了同盟会《军政府宣言》中所标榜的"自由、平等、博爱"的"一贯之精神"，以及"凡为国民，皆平等而有参政权"③的建立民国的宗旨。

20世纪初年，资产阶级上升时期的民族主义理论已经风靡全球，也为中国的大多数爱国人士所崇奉。资产阶级上升时期的民族主义强调全国一致，共御外侮，争取国家民族独立。在此思想主导下，一些国家走向独立富强，有的建立了多民族的国家。与此相反，革命派没有学到其外国前辈的先进理论，而仍固守"夷夏之防"，其"民族主义"不是用来对付外国侵略的，而是用来排斥本国少数民族的。对于他们所处的时代而言，这种理论不是进步，而是倒退，其落后性是明显的，立宪派指出其"退化"是有道理的。

立论的前提根据既不存在，一味反对在中国实行君主立宪就成了无源之水、无本之木，失去了理论价值，变成感情用事、没有理性的武断。

依照他们的观点，不独东三省，就是内外蒙古、青海、新疆、西藏，以至内地少数民族聚居的地区，都应从中国的版图上划分出去，否则就是对少数民族实行高压政策，强使屈服。因此，其"民族主义"客观上只能起到削弱分裂中华民族的消极作用。它遭到立宪派的反驳是必然的。连革命派内部的无政府主义流派也毫不客气地指出了它的荒谬性。《天义报》有篇文章在批判了它"系沿宗法时代之遗风"后质问道："既欲他族受制于汉族，则与今日汉、蒙、回、藏受制满

---

① 精卫：《杂驳〈新民丛报〉》，载《民报》，第10~12期。
② 精卫：《民族的国民》，载《民报》，第1期。
③ 邹鲁：《中国同盟会》，见《辛亥革命》二，14页。

洲者奚异？"①另一篇文章尖锐地批评："因满人为异族，故当以汉人代满人，则此说尤谬。夫以汉人视满，则满人为异族；以苗民视汉人，则汉人又为异族。使实行民族主义，在彼满人，固当驱逐。即我汉人，亦当返居帕米尔西境，以返中国于苗民，岂得谓中土统治权，当为汉人所独握？故知民族主义，乃不合公理之最甚者也。"②

指出"民族主义"的错误决不意味着否定革命及革命派的爱国思想。革命派主张进行资产阶级民主革命，彻底改变政治制度，使国家走向独立富强，是完全正确而必要的，革命派的爱国思想也突出地表现在这一点上。革命派批判揭露满汉间存在着不平等现象，同样是应当的、正义的。然而，无论进行民主革命，还是消灭满汉间的不平等现象，亦如立宪派所说，都和"民族主义"无直接关联。造成满汉间不平等现象的根本原因在于封建专制制度，要消灭这种现象，只有彻底铲除封建专制制度一途。民主革命成功，清政府的统治自归消灭，满汉间的不平等现象亦随之消失，根本无须提出"民族革命"这一错误而又耸人听闻的口号。坚持这一错误口号，按照其思想逻辑，革命成功后虽然可以消除满族统治者歧视汉人的不平等现象，但却不能实现各民族间的一律平等，代之而来的将是汉族统治者歧视满族和其他少数民族的另一种不平等现象。这就是其"民族主义"或大汉族主义的真谛！

论争结束，双方都宣称大获全胜，其实都未失败。实际情形是，革命派固然力量有些发展，立宪派也赢得很多同情支持者，以后国内立宪运动的蓬勃发展证明了这一点。

---

① 震、申叔：《论种族革命与无政府革命之得失》，载《天义报》，第6~7期。
② 志达：《保满与排满》，载《天义报》，第3期。

第六章　要求确定召集国会年限

一、杨度首创和平请愿

在立宪派人士中,杨度对资产阶级宪政理论的理解是比较透彻的一个,活动能量很大,言论有相当的号召力。他认为,实行君主立宪最重要的莫过于制定宪法、建立责任内阁和召开国会三事。没有宪法限制君权,便无所谓君主立宪。责任政府"以发达人民为务",有了责任政府,即可民富国强。现在中国的政府"非以人民之意思所组织而成者",完全是专制性质,对外只知"送礼",对内只知"偷钱","升官发财以外,百事非其所管",一言以蔽之,是"不负责任之政府也"。欲望如此之政府"发达人民",保护国权,根本不可能。必须对之加以彻底改造,使之成为责任政府,这是政治革命的目的。国会最重要的本质"在于人民参政权",应当以人民组织,能够代表国民,确实为国家的最高立法机关和监督机关。[①] 有了它,就可以"解决一切之政治问题"[②]。

杨度认为宪法、内阁、国会对立宪国家来说缺一不可,但相较而言,国会更为重要。他说,君主立宪国家的宪法以英国的民主程度最高,普鲁士次之,日本最低,这种差异的产生与人民力量的大小和君主让步的多少有关,而决定性的因素则为国会是否建立。所以其着眼点不在宪法之有无,而在如何制定一部好宪法,伸张国会权力。他说,中国人民所当注意者,"惟专心竭力以求国会之早成而已。既有国会,斯不患无宪法;且必有国会,而后能有程度较高之宪法。何以故?必有国会而后国民有提议宪法、承认宪法之机关,始可以国民之意思加入于宪法范围之内,乃可望宪法程度之高也"。假使人人都起来力争开设国会,"日本亦不足虑,直可以成为普鲁士"。有了国会,也才能够监督政府,使之真正负起责任,

---

[①] 参见杨度:《金铁主义说》,载《中国新报》,第1~6期。
[②] 杨度:《国会与旗人》,58页,中国新报社,1908年。

"国会者，改造责任政府之武器也"①。

杨度不泛讲预备立宪，而以召开国会号召天下，还有更实际的考虑。他看到朝廷不费什么力气便宣布了预备立宪，体制改革成效不著，从而认识到"政府宁肯与人民一尺之空文，不肯与人民一寸之实事，人民与之争者，宜与争实事，而不与争空文"。而且立宪范围很广，若事事注意，结果必致一事不办，故必须于诸事中"择其至重且大者，以专注之力而主张之"，这就是召开国会。召开国会事情单纯，"以此唤起国民之政治思想、责望政府要求权利之心，必较为速"。国会一经召开，立宪也就自然实现了。同时，还可用以测验政府有心立宪与否，使利禄之徒尽露鬼蜮之形。②

与革命党竞争势力，是杨度鼓吹召开国会而又不好公之于众的又一原因。他向梁启超谈了自己的想法："其所以必以国会号召而不可以他者，因社会上人明白者甚少……必其操术简单，而后人人能喻，此'革命排满'四字所以应于社会程度，而几成为无理由之宗教也。吾辈若欲胜之，则宜放下一切，而专标一义，不仅使其脑筋简单者易知易从，并将使脑筋复杂者去其游思，而专心于此事……以此为宗教，与敌党竞争势力，彼虽欲攻我，亦但能曰办不到，而不能曰不应办也。"③

基于以上考虑，从1907年1月起，杨度即以《中国新报》为阵地，组织力量，阐发宪政理论，重点鼓吹召开国会，"与政府宣战"④。后来他支持宪政讲习会的满族会员恒钧等创办的《大同报》月刊（1907年7月1日发行），也取同一立场，此唱彼和，互相呼应。

杨度大声疾呼召开国会乃是"惟一救国方法"⑤。现在的世界是列强奉行"经济的军国主义"的"野蛮世界"，列强依靠其强大的经济和军事实力进行侵略，已把中国变成"世界各国之中国"。中国贫弱的根源在于专制政体和政府不负责任。要消除贫弱根源，使中国变成一个与列强并驾齐驱的经济军事强国，唯一的出路就是实行政治革命，变专制政体为立宪政体，召开国会，把不负责任的政府改造

---

① 杨度：《金铁主义说》，载《中国新报》，第1~6期。
② 参见杨度：《致〈新民丛报〉记者》，载《中国新报》，第4期。
③ 丁文江等编：《梁启超年谱长编》，398页。
④ 杨度：《〈中国新报〉叙》，载《中国新报》，第1期。
⑤ 杨度：《金铁主义说》，载《中国新报》，第1~6期。

成为责任政府。①

杨度认为，要求召开国会是能够实现的。首先，政治革命的对象只有政府，不包括君主在内，阻力在君主方面极小，只要人民势力发展到能够强迫政府，再对君主进行要求不过是走走形式罢了，比民主立宪要推倒君主易于达到目的。其次，要求召开国会所恃之"武力"主要是社会舆论，但使举国舆论一致，政府势必投降。即使万不得已使用兵力时，由于不废除君主，"其兵力亦取警告政府而已矣"，较之革命也省力得多。②

清政府及一切顽固分子都说人民程度不足，不能召开国会。杨度力驳其非。他说，人民程度没有一定标准，若以普及教育和全部实行地方自治为准，在专制政体下永远办不到。看人民程度高低，只能以"中流社会"衡量，推动社会前进的"原动力常在中流社会"，"一国之优秀者常集于中流社会"，故论人民程度只要看看"中流社会"就够了。现在中国人民的程度虽不及目前立宪国的人民，但却超过了立宪国刚立宪时的人民。而且人民程度是通过立宪逐步提高的，召开了国会，可以增进人民的宪政知识，历练人民的参政能力，要人民提高而不召开国会，就是颠倒是非，欺骗国民。再者，政府官员皆来自人民，若谓人民程度不够，而政府已够，也绝无此理。③

当时有许多人抱着召开国会必须依赖政府的心理，还有些人害怕政府阻挠，怀疑国会开不成，这些都是妨碍召开国会的消极因素。针对这种情况，杨度指出，世界各国从未有政府愿意自动召开国会以监督自己的，欲中国政府自动召开也是绝对不可能的，官僚"心目中只有升官发财四字"，召开国会不利于"个人中饱，欲其赞成，不可得也"④。因此绝不应有依赖政府之心，要靠人民主动争取。为此，他呼吁"天下贤者"起而组织政党，发动人民进行请愿，积极要求。政府"最易劣败"，并不可怕，只要大多数国民发动起来，"其势力已足于左右叱咤声中而促政府之倒矣"。⑤不过，他又说大多数国民都起来要求国会在事实上是做不到的，也没有这个必要。有"上中社会"的人站出来号召，就能造成"势力大张"的局面，

---

① 参见《〈中国新报〉叙》，载《中国新报》，第1期；《国会与旗人》，67页。
② 参见杨度：《金铁主义说》，载《中国新报》，第1~6期。
③ 参见杨度：《金铁主义说》，载《中国新报》，第1~6期。
④ 杨度：《金铁主义说》，载《中国新报》，第1~6期。
⑤ 杨度：《〈中国新报〉叙》，载《中国新报》，第1期。

如"有数十百万人为一致之行动"①，一定会收到良好的效果。

宪政讲习会成立后，杨度以该会名义发表意见书，呼吁人民重视自己的天职，奋起要求召开国会。

需要指出，杨度口头上说国会代表人民，内心深处则不然。他反对"人人平等"的普选制，主张限制选举，认为选举"只能为全国中一部分人之利益"，选举权只能给"有身家智识者"，不能给大多数"至贫无学"②的人。他代表的是资产阶级的利益。

《中国新报》和《大同报》还发表了熊范舆的《国会与地方自治》、《再论国会与地方自治》，刘蕙和的《国会反对论之征伐》，薛大可的《财政改革与国会》，谷钟秀的《国会与二大问题》，乌泽声的《论开国会之利》，李庆芳的《中国国会议》，以及《请开国会之理由书》等文，从不同角度论述了召开国会的必要和利益，批驳了各种反对妨碍召开国会的说法，鼓励人民勇敢地起来要求。《请开国会之理由书》写道，召开国会，"内之集合国民之心理以整顿内政，外之发展国民之势力以捍御外侮，振纲纪，固国本，莫重乎此"。并具体从整顿财政、振兴教育、扩张军备、澄清吏治、保卫国权诸方面阐明了国会必须速开的理由。"至于请愿之方法，则在于表示多数国民之全体意思，故演说不择何地，运动遍及同胞，一次无效，继之以再；再次无效，继之以三以四，前蹶后起，甲仆乙兴，或以团体之名义，或以地域之名义，均无不可。总期于一二年间，四方同志云集响应，集于辇毂之下，为帝阍之呼吁。彼政府虽极顽强，又安能冥然罔觉乎？"③

杨度不仅大力宣传鼓动召开国会，而且身体力行，组织同志上书政府，请愿召开国会。1907年9月25日，宪政讲习会选派代表熊范舆、沈钧儒、恒钧、雷光宇赴京，将有100余人签名的请愿书呈送都察院代奏。④请愿书指出："国家不可以孤立，政治不可以独裁。孤立者国必亡，独裁者民必乱。"资政院未有民选精神，不能代表国民。"非即行开设民选议院，使国家内部无上无下，同心协力，共济艰难，则国家终无自强之机，外患终无杜绝之日"；"非开设民选议院，使万机

---

① 杨度：《金铁主义说》，载《中国新报》，第1~6期。
② 杨度：《国会与旗人》，66~68页。
③ 《中国新报》，第9期。
④ 参见《民选议院请愿书》，载《大同报》，第4期；《盛京时报》，1907年10月4日。

决于公论，政权广及齐民，则独裁之弊不除，内乱之源不塞"。接着论述了召开国会的好处，驳斥了几种反对速开国会的说法，最后要求朝廷"于一二年内即行开设民选议院"。①政府未予理会。

杨度等知道一纸请愿书达不到目的，毫不气馁。他们相信，"有强压国民必败之政府，而无要求政府不胜之国民"，继续鼓动国民"接踵而起，与政府为再度、三度、十度、百度之宣战，非得勿休，非获莫止"②。

按照这一精神，宪政讲习会坚持不懈，继续进行。1907年11月议决"当以坚确之意志，沈挚之力量，达再造中国之目的"，推举杨德邻、陆鸿逵、曲卓新、方表为特派代表，归国联络各政治团体，再作国会请愿之举。③杨德邻等抵湘会晤了杨度，发动湖南士绅入都请愿，绅商学界代表和青年学生有4000余人签了名，谭延闿、龙绂瑞、廖名缙均列名其中。请愿书由杨度起草，经王闿运改定，领衔者为教育总会会长刘人熙、商会总理陈文玮和陆军部主事曾熙，要求一二年内召集国会。④1908年3月10日，代表雷光宇将请愿书呈送都察院代奏。

此时的杨度是一个热诚的爱国主义者，他呐喊御侮救亡，以各种方式大造召开国会的舆论，并以国会的召开为枢机达到君主立宪的目的。这在一定程度上驱散了笼罩在社会上的重重迷雾，澄清了人们的糊涂认识，激发起人们要求召开国会的热情。在宣传鼓动中，他以犀利的笔锋揭露了清政府的黑暗腐朽，驳斥了顽固官僚的谬论，断言独裁必亡，立宪必兴，强烈要求铲除专制制度，建立资产阶级民主政治，肯定参政是国民的天然权利，号召国民主动向统治者争取。凡此都闪耀着资产阶级民主思想的光辉，表现了他在政治上的积极进取精神。他发动领导的宪政讲习会和湖南人民两次国会请愿运动，"首为国民发未申之意"⑤，更是中国有史以来破天荒的伟大创举，开辟了人民以和平方式向统治者直接要求民权和自由的新时代。它大大地开阔了人民的视野，启迪了人民的政治思想，产生了巨大而深远的影响，紧接着一个全国性的国会请愿运动就展开了。两次请愿受到社会的高度评价，《申报》说："熊（范舆）、雷（光宇）两人登高一呼，全国

---

① 《清末筹备立宪档案史料》下册，609~616页。
② 乌泽声：《〈民选议院请愿书〉跋》，载《大同报》，第4期。
③ 参见《神州日报》，1907年11月28日。
④ 参见《湖南全体人民民选议院请愿书》，见《杨度集》，489~497页，湖南人民出版社，1986年。
⑤ 孟森：《宪政篇》，载《东方杂志》，第5年第7期。

震动，论其功用，几与日本政党之副岛种臣、坂垣退助实相伯仲。"①

二、各地纷起响应

（一）"还我民权"

杨度等鼓吹召开国会及其发动领导的请愿促进了知识分子和绅商的觉醒。而清廷筹备立宪的迟缓不力，在涉外问题上表现出来的妥协态度，以及颁布限制人民民主自由的种种法律命令，又使立宪派认识到召开国会的重要性和迫切性，有力地触发了他们要求召开国会的动机。

立宪派认为政府的筹备工作十分不力，抓不住关键，很不满意。"立宪之要点，只在开国会一事，则预备立宪之要点，亦即在预备国会一事而已。"②而政府却不准备召开国会，"仅以画皮之资政院，半面妆之咨议局敷衍粉饰"，迁延时日，不打算实行真正的立宪。③

对于政府先普及教育、办理地方自治的预备立宪次序，立宪派也力加反对。他们说，在理论上这种办法不失为循序渐进之道，然而从事实上看，不给人民参政权，徒恃不负责任之政府和无知识之官吏，是不可能做到的。"时机逼迫，惟有亟设议院，俾人民参与政权，上与下同负责任，或者犹可以救其亡。"否则，不等议院开设，国家就灭亡了。④

1905年、1906年，浙江、江苏的绅商业已分别成立商办铁路公司，奏准招股修筑苏杭甬铁路，浙境的杭州至嘉兴段、苏境的上海至嘉兴段先后动工兴修。英国却以1898年曾订立借款代筑此路草约为由，要求清政府改订正约，不准江浙人民商办。外务部尚书袁世凯等妥协退让，促朝廷1907年10月颁发了借款修路谕旨，把筑路权送给英国，只准绅商搭股。两省立宪派人士立即领导人民掀起坚拒借款、铁路商办的热潮，指斥政府背弃"朝廷公诸舆论之言"⑤，"尤非立宪办法"⑥。通过这场斗争，立宪派深切地感受到召开国会的重要和迫切，有的说："今非仅

---

① 《论国会请愿之不可缓》，载《申报》，1908年4月16日。
② 《国会预备议》，原载《津报》，1908年1月23日，转见《东方杂志》，第5年第2期。
③ 参见《论立宪之前途与国民之责任》，载《时报》，1908年6月4日。
④ 参见《念三日上谕谨注》，载《申报》，1907年10月2日。
⑤ 悲墨编：《江浙铁路风潮·时论》，第1册，1页，1907年。
⑥ 悲墨编：《江浙铁路风潮·两公司函电》，第1册，4页。

铁路问题,乃民权问题","可合二十二省开国会,以争还我民权"①。有的说:"今日应急设议院,然后可保路矿。"②《申报》的社论说:假如国会成立,监督政府,借款便不会发生。"故于今日而筹根本上救治之法,非国会不得其当,代表国民之意见而以全力撼政府,亦非国会不得其当。"③《时报》通过路权问题看清袁世凯极力"挫抑民权,摧荡民气",尤深感亟应速设议院,"以戢官场之专横"④。其后连篇累牍发表重要文章,指出:"今日我政府实无一事而不腐败,纵我国民不惮烦日日而争之,事事而争之,其所补救者亦仅矣",若想从根本上解决问题,非召开国会不可。各省应立即组织起来,要求速开国会,"至再至三,继续进行,强矫不变,如万不得已,则以不纳租税为最后对待之手段"。⑤现在爱国人民的斗争"但对于外而不对于内",这是很不够的,"当移对外之方针以对内","专心一志","速行立宪、开国会之请愿",将立法权掌握在国民代表手中,"不与政府以自由行动"。⑥"对外争权利者,治标之法也;对内争权利者,治本之法也。""欲收对外争权利之效,请先从事于对内争权利可也。"⑦

在苏杭甬路权风潮中,江浙的学生非常活跃,北京的京师大学堂等9所学校的学生也积极声援,联名要求拒债筑路。1907年11月20日,朝廷谕令学部申诫学生,不准干预政事。⑧为了平息风潮,叫国民"皆须尊崇秩序",防止"下陵上替,纲纪荡然"⑨,12月23日又下令编订报律;24日下令拟定政事结社条规;25日,再发整顿学务令,声称"不准干预国家政治及离经叛道、联盟纠众、立会演说等事,均经悬为厉禁"。教育部门必须本着"以圣教为宗,以艺能为辅,以礼法为范围,以明伦爱国为实效"的方针,对学堂切实整顿。学生如不遵从,"立即屏斥惩罚",教员管教不严,"一并重处"⑩。26日,又谕令民政部、步军统领衙门、顺天府

---

① 《时报》,1907年11月12日。
② 《申报》,1907年11月10日。
③ 《争路权与立宪之关系》,载《申报》,1907年11月19、27、28日。
④ 《为苏浙路债事忠告外务部》,载《时报》,1907年10月25、27日。
⑤ 《论今日不能不开国会》,载《时报》,1907年12月4日。
⑥ 《论今日国民当移对外之方针以对内》,载《时报》,1908年3月31日。
⑦ 《论国民之热心权利》,载《时报》,1908年4月29日。
⑧ 参见一档档案:上谕档,1509号。
⑨ 《清末筹备立宪档案史料》上册,53页。
⑩ 《清末筹备立宪档案史料》下册,1000~1001页。

严行查禁在京师开会演说。①一道道命令气势汹汹，蛮横至极。

1908年3月11日，宪政编查馆奏定的《结社集会律》35条颁布执行。除规定秘密结社一律禁止、非政治性结社集会不必呈报外，关于政治性结社集会规定：政治性结社成立之前，必须由首事人呈报官方批准；军人、巡警、官吏、教员和学生、未满20岁的男子、妇女、不识文义者、曾判监禁以上之刑者，不准参加政事结社和政论集会；政事结社以100人为限，政论集会以200人为限；有关当局得派员监察政论集会；集会演讲如有语言悖谬或滋生事端、妨害风俗之虞者，当局得饬令中止；无论何种结社、集会和游行，当局为维持公安起见，得加限禁，或饬令解散、暂时停办；还规定了罚金、拘留、监禁处分。

3月14日，宪政编查馆奏定的《报律》45条亦公布执行，规定报纸刊物在发行前都要送有关部门查核；审判衙门禁止旁听的诉讼事件，未经公判的预审事件，主管衙门禁止登载的外交、海陆军事件，未经阁抄、官报公布的谕旨、奏章，均不得揭载；诋毁宫廷，淆乱政体，扰害公安，败坏风俗之语，不得揭载；不得挟嫌诬蔑，损人名誉。违犯者处以罚款、监禁，或照刑律治罪。

在预备立宪期内，颁布一些法律，由过去全凭个人意志处理问题的人治进入法治，既使统治者处理问题有法律根据，又使人民生活于法律范围之中，是有必要的。然而制定法律的目的应该是限制政府的专制行为，保护并扩大人民的民主自由权利，而不是相反。颁布《结社集会律》打破了专制时代的厉禁，给了人民结社集会的自由，无疑是进步的；但开放又是十分有限的，无端地剥夺了教员、学生、广大"不识文义者"和妇女等人参加结社集会的权利；限制人数毫无道理；而笼统的"为维持公安起见"的规定，又给了当局随意解散或停止结社、集会和游行的借口，使人民的民主自由权利失去保障。《报律》规定的送审制度是专制的集中体现，所谓"扰害公安""损人名誉"等等，均未作具体明确的说明，只能有利于当局的蛮横干涉，不利于言论自由。至于禁止教员、学生干预政治和开会演说，更属明显的专制行为。

因此，各报刊对以上法律命令无不痛加抨击。《申报》说，在预备立宪时期，政府非但不诱掖人民皆有政治思想，反而不准干预政治，欲实行专制，不妨明说，

---

① 参见一档档案：上谕档，1509号。

"何必用其专制之手段,以肮脏此立宪之美名也哉!"①《政论》指出,学生在全国人民中"居先觉者之地位",政府"若容国民之得与闻政治,去学生则事不成"。况且学生都是出于"神圣之爱国心,又岂可得而抹杀之,而使之不得达也?"不准学生与闻政治,不过"以便政府之私图"。②《正宗爱国报》尖锐揭露:"甚么叫《报律》呀?简直的外号儿就叫收拾报馆,堵住报馆的嘴,不准你说话,就是《报律》的真精神。"③《大公报》抨击说:"近观官府对待国民之举动,其手段其方法依然以压制为唯一宗旨"④,"其去立宪之实行奚翅万里哉!"⑤《时报》亦痛斥诸法律命令束缚舆论,"大背乎立宪之初志","是不啻开一线之樊,俾得窥见自由之山川日月,而又禁锢其重扃,复下之以紧钥,使之重归于黑暗"。⑥

立宪派对政府失去几分希望,益发感到国民应负起政治责任,"驱除专制政治之恶障,而尤以要求开设国会、实行立宪为唯一无二之天职"⑦。

1907年4月,杨度曾致书梁启超说:"弟于《中国新报》第三期已言国会之可即开,然仅此一报,不得为舆论同然之据,疑之者尚复不少,则虽结党,未必能遽盛也。弟意《新民报》及《时报》等合力专言开国会事,事事挟此意以论之,如此者二三月,则国会问题必成社会上一简单重要之问题。"⑧梁启超痛快地接受了这个意见,复书说:"诚为良策。弟当遵此行之,并在《时报》上有所鼓吹。"⑨在杨度带动下,各报刊群相鼓吹,至1908年,已是"国会国会之声,日日响彻于耳膜"⑩了。

这次要求召开国会的宣传在各方面都超过了杨度等开始时的鼓吹,作了不少重要补充和发挥。更加突出地强调了国民在立宪中的动力和主体作用,进一步以江浙和广东人民在拒绝铁路借款和二辰丸事件中的实际表现为例,证明人民确有

---

① 《论政府欺罔朝廷》,载《申报》,1907年12月27日。
② 《今日中国之学生宜与闻政治之事也》,载《政论》,第2期。
③ 《叹〈报律〉》,载《正宗爱国报》,1908年3月26日。
④ 《此之谓预备立宪时代》,载《大公报》,1907年12月4日。
⑤ 《岁暮感言》,载《大公报》,1908年1月29日。
⑥ 《论立宪之前途与国民之责任》,载《时报》,1908年6月4日。
⑦ 《论立宪之前途与国民之责任》,载《时报》,1908年6月4日。
⑧ 丁文江等编:《梁启超年谱长编》,398页。
⑨ 丁文江等编:《梁启超年谱长编》,395页。
⑩ 《论今年国民当全力为国会请愿一事》,载《时报》,1908年2月26、27日。

立宪国民的资格。尤其可喜的是立宪派注意到了对资产阶级的发动。有的文章专门论述了召开国会与商人的切身利害关系,说商人受外国种种苛待,受政府种种压制,皆因无国会之故。有了国会,便可要求保卫,"今日最有便利于商民之事,莫国会若矣"。并且资本家可以参加议员选举,当选的越多,对商业的改革越有好处,商民欲增长商界势力,就应要求速开国会。①

通过对各国宪政史的研究,立宪派得出结论说:"宪政之所以能实行者,必由于其国民有一运动极激烈之一年月,盖不经此一时期,必不足以摧专制之锋芒,而竖平民之旗帜也。"他们大呼:"愿我国民即以今年(1908年)为全力请求国会之时期",以迫使政府明示开设国会年限,使中国"换一新天地"。②

经过立宪派的宣传鼓吹和组织领导,一个全国性的要求确定召集国会年限的请愿运动迅速展开。

(二)络绎不绝的上书

帝国宪政会在要求召开国会方面是较早的一个,仅次于宪政公会。1907年10月,该会即发动菲律宾、新加坡和香港的华商数万人推举代表入京,呈禀农工商部,要求速开国会,"以重人民参政之权"③。同年11月15日,澳洲的帝国宪政会和《东华报》也电请召开国会。④ 1908年,帝国宪政会和南洋各支会都积极参加了请愿运动。

1907年12月,宪政公会、政闻社和预备立宪公会、宪政研究会商定发起各省士民签名,接着分头派员赴江苏、浙江、安徽、山东、湖南、江西、广东、河南等省活动。政闻社因遭清廷猜忌,特采取"于国会运动中寓扩张党势之实"⑤的方针,态度尤其积极。至1908年3月以后,运动渐次在全国各地展开。

政闻社:1907年12月,资政院总裁溥伦奉命赴日访问,梁启超觉得应利用这个机会表示意见。他考虑到若提出国会要求,必与熊范舆等的上书重复,也不会如其透辟,而且还可能引起政府惊恐,倒不如借资政院做文章,"以国会之组织寓诸资政院","为暗度陈仓之计"。因为"资政院为明年即设之机关,若能

---

① 参见《论国会关于商人之利益》,载《申报》,1908年4月20日。
② 《论今年国民当全力为国会请愿一事》,载《时报》,1908年2月26、27日。
③ 《盛京时报》,1907年10月19日;《农业商报·新闻》,第15期。
④ 参见《梁任公先生知交手札》一,241页。
⑤ 《梁任公先生知交手札》一,190页。

采用，则明年即已见国会之成立"①，实际上更快。所以他写了一篇说帖，让马相伯和徐佛苏、侯延爽、长福在横滨呈交溥伦。内讲：既然设立资政院是为了树立议院基础，"则凡将来议院所应有之权限，今之资政院皆当有之"，包括完全的立法权、承认预算权、参与条约权和上奏弹劾权。其组织应含有上下两院性质，以半数议员备将来上议院之选，由钦选议员和各省咨议局派出的代表组成；以半数议员备将来下议院之选，全部民选。行政官本不能充任议员，只是中国属于草创，可以从权，人数宜少。②对这个说帖，梁启超"自觉得意已极，巧言如簧，易于动听，又多为烘云托月之法，使易堕我玄中"③。实则不然。此后政闻社即把主要力量用于发动各省人民之上。

1908年7月2日，政闻社致电宪政编查馆，要求三年内召开国会。电报说：开设国会，"中国存亡所关，非宣布最近年限，无以消弭祸乱，维系人心。且事必实行，则改良易；空言预备，则成功难"。"乞速宣布年限，期以三年召集国会"④。

粤商自治会：1908年3月，通过二辰丸交涉失败，自治会就认识到政府的腐朽无能和国民责任的重大："现在预备立宪，凡我国民皆有担负国家义务。"⑤3月26日，他们讨论了联络各省和海外华侨要求召开国会的问题。次日又开特别大会，进行了专门研究。会上，政闻社干部徐勤和帝国宪政会会员陈仪侃详述了日本蓄谋并吞中国的野心，呼吁同胞猛醒，尤当要求速开国会。会议一致决定："拟先由两粤联名，后联二十二行省，要求政府速开民选议院"，"政府许我以民选议院权利，我国民即担任海军捐之义务"⑥，把认购海军捐作为"实行立宪之代价"。⑦接着，致函各省团体和预备立宪公会，提出联合在上海设立国会期成会，各省推选代表赴沪，妥议赴都请愿办法。并说请愿纵然不能如愿以偿，亦可"制造无形国会于国民脑根上，使为一致之进行，即以刺激普通社会，使自治能力之奋发锐进"，"其进步当不可以道里计"。⑧5月下旬，由李戒欺领衔，自治会电

---

① 丁文江等编：《梁启超年谱长编》，428页。按：当时政府未有1908年成立资政院的决定。
② 参见《政闻社总务员马良等上资政院总裁论资政院组织权限说帖》，载《政论》，第3期。
③ 丁文江等编：《梁启超年谱长编》，428页。
④ 《社报》，载《政论》，第5期。
⑤ 《申报》，1908年4月2日。
⑥ 《申报》，1908年4月2、4日；《大公报》，1908年4月10日。
⑦ 《申报》，1908年5月2日。
⑧ 《申报》，1908年4月23日。

都察院代奏，要求速开国会。①

预备立宪公会：副会长张謇、汤寿潜在1907年12月和1908年1月与劐光典曾两度讨论国会问题。与此同时，该会参与了成立国会期成会的筹备工作。1908年3月，会董沈同芳致函董事会，提出讨论国会请愿问题。4月15日，董事会议决设立国会研究所，研究开设国会之顺序，撰拟草案，上之政府；联络各省商会、学会。后移书各省和立宪团体，派遣代表赴京请愿。

6月30日，正副会长郑孝胥、张謇、汤寿潜代表该会电宪政编查馆说："今日时局，外忧内患乘机并发，必有旋乾转坤之举，使举国人之心思耳目皆受摄以归于一途，则忧患可以潜弭，富强可以徐图。目前宗旨未定，四海观望，祸端隐伏，移步换形，所有国家预定之计画，执行之力量，断无一气贯注能及于三年之外者。若限期太远，则中间之变态百出"，切望"决开国会，以二年为限"。②7月11日，再电提出同样要求。③

国会期成会：这是1907年12月由宪政公会、政闻社、预备立宪公会和宪政研究会共同筹商设立的领导全国请愿运动的临时团体。由于最初几个月江浙两省人民忙于抵制政府借款修筑苏杭甬铁路，预备立宪公会和宪政研究会参加筹备工作较少。狄葆贤在致梁启超信中抱怨说："上海社会于路事虽踊跃，然实状则中干。政闻与讲习会各三人来此，亦颇失望。昨日开国会期成会于宪政公会，到者不足二十人，因之不能成立。"④后又因没有找到办公地点而拖延，直到1908年7月12日才召开了成立大会。速开国会为其唯一宗旨，其任务为向政府上请愿书，对国民进行教育。会中职员暂由在沪各团体职员轮流担任。7月19日，致电宪政编查馆，要求立即宣布召开国会的"最短年限，以安民心"⑤。

河南省：河南在请愿运动中走在各省前列，这是同宪政公会的努力分不开的。1908年3月，宪政公会的重要干部熊范舆、方表和罗杰先后抵达省城开封。经其发动，3月下旬，教育总会特在游梁祠召开大会，刊布传单，召集各府州县代表讨论要求召开国会问题。教育总会会长李时灿和方表、熊范舆、贺绍湘相继发表了

---

① 参见《竹园白话报》，1908年5月29日、6月3日。
② 孟森：《宪政篇》，载《东方杂志》，第5年第7期。
③ 参见一档档案：宪政编查馆考察筹备宪政档，30号。
④ 《梁任公先生知交手札》一，115~116页。
⑤ 一档档案：宪政编查馆考察筹备宪政档，30号。

演说。王敬芳最后发言说:"国会一日不成,即政治无从整理。吾豫宜急起从湘人后,速开全省大会,推举代表入京请愿。"与会者一致赞成,遂派人分头联络绅商学各界。①4月26日,各府州县代表大会讨论了请愿办法,决定先刊布公启,撰拟请愿书,分府签名,汇齐再开全体大会,公举代表入京。5月24日,由怀庆、卫辉、彰德3府士绅组织的河朔学会也开临时大会,当场签名。6月14日,熊范舆、李时灿等又召集1000余人开会,继续进行发动。政府闻知,以为"实属不成事体",致电豫抚林绍年"严密禁止"②。河南人民并不因此动摇,6月28日再开大会,决定赴京请愿。请愿书由在籍翰林院编修王安澜主稿,编修蒋艮领衔,签名5000余人。③7月12日,请愿代表胡汝霖、杨源懋至都察院呈递了请愿书。同月25日,陈州学界亦致电政府,要求速开国会。④

安徽省:1907年12月,安徽人士就发表宣言书,鼓吹请愿。1908年4月24日,全省60个州县的代表和士绅在省城安庆召开大会,公举欧洲留学生监督蒯光典领衔,推选代表入都上书。5月,蒯光典致电资政院,代表全省请愿速开国会。7月29日,请愿代表许承尧、窦炎、方皋、江绍杰将有1万余人签名,要求"诏示速开国会年限"⑤的请愿书呈递都察院。同月,宪政公会安徽支部亦公举代表请愿。

江苏省:江苏士绅原准备与安徽、浙江、江西、福建一起上书,因苏杭甬路款事而耽搁,5月17日才研究本省请愿办法。6月21日召开大会,通过了请愿书,推选了代表。请愿书由前翰林院编修缪荃孙领衔,要求"二三年之间开设国会"⑥。孟昭常、雷奋当选为代表。江苏的发动虽然稍迟,可是工作做得比较出色。如孟昭常为了"叫那些女人与小孩儿都晓得",特以白话文撰写了《开国会真正好》的宣传稿。⑦沈同芳也写了《国会浅说》。南京的组织者很会动脑筋,把江南阅报所、法政讲习所、教育会、劝学所、各学堂、衙门局所全都动员起来,派人手持签名单到处征求签名,并在各花园、茶馆、酒肆遍贴了传单。至7月初,已经汇

---

① 参见《盛京时报》,1908年4月17日;《戊申中国大事记》,见《暮鼓晨钟》,第20册。
② 《正宗爱国报》,1908年6月28日。
③ 参见《申报》,1908年7月8日;《竹园白话报》,1908年7月15日。
④ 参见一档档案:外务部档,4747号。
⑤ 《皖省请代奏速开民选议院呈》,载《北洋法政学报》,第73册。
⑥ 《江苏绅民请开国会公呈》,载《申报》,1908年7月31日、8月1日。
⑦ 参见《申报》,1908年5月26、28日。

齐的签名人数计13793人。7月29日，孟昭常、雷奋呈递了请愿书。

继之，盐城留日学生马为珑放假返乡，发动6县群众签名，作为江苏第二次请愿。8月24日，他召集盐城绅商开了一次动员大会，会后各区又分别开会演说，一时民情鼓舞，签名者达2万人。①

吉林省：运动的发动者是吉林自治会。1908年5月，自治会与商务总会联名致电预备立宪公会，表示愿与各团体共同请愿。6月21日，自治会召开特别大会，专门研究请愿办法，指派人员撰写请愿书。24日，与商会联合召开全省大会，刊布了演说稿，通过了由自治会会长松毓领衔的请愿书。会后自治会刊发了《要求国会启》，号召各界同胞"大发热诚，联袂奋起，始终赞成，共襄盛举"②。8月8日，请愿代表、自治会副会长庆山和参议文耆将要求"颁布开设国会日期"的请愿书呈送都察院，在请愿书上签名的共4668人。③

湖南省：自1908年3月10日雷光宇将湖南人民请愿书呈递都察院后，都察院一直未予代奏。湖南人民闻讯非常着急，又推举萧鹤祥、胡抱琪为代表进京催递。5月21日，萧鹤祥、胡抱琪至都察院递交了催呈，要求将未奏理由批示明白。后雷光宇回湘报告了情况，湖南人士非常愤慨，6月12日，召开了有3000余人参加的大会，一致议决另推代表，进行第二次请愿。7月上旬，签名者达1万多人。8月2日，二次请愿代表廖名缙、陆鸿第、易宗夔、仇毅将要求"速定期限，召集国会"的请愿书呈送都察院。④

湖南经过两次宣传动员，一些有知识、思想开通的女士"亦为震动"，有位女士写了一篇女界国会请愿书，洋洋数千言，不少女士阅后跃跃欲试，准备征求签名，推举自己的代表入都请愿。后恐格于禁例，不准妇女上书，终未成行。但她们把请愿书寄给了北京的《中央日报》，题曰《湖南第三次女界请愿书》，希望发表出来，让朝廷和全国人民都了解她们对召开国会的渴望。她们的举动得到男士们的热烈赞颂。

直隶省：看到别省请愿运动开展得有声有色，而近在畿辅的直隶则寂然无闻，

---

① 《时报》，1908年8月11日、9月3、5、6日。
② 《申报》，1908年7月23日。
③ 参见《吉林全省人民国会请愿书》，载《申报》，1908年8月13日。
④ 《湖南人民第二次国会请愿书》，载《申报》，1908年8月12、14、16日。

直隶一些人士深感惭愧。1908年5月,杨度特赴天津演讲召开国会的必要性,极力鼓吹各界人士立即行动起来。天津自治局参议阎凤阁、齐树楷,普育女学堂监督温世霖邀集一些人士开会,决定推举代表晋京请愿。7月,通过了请愿书,签名者1000余人。温世霖、孙洪伊、乌泽声、康士铎当选为代表。8月2日,递交了请愿书。

山东省:运动始于6月下旬,省城发起的有侯延爽、王葵若等,烟台发起的有王著夫等。签名者1000余人。①代表于洪起(同盟会会员)、宋绍唐、陈命官(同盟会会员)、钱金榜于8月8日向都察院呈递了请愿书,要求"两年开设民选议院"。②稍后,登州、莱州、青州各处又有数千人签名,拟作第二次上书。

北京:北京士民对请愿非常热心,原打算与直隶一起行动,后见直隶动作迟缓,怕落人后,始作单独上书之举。7月,工商各界联合1000余人,公推电灯公司总理冯公度领衔,要求"定期三年,召集国会"③。8月2日,代表孙毓文等将请愿书呈上。

北京的八旗人士恒钧、常文、恒通、乌泽声、黄容惠、志恺、经勒武等以旗人"世受国恩,身经国难,对于国事有应尽之天职",7月发出传单,集合同志,准备以八旗名义上书。④八旗人士热烈响应,很快有1600余人签名。请愿书由恒钧领衔,提出三年召开国会。8月8日,由常文、黄容惠递交都察院。

7月22日,朝廷颁发了限令各省一年之内成立咨议局的上谕。8月3日,在京各代表开会,大家认为,请愿书均写于此谕之前,故"语气尚宽一步"。既有此谕,"自应切合现在情势有所陈说,方不负故乡父老委托之意"。又考虑代表不能再用全省名义,只能以士民资格上书,遂公推吉林的庆山领衔,雷奋、孟昭常起草,11日上书宪政编查馆。⑤上书说,设立咨议局和资政院虽然表明朝廷立宪的意思,但咨议局成立后必然各自为政,资政院解决不了统一的问题,很难发挥作用。政府应该"速定宗旨,认资政院为上议院,即于资政院成立之年分设下议院,以符

---

① 参见《北京时报》,1908年8月5日;《时报》,1908年8月16日。其他报有记为2000人或3000人者。
② 《山东全体绅民国会请愿书》,载《申报》,1908年9月1日。
③ 《北京士民国会请愿书》,载《申报》,1908年8月17日。
④ 参见《时报》,1908年7月29日。
⑤ 参见《江苏国会请愿代表之报告》,载《时报》,1908年8月29日。

实行立宪之旨,而纾纷歧抵触之患"。① 要求将资政院成立的时间改为召开国会。

山西省:当别省运动开展得热火朝天的时候,山西还冷冷清清,旅居河南的山西籍人士麻席珍等感到很不光彩,特致书山西教育总会,催促迅速发动。教育总会立即邀请各界人士研究,运动于7月间开展起来。为使运动有统一的组织领导,教育总会会长解荣辂(同盟会会员)、崔廷献特组织了一个宪政期成会,入会者300余人。接着,分遣会员赴各府州县动员,签名者达2万之多。8月18日,代表常松寿、李凤翔、刘怀英呈递了请愿书,要求三年召集国会。

浙江省:浙江的运动是在汤寿潜的促进下开展起来的。6月,汤寿潜在上海电促本省各团体行动,浙江旅沪学会亦派叶景莱回省发动。吴雷川、胡焕诸人屡次邀集各界人士研究,以为现值暑假,各团体大半散归乡里,召集不便,决定将传单和签名册分发11府,签名后即派代表来省,8月10日召开大会,公举代表入京。旋接北京同乡电催,便将大会提前于7月28日召开。会上通过了由汤寿潜主稿的请愿书,选出了代表。请愿书由前礼部侍郎朱祖谋领衔,签名8000余人,其中800多名为老年人,包括驻防旗人吉尔哈新、贵林、闻训、瑞恒等,还有500多名天主教徒。8月20日,代表叶景莱、邵羲、蔡汝霖前赴都察院呈递请愿书,要求"国会迅速成立"。②

广东省:除粤商自治会以本会名义请愿外,广东地方自治研究社也刊布传单,分发各地签名,召集各界人士开会,讲解国会的意义,发出号召。社员梁肇修、张端、王颂清、邓廷铿均自告奋勇,报名充当请愿代表,自备川资赴京。请愿书领衔人杨晟、梁诚、张振勋皆为社内主要成员。在粤商自治会和广东地方自治研究社发动下,全省签名者1.1万人。但代表出发较晚,进京后正在缮写请愿书时,朝廷已宣布了立宪年限,因而请愿书未再呈递。

留日学生以及日本、南洋的华侨也积极参加了请愿。

(三)政府的态度和政闻社的厄运

政府一直执着地认为,立宪必须循序渐进,只有先把资政院办好,立下基础,才能决定召开国会的期限,因而对人民的请愿开始很不以为然。1908年5月间,资政院总裁溥伦目睹各省各团体请愿,恐不定召开年限,难以昌发民气,方找军

---

① 《各省请愿国会代表上宪政编查馆书》,载《盛京时报》,1908年8月16、18日。
② 《拟浙人请开国会公呈》,载《申报》,1908年7月29日。

机大臣商议，召开国会期限才成为政府不容回避的头等重要问题。

　　过去政府对召开国会毫无思想准备，问题一提出，就遭到顽固守旧大臣的激烈反对。有的说："我国风气尚未尽开"，开设国会"不惟徒縻国帑，且恐百弊丛出"，"断难收效"①。有的蛊惑说："人但知革命为悖逆，殊不知假名立宪，请开国会，此种狡谋即间接的革命也，其心尤为叵测。若准如所请，实为堕其术中。"还有的想取消立宪，说什么"日本之所以立宪者，由于国民有尊王倒幕之功，故以报酬而立宪。法国之所以立宪者，由于革命已告成功，故不得不立宪。今中国国民既无功应得立宪之报酬，又无革命之事实，故决不可立宪，扰乱国是。"②学部则电各省禁止教员和学生请愿。这些顽固守旧的思想和做法遭到舆论的讥评。

　　对于号称开明的王公大臣来说，国会期限也是一个完全陌生的问题，谁也讲不出令人钦服的高深见解，意见非常分歧。有些人十分矛盾，俯从民愿恐招致朝廷疑忌，反对召开国会又畏舆论攻击，不敢出头。故政府虽屡次开会研究，终无成议。而请愿活动的日益高涨，又迫得政府不得不急谋对待。6月8日，张之洞、袁世凯特邀集世续、鹿传霖、溥伦、载泽和宪政编查馆的提调宝熙、刘若曾，行走杨度、劳乃宣开会。张之洞等提出，目前外间国会流弊之说甚多，不破众人之疑，事必无效，必须先将召开国会应防弊害问题，咨议局成立的先后问题，普及教育、人民程度等问题，讨论清楚，要杨度发表意见。杨度进入宪政编查馆仍然保持着民党领袖时期的本色，"竭力以国会利益陈说于诸公之间"③，"运动甚力"，耸动袁世凯尤急④。谒见张之洞、袁世凯时，他说："公等以开国会相召，仆以开国会应召而来，此次能否留京，以开国会与否为断。若仍枝枝节节办起，公等幕下人才济济，似无须用仆参与其间。"⑤为了召开国会，他曾单独上政府一个说帖。还到天津进行发动，在法政学堂发表了热情洋溢的讲话，说"预备立宪首要在预备人民预闻政事"，否则就不能称之为预备立宪。号召大家请愿召开国会，不达

---

① 《纪闻》，载《广益丛报》，第6年第15期。
② 《希望国会者盍鉴诸》，载《竞业旬报》，第19期。
③ 《宪政篇》，载《东方杂志》，第5年第7期。
④ 参见《杨晳子之论国民程度》，载《现世史》，1908年第4期。
⑤ 《纪闻》，载《广益丛报》，第6年第12期。

目的不止。①表现了绝不妥协的气质。在这次会议上，杨度也激昂慷慨，逐一回答了提问，对于人民程度问题解答得尤其巧妙。说："程度本因比较而生高低，若以中国之民与英、德之政府对待，则程度诚低；若与本国之政府对待，则今日之军机大臣多八股出身，今日之士大夫亦强半八股出身，不见其贯三光而洞九泉也。"②又对在座诸人言："此次晋京，专为国会而来，如政府不早颁布开设国会年限，仍当出京联合各省要求国会。在朝既不能为富贵所淫，在野更不能为威武所屈，宗旨已定，生死祸福皆所不计，即以此拿交法部，仍当主张到底。"③颇有坚持真理、鄙薄利禄的正义气节。大家听了很受感动。张之洞仍有顾虑，又连日召见了一些有名望的东西洋留学生听取意见。范源廉等回答说："开设国会，舆望所归，政府若一味迟延，恐滋意外。宜参考民意，速开国会，则人民必德于政府，毫无反抗，官民共治，亦国家之幸也。"④

与此同时，侍讲学士朱福诜疏论召开国会之利，度支部郎中刘次源和北京外城巡警总厅厅丞王善荃呈请三年召开国会。当然，也有上折反对的，如政治官报局局长华士奎和翰林院编修喻长霖即是。

但不论怎么说法，国会是迟早要开的，召开的期限也是要宣布的，这一点在大多数官员中已经没有疑问，只是期限长短心中无数罢了。于是，政府令宪政编查馆人员讨论杨度所递国会期限说帖。宪政编查馆人员一致赞成明确宣布召开期限，然而对期限之长短又辩难不已，主张五年者有汪荣宝等7人，主张六年者为延鸿等2人，主张七年者为曹汝霖等3人，主张十年者为沈林一等11人，独有高种主张二十年。

政府见观点如此歧异，仍是委决不下，只好再令各大臣发表意见，同时加速步骤，宣布朝廷的意向，使天下尽知立宪的诚意。7月8日，资政院将拟定的《资政院院章》前两章入奏。奉旨依议，着速订其余各章。同月22日，朝廷又批准《各省咨议局章程》和《咨议局议员选举章程》，谕令各省一年内一律办齐。还说："朝廷轸念民依，将来使国民与闻政事，以示大公，因先于各省设咨议局，以资历练。

---

① 参见《在天津法政学堂的演说》，见《杨度集》，502~504页。按：《杨度集》编者将其定为1908年6月，恐误，因为据报纸报道，杨赴津在5月。
② 《时报》，1908年6月18日。
③ 《申报》，1908年6月16日。
④ 《时报》，1908年7月6日。

凡我士庶，均当共体时艰，同摅忠爱，于本省应兴应革之利弊，切实指陈，于国民应尽之义务、应循之秩序，竭诚践守，勿挟私心以妨公益，勿逞意气以紊成规，勿见事太易而议论稍涉嚣张，勿权限不明而定法致滋侵越。"这段话既给人民以参政的希望，又对人民的请愿流露出不满之意，不过语气尚属正面引导。关于召开国会年限，说待将宪法大纲、议院法和选举法要领拟出，制定国会召开以前逐年筹备规划完成以后，便加宣布，"使天下臣民晓然于朝廷因时制宜、变法图强之至意"①。

由于政府办事拖拉，言多行少，失信于民，立宪派认为这道用意本善的上谕"仍是敷衍涂饰之故智"，"延宕议院之开设，搪塞国民之要求"②。

杨度对政府的意图比较清楚，为免立宪派误解，乘宪政公会召开欢迎请愿代表之机向代表解释，肯定政府在8月之内就宣布召开国会年限，劝告大家在这种时候不要横生阻力，应"以强毅与和平出之，求事之早成"，"不必有绝望之愤举"③。杨度由一个在野的候选郎中一跃而为政府的四品大员，对朝廷和张之洞、袁世凯的知遇之恩自有一种报答的感情，而且为了保住禄位也不能完全违背政府的意旨，他作为民党领袖时期的豪气开始丧失，立场也开始转变，为政府设想，要求群众运动不要"过激"了。

人民的疑虑尚未消除，7月25日，朝廷忽然颁发了这样一道上谕："政闻社法部主事陈景仁等电奏，请定三年内开国会，革于式枚以谢天下，等语。朝廷预备立宪……头绪纷繁，需时若干，朝廷自须详慎斟酌，权衡至当，应定年限，该主事等何得臆度率请；于式枚为卿贰大员，又岂该主事等所得擅行请革。闻政闻社内诸人良莠不齐，且多曾犯重案之人，陈景仁身为职官，竟敢附和比昵，倡率生事，殊属谬妄，若不量予惩处，恐诪张为幻，必致扰乱大局，妨害治安"，"著即行革职"④。

且不说将根本不在国内任职的陈景仁称为"职官"多么荒唐可笑，即其革职的理由也无一能够成立。各省各团体以至官员都可陈请召开国会期限，为什么陈

---

① 《清末筹备立宪档案史料》下册，684页。
② 《读六月二十四日上谕谨注》，载《申报》，1908年7月25日。
③ 《宪政公会欢迎各省国会请愿代表演说》，载《申报》，1908年8月18日。
④ 《德宗景皇帝实录》卷593，15~16页。

景仁就不能陈请？于式枚身为考察宪政大臣，竟在出国后两次奏陈，与人民大唱反调，胡说"宪法自在中国，不须求之外洋"，权力要"定于一"，宪法要"定自上"，保住统治大权，诬蔑攻击人民进行请愿、要求民权为"横议"、"为疯狂"，"几同乱党"①。故遭到舆论的严厉抨击，斥其为阻挠宪政，"保持专制"，"剥夺民权"，"与国民为敌"，"甘为亡国之臣"②，完全违背考察宪政宗旨，严重失职。政府中的不少大员都认为他有负朝廷任命，建议将其调回。陈景仁提议将其革职亦非过分之举，何况不过是个人意见，如何处理权在朝廷？这两点既构不成罪名，所谓"附和比昵"政闻社中"曾犯重案之人"，就是蓄意罗织了。仅政闻社中有职衔的"附和比昵"者就不知凡几，更无须说社外了，何以独罪陈景仁？

这道上谕的出笼与袁世凯密切相关。梁启超在一封信里说："昨日雪舫（按：侯延爽）又有一书来，言慈宫（慈禧）见陈电初不甚怒，袁面奏政闻社系某某等所发起，因有此谕云。然则主动所在可见矣。"③此时康、梁正在秘密联络亲贵倒袁，袁深为忌恨，知慈禧对康、梁余怒未消，遂施挑拨离间之计，打击康、梁，保住自己。

此谕一出，大失人心。舆论纷纷评论说：这简直是"揭其假面而与天下相见以干戈矣！"④"惩一陈景仁，而与景仁同一宗旨者莫不惩；全一于式枚，而与式枚同一宗旨者莫不全；斥一政闻社，而与政闻社同一宗旨者莫不斥。政府之用心、之手段，肺肝如见矣。"⑤政府的威信一落千丈，立宪派对谕旨的批驳愈无顾忌。

遭受此次打击，蒋智由等认为政闻社既为慈禧、袁世凯所不容，不能立案，"留此不生不死之团体，有害无益"，主张解散。其他社员不同意。梁启超觉得"解散后欲再集结甚难，且信用一失，影响于将来者亦甚多"，还想趁唐绍仪赴美路经日本时，向其解释政闻社对袁世凯的态度，若此着不行，再加解散。⑥

---

① 于式枚：《立宪必先正名不须求之外国折》，见《清末筹备立宪档案史料》上册，336~338页；《立宪以保守渐进为主片》，载《时报》，1908年7月19日。
② 《于侍郎立宪正名折书后》，载《时报》，1908年6月30日；《论于式枚奏陈立宪方略》，载《申报》，1908年6月24日；《再论于式枚奏请立宪之谬》，载《申报》，1908年6月29日；《驳于式枚第二次反对立宪折》，载《申报》，1908年7月20日；《大公报》，1908年7月20日。
③ 丁文江等编：《梁启超年谱长编》，469页。
④ 《六月二十七日上谕恭注》，载《时报》，1908年7月27日。
⑤ 《二十年内无立宪之希望》，载《申报》，1908年7月28日。
⑥ 参见丁文江等编：《梁启超年谱长编》，469页。

可是，梁启超尚未等到会见唐绍仪，8月13日，朝廷即下令查禁政闻社。命令说："近闻沿江沿海暨南北各省设有政闻社名目，内多悖逆要犯，广敛资财，纠结党类，托名研究时务，阴图煽乱，扰害治安，若不严行查禁，恐将败坏大局。著民政部、各省督抚、步军统领、顺天府严密查访，认真禁止，遇有此项社伙，即行严拿惩办，勿稍疏纵，致酿巨患。"①

朝廷突然查禁政闻社主要是由于康有为及帝国宪政会触到了慈禧和当权人物的痛处。首先是这几天康有为"自海外密电某当道，请劾奕劻植党揽权，及外间有康、梁秘联粤督岑春煊，谋倒张之洞、袁世凯之谣"②，传入奕、袁、张之耳，引起他们愤怒，于是密令各省调查政闻社情况。其次是帝国宪政会联络海外亚、美、欧、非、澳5洲200余埠华侨所上的请愿书在《中国维新报》发表，有撤帘归政、尽裁阉宦、迁都江南及改大清国号为中华国等款③，汉口的《江汉日报》予以转载，同时还登载了康有为在南洋的捐款公启，中有"党事甚得意，卓如（梁启超号）将起用"等语，帝国宪政会发布的意见书中有"副总长（梁）有起用消息，即总长（康）起用之见端"④等语。这些"最为政府所骇怪"的内容，均被鄂督陈夔龙密告于奕劻，奕劻大怒，对大臣们讲："朝廷锐意宪政，即拟开设国会，使人民参与国政，亦断不容有此荒谬请求，致扰大局。"⑤袁世凯乘机力促张之洞向慈禧"举发康、梁乱政秘谋"⑥。8月12日，陈夔龙又向奕劻告密。奕劻遂找张之洞商议。张之洞恐康、梁所谋与己不利，亦痛斥康有为主张荒谬，并说，帝国宪政会远在海外，鞭长莫及；政闻社与梁启超有关系，而且没有批准立案，与秘密结社一样，应该解散。⑦慈禧最痛恨康有为，最恶听"归政"，所以奕、袁、张一奏请，便马上批准了。

查禁政闻社后，政府又下令海关禁止《中国维新报》以及政闻社的报刊进口，封闭了《江汉日报》。

---

① 《光绪朝东华录》，5967页。
② 丁文江等编：《梁启超年谱长编》，450页。
③ 参见《大同白话报》，1908年8月19日；《盛京时报》，1908年8月22日；《东方杂志》，第5年第8期。
④ 《盛京时报》，1908年8月22日。
⑤ 《申报》，1908年8月24日。
⑥ 丁文江等编：《梁启超年谱长编》，451页。
⑦ 参见《大同白话报》，1908年8月19日；《申报》，1908年8月24日。

政闻社无法维持，只好通告社员作些解释，由总务员马相伯登报宣布解散。梁启超经此挫折，专心从事著述，但对政治仍很关心。

杨度过去同梁启超关系密切，查禁政闻社使他感到不安，因此勇气又有所削弱，原拟奏请1910年开设国会的折件经人一劝告便即停递，原拟组织宪政公会上书的计划也不见下文。

三、决定九年立宪

政府查禁政闻社并不意味着不宣布召开国会年限，人民也未因此退缩，广东、贵州、福建、奉天、江西、四川等地仍在继续发动请愿。

这时，各省督抚和出使各国大臣陆续电复了对召开国会的意见，督抚中多赞成宣布召开国会年限，出使各国大臣如李经方、伍廷芳、刘式训、萨荫图、孙宝琦、胡惟德、李家驹都赞成速开国会。考察宪政大臣达寿奉命回京后即奏请速定钦定宪法。政府中虽有鹿传霖等个别人扬言"不愿生见国会成立"①，但多数认为："此次各省请愿，不特时下名流主张其事，即素持守旧主义之宿儒"如蒋艮、缪荃孙诸人，"均参入其中，实与从前纯由少年志士所鼓吹者不同。若不从速将国会期限决定，人心一失，隐患愈深"。②他们对反对派进行了多次说服开导。奕劻怕引起革命，亲自向慈禧、光绪奏陈："若不及早将国是决定，使宪政克期实行，万一人心不固，外患愈深，陷中国于朝鲜地位，臣等不足惜，其如太后、皇上何！"慈禧大为动容，当即答应宣布立宪年限。为使慈禧最后敲定，奕劻又奏陈："此事关系国家存亡，大诏一下，即须实行。惟实行宪政利于君利于民而不利于官，将来不肖官吏恐不免尚有希冀阻挠者。请圣上十分决心，然后可以颁布，否则将来稍有摇动，恐失信于民，即危及君上，国家大局必败坏于阻挠者之手。"慈禧同光绪"毅然俞允"。③

8月27日，宪政编查馆和资政院将《宪法大纲》、《议院法要领》、《选举法要领》及《逐年筹备事宜清单》上奏。

《宪法大纲》只有"君上大权"一章，后附臣民权利义务。"君上大权"共14条，

---

① 《中华新报》，1908年8月21日。
② 《时报》，1908年9月6日。
③ 《时报》，1908年9月6日。

即：1. 皇帝统治大清帝国，万世一系，永永尊戴；2. 君上神圣尊严，不可侵犯；3. 钦定颁行法律及发交议案之权，凡法律虽经议院议决，而未奉诏命批准颁布者，不能见诸施行；4. 召集、开闭、停展及解散议院之权；5. 设官制禄及黜陟百司之权，用人之权，操之君上，而大臣辅弼之，议院不得干预；6. 统率海陆军及编定军制之权，凡一切军事，皆非议院所得干预；7. 宣战、讲和、订立条约及派遣使臣与认受使臣之权，不付议院议决；8. 宣告戒严之权；9. 爵赏及恩赦之权；10．总揽司法权，委任审判衙门，遵钦定法律行之，不以诏令随时更改；11. 发命令及使发命令之权，惟已定之法律，非交议院协赞，奏经钦定时，不以命令更改废止；12. 议院闭会时，遇有紧急之事，得发代法律之诏令，并得以诏令筹措必需之财用，唯至次年会期，须交议院协赞；13. 皇室经费由君上决定，议院不得置议；14. 皇室大典由君上督率皇族及特派大臣议定，议院不得干预。所附"臣民权利义务"共9条，主要是：臣民有合于法律命令之资格者，得为文武官吏及议员；在法律范围内，有言论、著作、出版、集会、结社自由；非照法律规定，不得加以逮捕、监禁、处罚；可请法官审判呈诉之案件；财产及住宅无故不加侵扰；有纳税、当兵义务；赋税非经新定法律更改，悉照旧输纳；遵守国家法律等。①

《议院法要领》共11条，主要内容有：议院只有建议之权；财政支出非与政府协议，议院不得废除删削；国家预算由议院协赞；议院只可指实弹劾行政大臣，不得干预朝廷黜陟之权；所议事件，必须上下议院彼此议决后，方可奏请钦定施行，等等。②

《选举法要领》计6条，主要精神是实行限制选举。③

《逐年筹备事宜清单》分年排列，每项事情均指定了主办单位，开列了进展速度，基本要求如下：

咨议局：1908年筹备；1909年一律选举开办。

资政院：1909年颁布章程，举行选举；1910年开院。

地方自治：1908年颁布《城镇乡地方自治章程》；1909年颁布《厅州县地方自治章程》，筹办城镇乡地方自治，设立自治研究所；以后续办城镇乡和厅州县

---

① 参见《清末筹备立宪档案史料》上册，58~59页。
② 参见《清末筹备立宪档案史料》上册，59~60页。
③ 参见《清末筹备立宪档案史料》上册，60~61页。

自治，至1913年城镇乡自治一律成立，1914年厅州县自治一律成立。

调查户籍：1908年颁布调查户口章程；1909年调查人户总数；1911年调查各省人口总数；1912年颁布户籍法；1913年实行户籍法。

财政：1908年颁布清理财政章程；1909年调查各省年收支总数；1910年试办各省预算决算；1911年调查全国年收支确数，颁布地方税章程；1912年颁布国家税章程；1913年试办全国预算；1914年试办全国决算，颁布会计法；1915年确定皇室经费，设立审计院，实行会计法；1916年确定预算决算，制定明年预算。

融化满汉畛域：1908年设立变通旗制处；1915年变通旗制一律完成，化除畛域。

普及教育：1908年编辑简易识字课本和国民必读课本，1909年颁布；1910年推广厅州县简易识字学塾；1911年创设乡镇简易识字学塾；1912年推广乡镇简易识字学塾；1914年人民识字义者达1/100，1915年达1/50，1916年达1/20。

修订法律：1908年修改新刑律，编订民律、商律、刑事民事诉讼律；1910年颁布新刑律；1913年实行新刑律，颁布民律、商律、刑事民事诉讼律；1915年实行民律、商律、刑事民事诉讼律。

官制官规：1909年厘定中央官制；1910年厘定地方官制；1911年实行文官考试、任用、官俸各章程；1912年颁布新定中央和地方官制；1914年试办新定官制；1916年一律实行新官制。

司法：1909年颁布法院编制法，筹办省会及商埠各级审判厅；1910年前项审判厅一律成立；1913年府厅州县审判厅一律成立；1915年乡镇审判厅一律成立。

巡警：1909年府厅州县巡警粗具规模；1910年前项一律完备；1911年筹办乡镇巡警；1915年前项一律完备。

宪法：1916年宣布。

皇室大典：1916年宣布。

议会：1916年颁布议院法和选举法，选举议员。

弼德院：1916年设顾问大臣。①

当日朝廷批准颁布，晓谕臣民在宪法未颁之前，"悉遵现行制度，静候朝廷

---

① 参见《清末筹备立宪档案史料》上册，61~67页。

依次筹办"。并说，"逐年应行筹备事宜，均属立宪国应有之要政，必须秉公认真次第推行"。命令将此次谕旨和清单刊印謄黄，分发中央和地方各衙门悬挂堂上，照单依限举办。每半年奏报一次筹办成绩。督抚交接时，前后任应会同将前任办理情形奏明，以免推诿。部与省同办之事，由部纠察各省。同时，令宪政编查馆设立专科，切实考核。令都察院留心察访，指名纠参逾限不办或阳奉阴违者。最后说："自本年起，务在第九年内将各项筹备事宜一律办齐，届时即行颁布钦定宪法，并颁布召集议员之诏。"① 上谕要求官吏之严实属罕见，反映了朝廷的决心和态度。

日本从发布诏令到召开国会，为期九年。清廷亦宣布自1908年起，九年立宪，即过渡时期为九年，学习日本可谓亦步亦趋。但不论如何，先前无期限的预备总算有了期限，不能不说是个进步。这完全是人民请愿奋斗的结果。

《宪法大纲》基本上抄自日本宪法的第一章。日本宪法在立宪国家中民权最少，专制成分最多，受到许多指责。1906年1月载泽请伊藤博文讲解宪法时，伊藤特别强调说："贵国数千年来为君主之国，主权在君而不在民，实与日本相同"，"主权必集于君主，不可旁落臣民"②。载泽和许多大臣都认为日本宪法接近中国国情，较为适用。朝廷在由专制政体刚刚开始向立宪政体过渡时自然希望并且习惯于君主保留较多的权力。《宪法大纲》之抄袭自日本宪法是不奇怪的。不但如此，《宪法大纲》比日本宪法还做了扩大君权的规定，如议会闭会期间，君主就比天皇多了筹措经费权。关于臣民权利，日本宪法规定的迁徙、宗教信仰、通信、请愿诸自由，《宪法大纲》均未提及，这些都反映了清政府比十几年前的日本政府还要保守。

尽管如此，《宪法大纲》赋予君主的权力毕竟与专制时代的君主权力不同。专制时代，"朕即国家"，君主的命令意志就是最高法律，权力至高无上，不受任何限制。《宪法大纲》则对君主权力做了一些限制。首先，君主权力要受宪法的约束。关于这一点，《宪法大纲》的条文没有写明，但其前言中"上自朝廷，下至臣庶，均守钦定宪法，以期永远率循，罔有逾越"③的说明，是得到朝廷认可、

---

① 《清末筹备立宪档案史料》上册，67~68页。
② 载泽：《考察政治日记》，13页。
③ 《清末筹备立宪档案史料》上册，57页。

承认按照宪法行事的。其次，君主行使统治权力时要受到国家机关的制约，《宪法大纲》前言对国家政体和君主权力做了这样的概括："君主立宪政体，君上有统治国家之大权，凡立法、行政、司法皆归总揽，而以议院协赞立法，以政府辅弼行政，以法院遵律司法。"① 这就确定了国家政体采取三权分立的形式，君主在行使权力时必须受议院、政府和法院的制约。以立法而言，从"凡法律虽经议院议决，而未奉诏命批准颁布者，不能见诸实行"的规定中，可知法律产生的程序首由议院议决，然后是君主批准颁布，也就是说，议决的主体是议院；反过来说，不经议院议决，君主就不能颁布法律。"已定之法律，非交议院协赞"，君主也无权"以命令更改废止"。"以政府辅弼行政"，体现了行政事务应听取行政大臣的意见，并经其同意。"以法院遵律司法"和不能"以诏令随时更改"，说明君主在司法方面的权限也不是无限的。以上都是对专制时代无上无限君权的否定，而把君权限制在法律规定的范围之内，当然限制还是很微弱的。但确实有了限制，这就使君权与过去有了显著区别。通常被人们指斥为封建专制象征的"大清帝国，万世一系，永永尊戴"和"君上神圣尊严，不可侵犯"两款，实际上并不违反立宪精神。在任何君主立宪国家，几乎莫不有类似的规定。因为君主立宪国家都实行君主世袭制，君主为国家元首，不负实际责任，只能让他处于特殊的尊贵地位。这种特殊的地位一方面是封建残余的表现，另一方面也可以说是由其同意立宪、让出政权的代价换来的。《宪法大纲》赐予臣民的权利确实不多，可是言论、著作、出版、集会、结社、人身诸自由，私有财产和住所受到保护，总算作为臣民应当享有的天然权利而被列入国家大法之中了，此亦是与专制时代不同的地方。所以说《宪法大纲》不是纯粹的封建主义性质，而是已经具备了以宪法和法律限制君权的君主立宪制度最基本的特征，初步体现了资本主义国家宪法的主权在民原则、基本人权原则、法治原则、三权分立原则和保护私有财产的原则，是立法权属于议会和君主的二元制君主立宪的宪法大纲。《宪法大纲》规定了制定宪法的基本原则，其精神与英国、德国的宪法相比，固属等而下之，即与日本相比，也稍逊一筹，是封建专制色彩最为浓厚的，资产阶级民主水平最为低下的，没有丝毫值得夸耀的地方。但相对于中国专制政体而言，"已为超轶前古之举动"②。它宣告

---

① 《清末筹备立宪档察史料》上册，57页。
② 杨廷栋：《〈钦定宪法大纲〉讲义·弁言》，商务印书馆，1910年。

了君主立宪制度和中国的第一部宪法将由此而产生！1847年恩格斯评论普鲁士联合省议会的职权（限于批准新的税收和贷款，讨论法律案时有发言权，向国王呈交请愿书）时说："尽管普鲁士宪法本身是不足道的，但是，它给普鲁士以及整个德国开辟了新的时代，它标志着专制制度与贵族的垮台和资产阶级获得政权；它给运动打下了基础，这个运动很快就会导致资产阶级代议制的建立，出版自由的实现，法官独立审判制和陪审制的实行。"① 对于《宪法大纲》，似乎也可作如是观。

《逐年筹备事宜清单》就是筹备立宪的总体规划方案，有主办单位，有进度要求，责任目标都很明确。有了它，就使政府的筹备工作摆脱了过去摸着石头过河的盲目性，变得心中有数，各级官员有了措手之处。如果国内国际环境允许，而将来的正式宪法和国会又能差强人意的话，这将是一个有步骤有秩序，以短短九年时间，用和平而不流血的理想方式，把封建的中国演变为君主立宪国家，实现一场艰巨的社会革命的宏伟计划。方案的公布，使预备立宪进入到一个实质性阶段。但是，方案对人民的心理和以后变幻莫测的国际形势估计不足，甚至没有考虑进去；把巡警、教育、官规等一些属于国家行政事务范围，任何时候都应该抓紧去做的事情，也列入筹备立宪工作之中，有些不分轻重缓急，会影响筹备立宪工作的进度。另外，有些规定要求没有多少道理，有的缺乏可行性。

对于《宪法大纲》，少数立宪派人士没有意见。他们说："吾民不费举手投足之劳，坐遇旷古未有之盛典，犹咎朝廷之不能尽划君主大权，而直护吾民，岂人情乎？"② "数千年相传之独裁政体既能一变而为立宪政体，则立宪政体之自乙以斩于甲，可立而俟矣。"③ 前者是以一个受恩者的心理接受的，认为不应要求恩赐者倾囊相赠，充满了浓郁的人情味。后者是考虑到既然立宪，自然就能使立宪由低级进入高级阶段。他们易于满足，却不是对大纲衷心地赞成。

比较多的立宪派人士感于长期受封建主义荼毒，盼望政治上彻底解放如大旱之望云雨，恨不得将专制毒根一下子铲除，要求英国式的立宪，对《宪法大纲》

---

① 恩格斯：《普鲁士宪法》，见《马克思恩格斯全集》，中文1版，第4卷，40页，人民出版社，1965年。
② 《论今日为国民雄飞之时期》，载《时报》，1908年9月17日。
③ 杨廷栋：《〈钦定宪法大纲〉讲义·弁言》。

不准议院干预这干预那极端反感，予以猛烈攻击。说："吾不意二十世纪公理大明之时代，而竟有拥护专制之立宪也"，"真可谓夐宇内而无俦者矣"①；"于议院议决协赞之权阙焉弗讲，是尚得为议院矣乎！"②"于君主一方面，则丝毫不准人民之侵蚀大权；于人民一方面，则处处以君主所定之法律束缚之，专制政体之完备，无过于此者。"③

对于九年立宪期限及《逐年筹备事宜清单》，反映也不相同。直隶某些人士担心形势变化太速，政府无法保证筹备工作的稳步实施，不相信方案能够救亡。同时，指责方案过于强调各级政府的责任，轻视人民的责任，说"天下最难恃者莫如政府之良心，而天下最可恃者莫如国民之能力"，"若但恃政府之良心自行改革，而无国民以应之，宪政亦安有望哉！"④

东三省人民认为九年期限过长，继续请愿。7月21日，奉天教育总会会长吴景濂在教育会提出国会请愿问题，与会者一致赞成，并确定联络吉林、黑龙江，结成一大团体共同进行。后向吉、黑两省团体通报，得到两省赞许。不久，吉林人士等不及，单独赴京上书，但仍参加三省的共同行动。8月下旬，各界正在加紧发动，九年立宪的上谕就颁布了。请愿发起人吴景濂、李树滋、延荣等认为："东三省形势与各省不同，久为强国所垂涎，主权虽存，然为外人势力所包括，国会一日不开，东三省之存亡问题一日不能解决，故各省可待九年，东三省则有迫不及待之势。"⑤仍通知各城各界选出2人，于9月初齐集省城，然后推选代表入都。9月下旬，奉天签名者已达2.4万余人，推举师范学堂校长缪寿山为代表。10月上旬，缪寿山偕吉、黑代表进京，请求缩短国会年限，三年内召开，至迟不要超过五年。代表启程后，奉天签名者依旧络绎不绝，仅省城外的商家即有3000余名。

北京的士民则"欢声雷动"。《北京时报》竭诚欢呼："明诏宣示钦定宪法及召集议员的年限，实在是我大清帝国雄飞宇宙第一的大纪念日期，凡我全国各地方官及全国国民，全应当悬灯结彩，开会庆贺才是。"⑥士民们在前门外结扎牌

---

① 《宪政编查馆奏〈宪法大纲〉折书后》，载《时报》，1908年9月3日。
② 《时报》，1908年9月4日。
③ 《〈宪法大纲〉质疑》，载《广益丛报》，第6年第27期。
④ 《读谕恭注》，载《大公报》，1908年8月30、31日。
⑤ 《申报》，1908年10月6日。
⑥ 《北京时报》，1908年8月29日。

坊，上面缀满电灯，各铺户均悬灯五日，表示其"欢舞之忱"①。

而更多的立宪派虽觉得为期过长，不无遗憾，然亦接受下来。这是因为他们认为有了期限和计划，筹备立宪就有了具体的奋斗目标和措手之地，可以收到成效；立宪期限不是固定不变的，只要人民努力，期限"未尝不可缩减"②，当前办好人民的法定机关咨议局是筹备立宪的最好办法，比要求国会更实在有益。立宪期限宣布以后，浙江的请愿代表邵羲、叶景莱、蔡汝霖感到年限太长，未能完成人民交给的任务，曾邀其他省在京代表和同乡京官研究，打算再共同上书，要求缩短年限。协商数次，"以为奏定年限虽长，而切实预备之方法，即在限一年内成立之咨议局"。若各省咨议局皆按期成立，资政院也如期举办，"则法定机关已立，办理各事皆有秩序可循，新政易于进行，民情亦不患不能上达。社会既日益进步，则官吏亦势难怃愒，各项要政能先于预定年限内办妥，则将来要求缩短年限亦事实上所应有。空言要求，冒渎无济，不如切实从咨议局入手较为得当。佥以此说法为然，上书之议遂寝。"③正是在上述种种考虑之下，已经上书的省区没有再进行第二次请愿，尚未上书的省区也停止了请愿活动，如福建省8月下旬业已将有近1万人签名的名册汇齐，贵州在自治学社推动下签名1753人，都选出了代表，因立宪期限宣布，没有进京。湖北省开展较迟，8月28日才开动员大会，上谕传到，请愿立即取消。江西、四川等省亦然。从此，立宪派把主要精力转到用于筹办咨议局上面去了。

这次各省代表呈递的十余份请愿书，都察院均未代奏。不过慈禧和光绪是知道的。

参加此次请愿的共有18个省的人民，8个立宪团体，还有留学生和海外华侨，全国签名人数有据可查者达15万之多。这是各省人民共同向朝廷要求政治权利的伟大行动，时人称颂为"极千古未有之奇观"④。它促使朝廷宣布了立宪期限，标志着中国人民政治上的进一步觉醒，鼓舞着人民为争取更多的民主权利而斗争，也为一年以后的大请愿做了一次预演，积累了经验。

---

① 《盛京时报》，1908年9月3日。
② 《〈钦定宪法大纲〉讲义》，31页。
③ 《浙江国会请愿代表之报告》，载《时报》，1908年9月21日。
④ 《追记国会请愿之历史》，载《申报》，1908年9月14、15日。

第七章 推行地方代议制

一、摄政王的姿态

九年立宪诏旨颁布后，朝廷督促各省加紧筹备，并于1908年10月23日命令中央各部院分别制订本部门的筹备计划，限半年奏明。

正当筹备工作加紧进行之际，光绪皇帝的病势突然转剧，慈禧太后也身染重病。11月13日，慈禧授载沣为摄政王，命将其3岁的儿子溥仪抱入宫内教养，在上书房读书。14日，年仅38岁的维新皇帝光绪去世，留下一道遗诏，申告立宪为其毕生之志，命文武百官"破除积习，恪遵前次谕旨，各按逐年筹备事宜切实办理，庶几九年以后颁布立宪"①。慈禧立即宣布：立溥仪为嗣皇帝，入承大统，承继同治皇帝之嗣，兼承光绪皇帝之祧；摄政王载沣监国，所有政事，悉秉承她的训示裁度施行。可是到了次日，她也奄奄一息了，又降懿旨说：嗣后军国政事均由摄政王裁定，遇有重大事件，必须请示皇太后（指光绪皇后）懿旨者，由摄政王面请施行。旋亦病逝。

两日之内，两宫"晏驾"，天下惊疑，引起种种猜测，京师市面曾发生小小波动，11月19日晚还发生了熊成基在安庆领导的新军起义，但很快便被平息，京师亦趋安定。

载沣面临的首要任务是办理"国丧"，筹备新皇帝登极。关于新皇帝的年号，大臣奉命拟就4个，即"宣统""宪昌""宪治""圣宪"，11月18日进呈备选。②后3个都带有一个"宪"字，含有通过立宪使国家变得繁荣昌盛、治理臻于上乘的意思，比较时髦而富于政治意味。但载沣均未采用，却圈定了"宣统"，意即承宣宗（道光皇帝）之统，如同"光绪"为道光之绪之意一样，并不反映其厌恶立宪。

---

① 金毓黻：《宣统政纪》卷1，2页，辽海书社，1934年。
② 参见一档档案：上谕档，1515号，光绪三十四年十月现月档，95页。

载沣是道光皇帝之孙，醇亲王奕譞之子，光绪皇帝异母弟，1883年2月12日出生。1884年封不入八分辅国公。1889年晋封奉恩镇国公。1890年承袭王爵。1900年在内廷行走。次年补授内大臣、正白旗汉军都统。1902年管理新旧营房事务。1906年管理健锐营事务，调补满洲正红旗都统。1907年6月在军机大臣上学习行走。1908年2月补授军机大臣。至此以摄政王而监国，年方25岁。他年纪太轻，水平有限，性格懦弱，缺乏定见，政治经验、领导能力、思想文化诸种素质均嫌不足，在权术谋略等方面更不可与老谋深算、阅历丰富的慈禧太后相提并论。作为一个大国的执政者，他的负荷显然超载过多，加之特殊的地位和利益，就使他在社会制度嬗变的复杂环境中，很难把握全局，将国家大政处理得当，有时不得不受制于亲贵大臣，为其左右。然而他也有自己的一点优势，"生平喜读西书"①，年轻易于接受新思想新事物，这又使得他在立宪问题上能够与立宪派有些共同语言。

还在1906年政府讨论是否立宪时，载沣就是积极的赞成者。1908年人民请愿时，他建议说："各省请愿代表纷纷来京请开国会，若不早定期限，诚恐灰国民愿望之心，启上下隔阂之弊。目前急宜妥定选举规则，早为宣示最近召集国会期限，万不可以程度不及为词，致事事无可举办。"②现在他当了监国，决意完成光绪皇帝立宪的宏愿。

12月2日，宣统皇帝登极，诏告天下明年改元。次日，载沣即以新皇帝名义颁发谕旨，重申九年立宪，说："凡先朝未竟之功，莫不敬谨继述"，"自朕以及大小臣工均应恪遵前次懿旨，仍以宣统八年为限，理无反汗，期在必行。内外诸臣断不准观望迁延，贻误事机。尚其激发忠义，淬厉精神，使宪政成立，朝野乂安"③。向全国臣民郑重声明，新朝继志述事，基本国策绝不改变，九年立宪一定完成，各级官员必须抓紧办理。

12月13日，会议政务处等衙门议定摄政王礼节总目，其中有两条重要规定，一是军权，统率全国海陆军；二是钤章署名，凡发布谕旨，均由摄政王钤章，军机大臣署名。

12月18日，重申中央各机关必须依限制订本单位的立宪计划，进一步明确

---

① 《盛京时报》，1908年11月29日。
② 《盛京时报》，1908年7月21日。
③ 《清末筹备立宪档案史料》上册，69页。

实行立宪的国策要坚定不移地执行。

光绪皇帝因生前受制于慈禧，未能报袁世凯叛卖戊戌维新之仇，死不瞑目。慈禧辞世，袁世凯失去护符，康有为立即通电讨袁，并上书摄政王，历数袁世凯罪状，请求"为先帝复大仇，为国民除大蠹"①。一些平素与袁有矛盾的亲贵官僚亦主张迅速除袁。善耆和载泽同时向载沣进言："此时若不速作处置，则内外军政方面皆是袁之党羽，从前袁世凯畏惧的是慈禧太后，太后一死，在袁世凯心目中已无人可以钳制他了，异日势力养成，削除更为不易，且恐祸在不测。"②御史江春霖、给事中陈田亦上折参袁。袁反对度支部清理直隶财政，擅用军机处名义发电，企图要隆裕（光绪的皇后）垂帘听政诸传闻，亦被告知载沣。载沣痛恨袁出卖光绪，疑忌其贪权植势，很想将其除掉，为兄报仇，杜绝后患。隆裕也无意见。于是载沣拟了一道将袁革职、拿交法部治罪的谕旨。当他征求奕劻、张之洞的意见时，奕劻表示坚决反对，并以北洋军起来造反相威胁。张之洞则建议在"主少国疑"之时不要轻戮大臣。优柔寡断的载沣只好以袁"现患足疾，步履维艰，难胜职任"为名，于1909年1月2日下令将其开缺，命回原籍"养疴"。③袁世凯回河南定居于彰德洹上村，韬光养晦，伺机东山再起。

袁世凯自小站练兵崭露头角，十余年间在政界军界、朝内朝外培植了一大批党羽，形成一个庞大的军事政治集团。这些党羽特别是北洋将领只知有"袁宫保"，不知有大清朝，命运与袁紧密相连，袁一倒台，他们顿生兔死狐悲之感，对朝廷心怀怨恨，从此清王朝内部出现了深刻危机。

载沣罢斥袁世凯，与满汉问题毫不相涉，同实行宪政也无关系，但是却遭到了袁世凯党羽的恶毒诽谤。为了蛊惑人心，制造混乱，挟制朝廷，重新起用袁世凯，他们大肆散布谣言，说袁世凯系"因首倡立宪获咎"④，罢斥袁是"实行排汉也，反对立宪也"⑤，甚而对外国人说："此外交之大变化，而拳祸之再作也。"⑥一些不明真相的人听到这些流言蜚语，又"见袁氏曾主张立宪而今罢归也，以为吾

---

① 《上摄政王书》，见《康有为政论集》上册，639页。
② 载涛：《载沣和袁世凯的矛盾》，见《辛亥革命回忆录》六，324页。
③ 《宣统政纪》卷4，12页。
④ 《时报》，1909年1月15日。
⑤ 赵炳麟：《密陈管见疏》，见《谏院奏事录》卷5，13页。
⑥ 《袁世凯之所谓杨生》，载《时报》，1909年2月4日。

国宪政前途或生障碍"①。一股暗流在扩大。这样袁世凯的被罢斥就不仅仅是他个人的升沉问题,也是关系到朝廷是否真心实行宪政的大问题了。

对此,立宪派洞若观火,为了击破袁党的阴谋诡计,以正视听,推动宪政顺利进行,他们就袁被罢斥与立宪的关系指出:袁自入军机之后,从未"建一谋,行一政,促立宪之进步",其所做的第一件"新政"就是强令苏杭甬铁路借款。他提倡立宪的真实动机,"非实见夫宪政之善,而以是救国利民也,欲藉宪政以自卫也"②,不过想出而组阁,对宪政没有什么功德。非但如此,他还最嫉视热心立宪的人,"认为大仇巨敌",这也证明他是一个"非真正主张立宪者"。"若此等人果能盘踞政界耶,则内阁不知为何等责任,国会不知有何等权力,名为立宪,实则较之专制尤为惨酷","故曰袁氏开缺于立宪前途有益无损"③。"其所深恶痛绝、除之惟恐不力者,则在民权","论者以为假文明之面具,而行其野蛮之手段者,恐不诬也"④。

1909年1月中旬,赵炳麟上疏提出解散袁世凯党羽,罢黜奕劻,调走直督杨士骧,用人不分满汉,以息谣言。载沣当日召见赵炳麟,问如何布置。赵又提出宣布袁世凯罪状,"任张之洞独相,以重汉人之权;起岑春煊典禁卫军,巩固根本;召康有为、安维峻、郑孝胥、张謇、汤寿潜、赵启霖授皇帝读,并为摄政王顾问,以收海内物望;实行立宪,大赦党人,示天下以为公"。载沣首肯。旋召见张之洞商议,但张与岑春煊、康有为"皆不合,力保奕劻持重,宜加信用,非彼不能镇安皇室,炳麟所奏,多纷更不可用"⑤。载沣动摇,弃赵炳麟的意见而不用。

袁世凯庞大的潜在势力及其散布的谣言终究不能使载沣放心,为预防不测,载沣于2月9日将袁的军师、东三省总督徐世昌调任邮传部尚书,3月又借京察的机会令袁的心腹民政部侍郎赵秉钧休致。另一方面,于3月6日发布上谕,"特将朝廷一定实行预备立宪维新图治之宗旨,再行宣示明白。总之,国是已定,期在必成,嗣后内外大小臣工皆当共体此意,翊赞新猷",不准"意存尝试,撼拾

---

① 《论袁氏开缺于立宪前途有益无损》,载《时报》,1909年1月14日。
② 《十一日上谕恭注》,载《时报》,1909年1月5、6日。
③ 《论袁氏开缺于立宪前途有益无损》,载《时报》,1909年1月14日。
④ 《论袁宫保开缺事》,载《大公报》,1909年1月8日。
⑤ 赵炳麟:《宣统大事鉴》卷1,3页。

腐败浮言，淆乱聪明"。①同月25日，又命各部院筹划预备立宪事宜，认真办理。既警告了企图阻挠立宪的官员，又粉碎了袁党的鬼蜮伎俩，稳定了人心和政局。

载沣不仅再三表示坚定不移地筹备立宪，而且在实际工作中也把立宪放在头等重要位置。居丧期间，他经常召见军机大臣和会议政务处大臣筹商预备立宪之策，特别指示他们，凡朝廷交议的有关宪政事件，要首先研究，议复不得超过5天。他认为咨议局是立宪的基础，非常重视。他关心罗致宪政人才，令各大臣保荐物色。应端方之请，开复了支持光绪变法的翁同龢的原官。他不时敦促督抚认真筹办宪政，1909年4月5日在直督杨士骧的奏片上批示："畿辅重地，凡关于一切预备宪政事宜，皆当切实筹办，以期依限无误，俾作各省模范，切毋松懈。"②7月初又电谕新任陕甘总督长庚："九年内应行预备之各项立宪事宜，尤不可视为缓图，到任后即将应办各事次第举办，并随时奏闻，勿稍延误。"③即使在普通的谢恩折上，他也打破常规，加以批示，谆谆以宪政为嘱。如在端方议叙谢恩折上批道："规模宏远，应变有方，固卿之所长，朕心深为嘉许。再加以事事认真，速为预备，三江宪政期底完美，尤朕之厚望于卿也。"又如在升允赏会典谢恩折上批道："陕甘省分一切关于各项新政及预备立宪事宜，须妥速筹备，毋徒托空言为是。"④这些批示只让总督本人知道，尤能反映载沣真诚立宪的心声。

对于反对阻挠立宪的官员，载沣也不宽容。突出的例子是对升允的处理。1909年5月初，升允奏称："立宪为时会所趋，非两圣（慈禧、光绪）本意。"载沣阅后大为诧异，朱批"殊不可解"，令其具折直陈。⑤升允即奏陈伸民权就是伸"刁生劣监之权"，对各项新政攻击不遗余力，断言宪政有害无利，决不可行，应该取消。⑥载沣以其"违反潮流，且诋抗懿旨"，"于奏疏上斥之"⑦。升允非但不加收敛，反而以奏请开缺要挟。载沣以其担负不起立宪之任，6月23日准其

---

① 《清末筹备立宪档案史料》上册，71页。
② 《时报》，1909年4月13日。
③ 《宣统政纪》卷11，22页。
④ 以上两批示俱载《时报》，1909年4月11日。
⑤ 参见一档档案：电寄档，1601（一）号；《时报》，1909年5月7日。
⑥ 《补录开缺甘督升允痛诋新政折》，载《盛京时报》，1909年8月8日。
⑦ 赵炳麟：《宣统大事鉴》卷1，8页。

开缺。这对阻挠宪政者是个很大打击,于式枚之流为之丧气。立宪派则十分欣慰:"国民欢声雷动,欣欣然走相告语,深感朝廷用人能与人民同其好恶,吾国不久确可蒙立宪之福矣","吾国政界以后必大有激动,以共向宪政方面进行也"①。

载沣并不完全相信各级官员都能真心实意筹备宪政,因此对检查考核抓得很紧,要求依限办理,不得有误。在其严格督促下,1908年12月17日设立了变通旗制处,研究改革八旗制度,进行教育,安排生计。1909年1月,又颁布了调查户口、清理财政和城镇乡地方自治各项章程。

1909年1月2日,宪政编查馆根据谕旨奏准在馆内设立了考核专科,专管考核督促中央地方各衙门应行筹备各事。规定各衙门每半年将筹办成绩胪列奏闻,并报宪政编查馆核查。宪政编查馆每年分别好坏汇奏两次,催促各衙门两次。如有逾限不办,或阳奉阴违,或有名无实,指名奏参。如办理不妥,指令更正。②同月,达寿被任命为宪政编查馆提调。5月21日,宪政编查馆奏派参议劳乃宣兼充考核专科总办,参议杨度和吴廷燮、章宗祥、沈林一、钱承兼充会办,赵炳麟为帮办。③同日,又奏准选派中央和地方各级官员64人为该馆一、二等咨议官。并奏调陆宗舆、蒲殿俊等入馆办事。

1909年3月以后,一些省区陆续将第一届筹备宪政成绩奏报,载沣指示宪政编查馆将各省成绩与规划方案详细比较,"以便分别殿最,宣示中外,用昭核实而资观感"④。想用这种办法鼓励先进,鞭策后进,切实搞好筹备工作。各省受到压力,也于督抚署内设立宪政筹备处,督催下属。中央各部门以及宫廷内务府、宗人府也设立了类似机关。

封建官僚政治与立宪的要求是根本不相适应的,载沣不怎么相信下边的奏报,但又拿不出有力措施加以解决,只好三令五申严厉责令各级官员实心实力办事。1909年11月25日,再次颁谕说:朝廷"于宪政前途、实事求是之心,早为天下臣民所共见"。"须知此项要政,上禀前谟,下慰民望,关系至为重大"。"方今时事多艰,朝廷宵旰忧劳,无时或息。尔内外诸臣受国厚恩,理宜殚竭血诚,

---

① 《论升允因反对宪政开缺》,载《时报》,1909年6月25、26日。
② 参见一档档案:宪政编查馆考察筹备宪政档,7号。
③ 参见一档档案:宪政编查馆考察筹备宪政档,7号。
④ 《宪政篇》,载《东方杂志》,第6年第5期。

担负责任，倘稍涉虚假，将来宪政不克依限实行，试问能当此重咎否耶？"如办理毫无实际，一定"按照溺职例惩处"。①次日，又谕令各督抚认真办理，务将州县所办之事据实报告，严定等第，不得稍涉虚假。1910年1月，宪政编查馆又奏准将11月25日的上谕悬挂于宪政筹备处内，耳提面命各官切实办理宪政。

总之，载沣执政初期实行立宪的决心是很大的，态度是诚恳的，要求各级官员也是十分严格的。

然而，载沣企望的立宪是日本明治维新时期最低档次的立宪，同立宪派要求的高档次立宪有着很大差距。例如，他对先开国会还是先定宪法的观点就与立宪派相左，主张"议员由宪法而生，不可使宪法因议员而出"②。在立宪步子上亦然，执政后他曾考虑过缩短召开国会年限，后来国内形势的变化使其改变了原来的想法，距离始终未能与立宪派拉平。

载沣与立宪派的分歧还突出地表现在是否让皇族亲贵出任政府要职上。皇族亲贵出任政府要职，不仅违反君主立宪原则，同时也违反清朝祖制。清朝自雍正以来即定下不准亲贵用事的规矩，历代相传，直到咸丰时始让恭亲王奕䜣入值军机处，开启亲贵用事之端。1861年，慈禧发动祺祥政变，奕䜣有功，被封为议政王，领袖军机，几乎形成一种无形的制度。奕䜣被罢黜，礼亲王世铎又进入军机；世铎出军机后，奕劻继之。但在1901年以前除总理各国事务衙门大臣这一外交职务外，尚无皇族亲贵出任各部尚书的先例。1901年后革命排满风潮方兴未艾，立宪思潮勃然而兴，袁世凯的北洋军事政治集团也乘时崛起，满族亲贵对汉人的疑忌心大为增强，慈禧一面顺应舆论预备立宪，一面为了保持爱新觉罗皇朝的利益，又让载振、载泽、善耆担任尚书。这样做是自相矛盾的，而对这位无宪政知识的老太婆来说又是理所当然的。皇族出掌政府实权的政治格局在慈禧晚年就形成了。

载沣非但没有打破这种政治格局，而且有了进一步发展。1901年他因德国驻京公使克林德被杀事件奉命到德国谢罪时学到一条经验，"军队一定要放在皇室手里，皇族子弟要当军官。他做得更彻底，不但抓到皇室手里，而且还必须抓在自己手里。"③1908年12月25日，他执政没几天，就下令成立专归自己统辖的

---

① 《宣统政纪》卷16，24~25页。
② 《盛京时报》，1909年9月3日。
③ 溥仪：《我的前半生》，26页，群众出版社，1962年。

禁卫军，任命其弟弟贝勒载涛和贝勒毓朗、陆军部尚书铁良为训练大臣；次年7月，又宣布自己代理皇帝为海陆军大元帅；设立军咨处（后改军咨府），派毓朗和载涛管理。任命另一弟弟贝勒载洵为筹办海军事务（后改海军部）大臣。1910年，又授载洵为参预政务大臣，毓朗为军机大臣。1911年，再调资政院总裁溥伦为农工商部尚书。这些少年亲贵在政治上不一定保守顽固，可是他们身为皇族，立宪制度不允许他们担任政府要职。在这方面，载沣的确走得太远了。有人奏陈"亲贵掌握兵权，有违宪法"①，"要政不可专付亲贵"②，他均置若罔闻。他宪政知识不足，片面理解《宪法大纲》规定的皇帝操用人之权，而更主要的则是封建皇权和家天下的腐朽思想在作祟。他赞成立宪，又想多保留一些君权；让人民参政，又把政权视为私有物，尽量安置亲近，保护一姓的尊荣富贵。与其主观愿望相反，亲贵擅权只能引起天下人民非议，怀疑其立宪不是为公，而是为私；不是真心，而是假意，从而使煌煌立宪上谕失去威力，出现了严重的信任危机，扩大了同立宪派的鸿沟。及至皇族内阁成立，矛盾益发尖锐而不可收拾。

二、省咨议局成立

（一）筹建

1907年10月19日朝廷谕令各省速设咨议局后，有些省虽然挂上了一块咨议局或咨议局创办所的牌子，然而由于没有章程，难于着手，毫无进展。

1908年7月22日，《各省咨议局章程》和《咨议局议员选举章程》公布施行。同日，朝廷谕令限各省一年之内一律成立。

《各省咨议局章程》共12章62条，主要内容是：

咨议局为各省采取舆论之地，以指陈通省利病、筹计地方治安为宗旨。

各省议员名额：奉天50，吉林30，黑龙江30，顺直（直隶省和顺天府的合称）140，江宁55，江苏66，安徽83，江西97，浙江114，福建72，湖北80，湖南82，山东100，河南96，山西86，陕西63，甘肃43，新疆30，四川105，广东91，广西57，云南68，贵州39。定额之外，顺直增设京旗专额10名，各省增设驻防专额1至3名。

---

① 《时报》，1909年8月12日。
② 《本国纪事》，载《国风报》，第1年第10期。

凡本省男子，年满25岁以上，具有下列资格之一者，有选举权：1.曾在本省地方办理学务及其他公益事务三年以上，著有成绩者；2.获有中学以上毕业文凭者；3.有举贡生员以上出身者；4.曾任实缺职官文七品、武五品以上，未被参革者；5.在本省有5000元以上营业资本或不动产者。非本省籍贯之男子，年满25岁，寄居本省十年以上，有1万元营业资本或不动产者，亦有选举权。凡有选举权、年在30岁以上者，皆有被选举权。品行悖谬、营私武断者，曾处监禁以上之刑者，营业不正者，失财产上信用、被人控告尚未结清者，吸食鸦片者，有心疾者，身家不清白者，不识文义者，没有选举权和被选举权。本省官吏、幕友、军人、巡警官吏、僧道及其他宗教师、在校学生，停止选举权与被选举权。小学教员停止被选举权。

咨议局设议长1人，副议长2人，常驻议员若干人，均由议员中互选产生。常驻议员为议员总数的1/5。

议员、正副议长任期三年，常驻议员任期一年。议员改选，可连任一次。

议长出缺，由副议长递补；副议长出缺，由议员互选递补，若不在会期，由常驻议员中互选递补；常驻议员和议员出缺，分别由候补者依次递补。

咨议局在本省的职任权限、应办事件为：议决应兴应革事件；议决财政预算、决算、税法、公债、担任义务之增加、单行章程规则之增删修改、权利之存废事件；选举资政院议员；申复资政院和督抚咨询事件；公断和解自治会争议事件；收受自治会或人民陈请事件。

咨议局议定可行事件，呈候督抚公布施行，否决事件，呈请督抚更正，若督抚不以为然，应说明理由，交其复议；咨议局对交令复议事件仍执前议时，督抚得将全案咨送资政院核议。咨议局对本省行政事件如有疑问，得呈请督抚批答，督抚如有侵夺咨议局权限或违背法律等事，咨议局得呈请资政院核办。官绅如有纳贿及违法等事，咨议局得呈候督抚查办。凡他省与本省争论事件，咨议局得呈请督抚，咨送资政院核决。

会议分常年会及临时会两种，均由督抚召集。常年会每年一次，会期40天，议事未完，可延长10天。遇有紧要事件，可开临时会，会期20天。开会一月之前，由议长将应议事件通知议员。会议非有半数以上议员到会，不得开议。议决议案，以到会议员过半数所决为准。议员在议事范围内所发言论，不受局外诘责。除现行犯罪外，会期内不经咨议局承诺，不得逮捕议员。会议一般不禁止旁听，议案均予公布。

督抚监督咨议局选举及会议，裁决施行咨议局之议案。咨议局如违反规定，督抚可令其停会或奏请解散。解散后重新选举，两个月内召集开会。①

全国共有22个行省，本应设22个咨议局，而章程却规定江苏设立2个，这就变成23个。江苏督抚不同城，一省之中俨然两个中心，主设两个咨议局，隐然想把江宁从江苏省中分离出来。

咨议局名额不是按照人口比例进行分配，而是以各省科举所取学额的5%为标准以定多寡。这种规定并不合理，唯当时来不及调查人口，故采取此种权宜办法。江苏、江宁漕粮最重，学额较少，故于学额之外，每3万石漕粮增加1名议员，江宁共增9名，江苏共增23名。东北三省和新疆新建行省不久，学额、漕粮俱难取准，名额系大致估计。

当时驻防旗人尚未编入民籍，不能同汉民一同选举，所以在一般名额之外，又规定设置旗籍专额议员，以保证旗人的参政权利，并非使之享受特殊待遇。东三省系旗民本籍，不再设专额议员就是证明。

宪政编查馆说：咨议局的性质"既与联邦议会不同，亦与地方自治有别，实介于二者之间，而为一时权宜之法"②。章程赋予咨议局的性质当然也就介于立宪国家的地方议会与自治议会之间，或者说二者兼而有之，同封建官僚机构有本质区别。

立宪国家的地方议会有比较完全的立法权，议案一经通过，行政长官必须执行。咨议局无此权威，不能强制督抚执行决议，换言之，议决的议案没有完全的法律效力。然而咨议局绝不是督抚严密控制下用以点缀民主的咨询机构或御用捧场机构。从咨议局的职权和有关规定看，咨议局不仅有地方立法权，有议决监督财政权，而且有议决地方兴革大政、监督行政之权。这些职责权限已与立宪国家的地方议会接近，而为封建政权的咨询捧场机构所无。

督抚对咨议局的监督主要表现为选举议员时有无舞弊及不合格的事情，纠正咨议局开会时违背章程规定的事情。如咨议局的议决违背了章程，督抚得令其停议或奏请解散，但咨议局职权范围以内的事情，督抚便无权干涉，否则即为侵夺咨议局权限，可见监督并不妨碍咨议局履行正常的职责。至于最引人訾议的"于

---

① 参见《清末筹备立宪档案史料》下册，670~683页。
② 《〈咨议局章程〉及〈选举章程〉解释汇钞·奏折》（第6次），1页，山西濬文书局印。

咨议局之议案有裁夺施行之权"的规定,同样不违背立宪政治的原则。立法必须与行政分离,但二者也应尽可能协调一致,以便使整部政权机器运转自如。在立宪国家,地方议会议决的议案也要经行政长官核准,同意的即颁布施行,不同意的说明理由,交回复议,这是很正常的。所不同的是,立宪国家更重视法律效力,地方议会具有完全的立法权,如对交议事件仍执前议,行政长官无论同意与否,必须执行。咨议局不具备完全的立法权,督抚对其议决如表同意,即颁布施行,显示出咨议局立法权的实际意义;而对咨议局仍执前议的议案反对时,却无必须执行的明确规定。但是督抚并不能无视咨议局的存在,擅自公布不经咨议局议决的地方法律,或以行政命令取消咨议局的议案,而是必须将有分歧的议案咨送资政院核议。这就是说,督抚对有分歧的议案并无最后的裁夺否决权。实际上咨议局与督抚的地位是对等平列的,咨议局不能强迫督抚颁布施行,督抚也无权迫令咨议局改变或取消通过的议案,彼此平等,谁也压不倒对方。被赋予仲裁权力的是资政院。而资政院与咨议局性质相近,关系密切,仲裁时一般不会偏袒督抚,对咨议局是有利的。较之日本对府县会的规定,《各省咨议局章程》对民权的维护只多不少。

议员、议长、常驻议员都是通过民主选举产生的。其内部组织、任期、补缺、改选、辞职、会议程序、表决方式、对议员的处分等等,也符合立宪国家地方议会的精神。

章程最大的缺陷是对于选举权、被选举权限制过严,既剥夺了"不识文义"的广大劳动群众和青年学生、小学教师、宗教界人士、妇女、优娼隶卒参政的正当权益,也将资本和不动产不足5000元的广大下层工商业者、市民和农民摒隔于参与国政之外,其不平等性、民主的虚伪性和阶级性都是显而易见的。这种现象出现在封建制度刚刚向资本主义制度过渡之时并不奇怪,民主政治的完善需要一个相当长的过程。重要的是封建专制这块冻结数千年的硕大无比的"坚冰"已被打破,民权已经得到统治者承认,并以立法形式肯定下来,付诸实施。

章程表明,咨议局是初级形态的地方议会,即还没有完全立法权的地方议会,是人民的代议机构,与督抚的咨询顾问机构完全不同。

少数立宪派人士对章程没有仔细研究,仅根据一言半语就大发牢骚,说"发言而外，议员直无尺寸之柄"，咨议局"受制于督抚，则不过有司之附属品耳"①。持论未免过于偏颇。多数则认为是立法机关、监督机关，"各国国会所有之权力，吾咨议局大半得之，立此法者，似对民权可告无罪"②。

《咨议局议员选举章程》共115条，关于选举区域、办理选举人员、选举年限、初选、复选、改选、补选、选举诉讼、处罚以及专额议员（以取进学额为准，10名以内设议员1名，20名以内设议员2名，20名以外设议员3名），都规定得极其详尽，基本精神同立宪国家的复选制度一样。③它从选举方面具体体现了咨议局是人民的代议机关，民主政治的产物，绝非封建机构。

章程公布的第三天，宪政编查馆电咨各省督抚迅速选派官绅创办，现设之咨议局一律改称咨议局筹办处，咨议局成立后即行裁撤。

立宪派把咨议局看作人民的代议机关、立法机关，以为有了咨议局，就可以行使人民的意志，摆脱专制桎梏；办好了咨议局，就证明人民有参政能力，可迫使朝廷缩短召开国会年限；咨议局是人民参政的第一个入手之处，实际利益之所在，不论权力多大，都应不失时机地把它掌握在自己手里；有了咨议局，人民就有了立足的合法阵地，可以利用它为国民谋幸福，鼓舞民气，集合民力，结成更大团体，与封建势力进行斗争，远远强过人民没有自己的代表机关，所以对筹办咨议局都极为重视。

成立咨议局不利于督抚的大权独揽和任意行事，不少督抚内心深处是不欢迎的，只是朝旨严切，不可违抗，不敢公然有所表示，但态度相当消极，章程颁布后不见行动。

南方各省的立宪派和士绅知道单纯依靠官方筹办不行，便自行建立组织，主动参与筹备工作。在这方面，江苏最为突出。1908年9月8日，江苏士绅即组织了咨议局调查会，通告全省人民，"自行预备，补助官力"，制造选举人名册，进行调查。并将各地劝学所、商会、城乡董保的调查任务划分清楚，筛选有选举资格者的办法说明。常州府各界首先行动，召开会议，筹措资金，设立事务所，

---

① 《奏订〈咨议局章程〉书后》，载《大公报》，1908年8月11日。
② 徐公勉：《为咨议局事敦告湘省士绅》，载《时报》，1908年11月6日。另参见《论直省之立法与行政之权限》，载《宪政新志》，第6期；《咨议局事务调查会意见书》，载《宪政新志》，第1期。
③ 参见《咨议局议员选举章程》，单行本。

推选领导和办事人员，议定将城厢分为若干区，派专人按户调查。又确定由商会邀集各业董，说明咨议局性质，令其向各业中分头调查。四乡则于乡董公所开会时详细解说，以董保为调查员，事务所派员帮同办理。9月19日，宁、苏两属士绅200余人在上海成立了江苏咨议局研究会，联合全省绅民，研究咨议局法理事实，增进议员知识。总会设于上海，分会设于江宁、苏州。次日，投票选举了咨议局筹办处绅界负责人，宁、苏各4人，宁属当选者为张謇、仇继恒、魏家骅、许鼎霖，苏属当选者为王同愈、马相伯、王清穆、蒋炳章。10月，筹办处根据本省情形，将选举章程规定各事量予变通，把颁布晓谕告示、解释章程、州县设立选举事务所、调查选举资格、编制选举名簿、初选、复选等等，详细列表公布，令各府州县一律照办，搞得相当出色。

关于宁、苏两局分合的问题，两属人士进行了多次协商，多数认为，宁、苏本是一省，不论从哪方面看，都不应分设两局，理应合并。宪政编查馆同意，唯选举仍应分别进行。合并问题遂得解决。

江苏士绅的主动性和进行方法给了江南某些省立宪派和士绅很大启发，推动着他们也加紧了筹备工作。

以官方为主筹办咨议局做得较好的为直隶。1908年9月上旬，直督杨士骧专程进京请示，朝廷希望直隶办好，成为各省模范。杨士骧回津后即筹措70万元作为开办经费，设立筹办处，委派了监理、总办各官和士绅参事，科以下具体工作人员中均为留日学习法政的大学毕业生和自治研究班的毕业生。筹办处制定了司选员、办事员办事细则，咨议局详细期限清单，选举人资格调查表，初选人名册，投票所、开票所办事细则等。并派遣司选员分赴各府厅州县讲解章程，训练办理选举人员。直隶的办法为一些省区所效法，有些省向之索要章程、规则、表册，或派人前往学习经验。

朝廷指示咨议局由官绅共同创办，但有的省如湖北就不遵守，成立咨议局筹办处不派议绅，而且有关调查选举各事久不公布，引起士绅极端不满。1908年10月18日，士绅召开会议，质问筹办处坐办喜源办理规章和筹备方针，斥官方剥夺绅权太甚，主张"必须官绅合办"①。24日，绅学各界又开咨议局筹办研究会，

---

① 《时报》，1908年10月27、28日。

议决两条：一是筹办处自提调以上，除参事全用士绅外，均须一官一绅，绅由公举；二是科长以下均须用法政毕业生。总督陈夔龙见众怒难犯，不得不将筹办处章程修改，使士绅参与筹办，将原参事姚晋圻升充会办，另调立宪派人士夏寿康、汤化龙、张国溶为参事，风波始平。

宪政编查馆一开始即电各省迅速举办，将开办情形咨报，不得以任何借口拖延。1909年1月，又指名电催工作落后的陕西、甘肃、四川、广东、江西、湖南、奉天、吉林、新疆迅速筹办。2月17日，朝廷再次谕令各省一律依限成立。

新疆是少数民族聚居的地区，经济文化异常落后，人民居住地分散不定，条件较差，如期成立确有困难。经巡抚联魁奏明情况，朝廷同意新疆咨议局暂缓成立。

在各省士绅和政府督促下，以江苏和直隶为榜样，各省筹备工作渐次开展起来，普遍拟定了有关章则，详细开列了选举进度次序，分派人员赴各地宣讲，训练人员。调查人员也反复解释，耐心开导，消除顾虑。许多人民增强了政治权利观念，原先顾虑重重的地区纷纷要求补发资格表。如直隶蠡县"为村不过二百有余，竟请补发二千张；南宫、献县各请补发千七百张；冀州竟请发至三千张；其他永平、深州等处请补发者尚不可胜数"①。但也有相当多的地区特别是农村，人民对选举漠不关心。如直隶定州，"乡民愚陋，不知何者为权利，忽见官家按户调查，则以为又出何等苛捐，而隐匿不宣"，登记"不满一千"，"甚至一区竟有不满二三十名者"。②四川一些州县的人民对于选举"不解其故，每遇司选员、调查员到各镇乡演说，群以洋官目之，所演说几不入耳"。极其疑虑者害怕加捐，"决不肯申报自己财产若干，亦不愿享受何等选举权利，只求安居乐业"③。即如湖南省城的首邑之区长沙、善化，也"因地方风气未开，不识选举为何事，居民仍狃于积习，有产业者往往匿不肯报，或以多报少，或以有报无"。"又乡人习惯，有财产者惟求闭门自守，决不欲干预外事。故调查员复查时，彼即再三呈明，不愿居于被选之列。"④广西有些地方同样如此，"具备资格之人往往不愿入册，

---

① 王振尧：《致定州选举调查员》，见《王古愚先生遗集》卷3，23~24页，1925年。
② 王振尧：《致定州选举调查员》，见《王古愚先生遗集》卷3，23~24页。
③ 《时报》，1909年3月23日。
④ 《时报》，1909年4月12日。

曲谋规避"①。城市中有资产的工商业者也怕露富后科敛重税，不愿如实填报，如山东"具五千元营业资本及不动产者，则本人坚不承认，即以选举权利再三劝告，亦卒若罔闻"②。因此，调查得到的有选举权的人数比实际应有的人数要少得多。从各省选民数和人口总数看，比例较高的省区每万人中仅有选民60余人，比例低的省区只有20余人。

由于准备工作有先后之分，各省初选、复选均未按选举章程规定的日期举行，不过在咨议局成立之前都完成了复选。

议员直接关系到全省利害，初选之前，社会舆论对选民特别提出忠告，希望他们慎重行使选举权，以"富思想"、"精判断"、"通政法"、"熟情弊"、"厚信用"③为标准，选出为全省谋公益的人。

民主选举在中国尚属首次，选民缺乏训练和经验，加以个人认识和品质诸种因素，初选存在着一些问题。首先是投票不踊跃。如风气开通的苏州附廓长洲、吴县、元和，约有1/3的人未参加投票。④再如福州，"到者仅十分之四，乡村各区则十分不及一二"，连商会总理张赞庭、协理罗金城都放弃了选举权。⑤造成这种情况的原因，一是部分人仍然怀疑选举是为了劝捐，不愿投票；二是束身自好的廉介之士不愿参加；三是选民对选举缺少认识，或以为自己难以当选而不投票。而其终极原因则在于经济文化的落后和专制制度的毒害，缺乏民权观念，不关心国家政治生活。其次是少数人采取不正当手段。如长沙县的调查员就利用选民不熟悉选举办法大施欺骗，告诉选民："写我之名投入匦内，即谓之投票，是以各乡皆中其计。"⑥福州有"镇日沿途截人，告以须投某某"，"以名刺拜谒上书，投票须投某人"⑦者。有的作伪作弊，冒领选票，分送私人，河南商城这种情况就不少。⑧再次是胡乱投票。如长沙县有些人居然投了天津著名歌妓杨翠喜的票，闹

---

① 《〈咨议局章程〉及〈选举章程〉解释汇钞·电文》（第3次），11页。
② 《顺天时报》，宣统元年二月十二日，转见张朋园：《立宪派与辛亥革命》，17页，1969年。
③ 《选举咨议局议员之标准》，载《申报》，1909年5月3日。
④ 参见《时报》，1909年3月28日。
⑤ 参见《时报》，1909年4月18日。
⑥ 《大公报》，1909年6月24日。
⑦ 《时报》，1909年4月18日。
⑧ 参见《大公报》，1909年7月5日。

出大笑话。① 安徽英山县的选票大都是由各绅和地保代写的。② 所以在初选当选人中，难免有些不孚众望甚或有劣迹的人。初选结束以后，不时有绅民控告，要求取消某某被选资格的事情发生。上述这些弊病并不可怕，一家报纸指出："国民勿以为丛垢也，凡宪政之成立，必需此经历之初步，而后逐渐进行，逐渐改良，以抵于完善之境地"，"下届选举，必得美满之效果"③。

载沣在报上看到揭载的选举丑闻，谕令各省务须慎重复选。可是，复选中不良现象也时有所闻。如"广州府之复选举，有一票买以五百金者；潮州府之复选，有一票买以三百金者"④。福建、湖南、山东也有嘱托的情况，极少数坏人当选为议员。如湖北的黄赞枢、董庆云、周孚皆因有劣迹多端，遭到呈控。在当选的知识分子中，还有留恋旧功名，参加优拔贡考试的。乡村中当选的有些人没有多少新思想，在偏僻落后的地区这些人所占比例更大。

然而，选举的主流还是好的。如江苏，"当时议员从各地当选，差不多完全是人民的意志自动的认为优秀可靠，就选他出来，拿最大的代表责任和地位加在他的身上。势力和金钱的作用的运动，在那时竟没有人利用，也没有利用的人。那当选的议员，也人人自命不凡，为代表民意力争立宪而来，拿所有的心思才力都用在这带来的责任上边。"⑤ 这一记载虽不免有溢美之嫌，但选举情况基本良好还是可信的。曾任选举监察员的王锡彤认为河南的"选举大致尚多公允"⑥。锺才宏先生回忆湖南桂阳州复选情况说："规定名额为议员三名，初选为五倍之……在初选十五人中，桂阳州占十名，事实上可以垄断选举。然投票揭晓，余与桂阳某君同获四票，居第三位，依例应抽签决定。但该州人士竟自动宣布放弃，因该州已获议员二名，故以为第三名议员应让于蓝山人士，即嘱事务人员依此呈报。而与余同获四票之桂阳某君亦未力争其抽签之权力。可见当时谦谦君子之风未泯……当时之选举颇为规矩守法，绝无舞弊情事，亦可谓人民尚未重视选举权利

---

① 参见《大公报》，1909年6月24日。
② 参见《掌河南道监察御史俨忠参劾选举监督不慎请饬查惩儆折》，载《政治官报》，宣统元年十月二十六日。
③ 《论今日选举之弊》，载《申报》，1909年3月30日。
④ 吴钧：《广东之咨议局补助会》，载《宪政新志》，第3期。
⑤ 张孝若：《南通张季直先生传记》，141页。
⑥ 王锡彤：《燕豫萍踪》，47页。

之竞争。"①

经过初选，已经进行了一番筛选；选举章程对违背者的处罚相当严厉，被检举揭发出来的少数不良分子也确实被取消了复选和议员资格，这就进一步纯洁了议员队伍。因此，这次选举基本上是成功的。如果从议员的组成和后来咨议局的全部活动来评估此次选举，更可看出这个结论是符合实际的。当然，例外还是有的，如广东有些议员就是赌商，其他个别议员也有违法行为。

关于议员的年龄和身份结构，这里仅以江苏和四川为例，略加分析。江苏议员的年龄分段，60~70岁的3人，占2%；50~59岁的17人，占14%；40~49岁的51人，占42%；30~39岁的51人，占42%。四川60~70岁的5人，占4%；50~59岁的20人，占16%；40~49岁的45人，占35%；30~39岁的56人，占44%；1人不明。两省30~49岁的均占80%左右。这种情况显示出咨议局具有相当的活力。议员的出身一般以旧职衔功名填写，江苏议员曾任职官和有职衔者47人，举人13人，贡生14人，秀才23人，留学生17人，新学堂毕业生7人，自治研究所毕业者1人。四川议员曾任职官和有旧职衔者26人，举人25人，贡生20人，秀才52人，新学堂毕业生1人，创办学堂和办公益者2人。②需要说明的是，曾任职官和有职衔者情况十分复杂，从教谕到翰林院修撰都有，同时兼有两种以上身份的也很多。此外，不少人曾出国留学或受过新式教育，但都未填写，仅填了旧的功名，雷奋、孟昭常、蒲殿俊、萧湘等均是如此。顺直咨议局更为明显，全部议员填写的都是旧职衔旧功名。这种情况一方面说明了填报的名册并不完全反映本人的真实面貌，另一方面也说明议员确实大都受过旧教育或曾任职官、捐有职衔。议员不一定全是立宪派，但活跃的立宪派人士大部分都进入了咨议局，他们具有新思想和宪政理论知识，又值春秋鼎盛时期，活动能量很大，这就使他们自然地成为咨议局的中坚，决定着咨议局活动的方向，甚至左右全局。

中国在海外有华侨数百万，咨议局选举时，华侨也希望参加。经过数度交换意见，宪政编查馆最后决定准许各地华侨推选若干名咨议局参议员，附属于距离最近的咨议局，如有条议，转交咨议局提议；参议员回籍遇有咨议局开会时，若

---

① 钟伯毅先生访问纪录，转见张朋园《立宪派与辛亥革命》，21页。
② 参见《江苏咨议局议员名籍》，载《申报》，1909年11月28、29日；《四川省咨议局议员简历表》，载《四川文史资料选辑》，第1辑。

有关涉该埠华侨事件,可以入局陈述意见,唯不得参加议决。南洋中华商会选出参议员8名,其中福建6名,广东2名;在日本的华侨也选出8名,其中浙江2名,江苏1名,广东2名,福建3名。

1909年10月14日,除新疆缓办外,全国21个行省的咨议局均如期成立,一律开议。咨议局的成立,大大突破了封闭式的封建政权结构,削弱限制了地方长官的专制权力,标志着人民参与管理国家政治生活的正式开始,是政治制度民主化的实际起点。从此立宪派和绅商获得了一个宣传资产阶级政治主张、同封建主义进行斗争的合法阵地,专制政治体制走向解体。

这一天是中国有史以来特别值得庆贺的日子,立宪派和绅商学界"为我国人民获有参政权之第一日"①欢呼祝祷不已。《时报》第一、二两版均以红色印刷,并在第一版全版篇幅刊登了"敬祝各省咨议局开局纪念"的宣传画。《申报》亦以红色印刷版面,敬祝咨议局成立,发表了热情洋溢的祝辞。《大公报》把咨议局的成立看作"否极泰来,上下交通之气象"②而加以讴歌。许多团体和个人都致电本省咨议局,热烈祝贺开幕,为宪政和人民造福。开封、长沙各校放假一天,进行庆祝。

(二)咨议局第一届会议

广大绅商士庶认为咨议局既关系到一省之休戚,又关系到国家之兴亡,对之期望很大,希望议员切实尽到国民的责任。为了帮助议员了解全省大政,准备好议案,同时为了监督议员,使咨议局真正发挥作用,不少省的绅商士庶以高昂的政治热情组织了团体,作为咨议局的补助机关。如浙江、直隶、福建、吉林、江西都成立了议案预备会,湖南省有议案研究会,江苏、山东有咨议局研究会。个别的地方如浙江的嘉兴府也组织了人民建议协会。这些团体以及各省教育会、商会和人民为咨议局准备了许多议案,对咨议局有很大帮助。此外,原政闻社社员在东京成立了咨议局事务调查会,以徐尔音为干事长,专门"调查日本、欧美各国中央与地方之政务,及内地各省关于咨议局事宜,互相比较,编成书报,以供各省参考之赞"③。除派员回国进行调查,还在国内设有通讯部和分事务所;又创办《宪政新志》杂志,发表对咨议局的见解,登载调查报告和咨议局的活动。

---

① 《预祝本年之九月》,载《时报》,1909年10月14日。
② 《祝咨议局之前途》,载《大公报》,1909年10月14日。
③ 《咨议局事务调查会简章》,载《宪政新志》,第1期。

议员都是第一次参与国家政治，深知这种权利来之不易，人民在殷切期待着，朝廷在密切注视着，自己肩负着千钧重担，都有一种强烈的责任感，决心开好会议，为本省兴利除弊，不辜负国民的委托。浙江议长陈黻宸对议员的演说中有几句话似乎能够表达一般议员的心声，他说："以最宝贵之地位，当极困难之时势，应有何等之筹画，何等之措施，应如何始无负代表人民之天职，此固统我中国今日之议员所当惕然深省者也……朝廷既重视我民，我民又重视我议员，我议员尤当自重。当从其关系之重且大者着想，庶几尽心竭力，为民请命，以冀上不负国家，下不负选举。"① 然而由于各省得风气之先后不同，经济文化教育发达程度有别，议员的责任心也不完全一样，表现不很均衡。

选举结束以后，有些省的议员为了开好会议，即主动要求把议员组织起来，做好一切准备工作。江苏议员倡议设立了议员预备会，每周开会一次，研究咨议局职任权限，进行调查，预备议案，讨论自治团体和人民的建议。奉天议员成立了议员研究所，也以研究调查预备议案为宗旨。鉴于"耳目所不周，知识所不到"，议员不仅分赴各地，亲做调查，还特开列纲目，发表广征意见书，请求各团体和人民协助调查。② 浙江、广东等省的议员也先期讨论了议案问题，湖北议员刊发了广征意见书。安徽、江西以及边远的省区做得较差，或者根本未做。

绝大多数省区的议员在开会之前都制定了本局的议事细则、选举议长和常驻议员细则、提议细则、办事处办事细则、警卫规则和旁听规则等。这些既说明咨议局是具有各种章法的健全的机构，同时也反映了咨议局的性质。以江苏咨议局议事细则而论，从议事日表的安排，到审查提案；从议员提议到讨论、表决的程序和方法，以及重要议案采取三读会的方式；从审议会、审查会、特别审查会的设置、选举、分类、议事到书记长等办事机构的组织形式和职能，基本精神与资本主义国家的地方议会毫无二致，有一套比较完备、严格、固定的规范化的立法程序，议事录、速记录和议场秩序也大体相同。凡此均说明咨议局本身是个民主的机构，任何一种封建性的机构都无法与之比拟。它不仅可以防止内部个别议员的任意行为和外部封建势力的干扰破坏，而且能够保证按照大多数人的意志决定问题。对此必须加以肯定。

---

① 陈谧：《陈介石先生年谱》，99~100页，瓯风社，1934年。
② 参见《奉天全体议员广征意见书》，载《盛京时报》，1909年8月29日。

各省咨议局开议后的第一件事是选举正副议长。开议之前，江苏、湖北、吉林等省举行了正式选举，其他省于开议后才正式选举。选举是采取无记名单记投票法进行的，当选的各省正副议长见下表。

各省咨议局正副议长表

省别	正议长	出身	副议长	出身
直隶	阎凤阁	进士，日本法政速成科毕业	谷芝瑞	进士，翰林院编修
			王振尧	举人，候选知府，日本法政科毕业
奉天	吴景濂	贡生，京师大学堂优级师范毕业，内阁中书，曾赴日本考察	孙百斛	进士，保送知府
			袁金铠	贡生，遇缺即补知县
吉林	庆康	举人，分省试用同知	庆山	分省试用道
			赵学臣	举人，内阁中书，北洋法政学堂毕业
黑龙江	王鹤鸣	候补通判	李品堂	
			战殿臣	拔贡
江苏	张謇	进士，翰林院修撰，曾赴日本考察	蒋炳章	进士，翰林院编修
			仇继恒	进士，翰林院庶吉士，陕西富平县知县
安徽	方履中	进士，翰林院编修，法部丞参上行走	李国筠	举人，分省补用道
			窦以珏	
江西	谢远涵	进士，监察御史，留学日本	黄大壎	进士，翰林院编修，赴日本考察
			郭赓平	进士，湖南候补道
山东	杨毓泗	进士，翰林院编修，留学日本三年	王景禧	进士，翰林院编修，道员
			于普源	进士，灵璧知县
山西	梁善济	进士，翰林院检讨，日本法政大学毕业	杜上化	举人，拣选知县
			刘笃敬	举人，候补五品京堂
湖北	吴庆焘	举人，江西候补道	汤化龙	进士，民政部主事，日本法政大学速成科毕业
			夏寿康	进士，进士馆学习法政三年，赴日本考察政治
湖南	谭延闿	进士，翰林院编修	曾熙	进士，陆军部主事
			冯锡仁	进士，工科给事中

续表

省别	正议长	出身	副议长	出身
河南	杜严	进士，翰林院编修	杨凌阁	进士，翰林院编修
			方贞	进士
陕西	王恒普	举人，直隶知县	郭忠清	举人，赴日考察法政学务
			李良材	贡生
浙江	陈黻宸	进士，户部主事	陈时夏	日本法政速成科毕业
			沈钧儒	进士，日本法政大学毕业
福建	高登鲤	延平府商会总理	刘崇佑	举人，日本早稻田大学毕业
			陈之麟	
四川	蒲殿俊	进士，法部候补主事，宪政编查馆统计局行走，日本法政大学毕业	萧湘	进士，法部主事，日本法政大学毕业
			罗纶	举人
甘肃	张林焱	进士，翰林院检讨	郭锐嘉	徽县教谕
			牟黻堂	州判
广东	易学清	进士，户部主事	丘逢甲	进士，工部主事
			卢乃潼	举人，员外郎衔
广西	陈树勋	进士，翰林院编修，赴日本考察	唐尚光	进士，翰林院编修，日本法政大学毕业
			甘德藩	附生，日本法政大学速成科毕业
云南	张惟聪	举人	张世勋	贡生，通判
			段宇清	举人，分省直隶州
贵州	乐嘉藻	举人，赴日本考察学务	谭西庚	举人，青田县知事
			牟琳	举人，日本宏文师范毕业

资料来源：一档档案：宪政编查馆考察筹备宪政档，19、21、22、26号；其他方志和报刊资料。

说明：选举以后，有的当选为资政院议员，有的辞职，有的由于其他原因而去职，正副议长多有变动。

选举议长时，江西、福建、山东出现过一点儿竞争暗潮，其余进行都很顺利。山西杜上化还表现了高尚的风格，他当选为副议长在先，名次应排在刘笃敬之前，但他当场宣告，刘笃敬"德望素深，识力兼备，近年来举办晋省各事尤为熟练，应请刘公列副议长首席"①。极为议员和参观者所称道。

在63名正副议长中，有3人身份不明，其余多有旧的功名职衔，但也有相当多的人曾出国留学或考察，受过新式教育；张謇、方履中、黄大壎、谭延闿、曾熙、冯锡仁、杜严、方贞、陈黻宸、罗纶、丘逢甲等则从事于新式文化教育和企事业，他们中的不少人成为立宪派的著名领袖，蒲殿俊、汤化龙、谭延闿等态度更为激进。咨议局掌握在他们手里，就变成立宪派的根据地，以后立宪派的许多活动都是通过咨议局领导进行的。

之后选出了常驻议员，确定了书记长和书记等职员。选举一般不照顾专额议员，唯直隶专额议员较多，宪政编查馆特指定于常驻议员中选两名专额议员。直隶旗籍议员为消除满汉畛域，增强民族团结，上书总督，不愿享受特殊待遇，要求与汉族议员一同选举，得到各方面的好评与支持，宪政编查馆取消了原议。

正副议长、常驻议员、书记长等皆有薪金，标准由督抚根据财政状况酌定，因此各省参差不齐，悬殊颇大。直隶较高，正议长月薪150两，副议长120两，常驻议员70两，书记长50两。浙江正副议长标准与直隶相同，唯常驻议员60两，书记长80两。贵州最低，正议长40两，副议长32两，常驻议员和书记长各24两。议员不领薪金，开会时发旅费和生活费，各省标准亦不一致。

咨议局开议后，议员一般政治热情都很高昂，积极提出议案。按照九年预备立宪的规划，本年度各省不实行预算，故无关于预算的议案。此届常会各省提出的议案很多，由苏、浙、闽、粤、湘、鄂、川、直、鲁、吉10局提出和议决的议案看，主要有下列几方面：

1. 强调咨议局的立法作用，保护咨议局的职任权限。浙局通过了《关于咨议局议决权内之本省行政命令施行法》，规定本省预算、决算、税法、公债、担任义务之增除、权利之存废，非经咨议局议决，巡抚不能公布施行；如不在会期，巡抚认为紧要时，应召集临时会议决；本省单行章程规则之增删修改，在非开会期公布施行者，应加"试行"字样，俟下届会议提出，如经否决，即应取消；本省应兴应革事件未经咨议局议决者，巡抚施行前应咨询咨议局，若否决，巡抚应加更正。若违反以上规定，应视巡抚侵夺咨议局权限，呈请资政院核办。②苏局通

---

① 《时报》，1909年10月21日。
② 参见《浙江咨议局第一届常年会议事录》，第2册，61~62页。

过的议案规定，本省单行法由咨议局议决，呈请公布施行，始为有效；从前所订单行法增删修改，必须交咨议局议决。①还制定了其他方面的章程规则，如广东的《诉讼保释条例》，四川的《申明改正递状审案差传各费章程》，湖北的《厅州县讼费划一规则案》、《厅州县命案报验规则案》、《厅州县创设农林劝办所规则案》，浙江的《矿务警察试办规则法律案》、《清查地方公款公产规则》、《实行禁革地方差徭规则法案》，福建的《修正鼓浪屿公界章程》等。这些显示了咨议局在省内的立法地位和作用。

2. 保护主权，收回利权。广东的《中葡划界议案》目的在于保卫领土主权不为葡萄牙所侵占。②浙江的《收回宝石山、莫干山地亩以保内地主权议案》旨在禁止外国人在这些地方继续购买土地，预备收回已卖之地。③福建的《禁售土地与外人》内容与此相同。山东的《保存山东利权二则案》、湖北的《请奏争取消铁路借款草约归还商办以保利权案》，都是为了收回利权，不为外国人所掠夺。这些议案表现了议员的爱国主义精神和发展资本主义企业的迫切要求。

3. 纠举不法官吏，要求澄清吏治。闽局议决了查办归化县令纳贿违法事件，山东有各州县佐贰武官违法舞弊法案，吉林有指控新城知府酷刑违法案、桦甸县令违法徇私案。鄂局的《整顿湖北吏治案》揭露了官场人浮于事、贪污受贿、钻营投机、搜括民财、不理政事、为害人民种种腐败情形，要求将一切不称职和品质恶劣的人全部裁汰，提出澄清吏治的一系列办法。④此类议案对封建官吏是个沉重打击，使广大人民更急切地要求改革政治。

4. 发展各项实业。各局几乎都很注意发展实业，如直隶的筹办纺纱厂案，吉林的矿产兴废案，山东的提倡工艺案，江苏的设立公司开垦淮海苇荡营荒地案，湖南的振兴工业大宗案、建设食品市场案、筹办湘汉航业案、湘路亟应限年赶修案，福建的奏定闽矿办法案，湖北的兴矿业以辟利源案、推广农林以兴实业案、兴茶叶以辟利源案，都体现了这一点。同时，还提出整顿和推广商会、农会；保护商人，整顿厘卡，以苏商困；发展实业学堂等议案。凡此均可推动民族资本主义的发展

---

① 参见《江苏咨议局第一年度报告》，第1册，53页。
② 参见《广东咨议局第一次会议报告书》，65~68页。
③ 参见《浙江咨议局议决案》，57页。
④ 参见《湖北咨议局第一次常年会议决案报告书》中卷。

和资产阶级力量的增长,促进社会前进。

5. 办理各项新政、宪政。如发展普及普通、职业、成人和社会教育,提高人民的文化水准;改良司法,提前开办各级地方审判厅;筹办巡警,维持社会治安;实行地方自治,改革自治研究所,普设宣讲所,筹措自治经费等,都为各省所关注。对于教育事业的发展和宪政的进行是有利的。

6. 剔除弊政,减轻人民痛苦和负担。此类议案议决得最多。提出应剔除的积弊有:钱漕、征收丁粮、税契、肉厘、酒捐、油捐、车捐、厘金、集税中饱,采买兵米,诉讼积弊等;提出禁革地方差徭,改厘税为统捐,免征田房典税,整顿运商,核减私加盐价,裁撤水关和征船货税,限制铜元、银元折价,改良监狱等。这些均从人民切身利益着想。

7. 保护发展森林,兴修农田水利。四川、湖南、福建、浙江都议决了保护发展森林的议案,有的还订立了具体明确的法律和保护措施。黄河、运河、淮河、漳河、洞庭湖的水利利用及水患防止,都提了出来。开垦荒地,推广农桑,也提上了议事日程。

此外,还有改良社会风俗习惯、发展社会公益事业等。

各省议案都是根据本省的实际情况和现实需要,针对长期存在的积弊提出来的,都是有益于社会和人民的。

少数咨议局会议开得不好。如江西局事前没有切实预备,会场秩序混乱。贵州局所提议案"或有理论而无方法,或已表决而复修正,混淆牴牾,梦然相乱"①。

个别局中还出现了宗派主义集团。如山东局就有一个被人们称为"六二党"的地方宗派,成员有62人,多为西部落后地区的议员,是书记长张汉章为了掌握多数表决权,把持会议搞起来的。这些议员思想比较守旧,言行习惯也未摆脱封建的腐臭之气,遭到人们丑诋。有则通讯写道:"山东咨议局闭会后,有好事者编成《咨议局现形记》目录数十回,刊登《渤海日报》,其中之堪资笑噱者颇复不少。如'反对赞成,左右皆可;监督议长,去留两难'。如'乘舆以出,乡下老刻意摹官;不告而归,富家翁雇人签到'。如'接电文,许兼差,仍充议长;叫条子,吃大菜,恭请县官。'"②从这些目录可以看出山东议员的形象很不光彩,

---

① 周素园:《贵州民党痛史》,见《辛亥革命》六,437页。
② 《鲁省咨议局之新笑史》,载《盛京时报》,1910年1月8日。

但这毕竟是"好事者"编造的小说家言，尽管能够令人笑得喷饭，可是骂得太过刻毒，过于夸张，并非实事。东部地区的议员表现就好一些，就是"六二党"也不完全是这样。如依据这种小说家言而否定咨议局，只能得出与实际不符的结论。

湖北局中也相当不平静，这里的新旧思想斗争和地方主义交织在一起。议长吴庆焘一直在江西当候补道，咨议局选举前忽然辞职回省，遂被举为议员、议长。可是此人官习极深，出入均乘四人肩舆，大白天也于轿后悬挂着两个灯笼，大书"湖北咨议局、江西候补道"字样。往谒总督时不以议长资格拜会，乃具江西候补道手本，坐在官厅等候传见。并坚决主张咨议局行文督署时公牍格式用"呈报"，依属员称谓，称总督为"督宪大人"。副议长汤化龙、夏寿康及许多议员极其不满，再三与之争论。他还专制独裁，滥用职权，扣压议员提出的触犯官场的议案，不肯交议。为巩固自己的地位，又同荆州等上5府的议员联合起来，共同对付汤化龙等人。汤化龙、夏寿康自然也就与武昌等下5府的议员结为一体。1910年1月，吴庆焘又擅自将咨议局一个书记辞退，引用私人接充。议员们认为议长无此权力，与之大起冲突。吴庆焘一意孤行，竟暗中备文请总督委任私人。汤化龙闻悉，将公文索回，立即邀常驻议员开会，质问吴庆焘。吴扬言说："我是议长，遇事要归我主持，你们十九人抵不得我一个！"汤化龙见其不可理喻，遂将公文批示注销，常驻议员阅后立即撕掉。大家一致责吴说："阁下是议长，诸事均应依据章程，为众表率，况本局为共和政体，岂能独行己是！应请将钤记交由公众掌管，以免将来乱行公事。"吴不得已，交出钤记。① 2月25日，吴致函咨议局辞职。常驻议员同意，议决由汤化龙递补议长，另选一名副议长。后公选张国溶为副议长。吴庆焘是个地地道道的封建官僚、咨议局的一大绊脚石，将其搬掉是件好事，从此领导权完全掌握在立宪派手里。但议员中的地域观念尚未彻底消除。

此届常会还存在着一些缺点和教训。有的议案范围过广，失去重点；有的时间抓得不紧；有的对立法方面的议案注意不够；有的议案超出了咨议局的职权范围；如此等等。

但从全国来看，绝大多数开得虽不十分圆满，也还差强人意。江苏开得较好，议员都积极提出议案，会议秩序井然，态度严肃认真。议事有速记录，会下有临

---

① 参见《时报》，1910年2月18日。

时公报，议决之案能及时发表，让全省人民了解，连外国人见了"亦甚赞许"①。巡抚增韫认为浙局开得不错，奏报说："议员有各举所知、共抒谠论之诚心，故无负指陈利弊、筹计治安之责任。至于会场争论，惟公是谋。"所公布的议案，"要皆按诸地方情形，切中当时利弊"，"深为立宪前途庆幸"②。巡抚周树模说，黑龙江"筹办之初，莫不虑民智未开，骤与商求治理，未必遽合事情"。然而"开会以来，议员均能洞彻时局，晓畅事机，所议各案尚多切实可行"，"均各恪循规则，秩序井然，随时将议案议竣"。他的观点改变了，兴奋地说："足见国家思想、公民资格尽人所同，一经圣明提挈于上，虽边荒士民亦靡不勃然兴起。"③锡良奏报奉局情形说："此次呈定议案，类多切中时势，有益地方；即会议期内，俱能秩序井然，恪诚任事。"④英国《泰晤士报》记者莫理循在参观了山西和陕西两局后得到良好的印象，他说："我高度评价在太原府和西安府看到的省咨议局。那里的会开得斯文有礼，大有可为。这是前进中的重要步骤，我曾经希望《泰晤士报》对此给予鼓励，因为这是各省的创举，从此有机会在公开的会议上发表他们的看法，谈论本省各种需要"。"格外引人注目的是，代表们那样从容不迫地履行自己的职责，那样有秩序地讨论议题"，"试办省咨议局显然是个成功"。⑤另一个英国人濮兰德亦"毫不怀疑咨议局具有诚意、善意、严肃而礼让的美德"⑥。

当然，不能把咨议局取得的成绩估计过高，客观困难也限制了他们难以取得很大成绩。清政府摆在议员们面前的是一个破烂摊子，要议员一接手就经营得条理清楚、大有起色，是不现实的，以此指责他们有欠公允。湖北咨议局书记长深有感触地说：议员"恒欲矫正一切之积弊，理薪机之轴而手捵之，以博父老之信仰"。而开会以后却没有达到理想，此"非议员忘其平日之言论，甘负我邦人父老也"，实在是行政、体制、财政各方面太过混乱，处处掣肘，故"不能为根本之改革，不得不补苴罅漏，以为一时之计"。⑦四川议长蒲殿俊闭会时总结说：

---

① 盛宣怀：《愚斋未刊信稿》，181页，台北文海出版社。
② 《清末筹备立宪档案史料》下册，705页。
③ 周树模：《周中丞抚江奏稿》卷2下，30~31页，1910年。
④ 中国科学院历史研究所第三所编：《锡良遗稿》，1043页，中华书局，1959年。
⑤ 莫里循：《致瓦·姬乐尔》，见骆惠敏编、刘桂良等译：《清末民初政情内幕》上，641~643页，上海知识出版社，1986年。
⑥ 《濮兰德来函》，见《清末民初政情内幕》上，649页。
⑦ 《湖北咨议局第一次常年会议决案报告书·叙言》上卷。

"虽无特别成效可举，我同人实已竭心竭力，当为人所共谅。"① 议员们确实尽到了自己的责任。

会议期间，吉抚陈昭常与咨议局发生了冲突，原因是议员讨论了陈昭常与外国交涉的问题，陈以咨议局超越议事范围，饬令停议。咨议局不以为然，指斥陈令停议为不合法。这次冲突首开咨议局与督抚冲突之端，表明了咨议局不允督抚控制的独立意识。

尤能表明咨议局的独立意识和不甘居于督抚之下的，是咨议局所进行的改变公文格式的斗争。

1908年7月24日，宪政编查馆曾通知咨议局成立后与地方官吏来往公文体制，督抚用札行，司道以下用照会，咨议局均用呈文。其时距成立之期甚远，无人理会。咨议局开议后，这一问题便突显出来。许多议员对此规定不满，群电宪政编查馆质问。1909年10月21日，宪政编查馆又做了如下修正："督抚署行咨议局公牍式，其专对局言者，应照章用札；专对议长、副议长言者，如系京堂、翰林，无论局事非局事，应均用照会。其咨议局呈督抚文应自称本局，称督曰督部堂，抚曰抚部院，不用'贵'字。如有与府厅州县关涉文件，应互用移。与司道领衔之局处，仍用呈文，均参照咨呈格式，惟不用'咨'字。"②

当时的文书格式，上级对下属用"札"，下属对上级用"呈"，平行机关用"照会"、"咨"、"移"。宪政编查馆的规定显然是将咨议局置于督抚和司道领衔之局处的下属地位，不但是对咨议局的歧视，而且自相矛盾。议员愤慨无比，纷起电驳，要求对督抚及司道领衔之局处用平行文书。10月25日，浙局讨论时，议员先后登台慷慨陈词，指斥规定之无理，"且违背章程，实为不法之命令"③。当即致电宪政编查馆说："议长、副议长资格由咨议局而生，不能离咨议局独立，来电分个人、机关为二，几不明主体之所在"，"咨议局为议院基础，历经奉有明谕，迥非督抚下级机关可比，各省师范高等学堂及商会等，督抚行文尚不用札，咨议局地位责任，奚啻倍蓰！拟请咨议局呈督抚文用咨，呈司道以下用咨、移，

---

① 隗瀛涛、赵清主编：《四川辛亥革命史料》上，9页，四川人民出版社，1981年。
② 《〈咨议局章程〉及〈选举章程〉解释汇钞·电文》（第5次），18页。
③ 《大公报》，1909年11月6日。

督抚以下各衙门对咨议局均用照会"①。

11月2日，苏局全体议员电驳宪政编查馆说："立宪政体，议政、行政互相维系，义无轩轾"，"若督抚对于咨议局概用札行，是议局法团几等诸下级行政官厅，殊非宪政所宜"②。同日，江西议员亦斥责了宪政编查馆的规定。

山西议长梁善济因开议以后巡抚交送咨议局公文概用札饬，特在会上提出，坚决不予接受。11月5日，全体议员致电宪政编查馆，胪列七款，痛驳规定之非。③

宪政编查馆的规定毫无道理，不可能做出合理的解释，不得不再做一些更正。11月8日通咨各省说，督抚"札文应首书'为札行事'，末书'为此札行咨议局查照，须至札者'云云。首不用'札饬'字样，末不用'札到该局，即便遵照，切切勿违，此札'字样。无庸朱标，与外省督抚札饬属员文武须有区别"④。虽不再把咨议局当作督抚的"属员"对待，体制上仍不平等。

直隶议员还不罢休，又上书宪政编查馆论驳。书云："咨议局之资格，照贵馆章程所定，与督抚本立于对待之地位，若可以受督抚之札饬，是于督抚交议之案，已当遵照勿违，何以第二十三条所定咨议局议定不可行事件，有呈请督抚更正之权？第二十七条所定督抚有侵夺咨议局权限或违背法律等事，咨议局又有呈请资政院核办之权？是则遵定章而督札成具文，遵督札而定章成虚设，二者并行，于法律上两失效力，令咨议局何所适从？"接着又论述了其他一些理由，最后声称公文格式非改不可。⑤

宪政编查馆经不起议员的有力批驳，被迫再做修正。11月21日电告咨议局，呈文格式首用"呈明"、"呈请"、"呈报"、"呈复"等字样，仍称"督部堂、抚部院"，不用"贵"字。⑥对咨议局总算尊重了一些，加之对督抚的公文无须"遵照""勿违"，议员的斗争到此暂告一个段落。

表面看来，这场斗争是争公文格式，争咨议局的荣辱尊卑，实际上是为了维护咨议局的权限和独立地位，不允许以任何形式侵犯它的尊严。

---

① 《时报》，1909年10月31日。
② 《时报》，1909年11月4日。
③ 参见《时报》，1909年11月11日。
④ 《〈咨议局章程〉及〈选举章程〉解释汇钞·电文》（第5次），25页。
⑤ 参见甘厚慈编：《北洋公牍类纂续编》卷2，22页，1910年。
⑥ 参见《〈咨议局章程〉及〈选举章程〉解释汇钞·电文》（第6次），2页。

议员们议决了许多有益的议案,然而实际效力不大,督抚颁布施行的较少。所以会出现这种情况,其一是宪政编查馆事先未将闭会后不能再复议的决定通知各局,以致会期内没有考虑留下复议的时间;其二是督抚和行政衙门见议案不利于他们,就钻咨议局会期有限、会后不能复议的空子,故意拖延,搁置不复,或闭会后再提反对意见,使之归于无效。即使公布施行的,行政官员也不认真贯彻执行。

议员为此痛心疾首,纷纷要求宪政编查馆修订章程,改变这种状况。为了解决遗留的问题,各局都召开了临时会,进行补救。宪政编查馆怕发生意外冲突,要各督抚迅速核定议案,公布施行。议员接受了教训,抓紧时间议决议案,督抚也有相当收敛,及时处理了遗留的议案。

三、开展地方自治

1909年1月18日,朝廷颁布了《城镇乡地方自治章程》(共9章112条)和《城镇乡地方自治选举章程》(共6章81条),谕令咨议局筹办处兼理地方自治筹办事宜。

两个章程的要点为:

城指府厅州县治之城厢,其余市镇村庄人口满5万以上者为镇,不满者为乡,区域以本地方固有之境界为准。

自治范围:一为学务,包括中小学堂,蒙养院,教育会,劝学所,宣讲所,图书馆,阅报社等;二为卫生,如清扫道路、垃圾,药局,医院,医学堂,公园,戒烟会等;三为道路工程,如修筑道路和桥梁,疏通沟渠,建筑公用房屋,路灯等;四为农工商务,诸如改良种植,牧畜及渔业,工厂,工业学堂,改良工艺,整理商业,开设市场,防护青苗,兴修水利,整理田地,皆在其内;五为善举,如救济,恤寡,育婴,义仓积谷,贫民工艺,救生会,救火会,救荒,义棺义冢,保存古迹等;六为公共营业,如电车,电灯,自来水等;七为筹集款项;八为过去一向归绅董办理而无弊端各事。

自治组织:城镇设议事会和董事会,乡设议事会和乡董;人口过少之乡,不设议事会,以乡选民会代之。

议事会为议决机关。城镇议事会议员20人,人口在5万以上者,每多5000

人增加议员 1 名,最多不超过 60 人。乡议事会议员以人口多少而定,最少 6 人,最多 18 人。议员均由选民选举产生,任期二年,每年改选半数。正副议长各设 1 名,由议员选举产生。议长、议员皆为名誉职,不支薪水。

议事会的职权:议决本自治范围内应行兴革整理事宜;订立自治规约;筹集经费,审定年度预算、决算;处理选举争议;惩戒有过错的自治职员;调解诉讼;选举城镇乡董事会职员或乡董、乡佐,并对之进行监察;申复地方官咨询,向其条陈与自治有关问题。

议事会每季开会一次,还可开临时会。必须有半数以上出席才能开议,议决以出席者过半数的意见为准。

董事会为执行机关。设总董 1 人,董事 1 至 3 人,均由议事会议员选出,呈地方官批准,唯总董须选 2 人,由地方官选用 1 人。皆支薪水,不兼议事会议员。

董事会的职权:办理议事会选举;执行议事会议决的事件;执行地方官委任办理的事件;议决执行方法。

董事会每月召开一次,采取合议制,以总董为议长,非有 2/3 以上出席,不得开会,议决同议事会。

乡设乡董、乡佐各 1 人,由乡议事会选举,职权与城镇董事会同。

自治的监督权属于地方行政长官。

居民年满 25 岁的男子,居住在 3 年以上,年纳正税或地方公益捐 2 元以上者,均有选民资格。素行公正、众望允孚者不合以上条件,经议事会议决,亦可为选民。女子所纳正税或公益捐超出选民中最高者很多,亦可为选民。选民有选举自治职员及被选举的权利。不识文义等人俱无选举权。

选举采取等级制度。选民分甲乙两级,以年纳正税或公益捐之额为全部选民所纳总额之半者若干人为甲级,其余为乙级。两级选民分别选举一半议员,被选举人不限于同级。①

颁布章程的同日,朝廷以为"地方自治为立宪之根本,城镇乡又为自治之初基",命令各级官员"迅即筹办,实力奉行,不准稍有延误"②。

城镇乡地方自治属于下级自治组织,自治机关分为议决和执行两部分,均采

---

① 两个章程见《宪政编查馆奏〈城镇乡地方自治章程〉并〈选举章程〉折》,单行本。
② 《清末筹备立宪档案史料》下册,743 页。

合议制，议员由选民民主选举，议决问题取决于多数，不失民主自治的精神。最大的缺点是选民资格的限制和选举等级的划分。作为基层组织，凡成年人理应全部享有选举权和被选举权，可是章程却做了财产（纳税）和文化程度的限制，剥夺了多数贫苦和不识字的人民的正当权利，妇女的权利亦被剥夺，只是给个别极为富有者以特殊的照顾。选民也不平等，列入甲级的少数人可以与列入乙级的多数人选出同样数目的议员，获有高出乙级选民若干倍的选举权。如此一来，当选的只能是一些富有者阶层和士绅。

1909年5月5日，又颁布了《自治研究所章程》。研究所专为造就自治职员而设，省城及府厅州县各设一所。讲授宪法纲要，法学通论，现行法大意，《咨议局章程》及《选举章程》，《城镇乡地方自治章程》及《选举章程》，调查户口章程，其他有关自治及选举的法律章程，自治筹办处所定各项筹办方法。省城学员由府厅州县从士绅中选派，每属至少2人。府厅州县学员由各城镇乡选派。学习期限为8个月。①

1910年2月3日，再颁布了《京师地方自治章程》及其选举章程。同月6日，颁布了《府厅州县地方自治章程》和《府厅州县议事会议员选举章程》。

京师自治机构设置总议事会、总董事会，区议事会、区董事会，余皆与府厅州县相同。

府厅州县的自治事宜包括：有关全府厅州县的公益事务，或城镇乡不能担任的公益事务；以法律、命令委任办理的国家和地方行政事务。

关于议事会议员的名额、选举、议事方法、选举权等，与城镇乡基本一致。

与城镇乡自治不同的地方在于，府厅州县不设董事会，而设参事会；参事会虽可议决议事会所决事件的执行方法，议决诉讼和解事件，公断下级自治权限争议事件，却仍是议决机关；执行者是地方行政长官，地方行政长官执行议事会和参事会议决的事件，也可向两会提交议案。但参事会可以议决议事会委托的代议事件和地方行政长官所交的代议事会议决的事件。另一特点是加强了地方行政长官的监督。据规定，行政长官如认为议事会和参事会的议决有问题，除交令复议外，还可以撤销，或呈请督抚核办。议事会和参事会如不服，也可呈请督抚或行

---

① 参见《大清宣统新法令》，第4册，18~19页，商务印书馆，1910年。

政审判衙门处理。①

地方自治为资本主义国家的一种地方管理制度，英国实行最早，其自治观念就是根据国家法律，以地方税收为经费，以名誉职之职员办理地方行政事务。自治机关由人民选举，实行立法、行政、司法三权分立，完全实行自治。德国注重于行政，让人民参与，官治、自治相结合。日本学自德国。中国又学自日本，章程以日本的町村制和府县制为蓝本增删修改而成。

地方自治制度是资产阶级民主政治的表现形式之一。国家政治与人民的利益不是很直接，也不可能人人直接参与，所以不会引起广大人民群众的兴趣。地方事务关系到每个人的切身利害，比较容易吸引广大人民群众。通过参与地方事务，可以培养人民的民主意识，提高人民的参政兴趣，锻炼人民的政治能力，扫除封建势力，防止坏人把持地方事务，从而推动整个国家沿着民主政治的轨道前进。同时，国家幅员辽阔，中央鞭长莫及，在官僚政治制度下，地方行政官员根本无法将地方事务管理好。实行地方自治，人民可以根据多数的意志和实际情况自由处理本地事务，使地方事业获得较快发展。前两年朝廷只准试办，现在已把地方自治作为一种固定的制度在全国确立下来了，这是筹备立宪的又一有力措施。从此人民得以选举代表直接管理城镇乡的公共事务，议决本府厅州县的公共事务，封建官吏和土豪劣绅垄断的局面为之打破，封建的地方和基层权力结构开始发生质变。

按照1908年的规划方案，各省先筹办城镇乡自治，后筹办府厅州县自治，到1914年各级自治一律成立。1911年1月修改的方案，要求1912年全部成立。某些督抚咨请变更筹办顺序，提前办理上级自治。民政部认为可行，遂通令各省酌定筹办次序。这样一来，各省的步调便不再一致，有的仍然先筹办下级自治，有的改为先筹办上级自治，有的则齐头并进。

筹办自治本就不大容易，而在筹办过程中，或因地方官办理不善，勾结劣绅苛敛；或因宣讲不力，人民群众往往误会，不断掀起暴动或骚乱，更增加了筹备难度。从1909年至1911年9月的两年多时间里，直接因反对调查户口、征收自治费等而发生的骚乱事件，即遍及全国15个省区，其中江苏37起，江西15起，浙江5起，广东、广西各3起，直隶、河南、安徽各2起，云南、湖北、贵州、湖南、

---

① 参见《钦定府厅州县地方自治章程暨选举章程》，浙江地方自治筹办处印行，1909年。

福建、陕西、奉天各1起。①许多调查员、办事员、董事被殴打,房屋被拆除,自治局被捣毁。有的声势较大,与官府对抗,波及周围地区。如1909年9月直隶迁安筹备自治时,董事胡某、施某到冷口去调查户口,硬行按牲畜头数摊派自治经费,索取供应,激起各村农民反抗。知县却派人拘捕为首农民,滥施酷刑。群众大动公愤,鸣锣聚众万余人围困县城,并捣毁了胡、施两家住宅。1910年3月,广西南丹州农民反抗调查户口,打死知县,焚毁土司衙门。4月,河南密县农民因反抗征收自治经费,1700余人进城,烧毁了县署。直隶易州自治局开办后,局绅张某借筹自治经费为名抽捐,尽入私囊,又借调查户口,按户敛钱。1910年7月27日,近5000人焚毁了自治局、中学堂。并拥至梁格庄行宫,打破宫门,向知县提出归还义仓积谷、不再敛钱、处自治绅董死罪等条件。11月25日,河南叶县万余人因反抗筹办自治增加杂捐,进城示威,要求取消自治。②这些反抗斗争迫使地方当局不得不暂时延缓筹办进程。

在这两年多中,许多地方灾歉严重,广大人民无以为生,抗捐抗税、抢粮抢米风潮连绵不绝,暴动事件层出不穷。这些斗争同样打乱了地方当局筹办自治的部署,被迫停顿下来。

清政府深以各种反抗风潮有碍筹办自治为忧。为了排除干扰,如期完成筹备工作,民政部指令各省严惩办理自治不好的官员和劣绅,不要操切,向群众耐心剖解自治之利益和调查之宗旨,开通乡民知识,以免误会。

尽管存在着诸多困难,由于立宪派和热心士绅的积极参与,朝旨不容拖延,各地还是做了许多工作,取得了相当可观的成绩。

奉天:至1911年8月,下级自治城镇乡议事会、董事会、乡董、乡佐成立者,城41所,镇62所,乡302所。上级自治组织府厅州县议事会、参事会成立者,有奉天、抚顺、本溪等46属。除长白、辉南、安图、抚松、醴泉、镇东6属系刚刚设立县治,不在原定计划;洮南、临江、开通、靖安、安广5县因人口稀少,下级自治尚待续办外,全省两级自治已一律竣事。③

---

① 据《清末民变表》(下)统计,载《近代史资料》,1982年第4期。
② 以上事件俱见《清末民变表》下,载《近代史资料》,1982年第4期。
③ 参见《东三省总督赵尔巽奏筹办宪政第四年第一届成绩折》,载《内阁官报》,宣统三年九月十七日。

吉林：1910年下半年，各城区的议事会、董事会均已成立。① 1911年，上下两级自治并举，至8月间，凡繁盛、中等城市及各镇，调查造册手续均已完毕，正在准备选举，限年底各自治组织全部成立。②

黑龙江：至1911年8月，龙江、呼兰、绥化、嫩江、黑河5府和大通、兰西2县城镇乡自治全部成立。海伦府、呼伦厅、木兰县城议事会、董事会均成立。大赉、瑷珲、肇州、巴彦、余庆、拜泉各厅州县，乡议事会已成立大半，青冈、汤原2县和胪膑府乡自治组织正在筹办。上级自治在迅速接办。③

直隶：至1911年8月，总计上级自治组织已成立124个府厅州县，下级自治组织已成立80个城镇乡。④

山东：1910年，各州县城镇下级自治全部成立，历城县上级和乡级自治亦成立。1911年改为先办上级自治，至8月共有70个州县成立了上级自治，其余36个州县因春天防疫、秋天遭受水灾，赶办不及，禀请展限。⑤

江苏：江宁所属情况不详。苏州所属37个厅州县，1910年5月城区的议事会、董事会已一律成立。⑥ 至1911年8月，镇乡420余区的自治已成立320区，其中全部成立的20个厅州县，成立过半数者11县。唯宜兴、荆溪2县因选举经费无着，丹阳县因人民抗拒调查，太平洲厅因绅士程度太低，太湖、靖湖2厅因区域合并，成立稍后。上级自治成立者有川沙厅、太仓、镇洋、崇明、嘉定等州县，其余正在筹备选举。⑦

浙江：全省有城74，镇77，乡920，共计下级自治区域1071。至1911年8月，城镇乡议事会已成立1021区，逾90%；董事会及乡董、乡佐已成立810区，约占

---

① 参见《宪政编查馆奏遵限考核京外各衙门第三年第二届筹备宪政成绩折》，载《政治官报》，宣统三年五月三日。
② 参见《东三省总督赵尔巽、吉林巡抚陈昭常奏报第六届筹备宪政情形折》，载《内阁官报》，宣统三年十月十日。
③ 参见《东三省总督赵尔巽、黑龙江巡抚周树模奏第四年筹备宪政情形折》，载《内阁官报》，宣统三年十月八日。
④ 参见《直隶总督陈夔龙奏胪陈第六届筹备宪政情形折》，载《内阁官报》，宣统三年八月十三日。
⑤ 参见《山东巡抚孙宝琦奏第六届筹备宪政情形折》，载《内阁官报》，宣统三年九月十三日。
⑥ 参见《宪政编查馆奏遵限考核京外各衙门第三年第二届筹备宪政成绩折》，载《政治官报》，宣统三年五月三日。
⑦ 参见《江苏巡抚程德全奏苏省筹备第六届宪政成绩折》，载《内阁官报》，宣统三年九月十七日。

80%。上级自治已核定 24 个州县办理。①

福建：至 1911 年 8 月，全省 59 城、31 镇已全部成立了议事会和董事会，乡自治限于下半年成立。上级自治成立的有省会的首县。②

河南：1910 年，有 1 直隶厅、5 直隶州、10 县、16 城、6 镇、19 乡的下级自治成立。③ 1911 年，改为提前办理上级自治，因筹集经费困难，成立者寥寥无几。④

湖南：1910 年，因灾乱奏明缓办。1911 年 8 月前，共有 40 个厅州县的城自治机关成立，各镇乡限年底选举。上级自治在筹办。⑤

江西：至 1911 年 8 月，有 67 个厅州县完成下级自治的组织工作，下余 14 个州县正在催促，转瞬全省下级自治完全成立。上级自治在续办。⑥

贵州：至 1911 年，上半年，所有城议事会、董事会均成立。上级自治在催办。⑦

陕西：1910 年，城议事会、董事会成立的有 80 多个厅州县，省会的首县建立了上级自治。⑧ 1911 年上半年，又有 4 县成立了下级自治，镇乡正在筹设。⑨

新疆：至 1911 年上半年，各府厅州县设立了自治研究所，省会的首县建立了上级自治。⑩ 1911 年上半年，又有 4 县成立了下级自治，镇乡正在筹设。

其余各省缺少 1911 年 2 月后的数字，兹将其前的成绩开列于下：

---

① 参见《浙江巡抚增韫奏筹备宪政遵章胪陈成绩折》，载《内阁官报》，宣统三年九月四日；《申报》，1911 年 8 月 30 日。
② 参见《宪政编查馆奏遵限考核京外各衙门第三年第二届筹备宪政成绩折》，载《政治官报》，宣统三年五月三日；《闽浙总督松寿奏第六届筹备宪政成绩折》，载《内阁官报》，宣统三年九月十三日。
③ 参见《宪政编查馆奏遵限考核京外各衙门第三年第二届筹备宪政成绩折》，载《政治官报》，宣统三年五月三日。
④ 参见《开缺河南巡抚宝棻、河南巡抚齐耀琳奏筹备宪政并目前困难情形折》，载《内阁官报》，宣统三年十二月二十日。
⑤ 参见《陕西巡抚卸任湖南巡抚杨文鼎、湖南巡抚余诚格会奏湘省筹备宪政办法情形折》，载《内阁官报》，宣统三年八月二十四日。
⑥ 参见《江西巡抚冯汝骙奏胪陈第六届筹备宪政情形折》，载《内阁官报》，宣统三年九月二日。
⑦ 参见《开缺贵州巡抚庞鸿书、贵州巡抚沈瑜庆会奏交替宪政筹备事宜折》，载《政治官报》，宣统三年闰六月三日。
⑧ 参见《宪政编查馆奏遵限考核京外各衙门第三年第二届筹备宪政成绩折》，载《政治官报》，宣统三年五月三日。
⑨ 参见《开缺陕西巡抚恩寿奏陕西筹备宪政第六届办理情形折》，载《内阁官报》，宣统三年七月十一日。
⑩ 参见《新疆巡抚袁大化、开缺新疆巡抚联魁会奏筹备宪政办理情形折》，载《政治官报》，宣统三年闰六月二日。

云南：有 27 个城市的下级自治成立。昆明、新兴、太和、通海、蒙自、禄丰等州县的上级自治成立。①

甘肃：下级自治成立的有皋兰、秦州、河州、武威、宁夏；限 1911 年 3 月以前成立的有泾州、固原、阶州、肃州、狄道、张掖、平凉、秦安、陇西、西宁等地。上级自治成立的有皋兰。②

广西：城镇乡议事会成立者 20 个州县，董事会成立者 13 个州县，已选举者 16 个州县。上级自治提前筹办者 2 个州县。③

广东：下级自治城区成立 9 处，镇区 26 处，上级自治成立 1 处。

山西：下级自治完全成立者 14 个州县，仅成立议事会者 11 个州县，上级自治成立 1 县。

安徽：各城下级自治一律成立。

湖北：各城下级自治一律成立，镇区成立 15 处，乡区 24 处。

四川：下级自治城区成立 105 处，镇区 117 处。上级自治成立者有成都、华阳、江北厅、泸州、巴县 5 处。④

京师市、区各级自治均成立。

在筹备自治的过程中，不少地方的人民发挥了主动性和创造性。继上海城厢内外总工程局（1909 年 6 月改称上海城自治公所）之后，上海人民又自动组织了地方自治研究会和地方公益研究会。地方公益研究会由蔡正蒙、叶逵、郭廷、周文彬、朱日宣发起，1906 年 11 月至 12 月间成立，有会员 222 人，其中工商资本家约占 1/3，总工程局的不少议董亦加入其中。第一届会长为姚文栋、蔡正蒙。1907 年重订章程，改选职员，蔡正蒙、姚文栋、曹骧当选为正副会长。该会宗旨是联络绅商学界，研究地方公益，开通社会，为地方自治做准备。研究问题之外，还开办了填平淤河、修筑道路、安装电灯、消防、设立工商义务学堂、禁闭鸦片

---

① 参见《云贵总督李经羲奏胪陈第五届筹备宪政情形折》，载《政治官报》，宣统三年五月九日。
② 参见《陕甘总督长庚奏陈第三年第二届筹备宪政成绩折》，载《政治官报》，宣统三年五月七日。
③ 参见《宪政编查馆奏补行考核第三年第二届续报各省筹备宪政成绩折》，载《政治官报》，宣统三年六月二日。
④ 广东、山西、安徽、湖北、四川情况均见《宪政编查馆奏遵限考核京外各衙门第三年第二届筹备宪政成绩折》，载《政治官报》，宣统三年五月三日。

烟馆等事业。①

苏州商民则主动创办了市民公社。首先成立的是观前大街市民公社，发起者为商务总会会董施莹等20余人。他们身为商人，习惯上总认为应当隶属于商务总会，故于1909年6月呈文于商务总会，说明成立团体，"一切宗旨办法，均不出地方自治范围以外"，请转禀省自治筹办处。据其章程，凡年满25岁，在本街居住或营业一年以上者，经介绍即为会员。社内总副干事、评议员均由全体社员公举，总副干事总理一切事宜，评议员民主议决问题。6月25日公社成立。观前大街店铺林立，当选的职员多系商人。可是，公社"虽系商人发起，纯乎地方自治性质"，所以它不是单纯的商人团体，而是自治团体。观前大街市民公社试办一年，效果良好，"远迩称善"，其他市民也起而仿效。1910年，又有渡僧桥四隅市民公社、金阊下塘东段市民公社和道养市民公社成立。②市民公社的出现反映了城市资产阶级参与政治改革的急迫心情和积极性。以后这些公社便纳入国家统一改革的轨道。

农村中有些地方主动实行村庄自治，要求建设自治模范村，实行家族自治，也表现了农民在筹备自治中的积极性和创造性。

四、新的立宪团体

（一）湖北宪政筹备会

湖北立宪派的核心力量是一批新型的知识分子。湖北的留日学生很多，他们创办了《新译界》杂志，译述各种学说。后又组织湖北教育会和湖北地方自治研究会，分别创办《教育新报》和《湖北地方自治研究会杂志》。通过这些团体，湖北留日学生中的立宪派得以集结起来。省内的新式教育也较发达，一批新的知识分子以教育会为中心开始了聚合。但在1908年上半年以前，这两种力量还没有完全融会。各地发动国会请愿时，直到九年立宪诏旨发布的次日，即8月28日，湖北才召开大会，推举代表，成为运动的迟到者。旋国会请愿发起会领导人、教育总会会长吴兆泰以为"实行宪政有日，不必再为请求之举"，于9月1日召开临时职员会，决定撤销请愿，把国会请愿发起会改为宪政筹备研究会。③这就是成

---

① 参见《地方公益研究会戊申年报告》，上海市档案馆档案。
② 有关苏州市民公社资料，均见《苏州市民公社档案选辑》，载《辛亥革命史丛刊》，第4辑。
③ 参见《时报》，1908年9月11日。

立宪筹备会的最初动议。汤化龙、张国溶等一批留日学生于此时回到了国内。

同年 11 月光绪和慈禧病逝以后，教育总会的一部分人士以为国家遭遇重大变故，新皇帝幼小，"急宜组织责任内阁，以固国本而镇人心"，便以教育总会的名义电请预备立宪公会牵头，致电各省督抚联合吁请。① 吴兆泰反对这一做法，亦电预备立宪公会予以声明。可能就是由于这一分歧和其他矛盾的缘故，吴兆泰退出了宪政筹备研究会的组建工作。

接替组建工作的是张国溶、夏寿康等人。1909 年 5 月正式定名为宪政筹备会，召开了成立大会，与会者 80 余人，张国溶主持了会议。会上通过了章程草案，选举了干部。姚晋圻、李哲明当选为正副会长，汤化龙、余德元为书记，张仁静、李国镛为庶务，郭肇明为候补庶务，张国溶、陈武、夏寿康、李步青为编辑，时象晋、吕逵先为会计，胡柏年、黄训典为候补会计。② 实际负责人为汤化龙、张国溶。6 月，鄂督陈夔龙批准。

宪政筹备会主要从事政治活动。1910 年第一次国会请愿失败后，积极组织国会请愿同志会，推选代表继续请愿，省国会请愿同志会附设于宪政筹备会内，主要职员如干事长吕逵先，书记员汤化龙、张国溶等都为宪政筹备会的成员。其后张国溶又被推为汉口国会请愿同志会干事长。1910 年 6 月 20 日，会长姚晋圻、李哲明代表全会致电军机处，请愿速开国会。同年 11 月宣布缩短国会期限，不准再行请愿后，宪政筹备会非常不满，不顾违背朝旨，又联合 30 多个团体，聚众游行，到督署请愿。

在保路运动中，宪政筹备会也是一支重要力量。

1911 年下半年，宪政筹备会的主要成员对清政府失去信心，思想趋向革命。武昌起义后即与革命派站在一起，投入推翻清王朝的斗争。

（二）直隶宪政研究会

直隶宪政研究会是为了反对日本帝国主义侵略和早日实行立宪而成立的。1909 年 9 月 4 日，清政府与日本签订了《图们江中韩界务条款》和《东三省交涉五案条款》，丧失许多权利。10 月 21 日，以广西按察使王芝祥为首的一些人士电告直隶咨议局中日新约失败，请联合各省挽回。24 日，直隶咨议局邀集自治局、

---

① 参见《时报》，1908 年 11 月 19 日。
② 参见《时报》，1909 年 5 月 21 日。

议事会、董事会、商会、劝学总所、工商研究总会各团体代表百余人进行研究，与会者认为必须向政府力争。但考虑到以这些团体出面有逾越范围之嫌，遂决定将各团体联合为一大团体，定名为宪政研究会。宪政研究会的成立还有一个重要因素，这就是为了提高国民的宪政知识，促进立宪的实现和地方公益的完善。当即推定孙洪伊、温世霖、王劭廉、谷芝瑞等24人负责组织。同时，决定创办杂志，向国民灌输宪政知识；凡本省人民，只要品行端正，皆可入会；推举了编辑人员，筹集了开办经费。

10月27日，直隶宪政研究会致电全国各团体，指出中日新约给国家带来危机，请联合一致向政府力争。30日，又确定以代表名义先电政府挽救，然后上书。选出孙洪伊、谷芝瑞、温世霖、于邦华、王法勤、张铭勋、齐树楷、崔谨、高俊涉、李景芳、张锡光、张肇隆为代表。同日，代表即电军机处，要求速图挽救，并治外务部尚书梁敦彦卖国之罪。其后又两次上书政府，强调指出，新约实为"亡国之导火线"，"瓜分之祸即在目前"，必须"力废此约"。①

《日俄协约》签订后，宪政研究会以其大大不利于中国，1910年8月3日特开全体会员大会，一致议决通告全国人民警惕，并进行国会请愿，以救危局。8日，又电各省共谋救策。

宪政研究会也积极要求速开国会。1910年1月，为推动全国请愿运动发展，宪政研究会特致书正在上海召开的商法讨论会，详论召开国会与商人的切身利害关系，请其即速联合全国各商会进行请愿。在直隶几次大请愿中，宪政研究会都是一支非常活跃的生力军。

（三）福建政与会

福建政与会是当地的立宪团体，由咨议局正副议长高登鲤、刘崇佑和书记长林长民所发起组织。1909年11月开始筹建，12月5日召开第二次会员协议会，修正了章程。7日，全体会员选举了干部，林长民、刘崇佑、陈之麟当选为主理干事，领导全会。

政与会所持主义"专以辅佐地方自治之不逮，并为咨议局机关之助"。其办事纲领有：1. 奉戴皇室，翼护宪政之成立；2. 尊重中央与地方官厅之责任；3.

---

① 《大公报》，1909年11月22日；《直隶人民代表孙洪伊等上政府书》，载《申报》，1910年1月3、4日。

求自治制度之发达；4. 保全国权，顾重民生；5. 注重财政，实行各项调查；6. 联合海外华侨，振兴内地实业；7. 促成交通机关；8. 普及国民教育。① 内设会报科、调查科、讲习科、演说科。每年开全体大会一次，总结工作，讨论向资政院、咨议局提出的议案，实际上"意在广立支会，联合各省为国会之先声，结一大政党者也。"②

政与会的政治活动所见不多。会中附设讲习所，每晚讲解宪政科学，有听众300余人，"一时俊彦之士皆入其彀"③。1911年，政与会曾同咨议局联名致电内阁，要求将咨议局联合会上奏的反对皇族充当内阁总理和增练备补兵两案，明白宣示。

---

① 参见《申报》，1909年12月25日。
② 《汪康年师友书札》二，1260页。
③ 《时报》，1910年5月12日。

第八章 国会请愿热潮

1910年，以咨议局为中心，由立宪派领导，全国掀起了国会请愿热潮，先后进行四次，长达一年之久，是整个立宪运动中最为有声有色的一幕。

一、第一次请愿

第一次国会请愿上书在1910年1月，酝酿发动则在1909年10月间。

在筹办咨议局的岁月里，立宪派看到政府的表现，深深认识到，"以枢臣之老耄，疆臣之畏葸不前，但足以亡国而有余，绝不足以唤起沉疴，挽回危局，共臻于立宪之一境"①。只有早开国会，人民参政，才能监督政府，加快立宪的步伐。

1909年9月，中国与日本签订新约丧失种种权利，列强在海牙和平会议上密议统监中国财政的消息，给人们以极大的震动。士大夫惊相走告，"愤叹之声，雷动众合"，群以为"欲求一非枪非炮非舰非雷而可使列强稍稍有所顾忌者，实无其策，于是拟请速开国会及组织责任内阁之议，各行省乃不谋而同"②。立宪派有了咨议局这块根据地，便迫不及待了。

运动由江苏咨议局议长张謇发起。1909年10月13日，即咨议局开幕的前一天，张謇同苏抚瑞澂及立宪派骨干雷奋、孟昭常、杨廷栋、许鼎霖进行了仔细磋商，确定由瑞澂联合各省督抚要求迅速组织责任内阁，由张謇出面联合各省咨议局要求速开国会。同时，议定派杨廷栋、方还、孟昭常分往各省联络③，约各省咨议局闭会后于农历十一月上旬派代表到上海，共同讨论速开国会的问题。

同日下午，江苏咨议局研究会开茶话会招待议员，贯彻了张謇的意图，议员

---

① 《论政府无立宪之能力》，载《大公报》，1909年12月13日。
② 张謇：《请速开国会建设责任内阁以图补救意见书》，见《张季子九录·政闻录》卷3。
③ 参见《张謇日记》，宣统元年八月三十日。

相继演说外交失败、内政不修，非联合各省速开国会不可。

11月初，张謇亲赴杭州，会晤巡抚增韫，增韫表示愿与瑞澂取同一态度。又会见了汤寿潜、王清穆等人。当时有人说，从政府、社会各方面观之，"国不亡，无天理"。张謇回答说："我辈尚在，而不为设一策，而坐视其亡，无人理。"① 他觉得国民要尽到自己的责任，为国家分忧解难。汤寿潜同意他的意见，上疏请求提前召开国会，或先开临时国会。

杨廷栋、孟昭常、方还等11月分头出发，前赴南北各省。各咨议局鉴于国势日危，九年立宪期限过长，资政院不能代表民意，无法促进政府改革，欣然同意派遣代表赴上海参加会议。

请愿速开国会目的在争取民主，改革政治，挽救国家危亡，得到广大知识分子的大力支持，徐特立断指血书是其中最为感人的事件。12月6日，湖南各界推举罗杰、陆鸿逵、陈炳焕、刘善渥为代表，定于8日启程赴沪。长沙修业学校教员徐特立闻悉异常兴奋，8日在学校谈及外交失败，时局贴危，"既已筹备宪政，以图补救，则非早开国会，不足以促进行"时，他热血奔腾，"乃觅刃自断左手小指，濡血写'请开国会，断指送行'八字"，表达了支持请愿的坚强决心。他想去找罗杰陈述意见，经人劝止。遂嘱姜济寰、彭国钧将血书转送请愿代表，并代达己意。② 徐特立是以甘洒热血为代价换取国会速开的第一位志士，为请愿者树立了榜样，极大地鼓舞了请愿代表。

12月17日，已有7省代表抵达上海，通过座谈和情况交流，大家清楚地看到国家所面临的危机，认为"亲贵分赃之政府，决无统治全国之能力。为国家与人民计，只有实行立宪，速开国会，为最好之万应灵丹"③。

从12月18日起，陆续抵沪的各省代表每日午后在预备立宪公会事务所集议一次（19日、20日休会），名曰请愿国会代表团谈话会，推福建咨议局副议长刘崇佑为主席，孟昭常、林长民为书记，至25日，共开会6次。所议事项有：确定会中席次；召开代表会时间；汇齐各省签名簿；签名以咨议局议员为限；推举呈稿起草员；公推直隶孙洪伊领衔；为对付都察院的递呈代奏必须有过半数具名之

---

① 《张謇日记》，宣统元年九月二十一日。
② 参见《申报》，1909年12月11、22日；《时报》，1909年12月11日。
③ 刘厚生：《张謇传记》，175~176页。

人到京亲递，否则不予代奏的新规定，决定如签名者未有过半数到京，呈中只列到京代表姓名，叙明签名实数，以示众志所属；大会后数日代表进京；议定进京代表团规约12条，约束代表一致行动；推选方还、罗杰、刘兴甲、刘崇佑为代表团干事；还讨论了各省咨议局联络方法，但未作议决。①

会上，湖南罗杰、刘善渥向代表展示了徐特立的血书。"众咸感泣，益思亟行"，表示"不请则已，请必要于成，不成不返。又激之者则谓不得请，当负斧锧死阙下"②。

27日，召开代表大会，通过了谈话会所议决的事情，讨论了呈稿，由张謇最后修正。请愿大旨为两年内召开国会，明年先开临时会议一次。

此次到会代表共16省，30余人。会上决定进京的代表为：直隶孙洪伊、张铭勋、王法勤，江苏吴荣萃、方还、于定一，山东周树标、朱承恩，湖南罗杰、刘善渥，湖北陈登山，河南彭运斌、宫玉柱，浙江应贻诰、吴赓廷、郑际平，福建刘崇佑、王邦怀、连贤基，江西闵荷生、聂传曾，广东沈秉仁，广西吴赐龄，奉天永贞、刘兴甲，吉林、黑龙江两省为李芳。安徽、山西未定。陕西、甘肃、四川、云南、贵州路远不及与会，未派代表参加，会议电告之。③

根据主席刘崇佑的提议，28日开了谈话会，议定代表到京日期以30天为限，到后设办公所，成立请愿速开国会同志会。又讨论了今后各省咨议局的联络方法，拟于每年农历六月各派代表到上海聚会，就各省利害共同的议案互相研究，以谋一致。但这个问题不属于国会请愿范围，应由各代表函告本省咨议局决定。

30日晚上，代表召开了最后一次会议，通过了修正的呈稿，改为要求一年召开国会。④

会议期间，上海各团体热烈欢迎并招待宴请了代表。会后代表乘轮溯江而上，途经安庆、汉口，又受到安徽、湖北各团体各界人士的热烈欢迎。1910年1月，

---

① 参见《时报》，1909年12月29日；《宪政篇》，载《东方杂志》，第6年第13期。但两报刊均将谈话会开始日期误记为农历十月六日（11月18日），有的著作说11月27日，亦无根据。据《张謇日记》，开会始日应为12月18日。
② 《送十六省议员诣阙上书序》，见《张季子九录·文录》卷10。
③ 到会人数，张謇《送十六省议员诣阙上书序》记为30余人，一说51人，另有一说为55人，备作参考。
④ 参见《时报》，1910年1月2日。

代表由汉口换乘火车北上。

各省咨议局筹备召开上海会议期间,由天津商务总会发起,一个以筹还国债、防止列强监督中国财政为目的的爱国运动也同时展开。11月,天津商务总会总理王竹林以为国债关系到国家存亡,如能在三年至五年内还清,不仅要求开设国会不用费力,而且列强也无理由干涉中国内政,首先提出筹还国债的倡议。接着,邀约当地绅商开会,绅商"因近来风传各强国有监理我国财政之说,悉藉口于赔款外债,此议如果实行,埃及、高丽即我殷鉴。凡我国民亟宜设法挽回,以杜狡谋"。决定先在天津组织筹还国债会,然后联合外省共同进行,"冀保国权而弭巨患"。①11月22日,他们发表了《筹还国债会缘起》,说自甲午战争赔款以来,中国已欠外债"银一千六百兆"。"中国穷困病源,悉由国债","即速开国会,亦恐无解决之时",筹还国债实为"救国救民之要著"②,希望全国人民立即行动。旋又拟出《筹还国债会简章草案》,确定筹还总数以甲午、庚子两次赔款为限,各省应摊数目以政府原定各省担还之数为准,三年还清。贫民听其自认,富民必须认摊平均数目。③

这一倡议得到全国各商会、各界绅民的热烈响应,顿时筹还国债会、爱国公债会竞相成立,国民捐(募集捐款筹还国债)、海军捐(募集建设海军经费,1908年末由南洋华侨发起)等活动风起云涌。"于是绅商士夫撙节日用以筹还国债,耕夫织妇盈余布粟以筹还国债,佣工婢仆齿积薪劳以筹还国债,儿童孺子减缩饼饵以筹还国债,即下而至于娼优走卒,贫而至于乞丐舆夫,凶而至于书吏丁役,亦莫不出其血汗所得,争相解囊,以筹还国债。一时民情之踊跃,民气之发舒,实为从古所未有。"④到处洋溢着人民的爱国激情。

但是,人民破家纾难并不是无条件的,而是有条件的,这就是政府答允速开国会:"惟政府必予人民以确实之担保,始可出其财产以供国用。故决意先行拟定办法,筹集巨款,储待国会之开。如政府必不允许,则断不欲以国民有限之脂膏,供政府无端之挥霍也。"⑤筹还国债既是爱国的群众运动,又是要求民主的政治运

---

① 《盛京时报》,1909年11月28、30日。
② 《大公报》1909年11月22日。
③ 参见《盛京时报》,1909年12月17日。
④ 《慨筹还国债之结果》,载《大公报》,1910年7月27日。
⑤ 《时报》,1909年12月18日。

动,已与国会请愿运动紧密联系起来。

有些人士看到咨议局议员虽是国民代表,但人数太少,而请愿必须盛张其势,具有力量,因此建议请愿代表同筹还国债会等团体联合起来,合而为一。如此,"则一方所不能解决之问题,正一方所能代为解决者也。两者相资为用,始终提携,则筹还国债最终之希望可达,而国会请愿之目的亦与之俱达"。请愿应以筹还国债为手段,筹还国债应以请愿为目的。目的达不到,则同时解散,不能让国民担负分外义务。①

但国会请愿代表的观点与筹还国债会不同,他们以为列强监督中国财政不是由于外债,"实因吾国政府对于宪政之事犹有半疑半信之心,半实半虚之举动",解决问题的根本途径还是速开国会②,所以没有同筹还国债会等团体合并。财政拮据是政府最感棘手最伤脑筋的问题,筹还国债、募集海军经费对政府具有很大的诱惑力。载沣听到列强欲监督财政之说后曾经焦急地面询世续、那桐和度支部尚书载泽防御之策。载泽回答说,清理财政收支,改正关税货厘,一时难以办到。现在"绅民共筹还债之策,若因其势而利导之,较易集事。拟请俯从民望,缩短国会年限,定期召集绅士共订统筹分认之数,庶几早日清偿,危机立挽"。载沣"甚嘉之"③。如请愿代表与筹还国债会等团体合而为一,一面切实筹还国债,一面要求速开国会,是有可能使政府动心的。即令不允,也可使广大群众认识到政府的真面目,从而使请愿声势大增。代表没有采纳合并的意见,是个失策。

请愿代表于1910年1月陆续抵达北京,设事务所于琉璃厂小沙土园的崑新会馆。

1月14日,代表召开谈话会,议决了进行的次序,决定有代表进京之省在请愿书上均列代表姓名,无代表之省叙明人数。列名的共有19省,其中有代表到京者为直隶、奉天、吉林、江苏、山东、河南、浙江、湖南、湖北、安徽、福建、山西、江西、广东、广西,列名而未派代表者为四川、云南、贵州、陕西。安徽、山西的代表在上海时未定,现在安徽定为陶熔、潘祖光,山西为渠本翘、刘笃敬、李素、刘懋赏。另有几省代表略有变动,河南原定宫玉柱、彭运斌,此时改为宫玉柱、杨治清、陈熙朝;江西的聂传曾为汪龙光所替代;直隶则增加了谷芝瑞。

---

① 参见《敬告筹还国债会及国会请愿各代表》,载《时报》,1909年12月22、23日。
② 参见《敬告筹还国债会及国会请愿各代表》,载《时报》,1909年12月22、23日。
③ 《盛京时报》,1909年12月14日。

1月16日，代表们列队齐赴都察院，呈递了请愿书。

请愿书从三个方面列举了国会必须速开的理由。第一，从内政方面看，依靠旧的政治机构实行新的宪政，是绝对不行的，有了国会，才能监督政府，"庶政始有更张之本"。改革内政离不开财政，现在国家财政极端困难，"必人民得有公举代表与闻政治之权，国家乃能加以增重负担，以纾国难之责"。第二，从外交看，自中国与外国有交涉以来，由于政府采取秘密政策，结果不是"蹙地"，便是"负债"，人民对政府极为怨恨。有了国会，"上下相通，猜疑自泯"。如待至九年，"患机叵测"，"必更颠危"。第三，没有国会，人民会集怨于皇室，非常危险。有了国会，就可成立责任内阁，"负全国之责，然后皇上益处于尊荣"。请愿书还驳斥了不能更易九年召开之旨和人民程度不够两种论调，说人民程度"必试之而后见，不试之而强抑之"，就是冤枉人民，第一届咨议局的召开已经证明，人民完全具备了可以召开国会的程度。①

同日，京师学界1000余人召开筹还国债会，并欢迎代表。

18日，代表研究了今后的进行方法，决定利用都察院代奏前这段时间遍谒军机大臣，说服他们赞成速开国会。遂公推孙洪伊、谷芝瑞、刘崇佑、陈登山、陶熔、方还为代表前往晋谒，并将请愿书副本分送权要。

19日下午，京师绅商学界复开大会欢迎请愿代表。代表孙洪伊、陶熔、吴赓廷、李芳、陈登山、于定一，来宾于邦华，均发表了激昂慷慨的演说，闻者至于痛哭流涕。日本《每日新闻》驻京特派员丰岛舍松介绍了日本人民当年要求召开国会的情形。会上提出了设立后援会的问题。

21日，孙洪伊等晋谒军机大臣。鹿传霖不知国会是怎么回事，提了一些可笑的问题。戴鸿慈认为法律尚未完备，不宜速开国会。代表作了解释，戴允为助力。那桐表示竭力赞成。奕劻说，各国均行宪政，我国断无不行之理，定当竭力。

22日，代表决定组织请愿速开国会同志会，拟定《规约》如下：

一、宣统元年各省签名请愿者均为会员。

二、非到国会成立之日，不得解散。

三、会员皆有鼓吹舆论，游说各种社会，分头请愿，以促国会成立之责。

---

① 参见《国会代表上都察院请愿书》，载《时报》，1910年1月27、28日。

四、每省置干事4人以上，担任通告本省会员并与别省通信之事。

五、本会干事由各省推定，未推定之前，暂由到沪到京代表任之。

六、新会员加入，由本省干事或会员介绍。

七、通讯总机关设于上海，由江苏等省干事在上海者经理其事。

八、所需经费由各省会员分担，每省至少年交百元以上，半交总机关，半交本省干事。①

23日，代表谒见了军机大臣世续。世续怀疑"国民有二心"。代表回答，二心则无之，倘国家空言筹备宪政，不早开国会，与人民相见以心，人民恐怕要离心。②

24日，代表通告各省咨议局，已在京组织请愿速开国会同志会，各省亦应联合同志，"或分电政府，或呈恳当道奏达舆情，以民气民力所蓄积者，和平竞进，齐发以向政府"③。

同日，代表听取了孙洪伊等谒见军机大臣情况的汇报，决定由孙洪伊、刘崇佑、周树标、罗杰、汪龙光再晋谒满族亲贵。

27日，孙洪伊等谒见满族亲贵，只见到载涛和毓朗。载涛告诉代表："此举上下俱愿，恐枢臣独阻，某某面许之言，颇不足信。"毓朗说：立宪筹备工作"不可靠，我辈早已知之。君等此举，极为钦佩，定当竭力相助"④。

京师的八旗士民看到代表请愿，很受鼓舞，特召集起来，开会欢迎代表。文耀等刊发公启说：国家一线生机系于国会，假若国会召开，"而旗人既未尝尽义务于前，即无能享权利于后，斯时我旗人将何以自立于天下？更使政府见旗人于国会问题漠然置之，遂执为口实，以自解于国民，国会之成立或为之阻，瓜分之祸、奴隶之惨必旦夕立至，我旗人何以对朝廷？何以对国民？""乌可不疾起直追，加入于国会运动，与四万万同胞相提携，以期促短期限目的之必达耶！"⑤充分反映了旗籍士民的爱国思想。1月23日，200余名旗籍人士云集振华学校开会，文耀、恒钧发表了精彩演说，代表于定一、刘善渥讲了话，热情表示愿与旗籍同志紧密联合。随后推举了请愿代表。28日，文耀等将请愿书送呈都察院，要求一年内召

---

① 参见《时报》，1910年1月31日。
② 参见《时报》，1910年1月24、26、31日。
③ 《各省请愿国会代表通告书》，载《时报》，1910年2月5日。
④ 《时报》，1910年1月30日。
⑤ 《申报》，1910年1月27日。

开国会。

代表抵京后,巡抚孙宝琦、程德全、陈昭常、丁宝铨、袁树勋以及出使各国大臣均电政府俯从舆论,速开国会。顺天府府丞李盛铎亦奏请"立布宪法全文,定期早开国会"。并特别指出:"今代表诸人颇多地方搢绅,为乡里所推重,其忠信不止孚一邑,其言论且可鼓吹一时。故善用之则此辈皆日本维新时之士族,足以辅扬伟业,昌大盛治;不善利用,则失意而归,或至疑朝廷真意之所在"。"欧洲政变多起于中等社会,史迹具在,可为寒心"。①

接到请愿书,都察院堂官打算像1908年那次一样,先探实军机大臣的意向,再作处理。有些御史不平,召集同僚,"力言此次各省代表来都要求速开国会,邀准与否,实为大局存亡、民气消长之所关,亦即列强对待中国用刚用柔敬我侮我之所系。我辈职司献替,际此紧要关键,正宜联名具奏,极力赞成,以期襄斯盛举"。获得绝大多数积极支持。②载沣亦面谕都御史张英麟不准延阻。1月28日,都察院将请愿代表和旗民的请愿书上奏。

正如载涛对请愿代表所言,军机大臣的"面许之言,颇不足信"。他们表面上说赞成,实际上竭力反对。世续、鹿传霖更诬蔑代表请愿"为求增其势力起见,并非出自民意"③。

通过请愿和筹还国债等事,载沣看到了民气的发达,民智的开通,但又认为缩短年限徒滋纷扰,加以军机大臣极力反对,1月30日颁谕说,代表的"爱国悃忱"是非常可嘉的,"惟我国幅员辽阔,筹备既未完全,国民智识程度又未画一,如一时遽开议院,恐反致纷扰不安,适足为宪政前程之累"。"宪政必立,议院必开,所慎筹者,缓急先后之序耳。夫行远者必求稳步,图大者不争近功,现在各省咨议局均已举行,明年资政院亦即开办,所以为议院基础者,具在于此","俟将来九年预备业已完全,国民教育普及",必定召开国会。④第一次国会请愿就这样遭到了拒绝。

---

① 中国社会科学院近代史研究所档案。
② 参见《申报》,1910年1月26日。
③ 《时报》,1910年2月2日。
④ 《清末筹备立宪档案史料》下册,641~642页。

二、第二次请愿

第一次请愿遭到拒绝后请愿活动继续进行。2月1日，北京各界召开大会，与代表商量协助进行之策。代表表示，断不稍形畏缩，改变初志。孙洪伊还提出，政府既然不允速开国会，各省国债会应即停止，何时允开，何时再行筹办。

2月6日，在京代表议决了几项重大问题。

1. 关于再上书和代表去留问题。第二次递呈时间拟在农历二月底，回省代表或咨议局另举代表均于二月二十日前到京；出京代表皆有组织同志会及发动人民请愿的义务，如能分往邻省发动尤佳，直隶代表当即认定往东三省、山东、山西、河南，江苏代表认定往浙江、安徽、江西、湖南、湖北，广东代表认定往福建、广西；各省将组织同志会情况报告京师事务所；留京代表按照所拟办法通函本省；拟定代表团办事细则；各省同志会四月一面上书督抚，请其代奏，一面推举代表来京，四月二十日以前汇齐，呈都察院代奏；通电海外华侨推举代表来京与各省人民同时请愿，至迟不晚于六月，并由福建、广东派人前往发动；通告各省咨议局，如开临时会，将请愿速开国会提作议案，呈督抚代奏；请愿书及上摄政王书，代表可以推荐人起草；回省代表将印好的血书及请愿书带去，广为传布；整理上海会议及北京会议记录，分寄各省咨议局及其他团体；各省代表续认的经费从速交齐。

2. 关于请愿即开国会同志会办法。先定简章，分发到沪到京代表，转告签名者及同情者，以便早日成立；各省推举干事；回省的代表如途经上海，可会见王敬芳、雷奋、杨廷栋等，安置总部；如期交出经费；直隶、江苏、广东派人到邻近各省游说联络，开春出发，经费由本省自筹。

3. 关于组织报馆。创办旬报或周报，名为《国民公报》，各省认定办报经费二月交齐，三月出报；报馆总理及主笔，由干事员到沪定夺；各省尽力筹集经费；报馆简章议决后还应修正。

4. 关于咨议局联合会。每年六月开会，每省举1~2人与会；函告江苏咨议局，先期通告各省；拟定联合会章程，推刘崇佑起草。

以上各项议决后，寄给离京的代表，并函告各省咨议局竭力赞助。①

---

① 参见《记国会请愿代表进行之状况》，载《东方杂志》，第7年第2期；《大公报》，1910年2月18、19日。文中月日均为农历。

这次议决将请愿速开国会同志会改成了请愿即开国会同志会。

2月7日，代表又决定先电告各省团体，暂以京师代表团为请愿即开国会同志会总部，各省立即设立分会，举定干事。各团体复电赞成。旋又通告各省，驳斥了拒开国会上谕的无理。同时指出，此次被拒，是由于"请有未诚，诚有未至"，号召人民"矢以诚心，持以毅力"，"以法律之行动，为和平之请求"。① 继又致书各省多立同志会，发表演说，务使全国人民皆知国会利益，推举代表来京上书。

为了团结同志，增加请愿的后援力量，2月12日，由黎宗岳、陈佐清、程箴、马权公等发起，京师人士成立了国会期成会。16日，国会期成会向各省团体通告说，朝廷之所以未允速开国会，主要是看一看国民对于国会之热忱是否真挚。"果使我国民志气坚定，始终不懈，一请再请，天心必可早回，目的必可早达。"国民决不能灰心丧志，更不能看着请愿代表而不为后援。请即组织国会期成会分会，公举代表2人，于4月19日以前到京，与京师国会期成会联名上书请愿。② 也得到一些省的响应。国会期成会与请愿即开国会同志会目的是一致的，有人提出应该合并，以便厚集势力。请愿代表以为"目的虽同，但其办法亦有微异之处"③，没有同意。

在此期间，请愿代表不断邀约各界人士商讨进行方法，内部亦屡次讨论，大家表示，国会一日不开，代表一日不得言旋。同时，要联合八旗代表，消除意见隔阂。

为唤起人民争取国民权利的民主意识，鼓起要求速开国会的勇气，请愿代表将徐特立的血书印刷成红色传单，分送各省，广为散发。直隶立宪派人士还把徐特立断指血书的故事编成国会热潮新戏，在天津同乐舞台与该园著名艺人同台演出。徐特立由此声名鹊起，成为全国敬仰的志士。江苏丹徒县的郭毅为表示其"以血购国会"和支持请愿的诚意，鼓励代表勇往直前，也效法徐特立，自刺臂血，书写了"以购国会，国会乎，政党乎！血乎！"连同一信，邮寄请愿代表。代表不胜感痛，立将其血书制版印刷，分发各省。④

---

① 《国会请愿代表同人奉上谕后之通告书》，载《时报》，1910年2月26日。
② 参见《京师国会期成会通告》，载《时报》，1910年2月23日。
③ 《申报》，1910年3月28日。
④ 参见《浙江日报》，1910年2月25日；《申报》，1910年2月14日。

接着，代表讨论了直隶、江苏、广东派员分赴各省及海外华侨发动的办法。决定：派出之人作为同志会总部之特派员，不限于咨议局议员，教育会、商会干事亦可；特派员要促使各省早日成立支部，举派代表继续请愿，创办报刊，散发传单，发表演说，增广人民宪政知识；特派员到省时，省内应将所拟浅说或白话报等散发府厅州县各团体；特派员向各省说明在京创办旬报的缘由和办法；向各咨议局说明召开咨议局联合会的意旨，请预备议案，举人与会；发动各府厅州县绅民签名，愈多愈好，一次不行，进行多次，以期唤起一般国民的政治意识；请直隶、江苏、广东、湖北4省总商会通告各省商会，推举代表到汉口开会，并到京上书。

2月中旬，广州新军在倪映典领导下发动一次起义，旋即失败。请愿代表认为这一事件可以用来向政府施加压力，3月特电广东和各省咨议局，由人民"以粤乱名义促开国会，以电请政府"①。

4月4日，代表再次邀请各界人士讨论同志会简章和宣言书。经大家公议，决定将请愿即开国会同志会改名为国会请愿同志会，宣言书改称意见书，立即刊布。还讨论了创办报刊的问题。此前，江苏、广东咨议局来函表示，如办日报，可以多筹款项，所以此次大家主张改办日报。又以《国民公报》名义的范围太广，不切国会，决定改名《宪群日报》。以后经各省提议，又恢复了《国民公报》名称。

《国民公报》是国会请愿同志会和咨议局联合会的喉舌。经费由各省担负，业务聘请专人负责，工作由请愿代表公举的常任干事稽查，报社的一切重大问题必须向咨议局联合会报告，并经其同意始能进行。原政闻社常务员徐佛苏被聘为主笔。徐于政闻社解散后居于上海，梁启超嘱其注意联络资政院、咨议局议员，"使其一面努力建议发言，一面运动缩短立宪年限"。徐遵此而行，向素有交谊的议员"条议促进宪政之函牍，日夕发邮，不下数十百通"。各省议员"辗转传观，至为信仰"，多劝其"赴京主持言论，齐一同志之思想步骤"。于是徐于1910年1月赴京参加国会请愿运动。通过徐佛苏，原政闻社又与国内团体发生了联系。梁启超"欣慰无极"，指导其"进行之手札，约计三日必有一通"②。并告徐，如若

---

① 《申报》，1910年3月28日。
② 丁文江等编：《梁启超年谱长编》，500页。

办报,"乞以至诚感神一语为鹄"①。徐也与梁约定,《国民公报》"专对国民发言",既"不对政府及私人上条陈",也"不对革党及他派下攻击"。后来《国民公报》刊行,"痛诋清政而鼓吹立宪","遂为立宪运动之大本营"②。

《国会请愿同志会规约》与以前的区别主要是:总部改设北京,取消上海总部。增添的内容有:总部干事分为书记、庶务、会计、交际4科,人数视事务繁简而定;支部分科及人数由各省自定,支部干事同时作为总部干事;总部与支部应协力支持等,其余皆同。③

《国会请愿同志会意见书》长达万余言,论述了速开国会可以革除贫弱根源,驳斥了朝廷不允速开的各种说法。还指出同志会目前是个政团,然与政党性质已相去不远,欲速开国会,"当有政党之预备",透露了组党的打算。最后说,"宪政之确定,则必在专制日久而一旦不能保守专制之时期","吾国今日正此时期也"。鼓励人民为实现立宪而奋斗。④

代表还特别发表了敬告商会书,着重强调:"今日世界无不以工商为立国之根本者。夫商人既一跃而居国中最重要之地位,则国中政治之得失自与商人有特别利害之关系,故吾国今日国会请愿之事,尤应以联络商界为中坚","急望各省商会共举代表,大举请愿,而尤望彼此相约于四月中弦开联合会于汉口,同时北上,藉收联络接洽之效,益矢同舟共济之心。"⑤立宪派在政治上渐趋成熟,认识到本阶级的基本群众在近代国家政治生活中的重要地位,要资本家依靠其经济实力起到中坚作用,全体动员起来,投入政治斗争。

全国各省咨议局、教育会、商会和立宪团体,均积极支持代表继续请愿,响应号召,组织了同志会支部。兹将直隶的情况略加介绍,以窥各省发动的概貌。

还在朝廷拒绝速开国会上谕发布前的1月23日,直隶绅商学警报军各界人士200余人即召开大会,研究了继续请愿的方法。共同议决:以直隶团体的名义直接上书请愿;公推温世霖、贺培桐、萧启宗、王松桥、石聘之、刘渐逵为总干事,

---

① 《梁启超致徐佛苏书》,1910年3月15日,抄件。
② 丁文江等编:《梁启超年谱长编》,513页。
③ 参见《时报》,1910年5月14日。
④ 参见《国风报》,第1年第9期。
⑤ 《敬告各省商会请联合请愿书》,载《大公报》,1910年4月22、23日。

专任联络各州县绅商士民，谋进行之法；以咨议局、自治研究总所、中国报馆为通信机关；通告府厅州县进行广泛发动；俟签名单到后，再开大会，公举代表到京请愿。接着，通告全省，号召人人签名。咨议局函告各地议员就近劝导签名。直隶宪政研究会连日召开会议，筹议办法。商务总会也召集各行董事及商界同人大开会议，进行讨论。经过各团体的共同努力，鼓吹国会的宣传画和白话演说稿很快印刷出来，遍贴本省城市街巷和农村，邮寄全国各地及火车站。在发动工作中，咨议局议员表现得非常突出。副议长谷芝瑞亲赴山海关一带，联合永平等7个州县的各界人士召开大会，研究办法，并为同志会捐款。常驻议员仇翰垣编写了请愿国会俚言，浅显透彻，不少议员募款印刷，寄往家乡。在家乡的议员都踊跃地担起就近的发动工作。各府厅州县闻风而起，召开动员大会，分头演说，征集签名，推举赴省代表。4月，各府厅州县的代表带着签名册到天津汇齐，并于15日共同推举出全省的请愿代表。5月初，国会请愿同志会支部成立，选举齐树楷、张锡光、萧启宗、王双岐、宁存恕、杜宝桢、李鐄为干事，温世霖为干事长。

西方国家的人民在争取立宪的斗争中有句名言："不出代议士不纳租税。"中国人民也想拿起这一武器进行战斗。遵化中学监督致函省请愿同志会说：如果政府拒绝速开国会，唯有"实行租税不经人民承诺，决不完赋之义，暂将全国国税停纳"①。天津商务总会在讨论实行印花税问题时也提出，"如国会不开，人民无参政权利，则此项义务决不承认"②。

直隶这次请愿签名人数，据《大公报》消息，3月30日同志会事务所报告，已达20余万。③不少报纸加以转载。在此后的一段时期内，签名仍在继续，人数还要增加。不过，这个数字不太可靠。

中国第一历史档案馆现存有直隶绅民签名簿3册，题为《国会请愿绅民衔名册》④，请愿领衔人开列在首册的最前边，头一名就是清末最后一届状元、翰林院修撰刘春霖。在另一册中还有一份《国会请愿书》（未注上书人，从内容看系商人呈递），标明的时间为宣统二年四月。由此可见，签名簿是1910年第二次国会

---

① 《大公报》，1910年4月9日。
② 《大公报》，1910年6月6日。
③ 参见《大公报》，1910年4月1日。
④ 一档档案：会议政务处档，984、985、986号。

请愿时附呈的。

统计在 3 册签名簿上签名的,共有 72 个府厅州县(其中赤峰县、磁县不为《清史稿·地理志》所载,另有两处未写明州县),25051 名群众。签名较多的献县为 1862 人,阜平县为 1725 人,巨鹿为 1572 人,最少的为完县,仅有 4 人。其中有的人数与报纸报道不符。在 72 个府厅州县中,有 17 个在签名簿中出现过 2 至 3 次,每次人数不一,说明签名是不断上报的。需要指出,签名簿不完整,它是按照《周易》乾卦卦辞"元、亨、利、贞"的数序排列的,现存的只有"元""亨""贞"3 册,显然缺"利"册,此其一。其二,《大公报》报道,平泉、邢台、盐山、元氏、怀安、平山诸州县都选派了代表到天津,但这些州县在签名簿中均无反映。签名簿既不完整,所载府厅州县和人数自然少于实际数字。

据《清史稿》志二十九《地理一》,直隶在清末所辖行政区域除京师外,有 11 府,7 直隶州,3 直隶厅,144 个(散)州(散)厅县。而签名簿中却只有 3 府,约占 27%;4 直隶州,约占 57%;1 直隶厅,约占 33%;60 州厅县,再加不为《地理志》所载的赤峰、磁县及两个未写明的州县,约占全部州厅县的 44%强。直隶的发动工作是做得比较好的,假若各府厅州县均已签名,按照签名簿的平均人数推算,全省签名约有 6 万人。7 月 1 日的《大公报》就不再坚持前面的说法,而是说"达数万余人",这就说明以前的报道是不准确的。

有无本人不知而别人代签的情况呢?由于签名簿多是分发到各单位办理,绝对避免代签几乎是不可能的。领衔者刘春霖就是一个例子。有天在军机大臣上学习行走的吴郁生回拜国会请愿代表,提到刘春霖向政府上书,声明签名系别人代写,并由此怀疑全国的签名不实。代表听了无不气恼,立即由直隶代表致函直隶同志会调查清楚,查询的结果确为他人代写。刘春霖再三声明,他并不是不赞成速开国会,而是因为未见呈稿,为慎重起见,不愿列名,"或有友人未知鄙意,代为书人",至于上书,并无其事。① 但这种情况是很少的,不能由此而否定全部签名的真实性。即有代签,也像刘春霖这样,本人是赞成速开国会的。

签名者都是些什么人呢?直隶的 3 册签名簿是目前所能查到的唯一提供了签名者身份的珍贵资料,兹加分类排比,制作简表如下。

---

① 参见《大公报》,1910 年 7 月 5 日。

1910年直隶第二次国会请愿签名者身份统计表

出身、身份	人数	出身、身份	人数
具有各种文武职衔者	171	留学毕业生	50
进士	9（内含武进士7）	新式学校毕业生	17（内含高小毕业生4）
举人	222（内含武举17）	俊生	2
贡生	140	军人	2
监生	11	商民	6543
生员	7607（内含武生1）	工人	45
文童	280	农民	547
自治所、劝学所人员	5	国民、民	1833
教员	14	不明者	7550
职员	3	总计	25051

上表表明了这样几个事实：第一，知识分子和商人是请愿的主力军。由进士到新式学校毕业的大小新旧知识分子和学生共有8358人，约占总人数的33%，数量最多。其次是商民，有6543人，约占总人数的26%。两项加起来，就约占总人数的59%。自戊戌变法前后开始，近代知识分子就成为中国革命运动和政治改革运动的领导者与急先锋，在这场爱国运动中，他们自然也是最先觉悟的一部分。速开国会，建立立宪政体最大的直接受益者是资产阶级，他们理解这场运动的性质及同自身的利害关系，因此也追随在本阶级的代表人物之后积极投入了运动。第二，签名者包括各个阶级和阶层的人物。既有获得各种文武职衔的官员，新旧大小知识分子，各层次的工商资产阶级，也有工人和农民。"国民"、"民"和身份不明者一样，当包含相当一部分城市市民，其余不外农、工、商几种类型。要求民权，革除专制，是历史的巨大进步，从根本上来说符合广大人民群众的利益，所以也能得到部分市民、工人和农民的支持。第三，签名的民族资产阶级上层人物很少，绝大部分商民都属于中下层。这一事实说明，立宪运动代表的是民族资产阶级的整体利益，立宪派的阶级基础也是全体民族资产阶级。

商界是以一支独立的力量出现于运动中的。过去，商人懵于大势，"骤语以国家强弱兴衰之故，必且有自谢不敏"，"间有稍明大势者，熟察经济与国家关系之原理，亦思有所表见，惟是权限不属，舍商务一端而外，略无置喙之地"①。这种情况使他们感到是一种莫大的耻辱。经过发动，资本家不仅懂得了人人有参与政治的权利，有监督政府的义务，也认识到"世界愈进于文明，则商人对于国家亦愈占非常之势力"②；咨议局开办后，有些资本家当选为议员，不少咨议局都通过了发展实业的议案，他们也体会到了自己的地位责任和被人民所尊重；而工商业在帝国主义和封建主义压迫下所遭遇到的悲惨景况，更使他们为维护自身的经济利益而努力奋争。因此，当请愿代表一发出号召，他们便毅然挺身而出，由各地商会出面，纷电请愿代表，表示决心继续请求，誓做后盾。江苏的商界召开了大会，选派代表，直接上书请愿，吉林商务总会和各地分会亦公请督抚代奏即开国会。上海的李厚祐、陈震福、陈寿颐、金贤宰还以华商联合会的名义，拟就请愿书，准备联合海内外华商请愿。广东、江西、山东、湖北等地商会都积极参加了请愿活动。

其他社会团体也积极参加请愿。如 2 月 5 日，安徽教育总会会长童挹芳、吴传绮与全体会员致电军机处，请主持速开国会。③7 日，安徽农务总会亦电军机处要求收回九年成命，速开国会。④3 月，江西教育总会召开大会，决定组织国会期成会分会，推举代表入都请愿。江苏教育总会准备单独上书，并致函各省教育会和学界，推举代表入都，促成了全国教育界的请愿。

各地人民不仅踊跃签名，而且从物质上给请愿代表以帮助。如汉口水电公司总理宋炜臣寄给代表大洋 500 元，"聊尽国民分子之义"，希望代表"迈往直前，百折不回"⑤。福建咨议局议员林辂存捐给国会请愿同志会总部银 180 两，作为创办日报之用。直隶有一自署"逸亭氏"的公民汇给代表 2000 元，作为组织政党之助。江苏一个自称"濒水氏"的公民见国会不开，特将自己认捐的国债 100 元改寄给代表。至于捐款赞助各地同志会分会的就不计其数了。

海外侨胞有的直接致电政府，有的推举代表回国，一致要求速开国会。2 月，南洋雪兰峨等 26 埠华侨推举帝国宪政会会员陆乃翔为回国请愿代表。4 月 22 日，纽约中华公所陈伯周等专电军机大臣，要求速开国会。5 月，澳洲华侨亦委托陆乃

---

① 《华商联合会为国会事公告海内外华商请求书》，载《申报》，1910年4月12日。
② 《华商联合会为国会事公告海内外华商请求书》，载《申报》，1910年4月12日。
③ 参见一档档案：外务部档，4747号。
④ 参见一档档案：外务部档，4747号。
⑤ 《申报》，1910年3月9日。

翔兼任了请愿代表。美洲的帝国宪政会向载涛呈送了要求本年10月3日召开国会的请愿书。俄国海参崴的全埠华侨王廉钦等亦上书农工商部代奏速开国会。

4月，请愿代表组织了国会请愿代表团，举孙洪伊等为干事。通告各代表于5月28日前齐集京师。

以后，代表团召开会议，推举徐佛苏、孟昭常、雷奋、邓孝可、孙洪伊、方还、黄远庸专任修改请愿书之责，吴赐龄、刘善渥、王尹衡、余德元、晏宗杰专任发缮校对，陈登山、杨治清、李芳、陈寿崇、李长生负责筹备呈递请愿书的一切手续，并招待续到代表，确定递呈日期最迟不得超过6月16日。旋又议定分起上书。

此次请愿，据称国民签名者达30万人。

6月16日上午8时，代表齐集都察院，由领衔者依次向左副都御史陈名侃递交了分别代表直省咨议局议员、直省和旗籍绅民、各省政治团体、各省商会、直省教育会、东三省绅民、江苏教育会、江苏商务总会、雪兰峨中华商务总会、澳洲全体侨商10份请愿书，均要求一年之内召开国会。各团体代表共有146名（内刘善渥兼两个团体代表）。

10份请愿书内容各有侧重，各有特色。如直省咨议局议员代表的请愿书完全是针对朝廷第一次拒绝速开国会上谕中所列的筹备不完全、国民知识程度未划一、资政院可为议院基础而发，与其说是请愿书，倒不如说是批驳书更为确当。各省商会的请愿书从世界各国国会给商人带来的种种利益，对比中国无国会，而致不能有完备的法律，不能制定正确的商业政策，税收不合理，进出口税利洋商不利华商，说明商人的命脉完全系于国会。同时声明，资政院中只有10多名纳税议员名额，不足代表商人，决不承认。各省政治团体请愿书着重批驳了九年筹备计划，指出只有宣布宪法、议院法、选举法，实行选举，才是真正应当筹备的事情，筹备这些事情一年时间就足够了，为什么要坐废八年的时间？直省教育会请愿书从教育行政机关不完备，教育经费不确定，教育法令不能取信于民等方面，论述了速开国会的必要性。东三省绅民请愿书重点讲了东三省在帝国主义侵略下，近年疆域日蹙，利权日亡，财力日竭，人心日变的迫切情形，指出九年立宪之期，万难从容以待。①

6月19日，代表团因都察院上奏尚需时日，乃推举数人出谒军机大臣，上书

---

① 各请愿书均见《国会请愿代表第二次呈都察院代奏书汇录》，1910年。

摄政王和政府，以冀请愿书上奏时减少阻力。

22日，代表前往摄政王府请谒上书，载沣推辞不见，也不接受上书。代表不得已，次日将上书交邮局寄送，书中指出：代表所以弃室家旷职业再三请愿者，是不忍坐视国家灭亡，那些阻挠速开国会的大臣，都是"全驱命，保禄位"，"惮于改革而或不利于身家"的人，皆"戊戌、庚子新政罪人之续，而为国家万年根本之蠹"，绝对不能再被他们所荧惑，重蹈戊戌变法之覆辙。①

这些请愿书和上书讲的都是中国的实际情况，表达的都是代表内心的真实感情。他们苦心劝告，竭诚相求，只是因为要尽到国民的责任，表现了对朝廷的依恋之情和赤诚之心，语语见泪，字字泣血。

然而，在顽固守旧的大臣眼里，人民请愿并不是出于什么好心。他们叫嚷要解散代表团，以免与政府为难。还有的说，西方那一套办法在中国不适用，一切必须遵照咨议局章程办理，"不得妄行干预"，"不得滥结党会，如各国之政党、社会党之类，致启纷扰"②。6月21日都察院将请愿书上奏后，有些大臣"力主以严旨震吓，以免哓哓不休"，气势汹汹，猖狂至极。另一些大臣则认为"民心不可失，民怨不可积，仍须婉言对付，以免酿生意外节枝"③，表示反对。

载沣对速开国会问题的认识没有前进，反而有点倒退。1909年以后各地人民掀起的抗捐抗税斗争、骚乱和暴动，使他得出这样的结论："足见人民资格不齐，若果国会速开，诚恐徒滋纷扰，故仍坚持原定年限。"④但他也反对以严厉手段制裁代表，反对"塞臣民之喁望"，交代军机处拟旨时"措词总以动人感听为得体"⑤。军机大臣怕落骂名，不敢独负责任，建议召开会议政务处会议，以为分谤之地。

6月26日，会议政务处大臣阅看都察院代奏的请愿速开国会折件。同日，代表孙洪伊等致函会议政务处大臣，请"力持速开国会之议"⑥。所上政府书更义正词严地写道："各立宪国之所以尊重国会，与国会之所以能维持国家者，首在国会之握有立法权以编纂一切法律法规也"。"人民之所以要求国会者，必因目前

---

① 参见《国会请愿代表第二次呈都察院代奏书汇录》，49~50页。
② 《大公报》，1910年3月4日。
③ 《时报》，1910年6月26日。
④ 《大公报》，1910年6月4日。
⑤ 《汇报》，1910年7月8日。
⑥ 《国会请愿代表第二次呈都察院代奏书汇录》，51~52页。

极厌恶此种专制政体，极不信任此种官僚，故必欲参与立法，使之独立于行政部之外"。"故吾国若一日不开国会，法律必无效力"。"政府既不授人民以立法之权利，人民即无遵守法律之义务。日后人民虽酿成大变，虽仇视政府，虽显有不法之举动，代表等亦无力可以导喻之，惟有束手以坐视宗社之墟耳。"①理直气壮地告诉政府：人民是极不信任官僚专制政府的，不给人民立法权，人民便不承认政府的一切法律命令，人民起来造反，推翻政府，都是正义的、无可指责的。这种几乎等于煽动"叛上作乱"的大胆言辞，既表明了立宪派鲜明的政治立场和悲愤之情，又是对政府的当头棒喝。无奈当权者利令智昏，执迷不悟。

6月27日，载沣召集会议政务处会议，讨论军机处草拟的诏旨，当日颁下。诏旨说，朝廷是希望立宪早日实现的，"惟思国家至重，宪政至繁，缓急先后之间，为治乱安危所系，壮往则有悔，深虑则获全"。"而谓议院一开，即足致全功而臻郅治，古今中外亦无此理。况以我国幅员之广，近今财政之艰，屡值地方偏灾，兼虞匪徒滋事，皆与宪政前途不无阻碍"。资政院即将开院，"不惟立议院之基础，兼以养议院之精神"。仍待九年期满再开国会，毋再渎请。②二次请愿又被拒绝了。

三、咨议局联合会召开

咨议局联合会又称咨议局议员联合会。1909年10月咨议局刚刚开议，直隶和山东局就因有些问题非一省之力所能解决，感到有联合的必要，提出了建议。12月，请愿代表在沪会议时也讨论了各局互相联络的方法，提出每年农历六月在沪聚会，研究各省利害共同的议案。因此事不属于请愿范围，故议而未决，待代表报告本省咨议局后再定。

1910年2月，在京请愿代表议决组织咨议局联合会，推刘崇佑起草章程。

组织咨议局联合会的原因，据汤化龙向联合会的报告，主要有二。其一，咨议局议决的事情"率属于政治问题，动辄牵及于全国，少亦及于数省以上"，一省议决这样的议案，"即有逾越权限之嫌"，也得不到解决，这就使得议员产生了"不能尽发挥其政治能力之大憾"。因此，必须组织一个能够解决问题的机关，

---

① 《中华民国史档案资料汇编》，第1辑，131~132页。按：编者定上书时间为1910年11月，显有疏误。
② 参见《清末筹备立宪档案史料》下册，644~645页。

最好是国会，可是国家不允许成立，人民"乃不能不自相结合，自相讨究，以为解决政治问题之总汇"。其二，宪政编查馆对《咨议局章程》的解释离原意甚远，咨议局的权限"愈削"，"地位益不确实，其议决者全无政治上之效用"，这是以命令变更法律的结果，"徒口舌争之而无如何，则必别出其途，以发挥我士夫政治上之能力"，故有联合会之组织。① 还说："我国民既得以参政权运用于咨议局，乃进而求圆满运用之地，于是有国会请愿之举，不得于国会，则自进而为直省咨议局议员联合会之谋。盖政治思想如弩牙，有其拔之，不可遏之也。"② 可见咨议局联合会的出现，完全是议员政治思想发达、要求充分圆满发挥其参政权的产物。

1910年4月，请愿代表将草拟的咨议局联合会章程并理由书一并分寄各省咨议局及前曾到沪的代表，唯开会地点在京在沪，各省主张不一，亦征询了意见，限4月底以前答复，不论有多少省答复，均以多数取决。后来有14省答复，主张在京者9省，主张在沪者5省。代表团遂通知各省在京开会。

8月12日，联合会以前门内石桥别业为会场正式开会。此次参加联合会的共有20个省的咨议局（甘肃未到，新疆未成立），会员50人。

在8月12日的第一次会议上，通过了章程、议事规则和临时办事处办事规则。民主投票选举了正副主席和审查员，当选主席的为汤化龙，副主席为蒲殿俊；审查员有孙洪伊、杨廷栋、刘崇佑、雷奋、周树标、王法勤、吴赐龄、汪龙光、孟森，孟森又被推为审查长。

联合会章程计6章36条，基本精神是：联合会以各省咨议局派遣之议员组织而成，也可派遣由本局选出的资政院议员。未经派遣的资政院议员，可请其为会员。未经派遣的咨议局议员如愿与会，可作参议员，列席会议，发表意见，但不参加表决。每年农历六月在北京开会一次。联合会以开会之日为成立，闭会之日为终止。议事范围包括：各省咨议局共同的利害问题，向资政院的提案，该会章程及其他规则。议案一经议决，各省咨议局应取一致行动。开会时由与会议员互选正副主席各1人，主持会议；议决方法少数服从多数。公推1省或2省咨议局主持会议应办事件，通信主任负责通告招集，汇齐议案，公布事件；庶务主任负责其他开

---

① 参见《直省咨议局议员联合会报告书·会员记事录》，26~27页，1910年。
② 《直省咨议局议员联合会报告书·序》。

会应办之事，开会时组织临时办事处。各省咨议局应预备议案，派人参加会议。经费由各省分任。①

咨议局联合会"以开会之日为成立，闭会之日为终止"，没有常设的机关，无常任的领导成员，平时只有通信主任负责联系；会员均由咨议局临时派遣，人数很少，且不固定，既无入会手续，也无发展会员、扩大组织的任务，同立宪团体不同，与作为国家法定机关的咨议局也有异，它只是一个各省咨议局的协商联络的机关，不能算作政治结社。

虽则如此，联合会所起的作用却不容忽视。首先，它研究的是各省咨议局共同的利害问题，全国性的政治问题，这是任何一个咨议局无法单独办到的。研究之后，各省咨议局或与督抚对抗，或上书资政院和政府力争，有力地推动了全国民主政治运动的发展。其次，起到了协调各省咨议局动作的作用。其议决的议案对各省咨议局均有约束力，在许多重大问题上各局的行动都是步调一致的，这对于开展斗争无疑具有重大意义。最后，通过联合会，各省咨议局议员得以密切接触，讨论问题从大局出发，容易破除省自为界的地方主义陋见，提高全局观念，从而为成立全国性的政党奠定了基础，事实上，联合会的成立也包含着这一意图。汤化龙在开始的讲话中即宣言："彼东西各国之大政党，恒以其势力左右全国，今虽不能遽至，亦未尝不可以为之造端。学山至山，学海至海，斯本会同人所当共勉者也。"②

9月7日，联合会闭会，共开会13次。

会议期间，提出的议案46件，经过审查，有的被否决，有的被合并，有的以其他方式处理，最后议决的议案共计14项。其中5项是关于改变盐法、裁撤厘捐、禁绝鸦片、保护商办铁路、废除学堂以科举名称奖励毕业生的问题，其余俱属政治问题。

《陈请提议请速开国会案》在进一步批驳了朝廷拒开的搪塞之词的同时，还特从正人心方面论述了国会必须速开的道理。

《陈请申明资政院立法范围提议案》目的在于申明资政院的立法范围，确立议院基础，使之通过的议案执行有所保障，防止宪政编查馆侵犯其权限。陈请书指出，

---

① 章程见《直省咨议局议员联合会报告书》。
② 《直省咨议局议员联合会报告书·会员记事录》，28页。

不论资政院的职权是否同于议院，根据历次谕旨的精神，资政院"实具有完全立法性质"，预备立宪以来颁布的法律法令，都应由其加以审查。资政院开院后必须明确宪政编查馆的职责为编制法律，资政院的职责是赞定法律，不得混淆。①

《请根据章程确定权限解释公呈案》、《陈请更正咨议局文书体式建议案》、《陈请解决咨议局办理困难情形案》、《历陈咨议局困难请变通办法案》，都是围绕确立咨议局的地位、权限，使之不受官僚侵犯，充分发挥其作用提出的。主要意思是说宪政编查馆随意解释章程，简直是在破坏咨议局，因此资政院应当进行统一解释。正确的解释只有一个，这就是"咨议局为辅助一省行政机关之机关，其权限当与行政机关相称"，即"应与督抚权限相称。再换言之，则督抚可主持命令者，即为当经咨议局议决者"。宪政编查馆规定的文牍格式尤无道理，大大损害了咨议局的地位，资政院应加以更正，督抚行咨议局公文一律改用"照会"，咨议局对于督抚一律用"咨呈"，对于司道相互用"移"。为防止行政官员阻挠破坏，保证咨议局通过的议案具有效力，国家必须以法令形式督促督抚公布施行；明确规定督抚札复议案的期限，以便咨议局讨论；原定会期40天太短，应改为50天；给予常驻议员议复的权力，以防督抚对于不利于己的议案任意拖延；咨议局呈请查办事件，督抚应一面答复，一面查办；取消行政衙门对咨议局调查的限制。②

《陈请建议速定官制提前实行案》认为现行的官制不适应新形势的需要，应重新拟定，请资政院议决速定责任内阁官制草案，于开会期间奏请施行。③

《陈请建议速定公布法令条例案》系请资政院建议中央政府制定统一的公布法令条例程式，规定生效时间，以便使人民纳于法治范围，避免官吏利用人民不了解法律胡作非为。④

《陈请修改〈结社集会律〉案》则是要求资政院修改《结社集会律》。指出：各国宪法均许人民自由结社集会，我国方预备立宪，"亟须牖国民政治之知识"。可是，《结社集会律》禁止学堂教员结社集会，这是与要国民具有政治知识的本旨相背驰的，与现行各项法律是相矛盾的，对教育政策大有妨碍，不能使教员担

---

① 参见《直省咨议局议员联合会报告书·议决案汇录》，6~7页。
② 参见《直省咨议局议员联合会报告书·议决案汇录》，12~23、42~47页。
③ 参见《直省咨议局议员联合会报告书·议决案汇录》，8~10页。
④ 参见《直省咨议局议员联合会报告书·议决案汇录》，11页。

负起先觉责任，必须删除。政治结社以 100 人为限，政论集会以 200 人为限的条文为各国所无，"于法理不合"，也没有必要，只能造成国家政治分崩离析的重大恶果，也必须删掉。①

上述有关政治问题的议案，意图非常明显。他们要求速开国会，力争人民尽快获得立法权和监督权；即使速开国会目前不能实现，也要使资政院取得完全立法的地位，破除封建政府颁布法律法令的专制体制；要求速建责任内阁，反对君主掌握实权，也就是反对君主独裁统治。要求从各方面维护咨议局的权限地位，禁止行政官员对它的侵害破坏，目的在于巩固咨议局这块根据地，保卫并扩大人民已经取得的参政权。提出修改《结社集会律》，意在争取国民结社集会的完全自由，建立政党，提高国民的民主意识，彻底打破封建专制的禁锢。总之，万变不离其宗：铲除封建专制独裁制度，实行并确立资产阶级民主政治制度。他们的要求代表着各省咨议局议员的一般意向，从一个方面说明了咨议局并不是封建行政衙门的点缀品，而是由立宪派控制的初级地方议会。这些政治性议案大都为资政院所采纳，有的为政府所接受，起了很大作用。

9 月 3 日，联合会公推庶务主任由直隶咨议局担任，通信主任由湖北咨议局担任。选举孙洪伊为《国民公报》干事。同时决定，所有议决案暂交直隶咨议局，待资政院议事细则发布后代呈资政院。

1910 年为试办各省预算的年度，而度支部却不打算让督抚提交咨议局议决。联合会认为事关重大，特在 9 月 7 日的最后一次会议上讨论了对付办法，决定：1. 如督抚不交预算案，应予诘问，同时电资政院，要求确实速复。如系奉旨不交，各局应于农历九月初三日以前互相电告，初四日皆电资政院力争，以必得为止。如达不到目的，各局同时停议，进行要求。2. 预算如只有出入总表而无分表，或只有岁出经费而无岁入款目，应交还督抚，并电资政院要求更正。若达不到要求，则同时停议。②

四、第三次大请愿

立宪派对二次请愿被拒思想准备不足，而朝旨不准人民继续请愿，政府禁止

---

① 参见《直省咨议局议员联合会报告书·议决案汇录》，25~29 页。
② 参见《中国纪事》，载《国风报》，第 1 年第 25 期。

报馆刊登请愿的消息和发表评论，派遣密探侦察代表行动，尤为立宪派始料所不及。虽则这些大大伤害了人民的感情，但广大的立宪派人士对政府尚未绝望到认为其甘与人民为敌的程度。他们也不同意极少数人实行激烈手段的主张，认为"激烈则必经祸乱而始有效"，"和平则不酿祸乱，而亦未始无效"。他们一直抱着一种极其美好善良的愿望："始终冀以君民一德，不惊不扰"，促令宪政"安全成立，以垂为特色之改革历史"。希望以最和平的方式，通过政治改革，创造出一条具有中国特色的由封建社会通达资本主义社会的康庄大道，永垂青史。他们仍然坚信："精诚所至，金石为开"，只要全国人民一致"惨怛呼号"，是能够感悟政府的，所以还是主张继续进行和平请愿。① 他们还认为，专制顽固狡猾的政府正在打着朝廷旗号，压制人民请愿，"敌既强矣，而吾乃相视失色，裹足不前，是示怯也"，"怀抱之真理，终为最后一战胜之利器"②。人民有真理在握，胜利最后一定是属于人民的！

代表团在二次上书后连日接到各团体电报 50 多件，皆谓此次请愿无效，代表万不可离京，各省当再推举代表来京，进行第三次请愿。

二度请愿被拒的次日，直隶同志会即电代表团云："请愿二次被驳，人心悲慨，即刻联合进行，乞坚持勿懈。"③ 旋再电请代表团通告各省同志会，以图再举。奉天咨议局分电在京本省代表和代表团，"乞力持上第三次请愿书，为民请命勿懈"。汉口同志会亦电请通告各省，"为三续请愿"④。同时，200 余名参加朝考的留学生和举贡人员一致决定继续请愿，加入代表团行列。以后推举四川向一中、刘念祖，陕西贺景贤、陈同熙、山东陈命官、蒋鸿宾为代表。凡此均鼓舞了代表的勇气，坚定了代表的信心。

6 月 29 日、30 日，代表团连续开了两天会议。孙洪伊自领衔请愿后，一心扑在请愿运动上，家事一概不问。有次家人因事来函，要其回去料理，他复书说："国会一日不解决，则一日不回乡。"⑤ 此次不准再行请求谕旨下后，有人劝其少缓运动，他慨然说："我等受父老之重托，为天下所仰望，苟不达到速开国会之目的，

---

① 参见《国会请愿代表团启》，1~2 页，见国会请愿同志会编：《国会鼓吹》，广智书局，1910 年。
② 《论国民宜速准备第三次请愿国会之进行》，载《时报》，1910 年 7 月 9 日。
③ 《大公报》，1910 年 6 月 29 日。
④ 《大公报》，1910 年 8 月 10 日。
⑤ 《申报》，1910 年 2 月 4 日。

虽诸君尽归，我孙某抵死不出京师一步也。"① 会上，他坚决表示，请愿有进无退，毋庸讨论，所要研究的只是进行方法问题。并提议代表团势力单薄，应联络农工商各界。

经过讨论，代表团通过了下列事项：

1. 变更扩大代表团组织。原来的代表团仅限于咨议局议员，此次特扩大范围，凡在京各界代表一律加入，成为一大团体。代表团事务所干事以 10 人为限，编辑以 8 人为限。当选为干事的为孙洪伊、方还、陈登山、黎宗岳、周树标、吴赐龄、邓孝可、文耀、李素、郭卫村；当选为编辑的有汪龙光、雷奋、刘善渥、黄远庸、孟昭常、王法勤、徐佛苏、刘荣泽。其他代表均为评议员。

2. 代表之去留。各省驻京代表越多越好，如有特别情况必须离开，京中也要留人，以便接洽。

3. 代表团经费。各省所认之款统限 7、8 月交齐。

4. 变更国会请愿同志会总部，扩张支部。决定取消北京同志会总部名称，改为北京国会请愿同志会，职员暂由代表团职员兼任，并推同志会中康士铎、孙壮加入代表团；各省城及府厅州县均设分会；省分会应将国会与人民的关系编成白话印刷品，分发府厅州县分会，广为演说。

5. 代表团选派专员分往各地游说联络。其任务是催办府厅州县分会，演说，赶办签名册，有应变全权，而以构成请愿实力为第一要义。

6. 回省代表的任务是：催交给代表团的经费；募集《国民公报》捐款；特派员游说联络的各种事情。

7. 三次请愿的准备。（1）三次请愿定于明年农历二月举行；（2）签名必须普及于农工商各界，人数每省至少在百万以上；（3）签名册形式由北京事务所统一拟定，分寄各省；（4）签名请愿不同于政治结社，不能把签名者一概列入会员名册；（5）签名册限农历十二月汇齐送京；（6）明年二月请愿时，各府厅州县必须派 1 至 2 名代表到京，近省代表至少在 100 人以上，远省代表至少在 50 人以上；（7）各团体在明年农历二月请愿之前，还要进行间接请愿，即代表团向资政院上请愿书；各省咨议局及各团体向资政院上请愿书，同时呈请督抚代奏。②

---

① 《申报》，1910年7月17日。
② 参见《宣统二年五月中国大事记》，载《东方杂志》，第7年第6期。

议定之后,代表团即电各省团体,告以"决为三次准备,誓死不懈"①。并通知说,关于农历九月的间接请愿,待咨议局联合会决定后再行报告。

代表团的决定得到了各省团体、人民和留学生、华侨的热烈拥护。7月1日,留日学生1000余人在东京锦辉馆开会讨论,议定联合全国各界进行第三次请愿。美洲华侨公举帝国宪政会会员伍庄为代表,赴京请愿。澳洲华侨也电陆乃翔务须竭诚尽力,继续请愿。

自国会请愿运动开始后,在文坛上一度沉寂的舆论骄子梁启超又精神勃发,殚精竭虑,写下诸如《国会期限问题》、《为国会期限问题敬告国人》、《论请愿国会当与请愿政府并行》、《国会与义务》、《立宪九年筹备案恭跋》、《政治与人民》、《责任内阁释义》等重要著作,在思想理论上对请愿运动加以指导;驳斥政府的谬论,批评九年筹备方案"卤莽灭裂,不成片断"②,"涂饰迁延,本末倒置"③;指出政府"假立宪之名,以行专制之实"④,中国百业萧条,民不聊生,胥吏婪索,盗贼充斥,政治不良,受外国宰割,都是政府造成的,号召人民把国会请愿当作"今日人生第一大事"⑤看待,积极投入到运动中去。此时他又撰写了名文《论政府阻挠国会之非》,以犀利的笔锋批驳了拒开国会的上谕。

为了支持请愿,回击政府,人民再也不愿自动担当义务,筹还国债之声倏然寂灭。他们说:"国会不开,则财政不能监督;财政不能监督,则吾民朝以还,政府夕以借,吾民一面还,政府一面借,又谁得而知之?谁得而阻之?徒然使吾民于租税捐派之外,多一代官还债之义务,吾民虽愚,又谁愿以有限之脂膏,填无底之债窟乎!"⑥南洋华侨倡议的海军捐在载洵出洋时已有成议,二次请愿被拒后宣布取消。人民与侨胞火一样炽烈的爱国激情完全为当权者的冷酷峻拒所熄灭。

北京国会请愿同志会成立以来,一直未在有关部门立案,警厅传谕代表,谓再不立案,即应解散。7月3日,代表团讨论此事,议决将同志会附于代表团之内,由同志会推举人掌理职务,由代表出名呈报立案,俟批准后再公举干事,作为正

---

① 《时报》,1910年7月4日。
② 《国会期限问题》,载《国风报》,第1年第3期。
③ 《立宪九年筹备案恭跋》,载《国风报》,第1年第1期。
④ 《责任内阁释义》,见《饮冰室合集·文集》,第10册,广智书局,1911年。
⑤ 《为国会期限问题敬告国人》,见《饮冰室合集·文集》,第8册。
⑥ 《慨筹还国债之结果》,载《大公报》,1910年7月27日。

式成立。次日即在外城巡警总厅立案。巡警总厅呈报民政部，民政部侍郎以及各丞多主转商军机大臣决定。尚书善耆甚为不悦，对他们说："凡人民结社立会能不违背法律者，本部即有保护之专责。查国会请愿一事，多系志士热心爱国，以和平主义力求进行，该会既无强挟之要求，即为不背法律，应即允准立案，无庸请商政府，以致多所转折。"当即批准。①

7月18日，新组成的国会请愿代表团召开评议会，议决了代表团总章，决定了评议员会议每月定期召开3次，通过了事务所办事细则。不久，代表大部回归本省，进行新的发动。

正在人民准备第三次请愿的时候，国际上发生了两件大事。一是1910年7月4日第二次日俄协定签订，约定日俄两国维护在中国东三省取得的特殊利益，不容他国插手，近乎防御同盟。二是8月22日本强迫朝鲜订立合并条约，正式吞并朝鲜。这两件事极大地震惊了中国人民。

国内也有一件引人注目的事情，这就是8月17日军机大臣的变动。此前的军机大臣有奕劻、世续、那桐、鹿传霖、吴郁生（学习行走）。17日，载沣忽将顽固保守的世续及以其马首是瞻的吴郁生免职，授管理军咨处事务大臣贝勒毓朗和邮传部尚书徐世昌为军机大臣。这种变更使一些人猜想，朝廷让开明人物进入军机，必然出于政策上的考虑，"以为中国革新之机，即在于是"②。8月27日，顽固分子鹿传霖逝世，又少了一个昏庸老朽，愈益使人感到"第三次之请愿无横生之阻力，有成立之希望，天假良机，此其时矣"③，极力鼓动趁机请愿。

面对形势的变化，国会请愿代表团于8月15日议决：

1. 代表团自办事件：（1）原定农历九月代表团上书资政院，陈请速开国会，拟扩张其范围，速催各团体代表来京；（2）日俄新约关系中国存亡，应质问政府对待方法，通告国民征求意见。2. 向咨议局联合会提出：（1）国会不开，各省咨议局不得承认新租税，并要限制本省民选资政院议员不得承认新租税；（2）各省咨议局于今年常会上应只限要求速开国会一个议案，如不能达此目的，各局即

---

① 参见《大公报》，1910年8月13日。
② 《论中国政局之转机》，载《时报》，1910年8月21日。
③ 《第二次忠告国会代表》，载《大公报》，1910年9月2日。

同时解散。① 因为"无他善法，故不得已用此一着"②。

咨议局联合会讨论了代表团的两点建议。关于不承认新租税问题，张国溶说："今日请愿，仅恃文字，已为最下乘，若再下，则不可言矣。今以鄙见，人数、时日、手段，均不能限制"。不承认新租税虽无多大效力，"亦可固结人心"，"中国人民不知有国会，而却苦租税，以不认新租税为请求国会之手段，藉此可以使人民有国会之观念"。汤化龙说，"不认新租税，非不法行为"。大家认为可行，予以通过。关于咨议局议员同时解散问题，张光炜等同意。刘崇佑认为，咨议局议员辞职是一种"消极之要挟，实为自杀之道"。他说："北京向无政治团体，有之，自请愿与联合会始。我等尤应固结联合，以为民党基础，不可自弃，咨议局是我国民之根据，不可先行破坏"。多数觉得他的意见有道理，并考虑同时解散难以办到，答复代表团说，"不开国会，要求各省咨议局同时解散，此种消极办法，似未妥协，碍难照办"③。

此时，日俄协定另订密约之事已经传出，所传内容如俄国取缔蒙古，日俄保护黄河以北权利，监督中国财政，均与原约有别，不过更能刺激中国人民的感情。代表团以为密约实现，全国人民将永世沉沦，致函各省团体提前派代表来京，共筹对付之策。继之上书政府，质问关于日俄协定之事。至政府承认日俄协定后，又发表泣告国民书，痛斥政府"丧心病狂"④，号召人民急起反对。

9月29日，代表团听取了吉林代表李芳关于东三省危殆情形的报告，讨论了对付方法，一致认为根本问题仍在速开国会，议定在10月7日以前上书载沣、资政院和会议政务处。

10月3日，代表团通告全国人民，进行第三次请愿。通告书说，原拟晚些时候请愿，"无如风云日恶，时势逼人"，"满蒙全部，他人入室，已非我有"，"吾国四分五裂直旦夕间事耳"。代表团已决定"抵死请愿，无论如何危险，皆所不计"。请各团体同时开会，"邀集大多数国民速赴各督抚衙门，泣恳代奏速开国会，以救国亡，或联电政府代奏。尤愿布告本省诸志士，各怀平日宗旨，竭其能

---

① 参见《国会请愿之近状》，载《东方杂志》，第7年第8期。
② 《直省咨议局议员联合会报告书·会员记事录》，47页。
③ 以上引文见《直省咨议局议员联合会报告书·会员记事录》，47、51~53、58~59页；《直省咨议局议员联合会报告书·函电汇录》，6页。
④ 《国会请愿同志会干事孙洪伊等为日俄协约泣告国民书》，载《申报》，1910年9月7日。

力，但于救国有济，任用何种手段，分途并进，务求内外策应，声势联络，使强邻咸憬然于吾政府可欺，吾国民必不可侮，或者稍戢凶威，顾全睦谊。吾国存亡，在此一举，谅诸君子必能奋发争先也"①。

次日，代表团决定上监国书由方还起草；上资政院和会议政务处书共用一稿，由吴赐龄起草；上监国书由孙洪伊、李芳、文耆、陈登山、陶镕、吴赐龄等呈递，务求一见。

10月7日午前，孙洪伊等23名代表正整队待发，忽有学生赵振清、牛广生等17人来到，交给代表一信。信中写道："起视我政府，狃于积弊，醉生梦死，其不足与列强较优劣、比强弱也，稍有识者所共知矣。所赖者，我同胞激发热诚，以爱种爱国之心，出而理天下事"。"今我代表诸君热血潮涌，不惮牺牲一切，为同胞博莫大之幸福，吾侪具有天良，何惜此少数之血液，洒书数字，以表示此次将以血购国会，决不似前之以文字购国会者之不足动我政府也"②。并对代表说："第三次请愿势不能再如前之和平，学生等与其亡国后死于异族之手，不如今日以死饯代表诸君之行。"言毕，赵振清、牛广生即由袖中拔出利刃，欲自杀以明心迹。代表惊骇万分，紧握二人之手，苦苦劝解。在代表防备稍疏之际，牛广生突然持刃割下左腿一块肉，赵振清割下右臂一块肉，在致代表书上涂擦数遍，惨不忍睹。各代表纷然泪下，答谢学生，誓死请愿到底。赵振清、牛广生等遂高呼"中国万岁！""代表诸君万岁！"拭泪踉跄而去。③

孙洪伊等抵达摄政王府，载沣不在。经商议，留下数人守候，其余回去。李芳、杨春泰、王庆昌、潘智远、贺培桐、文耆自愿留下。他们轮流向围观的群众演说，闻者悲愤落泪。内城巡警总厅官员想为代表寻找住处，代表决心露宿，予以谢绝。民政部尚书善耆闻讯赶来慰问，告以载沣回府尚需数日，不如代达为速，并保证明天即可将代表意见和上书代陈，后日与代表会面。李芳等便将上书交给善耆而归。

8日上午，青年张成珍又将自己的血书、红禀、所断左手食指及青年张云湖

---

① 《国民公报》，1910年10月3日。
② 《国民公报》，1910年10月8日。
③ 参见《国会代表团刊布血书》，载《申报》，1910年10月14日。

的血书送交代表团①，表示他们要求速开国会的诚意和对代表的坚决支持。

9日下午，孙洪伊等前赴资政院呈递了由187人署名的请愿书。②咨议局联合会亦将速开国会陈请书呈上。

代表团的请愿书在陈明形势危迫后着重强调：以前的筹备宪政都是有名无实的，"盖立宪之真精神，首在有统一之行政机关"，即责任内阁。"责任内阁何以名？以其对于国会负责任而名之也。是故有责任内阁谓之宪政，无责任内阁谓之非宪政。有国会则有责任内阁，无国会则无责任内阁。责任内阁者，宪政之本也，国会者又其本之本也"。"筹备何以能有效？必自行政官各负责任始。行政官何以能负责任？必自有国会以为监督机关始。是故他事皆可后，而惟国会宜最先；他事皆可缓，而惟国会为最急"。并严峻指出："今国势之危，过于汉季者且将十倍，出万死以求一生，惟恃国会与责任内阁之成立。及今急起直追，犹惧已迟，更复荏苒数年，后事何堪设想？！"最后请资政院提议于1911年召开国会，将请愿书代奏。③

以后几天代表晋谒军机大臣，奕劻不见。14日，《国民公报》发表社论《诘问庆王》，指出：通过前两次请愿，海内已知其无意国会，不意此次竟不会见代表。"虽然，天下唯患伪立宪耳，若真专制则固吾人所欢迎者。何则？其激之者愈甚，斯其应之者愈力……今王果反对国会者，不妨表明意旨之所在，将各代表逐之辱之诛之戮之，则吾国民受王之赐者实远过于今日无刺无非不痛不痒之政体也。"逼着奕劻表态，再不要以伪立宪骗人。

老奸巨猾的奕劻到底畏惧舆论，15日接见了孙洪伊、陈登山和李芳，欺骗说："诸君之血忱，朝廷早已洞鉴。余与朝廷休戚同体，国家果有不幸，余之受祸较诸君为尤切。"关于立宪国家的情况也略知一二，大不了"总理大臣不过辞职而已。余年已七十，岂复恋恋于此？况关国家兴亡大计，余更何忍阻难"。"今舆论既以速开国会为救亡之第一要著，余必无反对，诸君其勿疑"④。

20日，汤睿代表侨寓日本的中华会馆、中华总商会、中华教育总会同胞，也

---

① 参见《国民公报》，1910年10月9日。
② 参见《中国记事》，载《国风报》，第1年第25期；《申报》，1910年10月16日。按：10月10日的《正宗爱国报》和11日的《大公报》记代表至资政院呈递日期为8日。
③ 参见《宣统二年十月中国大事记》，载《东方杂志》，第7年第11期。
④ 《时报》，1910年10月24日。

向资政院呈递了请愿书。

22日，资政院通过了速开国会的议案，代表兴奋不已，再电各省咨议局要求督抚代奏速开国会。

孙洪伊等听说载泽有反对速开国会之意，于25日前往质问。载泽做了解释，但又言"我国君主立宪，大权作用，须存体制"。代表回答："体制是虚的，民心是实的"，若仍不允准，"大家以为绝望，必有急激之进行，甚或演出流血惨剧，彼时朝廷万难坚拒，岂不更伤体制？"载泽嘿然，答应在资政院具奏无效后再上折转圜。①

26日，资政院通过了速开国会折稿。为达请愿目的，代表团又一次上书载沣，指出"人心向背，皆在朝廷一举动间以为标准"②，内中蕴含着严重的警告和巨大的压力。28日，再上书会议政务处，要求允准速开国会。后又电告各省："确闻政府议定宣统五年（1913年）召集，明日发表，今日即用各团体名义电军机，力争明年即开，生死一间，勿误。"③

各省团体和绅民要求速开国会的热情比前两次高涨得多。当代表团通告进行办法之后，各省热烈响应，四川、山东、陕西、黑龙江、福建、山西、河南、云南等省都增派了新的代表到京。与前两次不同的是，此次请愿已经突破了以前少数代表请愿、多数群众签名的方式，许多省举行了浩浩荡荡的游行，使代表与群众联结为一体，请愿运动变成名副其实的群众性运动，把运动推向新的高潮。

咨议局联合会闭会后，张謇曾倡议组织一个各省咨议局议长代表团，于12月到资政院上书陈请速开国会，"以结前二次代表团之局，而别开第三次请愿之新面目"④。他以为地位和声望较高的议长们一出面，朝廷必定俯允。议长们反应寂寥，山西议长梁善济表示反对，复函说：前两次请愿"卒归无效者，有空文无实力也"。议长"犹是少数代表，势力究嫌薄弱"。"请愿之举，当以少数而扩充至于多数，未便由多数而归纳至于少数"。应该联络资政院民选议员和咨议局，如请愿无效，就让资政院民选议员"全体辞职，各省咨议局同时解散，揭开立宪之假面具，使政府无所遁饰"。⑤全国的请愿仍照代表团的安排进行。

① 参见《国民公报》，1910年10月26日。
② 《国民公报》，1910年10月28日。
③ 《民立报》，1910年10月31日。
④ 《时报》，1910年10月1日。
⑤ 《大公报》，1910年11月1日。

发动群众游行请愿由直隶首发其端。直隶在请愿运动中一直走在各省前列。二次失败后，省同志会的干事立即进京与代表团商讨了此后进行的办法。回省后又迭次开会研究，决定委派干事分赴各府组织同志会，再由各府促州县成立同志会，健全组织，加强领导和联络。人民群众争先恐后签名。10月5日上午，各界人民1000余人召开了大会，会后李向辰、温世霖、阎凤阁等12名领衔人率领着与会人员列队向督署进发。队伍的前导有商人林子书捐赠的8面黄色大旗，上书"顺直人民呈请代奏速开国会"12个大字。总督陈夔龙在群众强烈要求下接见了代表，答允代奏。① 11月2日，咨议局和请愿同志会分别致电军机处，反对1913年召开国会。永年、灵寿等地的群众均表示，"第三次请愿如再被驳，愿作第四次之后援，语多激烈"。其他绅民亲到同志会"探询请愿近况及研究第四次进行方法者，亦日必数起"。②

继直隶游行请愿的是河南。10月16日，河南国会请愿同志会在开封游梁祠开会，各界到会者3000余人，当场签了名。之后列队去抚署衙门，抚署门前呼喊之声喧天震地。巡抚宝棻接见了代表杨源懋、王敬芳等，允为代奏。群众队伍遂赴咨议局，请提前议决速开国会议案，并电达资政院陈请。绅民同声宣言："如此次请愿无效，学则停课，商则罢市，工则休作，咨议局亦不许开会，群起以死力争之。"③情绪尤为激烈。

山西于10月23日在太原劝工陈列所召开了1000多人民群众参加的大会。但因格于所谓"成例"，进入陈列所的仅100余人。会上通过了李庆芳所拟的请愿书，渠本澄等讲了话，议长梁善济也发表了演说："如三次请愿仍归无效，决定以两主义对待之：积极主义则联合各省数十百万人民，重整旗鼓，相继进行，以死力争；消极主义则各省咨议局一律解散。"后推定领衔人和代表，在请愿书上署名的梁善济等120人便打着"人民全体请愿国会"的大旗至抚署请愿。巡抚丁宝铨赞成速开国会，当即答允代奏。④

陕西也是10月23日召开请愿大会的，在前两次请愿中，陕西均较落后，这次

---

① 参见《大公报》，1910年10月6日；一档档案：《直隶总督陈夔龙代奏顺直绅民阎凤阁等请开国会由》，会议政务处档，851号。
② 《大公报》，1910年11月3日。
③ 《时报》，1910年10月18、27日；《民立报》，1910年10月27日。
④ 参见《申报》，1910年11月4日；《帝国日报》，1910年11月14日。

则一跃而名列前茅。大会由咨议局和请愿同志会组织,这一天,增选了请愿同志会干事,召开了有1万余人参加的大会,会后即整队游行到抚署请愿,5000余人签了名。①

福建的游行请愿在10月30日。二次请愿被拒后,省城数千人连续召开会议,成立了请愿同志会。10月12日,咨议局通过了议长高登鲤提出的一年召开国会的建议书。旋咨议局致函各团体,号召群众"奋发淬厉,为国请命,为代表团后援","誓死必求达此请愿之目的而后已"②。10月30日上午,全省9府2州人民和驻防旗人、侨胞5000余人,各打着本府州大旗,由预备立宪公会福建分会负责人郭兆昌手执一面上书"请代奏速开国会"的黄色大旗为前导,前往督署请愿。总督松寿接受了请愿书,群众鼓掌欢呼而出。③

四川在第一次请愿时无人参加,第二次派有几名代表。两次请愿失败,四川人民的政治热情骤然增高,第三次请愿时签名人数超过3万。④ 10月30日,请愿同志会召开了各界大会,与会者5000余人,然后在正副议长蒲殿俊、萧湘等率领下,到督署请愿。总督赵尔巽答允代奏。咨议局、教育会、农工商会也联名致电军机处,要求明年即开国会。

贵州咨议局、教育总会、商务总会、农务总会于10月25日曾联电军机处,要求即开国会。11月2日,省城召开大会,钱登熙等4188人游行至抚署请愿。⑤

湖北人民于二次请愿失败后"大失希望",表示"一日不达目的,一日请愿不休"⑥,积极进行第三次的准备。7月,汉口请愿同志会发起召开大会,议决分电各省继续请愿,各咨议局于常会时提出速开国会议案,不开国会,人民不认新租税,发动各府厅州县组织同志会。9月下旬,汉口同志会又召开2000余人参加的特别大会,汤化龙、张国溶报告了咨议局联合会、请愿代表团及政府对于速开国会的态度。留美归来的同盟会成员刘成禺演讲了"中国不可不速开国会之理由

---

① 参见《陕西民气勃发》,载《丽泽随笔》,第15期;《陕西同志会事件汇记》、《国民热度之颇高》、《各学疑团之宜去》,均见《丽泽随笔》,第16期;《国民公报》,1910年10月26日。
② 《申报》,1910年10月26日。
③ 参见《时报》,1910年11月6日,报道请愿人数为"三四千人";同报10月31日的"福州公电"作"五千余人";11月1日的《国民公报》亦为"五千余人"。
④ 参见《民立报》,1910年11月19日。
⑤ 参见《庞鸿书讨论立宪电文》,载《近代史资料》,总59号,90页。
⑥ 《时报》,1910年7月17日。

及各国国会成立之历史"。共同决定：第三次请愿由汉口发起，各府厅州县呈总督代奏；由咨议局议定方法，通告各团体。① 10月16日，汉口同志会向咨议局递交了陈请速开国会建议书，咨议局旋即审查通过，并转呈总督代奏。22日，汉口同志会再邀武昌总商会、汉口总商会、宪政筹备会、教育总会、咨议局等八大团体的代表，召开协议会，研究请愿方法，决定向总督请愿。并议决各团体推举领衔代表2人，会员全体出动请愿，8个团体分头发动。11月2日召开全省大会，公决上书日期。28日，咨议局得知政府1913年召开国会的消息，汤化龙当即电请军机处赞助速开国会，勿误时机。

其他咨议局一般都通过了呈请代奏速开国会的议案，并电军机处要求速开国会。各省同志会也做了许多工作，连最落后闭塞的甘肃也推举了代表入都。奉天的发动最为广泛，为全国之冠。

奉天咨议局在第二届常会上通过的第一个议案就是呈请代奏速开国会。至10月中旬，全省已有20多个城市举行了集会，参加群众均在1万人以上，并函告咨议局，准备到省请愿，签名者达30余万。② 咨议局以为"一城以一万人起例，则二十余城已在二十万之数，续到者尚不知凡几，声势汹汹，骇人听闻，致启旁观之疑；且人多程度不齐，安知不别生枝节；又往返川资，在省住宿，经济劳力两受其损，旷时费事，劳民伤财，万不可举"。特致函各地，告以咨议局已呈请总督代奏，不必前来。如总督不奏，再来不迟。③ 由于咨议局畏首畏尾，省城未能举行盛大的游行活动。

大多数督抚联衔要求召开国会与建立责任内阁同时并举，是这次请愿中的又一突出特点。

此前的督抚只是就国会问题陈述个人意见，这次不然，他们中的绝大多数不仅代表了群众的要求，而且经过多次郑重电商，十分严肃地提出了自己的政见，要求政府实行，实际上站在了请愿群众一边。当然，他们的动机与侧重点同人民是有区别的。以前督抚握有一省实权，处理地方大政基本可以自专，实力足可与中央抗衡，现在亲贵把持朝政，实行中央集权，督抚权势削弱，心有不甘。中央干涉地方财政，束缚了督抚办理各项新政的手脚，而限年筹备立宪的规划又事事

---

① 参见《时报》，1910年10月2日。
② 参见《国民公报》，1910年10月29日。
③ 参见《盛京时报》，1910年10月16日。

责成于督抚，尤使督抚对中央产生反感。军机大臣不负责任，政策不统一，朝令夕改，矛盾百出，又使督抚无所适从，极为愤懑。督抚缺乏宪政知识，为了在推行宪政中不致出乖露丑，不得不在下属和幕僚中参用一些留学生和新的知识分子，在这些人的潜移默化下，其政治见解渐生变化，知道专制不可长久，实行立宪乃世界潮流所趋，不可遏抑。开明一些的大都有民本主义思想，懂得得人心者昌、失人心者亡的道理，看到人民为了挽救国家而呼号请愿，很受感动，认为不应失掉民心，自促灭亡。因此他们赞成支持人民的请愿运动。

督抚们最初关心的是责任内阁，这是因为责任内阁与其工作有着更为直接密切的关系。从关注责任内阁到主张与召开国会同时并举，其间有一个演化过程。

关于建立责任内阁，政府筹划预备立宪措施时曾经争论一番，卒无结果。1908年8月达寿考察宪政归国后又奏请设立，会议政务处大臣也多次讨论，终因新官制未定，军机大臣的安置和总理大臣人选及其权限不好处理而搁置。至1910年，吉抚陈昭常首先奏请裁撤军机处，迅速组织责任内阁，从根本上改革政治体制，以便使行政系统分明，施政方针确定，政务进行敏捷。① 继之，署粤督袁树勋上折反对"中央集权而四方负责任"，指出要实行中央集权，必须设立责任内阁，并且要有国会监督。②

这时督抚尚无联合行动的意向。适朝廷饬令督抚议复赵炳麟确定行政经费折和前湖北布政使王乃澂酌分筹备宪政缓急折，于是督抚开始考虑全局性的问题。1910年9月9日，东三省总督锡良和鄂督瑞澂合奏："欲以政治、兵力争胜于各国，一时万难幸胜"。"为今之计，惟有实行借债造路，可为我国第一救亡政策。盖借债乃十年以内救亡之要著，造路乃十年以外救亡之要著"。理由是：十年以内我国正在推广币制改革，如无大量现金作为储备，财政必致恐慌，各国将从而干涉。如能借债吸收外资，"财政可一，币制可定，将来立宪之筹备可以进行而无阻"。由于交通不便，立宪制度多不能行，十年后铁路尽通，"御中控外，势增百倍，斯时采用各国行政之法，决无扞格难行之虑"。宜募借外债10亿，限十年将应筑之粤汉、川藏、张恰、伊黑四条干路修完。③ 旋又将此意通电督抚，征求意见。

---

① 参见《厘订官制参考折件汇存》。
② 参见一档档案：朱批奏折档，111号。
③ 参见《锡良遗稿》，第2册，1204～1205页。

对于锡良和瑞澂的借债造路救亡政策，不少督抚表示同情。孙宝琦则持异议，认为挽救时局最简单而重要的方法，就是建立责任内阁和召开国会。李经羲积极支持，9月22日通电各督抚说：借债造路固然重要，但不是督抚所能办成。"必先政本更新，始有主持机关，财政整理始免债主干涉；朝野合谋监察，始能于借时免舆论反对，用时免当事虚糜。"而要这样，"非设内阁、开国会不能办到"。国会与内阁，"如车两轮，不可缺一。有内阁无国会，恐当国者非揽权营私，即延滞痱痿"。"总之，借款办路为救亡要策，然行之于未有内阁、国会之前，转虑足以速祸"。如以为然，即请锡良等主稿，联衔入告。① 在此，李经羲不仅把救亡问题的讨论引导到建立责任内阁和召开国会的关键问题上来，而且提出了督抚联衔上奏的倡议。

李经羲的见解如拨云雾，督抚的眼睛为之一爽，纷纷复电表示赞成，并推其主稿，联衔入奏。

可是，也有反对者，江督张人骏是个主要角色，另外还有直督陈夔龙、甘督长庚、陕抚恩寿。

张人骏打着中国风俗民情与外国不同的幌子说：中国"民间久无政治思想"，硬要人民与闻国政，势必激成"举国骚然"的大动乱，"外人乘之，藉口平乱，君民同陇，何以善后？"国会不能召开，责任内阁也不能成立，当前的急务是"饬吏治，兴实业"。②

张人骏的陈词滥调无疑要遭到坚决反对。孙宝琦驳斥说，"国会不立，恐中央无严肃之精神，各省徒相承以粉饰。历来疆吏何人不讲整饬吏治，各省亦何尝不务实业，其效安在？"袁树勋指斥张的主张为"人治"，"非法治"。周树模坚定地指出：立宪已经宣布，决无反汗之理，现在"所争者为迟速之问题，非讨论内阁与国会之是非也"。若"因仍故步"，"终成官样之文章"。增韫也尖锐地批评："立宪政体业已宣布，过渡时代只能作济河焚舟之谋，不宜作日暮途穷、倒持逆施之计。"③ 冯汝骙等亦驳斥了张的谬论。社会舆论的谴责尤其激烈。

但张人骏思想僵化，头脑顽固，苏抚程德全与之当面辩论，他理屈词穷，最

---

① 参见《各省督抚会商要政电》，载《东方杂志》，第7年第10期。
② 参见《各省督抚会商要政电》，载《东方杂志》，第7年第10期。
③ 以上引文均见《庞鸿书讨论立宪电文》，载《近代史资料》，总59号，47~50页。

后仍说:"我虽无言可对,然心中终不服也。"① 正是这样的一些老朽顽固分子在阻碍着中国政治改革的步伐和近代化的实现!

军机大臣见李经羲出头,特致电向其提出警告:"现在人民要求国会甚热,宜稍镇静,请勿主持其事。"② 李经羲有所顾虑,不愿领衔,但仍担任主稿事宜。锡良、瑞澂不畏威迫,自告奋勇领衔。

10月25日,东三省总督锡良、鄂督瑞澂、粤督袁树勋、滇督李经羲、伊犁将军广福、察哈尔都统溥良、吉抚陈昭常、黑抚周树模、苏抚程德全、皖抚朱家宝、鲁抚孙宝琦、晋抚丁宝铨、豫抚宝棻、新(疆)抚联魁、浙抚增韫、赣抚冯汝骙、湘抚杨文鼎、桂抚张鸣岐、黔抚庞鸿书,联名致电军机处代奏,"立即组织责任内阁","明年开设国会"。电奏详细分析了建立责任内阁、召开国会与否的利弊,批驳了张人骏等人的谬论后指出:舍责任内阁和国会,"则主脑不立,宪政别无措手之方。缺一则辅车无依,阁、会均有逾辙之害。程度不足,官与民共之,不相磨励,虽百年亦无所进。法律难定,情与俗碍之,互为参考,历数载可望实行"。"日俄协约成后,一举亡韩,列强均势政策皆将一变方针,时局危险已远过于德宗(光绪)在位之日,缓无可缓,待无可待。此即阁、会克期成立,上下合力,犹恐后时,奈何以区区数年期限争持不决乎!"③

这篇奏稿得到社会各界的颂扬,以为近年请求速开国会之文"未有如是包举无遗,天衣无缝者",堪称"中国立宪史第一宏文"④。

不久,政府议定1913年召开国会的消息风闻全国。李经羲感到朝旨一发,决难挽回,催锡良于奉旨前再联电续陈。锡良等即于11月1日夜再电军机处代奏,力申前义。同时指出:反对速开国会者所援以为据的日本情况并不符合中国的实际,现在中国民气奋发,不能复袭日本当年"专用压力,缓开国会"的危险政策。"若又迟以三年,则三年之内风潮万状,金壬之人皆欲趁此三年夤缘援结,以据要津;贪利之臣亦皆乘此三年黩货营私,以肥囊橐。失败之政仍归咎于君上,监督之力

---

① 《时报》,1910年10月9日。
② 《时报》,1910年10月18日。
③ 《各省督抚合词请设内阁国会奏稿》,载《国风报》,第1年第26期。《东方杂志》第7年第11期所记联衔人中缺少增韫。
④ 《中国立宪史第一宏文》,载《帝国日报》,1910年10月30日。

终难及于当权。朝廷宜防官邪，不宜徒防民气。"①此次署名者比前次少了宝棻、张鸣岐和广福，增加了闽督松寿、川督赵尔巽。电奏直接揭示了阻挠速开国会者的卑鄙意图，特别向朝廷进谏：应把主要力量用于防止利用各种不正当手段和关系窃据要津、营私肥己的"官邪"，不应用来压制勃发的"民气"，见地十分难能可贵，保护了请愿的广大人民群众，打击了国家真正的蠹贼蛀虫。

在中央各部院、亲贵王公和外交官员当中，赞成速开国会者颇不乏人。自然，也免不了有人反对，御史胡思敬即为突出的代表。10月27日，他在封奏中不仅诬蔑请愿运动，而且大肆谩骂立宪为"倒行逆施"，叫嚣"取消九年筹备清单，停办新政"，"宣明国会以下劫上，长奸堕威，大乱天下之道，不可行。自申谕后，毋得渎请，渎请者付所司案治"②。

然而这一小撮极端顽固分子的狂叫却为热火朝天的请愿呼声所淹没了。

军机大臣奕劻等于二次请愿后均主解散代表团，限制自由开会演说，派遣密探侦察代表行动，密令各省监视咨议局，详细调查新举代表人的姓名、住址、出身、职业、宗旨上报，企图罗织罪名置请愿代表于死地，将请愿运动镇压下去。但是，他们的阴谋没有得逞。舆论的强烈使他们不敢公然与全国人民为敌。各国驻京公使数次向外务部非正式地表示，"深赞中国国民民气之勃发，团体之坚固，热诚之可嘉"③；讥讽不准速开国会"盖为爱护此专制政权"；说"此次若经批准，虽不免诸多纷更，然可保必无扰乱"④；"此次国会之请愿，各国均望有美满之结果，以保东亚之和平。否则内乱必生，甚为危险，殊非各国之所乐闻"。⑤也使奕劻等不得不慎重考虑。

载沣目睹民气蓬蓬勃勃，握有地方实权的大多数督抚联名奏请，各级官员交相请求，加之载涛、毓朗、善耆诸亲贵敦劝和剖析利害，乃决定适当缩短召开国会年限。到底缩短几年为好？载沣拿不定主意。10月26日，召见资政院总裁溥伦询问："一年可乎？"对曰："不可。"又曰："二年可乎？"对曰："不可，

---

① 《庞鸿书讨论立宪电文》，载《近代史资料》，总59号，60~61页。
② 《清末筹备立宪档案史料》上册，345~347页。
③ 《大公报》，1910年10月18日。
④ 《大公报》，1910年10月27日。
⑤ 《大公报》，1910年11月4日。

大抵至少之非缩短三年，不足以餍天下之望。"①

10月28日，资政院将要求速开国会的折稿呈上。载沣命将折稿及督抚第一次电奏稿交会议政务处大臣阅看，预备召见。

11月3日，载沣亲自主持会议政务处会议。毓朗发言说："时势危迫，国会诚不可不速开；然不先明定国是，则政府与国民遇事争执，必不免纷扰，故必先设新内阁及确定海陆军政策，再开国会，庶君权不至为民权所抑。"载泽同意毓朗的观点，并提出1913年召开国会。②其他大臣亦然，认为这样既缩短了年限，人民不致完全失望，资政院也恰值重新选举之期，政府可利用这段时间完成各项准备工作，再好不过。

11月4日，载沣召见会议政务处大臣，研究颁发上谕。正在这时，杨度上折请速开国会，立即设编订宪法馆，起草宪法。载沣以朝旨已决，不再讨论，当日宣示了谕旨。上谕说："人民代表吁恳既出于至诚，内外臣工强半皆主张急进，民气奋发，众论佥同，自必于人民应担之义务确有把握，应即俯顺臣民之请，用协好恶之公。惟是召集议院以前，应行筹备各大端，事体重要，头绪纷繁，计非一二年所能蒇事，著缩改于宣统五年（1913年）实行开设议院。先将官制厘订，提前颁布试办，预即组织内阁，迅速遵照《钦定宪法大纲》编订宪法条款，并将议院法、上下议员选举法，及有关于宪法范围以内必须提前赶办事项，均著同时并举，于召集议院之前一律完备，奏请钦定颁行，不得少有延误。"此次缩短年限，已经"折衷至当"，"应即作为确定年限，一经宣布，万不能再议更张"。"此后倘有无知愚氓藉词煽惑，或希图破坏，或逾越范围，均足扰害治安，必即按法惩办。"③

同日，又谕令民政部和各省督抚晓谕请愿代表即日散归，静候朝廷次第施行。

朝廷宣布于1913年召开国会，比原计划提前三年，此即人民三次请愿所取得的成果，也表示了政府对人民做出的让步。

五、第四次请愿

（一）代表团解散

缩短国会期限的谕旨颁布后，清政府尽量往自己脸上贴金，急令京师所有商

---

① 《时报》，1910年11月5日。
② 参见《民立报》，1910年11月11日。
③ 《宣统政纪》卷28，1~2页。

号、居民和学校自 4 日起,一律悬挂龙旗,利用各种形式庆贺。在官方指令下,大清门前彩棚高搭;棋盘街中心及四周石栏,正阳门直达天桥的马路两旁,悬挂着无数红灯;各商号铺户龙旗招展,灿烂夺目;各学校放假三天,晚上齐集大清门前,大开提灯会;各戏院也减价三天,以示庆祝。可是,人民心里有数,"百姓似无感动意,谓此为官场所嘱咐"①,"不甚经意"②。巡警厅饬令报馆报道庆贺消息,除《北京日报》和《公论实报》遵行外,"余皆不从"③。

但国会期限毕竟缩短了三年,较之人民要求的 1911 年仅差二年。11 月 5 日,朝廷又特派溥伦、载泽为纂拟宪法大臣,命其组织班子起草宪法,摆出了提前立宪的架势。这就使得立宪派和请愿队伍发生了分化,一少部分比较稳重而又要求不很高的人士感到"和平之办法能收效如是,已非始愿所及"④,相当满意。于是"屈指计日,交相慰语,一若于九死中得一生之望"⑤。以张謇为首的少数立宪派就是这部分人的代表。11 月 5 日,江苏咨议局致电资政院说:"请愿有效,天恩高厚,感极涕零。钧院大力维持,谨代表大江南北,泥首叩谢。"又电谢苏抚"大力联合"支持请愿,电告各省咨议局和省内各团体速向资政院致谢。⑥上海商务总会、自治公所,江苏教育总会、苏州各团体均按照这一要求做了,有的还召开了庆祝会。外省响应的有浙江和贵州两咨议局。

全国绝大多数人民都是极其不满的,以江苏咨议局来说,愤慨之声就到处可闻。倡议叩谢的电报是议长张謇和书记长孟森等个别人商议的,议员并未与闻,故电报刊出后,"各议员即纷纷向主持此事之一二人诘责"。当张謇宣布咨议局应开欢祝会理由时,议员群起反对,最后付诸表决,结果赞成者仅 3 人,"遂决然罢议"⑦。其他人士反响更为强烈。周系顺、黄澍深等人致电报馆,声称"大江南北亦未承认有此容易涕零叩首之代表"⑧。还有董、邢两名师范学生致书咨议局,

---

① 《民立报》,1910 年 11 月 9 日。
② 《时报》,1910 年 11 月 9 日。
③ 《时报》,1910 年 11 月 16 日。
④ 《读初三日上谕感言》,载《时报》,1910 年 11 月 8 日。
⑤ 白坚:《国会期迫敬勖国民》,载《蜀报》,第 6 期。
⑥ 参见《申报》,1910 年 11 月 9 日。
⑦ 《江苏咨议局之黑幕》,载《申报》,1910 年 11 月 27 日。
⑧ 《时报》,1910 年 11 月 10 日。

指斥叩谢行为有碍代表继续进行请愿。① 在各学校"人民之目的终未达,何庆之有,何祝之为"② 的坚决抵制下,南京准备举行的提灯庆祝活动也宣布告吹。

浙江咨议局"虽有一二议员创议欢祝,因赞成寥寥,事遂中阻"③。

国会请愿代表团于 11 月 5 日讨论了今后的行止问题。他们认为,既奉上谕解散,自应遵办。解散之后,即组织政党,但须经各省决定。暂时推定徐佛苏、孙洪伊、王敬芳、方还起草纲领,先事准备。遂由孙洪伊致电各省咨议局转告各团体:"国会仅缩三年,人心失望,如何?速复。"④ 旋又发表《通问各省同志书》,征求意见。

直隶、陕西、河南、湖北、广西、江西、福建、山西、吉林、奉天咨议局均复电代表团切勿解散出京,仍要继续请愿。江西请愿同志会召开了有 1 万余人参加的大会,坚持明年即开国会。湖北各团体仍议决在预定的 11 月 13 日集合群众请愿,13 日下午两点,由张国溶、吕逵先率领 39 个团体共 2000 余人的游行队伍,打着"请愿速开国会"和本团体的大旗,前往督署。瑞澂答允再行电奏。请愿群众三呼万岁,围观的 1000 余名群众也鼓掌不息。⑤ 江西、湖北请愿喊出了广大立宪派和人民的急迫心声。

代表一面继续同政府斗争,一面商议善后。他们虽已明知无法使朝廷收回成命,但还是上了一通质问副署上谕的会议政务处大臣书,将其无理揭示在全国人民面前。质问书说:既然你们知道内忧外患急迫,为什么不协赞皇帝于明年开设国会?既然知道九年规划可以修改,为什么还要拿着与宪政无关的问题作为延缓国会的借口?既然说缩短期限系采取督抚奏章,为什么不按多数督抚的意见明年即开国会?既然知道以往的筹备有名无实,以后有何方法加以督责? ⑥

关于代表团今后的行止和进行的方略,代表做了详细讨论,最后决定:

1. 解散代表团。认为朝旨既下,如继续存在,将招致干涉,再要求也不会发

---

① 参见《帝国日报》,1910年11月30日。
② 《时报》,1910年11月19日。
③ 《申报》,1910年11月16日。
④ 《申报》,1910年11月9日。
⑤ 参见《申报》,1910年11月13、16、19日;《时报》,1910年11月20日。11月14日的《民立报》记游行人数为4000余人。
⑥ 参见《大公报》,1910年11月15日。

生效力，不如暂时解散，异日请愿，再行组织。

2. 保留国会请愿同志会。同志会的宗旨不仅仅在于请愿，还担负着向国民灌输宪政知识的任务，且章程规定非国会成立不得解散，此次请愿效果不圆满，团体自应存在。代表团解散以后，即以同志会作为同人通讯机关。

3. 督促朝廷早日召集国会。1913年召开国会的成命已不能改变，人民只能督促朝廷提前于1912年召集。

4. 人民要积极参与宪法、议院法、选举法和官制、内阁组织法的拟定。

5. 着手组织政党。同意各地要求，在请愿同志会的基础之上改组政党，但此事重大，必须慎重，已举定人起草纲领，以后请各地提出意见，暂以请愿同志会为机关总部。

6. 希望各省继续要求速开国会。这样做可以促动政府，唤起民气，有利于倡议1912年召集国会和增长国民的宪政热度。①

其后，国会请愿同志会不断发出通告，阐明当前的任务，12月上旬又将政治纲领通告于全国：

其一，督促政府速立新内阁。军机大臣不负责任，设立新内阁没有明确期限，各省同志会应要求督抚代奏，于年内成立，使中央行政机关确实负起责任。

其二，要求参与宪法。朝廷已派定纂拟宪法大臣，"若令以日本宪法纯然施之吾国，其危险不可思议"。各省同志会要电请资政院具奏，将来宪法条文应交资政院协赞通过。

其三，请释党禁。立宪国家以政党为组织要素。我国专制政体才经蝉蜕，民气薄弱，怀疑阻挠丛生，组织政党实非易事。"非得明发上谕，将旧时禁网廓除一清，不足以资鼓励"，"伟大政党亦将无自发生"。各省同志会应陈请资政院奏请开释党禁。

其四，灌输国民宪政知识。各省同志会要多编白话浅说，阐发宣讲，启迪民智。

通告说，以上四项足以体现"民党之精神"，作为组建政党的基础。现在正在起草章程，准备暂设干事部，作为通讯联络机关，明年春夏间再举行大会，正

---

① 参见《宣统二年十月中国大事记》，载《东方杂志》，第7年第11期。

式成立政党。①

至此，国会请愿代表团解散，国会请愿同志会的主要任务也由请愿速开国会转向参与拟定宪法，特别是组建政党方面。

（二）人民群众继续斗争

11月12日，朝廷同时颁布两道谕旨，一是谕令中央各部门认真筹备宪政；二是谕令各省督抚切实筹备国会召开以前应办的事情。12月6日，又令宪政编查馆修改九年筹备规划，准于1913年定期实行立宪。

但是，人民群众并不信任政府，继续进行斗争。特别是东三省和直隶，由于地处日俄侵略的前线，人民的危亡感倍加深切。1913年召开国会的上谕颁布后，直隶和吉林的代表即打算发起奉、吉、黑、直、鲁5省联合会，继续进行斗争。奉天各界人士众议沸腾，数千人自动集会于咨议局，决定进行第四次请愿。咨议局遂电资政院再奏明年即开国会，并电各省协同力争。

奉天学界率先推举出刘焕文、舒继祖作为赴京请愿代表。12月2日，学界30余人前赴咨议局，与议长等商定行期。谈及第四次请愿前途渺茫，群情激昂，学生金毓绂即抽刀截指，李德权持刀割股，正副议长吴景濂、袁金铠急忙夺刀救护，然已不及。金毓绂以鲜血大书"至诚感人"和"至诚"，李德权大书"请速开国会"数字。② 在座者无不深受感动。

12月4日上午，省城学生5000余人手执"请开国会"旗帜，游行至督署请愿。代表高步孔、齐大昌、苏毓芳、汪福荣对总督锡良哭诉："学生等都知道东三省就要亡了，非即开国会不能保存。"锡良允为代奏，并鼓励说："日胜俄，德胜法，全是靠小学的力量，你们今日是学生，将来就是国家人才。"又说："上谕有言：'民情可使上达，民气不可嚣张'，固然很有道理。但依我的心理，不怕民气嚣张，若是民气不嚣张，便不能知道国家之亡不亡。你们学生都知道亡国的道理，本大臣也是很喜欢的。"学生遂一齐叩头，高呼"皇上万岁！""中国万岁！""东三省万岁！"返回学校。③

接着，咨议局召集各团体各界代表研究全省请愿计划，指定了请愿书起草人，

---

① 参见《同志会通告书》，载《时报》，1910年12月7日。
② 参见《盛京时报》，1910年12月4日；《国民公报》，1910年12月9日。
③ 参见《盛京时报》，1910年12月8日。

确定了请愿的一系列具体问题，并规定如总督不为代奏，不得退散。

12月6日为全省大请愿的日子，上午，奉天咨议局、教育总会、农务总会、商务总会、国会请愿同志会、惠工公司、清真教（即伊斯兰教）、承德自治会和全省46州县代表共1万余人，陆续齐集咨议局门前。行前，《商务日报》编辑张进治突又断指书写旗上，人们愈益感动。走在队伍最前头的是打着写有"奉天全体人民请愿即开国会"字样的几面大旗，接着是手捧请愿书的议长吴景濂，其后是咨议局、各团体、各州县的代表群众。队伍整齐严肃，观者如堵，沿途自动加入者又有近万人。锡良接见了代表，可能出于自身困难的考虑，态度较前有所变化，诘问代表："国会一开就能救亡吗？大家须实力做事，方可挽救。"吴景濂立即毫不客气地回答："各省督抚联衔请开国会系由大帅领衔，如谓国会不能救亡，当初联奏就是大帅欺君。日前由公领衔奏请明年即开国会何其勇，今全省人民恳请代奏，方谓我帅必能赞成，今见拒若此，是前之奏请非出于本心，徒要名誉也。"代表曾有翼、刘兴甲、李心曾也作了陈述。锡良说："吾不代奏，你们如吾何？"吴景濂等遂痛哭跪地不起。代表董之威愤慨地说："内外大员并无一人真实赞成国会，不过以赞成语愚弄国民！"曾有翼出告群众，群众大恸，号哭之声震动全市。锡良对吴景濂说："你尚不明白我的意思吗？"答允代奏。吴景濂以其言不可信，要求将所呈附本批示。锡良斥为"要挟"。吴景濂说："我们处此地位，大帅尚言我等要挟，与其将来死于他人之手，请即饬陆军将我们二万人打死倒痛快！"锡良大怒，拂袖入内。但他还是做了批示，并应代表要求盖上了大印。旋又出见代表，情不自禁地流下眼泪，对代表说："吾即代奏，锡某在东三省未做一事，愧对东三省人民。对于国会，并非反对，亦颇欲设法维持，奈只有此一幅心，而无能力何！"表示三日内准奏。代表们叩头感谢，群众欢呼"国会万岁！""大清帝国万岁！"鼓掌声、欢呼声、号哭声混融一起，"轰动如雷"①。在请愿书上签名的共有各团体各州县代表10889人。②

锡良确实有其为难之处，再奏违背朝旨，触怒军机；不奏，对不起东三省人民。强烈的爱国意识，刚直不阿的性格，终于使他决定，与其对不起国民，毋宁触怒政府。12月7日即发出代奏折，写道：东三省人民"目睹朝鲜亡国惨状，

---

① 《盛京时报》，1910年12月7、8日。
② 参见《奉天全省人民请锡督代奏明年即开国会呈稿》，载《盛京时报》，1910年12月8日。

甚恐三省版图首沦异域，即万劫不能自拔，其切肤之痛，较之各行省有特别之危险，不能不有特别之要求。臣莅东以来，默察今日大势，欲求所以捍三省之危亡者，一无可恃，所恃者民心不死，皆知崇戴朝廷耳"。"何必靳此区区二年之时间，不与万姓更始耶！""如以臣言为欺饰，请先褫臣职，另简贤能大员，以纾边祸。"①为了代人民陈述意见，他宁愿做出被革职的牺牲，十分难得。

之后，咨议局研究联络吉林、黑龙江咨议局共同请愿问题，推副议长袁金铠前往，袁认为"时机已过，事必无效，坚辞不往"②，遂改推另一副议长孙百斛。教育总会亦电吉、黑两省，请派代表一同赴京。继之，各界推选出赴京的全省人民代表董之威等15人。

10日，各界公饯赴京请愿代表。当晚又在咨议局召开了盛大的送别会。这一天，又有一些中学生以血书勉励学界代表刘焕文、舒继祖"救万民于水火之中"，"热心保种"③。

11日，董之威等肩负着东三省人民（吉、黑代表未及时赶到）的重托，乘车启程赴京。

奉天人民给予代表有力的支援。请愿同志会和各校学生都分赴各地和乡下演说，商务总会也函告各地分会密切配合，共同发动全省人民，许多州县都建立了同志会，选出了代表，多次召开大会，新民、铁岭、辽阳、开原、锦州尤其积极。青年学生表现特别激烈，断指割股之事时有发生。各地自愿签名进京者多达1万余人，表示政府若不允代奏，大家一起进京恳求，再不允，宁可牺牲生命，决不空归。

为了促成奉天请愿，锡良特致京师某大臣长函一封，详陈东三省危迫情形和人民赴京请愿之举，请于载沣面前代为陈述。其中说："此次请愿不准，良决意乞骸骨归，实不敢久处于累卵之局，坐观成败，使祖宗发祥之地终落于他人掌握之中，致受天下后世之唾骂。"④

12月21日，奉天代表至资政院呈递了请愿书。次日，又谒见奕劻、那桐，

---

① 《清末筹备立宪档案史料》下册，649页。
② 袁金铠：《佣庐经过自述》卷1，10页，1935年。
③ 《时报》，1910年12月17日。
④ 《盛京时报》，1910年12月21日。

呈上上监国书。

此时，直隶咨议局已推举王法勤、贾恩绂、祥和为第四次请愿代表，湖南、福建、山西、云南、广西等省皆电本省资政院民选议员兼任请愿代表，资政院议员觉得不便，辞而不任。

24日，资政院通过了弹劾军机案，载沣以为干越君上大权，迹近嚣张，若骤开国会，必更纷扰，当即颁布上谕说：宣统五年召开国会不能再改，"乃无识之徒"，"仍肆要求"，今又有东三省代表来京递呈，"一再渎扰，实属不成事体。著民政部、步军统领衙门立即派员将此项人等迅速送回原籍，各安生业，不准在京逗留"。"各省如再有聚众滋闹情事，即非安分良民"，应即"查拿严办，毋稍纵容，以安民生而防隐患"①。

政府害怕引起动乱，当即下令军警荷枪实弹，在城内城外、资政院、各学堂、车站来往梭巡，严密监视，与缉拿革命党人无异，都中舆论大哗，人人惶骇不安。奉天代表正走在往谒徐世昌的路上，便被警兵带走。当晚善耆带着军警至代表寓所，令其当夜出京，代表不允，一名出外大呼："余系请开国会以救中国，并非犯罪，不意政府乃如此待我！"观者莫不堕泪。次晨，军警强将董之威等架至车上，押回奉天。刘焕文等4人坚决不走，被拘留警厅，旋也被劝回。

代表回省后，奉天请愿同志会还准备联合吉、黑两省进行第五次请愿，并向省内发了通告书，然又要求会员对这次上谕"不可以为失望，发为愤激之谈"②，陷于自我矛盾之中。他们自知会员想不通，做不到，马上又同咨议局商量，宣布遵奉谕旨，解散了请愿代表团。

继奉天而起的是直隶。奉天代表董之威、刘焕文、舒继祖进京过津时，特下车到直隶咨议局陈说东三省危险情形，散发传单和血书，与各界人士座谈。12月15日下午，由东三省籍的在津学生函请各省在津学生与奉天代表共开茶话会，直、鲁、川、鄂、苏、滇、晋、陕、甘、奉、吉、黑、闽、浙、豫、黔、皖、粤、桂籍的学生，天津的德华学堂、法汉学堂、高等工业学堂、北洋大学堂以及各中学、师范、军医、商业学堂共1300余人与会。董之威等发表了演说，希望同学做请愿中坚，组织全国学生请愿同志会，作为东三省的后援。与会者热情奋发，公决全

---

① 《清末筹备立宪档案史料》下册，652~653页。
② 《盛京时报》，1910年12月28日。

体进行第四次请愿,立即组织全国学界同志会,推温世霖为会长。

之后,各校学生和学界请愿同志会均开会做了研究,多数主张激进,军医学堂学生方宏蒸自断左手中指,用鲜血书写"血诚"二字;北洋法政学堂学生江元吉割下左臂肉一块,以鲜血大书"为国请命,泣告同胞"八字;继又有杨可十余人割臂刺指,书写血书;北洋师范学堂学生杨畅时自刎,为人所救护。同学们热血奔流,踊跃签名,倡议罢课,推举代表,准备游行请愿,一切进步的爱国青年学生都投入了这场运动,李大钊、白坚武就是北洋法政学堂的学生代表。

12月19日,学界发出公启,指出国民奔走呼号,唯恐中国灭亡;"而政府丧心病狂,惟恐亡之不速"。"全国生命在速开国会,而彼冥顽不灵,特意延期","故送四万万同胞于死地,此政府之大罪一"。资政院弹劾军机大臣,朝廷不准过问,大罪二。"上凶下愚,造原动力者确为学界。学界唯一之手段曰全国学界罢课,共谋对待,希图进行。学界团体坚,而农工商继之,务达目的而后已。"①亡国的危险使青年学生出而承当了请愿的主力军。

20日,各学堂学生3859人在同志会会长温世霖、咨议局议长阎凤阁和商会总理王竹林带领下,打着各色旗帜,高举着"立宪救国""速开国会"等标语,呼喊着"誓死请愿"等口号,游行至督署请愿,在代表长时间坚持下,陈夔龙始派人传话,答允代奏。②

21日,朝廷电令陈夔龙宣示不准再联名要求渎奏。陈夔龙立即照办,并疯狂叫嚣,倘再聚众要求,就是"意存扰累治安",定要"查拿严办"③。同时,勒令学生一律复课。

学生愈愤,22日,复举代表汇集自治研究总所开会,推举了进京代表,决定各省在津学生派人回省发动,并以天津全国学界国会请愿同志会的名义通电各省咨议局转教育会、商会,告以天津"全体学界停课,已举代表晋京请愿",请"速起以为后援"。又将天津发动情况告知路远山遥的滇、黔、川、甘、新5省,请派代表进京合作。④号召全国学生罢课请愿,呼吁各界速起支援,再掀起一次请愿

---

① 《民立报》,1910年12月26日。
② 参见《大公报》,1910年12月21日;《时报》,1911年1月7日;刘寿山:《天津请开国会风潮追忆》,见《辛亥革命回忆录》八,241~242页。
③ 《大公报》,1910年12月24日。
④ 参见《大公报》,1910年12月22日。

热潮。

陈夔龙闻讯大怒,诬陷学生"意存叵测","大干法纪"①,立派400名军警前往镇压。总兵张怀芝回去调兵时,巡警道员恐酿祸变,飞令5人驰往劝谕,和平解散。赤手空拳的学生代表敌不过如狼似虎的军警,在各界人士劝导下,痛心地做出了解散的决定。

为了彻底镇压学生的请愿运动,陈夔龙接连饬令解散同志会,勒令停印学生血书,禁止报馆"危言耸听",传知商界人士不准附和,将严拿查办的告示贴于咨议局门首,命令军警持枪巡逻,随时驱散聚集的群众。这些得到朝廷嘉许,着其继续"开导弹压","查拿严办"②。24日,学部又通电各省严禁学生请愿,如不听劝告,严加惩办,"全体解散,亦所不惜"③。陈夔龙猖狂至极,悍然调兵包围学堂,勒令开课。"人心更为抑愤",法政学堂有个"素日勤学安分,久有令闻"的学生,"对于此事则愤不能自已","用刀割去一臂",次日殒命。学生虽在刺刀逼迫下不得已复课,"实则纷纷四散"。④

保定学生闻悉,以罢课的实际行动表示对天津学生的支持和对陈夔龙的抗议,师范学生最为激烈。陈夔龙急调国防部队陆军和警兵将师范学堂及其他学堂包围,"不准学生自由出入,往来函件必须拆视","昼夜巡防,不稍松懈"⑤。1911年1月2日,朝廷深恐罢课风潮蔓延全国,又严令各省督抚"随时弹压","从严惩办"⑥。陈夔龙立即饬令学堂复课,否则解散学堂,将学生押送回家。保定学生终于在武力高压下停止了罢课。

清政府为了杀一儆百,把请愿镇压下去,曾密电指示奉、直总督侦察请愿领导人,"稍有可疑,即行密拿请惩"⑦。陈夔龙心领神会,1911年1月7日晚下令将温世霖秘密逮捕。次日密电朝廷,诬指温世霖为"乡里无赖","结众敛钱","有害地方","擅捏会名,妄称会长,遍电各省,广肆要结,尤为意图煽动,

---

① 陈夔龙:《梦蕉亭杂记》卷2,53~54页,上海古籍书店,1983年。
② 一档档案:电寄档,1602(一)号。
③ 《申报》,1911年1月7日。
④ 《盛京时报》,1911年1月8日。
⑤ 《盛京时报》,1911年1月8日。
⑥ 《清末筹备立宪档案史料》下册,653页。
⑦ 《大公报》,1911年1月12日。

居心实不可测",应发配新疆,交地方官严加管束。①9日,朝廷允准。

陈夔龙逮捕温世霖后不交司法部门,未经任何审判,两天之内便伙同政府定下罪名,这种野蛮残暴的非法行为已经证明当权者穷凶极恶到不顾一切的地步。可是,他们手中缺少真理,惩处一个群众运动领袖不但没有使他们感到轻松,反而更加心惊肉跳。政府"诚恐各省公愤,大起风潮",特电各省"严加防范"②;陈夔龙则"诚恐因之暴动"③,严令军警监视各学堂。

1月8日,天津各界著名人士得知温世霖被捕,当晚即自动集会,共商营救办法,议定以教育家张伯苓等26人的名义上禀,质问被捕理由。9日,张伯苓等禀见,陈夔龙颠倒黑白,声言"为地方除害"④。张伯苓等准备晚上再进一步研究办法,北洋师范学堂、农业学堂和天津40乡议事会议员也向咨议局陈请,为温世霖辩护。狡猾的陈夔龙唯恐生变,当即密令军警偷偷将温世霖押赴新疆。

吉林人民于1910年12月22日以前便选出了谷嘉荫、文元、侯保廉、文耆、李芳等14名代表,行抵奉天,正与该省人士筹商,不准再进京请愿的上谕已经发布,吉林代表只好愤愤而返。

江西省接到奉天协同进行请愿电报后,南昌等县自治公所提议联合81个厅州县的自治会,要求巡抚代奏明年即开国会。不久,省国会筹备会议定1910年12月25日召开特别大会,发动群众游行请愿。但被巡抚冯汝骙饬令取消。

四川学生接到奉天、直隶电报,立即付诸实际行动,1910年12月23日,成都各学堂全体罢课,并通电全国:"据津、奉电,东省危急,蜀学全体罢课,筹对付,请即开国会,望转各界,誓死同行。"⑤全体学生上街游行演说,风潮越来越大。1911年1月上旬,川督赵尔巽也将风潮镇压下去。

湖北第四次请愿是由天津回鄂的学生代表彭康年、邱崇发动的,他们刊印传单,联络各校,实行罢课,定期于1911年1月15日在黄鹤楼召开签名大会。总督瑞澂奉命加强了防范,会前便将彭康年、邱崇拘获,然后驱逐出境。⑥湖北的学生请

---

① 参见《国民公报》,1911年1月20日。
② 《盛京时报》,1911年1月15日。
③ 《大公报》,1911年1月10日。
④ 《盛京时报》,1911年1月14日。
⑤ 《申报》,1910年12月26日。
⑥ 参见《申报》,1911年1月20日。次日的《时报》记预定签名日期为1月8日。

愿运动也被破坏。

至此，以奉天、直隶为中心的全国第四次请愿运动彻底失败，由于未达到1911年召开国会的目的，也标志着整个请愿运动的基本失败。其后再无继起者。1911年6月，立宪派建立了全国性的政党，认为不久便举行国会选举，实无继续请愿的必要，于是将国会请愿同志会宣布解散。

六、运动的意义

国会请愿运动基本失败了，失败的原因可从政府和领导运动的立宪派两个方面探寻。

立宪派主张议会政治，国会具有最高立法权，监督弹劾政府权，并决定政府成员的进退。如果召开国会，不但政府权要们的政治命运从此系于国会，很快要被淘汰，而且再像过去那样专制独裁，一心为个人及子孙营谋私利、荣华富贵、胡作非为，也根本不可能了。因此，他们视民主为洪水猛兽，怕得要死，恨得要命，说什么"将来开国会后，事事干涉，政令必至下移"①，"民权实属可怕"②。基于这种自私、恐惧心理，他们千方百计加以阻挠，此其坚决反对速开国会的基本原因。

立宪派认为国家是人民的国家，人民是国家的主人，理所当然地具有管理、过问国家大政的权利，要求民主自由的权利，进行和平请愿是天经地义的。而政府权要们则把国家看作私有物，认为国家大政只能由他们决定，人民无权发言；民主自由只能由他们赐予，赐予多少就是多少，人民无权要求，更不能集众"要挟"。因此，他们不是把请愿运动看作民智提高的表现，而是视为"民气嚣张"，怀疑请愿代表"其心不可尽测"③，哪里还会答应人民的要求？

可是，他们又不敢公然把自己的阴暗心理公之于众，只好大耍两面派，玩弄阴谋诡计，以种种借口搪塞拖延，直至书写在纸面上的理由被驳得体无完肤时，方始缩短三年期限，不准再越雷池一步。他们握有庞大的军警暴力工具，"深信其权力犹足以专制国民"④，故到第四次请愿时，就力言"民气嚣张，日益膨胀，

---

① 《时报》，1910年10月20日。
② 《时报》，1910年1月31日。
③ 《盛京时报》，1910年7月31日。
④ 《大公报》，1911年3月24日。

朝廷若再放弃大权，必致酿成乱端"，奏称"当断不断，必受其乱"①，"激讽"载沣动用专政工具把请愿运动镇压下去。

从立宪派主观方面检讨，首先在于他们对政府抱有不切实际的幻想和自身的软弱。立宪派对政府没有好评，却又相信所谓赤诚忠爱之忱能够感动"上帝"，不知作以强硬手段对付的打算。故当政府施展暴力时，他们便无可奈何，只好偃旗息鼓，罢兵退却。他们曾向政府声明，不给人民立法权，人民即无遵守法律之义务，但当朝廷宣布再请愿就是"煽惑"动乱，即"按法惩办"时，他们就胆怯了，不敢针锋相对地宣称命令是非法的、无效的，这种软弱的性格使他们难以坚持到底。

发动群众也不普遍深入，缺乏坚强的后盾力量。立宪派强调"中等社会"是推动社会前进的动力，因而轻视广大劳动人民。他们过于天真，以为咨议局议员由人民选举，议员请愿就等于全国人民请愿，所以前两次仅派了少数代表。第三次虽然使运动变为真实的群众运动，可是发动也不是很深入普遍，尤其是首都北京，竟无群众游行，未显示出人民群众的力量，不能对当权者构成巨大压力。至于发动农民，可以说只有思想敏锐的梁启超真正重视。他说，立宪政治是国民的政治，欲宪政成立，必须令国民的中坚阶级知道宪政利害切己而积极参与。"欧美诸国多以工商为国民中坚者也，而我国则以农为国民中坚者也，故开发农民之政治思想，实今日中国第一急务也。"呼吁一切"士君子"和请愿同志会去"唤醒农民"。②其他立宪派和开明士绅虽感有发动更多农工商群众的必要，但认识没有梁启超深刻。有些地方确也到农村进行了宣传动员，收到一些效果，只是由于长期的封闭落后，许多农民不理解国会与其自身的利害关系，表现得极为冷淡。"有宣讲者至，则曰：教人学外国者又来，其实局也（咨议局）、会也（国会），皆彼辈得意之地耳，民穷至此，尚有何望。"③农民发动不起来，运动就无法植根于深厚的社会土壤。

缺乏严密的组织与领导也是一大弱点。请愿代表团在运动中起了非常重要的组织与领导作用，但毕竟是一个临时组织的班子，本身就不是组织纪律性十

---

① 《申报》，1911年1月4日。
② 《为国会期限问题敬告国人》，见《饮冰室合集·文集》，第8册。
③ 《论开国会欢祝会》，载《时报》，1910年11月13日。

严密的团体，其与各省咨议局、各团体、同志分会之间没有领导与服从的关系，对于代表团的决定号召，各省完全凭着自己的认识及政治热情去做，因此，运动的发展就不均衡，步调不划一，特别是第三次请愿后内部发生了分化，部分咨议局和团体退出了请愿行列，这就给政府以可乘之隙，公然动用武力镇压了运动。

以上几点是互相联系的，又是同中国资本主义发展不足、文化落后等情况密切相关的，不能完全归咎于立宪派的主观努力不够。

国会请愿运动尽管失败了，但其意义不可低估。

第一，在比较广泛的范围内普及了宪政知识，提高了国民的民主主义觉悟和爱国主义思想。

过去，宪政思想主要传播于知识分子和开明士绅中间，其他阶层的人了解不多，边疆和落后闭塞地区犹少。在国会请愿运动中，立宪派除了在报刊上连篇累牍地大造挽救民族危亡、反对封建专制的舆论外，为了发动群众，还比较普遍地开展了集会演说、个别动员、张贴宣传画、散发传单和宣讲材料、征求签名等多种形式的活动。宣传材料都以口语作为语言媒介，如有的这样写道："好了，好了，大清国快强了。大家请求开国会啦，赃官暴吏快绝迹啦，打官司亦不用花钱啦，差徭亦就免啦，百姓快有活路啦！"① 有篇《劝立同志会》文如此写道："现在我们中国危险极了，往国内说，是政治腐败……往国外说，又是各国协议，暗含着要瓜分，如同麻绳儿蘸水，一天紧着一天……我们中国的病，眼看着要入膏肓……这治的法子是什么呢？就是开国会。因为国会是人民同政府合手商议事情的地方，向来我们中国，一切政事不准人民挽言，也不教人民知道。列位请想，这们大的中国，这们多的事情，只凭着三五个做大官儿的，能够办得好不能呢？就不必说徇私舞弊啦……必得国家的大事叫一国人同办才行……"② 这些下层劳动群众都能听得懂，颇有鼓动性。所以，尽管从总体上看发动群众的工作并不普遍深入，若从接受宪政思想、支持请愿运动的人数和范围看，确实比过去大为增长和扩展了。以天津为例，"一般劳力家"亲到请愿同志会签名的，"日必数十起"③。"工人何茂林、徐翠璋、伍岳奎、许连仲等百数十人"，都开列了名单，寄给同志会，

---

① 《盛京时报》，1910年5月12日。
② 《大公报》，1910年8月24日。
③ 《大公报》，1910年10月2日。

"以尽国民天职"①。刻字工人刘学圃、修补羊角灯工人陆长发等20余人，工匠曹玉山及其子曹富贵，均属于下层社会的群众。广立顺洋货庄年仅18岁的店员王金魁在致请愿同志会要求签名的信中写道："现观我国政府之腐败，专制之酷烈，官场之舞弊，交涉之棘手，无一非速亡之现象。惟诸公组织请愿国会，诚为救亡要图。"②德盛洋车厂人力车夫邢德光等十余人的信中说："生计艰难，衣食二字，劳力者多不易求，若不速开国会，我辈将无生望等语。"成兴魁铺长史临湘、李进才等人的信中说："政府腐败已极，贪官污吏遍满国中，官逼民叛，日有所闻，舍速开国会外，别无救亡之策。"义昌新洋广货店店员黄辑五等十余人的信中写道："不才等愤民权之不伸，惧国运之危厄，是以连袂而起，愿附诸大君子之末，争吾辈天赋之权利，虽粉身碎骨，亦所不惜。"③从直隶第二次签名册中，还可看到有不少农民签了名。黑龙江省的变化，咨议局在致请愿代表团的函中说得很清楚："去冬发起请愿会，虽两次无效，而起动社会之力实为伟大。江省地处极边，士民向不知立宪为何事，自有国会请愿之举，潮流所及，一般人民渐渐开明，近日江省之民望国会成立之志较他省为更殷。"④一向极其落后的陕西省在第三次请愿时出现了捐款的动人场面："此次陕民气动诚发于中，士众捐集踊跃，姑无论已。乃有剃头人捐大钱六百者。南院门说书某捐帖子钱数千，人以贫穷阻止，彼奋然曰：'我日得钱，岂可不令我与国事？'既而有僧人、道人、小学堂学生，皆先后签名输资，各三数百不等。最后有青年妇女桑氏、荀氏输资，使该翁某送到。又有孀妇某氏，亦使人送资。"⑤游行请愿后，农林学堂的学生还发生了一次罢课风潮，原因是该堂提调隐藏起省请愿同志会的开会公启，不让学生参加，引起学生公愤。⑥贵州的妇女组织了妇女爱国会，她们认为《国民公报》能"使舆论得以伸张，政府有以监督"，特将发起国民捐时募集的50元寄赠代表团，作为办报之助。⑦

以上事例说明，通过国会请愿运动，宪政思想已经普及到边疆和落后地区，

---

① 《大公报》，1910年9月8日。
② 《大公报》，1910年9月22日。
③ 以上各信俱载《大公报》，1910年10月3日。
④ 《盛京时报》，1910年8月10日。
⑤ 《国民热度之颇高》，载《丽泽随笔》，第16期。
⑥ 参见《农林学堂罢课》，载《丽泽随笔》，第15期。
⑦ 参见《贵州妇女爱国会致代表团函》，载《大公报》，1910年8月31日。

城市市民和工人、农民阶级，妇女和贫苦的人民，人民群众的爱国思想、民主觉悟确实有了明显提高，国会请愿运动实际上是向人民进行爱国民主教育的大课堂。

第二，暴露了当权者的真实面目，使政府丧尽人心，加速了灭亡。

早在请愿代表由上海首途进行第一次请愿时，立宪派就警告政府说，请愿是由人民公举的议员进行的，允准与拒绝是对朝廷诚心立宪与否的一大考验，不准"则必大拂民望，不啻揭其专制之心以昭示于天下，人心解体，国势日孤"①。类似的告诫几乎在每一份请愿书中都可找到。

然而当权者却一拒再拒，态度越来越严厉，手段越来越残暴，人民终于看清了他们的真实面目和内心世界："其心目中未始有国家也，未始有君父也，未始有人民也，所见者权位耳，金钱耳。"②"其或者持筹握算，略揣尽此三年中所黩之货，差足为长子孙之计。"③"深恐实行立宪则人民之权力必由此而伸，政府之权力必由此而缩，故既不敢推翻宪政冒反对之恶名，尤不愿速开国会受人民之监督。"④"对于立宪貌不敢不从，而心实恋恋于专制权之便其私。"⑤所以，政府每拒绝一次，人民的愤怒情绪就增加一度。

二次请愿失败后，"全国人心，为之灰冷"⑥。有些人认为清王朝"气数之穷，岂人力所能挽救，徒劳无益，知者不为"⑦，态度转为消极，而思想感情已同清王朝断绝。有人悲愤地写道："呜呼，朝廷之弃吾民也！弃民者，即无异自弃其宗庙社稷也"。"乃一再挫折摧残而不之惜，视爱国主义为仇国之举动，此岂可以诏示天下者耶！"⑧"政府不顾其机而迎之，而反欲遏其机以激之，岂必举巴黎、英伦之惨剧演之吾国而始快耶！"⑨

三次请愿被拒，立宪派愤怒地谴责政府"不许人民谋幸福，亦不欲人民为国

---

① 《论朝廷对于国会请愿宜从民意》，载《时报》，1910年1月2日。
② 梁启超：《国会期限问题》，载《国风报》，第1年第3期。
③ 沧江：《读十月初三日上谕感言》，载《国风报》，第1年第28期。
④ 《论政府对于人民之现象》，载《大公报》，1911年1月1日。
⑤ 白坚：《论蜀人由今当竭诚竭智竭力于立宪》，载《蜀报》，第2期。
⑥ 《申报》，1910年9月2日。
⑦ 《论拒绝国会请愿之影响》，载《新闻报》，1910年7月4日。
⑧ 《敬告国民》，载《时报》，1910年7月1日。
⑨ 《读二十一日上谕赘言》，载《时报》，1910年7月2日。

家谋幸福"①，"直视吾民如蛇蝎如窃贼！"②

至镇压第四次请愿后，"恶感普及于全国"，人民悲愤到极点，纷纷抨击说："吾不解政府诸公何为倒行逆施至于此哉！""吾国人民则仅以文字争，仅以口舌涕泪争，即激烈者亦不过自毁其肢体而已。无他，人心固结，不忍启衅于阋墙也。乃人民与政府则亲而近之，而政府之于人民则驱而远之，务使穷无所归，倒戈相向，否则为异国之顺民而后快，是诚不解其何心矣！"③"吾不知朝廷之弃吾民焉何竟悍然不顾如是"，"而必为此戕贼人心之策，以陷吾民于绝地而后快也"。"呜呼，今日毋谓请愿者之多事也，恐他日欲求一请愿之人而亦不可得矣！"④

逮捕发配温世霖事件进一步擦亮了人民的眼睛。《时报》为此专发社论说："一般舆论谓政府此举，为揭出假立宪面具之一铁证也。不然际预备立宪之时，何以政府作为竟与立宪原理相背驰若此！岂非一面以立宪饵国民，一面又以专制压抑国民乎？"又指出：纵然政府专制手段比奥地利的大独裁者梅特涅还厉害，人民也不会被吓倒，"民不畏死，奈何以死吓之！"⑤温世霖被发配后，直隶各界人士公拟集资白银1000两，供其沿途之用，一些人还联名倡议将天津学界请愿同志会所余900余元赠温，北京某校师生亦捐赠500元。温途经河南、陕西，均被当作上宾，受到盛大欢迎，咨议局和各界皆有馈赠。反动暴力可以限制压制人民，然而征服不了人心。当权者自鸣得意之时，恰恰是人心丧尽之日；当权者视为胜利的杰作，正是愚蠢透顶的失败之笔。

立宪派和人民请愿不仅为了爱国和争取民主自由，同时也是为了朝廷的长治久安。他们奉献于国家和朝廷面前的是一腔热血，一颗忠贞之心，一片挚爱之情。他们相信政府能够理解并接受人民的呼声和要求，从而做到朝野一体，上下一心，消除隔阂，共渡难关。为此，他们采取和平请愿的方式，反对暴动，向当权者作揖磕头，痛哭陈述，乞求恩准。这一点常常被视为立宪派没有骨气甚至无耻之举加以鞭笞。其实作揖磕头不过是当时封建官场的礼节，不值得大惊小怪。尤其应当看到这种方式和行为产生的积极后果。立宪派和人民对政府表现得愈驯服愈相

---

① 《帝国日报》，1910年12月10日。
② 《读初三日上谕感言》，载《时报》，1910年11月8日。
③ 《读十一月二十三日上谕感言》，载《汇报》，1911年1月10日。
④ 《读二十三日上谕恭注》，载《申报》，1910年12月26日。
⑤ 《论谕旨发遣温世霖事》，载《时报》，1911年1月12日。

信愈忠贞,在遭到政府一次次的拒绝、申斥和镇压后,他们对政府的态度也就变得愈为决绝,由热切的希望变成无限的失望,再变而为切齿的绝望,而且义无反顾,永不回头。因为他们自认为尽到了应尽的责任,政府的冷酷绝情伤透了他们的心。得民心者昌,失民心者亡,是古今中外颠扑不破的真理,清政府注定行将灭亡。

第三,不仅使立宪派经受了一次民主运动的锻炼与考验,进一步激发了爱国热情,丰富了宪政知识,增长了才干,坚定了立场,而且促使他们中的少数激进分子与政府决裂,转变到革命立场上来。

第四,创造了斗争的新方式新手段。

以往人民同反动统治者进行斗争,不外乎采取武装起义、暴动、抗捐抗税等方式,皆为封建统治阶级所严禁。此次运动采用了和平请愿的合法斗争方式,运用了群众游行示威、学生罢课等手段。这些在西方国家已是司空见惯,但在中国却是初次运用,也可说是一种创造。这种新的方式和手段与革命暴力不同,所起的作用也不一样,然而也是人民与反动统治者进行斗争时的一种有力武器,尤其在革命处于低潮时期更显得重要,常为后来的革命人民所沿用。

七、又一批政治团体出现

在国会请愿运动推动下,1910年又涌现出几个政治团体。这些团体有些属于单纯的立宪团体,有些则与宪政有关,但主要是筹备地方宪政与民族事务方面的工作。由于资料缺乏,对某些组织与活动了解甚少,如李庆芳组织的山西宪政研究会,仅知其1910年1月曾致电军机处和宪政编查馆,谓"各省代表请速开国会,恳主持公论,以顺舆情"①。再如浙江政治研究社,亦仅知其1910年4月由王世裕发起,"意在结合政党,组立机关,对于政府则以请求早开国会为目的,对于人民则以仰承诏旨,求所以画一国民之智识之程度"②,余皆不详。下面将其他几个团体略予介绍。

(一)汉口宪政同志会

由咨议局正副议长汤化龙、张国溶、夏寿康发起,成立在1910年4月之后。③以促进实行君主立宪为宗旨。会员由湖北咨议局、教育总会、汉口总商会、

---

① 一档档案:宪政编查馆考察筹备宪政档,30号;《申报》,1910年1月27日。
② 《申报》,1910年4月10日。
③ 汤化龙递补议长、张国溶当选副议长在1910年4月上旬,既由三议长发起,成立当在此之后。

汉口各团体联合会和省自治筹办处的人士结合组成。汤化龙为会长，副会长为张国溶、夏寿康。汤化龙兼宪政讲习所所长，张国溶兼《宪政白话报》社长。①1910年末，该会曾发起湖北各团体，上书资政院，请开党禁。

（二）八旗宪政研究会

1910年12月4日，贵胄法政学堂教员鸿志、班吉本约集100余名贵胄子弟开会，议定成立八旗维持宪政会，暂举鸿志、班吉本为干事，铁成为编辑。同月25日，召开正式成立大会，与会者200余人，将会名更改为八旗宪政研究会。会上通过了章程草案，选举班吉本为总干事，鸿志为副总干事。该会"以联络八旗团体，植政党之基础为宗旨"②。1911年7月，曾提议重订章程。8月召开临时大会，议决上书八旗都统，通知旗民参加咨议局选举，保证公民权利。11月，同其他政党、团体一起上书资政院，陈述了关于拟定宪法的重要意见。

（三）八旗宪政会

1910年2月27日，文耀等约集旗民200余人，开会讨论八旗生计及请愿速开国会问题。3月上旬组织了八旗宪政会，专办筹议八旗生计及宪政事宜，推举文耀等为干事。12月11日，召开正式成立大会，选举文耀为会长，恒钧为副会长。约有会员70余人。其宗旨是："发达旗人之经济能力，并增长其政治知识，使可为完全立宪之国民。"研究的问题大致分为变通八旗制度，筹划旗人生计，化除满汉畛域三个方面。③

（四）八旗期成公民会

1910年12月，八旗高等学堂教员文质彬、章福荣和近畿督练处委员祥质甫等鉴于八旗问题关系到旗民的生计、满汉融合和国家宪政前途，特发起组织此会。上旬，章福荣等约集满蒙文高等学堂、八旗高等学堂学生200余人开会，宣布了宗旨。会后发布了公启和简章，规定"本会专为八旗人士期成公民而设"，"以联络京旗及驻防同谋生计为主义"，督促变通旗制处工作，融化满汉。总会设于

---

① 参见王保民：《清末汤化龙等组织汉口宪政会的情况》，见《湖北文史资料》，第8辑；又《关于武汉历史见闻》，武汉市政协档案资料，转见皮明庥：《武汉首义中的武汉商会、商团》。但两文的说法略有差异。刘道铿的《汤化龙的政治活动及其思想》（《湖北文史资料》，第8辑）也提到汤化龙"创办了宪政同志会"。
② 《帝国日报》，1911年7月20日；《正宗爱国报》，1911年7月22日。
③ 参见《官话京都日报》，第1083期。

京师，分会设于各省驻防。① 12 月 25 日，召开成立大会，许多人发表了讲话，选举章福荣和印德贺为正副会长。旋民政部因会员多系在校学生，与《结社集会律》不符，饬令解散。其后章福荣又重新吸收会员，维持了此会。

（五）顺天宪政公会

由李擂荣、陈树楷、张锡光、张铭勋等于 1910 年 12 月发起成立。宗旨为"研究国会成立以前国民应行筹备之事项，以督促近畿人民之发达，辅助国家宪政之进行"。会员资格限于现任自治职务、办理学务的人和警董、资政院议员；本省会议厅士绅、咨议局议员、顺天所属各州县士绅办理公务素有重望者，经会员介绍也可入会。其任务是研究国会成立以前顺天府国民应筹事项，全府学务、警务和自治事项，以及其他应兴应革事项。会中设置正副会长、书记、干事、会计、审查员等职员，全体会员皆为调查员，第一次常年会于 1911 年 7 月 15 日举行，与会会员共 62 人。② 同年 11 月，该会致电袁世凯内阁，请速组织共和政体。

---

① 参见《八旗期成公民会通告书》，载《大公报》，1910 年 12 月 21 日。
② 参见《国民公报》，1910 年 12 月 27 日；《京都日报》，1911 年 7 月 28、29 日；《大公报》，1911 年 6 月 30 日。

第九章 资政院内风波迭起

一、咨议局坚决反对督抚侵权违法

咨议局第二届会议与资政院第一次会议于1910年10月3日同时在各省和北京召开。

开会之前,由于各省咨议局的联合斗争,宪政编查馆对于督抚答复咨议局议决案的期限做了规定:凡督抚提交之案,咨议局议决后,限于呈到10日内答复。咨议局提议之案,事先呈送督抚者,限呈到15日内答复,事先未呈送而又需要调查者,答复期限最迟不得超过25日;事实上不能答复的,应将原因告知咨议局,但在下期会议前必须答复。督抚批准公布施行的议案,各级行政官吏应实力奉行,故意延宕不行者,咨议局可呈请督抚查办。这个规定对于督抚起了一定制约作用,但仍未从根本上加以扭转。

这次会议,各省咨议局都改选了常驻议员,通过了许多议案。由于有了上次的经验,一般都较去年开得好。如安徽省,"所议事件咸能以'为人民谋幸福'六字为宗旨,较诸去年似有进步"[①]。再如贵州,"自治党鉴于往岁之覆车,先期开议案预备会,从事研究,议员亦益明习政事,熟练程序。第二届常会以全力争预算案,于地方经费大有削减,又通过龚文柱改良税收方法案,以法律形式促巡抚公布,舆论翕然称之"[②]。

少数咨议局暴露了一些严重问题,主要是地方主义、阿附官僚和牟取私利。安徽和湖北局中地方主义的斗争一直未得到妥善解决,以致常有一些无谓的攻讦。山东局中的"六二党"在处理莱阳民变事件中阿附巡抚,专横跋扈,排斥异己,引起周树标等议员的连续辞职。广东局中的部分议员为了个人私利,反对禁赌,

---

① 《民立报》,1910年10月26日。
② 周素园:《贵州民党痛史》,见《辛亥革命》六,437~438页。

祸害人民。

　　此次会议的最大特点是咨议局竭力维护自身的职权和人民的利益，同督抚和政府的侵权违法行为进行坚决的斗争。其中比较突出严重的有广西、浙江、湖南、江西、广东、云南、江苏各省。

　　上届会议上，巡抚张鸣岐曾提出广西禁绝鸦片烟议案，咨议局议决通过，限定1910年5月全省一律禁绝。后张鸣岐因财力支绌，一时难筹抵补，札令复议。咨议局又改为分区分期禁烟，限定甲区临桂等11个厅县的土膏店于1910年9月4日全部封禁，经张鸣岐公布施行。及至届期，各烟商又具禀所存烟土过多，请求展限。张鸣岐恐怕封禁影响市面，竟将禁烟之期展限5个月，札交咨议局常驻议员协议。常驻议员认为无权推翻全体议员通过的议案，巡抚也无权更改业已公布施行的法令。而张鸣岐却无视议员的权力，仍然强行展期，自行奏报。议员认为张鸣岐这种做法"显系摧残议案"，乃于二届会期的前三日开会讨论，大家一致表示，"上届议案既失效力，即本届开议亦甚无谓"，于是决定全体立即辞职，以示抗议，并将这一决定电告了资政院和各省咨议局。① 此时张鸣岐已经调离，护理巡抚魏景桐不敢做主，亦请朝廷和资政院解决。在高等警察学堂是否招收外省学生问题上，议员也与巡抚各持一端，电请资政院解决。广西议员同违法侵权的官僚进行斗争的勇气十分可嘉，开了全体议员辞职的先例，对他省议员是个鼓舞。

　　浙江咨议局是为了要朝廷收回不准汤寿潜干预浙江铁路公司事情的成命，抗议邮传部以命令变更法律、剥夺民权。自1907年苏杭甬铁路风潮后，邮传部就对浙江铁路公司总理汤寿潜十分嫉视，朝廷也想将其调离，1909年授汤为云南按察使，继又授为江西提学使，汤皆辞不赴。1908年3月，邮传部曾强迫苏浙两铁路公司订立章程，同意由邮传部出面借贷外款，再转借两公司筑路，声明借款多则银1000万两，少则750万两，付款以二年为限，但至期邮传部仅付两公司100余万两，所订章程理应失去效力。1910年6月，浙路公司召开股东大会，决定请汤寿潜进京，要求废除章程。汤寿潜于是致电军机处，弹劾邮传部侍郎盛宣怀"为苏浙路罪魁祸首"。朝廷以其"措词诸多荒谬，狂勃已极"，8月23日下令将其

---

① 参见《大公报》，1910年10月7、8日；《盛京时报》，1910年10月8日；《宣统二年九月中国大事记》，载《东方杂志》，第7年第10期。

革职,"不准干预路事"。①此旨一下,浙江各界人士大愤,纷纷开会集议,援引商律抗争,请求收回黜汤成命。咨议局认为事关重大紧要,9月三次呈请召开临时会,巡抚增韫皆不敢批准。邮传部为了压制浙江人民,又于9月24日奏准铁路公司与普通公司不同,不准援引商律。咨议局议员忍无可忍,故至10月5日第一次会议开始,就提出浙江铁路商办问题,一致认为,商办铁路公司是商律、公司律的一种,依公司律规定,总理选举与开除,权属董事会,不准汤寿潜干预路事,实质上是剥夺民权,应呈请朝廷收回成命,"以保法律之尊严"。②同时议决"即日停议待旨,为民请命。"③增韫拒绝代奏,并令咨议局开议。咨议局坚持停议,7日致电资政院说:"邮传部片奏铁路公司与普通公司情形不同,违法欺君,剥夺民权,不独浙路首受侵害,全国同被影响,本局停议力争,请提议。"又电各省咨议局共同抗争。④其后咨议局迭次呈请代奏,增韫不允;增韫数次劝告议员开议,议员也不同意。19日,副议长沈钧儒和议员阮性存等辞职。21日,增韫与正副议长陈黻宸、陈时夏商议,允许代奏,要求咨议局三日内开议。咨议局于25日开会。会前多数议员听说增韫并未出奏,一定要索观代奏电稿,否则决不开议,卒使会议因不足法定人数而宣告延期。增韫下令咨议局停会三日,30日再令停会三日。咨议局上呈资政院,反控增韫擅令停会,不照咨议局章程办事,"实属违背法律"⑤,请求核办。资政院因会期甚短,劝告开议。11月4日,增韫答允电奏,咨议局亦于同日开会。

湖南咨议局抗争的是发行公债问题。1910年8月,巡抚杨文鼎奏请发行公债票120万两,奉旨允准。第二届会议开始,咨议局认为未交局议,"显系侵权违法,万难承认",特电资政院核办。杨文鼎不服,亦电资政院辩护,说已经奏准办理,咨议局无权改变奏案;去年湖北、安徽奏办发行公债,也未交局议决,湖南应该同样对待。⑥咨议局又续电资政院,揭露杨文鼎意在故意破坏法律,声明"全体议

---

① 《宣统政纪》卷25,22页。
② 《浙路总理汤寿潜革职后续闻》,载《东方杂志》,第7年第10期。
③ 陈谧:《陈介石先生年谱》,103页。
④ 参见《申报》,1910年10月9日。
⑤ 《民立报》,1910年11月7日。
⑥ 参见《时报》,1910年10月22日。

决，誓以核办与否为去就"①。10月27日，再电资政院，驳斥杨文鼎援引湖北、安徽奏办公债的说法。杨文鼎自知理亏，未再答辩。双方在等待资政院裁决。

江西咨议局为统税改征银元一事与巡抚冯汝骙发生冲突。本年秋间，冯汝骙奏请将统税改征银元，据称每年可增加收入40万两。而据商团调查，增加收入多达90万两左右。这样一来，实际上就是提高了税率，关系到本省税法。商民难以承受，激烈反对。咨议局认为冯汝骙不交咨议局议决，径行入奏，"实为侵夺权限"，坚决不予承认，电请资政院核办。②官司又打到了资政院。

广东咨议局与总督袁树勋争执的是禁赌期限。广东赌害最深，地方政府抽收赌饷亦唯广东一省所独有。咨议局在上届会议和临时会上都提出了禁赌议案。对此，袁树勋并无异议，但他首先考虑的是如何筹措款项抵补赌饷，方不致减少财政收入。因此，其基本态度是"以筹抵为先著，有抵则禁，无抵则缓，程期宽展"，不想确定禁赌期限，咨议局则主张确定期限，在10月12日的会上通过了呈请总督三日内电奏，宣布广东赌博一律禁绝期限的决议，"未奉照准之前，即行停议力争，争之不达，即行全体辞职"；同时，电请资政院裁判，上奏。③20日，袁树勋电奏。22日，议员开议，并等待朝旨。与总督的争执刚刚告一段落，咨议局内部的冲突倏然又起。原来在与总督争持之时，广州又增设了一家新赌厂，有的议员提请禁止，不料在11月9日的会议上，提案竟然遭到接受赌商重贿的35名议员的坚决抵制，未获通过。当晚，庇赌议员头目兼赌商苏秉枢还在咨议局大摆满汉筵席，宴请庇赌议员，庆贺他们的胜利。这一极端反常现象引起全省人民极大愤慨，佛山和香港商民纷纷提议将庇赌议员的肖像铸出，立于通衢，以示儆戒。14日，全省各界人士议决公呈总督速将庇赌议员开除出咨议局。15日，正副议长易学清、丘逢甲、卢乃潼和40名赞成禁赌的议员以未尽到责任，咨议局信用全失，具呈辞职。不久，35名庇赌议员被宣布开除。1911年1月21日，继任总督张鸣岐奏准于本年3月30日禁绝一切赌博，广东的禁赌问题始得到解决。

云南咨议局与总督李经羲的争端由增加盐价引起。云南盐务工作搞得很坏，

---

① 《申报》，1910年11月3日。
② 参见《中国纪事》，载《国风报》，第1年第28期；《宣统二年九月中国大事记》，载《东方杂志》，第7年第10期。
③ 参见《广东咨议局第二次常年会报告书》，36~37页。

十年之间价格增长三次，盐价之贵甲于天下，一些贫困人民被迫淡食。李经羲又出告示，定于从11月2日起，每百斤加价一两。咨议局认为增税累民，关系税法，不交局议违背局章，10月27日要求取消告示。李置不答。30日，咨议局又要求取消，并决定自即日起停止会议，等候批答，如不能挽回，即全体辞职。当日将情况告电资政院。李经羲怕事情闹僵，11月1日告知咨议局，改为每百斤加价五钱，暂行试办。咨议局虽于3日开议，但仍不认此举为合法，坚持电资政院核办。

争执最普遍的要数预算问题，各咨议局都为此事与督抚闹得不可开交。议员认为预算关系本省兴革，最为重要，一开始便催督抚交议。可是，有些督抚不交，有些虽交，但仅有支出而无收入。各局相互约定，坚持咨议局联合会通过的决议，一面诘问督抚，一面电资政院质问度支部，务求圆满解决，否则停止开会。福建等省咨议局即为此停止开会数日。只是由于本年为试办之期，事情复杂，准备不足，国家税与地方税尚未划分，所以度支部只能拿出一个粗略的预算全册，供咨议局参考，令督抚把地方行政经费交议，预算只列支出不列收入。资政院与度支部的交涉颇费时日，多数咨议局在常会上均未能讨论，故其后都召开了临时会。经过反复的争论辩驳，预算案总算最后通过。但有不少督抚对咨议局核减经费很有怨言，甚至与咨议局发生尖锐冲突。如江督张人骏就认为核减过多，不想承认，超过答复期限也不公布。咨议局要求公布施行。1911年4月28日，张人骏札复说，咨议局核定预算"徒恃理想，转忽事实"，缺少统一办法，无法裁夺施行，只有送资政院核办。①全体常驻议员认为张人骏有意破坏预算，乃于5月1日进行驳斥，声明引咎辞职，即日出局。张人骏非但不承认错误，反而倒打一耙，诬蔑常驻议员"意在强迫施行"，"责难于国家行政经费，腾出地方行政经费"②。政府袒护张人骏，斥责咨议局"强为增删移补"，"逾越权限"，"涉及国家行政经费，尤为不合"，声言"未便迁就"③。一般议员觉得政府无理之极，且自己负有审查责任，也陆续全体辞职。江苏人民认为议员辞职的理由是正当的，为维持预算案成立，5月26日，吴怀疚、史量才等发起组织预算维持会，要求张人骏将预算案公布施行。咨议局联合会也致电张人骏，要其公布。资政院中的江苏籍议员汪荣宝、

---

① 参见《大公报》，1911年5月10日。
② 《中国大事记》，载《东方杂志》，第8卷第4期。
③ 《宣统政纪》卷34，10~11页。

吴廷燮、许鼎霖、方还、孟昭常、雷奋等14人则上呈新内阁，说明咨议局并无错误，责任全在张人骏。指出，如以咨议局为是，应饬张人骏公布施行；否则奏请解散咨议局。① 在各方面压力之下，张人骏终于将预算案公布。江苏议员最后取得胜利，也于9月宣布复职。

二、资政院开议

（一）成立

资政院筹备公所建立后参与了咨议局章程的拟定工作，至1908年7月8日，始拟出并奏准资政院章程的十章目次及前两章条文。

1909年8月23日，资政院会同军机大臣将《资政院院章》上奏，奉旨令中央地方各衙门一体遵行。

《资政院院章》共65条，对原奏的两章也进行了修改，并仿照咨议局章程的体例，改第二章目次"选举"为"议员"，另订选举章程。

院章的主要内容是：

资政院以取决公论，预立上下议院基础为宗旨。设总裁、副总裁各2人，由特旨简充。

议员任期三年。名额分配：宗室王公世爵16，满汉世爵12，外藩王公世爵14，宗室觉罗6，各部院衙门官32，硕学通儒10，纳税多额者10，以上共100人；各省咨议局议员100人。

资政院的职权为议决下列事件：1.国家财政预算；2.国家财政决算；3.税法及公债；4.新定法典及其修改，但宪法不在此限；5.奉特旨交议事件。议决后请旨裁夺。

与行政衙门的关系：军机大臣或各部行政大臣若不以资政院议决为然，得声叙理由，咨送复议；若资政院仍执前议，可与军机大臣等分别具奏，恭候圣裁；资政院对各衙门行政事件及内阁、会议政务处议决事件如有疑问，可咨请答复；对军机大臣和各部行政大臣侵夺资政院权限或违背法律，得据实奏陈，请旨裁夺。

与各省咨议局的关系：资政院可札行咨议局申复各省政治得失，人民利病；

---

① 参见一档档案：《汪荣宝等为江苏咨议局议员辞职请咨行内阁迅速解决呈》，录副奏折档，宣统三年6号。

咨议局与督抚异议事件，咨议局之间互相争议事件，均由资政院核议，然后请旨裁夺；咨议局可呈请资政院核办督抚侵权或违法事件。

与人民的关系：人民有权陈请资政院核办关系全国的利害事件；资政院认为人民的陈请可采，得作为议案；但不得向人民张贴告示或传唤，不得受理民刑诉讼事件。

会议分常年会与临时会两种。常年会每年一次，会期三个月（农历九月一日至十二月一日），议事未完，可延长一个月；临时会不得超过一个月；议员召集后抽签分股；会议非有议员 2/3 以上到会，不得开议；议决以到会议员过半数所决为准，若可否同数，取决于议长；资政院自行提议事件，非得议员 30 人以上同意，不得作为议案；总裁、副总裁应先期将议事日表通知议员，并咨送行政衙门；议员除现行犯罪外，会期内非经资政院承诺，不得逮捕；议员在议事内的发言，不受院外诘责；会议一般不禁止旁听。

此外，还有关于议员处分、朝廷令资政院停会或解散、资政院办事机构的规定。①

9 月 23 日，朝廷命考察宪政回国的李家驹协理资政院事务，旋又命其兼任宪政编查馆提调，李参加了选举章程的修订工作。

10 月 26 日，选举章程经资政院和军机大臣奏准颁行。

所谓选举章程，并不是 1 个章程，而是由 8 个章程组成，分钦选、互选两类。钦选章程包括宗室王公世爵（9 条），满汉世爵（9 条），外藩王公世爵（8 条），宗室觉罗（26 条），各部院衙门官（26 条），硕学通儒（8 条），纳税多额者（26 条），共 7 种；互选章程即各省咨议局互选章程，计 19 条。各章程的共同点是年满 30 岁的男子方有选举权与被选举权，其余皆不相同。

宗室王公世爵指和硕亲王，多罗郡王，多罗贝勒，固山贝子，奉恩镇国公，奉恩辅国公，不入八分镇国公，不入八分辅国公，镇国将军，辅国将军，奉国将军，奉恩将军。名额自和硕亲王至奉恩辅国公 10 人，自不入八分镇国公至奉恩将军 6 人。全部开列名单，奏请钦选。

满汉世爵选举以满洲、蒙古、汉军旗员及汉员中有三等男以上爵级者为限。

---

① 参见《清末筹备立宪档案史料》下册，631~637 页。

名额三等侯以上8人，一等伯至三等男4人。全部开列名单，奏请钦选。

外藩王公世爵指蒙古、回部、西藏有汗、亲王、郡王、贝勒、贝子、镇国公、辅国公各爵者而言。名额内蒙古6盟每盟1人，外蒙古4盟每盟1人，科布多及新疆所属蒙古各旗1人，青海所属及此外蒙古各旗1人，回部1人，西藏1人。全部开列名单，奏请钦选。

宗室觉罗现任三品以上职官、审判官、检察官、巡警官及现役军人，不得选充。名额宗室4人，觉罗2人。由合格者先在京师及奉天府分别互选，互选当选人名额为规定议员名额的10倍。然后将互选当选人名单奏进钦选。

各部院衙门官选举限于内阁侍读学士以下、中书以上，翰林院侍读学士以下、庶吉士以上，各部左右参议以下、七品小京官以上，掌印给事中、给事中及监察御史各官。但必须是现任实缺，或曾任实缺，或奉特旨署理、候补等情形者，方有被选举权。先由合格者在京师举行互选，以得票较多者为当选。互选当选人名额为规定议员名额的5倍。最后将互选当选人奏请钦定。

硕学通儒选举以具有下列资格之一者为限：1. 不由考试，奉特旨赏授清秩者；2. 著述有裨政治或学术者；3. 有入通儒院之资格者；4. 充高等及专门学堂以上主要科目教习，连续五年以上著有成绩者。先由学部通知有关人员和部门，开具事实保送学部，再由学部审查择定30人送资政院，奏请钦选。

纳税多额者选举以具备下列资格者为限：1. 男子照地方自治章程有选民权者；2. 年纳正税或公益捐在本省较多者。由合格人员先在各省省城互选，互选人以20人为限，以得票超过参加选举人数1/3的为当选，名次以得票多少为序，当选人为互选人的1/10。得票及格、因名额已满未被选上者，一律作为候补当选人。选出后通知资政院，资政院再奏请钦定。

各省咨议局互选章程规定，议员名额按咨议局议员多少分配，顺直9名，江苏、浙江各7名，山东、江西、四川各6名，湖北、湖南、广东、安徽、河南、山西各5名，福建、陕西、云南各4名，奉天、甘肃、广西各3名，吉林、黑龙江、贵州、新疆各2名。选举人与被选举人皆以咨议局议员为限，以督抚为选举监督，以得票超过参加互选人数之半者为当选，名次以得票多少为序，当选名额为该省应出资政院议员名额的2倍。督抚将互选当选人复加选定，作为资政院议员，咨送资政院。被选为资政院议员者不能兼充咨议局议员。互选议员有以他项资格经钦选为资政院议员者,不得兼充互选议员。

此外,选举章程还做了无选举资格等规定。①

院章及选举章程表明,资政院与立宪国家的议院是不同的。第一,资政院不是正式的国会,而是一个临时性过渡性的立法机构。设立的目的在于培养锻炼议员的能力,为成立两院制的国会奠定基础,这一点在政府的指导思想中是非常明确的。第二,资政院的立法权不完全。在立宪国家,宪法的制定与修改要经国会议决,议案经国会议决后,君主只是形式上的裁可,一般不能取消或否定;资政院则不同,无权制定修改宪法,议决的议案还要经过君主"裁夺"。在立宪国家,责任内阁多对议会负责,当二者发生冲突时,不是解散议会,便是内阁辞职;而院章却无军机大臣对资政院负责的规定,当彼此发生分歧时,双方分别具奏,"恭候圣裁"。这样便把本不应负政治责任的君主摆在了首当责任之冲的地位,这是不符合立宪原则的。第三,立宪国家的议会实行两院制,个别实行一院制的国家,仅有民选议员,而无钦选议员。而资政院议员混合组织,既有钦选,也有民选。第四,总裁人数多,均由君主特旨简允,不由议员选举,此亦为中国所仅有。第五,选举章程实际上有8种之多,不仅钦选与互选的办法不同,而且钦选中也有区别,有的纯然钦选,有的先互选后钦定;互选章程虽规定由各咨议局议员互选,但必须经督抚最后圈定,方得为议员,也非纯然的互选,这点同样是清政府的"独创"。凡此都与资政院的过渡性质有关,也使得资政院变得不伦不类,因而引起立宪派人士的非议。

立宪派人士最不满意的还有一点,这就是对原定第二章进行的修改。1908年奏定的第二章规定,钦选议员共130人,各省互选议员为本省咨议局议员总数的1/10。依照全国咨议局议员总数计算,应出互选议员167人。这种分配是有利于互选议员的。修改后的章程钦选、互选均减至100人,在政府之意比较持平,而在立宪派和人民看来,互选议员失去了原来多于钦选的优势,加之4名总裁副总裁皆属钦派,政府的用心显然在于"抑民而伸官"②,"以官压民"③。

尽管资政院存在着许多令人非议的地方,然而它拥有议决国家财政预算决算、

---

① 参见《资政院会奏资政院议员选举章程折(并单)》,载《政治官报》,宣统元年九月十六日。
② 《论资政院不应改先朝钦定之章程》,载《时报》,1909年9月6日。
③ 《宪政篇》,载《东方杂志》,第6年第13期。

税法和公债的职权，由此得而监督制约政府；拥有宪法以外各种新定法典及其修改的职权，一切新的法典不经其议决便不成其为法典，颁布以后不经其议决也不能进行修改，这就意味着君主已经丧失自行颁布法律和修改法律的独裁权力。从法理上说，资政院具有立法权，是立法机关，虽然立法权并不完全。它与军机大臣的地位是对等的，不是从属于后者的，当彼此意见分歧时，双方都有具奏的权力。不仅如此，资政院还有质问行政部门的权力，有弹劾军机大臣、行政大臣侵夺资政院权限和违背法律的权力；有核议具奏咨议局与督抚异议事件的权力，有核办督抚侵夺咨议局权限或违背法律的权力。所有这些都说明，资政院绝不是政府的捧场机构，不是唯政府之命是听的简单表决机器，而是具有一定独立性的不完全的立法机构，或者说是一个处于过渡形态的初级的混合型议会。至于其结构成分、会议程序、议事规则、表决方法、内部组织及纪律处分等，均与立宪国家的议会相同，更说明它不是封建专制机构，而是民主政治机构。

为什么立宪派一方面攻击资政院章程，发动人民请愿速开国会，一方面又参加资政院的选举呢？立宪派认为资政院在某些方面违背立宪原则，不能起到正式国会的作用，不能真正代表民意，因此不承认它；然而又看到它对人民还有有利的一面，同时又估计到政府一时不能满足人民速开国会的要求，而在人民的要求得不到满足之前，不论人民能够得到多少权力，都不应放弃，而应掌握它，充分利用它，为人民造福，进一步伸张民权，遏制君权，逐步实现政治民主化。他们说："资政院略近选举之性质，将来为议员之先河，又能抗衡行政官之专横，而于制定宪法亦能有力于其间，则资政院人员之关系于国家之前途者，非浅鲜矣。"①资政院权限虽比国会狭小，倘若议员共同努力，"由此而伸张其权力焉，则便具一国会之雏形"，"曲达增长民权之目的"②。"苟运用得当，未始不与国会相同"③。立宪派不愿放弃占领资政院这个重要阵地与要求速开国会并不矛盾，相反，倒是显示了他们非常注重实际，能把最高理想与现实利益有机地结合起来。

1909年11月23日为选举互选议员的日子，这天，各省咨议局都进行了民主选举，然后将名单呈送督抚圈定，进展相当顺利，不良现象基本绝迹。

---

① 《汪康年师友书札》三，2922页。
② 《敬祝资政院之前途》，载《盛京时报》，1910年10月4日。
③ 《今年之舆论》，载《大公报》，1910年2月16日。

钦选的只有各部院衙门官的互选有些问题，1910年3月11日至14日选举时，个别热衷的人不惜以宴请等手段拉选票，但大多数因有职官在身，放弃选举权者也不少。所以有些不孚众望、违背章程者居然也被选上，引起物议，遭到御史参劾。更普遍的情况是票数分散，在160名当选者中，以20票以上当选的仅有22人，而以1票当选的竟多达60人。选举监督都察院堂官为挽回影响，通知被选人员，如不愿应选，速报名注销。被指责者怕引起诉讼，有求荣反辱之虞，皆声明不愿应选。都察院便将这些人除名，补足名额，送呈钦定。

1910年5月9日，宗室王公世爵、满汉世爵、外藩王公世爵、宗室觉罗、各部院衙门官、硕学通儒六项议员皆经钦定。同日朝廷宣布，9月23日（农历八月二十日）为召集议员之期，10月3日（农历九月一日）开院，所有议员届时一律齐集京师，均毋庸谢恩。

纳税多额者的情况调查比较费时，选举日期略为展缓，5月25日名单也经载沣圈定。议员选举全部结束。由于新疆咨议局尚未成立，2名议员未选，为使人数相等，宗室王公世爵议员也比原额减少2名。钦选、互选均为98名。后来因辞职、病故、被控在案等原因，开院时又略有变动。

5月25日，议员一经确定，在京部分议员便发起组织了开院准备会，以议员及开办资政院人员为会员。6月2日，选举汪荣宝、劳乃宣、雷奋、李家驹为干事。不久，李家驹因与溥伦有矛盾退出，补选沈家本。主要任务是调查问题，准备议案。后来入京议员增多，改为议案研究会。

资政院筹备公所还做了些其他的准备工作，其中最重要的是拟定《资政院议事细则》和《资政院分股办事细则》（9月22日奏准施行）。这两个细则均"以院章为本，而又不背各国议员之通义"①。《议事细则》规定的议事过程与立宪国家的制度类似，开会、讨论、表决充满了民主精神，一扫封建衙门的专制腐习。《分股办事细则》规定将全部议员分为六股，每股互推股长，互选理事；股员分专任、特任两种，由股员互选正副股员长；专任股员分为数科，各科互选审查长；股员会的议事程序、表决方法等，也同立宪国家一致。两个细则同样表现了资政院的民主性质。

---

① 《资政院会奏酌拟议事细则及分股办事细则折》，载《盛京时报》，1910年9月28日。

资政院总裁孙家鼐于 1909 年 11 月 29 日逝世,仅剩溥伦 1 人,直到 1910 年 9 月 15 日方任命修订法律大臣沈家本充副总裁。沈家本是国内最有名望的法律专家,受到立宪派人士的欢迎。

1910 年 9 月 23 日上午 9 点半,资政院召集议员,正式成立。秘书长金邦平抽签将总议员分为六股,随后各股议员推选了股长和理事。这次开院如溥伦所说,"为我国数千年以来没有行过的盛典"①。资政院的成立使清王朝政治制度的改革深化到最高层次,社会政治生活从此增添了新的内容。不久,资政院奏请裁撤原筹备公所,销去协理、帮办各种名目。②

(二)重要议案

1910 年 10 月 3 日上午,资政院举行开院典礼,摄政王、军机大臣、大学士、各部院尚书皆莅议场,奕劻向议员宣读了宣统皇帝的谕旨,载沣勉励议员"殚竭忠诚,共襄大计,扩立宪之功用,树议院之楷模"③。

10 月 4 日下午,资政院首次开会议事。政府委员列席了会议,此后各省也派遣行政委员列席了会议。

此届会议的议案,有政府提出的,有资政院提出的,也有各省咨议局、团体和人民陈请的。会议按规定开了三个月,由于议事未完,延长 10 日,至 1911 年 1 月 11 日闭会。在这 100 天里,以民选议员为主,资政院讨论了许多有关政治、经济、文化教育以及社会风习等方面的议案,核议了一些地方督抚与咨议局争议的事件,向政府各部门提出质问书几十件。议场气氛时而平和,时而紧张,风波迭起,冲突连现。这里重点介绍一下三项重要议案通过的情况及其结果。

1. 速开国会案

速开国会案是资政院通过的最重要的议案,也是最振奋人心的一幕。

10 月 19 日,陈请股向议员报告了国会请愿代表和咨议局联合会陈请速开国会的理由,议员提出,这是重大问题,应该首先讨论。

21 日,80 余名议员为准备次日讨论速开国会案专门召开了会议,请愿代表孙

---

① 《宣统二年第一次常年会资政院会议速记录》(以下简称《资政院会议速记录》),第 1 号,1 页。
② 参见一档档案:录副奏折档,宣统二年 6 号。
③ 《资政院会议速记录》,第 2 号,9 页。

洪伊等也应邀参加。议员决定明日要迅速表决,作为议案即行上奏。

22日,议员讨论,因这个问题已为人所共知,议员的发言都十分简短。罗杰第一个登台说:"国会速开一事为我国存亡问题","此案不决,诸案均不能决。"江辛接着疾呼:"大家对于这个议案务须争至达其目的而后已。"牟琳说:"人民以为国家的用款我们都不知悉,不能将人民脂膏饱其私囊",只有将速开国会案议决,"我们人民才能负担租税"。于邦华、陶熔均附和赞成。①

副总裁沈家本即宣布讨论已毕,进行表决。出席会议的141名议员无论民选、钦选,全体"应声矗立,鼓掌如雷"。议员齐呼"大清帝国万岁!""大清帝国皇帝陛下万岁!""大清帝国立宪政体万岁!"②"万岁声、欢呼声、拍掌声融成一片,声震天地"。坐在旁听席上的中外人士"亦忘其所以然,随之鼓掌不置,约有十余分钟之久"。③

为使人民速开国会的要求具有立法性质,朝廷不便拒绝,民选议员们又提出,将此案作为本院的具奏案上奏。沈家本遂指定议员起草奏稿。

23日,百余名议员召开了议员研究会,讨论速开国会案上奏后应行预备的工作。有的提出,如再不允,资政院就采取停会或辞职的办法对待。雷奋认为这是一种消极办法,提出如朝旨不允,应要求军机大臣到院明白答复,答复后,资政院再陈明上奏,如仍不允,"则必激政府解散资政院而后已,不可由我辈自行解散"。他的发言得到大家赞成。④

26日,全体议员一致通过了请速开国会的奏稿。奏稿概述了代表等陈请速开国会的理由,论述了不开国会的害处和两院制的好处,要求"提前设立上下议院"⑤。虽未明确提出年限,明年即开国会之意隐寓其中。

改为1913年召开国会上谕宣布后,民选议员极不满意。在11月7日的会上,秘书刚读完江苏、浙江叩谢的电报,"忽闻议场南面发一种悲凉之声,谓国会开设年限乃可吊之事,非可贺之事"⑥。继之易宗夔提出质问会议政务处国会何故必

---

① 以上发言俱见《资政院会议速记录》,第9号,44~48页。
② 《资政院会议速记录》,第9号,49页。
③ 《民立报》,1910年10月29日。
④ 参见《申报》,1910年10月30日。
⑤ 《宣统二年十月中国大事记》,载《东方杂志》,第7年第11期。
⑥ 《汪荣宝日记》,1910年11月7日,稿本。

须缓至1913年开设的说帖一件，获得通过。民选议员接着竞相发言。李素说："外人对我国家瞬息万变，实有不可思议之状态，倘我中国有幸到宣统五年仍是完全无缺之中国，尔时致贺犹不为迟。今速开国会之目的不能达，人民失望，而江浙独争先电贺，以懈怠民气，本员甚觉痛心。"易宗夔提出，应再议决具奏，"再行缩短年限"。吴赐龄强调："凡在立宪国一个议案经表决之后，须请皇上裁可，所谓裁可者，不过是名义上之裁可，并没有经议院表决之后不实行的道理"。"今本院具奏案主张明年速开，而王大臣议定要宣统五年，则这议案效力全失，所谓资政院'立议院基础''养议院精神'者何在？"这就触及了资政院议决的法律效力、立宪原则等实质性问题，并且大胆指责朝廷违背了以前的许诺。他的发言相当激烈尖锐，赢得场内一片鼓掌之声。于邦华又抨击政府要员不速开国会"是为贪官污吏开搜括之门"。李搢荣呼吁继续请求。罗杰起而支持。钦选议员喻长霖为上谕辩护说，欲开国会，必先组织责任内阁，宣统五年召开国会，已比日本快得多了。语未毕，议员声浪大作，斥令其下台。溥伦提议，现在既已有易宗夔的质问，最好等答复之后再作道理。各议员均表同意。①

对于易宗夔的质问，会议政务处答复说："此乃君上大权，难于裁答。"② 他们在背后乱出坏主意，有了问题却诿过皇帝，既逃避了政治责任，又可塞议员之口，狡猾至极。议员不好直接责备皇帝，只得缄默不言了。

12月东三省代表入京进行第四次请愿时，资政院内又引起一阵小小波澜。代表向资政院呈递了陈请书，部分议员异常激动，特邀代表召开谈话会，一致表示定要协助达到目的，易宗夔、李文熙、罗杰的发言最为沉痛。但陈请书尚未交付审查，朝廷即下达了驱逐代表回籍的命令，速开国会之声遂趋于沉寂。

2. 弹劾军机大臣案

弹劾军机大臣案也是此届会议中最重要的议案，尤能反映资政院同政府的斗争。

此案起因于资政院核议各省咨议局与督抚异议事件。资政院一开始议事，广西禁烟期限问题就由朝廷发交下来核议。资政院认为巡抚的做法违背咨议局章程，

---

① 以上发言见《资政院会议速记录》，第14号，4~15页。
② 《时报》，1910年11月27日。

"其为侵夺该局权限毫无疑义"，应饬巡抚"仍照上年办法公布，迅与禁闭"①。奉旨悉如所议办理。

11月8日，资政院上奏湖南发行公债事件，杨文鼎不交局议，显系"侵夺权限，违背法律"，应令其仍将原案交局议决，并"量予处分"②。当日旨下，说此事"系奏经度支部议准之件，该抚未先交咨议局议决，系属疏漏，既经部议，奉旨允准，著仍遵前旨办理。嗣后各省有应交咨议局议决之件，仍著照章交议"③。

这道谕旨在次日会上宣布后，民选议员以军机大臣副署谕旨，轻蔑资政院，侵夺资政院权限，纷纷要求军机大臣到院质问，态度之激昂，发言之热烈，均属空前。

议员们指出：咨议局章程属于国家法律，军机大臣这样副署，就是"以命令变更法律"④。"立宪国精神全在法律，督抚违背法律而不予处分，则资政院可以不必设，咨议局亦可以不必办，宪亦可以不立！"⑤更进一步指出：资政院议决的议案没有效力，"可见中国立宪到底是靠不住的"⑥。"就是天天说立宪，亦是假立宪，何救于亡？最可恨者，行政大臣任意蹂躏资政院、咨议局章程，万一人心解体，何以立国！"⑦"似此无法律可守，不如就请皇上解散资政院！"⑧大家一致要求暂时停议，请军机大臣特别是奕劻到院答辩。军机大臣不到，议员吵嚷不休，整个下午，会场都处在这种紧张气愤的氛围之中。

这次会议揭露抨击了军机大臣袒护专制，违背法律，侵夺资政院权限，破坏立宪，摧残民权种种非法行为，弹劾军机案即肇因于此。

议员并未就此罢休，11月12日开会时，吴赐龄就湖南发行公债一事提出说帖一件，质问军机大臣为何以命令变更法律？为何不给杨文鼎处分？众皆附和。军机大臣感到难于措辞，15日派华世奎就商于袒护政府的钦选议员骨干汪荣宝。汪荣宝立即为之草拟了一个复稿，略谓谕旨对于咨议局章程，"但有保护，并无

---

① 《清末筹备立宪档案史料》下册，706~707页。
② 《资政院请旨裁夺公债案原奏》，载《申报》，1910年12月4日。
③ 《宣统政纪》卷28，7页。
④ 《资政院会议速记录》，第15号，40页。
⑤ 《资政院会议速记录》，第15号，39页。
⑥ 《资政院会议速记录》，第15号，45页。
⑦ 《资政院会议速记录》，第15号，43~44页。
⑧ 《资政院会议速记录》，第15号，57页。

变更"。"赏罚黜陟乃君上大权,贵院既不敢擅议于先,该议员等更何从质问于后。"①完全是蛮不讲理、以权势压人的架势,议员心目中又增加了一层对军机大臣的恶感。

不久,军机大臣答复易宗夔的质问书送到资政院。原来在10月19日,易宗夔曾拟就一个说帖,质问军机大臣副署谕旨,"对于各部行政、各省行政是完全负责任,抑不完全负责任?"②经表决咨送军机处。军机大臣此时答复说:"查现在新官制之内阁未经设立,军机大臣权限实非各国内阁国务大臣。详绎咨送说帖语意,以采用副署制度必当如各国之内阁。惟查光绪三十四年军机署名之制,实本乾隆年间旧制,与日本内阁副署用意不符,根本既殊,说帖所谓是完全负责任抑不完全负责任之处,无从答复。将来新官制之内阁设立,此种问题届时自可解决云。"③身为行政最高机关竟公然恬不知耻地做出这种答复,如同火上浇油,议员们越发怒不可遏。他们在等待着。

机会马上来了。

11月20日,资政院上奏了三项核议案。一是江西统税改征银元案,认为巡抚的意见已经度支部奏驳,可以不议,应照老办法征收。二是广西高等警察学堂限制外省籍学生案,认为应照民政部奏定章程不收外省学生办理。三是云南盐斤加价案,认为总督应提出议案,交咨议局议决,未议决以前应停止施行。当日奉旨,江西改征银元案从之,广西限制外省籍学生案交民政部察核具奏,云南盐斤加价案交盐政大臣察核具奏。④

广西、云南两案系资政院上奏的请旨裁夺事件,准与不准当由朝廷直接裁决,但反而委诸行政衙门察核,轻蔑资政院已到了无以复加的程度,连汪荣宝也"不得不怀疑枢廷辅弼之失宜"⑤。其他议员见之,莫不大为愤慨,21日晚,议员讨论对付政府办法。汪荣宝于散会后急找民政部右丞延鸿商讨对策,以息明日院中风潮。他提出,非政府派人将谕旨内察核具奏理由解释清楚不可,此项任务只有李家驹能够完成。延鸿立商李家驹,李答允见军机大臣如法办理。

---

① 《汪荣宝日记》,1910年11月15日。
② 一档档案:资政院档,2号。
③ 《大公报》,1910年11月25日。
④ 参见《宣统政纪》卷28,14~15页。
⑤ 《汪荣宝日记》,1910年11月20日。

22日，会议一开始，议员就撇开议事日程表，纷纷登台发言，交相指斥军机大臣。

易宗夔发言说：立法机关是独立的，不能将其所议决的议案交行政衙门去察核。军机大臣所拟并副署的关于广西、云南两道谕旨，是"侵资政院的权，违资政院的法"，应该弹劾军机大臣。① 他的倡议得到热烈支持。

接着，民选议员陶熔、陶峻、罗杰、王佐良、牟琳、江辛、郑际平、于邦华、籍忠寅、雷奋、许鼎霖、刘春霖、李榘等发言。他们指出：将资政院上奏之案交行政衙门察核，"可见军机大臣要把资政院推倒了"②，"不足以辅弼皇上"③。还指出："既不负责任，还要军机大臣做甚么用？"④"中国之所以坏到如此者，就是没有人负责任"⑤。为了"保全资政院的资格"，"尊重法律"，"今天对于此事必须存一个不怕解散的决心"⑥，一定要弹劾军机大臣。

发言常为震耳的掌声所打断。

之后，政府特派员李家驹出来代表军机大臣做了说明解释。但议员再提出质问，他就无法回答了。

吴赐龄又发言："此次弹劾案如军机大臣自己见得不是，就应自己辞职；若以资政院为不是，就应奏请解散资政院，断无调和之理。"⑦ 黎尚雯紧接着说："我们与军机大臣势不两立。"⑧

发言至此，议员要求表决，赞成者居绝大多数，具奏弹劾军机大臣案得以成立。

溥伦向军机大臣汇报了资政院讨论的情形，军机大臣责备其不能制服议员。溥伦也很气愤，力请他们到院向议员解释。

25日，老奸巨猾的奕劻命民政部、盐政处加班呈递复奏。当日，朝廷另降谕旨，广西、云南两事均依院议。以显示前两道谕旨实乃咨询之意，并非有意蹂躏院章，希冀资政院取消弹劾。

---

① 参见《资政院会议速记录》，第20号，4页。
② 《资政院会议速记录》，第20号，6页。
③ 《资政院会议速记录》，第20号，21页。
④ 《资政院会议速记录》，第20号，6页。
⑤ 《资政院会议速记录》，第20号，12页。
⑥ 《资政院会议速记录》，第20号，14页。
⑦ 《资政院会议速记录》，第20号，30页。
⑧ 《资政院会议速记录》，第20号，31页。

这天正值资政院开会，会上宣读了新的上谕，之后又宣读了弹劾军机大臣折稿，意见立出分歧。有的议员说，广西、云南两案今已奉旨依议，奏稿应该取消。有的说，弹劾折稿产生的原因一是由于两案交行政衙门察核，二是军机大臣答复不负责任，议题只能取消一半，不负责任仍须弹劾。有的说，弹劾不负责任是另一个问题，需要重新提出通过。议论歧出，争辩甚烈。表决的结果多数赞成取消弹劾折稿。但许多议员坚持，取消折稿不等于取消弹劾军机大臣，要求另行起草。他们说："我国近年来内政外交弄得这样坏，皆由于军机大臣不得其人。现在军机大臣既然不负责任，就不应用不负责任的军机大臣主持国事，应赶紧组织责任内阁，并不得用现在不负责任之军机组织之。"① "若现在军机大臣如此腐败，资政院不极力弹劾，使之去位，则将来设立责任内阁仍必滥竽其间，恐新设立之机关又被若辈弄坏了，万不可一误再误。"② "现在中国内忧外患，而军机大臣敢忍心害理，对于国家的事情不负责任，我们岂可如此罢手！"③ 有的认为以不负责任为弹劾议题，未免缺少根据，且无多少效力，不如奏请立即组织责任内阁，在责任内阁成立前明定军机大臣责任。总裁决定具奏案仍以不负责任为议题，另行指定起草员重新起草奏稿，弹劾案得以继续保留。

军机大臣满以为两道上谕发出，弹劾案立可取消，谁知未能如愿，深恐奏折上后地位有所动摇，遂授意素所亲近的几个议员尽力设法取消此案，散布正与政府协商预算，如弹章一上，势必于通过预算案不利。议员多惑其说，弹劾一事暂时无人提及。

御史赵熙见资政院提出弹劾，讨论多日，折尚未上，甚不以为然，乃于12月3日呈递封奏，言辞极其尖锐，中云："寻常之人苟预存一不负责任之心，则寡廉鲜耻之事，可以无所不为。今军机处明告天下以不负责任，无怪贿赂公行，赏罚不妨颠倒。"④ 这种凛然正气使得议员们在弹劾军机大臣问题上进行一番反省。

12月10日，折稿在会上宣读。由于载泽和善耆的调和，溥伦不愿过于开罪军机大臣，加之极少数接近官方的议员的影响，原先决定的弹劾案已经变成"吁

---

① 《资政院会议速记录》，第21号，54页。
② 《资政院会议速记录》，第21号，70页。
③ 《资政院会议速记录》，第21号，56页。
④ 《民立报》，1910年12月15日。

恳明定枢臣责任并速设责任内阁具奏案"了。折稿略谓：军机大臣不负责任，"受禄则惟恐其或后，受责则惟恐其独先，不特立宪国大臣不应出此，揆诸古人致身之义，亦有未安。其咎一也"。军机大臣会议政务"仅等具文，披阅奏章，几成故事"，"每有设施，动多隔膜"，"徒有参预国务之名，毫无辅弼行政之实。其咎二也"。请"迅即组织内阁，并于内阁未经成立以前明降谕旨，将军机大臣必应担负责任之处，宣示天下，俾无诿卸。"① 吴赐龄、李素仍提出反对，认为应弹劾军机个人，不是弹劾军机处机关。但他们的意见属于少数，折稿被通过。

军机大臣闻之大怒，谓议员胡闹，溥伦纵容，不称议长之职。同时，决定联袂辞职，进行要挟。

12月18日，资政院将折稿上奏。同日，军机大臣亦奏请辞职。载沣当即颁布两道朱谕（军机大臣回避，均未副署），一慰留军机大臣，一不让资政院过问。后者写道："设官制禄及黜陟百司之权，为朝廷大权"。"军机大臣负责任与不负责任暨设立责任内阁事宜，朝廷自有权衡，非该院总裁等所得擅预，所请著毋庸议"②。

两道朱谕的倾向性相当明显，载沣做此处置是非常错误的。中国内政外交种种失败，国势岌岌可危，皆辅弼皇帝的军机大臣所致，奕劻实为罪魁祸首，忧时之士对其"均有恶感而嫉视之"③。容留这些误国殃民之人在位，只能失去民心，阻碍宪政进行。其责备资政院更无道理，如果说用人大权资政院不能过问，那么要军机大臣负责任与组织责任内阁都是政治上的大事，筹办宪政的根本问题，资政院提出意见责无旁贷，怎能不准其干预呢？何况不是温言解释，而是用专制独裁政体下才有的诏书口吻训斥议员，剥夺其民主权利！这道朱谕非但没有把弹劾风潮平息下去，反而激起议员产生更大的对立情绪，对朝廷也相当不恭了。

12月19日会议一开始，李素就提出解散资政院，说："朱谕的意思，似乎以本院为不知大体，擅行干预，我们何必自己取辱？"还是"解散倒觉痛快"④。

易宗夔发言说：从前的谕旨是军机大臣署名，议员可以说话，这回是朱谕，

---

① 《宣统二年十一月中国大事记》，载《东方杂志》，第7年第12期。
② 《清末筹备立宪档案史料》上册，547页。
③ 《资政院会议速记录》，第28号，3页。
④ 《资政院会议速记录》，第27号，42页。

"我们就没有说话的地方了"。由此看来,以后议决的一切议案"一概都归无效了"。"不但资政院绝无用处,就是以后的国会都可以不要了。这个是非常之危险的。因为立宪国精神是议院与政府对待,现在弄成议院与君主对待。这个只有两个办法,一个是积极的专制,甚么资政院,甚么国会,甚么立宪,都可不要;还有一个不得了的结果,这个人民没有别的法子,只好拿出他的暴动的手段出来"。"所以我们要想个法子解决这个问题","还要上奏弹劾军机大臣",如不准,就解散资政院。①

吴赐龄说:"军机大臣平日将'君主大权'四字附会欺哄皇上,遇事便抬出'君主大权',使旁人一句话也不能说,所以把这两道朱谕看来,愈见军机大臣欺君误国之罪"。还是"作为弹劾案为是"②。

邵羲说:"以君主对待国会就不是立宪的精神"。"本院现在弹劾,还是要拉军机大臣出来与资政院对待"③。

汪龙光说:"军机大臣一经责难,对于上则以辞职为要挟,对于下则挟天子以令诸侯,我们一般议员谁敢与皇上相对?将来必至无事敢议,无口可开,势必由立宪复返于专制,宪政前途非常危险。"此次具奏要把立宪的要素解释清楚,朝廷如以为是,"则是真立宪","如以为非,则是假立宪,不惟资政院无可存立,便连国会也可无庸开设了"④。

于邦华、罗杰、陈树楷皆赞成弹劾,郑际平则主解散资政院。

刘春霖进一步指出:说资政院不能过问军机大臣不负责任,"是与预备立宪很不合的"。钦选议员陈懋鼎插言,请其对朱谕说话留意。刘春霖接着说:"自古有直言敢谏之人,实在是国家之幸福"。"对于朱谕不能持积极主义,就得持消极主义,既不能说旁的话,惟有全体辞职"。"此次再行具奏,将该大臣等据实弹劾,就请监国摄政王收回成命亦无不可,否则全体辞职亦无不可"⑤。

于邦华认为,要摄政王收回成命,"比弹劾军机大臣违背法律还有效力"⑥。

---

① 参见《资政院会议速记录》,第27号,49~51页。
② 《资政院会议速记录》,第27号,52~53页。
③ 《资政院会议速记录》,第27号,53~54页。
④ 《资政院会议速记录》,第27号,58页。
⑤ 《资政院会议速记录》,第27号,62~65页。
⑥ 《资政院会议速记录》,第27号,72页。

辩论结束，多数通过了具奏明定军机大臣责任案。

这次讨论比上次进了一步，已经从对军机大臣的痛恨发展到对朱谕的不满，从政府的作为怀疑到立宪的真假。议员们口口声声不敢与君主"对待"，实际上处处指责上谕，千方百计要其收回成命。在立宪与专制的根本原则问题上，议员的立场是毫不含糊的。

专制独裁、压制民主是不得人心的，不准资政院干预军机大臣负责任的朱谕引起"国中舆论哗然，咸以朝廷此旨，全反乎立宪之原则"①。各省咨议局函电纷驰，给资政院以有力声援。四川咨议局致电资政院说：朱谕"俱失朝廷立宪真意，尤动摇国会基础，请力争收回成命，以系海内人望"②。福建咨议局亦电资政院再争，否则"亿兆人断不期此无实之宪政"③。湖北咨议局通电各局，指斥朱谕"与立宪原则相反，请同电力争"④。山西咨议局复电表示："极赞成，院失劾力，宜再劾，驳则院局同散。"⑤江苏议长张謇电告本省民选资政院议员："资政院难尽协赞之责，不辞职无以谢天下。"⑥

载沣见反对激烈，急召溥伦劝谕，要他向议员详为解释，与军机处和解，千万不要激成解散资政院或议员辞职的风潮。

21日，开会讨论奏稿，又产生严重分歧，有些人不同意以军机处为对象，仍主弹劾军机大臣个人，不行就解散资政院。有的人提出修正案。结果原奏稿被否定，通过了修正案。24日，请速设责任内阁的奏稿方被通过。

但25日朝廷突然下达了一道饬宪政编查馆赶紧编订内阁官制的命令。这是军机大臣玩弄的一个新花招，目的是对付资政院的奏折，堵住议员的嘴。这一招果然有效，此谕下后，溥伦觉得奏折似乎无必要再上，当晚把奏折追回，拿到26日的会议上征求意见是否撤销。

问题一提出，意见立分两派。一派认为，当初是弹劾军机大臣不负责任，虽然下令速定内阁官制，但弹劾的理由仍在，只是要将奏稿稍做修改，不再提设立

---

① 《再论军机大臣之违宪》，载《时报》，1910年12月22日。
② 《国民公报》，1910年12月26日。
③ 《申报》，1911年1月2日。
④ 《国民公报》，1910年12月26日。
⑤ 《国民公报》，1910年12月26日。
⑥ 《时报》，1910年12月21日。

责任内阁罢了。否则将来资政院的地位很危险，也无颜以对天下。另一派认为，既然目的在于成立责任内阁，上谕让速定内阁官制，则目的已达，不必再进行弹劾。双方争论异常激烈，表决的结果取消了奏稿。吵嚷一月有余、分外引人注目的弹劾军机大臣案遂声灭音沉，化归乌有。李素等议员愤而拂袖退出议场。

奕劻闻知议员定要将其攻倒，恨得咬牙切齿，又于26日辞职，以示无恋栈之意。奕劻的去留关系到军机大臣那桐、徐世昌以及一切以奕劻为靠山的官僚的命运，所谓一荣俱荣，一损俱损。为了保住自己的权位，他们均不愿奕劻辞职。载沣将辞折交那桐、徐世昌看后，那、徐赶忙跪下叩头，极称奕劻老成望重，非但不能允其辞职，而且应以优诏答之。载沣命徐世昌拟旨。徐在诏旨中对奕劻大吹特捧，称其"老成谋国，为先朝倚任历数十年，勋勤懋著，中外周知。庚子之役，维持大局，转危为安，厥功尤伟"。慈禧、光绪逝世之际，"四海震动，决疑定计，卒致寰宇乂安"。"两朝开济，备历艰辛，荩画宏谟，洵属有功宗社。现虽年逾七旬，仍复精神矍铄，擘画要政，夙夜兢兢，职任一无旷误"。当此提前办理宪政、筹设内阁之时，正宜"始终将事"，所请着毋庸议。① 如此一来，奕劻等又得以继续把持朝政，误国殃民，贻害朝廷。

资政院取消弹劾军机大臣案，大失人们所望，北京各报予以痛骂冷嘲，《国民公报》也攻击其"失全国之舆望，窒革新之动机"，"顽钝无耻，荒谬绝伦"，"实代表议员奄奄垂死之心理"②。

锐猛的舆论批评使议员感到羞辱难当，强烈的政治责任感使议员勇气奋发。28日下午会议刚刚开始，李素就发言说："我们资政院敷敷衍衍，反反复复，何面目以谢天下？本员今日有个倡议，前日之表决是取消奏稿，并非取消问题，我们此次须指实弹劾，不要再如前次之调停，方足以对天下。"③ 邵羲、罗杰、黎尚雯、于邦华接连发言予以支持，指出军机大臣若不负责任，资政院通过的议案就全然无效，关系到将来的国会；若将奏案随便取消，说明议员缺少政治意识。总裁问大家要不要讨论这个议题，众议员大呼无须讨论。弹劾军机大臣案又复活了。

30日开会时，京师大学堂监督刘廷琛参劾攻击资政院的事又激起议员满腔怒

---

① 参见《宣统政纪》卷29，17~18页。
② 《国民公报》，1910年12月28日。
③ 《资政院会议速记录》，第31号，63页。

火。易宗夔首先提出，刘廷琛的参折交宪政编查馆知道，可见朝廷以宪政编查馆为资政院的上级机关，不信任资政院，不如请旨解散。其他人纷纷附和说：资政院所上奏案没有一点儿效力，立宪有名无实，议员若不自量，还要议事，未免太无耻了。另一些议员认为，刘廷琛参折与资政院的名誉攸关，应先将刘折抄来看看，如所参不实，要处其诬告反坐之罪，不能轻易解散。大家同意先看刘折，再做定夺。接着，表决弹劾奏稿，立即获得多数通过。第二次弹劾军机大臣案终于在几经波折后得以实现。

弹劾军机大臣奏折于31日入奏，主要内容是军机大臣溺职，难资辅弼。折上之后，有的军机大臣主张解散资政院。奕劻说，只能申斥，"彼意欲求解散以博美名，我辈偏不令其解散"①。可是怎么拟旨申斥呢？这些恬不知耻的大臣实在穷于措辞，个个焦虑异常。后来接受了徐世昌的"高见"，奏请留中不发，弹劾案失去效力。

1911年1月3日，议员知道再弹劾亦无效力，就提出写一个奏稿，说明资政院的性质与地位，朝廷对资政院所上的奏折不能留中，以期"上悟君心"②。但是，有奕劻等人把持朝政，并卑鄙无耻地授意陈夔龙、张人骏、长庚、杨文鼎、朱家宝等督抚接连电劾资政院，借以惑乱载沣听闻，议员们的一片苦心也同样付之流水了。

3. 赦免国事犯案

允许不允许政党社团合法存在和政治上持不同意见的人进行正常活动，是封建专制政治与资产阶级民主政治又一重大原则区别。清朝统治者由于害怕汉人反对，一向把立党结社悬为厉禁，人们对此也讳莫如深。戊戌变法之前，维新志士发起成立了一批政治性和学术性团体，禁网始被冲破一道缺口。戊戌政变后，慈禧又禁止结社立会，并悬赏缉拿康有为、梁启超和革命党领袖孙中山，康、梁、孙都成为国事犯而流落海外。庚子以后国家多难，朝内朝外昭雪戊戌冤案的呼声甚高，1904年，慈禧借七十大寿之机，赦免了戊戌案内一些人员，但"谋逆立会"③的康、梁、孙却不在其内。在慈禧生前，她与康、梁的仇恨始终未能化解，革命党又到处起事，故党禁问题迄未解决。

载沣执政以后，康有为、梁启超认为有了转机，派人回国多方运动朝中亲贵

---

① 《申报》，1911年1月2日。
② 《资政院会议速记录》，第34号，2页。
③ 《德宗景皇帝实录》卷530，4页。

开放党禁。社会舆论亦以立宪政体有集会结社自由等理由呼吁开放党禁，允许康、梁师徒回国效力宪政，对革命党人也"赦而用之"①。个别官员如孙宝琦亦奏请宽赦党人，量才录用。载沣几次要军机大臣研究。奕劻、那桐极力反对，谓康、梁为先朝罪人，绝对不能开释回国，革命党人毫无国家思想，无论何时万难幸邀宽典。载沣只得作罢，仅仅于1909年6月开复了翁同龢与陈宝箴的原官。

1910年资政院要正式成立，通过资政院议决是争取开放党禁的重大关键。这年夏秋开始，康有为、梁启超派潘若海、麦孟华、长福等回国，运动载洵、载涛和善耆，让徐佛苏、黄可权、侯延爽运动国会请愿代表，同时在资政院议员和都察院御史中加紧活动。

11月至12月间，开放党禁的呼声很高。国会请愿同志会上书载涛，请赞助解除禁网；致书全国各团体发动群众签名，陈请开释党禁；通告各大报社论列鼓吹。直隶王法勤等518人，河南王敬芳等53人，均积极响应，上陈请书于资政院；汉口宪政同志会征集2000余人签名，要求开放党禁；广东潮州林梁任等800余人表示极端赞成；陆军部黄孝宽等30余人也请都察院代奏开释党禁。在资政院，罗杰、方还提出了开释党禁议案。在都察院，有御史赵熙、温肃奏请赦免戊戌党人。②另外，杨度也以自己的脑袋作担保，奏请赦用梁启超。③亲贵中的载洵、载涛数次向其兄载沣陈说，载涛并为此专门上了一个封奏。

资政院特任股员会于12月17日审查了罗杰的提案和直隶、河南士绅的陈请，予以通过。1911年1月10日，全院又通过了赦免国事犯奏稿。

这里需要指出的是，奏稿并不是仅仅要求赦免康有为、梁启超，而是包括以孙中山为首的革命党人在内的戊戌以来的所有政治犯。罗杰在《请开党禁说帖》中所云戊戌以来一切"为国事犯罪者"④，王法勤等所说"不问海内外，凡所谓党者宥勿问"⑤，均包括革命党人在内。王敬芳等特别强调了赦免"逆迹昭著""铤

---

① 《开党禁议》，载《大公报》，1909年6月18日。
② 赵熙之折系潘若海代草（参见《梁启超年谱长编》，523页），当时《国民公报》、《时报》等均载主要内容是："立宪国无所谓党禁，现在朝廷既确定立宪政体，即革命党亦在赦免之列，何况戊戌党人。"但据中国社会科学院近代史研究所藏折稿，实无赦免革命党之语，只是说"宜赦当日变法诸臣"。
③ 折见《申报》，1911年1月15日。
④ 《帝国日报》，1910年12月8日。
⑤ 《时报》，1910年12月31日。

而走险"和"宗旨背谬者"①,即革命党人。

资政院特任股员会审查提案和陈请书时,开始曾有两种意见。汪荣宝认为应区别对待,"主张以不背立宪政体宗旨者为在应赦之列,其余姑俟诸将来"②。易宗夔反对说:"如谓甲党当赦,乙党不当赦,是不啻显与乙党宣战,殊非代表全体人民之意。且谓某党不当赦,则某党必生极大之反动力,更在海外造谣生事,于国家前途转多窒碍,究不如一概赦回,置之国内,反可相安于无事,既可以示宽大之皇仁,又可以杀反动之势力。"③长福、陈树楷等皆主不分党派,一体特赦。汪荣宝表示服从多数的意见。

长福代表股员会向全体议员讲得更加明确,他说,股员会的意见分两层办理,第一是戊戌党人,他们以前虽被看作有罪,但到了立宪时代,因其宗旨和政策与立宪相同,便是无罪之人,应请恩赦;第二是革命党人,他们"亦因政治腐败,立宪无期,铤而走险。其行为虽可诛,其用心亦是可悯的"。如果不赦革命党人,"或激起激烈手段,要亦非中国之福"。因此提出"可否一并恩赦,出自圣裁",以便"分出先后轻重来"。④罗杰又特地对其提案做了补充说明:"外国人每每遇中国革命党开会的机会,一面送钱给他用,一面又电知我政府说,为我国取缔革命党","于宪政前途很有危险"。"党人一日不赦,人心一日不能安,满汉终不能融合"。而"一体特赦,对内就可以调和满汉,对外就可以免受外人运动"⑤。

提案人、陈请人与资政院议员不同意革命党人采用暴力推翻清王朝,但懂得他们的用心,寄以深切同情,故主张赦免。不过在思想感情上是有亲疏厚薄之分的,更偏爱康、梁一些,然而视二者同是国事犯则无区别。至于朝廷能否赦免,他们认为那是朝廷的事情,作为"代表人民之意"的议员不能不尽到自己的责任,否则就不能称为人民代表。这一事实再一次雄辩地说明,立宪派人士是把革命党人当作同志、盟友至少也是同路人对待的,是不愿同革命党人"宣战"的,是从资产阶级立宪和民主政治的原则立场出发的,并未把他们视为不共戴天的阶级仇敌。

诚然,要求赦免革命党人的动机和目的之一是为了消弭革命,然而却不能由

---

① 《时报》,1911年1月7日。
② 《汪荣宝日记》,1910年12月17日。
③ 《帝国日报》,1910年12月18日。
④ 《资政院会议速记录》,第34号,10页。
⑤ 《资政院会议速记录》,第34号,11~12页。

此得出居心险恶、反动透顶的结论。立宪派此举并不违背革命党人实现资产阶级民主政治的根本宗旨，果真实现，对革命党人只有好处，而无坏处，他们便可堂而皇之地利用合法讲坛抨击封建专制，宣传民主政治，推进国家政治的民主化，团结一切可以团结的力量，为革命积累资本，并且有利于搞秘密活动，等待革命时机的到来。所以，应当说开放党禁是要求开放封建政权，深化政治改革，加速民主政治进程的进步行动。

然而，朝廷不仅没有批准赦免革命党人，连康、梁也未准许。阻力何在？潘若海致函梁启超说："盖今日忌二公之人，不在旧党，而在新党（如子云之属）。又前数日《天铎报》云云，闻全系江陵（号称实业家者也，不确）之意，欲借此以尼公之返国，忌其夺彼党魁也。"① 何天柱亦函梁启超说："顷宪子自来，言反对吾党者甚多，单刀直入，以金钱运动宫闱及老吉者，土头也；造谣惑众，肆口乱骂者，革党也……不见其反对之迹，而人言其甚为反对者，郑、汤、张三名士也。"② 这里讲了三种在野势力，就是新党，即杨度（"子云"）的宪政公会和郑孝胥、张謇、汤寿潜的预备立宪公会，革命党，和已被开缺的前军机大臣袁世凯（"土头"）。

如前所述，立宪派作为一个政治派别有着共同的利益，但每个团体又各有其特殊的利益，当彼此利益发生矛盾的时候，团体之间难免出现明争暗斗。康有为、梁启超因领导戊戌变法而获得很高威望，假如回国，像张謇、杨度等的立宪派领袖的桂冠就不一定保得住了，他们害怕"党魁"被康、梁夺去，因此不赞成赦其回国。可是这种极不光彩、极失人心的事无论如何也不能公开表露，只能在暗中进行。杨度甚至奏请赦用梁启超，以掩其反对之迹。

康有为、梁启超与出卖维新志士的袁世凯结下血海深仇，曾联络亲贵排袁，也曾奏请载沣杀袁，这些袁世凯心中有数，如果康、梁得势，他的境遇可想而知，所以虽罢官家居，仍不惜以巨金运动宫廷及奕劻等人，阻止康、梁回国。当时的报纸也有这方面的报道，如"开缺某枢臣阴使其党羽以巨金运动造谣，反对开党禁"③，即其一例。

请赦国事犯是有利于革命派的，即使革命派不屑于加以利用，由于此事是进

---

① 丁文江等编：《梁启超年谱长编》，523页。
② 丁文江等编：《梁启超年谱长编》，528页。
③ 《时报》，1911年1月11日。

步的行动，革命派也应给予支持。可是，革命派估计到革命党人不可能获得赦免，只是有利于康、梁，而康、梁又同他们结有宿怨，故对开放党禁亦痛下攻击。如《民立报》对国会请愿同志会组织领导的国会请愿运动曾经予以称赞鼓励，然而当同志会要求赦免康、梁回国时，便把它骂了个狗血喷头，且扬言要把同志会的人斩尽杀光："丑哉，同志会！……以起用康、梁为目的。夫康、梁者何物乎？乃人神之所共弃，天地之所不容者。今同志会竟中疯发狂，为虎作伥，不可耻乎？其无耻也……手执大刀九十九，杀尽仇人方罢手。夫康、梁与同志会非仅朝廷之罪人，实吾同胞之公仇也。"① 这种攻击完全是宗派主义的恶性膨胀。

  在京官中反对者有两类人，一类是有宪政知识的新派，如宪政编查馆的章宗元、曹汝霖之流，他们害怕康、梁回国以后会引用一批人才，自己的饭碗没有保证，因此"阳甚赞成，而阴施其鬼鬼祟祟之手段"②，在政府要员面前煽风点火，大捣其鬼；一类是顽固不化的旧派，无论时代的步伐跨得多大，他们的思想总是停滞不前，是阻碍民主运动的一股逆流。御史胡思敬曾专门上疏反对赦免国事犯③，惩办要求赦免梁启超的杨度④。

  来自四面八方的阻挠破坏为政府中的反对派提供了借口，奕劻和载泽反对尤为坚决。隆裕太后心胸异常狭隘，当载沣向她讲赦免康、梁时，她居然回答："非此二人，先帝何至十年受苦？"⑤ 因此，请赦国事犯奏案卒无下文。

  从这届会议的法律效力来看，资政院取得的成绩不是很多，一些议案被否定了。前述之外，尚有昭雪戊戌六君子冤案、剪发易服案、浙江铁路公司仍照商律办理案等，均未批准。可是，这个责任应由政府去负，不能因此影响对资政院性质和成就的估价。

  政府并未赋予资政院完全的立法权力，议员们也清楚这一点，可是议员一旦掌握了它，就力图使之摆脱政府的控制，立于同政府对等的地位，给它罩上一层神圣的光环，俨然以国家最高立法机关自居，竭力捍卫它的立法职权。为达此目的，议员们不仅弹劾军机大臣，而且批评指责上谕。在讨论通过议案时，他们始

---

① 《丑哉同志会》，载《民立报》，1910年11月28日。
② 丁文江等编：《梁启超年谱长编》，528页。
③ 参见胡思敬：《退庐疏稿》卷4，11~12页，1913年。
④ 参见胡思敬：《退庐疏稿》卷4，8~11页。
⑤ 丁文江等编：《梁启超年谱长编》，528页。

终按照议会的立法程序，遵循民主政治原则，维护法律的尊严，同一切破坏民主和法治的专制独裁行为进行不懈斗争，核议咨议局与督抚争议事件就属于这类性质。再如 1911 年预算案，这是我国破天荒第一次实行，政府原不打算交出，议员据理力争，终于迫使政府屈服，经过多次详细审核，将原预算额 37635 万两核减掉 7790 万两，使岁入总额略有盈余，议员的实际行动表明了资政院的独立品格。

资政院通过的议案，如预算、统一国库章程、南漕改折、黑龙江移民实边、整理边事、收回开平矿产、裁厘加税、浙江铁路公司依照商律办理、四川铁路公司亏倒巨款、地方学务章程、新刑律、著作权律、报律、修订结社集会律、昭雪戊戌六君子冤案、请赦国事犯、速开国会、弹劾军机大臣等等，对于整顿国家财政金融、减轻人民负担，发展资本主义工商业，开发边疆，发展教育，加强法治建设，摧毁封建禁网，扩大人民民主自由权利，都是有利的。有的报纸评论会议所取得的成绩说：通过的重要议案"皆为我国宪政初期立法上最关紧要事项，而皆当期解决，无甚瑕疵，此不谓为本会期之彩色不可得也"①。

在这届常会上，大部分议员坚持原则，不畏强权，敢于直言无隐地发表自己的观点，批评揭露政府的专制独裁，弹劾军机大臣的侵权违法行为和昏庸无能，表达了民意之所向，在一定程度上降低了政府的威信，加速了统治阶级内部的分化，使独裁者感到众怒难犯，淫威稍敛。这届常会是一次民主的会议，它同政府的斗争体现了民主政治的精神，标志着人民取得了部分参政权，进一步鼓舞了人民。革命派的《民立报》在评论速开国会及弹劾军机大臣两议案时说：此间舆论谓"其举动颇能唤起人民爱国思想及人民对于中国将来之希望"②。总之，对资政院所取得的成绩及其所产生的积极效果是不应一笔抹杀的。

会议存在的缺点也很突出，主要是：不是每日议事，而是隔日或隔二三天议事一次，每次仅半天，空自浪费许多宝贵时间，以致有的议案未能讨论；议员联络沟通不够，各凭己意提出议案，纷然杂陈，不能完全保证重点；多数钦选议员与民选议员之间比较隔膜，隐然有政府党与民党之分，不能齐心一致地讨论问题，极少数民选议员也有奔走于权贵之门的。

---

① 《资政院第一次会期之成绩》，载《帝国日报》，1911 年 1 月 14 日。
② 《民立报》，1911 年 1 月 12 日。

第十章　分道扬镳

进入新的一年，国际形势进一步恶化，国内阶级矛盾继续呈现尖锐状态。而政府却再三拒绝人民的正义呼声和合理要求，一意孤行。立宪派与之做了最后一番较量，知其冥顽不灵，终于同它分道扬镳，投身于辛亥革命的风暴。

一、皇族内阁粉墨登场

俄国、日本在第二次日俄协约后均加紧了对我国东北三省的侵略。1910年，中俄两国举行边界会谈，俄国提出一些无理要求。1911年，竟至进行武力恫吓，向满洲里增派军队，造成那一带边疆形势的紧张化。1911年中俄两国准备就重新修订《伊犁条约》谈判时，俄国又索要种种特权，同时扬言，如不能得到满足，俄国将视中国政府不愿敦固睦谊。继之又提出在中国黑龙江境内建立俄国军事观测所，扩大事端，并陈兵伊犁边境，进行军事威胁。清政府妥协退让，1911年3月27日全部接受了俄国关于修订《伊犁条约》提出的6款要求（其后双方准备修约，辛亥革命爆发后中止）。

北部边疆危机未除，南部边疆警讯又传。1911年1月中旬，英国悍然派兵武装侵入并强占了云南境内的片马一带地方，造成了极其严重的局势。

由于政治腐败，官吏暴虐贪婪，苛捐杂税多如牛毛，加之自然灾害频仍，贫苦人民生计断绝，忍无可忍，不断自发地掀起抗捐抗税斗争，抢米抢粮、"吃大户"风潮，戕官攻城的暴动起义。劳动人民同政府的对立十分严峻。

孙中山等革命派也乘机发动，1911年4月27日晚，黄兴亲自率领同盟会精英在广州举行了黄花岗起义。

严重的外患内忧使立宪派和广大人民对政府的容忍已经超越了极限。有篇文章指斥政府之无能昏聩说，去年东三省人民为救亡图存，进行请愿，"政府愤然不省，视为妄言而驱遣之。果也未及数月，两国同时发难，哥萨克之骑队，东瀛三岛之师团，电卷风驰，连翩而至，大鹫之旗与旭日之帜时掩映于白山黑水之间，数百年所恃为东北藩篱者，至此一朝尽失。谁实为之？孰令致之？兴言及此，不能不归咎于肉食者之谋国不臧矣"①。1911年3月30日，留德中国学生会召开大会，致电国内各团体说："当局昏庸误国"，"望鼓国民速谋锄去国蠹，促开国会，立责任内阁，切筹善后，以救危亡"。旋又致书国外各中国留学生会，指出现在消除外患的唯一办法，就是"竭吾内外人民之力，攘臂群起"，"立去朽败无能、妄拥大权而不担责任之军机，断黜贪婪恋栈"，"营私利己，仍图总揽大权之首领"。②人们迫切希望改造旧政府，成立新内阁，切实负起责任，起衰救弊。可是，人民千呼万唤始出来的是个什么样的政府呢？竟是皇族内阁！

国会期限缩短，原定的九年筹备方案已不适用，1910年12月6日朝旨命宪政编查馆修订筹备方案，同月25日又令草拟内阁官制。吵嚷几年一直未决的内阁问题终于列入了政治改革的计划。

1911年1月17日，修正后的立宪筹备方案奉旨批准。此次修订删去了巡警、教育各项普通事务，增加了设立内阁、颁布行政审判法等内容。立宪进程大致是：

1910年：厘定内阁官制、弼德院官制。

1911年：设立内阁、弼德院、行政审判院，颁布施行中央和地方官制，颁布会计法等。

1912年：颁布宪法、皇室大典、议院法（两院制）、议员选举法，选举议员，确定预算决算，设立审计院，实行新刑律、民律、商律、刑事民事诉讼律，续办地方自治，县以上各级审判厅一律成立，续筹八旗生计。

1913年：颁布召集议员令，开设议院。③

1910年，宪政编查馆拟出了内阁官制草案，可是，经过军机大臣删改，越弄越糟，只得再行修订。加之军机大臣的安排颇费周折，故直至1911年5月8日，内阁官制才与办事暂行章程奏准施行。

《内阁官制》计19条，要点是：内阁以国务大臣组织之。国务大臣以内阁总

---

① 《为日俄两国移民南北满敬告政府》，载《汇报》，1911年3月17日。
② 《留德学会致东西各国学会书》，载《南风报》，第5期。
③ 参见《清末筹备立宪档案史料》上册，90~92页。

理及各部大臣充任，国务大臣辅弼皇帝，担负责任。总理大臣为国务大臣领袖，决定政治方针，保持行政统一；有权停止执行各部大臣的错误命令或处分；有权对各省及藩属长官发布行政训示，实行监督，并停止其错误的命令或处分；得发布阁令，随时入对。各部大臣得就所管事务随总理大臣入对或自请入对；例应召见人员陈述国务由国务大臣带领入对。具奏国务，涉及各部者由国务大臣会同具奏，专涉一部或数部者由总理大臣会同该部大臣具奏，例应奏事人员奏陈国务由国务大臣代递，法律、敕令及有关国务谕旨，涉及各部者由国务大臣会同署名，专涉一部或数部者由总理大臣会同该部大臣署名。内阁会议事件为：法律案，敕令案，官制，预算及决算，预算外支出；条约及重要交涉；奏任以上各官之进退；各部权限的争议；特旨发交及议院移送的人民陈请事件；各部重要行政事件；按照法令应经阁议事件；总理大臣或各部大臣认为应经阁议事件。会议以总理大臣为议长，以国务大臣同意议定。关于军机军令事件，除特旨交阁议外，由陆军大臣、海军大臣自行具奏，办理后报告总理大臣。因临时事件奉特旨列入内阁者，为特任国务大臣，但不在常设之列，等等。①

《内阁办事暂行章程》对《内阁官制》又做了进一步的补充和说明。最突出的一点是在总理大臣之下设协理大臣，总理大臣之辅弼皇帝、担负责任、随时入对、署名谕旨等，均适用于协理大臣。此外，还规定在新的中央和地方官制及其他制度施行以前，例应奏事人员及言官奏劾国务大臣，仍得自行专折入奏；内外循例应奏事件照常具奏；各衙门引见照常办理；文武官员的任免均仍旧制。②

5月8日，朝廷任命国务大臣，内阁成立。总理大臣为奕劻（皇族，兼管外务部），协理大臣为那桐（满族）、徐世昌（汉族）；各部大臣为：外务梁敦彦（汉族）、民政善耆（皇族）、度支载泽（皇族）、学务唐景崇（汉族）、陆军荫昌（满族）、海军载洵（皇族）、司法绍昌（皇族）、农工商溥伦（皇族）、邮传盛宣怀（汉族）、理藩寿耆（皇族）。

同日，又宣布裁撤旧内阁、军机处和会议政务处；颁布弼德院官制，成立了皇帝的国务顾问机关，任命陆润庠、荣庆为弼德院正副院长（7月10日，改任荣庆为院长，邹嘉来为副院长。8月14日，任命了顾问大臣和参议官）；设立军事

---

① 参见《清末筹备立宪档案史料》上册，561~562页。
② 参见《清末筹备立宪档案史料》上册，563~565页。

总参谋机关军咨府，任命载涛、毓朗为军咨大臣；命将旧内阁大学士、协办大学士序次于翰林院，内阁学士以下裁缺人员均食原俸，听候分配。

9日，奕劻、那桐、徐世昌声言难胜重任，奏请收回成命。载沣不允。10日，奕劻再次奏辞，并说，"诚不欲开皇族内阁之端，以负皇上者负天下臣民之望"①，总算顾及一点儿皇室安全和政治影响。他也知道自己臭名远播，人人切齿，估计到今年的资政院会议将有推翻内阁之举，所以这次辞职倒也不是纯粹出自敷衍要挟。载沣依然不允，奕劻走马上任。

依修订后的筹备规划所定，1911年应当成立正式内阁。内阁官制确有与一般立宪国家相同之处，如各部大臣同为国务大臣，"担负责任"；总理定政治方针，统一行政；内阁职权；副署制度等等。然而清内阁不仅与英国不同，而且与其模仿的日本也不同。日本内阁仅设总理大臣一人，无协理大臣，也不以皇族充任总理大臣或阁员，清内阁则相反。再如上奏制度，立宪国家除特别规定者外，关于国务方面的上奏，必须经过内阁，即使内阁成员，"不经阁议，不商于总理，而直接上奏者，为犯对于宪法之罪。盖因行政各部及地方长官直接上奏之制惟君主亲裁之时能行之，与责任内阁之制绝不相容，故现今立宪政体诸大国之间绝无是例"。②而清内阁官制却还规定各部大臣可以自行请旨入对。清内阁既与立宪国家的责任内阁有相同的一面，又有不同的一面，还不是真正的责任内阁。对此，宪政编查馆及会议政务处也直言不讳地承认，《内阁官制》仅是"先立基础，沟通新旧，以利推行"，《内阁办事暂行章程》同样"为过渡办法"③。由此可见，清内阁不过是个过渡内阁。

客观地讲，作为一种制度，内阁官制较之军机旧制还是大有进步的。这表现在：第一，明确了国务大臣的政治责任。过去军机处虽名曰政府，但对全国行政是不负责任的，新内阁则要"辅弼皇帝，担负责任"。这就使国务大臣再也不能如往昔的军机大臣那样遇事敷衍推卸，出了问题诿过君主，逃脱罪责，从而迫使他们不得不认真考虑国家大政方针，负起责任。第二，基于上述，新内阁与旧军机在诏旨上的署名已有本质区别，可以限制皇帝专制独裁。军机署名之制始于乾

---

① 《清末筹备立宪档案史料》上册，597页。
② 戴鸿慈、端方：《欧美政治要义》，52页，1907年。
③ 《清末筹备立宪档案史料》上册，560页。

隆年间，目的是防止明代以前发生大臣篡改谕旨的流弊，并非要军机大臣担负政治责任，更无限制皇帝专制独裁之意。后来此制中辍。1908年载沣当政后旧制始复，可是并未明确军机大臣何等责任。新内阁官制颁布后就大不一样了，国务大臣"辅弼皇帝，担负责任"已经明确，副署就意味着担负政治责任。所谓"担负责任"在立宪国家有两个方面，一是违宪责任，二是失政责任。君主行使统治权要遵守宪法，如有违背宪法的诏旨命令，国务大臣应当直陈是非，进行匡正；君主不听，强命执行，国务大臣应当辞职。不辞职而署名签发，这个违背宪法的责任就由国务大臣担负。君主行使统治权必须以国民的利益为根本目的，如不符合这一目的，国务大臣要任疏于辅弼之责；君主如不采纳内阁的方针办法，国务大臣应当辞职，如采纳而最终不能达到目的，这个失政的责任仍由国务大臣担负。所以新内阁官制施行以后，国务大臣就有了同君主争辩的法理依据，限制君权，甚至拒绝副署君主的诏旨命令，使之归于无效。如日本，"法律敕令及国事诏敕，大臣副署始有实施之力，不副署则诏命虽下，有司不得奉行"①。这就在实际上矫正了君主个人独裁专制的弊端，使政治制度更加接近于宪政。第三，可以统一行政，提高工作效率，使行政机制趋向近代化。过去，由于军机大臣不负责任，以致造成政令歧异，政事纷乱，矛盾百出，权限不清，互相推诿卸过，工作效率极其低下。"今内阁之制，萃一国行政大臣于一署，分之则各专所职，合之则共秉国钧，可否于以协商，功罪于以共负，无隔阂，无诿卸，无牵掣"，"预算行政皆有汇归，缓急后先，谋定而动"②，对各省行政进行直接领导监督，便可进一步使国家机构设置趋于合理化，机制的运营趋向近代化，全国的行政方针由此得到统一，步调一致。

以上是就制度本身而言。若就人事而言，则不唯毫无进步，简直就是完全错误的了。任人以贤不以亲，自古以来就是圣君贤相选用官吏的基本原则。在立宪时代，"为明主者，决不以其私意进退宰相，又不必以其忠于王权始加任用，唯考政治之实况，察舆论之趋向，而取其有适良之主义，堪以为辅弼者授之大命"③。用人唯贤唯新，不准皇族充当国务大臣。可是在清内阁的13名成员中，竟有9名满族人，汉族人仅占4名；而在9名满族人中，皇族居然又占7名。皇族不仅充

---

① ［日］伊藤博文：《日本宪法义解》，21页，商务印书馆，1905年。
② 《清末筹备立宪档案史料》上册，560页。
③ 戴鸿慈、端方：《欧美政治要义》，49页。

当了国务大臣,而且居于领导和多数地位,故人们称之为"皇族内阁"。这种组阁办法完全违背了不准皇族充当国务大臣的立宪原则。新内阁的总、协理大臣没有一个新人物,全是军机处的老班底,这些老朽绝不可能领导全国人民实现真正的立宪政治,只能把预备立宪引向歧途,乃至把清王朝葬送。

皇族内阁粉墨登场,载沣固有责任,奕劻也负有重要责任。日本内阁此时由总理大臣组织并负连带责任的情况,奕劻是知道的,对皇族不能充当国务大臣也是清楚的,可是他还是担任了总理大臣,物色了如此之多的皇族充当阁员,其罪责是无法推卸的。

为什么一面制定一个比军机制度进步的内阁官制,一面又从用人方面破坏了立宪原则?只能有一个解释,这就是极力保住特权阶级的特殊利益。当权者原为封建统治阶级,绝不会立即变家天下为公天下,放弃特权,把政权完全交给人民。因此,他们只向立宪层次最为低下的日本学习,在各种新订的制度中尽可能地多保留一些封建专制,实在非改不可,也牢牢抓住用人大权不放,以便将亲近安插在重要位置,居高官,享厚禄,执掌政权,维护本阶级的特殊利益。

国际舆论对新内阁官制多所指责。日本前首相大畏重信说:"揆之立宪国皇族不当责任之例,实不相符","其真正之改革尚须俟诸今后"①。伦敦《泰晤士报》认为,"此新内阁不过为旧日军机处之化名耳。彼辅弼摄政王者咸注意于满汉界限,而欲使满人操政界之优权,此诚愚不可及之思想。"②

立宪派人士一向主张建立对议会负责的内阁,坚决反对内阁对君主负责,认为二者是立宪与专制的重要区别:"如曰大臣惟对于君主而负责任也,则是取立宪政体之原则翻根柢以破坏之,而复返于专制"③。"所谓责任内阁者,谓对于国民负责任,就直接之实际言,即对于国会负责任也"④。所以他们主张国会要设于内阁之先。他们的国会请愿运动失败了,而内阁又先于国会成立,且是对君主负责的皇族内阁,怎能不令他们失望、愤慨!

内阁章程和阁员名单公布后,"一般稍有知识者,无不绝望灰心于政府"⑤。

---

① 《申报》,1911年5月23日。
② 《庆亲王历史》,载《申报》,1911年6月8日。
③ 梁启超:《责任内阁释义》,见《饮冰室合集·文集》,第10册。
④ 李庆芳:《立宪魂》,37页。
⑤ 《时报》,1911年5月18日。

有先见之明者则发出冷笑:"新内阁发见乃如此,殊可哂,然早知如此,不足怪也。"① 有的说,总、协理大臣都是旧人物,"识者早知其无能为矣"②;"政府绝不以舆论从违为意,而实行宪政之神髓先亡"③。有的针对奕劻组阁加以评论:"今内阁为立宪制行政最重要之机关,姑靡论庆邸之系出天潢,不应当此重任,即律以古人七十致仕之义……亦宜量事以权其轻重,不应不度其才,不恤其年,以置之鼎折覆𫗧之地,而毫无矜全之意也"。奕劻不孚舆望,有碍宪政进行,"人民之府怨于国家者当益烈","终非国家之福焉"。④ 他们丝毫不加掩饰地警告当权者,如果不以诚心对待国民,"窃恐内阁甫成立,而推翻之动机已伏矣"⑤。

当权者总是过高地估量自己,过低地估量人民,从不把人民的警告放在心上。新内阁成立不到半月,就做出了三件足令全国人民触日惊心的举动。5月9日即成立的次日,副署了实行全国铁路干线国有政策的诏令;同月17日,断然拒绝了资政院召开临时会的请求;20日,同英、法、德、美四国银行团签订了湖广铁路借款合同。这三件事无一不是自绝人民,自掘坟墓。

(一) 铁路干线国有政策和湖广铁路借款

铁路干线国有政策同借贷外资修路是紧密联系在一起的,经过了相当曲折漫长的过程。

1905年,经过湖南、湖北和广东三省人民斗争,粤汉铁路从美国人手中赎回。光绪皇帝曾下命令,此路只能由三省人民集股兴修,以保利权,不准借用外资。三省人民也奏明集股商办,决不让外国资本染指。同时与四川当局商定,川汉铁路的成都至宜昌段由四川承修,宜昌至汉口段由湖北承修。但到1908年张之洞为督办粤汉、川汉铁路大臣后,认为人民无力修筑,非借外债不可,便向英国提出为修筑两湖境内粤汉铁路提供贷款。几经周折,1909年6月同英国汇丰银行、法国东方汇理银行、德国德华银行签订了湖广铁路(包括两湖粤汉铁路和湖北境内川汉铁路)借款草合同。不久美国又插足进来。同年10月张之洞去世,同四国的谈判转归邮传部办理。

---

① 《梁任公先生知交手札》一,296~297页。
② 《新内阁之现象》,载《汇报》,1911年6月16日。
③ 《对于钦定阁制之疑问》,载《申报》,1911年5月10日。
④ 《论庆内阁》,载《申报》,1911年5月10日。
⑤ 《对于钦定阁制之感言》,载《申报》,1911年5月10日。

两湖绅民闻讯，立即在立宪派领导下开展了反对借债筑路的斗争。

1909年8月，湖北宪政筹备会致电张之洞，要求将借款合同发给人民研究，否则人民决不承认。10月咨议局成立，议员又提出拒借外债筑路的议案，得到各界大力拥护。以后经议员提议和筹备，成立了湖北商办铁路协会。11月5日，咨议局致电邮传部和度支部说："粤汉、川汉借款，关系大局安危，鄂人全未与闻，誓不承认。"①11月8日，咨议局又通过了废弃借款合同、铁路商办等四条决议。继之讨论集款办法，议员力任艰巨，纷纷认股，做出表率，殷商富户和各界人士也非常踊跃，接着设立商办铁路股份有限公司，号召人民集股，推举刘心源、宓昌墀、张伯烈、贺伦夔为废约代表，入都力争。代表到京以后，三次上书邮传部，阐述铁路应归商办的理由，指出借款有百害而无一利，坚决要求商办。张伯烈还在调任邮传部尚书的徐世昌门前哀哭痛骂，数日不去。徐世昌见民情激昂，闻知湖北陆军将校与拒款派人士联系密切，深恐酿成大乱，终于在1910年3月批准湖北设立商办铁路公司，招股自办。

湖南绅民为筹集股款，抵制借债，1909年4月即呈请让各租户同任路股。不久，820名咨议局复选人全体致电张之洞和度支部、邮传部，坚决要求按法律办事，说："铁道借款，湘人决不承认。照咨议局章程，本省权利之存废，应由议员决定，现距议员集省期近，万勿签押，以保路权。"②8月，谭延闿等各界著名人士致电邮传部，指出湘路完全可以自办，路工可按时完成，应严词拒绝同四国银行团代表谈判，"注销草约"③。嗣又提议设立了铁路股共济会、集股会、铁路研究会，共同抵制借债。9月17日，刚刚当选的82名咨议局议员又电中央有关部门和张之洞，声明"款有着，万不承认代借"④。张之洞去世后，议员再电外务部，指出借款丧失权利，要求废除草约，实行商办。以后咨议局又议决了湘路限年赶修办法，铁路公司也接连致电邮传部要求废约。广大人民积极集股，群起力争。1910年3月，各界人士又推举咨议局副议长、议员陈炳焕、粟戡时、曾继辉、石秉钧为代表，入都斗争。5月21日，粟戡时拔刀断指，以鲜血大书"湘路无庸借款，乞中堂主持，

---

① 《八记湘鄂路线商借外款情形》，载《东方杂志》，第6年第11期。
② 《湘路纪事》，载《湘路警钟》，第1期。
③ 一档档案：外务部档，3439号。
④ 一档档案：外务部档，3439号。

戡时谨上"15个大字。陈炳焕马上持血书面见徐世昌。6月6日，邮传部终于做出批示，嘉奖了湖南铁路公司，并咨外务部和度支部，以后再酌核办理。

四国银行团于1910年5月取得妥协，并拟定了补充合同，要求清政府正式签约。邮传部畏惧人民反对，答复说草合同并非最后的决定，必须进行修改，才可批准。

这时，清政府为了改革混乱的货币制度，准备借贷外资。稍后，锡良也奏请借款，兴办东三省实业。于是政府将两项合并，10月向美国提出借款5000万美元，美国立即与清政府签订了币制实业借款草合同。但美国财团无力承担，要求英、法、德三国银行团协助，于是借款便转归了四国银行团。这项借款妨碍了日本、俄国在东三省的利益，日、俄出而进行破坏。为了讨好日本，清政府于1911年3月24日同日本横滨正金银行签订了借款1000万日元的合同。4月15日又同四国银行团签订了总额为1000万英镑的币制实业借款合同。

1911年1月盛宣怀出任邮传部尚书，力主借款筑路，湖广铁路借款又进入一个新的阶段。四国银行团也做了点儿让步，草合同的修改很快完成。5月初，四国银行团催请签字。但签字借款首先必须把粤汉、川汉两路收归国有。5月9日，邮传部奏请将干路收归国有，只准商民修筑枝路，取消湖南、湖北两铁路公司。同日，朝廷发布上谕说：从前规划无统一办法，铁路不分枝干，人民请求商办，辄行批准。"数年以来，粤则收股及半，造路无多；川则倒帐甚巨，参追无着；湘、鄂则设局多年，徒资坐耗"。"用特明白晓谕，昭示天下，干路均归国有，定为政策。所有宣统三年以前各省分设公司集股商办之干路，延误已久，应即由国家收回，赶紧兴筑，除枝路仍准商民量力酌行外，其从前批准干路各案，一律取销"。"如有不顾大局，故意扰乱路政，煽惑抵抗，即照违制论"①。

5月18日，朝廷起用前开缺总督端方，派充督办粤汉、川汉铁路大臣。

5月20日，盛宣怀代表清政府与四国银行团代表在湖广铁路借款合同上签字。合同规定，借款总额600万英镑，利息5厘，95折，期限40年。邮传部每季度将存入中国银行的借款向四国银行团报告，除造路所用外，概不得提拨；收支账目由银行团雇用查账员查看。铁路建造工程及管理一切权利，全归清政府独自办理；

---

① 宓汝成编：《中国近代铁路史资料》，第3册，1236页。

建造时，清政府自选1名英国人为两湖境内粤汉路总工程师，1名德国人为湖北广水至宜昌段川汉路总工程师，1名美国人为宜昌至夔州段川汉路总工程师；总工程师一切听命于督办大臣及总办，所有布置造路各事须遵照邮传部之意办理；选用总工程师合同由邮传部订立；铁路派用专门人员及其工作分配、辞退等，均由督办大臣及总办与总工程师相商，若意见不合，请邮传部判断，彼此均不得有异言。建造期内，钢轨及其附件由汉阳铁厂供给；其他材料机器有需购自外洋者，由中英公司及德华银行作为经理人，每买百分货物付给经理人用钱五分，唯定购材料及支取费用，必须经督办大臣或总办核准签字；所购货物由邮传部选聘专门工程师验看；中国材料或货物若质量价值与外国相同，应尽先购买；等等。①

湖广铁路借款和铁路干线国有政策都是从根本上违背人民意愿的，它激化了政府同人民的矛盾，引发了轰轰烈烈的保路运动。

（二）扼杀资政院临时会

资政院第一届会议结束之日，即有召开临时会之议，以便解决遗留的问题，但那时议员尚未有紧迫之感。

迨至1911年春，由于外侮侵逼，迫切要求召开临时会的就不独是资政院议员了，而且召开的目的也不是解决遗留的议案，而是筹商救亡大计的头等要事了。

2月，山西咨议局议长梁善济致函江苏局议长张謇说："为救亡计，惟有要求资政院议员联合多人，即请速开临时会，以国民外交速筹救亡政策，并促新内阁之组成。彼时吾辈不妨连袂赴都，陈请建议，或开临时联合会，以为资政院之后援，民气一扬，或作外交之助力。"②3月，梁又致书国会请愿同志会，指出倘若召开资政院临时会不蒙允准，"则资政院议员宜宣布声明本年会期不应召集，是不解散之解散也"③。直隶咨议局"以日来外交处处棘手，政府仍持秘密主义，不足以济危亡"，也通电各省咨议局要求从速召开资政院临时会。④经山西和直隶带动，各咨议局均致电军机处和资政院，请开临时会，留美学生会和横滨华侨亦大声呼吁。

---

① 参见《中国近代铁路史资料》，第3册，1224~1232页。
② 《申报》，1911年3月18日；《中国纪事》，载《国风报》，第2年第3期。
③ 《大公报》，1911年3月28日。
④ 参见《大公报》，1911年3月21日。

资政院在京部分民选议员于邦华、吴赐龄等鉴于情势危急，从2月起就开始联络，要求总裁溥伦奏请召开临时会，外地某些议员也陆续进京。溥伦开始恐政府讨厌，托词外交事件不在职权范围之内，不想召开。后见时局万分危急，不忍漠视，与沈家本研究，准备应议员之请。商之军机大臣时，军机大臣"诚恐此次临时会攻击外交上之失败，于己不利，故竭力阻挠"①。奕劻愤然说："又招惹他们多生事端，决不赞成。"②经议员请求，溥伦决定不论政府反对势力多么强大，也要碰一碰。

正当议员为召开临时会而奔走努力的时候，3月22日，朝旨突然调任溥伦为农工商部尚书，令沈家本回法部左侍郎任，任命世续和李家驹为资政院正副总裁。

将溥伦调离，完全是政府搞的阴谋。当初奕劻等让溥伦出任总裁，不过以其身为天潢贵胄，年轻而无阅历，必能俯首听命，贯彻政府意图，压制议员，替政府承担舆论攻击。不料开院以后，溥伦事事力持大体，与民选议员感情比较融洽，对议员提出的许多重要议案都予以大力支持，搞得军机大臣穷于应付，狼狈不堪。军机大臣认为溥伦纵容议员，那时即想撤其总裁之职。现在见其暗中支持召开临时会，与政府过不去，益发觉得非撤换不可。载沣也认为总裁与军机不协调不行，同意了奕劻等人的意见。沈家本则因与溥伦取同一态度而去职。

奕劻等让顽固保守的世续出任总裁，明摆着是要他加紧控驭资政院，压制民主，摧残民权；李家驹思想比较开通，但投靠奕劻、那桐，让他出任副总裁，自然是因为他能够俯就范围。然而资政院不是任何人的私衙，议员尤其是民选议员各有独立的思想和人格，奕劻等人的企图是无法实现的。

世续自知不懂宪政知识，顽固守旧，必为舆论所不容，将来上不能见好于政府，下不能见好于议员，两头受气，的确不愿接受总裁之职，于命下之后马上奏请收回成命。载沣加以慰留。世续不敢再请，3月27日到院接任视事。

正副总裁易人不得人心，招致强烈谴责。有的说此举只能说明当权者"谋国不臧"，"仇视国民"③。有的说："在政府意中，不过示威国民，俾后之为

---

① 《资政院临时会之无望》，载《时报》，1911年3月21日。
② 《时报》，1911年3月17日。
③ 《论枢臣阻止资政院临时会之非计》，载《申报》，1911年4月3日。

总裁者鉴于前车,不敢显与为抗,于以保专制于不朽耳。"① 有的说:政府"但有不便于私、不利于己者,则更利用专制主义多方以阻遏之,虽至误国病民、失地丧权而不稍顾恤",故不准召开临时会,"甚且撤换正副总裁,以为先发制人之计,使之不敢复言"②。这些愤怒的言论对奕劻等人的鬼蜮伎俩做了深刻本质的揭露。

在京的资政院民选议员和部分钦选议员在人民的声援下,继续要求。

世续虽顽固守旧,可也不想成为众矢之的,代人受过,接任以后见到要求召开的函电堆满案头,知道强驳不行,同时认为召开临时会解决上届遗留的问题,也有必要,所以就找军机大臣商议。奕劻等要他自己拿主意。世续非常生气,对人说:"他们既强以此重任委之于我,遇事仍不负责,是欲以我为全国舆论之公敌。我即不作此总裁,亦不能为他们之傀儡。"③又对议员说:"须遵照院章办事,如不背定章,尽可上奏。"④

4月初,雷奋、孟昭常邀集在京议员开会研究办法,由于要求召开临时会必须达到法定人数,决定分电各省议员征求同意。又推孟昭常、陈树楷、汪龙光起草陈请书。

关于召开临时会的理由,议员原先只考虑到外交危机和维护上届会议通过的预算案两个方面,后又将政府借款作为一大理由加入其中。4月9日,帝国宪政实进会与政学会的议员邀请在京议员讨论通过了陈请书,决定即日起征求签名。于是立即分头走访钦选议员进行解说,外地民选议员亦飞电表示联名陈请,很快达到法定人数。

4月13日,雷奋、孟昭常、于邦华等到资政院递交了陈请书。世续、李家驹阅后,让秘书长金邦平于15日约见雷奋等,告以签名必须自签,如系委托,应有委托的函电作为凭证,方能代奏。雷奋等将陈请书带回,调取凭证。

26日,雷奋等将陈请书和签名凭证送交资政院。

27日下午,鉴于有议员提出将外交问题作为要求召开的理由,容易授政府拒

---

① 《论资政院总裁之更动》,载《大公报》,1911年3月24日。
② 《论资政院临时会之无效》,载《大公报》,1911年4月27日。
③ 《大公报》,1911年4月1日。
④ 《大公报》,1911年4月5日。

绝的口实，建议删去，政学会和帝国宪政实进会特发起召开议员谈话会，进行讨论，以便在出奏之前修改。易宗夔发言说，政府大借外债，不交院议，实属轻蔑资政院章程，即此一端，已足为请开临时会之根据，外交、预算二者均可删去。多数认为不如删去外交一层，把借款问题置于预算之前，获得通过。最后决定讨论临时会问题以谈话会名义进行，推雷奋、康詠、易宗夔、牟琳为干事。

4月28日，议员将重新缮写的陈请书呈送资政院，声明前次所递的作废，兹将陈请书理由节录于下："比者借款之事纷纷而起"，"借款之后利用之法，管理之方，皆不可知。外国募集公债无不经国会之议决，我资政院之职掌亦订有明文，今借款将定，而议员等尚未知其所用，迨至常会然后预闻，则半年之间危险百出，脱有损失，又将如何？应陈请者一"。上年预算上奏之后，"破坏预算之文电纷至而沓来，军机王大臣依违两可"，财政之基础则时时有动摇之虑，"是宜公开会议，维持既往，劫愍将来，预定今年各部各省整齐划一之办法，以成今年常会正当不易之预算。此应陈请者二"。在陈请书上签名的有于邦华、陈树楷、许鼎霖、载铠、李长禄等民选钦选议员104人。①

世续、李家驹接到陈请书本拟迅速上奏，但议员接受了以往的经验教训，恐军机大臣推诿，要求一定要等到新内阁成立再上奏。故至5月12日，世续才奏请召开临时会，附呈了议员陈请书。

5月16日，皇族内阁讨论召开临时会问题。总理、协理大臣奕劻、那桐、徐世昌一致说："此风断不可长，若径行批准，恐各议员任意嚣张，百事挑剔，朝廷反致诸多掣肘，是无异太阿之倒持，其患有不堪设想者。"②这些独夫民贼永远不相信议员和人民的爱国热诚，不论议员和人民提出什么合理、正当、爱国的要求，他们都抱着一种敌对心理，以防"家贼"的目光加以审视，怀疑其居心不良。度支大臣载泽因为财政困窘，需要借款，担心议员推翻，也不同意召开。邮传大臣盛宣怀顽固坚持借款筑路，更支持奕劻等人的观点。召开临时会为新内阁所否决。

次日，朝廷就议员陈请发布上谕说，本年试办预算案，度支部两次奏请维持，

---

① 参见一档档案：责任内阁档，第13包。内世续奏折云："据资政院议员于邦华等一百四人呈称"，知为104人；而同包所藏陈请书签名者实为92人。之所以出现这种差异，想系世续出奏在议员呈送陈请书后十余天，在此期间又有议员要求署名的缘故。
② 《大公报》，1911年5月20日。

均经严饬各衙门遵办，无可疑虑。两项借款也降旨申明，专备改定币制、振兴实业及推广铁路之用，亦无可疑虑。这两件事虽属重要，尚非紧急，可于开常年会时从容详议。所请召开临时会着毋庸议。①

新内阁副署的这道上谕对"疑虑"大加解释，而对议员指出的借款须经资政院议决这一最重要的实质性问题却避而不谈，故意将问题性质淡化，以便逃脱罪责。不经资政院议决而签字借款，就是违背资政院章程，违背法律；签字借款既成事实，再让议员讨论，就是强迫议员接受，同样是蔑视资政院权力，没有将立法机关放在眼里的专制行为。口口声声斥责谩骂人民群众动辄"逾越法律范围"的奕劻者流，在新内阁成立之始，就破坏了法律。事实证明，只有当法律有利于其独裁统治或需要利用法律镇压人民时，他们才唱一唱时髦的法治高调，给人民扣上一顶犯法的帽子；一旦法律妨碍了其独裁统治或有利于人民行使民主权利时，他们便肆无忌惮地把法律践踏在脚下，靠强权来维护其私利了。这道上谕尽管处心积虑地把他们的违法行为掩饰起来，但却遮不住人民雪亮的眼睛。湖广铁路借款合同签字以后，人民便撕下了他们的伪装，揭穿了他们的骗局，同其违法侵权、破坏立宪的罪行进行坚决的斗争。

6月23日，朝廷颁布内阁属官官制和内阁法制院官制，任命了官员，裁撤了宪政编查馆、吏部、中书科、稽察钦奉上谕事件处、批本处等衙门，新内阁的建制便告完成。

新内阁成立后一直未宣布施政方针，四国银行团很不满意，在二次付款前对载泽说，中国对于币制改革毫无把握，对振兴实业、整理财政也无办法，"外国资本家因此颇怀疑虑，不愿投资"②。奕劻不得已在7月10日的内阁会议上发表了施政演说。他宣称："交通时代与闭关时代不同，立宪时代又与专制时代不同，昔以保守为主者，今则以进取为宗；昔行消极主义而可以保安者，今则非行积极主义不可以图存。"看来其政策是要与时俱进了。然而其政纲的最重要之点是什么呢？首先是整理财政，其次是振兴实业，再次为教育、交通。而对如何完成立宪的筹备工作，铲除封建专制政治，确立和健全资产阶级民主政治这些特等重大

---

① 参见《宣统政纪》卷34，18~19页。
② 《盛京时报》，1911年7月20日。

的政治改革，则不及一语，此即他所定的"政治之方针"①。一望而知，这个演说是为了敷衍讨好四国银行团，取得外国借款，愚弄中国人民。所谓"政治之方针"，其实没有政治，暴露了其虚弱恐惧的心理。经济改革、教育改革等必须与政治改革同步进行，并以政治改革为前提，否则是改革不好的。奕劻内阁本就违背立宪原则，现在又抛出这样一个大反人心的施政方针，人民完全有理由将其唾弃。

二、拟定法律

（一）人民力争制宪权

宪法是国家的根本大法，规定国家权力的归属及如何使用国家权力，规定社会制度和国家制度的基本原则，具有最高的法律效力。内容包括国家的性质，政权的组织形式，中央和地方的关系，公民的基本权利和义务，国家机构等等。

资本主义性质的宪法根据其表现形式、制定机关和修改程序的繁简分为好多种，君主立宪制国家的宪法除英国特殊、为不成文宪法外，均为成文宪法。成文宪法中又分钦定、协定和民定三类。钦定宪法由君主命少数大臣制定，君主最后裁可颁布实行，完全出自君主独断，主要目的在于巩固政府的统治权，对人民稍微开放一些权力。协定宪法由君主提出草案，提交人民的代表机关国会议决通过，目的在于扩大人民（主要是资产阶级）的权力。民定宪法一般是在革命之后，人民选举代表召开宪法会议制定，君主承认，目的在于巩固民权。君主立宪国家一般实行协定宪法，钦定、民定的都是极少数。

君主立宪就是制定宪法，确定君主和人民的权力，把无限的君权限制在一定的范围之内。没有宪法，就谈不上立宪，宪法是立宪关键之中的关键。中国既然宣布预备立宪，迟早要制定宪法。由于宪法关系到国家制度最重要最根本的问题，关系到君权与民权的消长，关系到人民的切身利益，因此，制定什么样的宪法，如何制定，从宣布预备立宪之日起，立宪派人士就极其关注。

立宪派最初从理论上研究探讨宪法的不多，也不深刻。可是，他们翻译过来的外国宪法不少，对各国宪法产生的背景有所了解，从对比中懂得各国宪法的优劣和民主程度的高下，知道在君主立宪国家中，宪法最优良的是英国，其次是德

---

① 《中国大事记》，载《东方杂志》，第8卷第6期。

国，再次为日本。他们心目中的宪法也是以英国为最理想，说"能模范英制尚矣"，"次为普鲁士"①。关于制定宪法的指导思想，立宪派是非常明确的，认为制定时"必先辨明立宪国与专制国区别之性质"②；限制君权，扩张民权，"宪法之为物，即君权削减，民权增殖之表示"③，"政府党之目的，在由政府规定宪法以左右国民；而吾辈之目的，在由国民规定宪法以左右政府"④。人民是国家的主体，应当享有参政、诉讼和请愿权利，以及言论、出版、集会、结社、居住、信仰、人身、通信秘密、财产私有等自由。

如何才能制定优良宪法呢？立宪派说，只有实行"国民的立宪"，"即全国民出代议士以规定宪法，受君主之裁可，而不出于君主之规定也"⑤。宪法的优劣和民主程度的高下决定是民定还是钦定，若出于民定，自会制定出优良的宪法；若出于君主独裁，必属劣等无疑，统治者绝不会自动地把政权让给人民，限制自己，"世虽有圣君贤相，决无乐于为此而自戢其专制淫威者"，"欲骤割政权之一部分以公诸吾民"，执政者"决吝不轻与"，势必采取钦定办法，"武断之以压抑民权"。⑥所以要制定优良的宪法，必须反对单纯的钦定主义，力争民定，至少做到协定，"以国民出而公定宪法为入手之方"⑦，"发布之时，万不能如日本为单纯的钦定之形式，若其宪法之内容如何，则在所必争也"⑧。还有的主张，应先依照各国宪法原理，结合我国国势民情，制定一部宪法草案，"经过数年从实际上之试验"，不断修改，"而求其适宜"。⑨

那么，人民有无权利、应不应该参与制定宪法呢？立宪派的回答是肯定的：宪法不是君主个人的私事，而是与全国人民休戚相关的公事，"宪法之立法权不可不与天下人共享之"⑩。国家是由国民组成的，国民有权参与国家政事，只有"使

---

① 邵羲：《制定宪法刍议》，载《预备立宪公会报》，第9期。
② 邵羲：《制定宪法刍议》，载《预备立宪公会报》，第9期。
③ 《论预备立宪时代之人民》，载《时报》，1908年5月27、28、29日。
④ 李庆芳：《立宪魂》，26~27页。
⑤ 李庆芳：《立宪魂》，26页。
⑥ 《论预备立宪时代之人民》，载《时报》，1908年5月27、28、29日。
⑦ 李庆芳：《立宪魂》，27页。
⑧ 梁启超：《申论种族革命与政治革命之得失》，载《新民丛报》，第76期。
⑨ 《宪政胚论之大略》，载《申报》，1906年9月6日。
⑩ 吴兴让：《国会与宪法》，载《北洋法政学报》，第67册。

之有协定宪法之权","宪法乃为有效"。宪法是法律,法律"必本于多数人之同意","表现为宪法,宪法乃底于完全无缺点之域"。①

怎样才能达到民定或协定宪法的目的?立宪派认为只有人民起来要求召开国会,使国会具有制定或议决宪法的权力。没有国会,人民没有代表机关,便无法参与。这也是立宪派请愿召开国会的主要目的之一。

大多数立宪派人士都坚决反对抄袭日本宪法。他们认为日本宪法首开钦定的恶例,民主程度极其低下,"偏重于命令权","专制之余风未泯"②,"最足假以文饰其专制"③。况且日本民族单一,天皇万世一系,废藩之后积极改革内政外交,人民对于政府的感情不太恶劣,民权思想刚刚萌芽,所以就产生了那样一个特殊的钦定宪法。我国的历史、国情与所处的时代均与日本不同,不能强行效法。政府若要"出其狡猾阴险之手段,假钦定宪法之名,颁空文数十条以愚吾民",必将造成"动摇国本而伤君民之感情"④的恶果。

清政府为了维护自己的私利特权,便于统治人民,对立宪派的意见置之不理,于1908年颁布《宪法大纲》,采取日本的君主大权政治,只给人民少许的政治权利。1910年看到人民迫切要求参政,又急急忙忙定下"我国宪法既采取大权政治主义,则与议院政治绝不相容"⑤的基调。确定"无论如何,国会之成立不可不俟诸宪法制定以后","中国宪法必以大权钦定"⑥。当权者很清楚,宪法颁布在国会成立之前,制定权属于政府,就可以尽量加大政府权力,缩小国会权力,反之,要想按照自己的意图制定宪法就不可能了。所以他们无论如何也不让步,坚持宪法一定要在国会成立之前由君主钦定。

1910年11月5日,朝廷命溥伦、载泽充纂拟宪法大臣,起草宪法,"随时逐条呈候钦定"⑦。再次宣布采取钦定办法,剥夺了人民理应享有的制宪权利。

关于简派协助起草宪法人员,溥伦曾打算聘请资政院民选议员充当顾问,随

---

① 李庆芳:《中国国会议》,载《中国新报》,第9期。
② 邵羲:《日本宪法详解序》,载《预备立宪公会报》,第19期。
③ 秦瑞玠:《论宪政上切要之预备》,载《预备立宪公会报》,第2期。
④ 《论预备立宪时代之人民》,载《时报》,1908年5月27、28、29日。
⑤ 一档档案:《宪政编查馆奏行政事务宜明定权限酌拟办法折》,宪政编查馆考察筹备宪政档,7号。
⑥ 一档档案:朱批奏折档,112号。
⑦ 《清末筹备立宪档案史料》上册,79页。

时咨询，但没有得到政府的同意。1911年3月20日，奏请简派了度支部右侍郎陈邦瑞、学部右侍郎李家驹和民政部左参议汪荣宝协同纂拟。

关于起草以后要不要经资政院通过，溥伦的意见也与军机大臣相左，他"以宪法为万世君民所共守，关系重要，拟将来核订后，交由资政院参与一切，再行奏请颁布"。军机大臣认为"君主有编订法制大权"，且《资政院院章》规定宪法不在协赞之列，"讵可滥行干预"①，否定了溥伦的意见。

面对政府的蛮横无理和钦定宪法将要变为事实，立宪派人士愈觉争取制宪权刻不容缓。1911年6月，咨议局联合会向资政院递交了宪法交院协赞陈请书。新建的政党宪友会向政府提出参与制定宪法的要求。

在理论上，立宪派以十分激越的调子批驳了政府的谬论，揭露了政府的险恶用心。《时报》指出："夫所谓宪法者，君与民皆纳之于范围之中，而所当共同遵守者也。是故宪法之发生，君与民共同制定而始成立，否则偏于独裁，仍未铲除专制之旧根性，非特效力无由生，而与宪法之原则相背者也。今宪法之出于钦定，是不啻明示宪法为在上者之专有物，而不容吾民之置喙也决矣。且颁布宪法既在先，而召集议院复在后，是对于吾民明示不过锡予闻政而已，至于参预立法之权利，夫固早有所靳而莫之予焉"。宪法应秉承人民公意制定，绝不准"擅专以出之"。②

《大公报》写道："假君主大权钦定宪法，稍不审慎，而或演为变相的专制，其弊害尚忍言哉！"制定普通法律尚须经过一定手续始能生效，制定宪法岂可完全操之于君主！国会有完全立法权谓之立宪国，否则谓之专制国。故"当明正君民之权限"，"先开国会，而后定宪法，争民权"③。如果宪法"侵夺人民之权利，损害人民之自由"，不经资政院审议、全国人民公认，"虽钦定颁行，终究归于无效，不得以国会未开遂谓人民无讨论审查之责也"④。

《广益丛报》著文说："今欲以全国托命之宪法，成于一二大臣之手，势必以少数人之利益侵害多数人之利益"，国民应乘此宪法未定之时要求选举代表参加拟定。"定稿后先付资政院复核，再行刊布，以资国民讨论。俟众议金同，然

---

① 《大公报》，1910年12月8日。
② 《时报》，1910年11月21日。
③ 《立宪国之要素一曰国会一曰宪法然当预备之时究应先开国会而后定宪法欤抑应先颁宪法而后开国会欤》，载《大公报》，1910年11月30日。
④ 《国会而后定宪法欤抑应先颁宪法而后开国会欤》，载《大公报》，1910年11月30日。

后钦定颁行。庶不至借立宪之美名，成专制之恶果。"①

1911年6月，宪友会要求参与制定宪法，溥伦找奕劻商议。奕劻答称："修订宪法为君主大权所寄，关系朝廷尊权，至为重要，各行政衙门尚不得从而参预，何况该会"。"将来修订告竣，即行奏请钦核颁布，并不由资政院复议。"② 立宪派为此发表评论说："其卑视吾民，擅专自恣，亦已情现乎词矣"。"吾民而欲为立宪之国民也，非亟亟从根本上力争，则万劫不复，其又何望也欤！"③ 中国"属国民的国家，而非家族的国家"，国家之主权属于国民，不属于君主，"彼动言君上大权或大权政治者，实为违反乎国法"。君主之地位"宜由宪法以规定，而宪法之本体，不能谓由君主而发生"。因此，制定宪法"必不能采钦定之主义，而当采君民共定之主义"。④《盛京时报》一针见血地指出："所谓大权政治者，乃实无上之专制也"。"其心意之所专注，但在缚民之手足，使不能动；钳民之口舌，使不敢言"。"其所依为藏身之固者，则曰大权之作用，然则我国今日盖直以大权政治恣专制之淫威也矣"。"在上之人固自以为满志而踌躇已"，"然亦思二十世纪断无专制政体立足处耶？吾民今日实力未充，固不致显与政府为难。然固人人忿嫉政府，怨毒之所丛，终恐有爆发之一日也。昔以希望和平故，凡可以俯首忍受者暂忍受之。若夫情势一变，已逼至忍无可忍之地位，则又谁复计及万全而不思横决也欤！"⑤

（二）起草宪法

溥伦、载泽奉命起草宪法之后，开始因与宪政编查馆互争权限，纠葛多时；嗣又觉得时间颇为宽裕，所以直到1911年6月，仅选定宫内焕章殿作为纂拟宪法处的办公地点，起草工作尚未进行。

关于起草宪法的原则，军机大臣均谓"须多采取日本宪法，并实行尊君主义"⑥，1908年的《钦定宪法大纲》"自宜敬谨依据核定"⑦。规定必须以《宪法

---

① 《论国民不可放弃应有之责任》，载《广益丛报》，第9年第9期。
② 《申报》，1911年6月13日。
③ 《今日参预宪法问题》，载《申报》，1911年7月1日。
④ 柳隅：《中国宪法之根本问题》，载《国风报》，第1年第35期。
⑤ 《论大权政治》，载《盛京时报》，1911年7月16日。
⑥ 《大公报》，1911年3月24日。
⑦ 《大公报》，1911年4月1日。

大纲》为基础和师法日本。后来的内阁总协理大臣都是原军机大臣，内阁成立后这一原则仍未改变。

起草工作从1911年7月3日开始。这一天，溥伦、载泽、陈邦瑞、李家驹、汪荣宝讨论了纂拟程序，决定由李家驹、汪荣宝负责起草正文，并加按语，陈邦瑞修改，再交溥伦、载泽审改，分批缮呈载沣钦定。

7月6日，李家驹、汪荣宝前往十三陵玉虚观草拟宪法，"商榷纂拟义例"，"起草凡例六条"，拟定章目有：（一）皇帝，（二）摄政，（三）领土，（四）臣民，（五）帝国议会，（六）政府，（七）法院，（八）法律，（九）会计，（十）附则。①13日，向溥伦、载泽做了汇报，旋呈递载沣候示。8月18日至23日，李、汪到京郊周口店附近之上方山兜率寺继续起草。9月中旬又至山东泰山起草，同月20日将草案"商榷定稿，全部凡八十六条，一百十六项"②。这是中国第一部宪法草案。武昌起义以后，溥伦、载泽等继续讨论修改，进呈载沣审批。自8月10日呈送载沣第一批条文及按语起，至10月21日止，前后共呈送9次，40余条，占全部条文的一半。

李家驹和汪荣宝都素重君主大权主义，对政府唯命是从，起草时自然不敢也不会违背政府确定的基本原则。所以，尽管至今尚未发现他们完成的宪法草案，但大致可以推断主要是师法日本宪法。关于这点，《汪荣宝日记》还留下了一些线索，如他们搜集了各国的宪法书籍，而经常翻阅研究的主要是日本伊藤博文、有贺长雄、穗积八束、市村光惠、都筑馨六、上野贞正、北鬼三郎、清水澄、织田万、美浓部达吉以及副岛、上杉诸氏的著作。再如起草条文时，"阅副岛氏宪法论，关于条约与立法关系，颇与余意见相合，即采其意，拟成条文"③。规定君主命令权时，"卒定议采日本宪法主义，而条件加严"④。载沣同样师法日本，如在审定第四批条文时，"颇有删改，大抵以日本宪法为依据，不欲有所出入也"⑤。

不过，宪法草案也不是完全抄袭日本宪法。如他们拟出的10个章目，"摄政""领土"和"法律"就为日本宪法所无。"摄政"一章是根据中国具体情况

---

① 参见《汪荣宝日记》，1911年7月8日。
② 参见《汪荣宝日记》，1911年9月20日。
③ 《汪荣宝日记》，1911年8月26日。
④ 《汪荣宝日记》，1911年7月10日。
⑤ 《汪荣宝日记》，1911年9月26日。

加入的，"领土"和"法律"两章是参考其他国家宪法写进去的。在具体条文中也有所体现，如关于大臣责任问题即是按土耳其宪法拟出的："以土耳其宪法于此事规定独详，反复审思，因悟彼宪法第三十五条之精意，窃思采用，撰拟条文。"①

在三个多月的时间里，宪法草案全部脱稿，并修订进呈载沣审定一半，可见工作进展相当迅速，载沣对此事非常重视。李家驹、汪荣宝认为此举意义重大，并为能荣膺这一重任而自豪。工作刚开始，他们在十三陵即吟咏出"但使君臣同一体，更无来者吊兴亡"②的诗句，对宪法可以振兴大清帝国充满着信心。草案脱稿后又在泰山之巅唱和："大地风云今变幻，中原文物几凋零。此行不为林泉癖，磐石基安待勒铭。"③以为宪法一颁，大清帝国便稳如泰山，安如磐石，对这一划时代的大事，应当勒石镌文，永远纪念。不幸的是，他们的希望落空了，武昌起义后，宪法草案胎死腹中，根本未来得及出笼。

（三）修订法律

20世纪之前，清政府的成文法典仅有一部乾隆时期完成的以刑法为主要内容的封建性质的《大清律例》，简称《大清律》，律后附例。完成后律文未再修订，律文所不载者，全凭条例解决。按照规定，条例五年修订一次，然自1870年以来，亦未修订。而在这几十年之中，国际国内形势都发生了巨大变化，交涉和通商事务日益增多，西方文化不断传入，新的章程陆续出现，端绪纷繁，旧律已不适用。政府有感于此，1902年决意设立修订法律馆，命沈家本、伍廷芳为修订法律大臣，"按照交涉情形，参酌各国法律"，修订律例，"务期中外通行，有裨治理"④。沈家本、伍廷芳遂遴选熟谙中西律例人员分任纂辑，延聘东西各国精通法律的博士、律师担当顾问，复调选留学毕业生翻译各国法律，进行筹备，1904年5月正式开馆。1906年以后，政府认为"编纂法典为预备立宪最要之阶级"，且"为他日收回法权地步"⑤，对修订法律更为重视。谨将修律概况简述于下。

1. 刑法

修订法律馆奉到拟定律例命令，确定了删修《大清律例》与另订新刑律同时

---

① 《汪荣宝日记》，1911年9月9日。
② 《汪荣宝日记》，1911年7月10日。
③ 《汪荣宝日记》，1911年9月20日，李家驹诗云。
④ 《大清法规大全·法律部·谕旨》，1页，政学社印行。
⑤ 《清末筹备立宪档案史料》下册，850页。

并举的方针。这样,在清末就产生了两部刑法,即《大清现行刑律》和《大清新刑律》。

《大清现行刑律》是沈家本等根据《大清律例》删改而成的,1910年5月15日颁布,共30门,389条,另有附例1327条。修订的目的,其一是因为旧律已不适用,新刑律施行尚需时日,而司法机关又迫切需要判案依据,故只能从《大清律例》着手,改其不合,补其未备,删其已废诸条,以应急需;其二是为了"以立推行新律基础",使"他日推暨新律,不致有扞格之虞"①。

《大清现行刑律》是一部由封建刑律向资本主义刑律过渡的法典,新刑律一旦施行,就立即废除。修订的指导思想"虽隐寓循序渐进之义,仍严遵旧日之范围"②。故其与新刑律不同,也与《大清律例》有别。其与《大清律例》的主要区别在于:删除了以吏、户、礼、兵、刑、工六部为名称而分的六律总目;废除了凌迟、枭首、戮尸、缘坐、刺字等酷刑,改定刑罚为死刑(斩、绞)、遣刑、流刑、徒刑、罚金5种;将旧律中的民事条款分出,不再科刑,以示民、刑有别;删除了一些因时势变化而过时的条文,增加了一些反映新形势特点的罪名。

《大清律例》中关于满汉两族人民刑罚的规定,不同之处颇多。1907年10月9日,朝廷命议定满汉通行的刑律,沈家本便将律例中的不同之处加以删改,1908年1月奏准嗣后旗人犯罪俱照汉人,按律科断,概归各级审判厅审理,由此满汉人民统一于相同的刑律之下。

《大清新刑律》也是在沈家本主持下制定的,日本法学博士冈田朝太郎参加了起草工作。1907年10月,草案告成,由于顽固守旧官僚的反对被搁置下来。1909年2月16日,经法部尚书戴鸿慈疏请,朝廷令中央地方各衙门签注刑律草案。次日又下令说:刑法之源,本乎礼教。三纲五常"实为数千年相传之国粹,立国之大本",制定刑律只可取外国之长,益我所短,"凡我旧律义关伦常诸条,不可率行变革","务本此意以为修改宗旨"③。

沈家本一开始就认为,"中国介于列强之间,迫于交通形势",刑律"万难守旧"④,故修订新刑律专以"模范列强为宗旨"⑤,"折衷各国大同之良规,兼

---

① 《清末筹备立宪档案史料》下册,851、853页。
② 《钦定大清现行刑律案语·奏折》,9页,1909年。
③ 《大清法规大全·法律部·谕旨》,1~2页。
④ 《清末筹备立宪档案史料》下册,845页。
⑤ 《清末筹备立宪档案史料》下册,851页。

采近世最新之学说"①,"务期中外从同"②。朝廷谕令保留伦常各条后,他进行了修改,但仍坚持不能墨守旧时范围。因为外国商民之所以享有领事裁判权,就是由于中国法律和外国不同,为收回领事裁判权,必须进行变通;旧律中富贵贫贱等级森严,而法律实不应有厚薄之殊,且旧律中与宪政抵触之处甚多,凡此均应按照立宪国成规加以改正;中国人民程度不亚于外国人,外国实行轻刑,中国不应独异。关于伦常各条加重的问题,他主张:"为收回治外法权起见,自应采取各国通行常例,其有施之外国,不能再为加严,致背修订本旨。"只能另辑单行法,增入附则5条,借示保存,"沟通新旧"。③

资政院通过了新刑律总则,对宪政编查馆提出的两点修改意见均予否决,赞成仍用修订法律馆的原案。军机大臣却支持宪政编查馆的意见。此时资政院闭会之期已到,分歧没有统一,新刑律分则草案也未能讨论议决。可是,按照筹备宪政规划,1911年要颁布新刑律,故又不能等待下届会议。经军机大臣和资政院总裁协商,决定将新刑律总则会奏,声明彼此歧异之处,由皇帝裁决。但分则和暂行章程未经资政院讨论,仍是问题。奕劻等既害怕落下侵犯资政院协赞立法权的罪名,不敢将分则和暂行章程上奏颁布,又怕贻误了未能按时颁布新刑律的要政,考虑再三,上了一个奏折,声明不能延缓,请载沣决定。

1911年1月25日,朝廷发布上谕,同意军机大臣关于总则的两点意见,同时认为筹备宪政期限不可再缓,批准将新刑律总则、分则和暂行章程先行颁布。颁布未经资政院议决的分则和暂行章程是违反立法程序的,为了弥补这一缺陷,上谕特声明俟下届会议时再进行讨论修正。可见,1911年颁布的《大清新刑律》还不是经资政院全部议决的合乎立法程序的正式刑律。

《大清新刑律》共53章,411条,另有《暂行章程》5条,采用了资产阶级国家的刑法体例和原则。体例分总则、分则两编,总则规定刑法的效力范围、犯罪构成要件及刑罚等一般原则,分则规定具体犯罪及处罚方法。刑名分主刑、从刑两种,主刑包括死刑、无期徒刑、有期徒刑、拘留、罚金;从刑包括褫夺公权、没收。根据资产阶级的刑法理论,明确了罪与非罪、遂与未遂、累犯与俱发等界限。

---

① 《钦定大清刑律·奏疏》,12页,1911年。
② 《大清法规大全·法律部·变通旧律例二》,26页。
③ 《钦定大清刑律·奏疏》,18页。

在原则上，删除了比附，采用了资产阶级的"罪刑法定主义"，规定凡律文无正条者，不论何种行为，不得为罪；并取消了在法律适用上的等级特权。此外，还根据社会变化，增添了妨害国交、选举、通讯、交通、卫生等方面的犯罪；规定了诉讼时效和执行时效。这些都反映了《大清新刑律》正文是中国第一部资本主义性质的法典。所附《暂行章程》则是与企图维护封建纲常名教势力妥协的产物，如规定无夫妇女与人通奸有罪，封建性比较明显。这部刑法没有来得及施行。

2. 民法

中国旧律都是诸法合体，刑、民不分，没有独立的民法。预备立宪以后，清政府亦仿效资本主义国家，将民法独立出来。修订从1907年开始，1911年拟出初稿，同年9月修改完毕，名曰《大清民律草案》，然亦未及颁行。

《大清民律草案》前三编总则、债权、物权为日本法学家松冈义正起草，后两编亲属、继承由修订法律馆会同礼学馆起草。据修订法律大臣俞廉三奏称，编辑之旨是：1."注重世界最普通之法则"，即注重资产阶级法律的一般原则，凡能力之差异，买卖之规定，以及利率时效等，"悉采用普通之制"。2."原本后出最精之法理"，即采用资产阶级最新的法学理论，关于法人、土地、债务诸规定，"采用各国新制"。3."求最适于中国民情之法则"，凡亲属、婚姻、继承等事，"除与立宪相背，酌量变通外，或取诸现行法制，或本诸经义，或参诸道德，务期整饬风纪，以维持数千年民彝于不敝"。4."期于改进上最有利益之法则"，以便"循序渐进"。① 因此，前三编采取德国、瑞士、日本等国的民法原则，后两编主要沿袭了中国封建旧律的有关原则，是一部资本主义和封建主义色彩都很鲜明的草案。

3. 商法

过去中国也无专门的商法。为了调整日益复杂的对外贸易中出现的商事关系，解决财政危机，政府于1903年增设了商部。商部成立后，陆续制定颁行了《奖励公司章程》、《商会简明章程》、《商人通例》、《公司律》、《破产律》、《奖励华商章程》等单行法规。此乃中国商事单行法规的创始时期。

1906年，又制定了《奖给商勋章程》。1907年，制定了《华商办理实业爵赏章程》，修订了《奖励华商章程》。

---

① 《清末筹备立宪档案史料》下册，912~913页。

1908年，清政府聘请日本法学家志田钾太郎帮助起草商律，于次年完成，内容大部抄自日本、德国等国家的商法。1910年，农工商部又根据各地商会所编的商法调查案，起草了一部内容较为完备的《大清商律草案》。资政院尚未议决，没有施行。

清政府制定的有关商事法规都是资本主义性质的，对于保护民族资产阶级的合法权益，提高商办企业的地位和私人投资的积极性，推动民族资本主义的发展，起到了一定的作用。

4. 诉讼法

中国历来都把程序法和实体法混为一体，没有单独的诉讼法典。1906年4月，沈家本、伍廷芳完成了中国第一部独立的诉讼法典《刑事民事诉讼法》，分总纲、刑事规则、民事规则、刑事民事通用规则、中外交涉案件5章。其最大特点是因袭了资产阶级的立法原则，采用了欧美的公开审判制度、陪审制度和律师制度。上奏后遭到许多官僚反对，未能颁行。

1910年，修订法律馆又将刑事、民事分开，完成了《刑事诉讼律草案》和《民事诉讼律草案》，均未来得及审议颁行。

5. 法院组织法

在中国，单独规定司法机关组织的法律也始于预备立宪之后。此前，司法机关与行政机关不分，地方的知县、知府、按察使、督抚，中央的刑部、大理寺、都察院，都可行使审判权。预备立宪之后，1906年11月，中央体制改革时确立了三权分立的原则，把原来专掌审判的刑部改为专门负责司法行政的法部，把原来掌管案件复核的大理寺改名为大理院，作为全国最高的审判机关，并负责解释法令，监督各级审判厅。继之又确定地方司法行政由省提法司负责，审判由各级审判厅负责。

1906年12月16日，经大理院奏准，颁行了《大理院审判编制法》。1907年12月4日，法部拟定的《各级审判厅试办章程》被批准，首先在东三省、直隶、江苏试行。1910年2月7日，又颁布了《法院编制法》和《司法区域分划暂行章程》。

这些法规规定，司法管辖分为刑事诉讼及民事诉讼。全国审判机关分初级审判厅、地方审判厅、高等审判厅和大理院四级，分设于州县、府、省和中央。实行四级三审制，即向初级审判厅起诉的案件，不服，可上诉到地方审判厅和高等审判厅；向地方审判厅起诉的案件，不服，可上诉到高等审判厅和大理院。各级审判机关都配置独立的检察机关，即初级、地方、高等和总检察厅。检察官负责对刑事案件进行搜查、公诉，并监察判断之执行；在民事案件中充当诉讼当事人或公益代表人。还规定了公开审判、陪审、辩护、回避等制度，起诉、预审、公判、上诉、判决执行等程序。使中国的司法制度摆脱了封建羁绊。

1910年2月7日，朝廷重申：嗣后各审判机关必须"独立执法"，任何行政官员"不准违法干涉"①，再次宣布了司法的独立性。

清政府打算逐步实行资本主义的司法制度，按计划1912年全国各级审判厅一律建立。到武昌起义时，大中城市及部分地区业已建立，其余地区未来得及推行。

上述之外，1908年还制定颁行了《报律》、《结社集会律》和《违警律》。前二者以法律形式肯定了人民的结社集会和言论自由权利。《违警律》规定了关于政务、公众危害、交通、通信、秩序、风俗、身体及卫生方面的犯罪及处罚办法，意在维护公共秩序和社会风化，"其间范围广狭，实兼采东西制度"②，也是仿效各资本主义国家的办法而制定的。

总观预备立宪期间政府制定颁行的各项法律或草案，除了《大清现行刑律》因其为临时性质，系从旧律删改而成外，其余基本上均是根据资本主义国家的立法原则和通例，参酌中国的实际情况拟定的。虽然其中仍旧包含着封建制度的残余，个别的甚或具有封建主义色彩，但从总体上看，均已属于资本主义的范畴。这些法律和草案既是经济发展的结果，也是预备立宪的产物，它们的出现，又反映了中国政治和社会制度的变化。

起草宪法和修订各项法律的事实说明，皇族内阁成立之后朝廷仍在持续进行立宪的筹备工作，并未完全恢复专制，玩弄骗局。只是大部分立宪派人士已与之分道扬镳，另谋出路，对之不再像以前那样关心了。

三、决心推翻皇族内阁

咨议局联合会会期原定每年7月召开，但外侮的侵逼使得议员不得不把会期提前，研究挽救之策。

---

① 《宣统政纪》卷18，23页。
② 《大清法规大全·民政部·违警律》，1页。

1911年3月1日，江苏议长张謇联合14省16名正副议长电告军机处，国事危迫，万不可答应俄国修约的要求，万不可更动东三省总督锡良，救亡大计必须决定。① 同月中旬，福建咨议局致电湖北、直隶、江苏、河南各局，建议提前召开咨议局联合会，商议救亡方法。国会请愿同志会孙洪伊等认为张謇等人的电报起不了作用，特致书各省，约各省议长齐集京师，说这样做有三大好处："第一可以破政府轻视国民之习见"，"第二可以动外人尊重国民之观念"，"第三可以定吾民最后自立之方针"②。

福建咨议局和请愿同志会的意见得到多数咨议局的赞成。4月上旬，联合会通信主任湖北咨议局即函请各省议长于4月29日到京。

各省人民对联合会召开都很重视，湖北尤其如此。4月26日，湖北21个团体300余人特为汤化龙等赴京在汉口宪政同志会会所设宴饯行，许多人发表了演说，据新闻消息，"国势阽危，外患频来，豆剖瓜分，已在眉睫。而腐败政府尚在梦中，专恃消极主义，大好河山断送若辈之手，种种丧权辱国，无不言之详矣"。此会"名则为汤君化龙饯别，实则勉汤君化龙死殉，武汉各团当作后盾，如有不测，汉口全镇闭市，为汤君化龙开追悼大会，然后相继入都，接续拼之以死"。"说者伤心，闻者堕泪"，情景极其悲壮。有的人还登台大呼："如腐败政府不允人民所请求，不如推翻腐败政府"，"与其死于腐败政府之手而后死，曷若腐败政府死于我之手而后死，同一死也，只求死得其所"。这个大胆愤激的发言博得"如雷震耳"③的鼓掌之声。28日汤化龙启程时，武汉各界1000余人又列队火车站为之送行。汤化龙表示："此次入都，自必竭力以死相争，不负诸君厚望。"④

5月12日，第二届咨议局联合会召开，重新选举了负责人，谭延闿、王振尧当选为正副主席，汤化龙当选为审查长，方贞、谢远涵、李文熙、刘崇佑、孙洪伊、梁善济、萧湘、罗杰当选为审查员（不久刘崇佑因其母病逝回省，由袁金铠递补）。

广东咨议局因忙于革命党黄花岗起义的善后工作，未派人进京，甘肃局未派人参加，新疆局未成立，其余19省均到。

---

① 参见《时报》，1911年3月1日。
② 《同志会请各团体电约各咨议局议长入都定计书》，载《大公报》，1911年3月24日。
③ 《时报》，1911年5月2日。
④ 《汇报》，1911年5月16日。

第一天参加会议者41人，后来又陆续增加，也有个别人回省派人替代的，总计前后与会会员共62人。

成立会上商定，为了便于发表意见，防止泄露，前期多开谈话会，禁止旁听。

联合会章程规定会期20天，可延长10天。此次会议因等上谕发表，直到6月25日始行闭会，前后40余天。其间开谈话会10次，正式会13次。议案都是临时提出的，通过的有12件，其中上奏5件，陈请资政院3件，上外务部呈1件，通告各省3件，另外议决了《各省体育社简章》。

《请重勘片马界务呈》要求政府派遣大臣重行勘定滇缅边界，保卫祖国领土，在片马交涉中不能对英国退让，也不允许租借。[1] 为了避免以后在边界交涉中失败，会议发出《注重界务案通告书》，号召沿边各省组织界务协会和地理学研究会，"专研究国境界线，为先事之图维"[2]。

呈都察院代奏的《请废禁烟条件稿》是针对5月8日外务部与英国驻京公使续订禁烟条件的，指出它严重妨碍了我国禁止鸦片的主权，应当废除，按期禁止鸦片进口。[3]

联合会向资政院陈请的首先是《速编宪法交院协赞案》，其次是《纠正宪政编查馆以解释破坏局章案》。前者说，钦定宪法不会收到"服从之效力"，也不完善，必须交资政院协赞。[4] 后者指控宪政编查馆任意解释咨议局章程，损害咨议局权力，蔑视法律，要求资政院予以纠正。[5] 后来又陈请资政院在常会上提出议案，反对皇族内阁。

联合会开始对政府借贷外债非常注意，5月4日朝廷宣布了向日本借款和币制实业借款的用途，20日湖广铁路借款签字以后，联合会认为，既已签押，再难变更，不承认借款已不可能，只有实行监督借款用途一个办法。于是写了一篇《请饬阁臣宣布政策文》，要求将改革币制、振兴实业和修筑铁路的实施办法及计划明白宣布，以释群疑。[6]

---

[1] 参见《直省咨议局议员联合会第二届报告书·记事录》，83~84页，1911年。
[2] 参见《直省咨议局议员联合会第二届报告书·记事录》，93~94页。
[3] 参见《直省咨议局议员联合会第二届报告书·记事录》，77~79页。
[4] 参见《直省咨议局议员联合会第二届报告书·记事录》，85~86页。
[5] 参见《直省咨议局议员联合会第二届报告书·记事录》，87~89页。
[6] 参见《直省咨议局议员联合会第二届报告书·记事录》，73~76页。

以上诸问题都不是这次会议的中心议题。在5月13日第一次谈话会上，会员专就中心议题进行了讨论，胡瑞霖首先发言说："现在一切政治之中心在于内阁，须由此处着手，若不以推倒现内阁为先决问题，则其余皆无讨论之价值。"汤化龙立即表示支持。旋表决通过。继之研究办法。汤化龙说："阁制不善是立法上问题，非此时所应言者。此案可专就皇族不可充当内阁、而况庆王（奕劻）立论。"胡瑞霖又说：递呈之后可劝奕劻辞职，不行，"则回到上海，开商务、教育、咨议局三联合会，将其罪状布告天下；再不得，则宣布外国，不认新债"①。末推汤化龙起草。

联合会之所以把推翻皇族内阁当作中心议题，"原期为政治上根本之改革"②，也就是建立真正的立宪的责任内阁。在国会召开以前，推行宪政，决定国家方针大计，都要依靠政府。不将腐败专制的皇族内阁打倒，不仅预备立宪有半途而废的危险，就是国家前途也会断送于彼辈之手。联合会把打击的主要目标集中于皇族内阁是完全正确而必要的。

但是，由于边防危急，审查会在审议这一议题时，又有人提议最好将大办民团作为第一议题，推翻皇族内阁作为第二议题。理由是：若以推翻皇族内阁作为第一议题，"则直接与政府冲突，民团问题势难提出；若民团首先提出，求之而得，足以餍各省人民之心，求而不得，则归咎政府，推倒内阁益觉有词可借"③。多数审查员予以通过。提交大会讨论时，汤化龙仍坚持以推翻内阁为首要议题，主张二案并举。此议得到多数认可，于是推翻内阁和大办民团成为会议的两大中心议题。

边疆的危急，清政府的不足依赖，使得忧国忧民的爱国人士产生了一种紧迫的自卫之感。1911年2月26日，东京的中国留学生1000余人召开了全体大会，共同决定：1.确认现政府无能，不足信赖；2.保持祖国荣誉，通告各省咨议局训练民兵，养成独立独行之实力；3.飞檄欧美侨胞响应募款；4.定本团体名为救亡会（后改为国民会）。次日即向各省咨议局和侨胞发出了通电。④ 3月5日，留

---

① 参见《直省咨议局议员联合会第二届报告书·记事录》，8~9页。
② 《直省咨议局议员联合会第二届报告书·审查报告》，1页。
③ 《直省咨议局议员联合会第二届报告书·审查报告》，1页。
④ 参见《盛京时报》，1911年4月1日。

日女学生决定成立赤十字社,为国民军服务。① 4月,国民会推举6名代表分赴上海、云南和东三省,推动成立救亡团体,开展宣传,但"不得煽动革命"②。云南咨议局在3月间组织了保界会,掀起抵制英货运动,又拟组织民团,并电各省咨议局同办。奉天、陕西、广西等省积极响应。5月,上海全国商团联合会会长李平书通告全国商界,人人加入商团,操练军事。吉林、黑龙江、山西都在准备。6月,中国国民总会在上海成立,沈缦云、马相伯当选为正副会长。山东也成立了国民公会。其后浙江的尚武会、福建的团练期成会、吉林的国民会,以及各种义勇队、敢死团也相继成立。

联合会正是在这种气氛下召开的,会上把大办民团作为中心议题也是自然的,因此,提出的27个议案中,有关民兵及兵工厂方面的就占了11个。大家讨论,将这11个合并为增练备补兵为征兵预备案,作为国民皆兵的基础,奏请政府实行。后又决定双管齐下,由各地自办体育社,养成军国民的精神,达到同一目的。

《增练备补兵为征兵预备文》呈送都察院代奏。呈文说,要保卫国家,必须学习外国的国民皆兵主义,实行征兵制度。但目前我国实行尚有许多困难,建议各省厅州县一律增练备补兵,作为征兵的准备。这种办法可以"使国家增饷不多,增兵无限,器械充足"③。

大办体育社的目的是"提倡尚武精神,补助军事教育,为将来征兵之预备"。要求从省城到城镇乡都要设立,招选20岁至35岁的男青年学习军事科目,半年一期。省社至少备步枪100支,其余各社至少20支,作为实地练习之用。④

对于联合会提出的有关民兵和兵工厂的议案,立宪派特别注意。《时报》说:"此次咨议局联合会有一最可注意之事实焉,则其态度与去年大变,绝不注重于咨议局、资政院议案之准备是也。盖经历次失败,民党已深知咨议局、资政院之不足恃,故咸趋重于自卫之一途。其所拟提出之议案,有所谓商量国民军办法及民立炮兵工厂云云。"又评论宪友会政纲说:"政纲专注重民生及地方分权处最多,不甚涉及中央政策,盖对于时势有一种紧急自卫之意,起草者历历苦心可见也。"⑤

---

① 参见《申报》,1911年3月12日。
② 《申报》,1911年4月26日。
③ 《直省咨议局议员联合会第二届报告书·记事录》,70~72页。
④ 参见《直省咨议局议员联合会第二届报告书·记事录》,95~96页。
⑤ 《中国政党小史》,载《时报》,1911年6月12日。

这里所云"咸趋重于自卫之一途"和"对于时势有一种紧急自卫之意",给人一种神秘之感,似乎联合会有什么密谋不可告人,其实不过指不再信任政府能够御侮,要立足于"人民之自卫"①,扩大人民自卫能力,实行自救。关于这点,联合会内部的讨论讲得非常清楚:广练民兵的宗旨是什么?他们说:"救亡即是宗旨"②,"倡办此事,原为对外起见"③,"宗旨仍是对外"④。当然,也不完全排除他们利用此事秘密准备革命的可能性。

对于推翻皇族内阁,联合会开始时"注重在皇族不得充当内阁"⑤,即不准皇族充当阁员。5月26日谭延闿、汤化龙、王景禧、陈懿宸、袁金铠谒见了某些政府要员以后,知道"事实甚难",一时无法达到目的,经过再三讨论,"遂专注重于总理",认为如此"较易为力"⑥。诚然,仅仅反对皇族充当总理大臣要比反对皇族充当包括总理在内的国务大臣能够减少一些阻力,然而这却是一种不能将原则立场坚持到底的非常错误的退步。

6月6日,联合会呈请都察院代奏,皇族不宜充内阁总理,请另简大员组织内阁。大意说:内阁为代替君主负责任之机关,立宪国家"最要之公例在不令组织内阁之总理归于亲贵尊严之皇族",因为"皇族内阁与君主立宪政体有不能相容之性质"。内阁是可以推倒的,总理大臣与君主无亲族关系,推倒后君主不受影响,反之,"君主之神圣必有不能永保之虑"。如奕劻内阁不能推倒,就失去了"设立阁制之真意"。既已组织,"须具内阁之真相",不应有试办制度。皇族在政治、经济、法律上均处于安富尊荣地位,原无必要"当政争之枢纽,以自陷于危途"。应取消内阁暂行章程,于皇族外另简总理大臣。⑦

呈文是相当温和合理的,也是从爱护皇族、尊重君主、国家安全出发的,而且仅仅反对皇族充当总理,用心良苦。可是并不为当权者所接受。内阁开会讨论时,奕劻身当其冲,不置一词。其他人心领神会,一齐叫嚷联合会的要求"有碍

---

① 《与宪友会论进行方法》,载《时报》,1911年6月13日。
② 《直省咨议局议员联合会第二届报告书·记事录》,14页。
③ 《直省咨议局议员联合会第二届报告书·记事录》,18页。
④ 《直省咨议局议员联合会第二届报告书·记事录》,27页。
⑤ 《直省咨议局议员联合会第二届报告书·记事录》,32页。
⑥ 《直省咨议局议员联合会第二届报告书·记事录》,32页。
⑦ 参见《直省咨议局议员联合会第二届报告书·记事录》,67~69页。

君主用人特权,是即有违君主立宪政体,碍难允准"①。明明是自己违反立宪制度,却反噬一口,给别人扣上一顶政治大帽子,断然加以拒绝。

载沣对奕劻"亦甚恶之"②,但奕劻势力遍布朝内朝外,羽翼已成,与列强打了多年交道,外交事务主要依赖于他。同时,"各部大臣多系亲贵,以庆邸之资格尚不能十分贴服,若易外人,则权势万难统一,必起绝大风潮"③。不仅如此,载沣同隆裕也有矛盾,"屡受隆裕训责"④,"外间哄传满洲八大臣联合请隆裕垂帘,如孝钦(慈禧)故事。监国大惧,已而知为谣言,然无日不惴惴"⑤。载沣"为抵制垂帘","不得不用庆王"⑥。隆裕"恐启民权膨胀压伏君权之渐",对载沣说,"总理一席总不必论皇族非皇族",联合会的请求"决不可允"。不过"今庆王年已衰迈,自可听其乞休,着载泽继承其任"⑦。想让其妹夫载泽接替奕劻,把大权抓在自己手里。载沣对载泽给隆裕通风报信,依恃隆裕争夺权势极其不满,自然不会答应。结果奕劻照常任职,联合会的呈文被留中不发。

6月12日本应闭会,因朝廷对几个呈文未发明谕,以后还有许多工作要做,谭延闿要求大家不要出京。袁金铠觉得"即有上谕,亦不过敷衍,总以早走为是,久住将来恐反倒不好下场"。汤化龙不同意,说:"若抱救亡目的而来,不能得一字解决,遂烟消瓦解而去,使政府看我们直是乌合之众,我们将来定不能再做全国政治上之事,此种影响甚大。"又说:"大家回去后,必须将此次请求不得之情形宣告于国民,内容即系宣布政府罪状,而各局(咨议局)开常年会时急须同时提出建议上奏案,总之,内阁问题我们不能放松一步也。"⑧大家决定暂时休会,先不出京。继之推举了新的庶务、通信主任,庶务主任仍由直隶咨议局担任,通信主任改推了湖南咨议局。同时,接受了孙洪伊辞去《国民公报》干事的请求,同意由徐佛苏接替。

13日,联合会为保卫云南边疆领土,支持云南人民斗争,致电各省咨议局和

---

① 《大公报》,1911年6月13日。
② 胡思敬:《国闻备乘》卷4,4页。
③ 《盛京时报》,1911年6月21日。
④ 魏元旷:《光宣佥载》,6页,潜园类编本。
⑤ 胡思敬:《国闻备乘》卷4,4页。
⑥ 《直省咨议局议员联合会第二届报告书·记事录》,57页。
⑦ 《申报》,1911年6月20日。
⑧ 《直省咨议局议员联合会第二届报告书·记事录》,51页。

上海、汉口各团体，指斥政府在片马交涉中"丧权误国"，请力争重勘边界。① 次日，又电各省咨议局，要求朝廷必须对另组内阁和增练备补兵两呈明发上谕。

各省咨议局和团体给联合会以大力支持。汉口商团致电联合会说，"内阁问题如一奏无效，则再奏，倘政府用压力，则别有策对付，万乞勿馁。"②

反对皇族内阁的斗争在政界也产生了极大影响，"朝官多韪其议，但不敢出口耳"③。山东巡抚孙宝琦则上折大讲"以宗支充总理及国务大臣实非立宪政体所宜有"，并说，"近年以来，宗支迭膺各部尚书，为从前所未有，不免动臣民之疑虑，生天下之浮议，不曰贵族社会，则曰假托立宪"，请明谕天下，"示大公无我之心"④。载沣以其不知朝廷苦衷，传旨申饬。

6月16日，联合会就内阁问题再次研究对付政府办法。汤化龙提出三条：（一）仍向政府上书；（二）写一篇文章布告全国，"实质即是宣布政府罪状"；（三）致函各督抚和驻外国使臣，求其赞助。王景禧感到对政府已经无话可谈，主张立即宣布罪状。大家认为人民对于政府还应进行忠告，政府不理，是其有负人民，公决再次上书。王景禧又问如仍无效，最后如何对付？汤化龙回答："宣布罪状，唤起舆论；九月（咨议局）常年会同时提案，陈请资政院。"⑤ 于是大家相约皆不出京，公推王振尧起草致各督抚和驻外公使信，汤化龙起草皇族不宜组织内阁呈文和上资政院陈请书，张国溶起草对全国人民报告书。

25日，开闭幕会议。与会者虽因会议"毫无实效，殊负故乡父老之嘱"⑥，但并不灰心气馁，相反却信心十足。杨寿楠发言说："以后我辈当归告父老，无论如何，总以达到目的方是。望大家抱定宗旨，到底不懈。"张国溶说："大家回去之后，一方面对于国民陈述皇族不可充当内阁之理由，一方面就目前种种不良政治，推原于现在内阁之不适，绝对不承认他，一俟此种舆论成熟，自然有好结果。"孙洪伊提出："本会将来进行，一方面须唤起舆论，一方面更须以实力为舆论之后盾，可请汉口及上海各商团同时为资政院来电，要求提议，想湖北代

---

① 参见《直省咨议局议员联合会第二届报告书·杂记》，4页。
② 《时报》，1911年6月8日。
③ 《时报》，1911年9月5日。
④ 《鲁抚孙宝琦奏陈宗支不宜列入内阁之原折》，载《大公报》，1911年9月14日。
⑤ 《直省咨议局议员联合会第二届报告书·记事录》，55页。
⑥ 《直省咨议局议员联合会第二届报告书·记事录》，65页。

表定能担认此事。"汤化龙接着说："内阁问题未经提出之先，逆料必无结果，因此全国根本上大问题必非数十人数十日所能解决也。是以本会员等未来京之先，即与汉口各商团联合会斟酌，拟先由联络内地各商会做起，以为唤起舆论之起手。现在该会已遣干事到各省去，孙君（洪伊）所云必办的到。大家要知我们提倡此种舆论是极健全而不可抗之舆论，果能布告国民，使国民确知现政府之不可恃，生出种种恶感，将来政府一定能推倒，此是确有把握的。况本会一方面已上资政院，一方面又由各省咨议局提议，通力合作，尤为著著进步，大家对此颇可自信自慰。"①他们坚信自己的主张是完全正确的，内阁是一定能够打倒的，对未来充满着乐观自信。

几经修改，《再呈都察院代奏请明降谕旨另简大臣组织内阁文》和《直省咨议局议员联合会报告书》脱稿。

再请另简大臣组阁呈文由42名咨议局议长、议员署名，袁金铠领衔。此呈不仅再一次指出皇族内阁违背君主立宪制度，而且指出对立宪政治、国家和君主都将带来严重危害，质问朝廷届时如何解决，比前呈进了一步。

报告书发往各省，登于报刊，风靡全国。略谓："欲救国亡，必定救亡之政策；欲定政策，必有完全之内阁；欲有完全之内阁，必先破皇族政治之阶级。"内阁所推行的政策都是"亡国政策"、"铁路外有政策"、"媚外政策"。"新内阁若此，吾人民之希望绝矣。议员等一再呼号请命而不得，而救亡之策穷矣"。"内阁而自恃其不可动摇，则政策之进步不可期；内阁而为皇族，则内阁几有不可动摇之实质。如是，则名为内阁，实则军机；名为立宪，实则专制矣。"②

由于各省咨议局各团体一致斥责呈文被留中之无理，皇族内阁不能再置若罔闻。7月5日，内阁副署的上谕说："黜陟百司，系君上大权，载在先朝《钦定宪法大纲》，并注明议员不得干预。值兹预备立宪之时，凡我君民上下，何得稍出乎大纲范围之外。乃议员等一再陈请，议论渐进嚣张，若不亟为申明，日久恐滋流弊。朝廷用人，审时度势，一秉大公，尔臣民等均当凛遵《钦定宪法大纲》，不得率行干请，以符君主立宪之本旨。"③

---

① 以上发言俱见《直省咨议局议员联合会第二届报告书·记事录》，65~66页。
② 《直省咨议局议员联合会第二届报告书·记事录》，97~104页。
③ 《清末筹备立宪档案史料》上册，579页。

皇族内阁认为，联合会所上呈文都是针对政府已定的政策和章程制度而妄事抗争，"最足挑起国民反对政府之恶风潮"，"十分懊恼"①；又恐各省团体"与联合会勾合一气，酿滋事端"②，企图利用皇帝谕旨的大棒把人民的正当要求压制下去，于是便副署了上面这道颠倒黑白、偷梁换柱、答非所问、蛮不讲理的上谕。并密饬都察院，凡已驳之件，不准再为代奏，使联合会呼诉无门。

联合会会员见之无不满腔愤怒。上书再无必要，他们把要说的话直接诉诸社会、诉诸人民，于是又写了一篇《为阁制案续行请愿通告各团体书》。

通告书首先讲明不得不请求改良政府的原因，指出政府罪恶滔天，"今日种种恶政治，皆我政府之所铸造"。人民对它深恶痛绝，"举吾国民无老、无幼、无男、无妇，无不举首蹙额于我政府"。"皇族政府之阶级不废，无所谓改良政府，亦即无立宪之可言"。接着严厉驳斥了上谕：议员所请求的皇族不能担任内阁大臣，"为立宪国所特定之限制"，是说皇族全体地位特殊，不应列于国务大臣，"乃立法之原理问题，机关组织之原则问题，非用人问题也"，怎能"谓之干预黜陟大权"？"因亲贵而授以国务"，恰恰"无以明朝廷大公之心迹"。皇族不组织内阁"实君主立宪国最著之本旨"，怎能说与君主立宪本旨不符？"既为立宪而禁臣民为政治之干请，犹得曰'庶政公诸舆论'耶？犹得曰'符君主立宪之本旨'耶？"通告书还极其悲愤地揭露道："自今以往，内阁因皇族而益固，于世界立宪国外树一不可动摇之内阁，任政治之腐败，民生之困陋，我人民惟当俯首帖耳，而不能一指摘一攻击，指摘内阁即指摘皇族也，攻击内阁即攻击皇族也，指摘攻击皇族即嫌于指摘攻击皇上也"。"日日言立宪，宪政重要机关之内阁首与宪政之原则背道而驰，呜呼，其何望矣！"③

报告书和通告书向全国人民宣告了政府的罪状和不可救药，将上谕驳得体无完肤，堂堂正正地指出，违背立宪原则的不是人民，而是政府，无情地揭露了政府摧残民主、钳制天下之口的险恶用心，撕破了皇族内阁"日日言立宪"而实则专制独裁的画皮。大长了人民的志气，大灭了政府的威风，唤起了人民的同仇敌忾之心，激励着人民为彻底打倒腐败专制内阁而斗争。

---

① 《申报》，1911年6月23日。
② 《申报》，1911年7月10日。
③ 《直省咨议局议员联合会第二届报告书·记事录》，105~109页。

通过反对皇族内阁的活动,可以清楚地看到,联合会业已把政府的种种罪状公之于世,广为宣传,使全国人民无比憎恨政府,务必将其打倒。这是一个非常值得注意的新动向,它标志着资产阶级立宪派人士关于对内对外关系的观点发生了根本性的转变,标志着他们中的大多数正在与清政府分道扬镳,走向对立。

过去,立宪派人士对政府抱存幻想,害怕瓜分豆剖的亡国惨祸发生,一直未把对内对外的关系摆正。他们对内反对腐败专制的政府,期望并要求实行政治改革,这是正确的;但又认为,亡国当头,应以救亡图存为首要任务,一切斗争都应服从于这一点,强调抵御外侮胜过政治改革,对外斗争高于对内斗争。1908年,虽有立宪派提出当移对外之方针以对内,但主要意图在于争民权。通过几年的斗争实践,目睹一桩桩令人断肠的事实,他们觉悟了,认识到要达到救亡的目的,首先必须推翻专制腐朽的政府,否则国家民族永无兴旺富强之日,资产阶级民主政治永无实现之时,人民将永远为政府所奴役。

与联合会确定推倒政府的斗争方针的同时,立宪派也大造首先打倒政府的舆论。梁启超撰写了专文《对外与对内》,总结了19世纪世界历史的经验教训,指出:英、法、美、日等国之所以没有外侮,反而对外侵略,就是因为"其民有极强毅之对内能力,能取国内腐败之元素排泄之"。波兰、埃及、朝鲜之所以灭亡,不是由于对外敌忾之心不盛,而是由于"不能善用之以对付其病国殃民之政府"。对外斗争与对内斗争可以互为目的、手段,"而要其着手实行者,必先在对内而后及对外,而苟非对内获有成功者,则对外之成功亦决无可望"①。

《时报》在6月上旬曾连续发表两篇社论,阐述以对内为首的思想。《论国民宜为咨议局联合会之后盾》指出:欧洲19世纪的历史证明,"国民先有能力以对付腐败之政府,然后可以对付列强"。"内患不除,则外患终无自而弭。故今日救中国,宜先除内患,而后及于外患"。不同的阶级对内患有不同的理解。该文毫不含糊地宣称,国民与政府的"内患"观是绝对不同的,在政府看来,内患是"革党"和"伏莽","非先除此内患,不足以长保富贵"。在国民看来,内患却是政府,"非先除此内患,不足以保政治之平等。倘萃我国民之能力与政府决一胜负,则外患不戢而自弭也"。以文书口舌相争,政府必不知悟,"计惟有

---

① 《国风报》,第2年第13期。

以强硬从事"。"我国民其倘有意乎,愿毋自馁。"① 号召人民勇敢地站出来同政府斗争,誓做咨议局联合会的后盾。继之又发表《论国民争锋当知所向》,写道:"盖今之政府为国民所反对者,非仅一借款、一铁路国有而已也,乃其根本上之腐败,不可救也"。"无宁联络二十二省为一大团体,转其争锋,以最简单之言论,最直捷之方法,要求改造政府,更换内阁之一事"。苟能打倒皇族内阁,"为根本上之解决","则大体已定,以后无论何事,皆可容吾商量"。"古诗云:'挽弓当挽强,用箭当于长。射人先射马,擒贼先擒王'。吾愿为国民诵之。"② 旋又发表《论专制政策之不可恃》和《论现内阁之轻侮咨议局》两篇社论,猛烈抨击政府蹂躏民权,不许人民有反对言论,专横至极的野蛮行径。

只知营谋私利、手中缺少真理的奕劻者流永远不会进行反躬自省,总以为政治风潮的起因不在自己的顽固、专制、腐败、丧尽人心,而归咎于立宪派和革命党人的暗中煽动,人民的无知和目无法纪,政府的压制措施不力。因而解决政治风潮的办法也就不是以理服人,改正错误,而是一味地打着立宪的旗号,假借朝廷的名义,仗恃专制工具,进行更残酷的镇压。此次联合会的宣传攻势搞得他们声名狼藉,他们恼羞成怒,深恐议员回省之后"煽动国民,重起反抗",又故智重演,密令各省督抚遇有议员开会演说,"务须加意防范,并严重取缔其言论,免致鼓动风潮,妨碍国家行政"。并恶狠狠地威吓:"倘有奉行不力,致滋事端,定惟该督抚等是问。"③ 然而压力愈大,反抗力愈大。愚蠢透顶的奕劻等人以自己愚蠢透顶的行动把全国的政治风潮愈益激发得不可收拾了。

四、组建合法政党

历代封建王朝为了维护专制统治,均严厉禁止人民结党立会。清王朝以少数民族统治中国,害怕人民反抗,禁令尤严。1905 年孙中山等建立的中国同盟会可谓中国第一个正式的资产阶级政党,可是它以推翻清王朝为目的,不为清政府所容,所以直到这时还没有一个合法的资产阶级政党出现。

1906 年预备立宪以后,封建禁网刚有松弛,了解懂得资产阶级政党学说的人

---

① 《时报》,1911年6月2日。
② 《时报》,1911年6月6日。
③ 《申报》,1911年7月15日。

不多,人们对森严的党禁仍很忌惮,资产阶级立宪派人士组织了一批立宪团体,而未立即组建政党。不过,已有先进人士开始把立宪团体作为组建政党的前奏,发出"预备立宪宜先组织政党"①的呼声了。

为了创造组织政党的条件,立宪派自预备立宪后就开始了关于政党学说的学习和研究,不断在报刊和集会上广泛宣传讨论。他们介绍了资产阶级国家的政党性质,与人民、政府、国会、宪政的关系,产生的背景和在建设中所起的重要作用等等,并根据中国的国情提出了种种看法。

立宪派认为政党是国家的政治基础,为立宪国家所必不可少。说:"政党者,必有一政党之纲领主义,堂堂正正揭旗鼓以声于天下"。其掌握政权,"必一力坚持实行其所主张之主义,以定一国政治之方针"。其在野,"事事攻击当局者,指其瑕而摘其疵,使政府常有所警惕而不敢纵恣"。若是两党竞争,互相督责,更可促国家进步。"一政党虽操一国之政柄,以植其党势,而仍当先一国之大计,而不敢徒便一党之私图。此一国政治基础所由立,而国家所贵乎有政党也。"②且政党政治的政策稳固,思想一致,注意发展其他事业,推动社会进步,远比官僚政治优越。

他们认为,成立政党非常必要,宪政能否实现,"则以中国能发生政党与否而决之"③。"执政者专横成性",当政府举动妨碍国家大局时,人民临时应付是无济于事的,政党"势力足使政府行政纳于轨范之中,不致恣肆而谬妄"④。故必须成立政党,监督政府,"与政府抗争"⑤。预备立宪阻力很大,改革事业困难重重,必须组织政党,厚集力量,坚决拥护立宪制度,支持改革派,竭力抵抗反对派的破坏行动,以利宪政进行。现在国民政治能力薄弱,无权利思想,任政府昏庸腐败,这种状况不改变,纵令实行立宪,也是徒有其名,要改变这种状况,"必恃有先觉者以为之提倡,而后自觉的国民乃始兴起。其培养此政治思想,网罗此先觉之士者,莫若政党。故政党者,实社会初开明之曙星,而立宪政治之先河也"⑥。

---

① 《论预备立宪宜先组织政党》,载《申报》,1906年9月7、12日。
② 《论政党与立宪政治之关系》,载《时报》,1907年3月1、2日。
③ 《论政党与立宪政治之关系》,载《时报》,1907年3月1、2日。
④ 《论今日亟宜组织政党以促宪政之进行》,载《申报》,1910年4月27日。
⑤ 杜亚泉:《政党论》,载《东方杂志》,第8卷第1期。
⑥ 与之:《论中国现在之党派及将来之政党》,载《新民丛报》,第92期。

到 1910 年 10 月资政院开院时，最初一批立宪团体已成立数年，均积累了一定的组织、领导、管理、活动经验；经过几次国会请愿和第一届咨议局联合会，各省立宪派人士密切了联系，增进了了解，有了共同的政治语言，组建政党的条件基本成熟。资政院中的钦选议员彼此缺少联系，讨论问题往往产生意见分歧，也觉得要提出重要成熟的议案，必须组建政党。同年 11 月宣布 1913 年召开国会后，资政院和咨议局议员及立宪派人士认为国会召开之期不远，而国会政治也就是政党政治，为了迎接即将到来的国会，使国会真正发挥立法机关和监督机关的作用，同时为了获得多数议席，进而组织政党内阁，取代封建官僚政治，益感组织政党不容稍缓。于是，组建政党的酝酿便在资政院内外甚至满族亲贵之间开始了。1911 年上半年，政学会、宪政实进会、辛亥俱乐部、宪友会相继成立，中国的第一批合法政党出现。

（一）政学会

政学会亦称政学公会，在资政院中酝酿最早，直接秉承民政部尚书善耆之意成立。善耆与立宪派的关系相当密切，同革命派亦有秘密联系。1910 年 10 月 6 日，资政院刚刚开议，他就召见钦选议员汪荣宝（民政部参议）和贡桑诺尔布（蒙古郡王），"大有组织政党思想，属转邀同志数人"，明夕"商榷一番"[①]。次日晚，汪荣宝邀集民选议员许鼎霖、雷奋、孟昭常、邵羲和钦选议员章宗元、宪政编查馆编制局副局长章宗祥同至贡桑诺尔布府邸。善耆令汪荣宝代为宣布了意见，众皆赞成，"议定先草政纲，再行分头纠约"[②]。11 月 9 日，汪荣宝同资政院副总裁沈家本商议维持资政院会议办法，拟成立一个维持会，邀集议员开会，"阴备组织政党"[③]。但第二天孟昭常和雷奋即向汪荣宝提出，这个办法不妥，"应另定办法，慎密联络，俟联络妥洽，再行公然结党"。旋议定，民选议员方面由雷奋负责"邀结"，钦选议员方面由汪荣宝负责"邀结"[④]。

资政院开院之前，宪政编查馆讨论新刑律草案时，劳乃宣即持反对态度，与杨度、汪荣宝等舌战多次。草案提交资政院讨论后，劳乃宣仍坚持反对，并提出

---

① 《汪荣宝日记》，1910 年 10 月 6 日。
② 《汪荣宝日记》，1910 年 10 月 7 日。
③ 《汪荣宝日记》，1910 年 11 月 9 日。
④ 《汪荣宝日记》，1910 年 11 月 10 日。

修正案，游说议员。1911年1月8日议员讨论新刑律草案时，就无夫妇女与人通奸是否定罪展开激烈辩论。劳乃宣等认为有罪，应将此条列入新刑律正条之中，不能列入暂行章程，否则便有悖于中国礼教。赞成新刑律的议员认为，通奸是个道德问题，防止此种行为在教育，不在刑罚，外国刑律皆不定罪，中国若定罪，将来不能收回领事裁判权，所以不应定罪和列入正条，这也体现了尊重妇女，男女平等。但在新旧交替时期，可将其放在所附暂行章程之中，将来视情况再做决定。最后宣付表决，用记名投票法，赞成有罪的用白票，赞成无罪的用蓝票，结果白票77张，蓝票42张。汪荣宝、陆宗舆气愤异常，9日与章宗元发出公启，邀集投蓝票的议员于次日开会，研究新刑律善后办法。资政院再开会时，果然依照投蓝票议员的意愿通过了新刑律总则。时人称投蓝票的议员为"蓝票党"，投白票的议员为"白票党"。

"蓝票党"与"白票党"虽是仅以对新刑律的态度分出的新旧两派，但促进了政党的成立，政学会和宪政实进会就是以此两派的主要人物为核心建立起来的。

1911年1月11日资政院闭会后，汪荣宝等赞成新刑律的"蓝票党"议员召开会议，研究今后的重要议案，会上即有人提出"以此次赞成新刑律之人组织一政党"①。

政学会成立的具体时间不详，从1911年3月12日《汪荣宝日记》所记"政学会开会"看，至少此时已经成立了。它的政纲、章程、干部等均未见发表，活动亦不太多。据报道，资政院临时会是由其发起的，其后对修改《资政院院章》又做过讨论研究。有会员20余人，初以资政院议员为限。主要人物有汪荣宝、曹汝霖、章宗祥、陆宗舆等。该党受善耆支持，接近官府，在政党之中势力最小。

（二）宪政实进会

宪政实进会全称帝国宪政实进会，由"白票党"中多数议员为骨干结合而成，最初酝酿亦在1911年1月资政院闭会期间。发起者有劳乃宣、宋育仁、喻长霖、马士杰、于邦华、陈树楷、陶葆廉等，组织政党的公启是由汪康年代拟的，成立在2月19日之前②，临时推举陈宝琛为主席，于邦华为副主席。

---

① 《国民公报》，1911年1月14日。
② 陶葆廉2月20日致汪康年函云："昨星期，宪政实进会借全蜀会馆开会"（《汪康年师友书札》二，2115页）；《正宗爱国报》20日报道："二十一日（19日），帝国宪政实进会在全蜀会馆开会"。可见此时已经成立。

3月，宪政实进会发表政纲和章程，以后又在文字上进行了修正。

政纲共有10条：1.尊重君主立宪政体，使上下情意贯注，保持宪政之精神；2.发展地方自治能力，俾人民事业增进，巩固宪政之基础；3.体察现状，筹政治社会之改良；4.详核事实，图法律制度之完善；5.讲求经济，谋财政前途之稳固；6.振兴实业，图人民生计之发达；7.注重国民教育，以收普及之实效；8.提倡移民事业，以达拓殖之目的；9.研究外交政策，以固国际交涉之权力；10.筹划军事次第，期成完全健足之武备。①

章程计12章31条。总纲为：本帝国主义，以谋宪政实力进行，名曰帝国宪政实进会；依政纲所揭各条，分别筹备，以期国利民福为宗旨；所有筹备事项，按切时势，分期进行，每期另分办事纲目，筹议办理；政纲及章程，会员均有遵守之义务。章程还规定：总会设于京师，各省会设立分会，府厅州县设立支会。凡入会者均要填写证书，并由3名以上会员或各省公共团体加以介绍。会内设调查、编辑和审议股。正副会长和股长由民主选举产生。会议分大会、例会、股员会三种，大会每年二次，议决重要问题。会员要交纳入会费和常年捐。有违背宗旨或妨害本会名誉者，经大会议决，令其退出。②

实行细则对章程做了进一步补充和说明，重要之点有：会议事情，以多数意见决定；初入会会员应在例会上报告履历；分会、支会均须有20人以上始能设立，设立后每月向总会报告一次情况，总会亦向分会、支会通报一次情况。③

宪政实进会成立后一直忙于发展会员，联络议员要求召开资政院临时会，其他工作没有怎么开展，也没有正式进行选举。大家感到工作不便，提议选举股长，6月2日选张祖廉为调查股股长，王式通为编辑股股长，吴纬炳为审议股股长，推康詠为会计长，张毓书为文牍员。

6月18日，陈宝琛被简放为山西巡抚，次日，该会召开职员谈话会，议定另推主席。7月2日，又议定推举临时常议员，组织各省分会，主席仍请陈宝琛遥领。其后准备了修改资政院院章的议案。不久，陈宝琛又被简派为宣统皇帝师傅，仍留京师。8月，筹备创办机关报，并趁中央教育会开会时拉了一批会员，陆慎言、

---

① 参见《帝国宪政实进会政纲》，载《大公报》，1911年10月18日。
② 参见《帝国宪政实进会章程》，载《大公报》，1911年10月18、19、22日。
③ 参见《大公报》，1911年11月9日。

吴季昌、恩华、王季烈等就是此时加入的。

10月15日，召开大会，进行选举，陈宝琛当选为会长，于邦华、姚锡光当选为副会长。

据日人宗方小太郎1912年调查所列名单，其主要会员共197人。①但实不止此，如吴廷燮、王双岐、张书诏、王汝榆、曹昌麟、祝瑞霖等重要干部均未列入，陈慎言、吴季昌等会员亦遗漏。就所列197人统计，其中有资政院钦选议员39人（加遗漏的吴廷燮为40人），民选议员37人，咨议局议员至少10人。即此而论，后两项之和已超过钦选议员之数，更不用说其余大多数均非钦选议员了，因此不能认为宪政实进会以钦选议员居于多数。

而在领导层中又是另一种情况，钦选议员与官吏占居多数，并且掌握了领导权。据云该会在经济上还接受载泽资助。这就决定了它在政治上必然是较为保守的。

外省分会以直隶势力最大。9月中旬，于邦华闻悉宪友会在直隶酝酿成立支部，为争夺发展对象，急忙返回天津，亲到法政讲习所向学员讲演，劝其入会。同月25日，于邦华、陈树楷邀集各界人士开会，商议组织分会，介绍会员，起草分会简章。参加发起的共94人。9月30日，召开成立大会，与会者100余人，通过了分会规则，于邦华作了报告。继之选举咨议局议长阎凤阁为总干事，资政院民选议员齐树楷、胡家祺为干事。最后公推出文牍、审议、庶务、会计、调查各部干部。

贵州也成立了分会，由陈元栋、涂宝煌所组织。

（三）辛亥俱乐部

辛亥俱乐部发起于资政院议员，骨干人物有湖南民选议员罗杰、易宗夔和钦选议员刘泽熙、王璟芳、毓善等。该组织创立于1911年3月间，成分相当复杂，有民选议员、钦选议员、政府和军队官员，也有革命党人。

6月14日，辛亥俱乐部召开成立大会，通过了政纲，选举了干部。选出12名常议员、12名评议员，此外还选举了庶务员、书记员、会计员、交际员等。在24名常议员、评议员中，资政院钦选议员有8名，占1/3；民选议员7名，

---

① 参见［日］宗方小太郎：《一九一二年中国之政党结社》，见《近代稗海》，第12辑，66~68页，四川人民出版社，1988年。

陈黻宸为咨议局议长，刘颂虞、刘冕执为前政闻社社员；程明超、陈命官（民选议员）、席绶（钦选议员）、漆运钧则为同盟会会员。该会成立时，公推程明超为临时主席，"部中各事，程主持者为多"①。领导层的这种结构使得辛亥俱乐部既不像政学会那样接近政府，也不像宪政实进会那样倾向保守，政治上比较稳健折中。

初成立时，约有成员60余人，不久发展到80余人。

辛亥俱乐部订有规约10章31条。规定"以促政治改良，谋国利民福为目的"。政纲为：1. 阐扬立宪帝国之精神；2. 提倡军国民教育；3. 发展地方自治能力；4. 主张保护政策，以振兴实业；5. 整理财政，以增进富力；6. 审度公私经济能力，以谋交通之发达；7. 整饬军备，以充实国力；8. 体察内外情势，确定外交方针。

入社者必须赞成政纲，有选民资格，由两名社员介绍，经俱乐部许可。社员有严格遵守宗旨及规约，扩张及尽心本社事业的义务，有选举及被选举为职员，提出意见，介绍人入社的权利。入社要交纳入社金，平时交纳常年捐。

常议员议决一切事务，并分科讨论各种政治问题。

社内机构分庶务、书记、会计、评议、交际、常备各科，另设调查编辑部。

凡被选为常议员、评议员及其他干部者，不得再任其他政团的干部及发起人。

每年开大会一次，每月开常会一次。临时会不定。

本部设于北京，各地方设立支部，总部与支部的关系是：本部议决交办事件，支部必须极力执行；支部议决事件关系全体者，必须经常议员会议议决；关于地方事件，支部可自由议决实行；支部有需要具奏的地方重大政俗利弊问题，本部予以全力支持；支部应将社员名册、调查编辑成绩、工作及议决的问题，每月汇报总部一次；支部代表来京，可参加本部常议员会议；本部常议员到支部时，亦可参加支部的常议员会议。②

8月20日，补选了常议员6人，评议员9人，并决定以后每周开会两次，研究讨论各种政治问题，准备资政院议案，社员可自由参加。

支部建立最早、成绩最大的是湖南省。罗杰回长沙后，于6月30日邀集各团体各界人士召开了一次大会，讲述了辛亥俱乐部创建的历史及发展支部的要求，

---

① 《民立报》，1911年9月1日。
② 参见《辛亥俱乐部规约》，载《帝国日报》，1911年7月23、24日。

宗旨及与其他政党的区别，倡议建立支部。500余名与会者纷纷表示赞成，立即推举黄佑昌、罗杰、谭传恺、粟戡时、杨树谷起草支部章程。

7月9日，湖南支部召开成立大会，选出常议员和评议员。次日，又开常议员和评议员会议，选出支部长及评议员长，推举职员。当选者为：支部长，黄忠浩；副支部长，李达璋、俞峻；评议员长，左学谦。①

湖南支部成立后，立即推举罗杰、粟戡时、张人镜、殷泽龙为特派员赴湘潭发动。7月28日召开发起会，30日召开选举会，湘潭支部宣告成立。支部长为张人镜，副支部长为欧易彝、周翼嵩，评议员长为殷作霖。

长沙的宝庆府籍人士贺民范等在湖南支部成立后，亦约集在省城的全府百余名同志开会，发起成立驻省支部，并提出驻省支部成立后还要派人回府组织全府支部，众皆赞成。遂公推卢振鹏为正会长（支部长），贺民范、马忠俊为副会长。

此外，岳阳、醴陵、宁乡等地亦在组织之中。

其他省筹建支部的有广东（梁庆桂发起）、福建（陈韵珊发起）、陕西、江苏、安徽、湖北、广西、奉天、吉林、四川等省。

（四）宪友会

宪友会是在咨议局联合会和国会请愿同志会的基础上建立的。1910年11月请愿代表团解散时，决定在国会请愿同志会的基础上改组政党，培养积蓄实力，推举孙洪伊等起草党纲党规。

各省咨议局和团体对成立政党期望甚殷，纷纷致书国会请愿同志会从速组织。如福建咨议局的信说："往时以种种障碍，致不能成一形式之团，今不速谋，则将终散。务宜趁此时期速树旗帜，先定党纲立案，以号召天下。"湖北咨议局的信说："国会以政党为先河，无政党即失国会之效力，今年之资政院可为明鉴。宜趁此时急谋组织，明定党纲，以定国会之基础。"陕西请愿同志会的信说："今日诚组织政党，先在京师设立总机关，再于各省设立支部，声应气求，可宰全国之政治。不然时势一去，大众瓦解，待数年之后重复联络，恐不易挽回也。"②

对于是否组建政党及组建什么样的政党，国会请愿同志会内部开始意见颇为分歧。有的反对立即组党，主张先组织会社；有的主张建党；有的主张政党规模

---

① 《申报》，1911年7月21日。
② 以上各函俱见《申报》，1910年11月29日。

宜大，以多制胜；有的主张规模宜小，以保证党员质量，易于成立。经过多次讨论，决定组建全国性的政党。

关于党的名称，当初没有定下。12月上旬，孙洪伊致电梁启超"促定党名"，梁启超建议叫帝国统一党。① 同月底，孙洪伊等拟出帝国统一党党规30条、党纲13条。

1911年1月1日，孙洪伊等邀请38人讨论党规、党纲草案，与会者认为还应做进一步修正。接着，议决推举临时干事40人，负责成立大会前的一切筹备工作，先在到会诸人中推出一少部分，遂推定吴赐龄、李文熙、席绶、康士铎、彭占元、汪龙光、王敬芳、陈登山、雷奋、罗杰、易宗夔、齐树楷、张之霖、李素、牟琳、江辛、孙洪伊17人。② 继之讨论党名，易宗夔、康士铎、李文熙皆反对用"统一"二字，雷奋、王敬芳则坚持原议，最后决定将党名与党纲、党规一起提交临时干事会修改决定。

帝国统一党党名传到社会上，引起了一些人的误会，以为此党成立之意，"在于统一国内之党派，或且目为专制"③。因此，临时干事不得不写了一篇《帝国统一党党名释义》，于1月4日在《国民公报》上刊出，进行一番解释。该文说，以"统一"命名者，"绝非统一国中党派"。其用意有三：一是防止外国人利用国内各民族之间的猜疑生事，"欲防患于未然，必先结合国内之各种族，协力一心，共谋对外"。二是为了"造成一种有统系之政策，有统系之舆论，以贡献于国家"。三是为了打破旧有的省界之见，"欲全国士君子化除畛域，相与戮力国家，以图存于今世"。并说此名仅系暂定，以后还要讨论。

党纲、党规修改完毕，本应先寄往各省征求意见，由省派人来京，做进一步讨论，决定后再呈报政府立案。但此时适值温世霖被发配新疆，"警厅对于各团体之集会取缔极严，风声鹤唳，志士心寒"。孙洪伊等为了"释群疑而定众志"，便采取了权宜措施，将党纲、党规草案径呈外城巡警总厅，转申民政部立案。④

---

① 参见丁文江等编：《梁启超年谱长编》，529页。
② 参见《大公报》，1911年1月4日。报道中"张雨村"即张之霖号。10日的《申报》同。8日的《时报》和6日的《盛京时报》均将康士铎作康詠，但康詠在以后的总全和分会发起人以及被推职员中均未出现过，康士铎则相反，故应以康士铎为是。
③ 《帝国统一党党名释义》，载《国民公报》，1911年1月4日。
④ 参见《大公报》，1911年3月18日。

3月上旬，民政部批准。康有为欣喜地说："今统一党之注册于民政部也，乃中国政党发启明之初焰。民政部之许统一党注册也，为中国官认立党之雷震一声。于是数千年专制禁党之旧俗，遂为埃及之僵尸、印度之灰塔，皆为古旧之前尘影事矣。"①

孙洪伊等接到批准的通知，于3月9日发出公启，附寄党纲、党规和入党证书草案，向各省解释了暂且呈请立案的原因，并请推定支部干事，于咨议局联合会开会时齐集京师，公决党纲、党规，宣告成立，再进行呈报更正。

咨议局联合会召开不久，与会诸人"以近日政治上之活动，在政府毫无实际，在国民亦毫无预备，立宪国家有此现象，甚为危险，故非从速组织政党，决难收宪政之效果"，特于5月20日讨论组织办法，决定修改党纲、党规，公推黄远庸、雷奋、张国溶、徐佛苏为起草员。②24日讨论时，曾发生是实行中央集权还是地方分权的争论，孟昭常主张实行中央集权，遭到一致反对，大家说："我辈既为救亡起见，断不能作政府党，助其虐焰。"③

5月29日，召开发起会，与会者53人。公举谢远涵为临时主席，李文熙为书记。张国溶报告了开会宗旨，宣读了章程，提出党名不用帝国统一党，改用宪友会，请大家讨论。大家赞成更改党名，原则上通过了章程，决定6月4日召开成立大会，推萧湘、袁金铠、康士铎、梁善济、陈登山、孙洪伊为临时干事，准备成立大会的召开。④

发起组建宪友会的共有70人，基本上都是第二届咨议局联合会、国会请愿同志会的成员和立宪团体的人物。

《宪友会章程》分总纲、会员、职员、会议、总部与支部之关系、会费、戒约7章，加附则共25条。

总纲规定成立的目的是"发展民权，完成宪政"。政治纲领为：1.尊重君主立宪政体；2.督促联责内阁；3.整厘行省政务；4.开发社会经济；5.讲求国民外交；6.提倡尚武教育。

---

① 《民政部准帝国统一党注册论》，见《康有为与保皇会》，315页。
② 参见《申报》，1911年5月30日、6月7日。
③ 《正宗爱国报》，1911年5月29日。
④ 参见《申报》，1911年6月7日。6月5日的《时报》记开会日期为29日，预定成立大会日期为6月5日。

总部设于京师,各省设立支部。

会员条件:凡中国人有选民资格,赞成本会宗旨者,皆可加入。入会手续:须具入会证书,由会员介绍,经常务干事认定。

会中职员暂不设会长,只设常务干事3人,文书、会计、庶务、调查员各2人,编辑、交际员各8人。常务干事由大会民主选举产生。文书等职员由常务干事商议推定。各干部均任期一年,常务干事可连选连任。干部不得兼任别党的发起人和干部。3名常务干事处理事务时共同署名,有两种意见时按2人的意见执行;若意见分歧或事情重大,应开全体干部会议决定。

会议分大会和职员会两种。大会每年一次,职员会半月一次。议决问题以过半数同意为准,可否同数时,取决于会议主席。

总部与支部的关系:总部为各支部之总机关,各支部统属于总部。在未设会长以前,总部对于支部的责任限于:组织支部并促其发展;通告本会一致进行事件;征求协商事件;其他通告事件。支部对于总部的责任为:担任本会义务;要求协商事件;担任调查事件;其他本会通知应办事件。

入会者要交入会金5元,平时月捐1元,3个月交纳一次,两期不交者,取消会员资格。

有反对本会宗旨及违背规约者,经本会议决,不认为会员。①

另外,还通过了《宪友会支部规则》,对支部的组织、工作及与总部的关系等做了更明确具体的规定。主要内容有:各省省会及商埠设立支部。设正副干事各1人,其他干部由支部自定,任期一年。关系国家的政策,由总部大会议决,议决后各支部会员不得有不同主张;关系一省的政策,由支部会议议决,议决后支部会员不得有不同主张。各支部议决案应随时报告总部,凡以本会名义执行的议决案,非经大会议决,不得自由行动。各支部应将所收会费的1/10上交总部,也可根据情况要求总部协助。②

6月4日,宪友会在北京湖广会馆召开大会,宣告成立。到会者100多人,推谢远涵为临时主席,黄远庸、李文熙为临时书记。会上首先选举出常务干事,雷奋、徐佛苏、孙洪伊当选。籍忠寅、李文熙、谢远涵当选为候补干事。

---

① 参见《时报》,1911年6月10、11日。
② 参见《申报》,1911年6月20日。

继之，常务干事推定各科干部，文耀为庶务员，李文熙、吴赐龄为文书员，李素为会计员，欧阳弁元、陈登山为交际员，康士铎、何宗瀚为调查员，王葆心、余绍宋为编辑员。

接着，会员推举出18省和八旗的支部发起人。广西：甘德藩、蒙经。湖北：汤化龙、张国溶、郑万瞻。山西：梁善济、李庆芳、李华炳、李素。奉天：袁金铠。山东：周树标。江西：邹树声、宋名璋、叶先圻、罗家衡、郭志仁、谢远涵、黄远庸。福建：高登鲤、刘崇佑、林长民、林志钧。河南：方贞、王敬芳。陕西：李良材、郭忠清。四川：蒲殿俊、何耀光、胡庸章、萧湘、罗纶、李新展。浙江：汤尔和、马叙伦、陈黻宸。湖南：谭延闿。吉林：何印川。安徽：窦以珏、陶冠禹、李国松、康达。直隶：李榘、籍忠寅、齐树楷、李长生、高俊渻、张铭勋、刘春霖、王法勤。贵州：杨寿篯。广东：伦明、姚梓芳、黄节。江苏：马相伯、沈恩孚、黄炎培、汪秉忠。八旗：恒钧、文耀。①

以上人员中有少数同盟会会员在内，如黄炎培、蒙经、郭忠清均是。

6月25日，宪友会研究了各省支部成立的期限及办法，决定分期分批成立，凡交通便利、团体易于集合之省，限定本年9月以前成立，其余限定年内成立。奉天、河南、山西、湖南、湖北、江苏、广西、福建、四川自认于9月前成立。还决定，本年资政院开会以前，召开一次大会，届时凡已成立的支部各举代表到京参加。

8月，民政部批准宪友会立案。

同月31日，宪友会召开谈话会，徐佛苏报告了各省支部成立的情况，决定于9、10月间召开大会，催促各省支部成立；在京议员每周开谈话会一次；通告各省支部及发起人，劝告本省资政院民选议员入会。还公举黄远庸、林志钧、谢远涵、康士铎4人负责与辛亥俱乐部联络。

支部活动开展较早的是湖南。发起人原只推定谭延闿，后来本省人士又加推资政院民选议员黎尚雯和易宗夔，谭延闿因事留京，黎尚雯调往奉天，特让易宗夔先回省活动。易宗夔于7月初抵长沙后，即与咨议局和教育、商务、农务总会

---

① 参见《申报》，1911年6月10日。11日的《时报》同，但缺八旗发起人。8日的《大公报》所记出入较大，湖北多出胡瑞霖，山西少李庆芳，江西少邹树声，河南多出方子杰，四川多出刘登朝而少萧湘，浙江多出胡钟翰、刘绍宽、蔡汝霖、邵羲、陈敬第，广东少姚梓芳，贵州则无。

的负责人以及各界人士联系。7月4日，召开谈话会，易宗夔做了报告，廖名缙发表了演说，与会50余人中当时签名担任发起人的有30余人。后推举出廖名缙、陈炳焕、曹世昌、姜济寰、周名建、仇毅为临时干事，贝允昕、雷光宇、胡迈、谭传恺为支部章程起草人。决定章程拟定再开发起会，至于成立大会，必须等谭延闿回湘后举办。①但谭延闿离京较晚，抵湘数日武昌起义的枪声已经打响，成立大会未能开成。易宗夔在湘潭也开展了工作。他同当地各界负责人商议了组织湘潭支部的问题，召开了发起会，当即推举陈恭沅、包炳坤、吴拱辰、陈祖亮、王洪元、宋焕奎为临时干事，刘武、曹作弼、汤池为支部章程起草人。

山西支部成立于9月17日。7月，梁善济等发起人尚未回省，山西部分人士接到宪友会公启及李素的信后，就进行了酝酿，准备召开发起会，提议待梁善济回省后再开成立大会。8月27日，发起会在太原召开。9月17日，举行成立大会，到会120余人，公推梁善济为正干事，王用霖为副干事，杜上化、刘志詹为候补干事。有会员160余人。②

贵州支部成立于9月22日，发起人为自治学社社员杨寿篯。时杨寿篯因公留京，而京师大学堂毕业生杨昌铭恰要返省，杨寿篯便委托杨昌铭担当起组织支部的任务。杨昌铭返贵阳后，与自治学社负责人张百麟密商，认为组织政党有集中人才、消息灵通诸益，决定成立。9月22日开成立大会，各县来省赴会者4000多人，推举杨昌铭和杨寿篯为干事。③

直隶发起人李榘、齐树楷、籍忠寅、张铭勋、李长生、王法勤等于9月15日以前回天津进行活动。同月29日，召开茶话会，商议组织支部问题，愿意充当发起人的有白毓崑、宋兆芙、马玉麟、田毓瑞、李翰、贾浦、聂作宾、王邦屏、丁宗峄、贺培桐等101人。10月4日，召开成立会，讨论了支部章程草案，选举李榘、籍忠寅为正副干事，王振尧、高俊涉、邢端、刘春霖为候补干事。7日，又开会通过了支部章程，公举了干部，有会员170余人。④

福建支部由正副议长高登鲤、刘崇佑等发起。8月高登鲤返闽后，即将宪友

---

① 参见《时报》，1911年7月13日。14日的《帝国日报》、18日的《申报》均记开会日期为7月5日。
② 参见《顺天时报》，宣统三年七月八日、八月十五日，转见自张玉法《清季的立宪团体》，484页。
③ 参见杨昌铭：《贵州光复记实》，见《云南贵州辛亥革命资料》，201页。
④ 参见《大公报》，1911年10月9、22日。

会章程分发议员，商议组织办法。10月7日，召开发起人会议，列名者80余人。研究了支部规划和会费问题，确定该支部为全省各支部的联络机关，继推刘崇佑、梁继栋起草支部章程，议定本月11日召开第二次发起人会议，议决规则及以后的组织发展办法。因辛亥革命爆发而中止。

江苏支部原定于10月15日召开成立会，后因辛亥革命爆发而布告延期，其后情况不详。不过从11月3日《申报》有通署名"苏支部"致北京《国民公报》及宪友会总部的电报看，江苏支部似已成立。

江西支部大约成立于9月24日。《时报》有消息说，南昌绅商学界人士曾协商组织宪友会支部之事，定于9月24日召开成立大会。①

据徐佛苏8月31日在总部报告，广西、奉天、湖北等省支部均可于9月内成立。② 由于资料缺乏，具体情况就不得而知了。

组建宪友会本来包含着团结全国立宪派人士的意图，而在一定程度上也做到了这一点。预备立宪公会、宪政公会、湖北宪政筹备会、汉口宪政同志会、贵州自治学社、直隶宪政研究会、福建政与会、八旗宪政会、前政闻社诸多立宪团体的重要代表人物，或者参与了宪友会的发起组织，或者当选为领导人和干部，或者担任了各省支部发起人，全国18个省和首都北京有的建立了支部，有的正在组建，有的确定了发起人。这种情况使得全国大多数立宪团体和立宪派人士在宪友会的旗帜之下加强了联系和团结，从而进一步统一了思想认识，形成一股在野的庞大的社会政治力量。

但是，宪友会并没有也不可能把全国的立宪派人士都团结起来。有些立宪派人士已经参加了别的政党，有些立宪团体尚游离于宪友会之外，有的立宪团体虽有不少成员参加了宪友会，然而团体仍然独立存在，这些成员要同时接受宪友会和本团体的双重领导，在思想行动上完全做到与宪友会一致也有困难。所以在宪友会内部，在宪友会和立宪团体之间，派系的阴影依旧存在。据孙洪伊说，立宪派在"精神上隐分两派"，"一近朴拙诚实，一近灵华巧黠"，在"事实上亦有时竞争"③。如"请愿国会之争及中美银行之争，同人之与张季直公（张謇字季直

---

① 参见《时报》，1911年10月1日。
② 参见《申报》，1911年9月9日。
③ 丁文江等编：《梁启超年谱长编》，638~639页。

中道异趋"。"铁路借款之争,黄远庸、孟庸生(孟昭常字)极主张运动荫君昧斋及与吾党有关系之资政院议员,第一、二次谈判在宪政馆,遂与远庸决裂。其后至取消庸生议案研究会之会长"。黄远庸和籍忠寅"在宪友会时代,其精神上与同人已多不合","迹近虚华巧黠","陈叔通亦然"①。这里所说的"灵华巧黠"派是指以张謇为首的江浙温和派,"朴拙诚实"派指孙洪伊、汤化龙、谭延闿、蒲殿俊等激进派人物。至于黄远庸,其实并非如孙洪伊所言,他同江浙派也是有矛盾的,对张謇、孟昭常、张元济颇多微词,如他在给李盛铎的三封信中就说:"孟(昭常)已为同乡拐去,宪报已归实进(宪政实进会)承顶,基(黄自称)尚与委蛇"。"近沪上诸名士若张菊生(名元济)好自标尚,则以联合旧有团体为不免附会风气。庸生亦是此系统中人"。又言张謇"直是一念佛老猫,几为鼠许所陷","乃一惫赖人,终何能成哉!"②海外的康、梁一派与江浙派关系比较冷淡,通过徐佛苏在国会请愿中的活动,与孙洪伊、汤化龙等稍微接近,黄远庸对梁启超盛称康有为"气魄过人,意以为旋乾转坤,只此是赖"③,也很不满。以上只是已知的有关宪友会和立宪派内部矛盾的一点儿材料,未知者尚不知凡几。仅此即可窥见其矛盾之错综复杂,感情之隔阂疏远。

以上几个团体尽管没有以党命名,然而无疑都是我国第一批合法的政党。从宪政实进会、辛亥俱乐部和宪友会的政纲、章程或规约看,它们各自标明了政治纲领,规定了奋斗目标,树立了公开的旗帜,使社会上了解它、认识它,从而决定对它的态度,这是鉴别是否政党的主要标志。这些团体都有严密的组织机构,总部之下设立支部,明确规定两者的关系是领导与被领导的关系、上下级关系,总部的决议支部必须执行,组织的决议个人必须执行,入会手续和组织纪律均较完备和严格,这就使得它们具备了政党的基本特征。

政党是代表某一阶级、阶层或集团并为维护其利益而斗争的政治组织。宪政实进会、辛亥俱乐部、宪友会在政治上均向往追求资产阶级民主政治,务期实现真正的君主立宪制度;在经济上主张发展资本主义企业,同时主张实行地方自治,建立完善的法律制度,普及教育,提倡军国民教育,国民外交,要把中国建设成为一个民主、富

---

① 丁文江等编:《梁启超年谱长编》,631页。
② 《黄为基致李盛铎函》,中国社会科学院近代史研究所档案。
③ 《黄为基致李盛铎函》,中国社会科学院近代史研究所档案。

强的资本主义国家,代表的都是资产阶级的利益;其内部的组织生活、选举、表决、讨论等等,也符合资产阶级的民主原则。因此,均为资产阶级政党。

虽则如此,各党的情况并不相同,有些差异还相当明显。宪政实进会、辛亥俱乐部均有相当一部分钦选议员,宪友会则无,"其性质最为纯净,完全为在野之政党"①、"国民之政党"②。宪政实进会的领导权主要掌握在钦选议员和官员手中,辛亥俱乐部的领导权为占优势的民选议员、立宪派人士、革命党人所控制,宪友会完全由立宪派所执掌。宪政实进会和辛亥俱乐部的力量主要集中在京师,宪友会则分布于全国,实力最为雄厚。宪政实进会和辛亥俱乐部"多数皆注重官僚政治及中央集权"③,宪友会则注重地方分权,旗帜鲜明地标榜"发展民权"。宪政实进会比较保守,宪友会政治态度最为激进,辛亥俱乐部介于二者之间。总之,宪友会最能表明资产阶级政党的性质,最能代表资产阶级的利益,最能体现"中国中等社会跃起之一特征",为"诸团体中之最有进步之希望者"④。

与上述政党出现的同时,满族亲贵与蒙古王公也在跃跃欲试,以期在将来的国会中占据一定势力,但都没有结果。

合法政党的出现标志着封建专制制度的进一步崩解,人民民主权利的增长,资产阶级力量的重新凝聚。既是立宪派人士长期奋斗取得的重大成绩,也是国家预备立宪的结果。立宪派手中有了政党这个得力工具,便可更好地同专制独裁者进行斗争。

五、点燃革命的导火索

皇族内阁实行的铁路干线国有政策和签订的湖广铁路借款合同,遭到湖南、湖北、广东和四川人民的一致抵制和反对。

首先挺身而出的是湖南人民。铁路干线国有政策令下,湖南"人心大为愤激",1911年5月14日,各团体召集1万余人开会,当即议定保路办法15条。16日,各团体同赴抚署要求电奏。这一天,铁路公司长株段工人1万余名也罢工进城游

---

① 《论政党之前途》,载《时报》,1911年6月28日。
② 《中国政党小史》,载《时报》,1911年6月12日。
③ 《论政党之前途》,载《时报》,1911年6月28日。
④ 《中国政党小史》,载《时报》,1911年6月12日。

行示威,声言如巡抚不允上奏挽回,"商须罢市,学须停课,一般人民须抗租税"。杨文鼎答允代为电奏。①

与此同时,湖南咨议局全体议员呈请杨文鼎代奏湘路"力能自办,不甘借债",要求收回铁路国有成命。②

5月22日,朝廷发出两道上谕,其一是命令杨文鼎严厉镇压湖南人民,"不准刊布传单,聚众演说。倘有匪徒从中煽惑,扰害治安,意在作乱","照乱党办法,格杀勿论"③;其二是不准川湘铁路再收租股。四川、湖南股款以租股为多,停止接收,无异釜底抽薪,这是绞杀川湘铁路商办的一个恶毒办法。

在京的谭延闿等人十分气愤,24日赴都察院递送代奏呈文,痛斥国有政策实是邮传部数人"假借外人财力","遂其营私罔利之谋",要求"顺舆情而弭事变"④。

为了将商办铁路搞垮,朝廷又下令湖南一概停收米捐、盐捐、房捐各路股,斥责咨议局所呈"语多失实,迹近要挟"⑤。

6月4日,咨议局议员周翼嵩、左学谦、黄锳、周广询、粟戡时等14人,因"国家收全国之路既不交资政院议决,收湖南之路又不交本局议决,局章既不能守,权利即因而丧失"⑥,愤而辞职。后全体议员一律辞职。继之,长沙各学堂学生遍发传单,通告全省学堂,于6月10日一律罢课,商界亦定于11日罢市,"势甚汹汹,匿名帖满布通衢"⑦。17日,朝廷宣布了对粤川湘鄂4省铁路公司股本的处理办法,粤路全系商股,每股先还六成,其余四成发给国家无利股票。湘路商股照本发还,米捐、租股等发给国家保利股票。鄂路商股照本发还,赈粜捐款发给国家保利股票。川路实用工料款400余万两发给国家保利股票,现存700余万两是否入股,悉听其便。同时宣布:"经此次规定后,倘有不逞之徒仍借路事为名,希图煽惑,滋生事端,应由该督抚严拿首要,尽法惩办,勿稍宽徇,以保治安。"⑧这个决定

---

① 参见《湘省反对干路国有风潮记》,载《国风报》,第2年第9期;《湖南人民订立自救保路办法传单》、《湖南人民反对借外债包办铁路传单》,见《中华民国史档案资料汇编》,第1辑,163~166页。
② 参见一档档案:《湘抚咨呈代奏咨议局呈请湘路仍归商办呈稿请核夺由》,外务部档,3439号。
③ 《宣统政纪》卷34,21页。
④ 《谭延闿等为湘路呈》,中国社会科学院近代史研究所档案。
⑤ 《宣统政纪》卷35,1~3页。
⑥ 《申报》,1911年6月16日。
⑦ 《汇报》,1911年6月20、23日。
⑧ 《宣统政纪》卷35,12~13页。

对湖南的保路运动是个很大破坏，一部分愿领国家股票的股东退出了战斗，加上当局的高压政策，运动暂时趋于低沉。

铁路干线国有令发布后，在京的汤化龙急电湖北派代表赴京力争，并云："如朝廷不肯收回成命，决定不缴税纳捐。"①5月14日，湖北咨议局、铁路公司及宪政筹备会等团体同电政府，坚决地表示："粤汉铁路借款，鄂人决不承认。"②24日，郑万瞻、张国溶代表湖北人民至都察院递送代奏公呈，要求收回成命，并治盛宣怀欺君殃民之罪。

但是，湖北人士对保路运动的态度不尽一致，湖北咨议局和汉口保安会、自治会认为分年筹款，不难办到，主张激烈对待。而铁路公司、铁路协会和商务总会的负责人则认为前两年拒债热情很高，所收股本甚少，不如权借外债，要求监督用款之权，主张和平对待。加之集资不多，朝旨严厉，总督瑞澂一面威吓，一面拉拢铁路公司和铁路协会负责人，湖北的保路运动没有掀起更大的风潮。

广东粤汉铁路的股款全属商股，华侨投资很多，干线国有令颁布后也引起股东的一致反对。6月6日，粤路公司召开了股东大会，通过了政府如"破坏商办之局，派人来粤强占，我股东力筹对待"③等决议。华侨股东尤其激烈，来电表示："路归国有，全体股东皆不认可"；"路亡国亡，誓死力争！"④

粤督张鸣岐一开始即采取高压政策，勒令股东会取消通过的决议。广东人民以用纸币挤兑白银作为抵制，张鸣岐下令军队进行弹压。在白色恐怖下，公司股东及保路团体领导人只好逃到香港继续斗争。

四川的保路运动开展较迟，却更激烈。6月中旬以前，参加斗争的人士仅限于立宪派和绅商学界，由于未见到借款合同内容，情绪也较缓和。

6月13日，湖广铁路借款合同寄达成都，立宪派和绅商们"始知路权尽失，重于卖路。全国存亡攸关，不止一川利害。众情悚惧，誓死力争"⑤。运动立即高涨起来。邓孝可撰写了《卖国邮传部！卖国奴盛宣怀！》痛诋盛宣怀"既夺我路，

---

① 《汇报》，1911年6月6日。
② 《申报》，1911年5月23日。
③ 《民立报》，1911年6月12日。
④ 《报告》，载《四川保路同志会报告》，第27号。
⑤ 宓汝成编：《中国近代铁路史资料》，第3册，1276页。

又夺我款","将路完全卖给外人",号召群众起来斗争,"死中求生"。①

6月16日,川路公司召集省城股东及各团体筹商,到会数千人。以往的经验告诉立宪派人士和绅商们,仅凭一纸呈文和自身的力量是难以达到目的的,必须发动国民,采取激烈手段,因此决定成立保路同志会。当晚,咨议局正副议长蒲殿俊、罗纶等又进一步密商,各州县遍设同志分会,唤起全省民众,一致行动;咨议局作为同志会和股东会后盾,同志会内设参事会,不对外宣布,由蒲殿俊、罗纶任正副会长,常驻议员为参事。这就确立了咨议局在保路运动中的领导地位,蒲殿俊、罗纶成为事实上的保路同志会的会长。

次日上午,保路同志会召开成立大会,江三乘、邓孝可、罗纶、程莹度分任总务、文牍、交涉、讲演部长,通过了公呈。继之,与会者列队到督署请求代奏。护理总督王人文不怕罢官,坚决支持,即上折参劾盛宣怀,治其欺君误国之罪。

保路同志会以"集合同志","拒借洋款,废约保路"②为宗旨。成立后立即发表宣言、公启,号召各地建立分会,同时派人下乡讲演,出版杂志和《四川保路同志会报告》,开展广泛的宣传、发动和组织工作。由于川路股款系按亩加捐,与劳动人民有直接的利害关系,因而得到广大劳动群众的热烈响应,同盟会会员、哥老会会员也乘机参加进来。20余天,入会者已达10万之多,建立的分会几乎遍及全川。

立宪派为了"废约保路"而发动群众,可是又接受了过去教案和义和团运动的教训,深恐群众发动起来后出现"野蛮"行动,极力想把群众限制在文明斗争的范围之内,一再强调"务为秩序之进行","不得以激诡之说耸人暴动","不可以此罢市、罢课","不得以此牵涉外人,生出他项变端"③。然而,随着群众加入的增多和斗争形势的发展,不仅控制不住群众,连他们自身也冲破了这些框框。

保路同志会除了在省内组织发动,还推举刘声元为代表入京请愿,会同在京的咨议局副议长萧湘开展工作;派江潘、周代本、吴炳臣赴鄂,龚焕辰、白坚赴湘、粤,联络当地咨议局和铁路公司,共同斗争。

---

① 《蜀报》,第12期。
② 三余书社主人编:《四川血》,见《辛亥革命》四,403页。
③ 戴执礼编:《四川保路运动史料》,187页,科学出版社,1959年。

盛宣怀、端方为破坏四川人民的保路运动，授意川籍京官甘大璋等联名呈请将川汉铁路股本一律换给国家股票；收买川路公司驻宜昌总理李稷勋要求将现存路款交给政府，同意邮传部派人赴宜昌清查账目；催促署川督、川滇边务大臣赵尔丰迅速赴任。赵尔丰于8月3日抵达成都。

8月5日，特别股东会召开，选举颜楷、张澜为正副会长。9日，议决辞退李稷勋，参劾盛宣怀。但政府仍派李稷勋总理川路路工。

8月24日，成都各学堂开始全体罢课，全城罢市。保路同志会在劝告不要暴动的同时，又连夜印发"圣位牌"，正中写"德宗景皇帝之神位"，两边分写"庶政公诸舆论""铁路准归商办"，要各家供奉于门口，焚香膜拜。这是立宪派采取的一种高明的斗争策略，因为"庶政公诸舆论"和"铁路准归商办"都是光绪皇帝上谕中的话，他们以先皇上谕来对抗当今上谕，就使得政府和地方官吏有口难言。在成都的影响下，罢课、罢市迅速蔓延全省。

赵尔丰电奏了四川人民罢课、罢市的激动情形，提出将借款问题提交资政院议决，以便转危为安。政府非但不理会四川人民的要求，反而命赵尔丰进行严厉镇压。盛宣怀致电赵尔丰说："要胁罢市、罢课，即是乱党"。"首倡数人一经严拿惩办，自可息事宁人"，大肆叫嚷要"格杀勿论"①。内阁命令赵尔丰："如敢再有借词煽惑之人，即行严拿惩办"②。至于交资政院议决一事，内阁说："一经交议，必不以收归国有、订借外债为然，况事关四省，倘竟相率效尤，朝廷岂能因此收回成命。况合同早经签字，业已开卖债票，尤不能轻易取销，致起交涉。"③

四川人民看到政府所下命令，"无一非与国民宣战之书"④，9月1日，川路公司股东会决议不纳租税，立即通告全省。运动又进入到一个新的阶段。在抗粮抗捐的同时，少数地区的人民开始了捣毁地方巡警局、厘金局、经征局的暴动，同政府的斗争已到了短兵相接的地步。

是激化矛盾，还是缓解矛盾？政府采取的是前者，命令赵尔丰切实弹压，并

---

① 陈旭麓主编：《辛亥革命前后》，130~131页。
② 中国社会科学院近代史研究所档案。
③ 《宣统政纪》卷38，3页。
④ 陈旭麓主编：《辛亥革命前后》，138页。

命端方迅速赴川查办。

赵尔丰为了保住自己的地位，甘冒天下之大不韪，9月4日通饬各属，严厉查禁，如有违抗，立予拿办。

9月6日，有人散发题名为《川人自保之商榷书》的小册子。主要内容是说列强正在暗中分割中国，政府却"贿赂公行，日以卖国办事"，人民只能"共图自保"，"竭尽赤诚，协助政府"，"厝皇基于万世之安"。所列现在自保条件和将来自保条件，目的都在挽救危亡。①不仅谈不到别有用心，而且如若仔细推敲，对保路运动还有些消极作用。

然而，欲加之罪，何患无辞！赵尔丰硬指《川人自保之商榷书》"俨然共和政府之势"，"意图独立"②，目为蒲殿俊等人所写，遂于7日将咨议局、保路同志会、铁路公司的领导人蒲殿俊、罗纶、邓孝可、颜楷、张澜、胡嵘、江三乘、叶秉诚、王铭新诱捕，软禁于督署。马上派人张贴告示，穷凶极恶地宣称："即速开市，守分营生，聚众入署，格杀勿论！"③

整个成都震动了！群众扶老携幼，手捧着或头顶着光绪皇帝牌位，像潮水一般涌向督署，要求释放蒲殿俊等人，惨无人道的赵尔丰竟下令士兵向徒手的群众开枪射击，群众惊恐后退，又遭到马队的疯狂践踏。这次大血案仅查明登记被打死的即有32人，年龄最小的仅13岁，受伤的更不计其数。

为了制造群众暴动的口实，掩盖刽子手的血腥罪行，赵尔丰在下令进行大屠杀时，特意密令警务公所提调路广钟在靠近督署的联升巷放火，卑鄙无耻到了极点！

次日，城外附近许多居民听说蒲殿俊等人已死，头裹白布赶到城下示哀，赵尔丰又下令开枪射杀数十人。

9日，邮传部电告湖北当局在武汉逮捕了正在返川的咨议局副议长萧湘。

赵尔丰尽管出告示扬言蒲殿俊等人"谋为不轨，查有实据"④，可是根本拿不出来，更无法坐实群众暴乱，只好血口喷人，栽害诬陷，无中生有地向朝廷谎报说：

---

① 参见戴执礼编：《四川保路运动史料》，304~308页。
② 参见戴执礼编：《四川保路运动史料》，315、316页。
③ 参见戴执礼编：《四川保路运动史料》，316页。
④ 《中华民国史档案资料汇编》，第1辑，147页。

蒲殿俊等谋于9月8日"聚众起事，先烧督署，旋即戕官据城，宣布独立"。"猝有匪徒数千，先使人在附近放火，以图扰乱，旋即凶扑督署"，"并斫伤哨弁郑杲等数人"，"进冲二门，直至大堂前排，匪徒均带火具，并扑两廊官房。尔丰见事势已急，当即饬令兵队开枪抵拒"。①朝廷接二连三地下令："著赵尔丰迅速查拿，如得有狂悖不法确据，实系形同叛逆，无论是否职官，即将首要人犯先行正法，并妥速解散胁从，毋任蔓延为患。"②着瑞澂派兵迅即入川；着民政部、步军统领衙门严禁聚众开会；将川路代表刘声元押解回籍；命岑春煊前往四川会同赵尔丰办理剿抚事宜。

鲜血使四川人民认识到"当道横蛮"，"残毒暴烈"，"不能以法理要求"③，"朝廷暨督抚系大大之强盗"，"官逼民反"④。在同盟会会员和哥老会会员的率领下，9月8日，同志军便开始了向成都进军，各地同志会闻风而起，全川响应，革命大风暴到来了。

关于保路运动的性质，有关专著和文章均有详论，不再重述。这里想要强调的是与立宪有关的问题。

立宪派领导的保路运动不仅仅是为了反帝爱国，同时也是为了反对专制，争取民主；既是一次保护人民私有财产的经济斗争，更是一场资产阶级反对封建统治的政治斗争。关于这点，湘、鄂、粤三省的斗争已可略窥端倪，最具代表性的则为四川，请看他们的言论。

四川咨议局在5月的呈文中明确指出："募借国债载在资政院章，取消商路事系剥夺人民既得之权利，俱应由资政院议决。四川川汉铁路关系本省权利存废，应由本省咨议局议决。当兹内阁成立统一责任之际，言论机关自当各保权限，以期宪政实行。应请督部堂据情电奏请旨，饬下督办粤汉、川汉大臣将本路暂缓接收；一面分别交院、交局开会议决，再行奏明办理，实足以遵法律而顺舆情。"⑤

《保路同志会宣言书》阐述得最鲜明透彻，集中体现了立宪派的观点。它写道："资政院章第十四条第三款明载有议决公债之权，有何逼迫而不待其议决？

---

① 戴执礼编：《四川保路运动史料》，315页。
② 《宣统政纪》卷38，10页。
③ 戴执礼编：《四川保路运动史料》，459页。
④ 戴执礼编：《四川保路运动史料》，318页。
⑤ 戴执礼编：《四川保路运动史料》，143页。

咨议局章第二十一条第一款明载议决本省权利存废之权，收回铁路权利孰大，有何原因不与以决议？各商办铁路明依商法、公司律奏咨有案，经先朝批准者，有何紧急不待其股东一议？检查信件，属君上紧急戒严大权，铁路收回，民产攸关，彼此电商，人情之常，邮传部有何权力能停阻人民发电？……夺商民数千万血资之产，而不许一呻。我新内阁之蛮野专横，实贯古今中外而莫斯为甚！吾人当此不争，则宁缄口结舌，永永不置立宪二字于齿牙……保路者，保中国之路不为外人所有，非保四川商路为国家所有。破约者，破六百万磅认息送路之约，并破不交院议违反法律之约。政府果悔于厥心，交资政院议决以举债，交咨议局、股东决议以收路，动与路权无干之款以修筑，朝谕下，夕奉诏。非然者，鹿死无阴，急何能择，吾同志会众惟先海内决死而已，不知其他。"①

川汉铁路公司在抗议端方干涉股东会活动电中说，"拒违法损权之债，非拒有利无害之债"②。又斥邮传部不准拍发争路电报"尽束人民自由，不独非立宪国所宜有，即在最专制国家，恐亦无此极野蛮现象"③。

铁路股东会的呈文说，之所以反对铁路国有，首先是由于"募借外债未经资政院议决，废止本省权利未经本省咨议局议决"。又说："当立宪之时代，无论此次借债收路其利害当否如何，商民只能严守法律，服从资政院、咨议局之决议，不能服从邮传部违法之命令。"④

蒲殿俊的意图，据徐佛苏说，就是"决欲借保路权，以张民权"⑤。

邓孝可是在读了借款合同以后成为保路运动的干将的，他认为保路运动的首要目的是捍卫立宪政体，实现真正的民主政治。在《答病氓》一文中写道："借款收路一事，在吾人认定为宪政前途根本上之破坏，属第一义；合同失利，夺路国民，授诸外人，为第二义；至邮传部蔑视人民，侵掠商民血资，犹属第三义。盖剥夺川民者，损在川省一隅；丧失路权者，损在路政一事；至根本上破坏宪政，则举国永永陆沉矣……新内阁初成立第一政策即蔑视资政院章而举债，蔑视咨议局章及公司律而收路，专横掠夺，言者则发电有阻，争者则格杀勿论……于此不争，

---

① 隗瀛涛、赵清主编：《四川辛亥革命史料》上，193~194页。
② 戴执礼编：《四川保路运动史料》，250页。
③ 彭芬：《辛亥逊清政变发源记》，见《辛亥革命》四，350页。
④ 戴执礼编：《四川保路运动史料》，280~281页。
⑤ 丁文江等编：《梁启超年谱长编》，605页。

而曰立宪立宪，则将来不过三五阔官，东描西抄，饾钉凑塞，出数十条之钦定宪法，于事何济？……惟与［予］政府以痛击……使知徒恃其专横野蛮，一步不能行，则宪政可以固而国基巩矣。"①他对梁启超也说："新内阁第一政策即几视资政院、咨议局为弁髦，吾党不主张立宪则已，否则即以他方面言之，亦断不可不对政府加以痛击。"②保路运动到来之前，邓孝可正在和一些同志酝酿发起成立政党，保路运动掀起，他们都成为运动的骨干。通过运动实现什么目标？他秘密告诉梁启超："即不能破约，亦须得协定宪法，成立政党，以监督政府，则可辈此举之结穴。"③

张澜、罗纶向赵尔丰面争时说："借款合同不经院议阁议，其关于各省权利者又不经各省咨议局议，竟行违商律，夺商办，实属违法违亲。如此立宪，实为欺惠。"④

股东会代表张知竞控告赵尔丰以行政长官擅自逮捕、软禁蒲殿俊等人为"毁法灭宪"，将"咨议局、审判厅一切章奏而蹴踏之，而灭裂之，匪惟司法权限被其侵蚀，即参与一省行政之立法机关亦竟任便摧陷"，直想把"宪政而为根本上之破坏也"⑤。

以上事实说明，立宪派是把捍卫资产阶级君主立宪制度，维护并扩大国民的政治权利，放在保路斗争的首位，要同肆无忌惮地破坏宪政、专横野蛮的内阁进行拼死斗争。他们指控政府借款不经资政院议决，违反资政院章程；关于各省权利事件不经咨议局议决，违反咨议局章程；收回商办铁路不准股东置喙，破坏公司律；不准拍发电报，侵犯人民通信自由权利；非法捕人，摧残司法权、立法权。通过保路运动，立宪派要实现扩张民权，协定宪法，成立政党，监督政府，建立真正立宪制度的目标。连赵尔丰也看出这一点，8月30日他给内阁的电报说，邮传部"蔑弃宪法，一意专制，人民万难承认。所有争约、争路、争款，皆宪法根本之解决关系，不仅止路事云云"⑥。因此，完全有理由认为，保路运动的实质是民主力量与专制势力的较量，是资产阶级同封建阶级进行的又一次政治搏斗。

---

① 隗瀛涛、赵清主编：《四川辛亥革命史料》上，212~213页。
② 《梁任公先生知交手札》一，123~124页。
③ 《梁任公先生知交手札》一，128页。
④ 彭芬：《辛亥逊清政变发源记》，见《辛亥革命》四，366页。
⑤ 戴执礼编：《四川保路运动史料》，464页。
⑥ 戴执礼编：《四川保路运动史料》，290页。

立宪派敢于发动人民，痛击政府，是以立宪为锐利武器的，是以国家法律为根据的。如川汉铁路特别股东会编的《停办捐输歌》写道："不纳捐输不忌惮，拿的是什么力量来抗官？皆因是我国在立宪，立宪国的民力有要端……我们捐输不展办，占的法律地位甚完全。法律上地位既能占，就该享法律保护权……若还估倒要展办，横施压力到民间，或因拘签与笞板，或用枷锁与卡监，这就是违法欺良善。立宪国那容这等不好官，我们根据法律来问辩，问穷了大家把脸翻。做官人都把法律犯，小百姓一齐要动蛮。不是乱来不敢反，抱定道理、守定秩序总要闹出天外天。这等对抗为哪件？还是立宪国民的自由权。"①他们相信真理在自己手里，正义在自己一边。正直的御史在向朝廷剖析是非曲直时，也认为四川人民是有权抗争的，无罪的，政府才是真正的罪魁。给事中陈田说：政府借款未交资政院议决，"违背"《宪法大纲》，"议绅有所建白，原非越沮"，若"遽指为祸首，科以叛逆"，"舆论之萌芽由此而折，宪政之基础由此而摧，其关系大局，实非浅鲜"。②御史范之杰说："立宪国人民对国家权利义务，两相平等，一或不均，立成反抗。此又各国之惯例，固不得专为川人罪也"。如政府"厉行压制，借此树威，川人固不幸而蒙首难之诛，舆论将因此而有摧残之虑。名为立宪，实则专制，且专制之朝，亦未必有此"。③至于全国广大的人民群众更是站在四川人民一边了。

立宪派在保路运动中将斗争的矛头直指奕劻内阁，无情地揭露了政府打着立宪旗号、厉行专制的政治骗子嘴脸，鞭笞了他们摧残民主、破坏宪政的滔天罪行，使人民加深了对政府的憎恨，为辛亥革命中广大人民起来推翻清王朝制造了舆论。不仅如此，立宪派甚至公然号召群众起来"造反"。铁路股东会会长颜楷及全体股东曾向政府声明：政府既"任意破坏"资政院和咨议局章程，那么"国家一切法律，不能责人民以独从！"④上引的《停止捐输歌》尤理直气壮地宣称：如果政府不讲道理，一味专横，欺压善良，违反法律，那就不要怪"小百姓一齐要动蛮"！只许州官放火，不许百姓点灯是不行的，文斗无效，那就只好"动蛮"武斗！这种通俗的宣传品一旦输入广大人民群众的头脑，其产生的巨大威力是不可想象的。

---

① 四川省档案馆编：《四川保路运动档案选编》，171~172页，四川人民出版社，1981年。
② 戴执礼编：《四川保路运动史料》，391页。
③ 戴执礼编：《四川保路运动史料》，313页。
④ 戴执礼编：《四川保路运动史料》，281页。

成都血案以后同志军蜂拥而起，发动武装起义，与立宪派的这种宣传鼓动是分不开的。

通过保路运动，全国的立宪派无不为政府"违背《宪法大纲》，开各省摧残（咨）议局之渐"①所激怒，各省咨议局纷纷电斥内阁，要求释放蒲殿俊、萧湘、罗纶等被捕人员，有些省的立宪派从此转向革命阵营，彻底抛弃了清王朝。而湖北等省的革命派则利用保路运动所造成的良好契机发动了起义。保路运动点燃了辛亥革命的导火索，残酷镇压人民的清政府要自食其果了。

六、由立宪转向革命

在清末有三种主要政治力量，即革命派、立宪派和清政府。革命派与清政府针锋相对，壁垒森严，界限分明。立宪派则站在两者之间，同两者都有联系，又有矛盾；唯其如此，与两方面的关系虽不势不两立，但也得不到两方面的完全信赖，正如身临其境的张謇所说："主革命者目为助清，清又上疑而下沮，甲唯而乙否，阳是而阴非。"②

立宪派建立了自己的组织，控制了各种民意机关和合法团体，已经形成一支庞大的社会力量，其政治倾向如何，对革命派和清政府都会产生举足轻重的影响。立宪派政治态度是否改变，决定性的因素是清政府满足其改革愿望的程度如何。如果清政府能够按照立宪派的意愿进行改革，立宪派无疑会成为清政府的坚强支柱；否则，他们为了实现自己的政治目的，就会另寻出路，成为清政府的敌对势力和掘墓人，清政府正是以其愚蠢的政策将立宪派推向了革命阵营。

（一）立宪派与革命派的关系

立宪派与革命派两个政治派别都是由若干个独立的小团体组成的，不是一个严密的整体，不可能有统一的策略和齐一的步调。事实上，由于组织纪律的松懈，具体的环境不同等原因，一个小团体也无法做到这一点。即使同一个人，对另一派别的不同分子表现也不一样。因此，两派的关系呈现因人而异，因团体而异，因地区而异，错综交叉的复杂情况，很难绝对划分。为了叙述的方便，只能勉强将之分为国外、国内两大部分（有些人飘忽不定，亦难确定国内、国外），做一

---

① 《时报》，1911年9月30日。
② 张謇：《年谱·自序》。

粗略的介绍。

大体而言，革命派对立宪派的指责较之立宪派对革命派的指责多而且激烈，国外革命派对国外立宪派的指责又较对国内立宪派的指责多而且激烈；国外的两派关系比较紧张，矛盾比较尖锐，国内的两派则缓和友好得多。

1. 国外两派的关系

1908年宪政公会迁入国内、政闻社被勒令解散以后，国外的立宪团体仅剩下一个帝国宪政会，但政闻社社员仍在梁启超领导下继续活动，这里所说的国外的立宪派主要是指康、梁一派。

康、梁一派与兴中会早在戊戌变法之前即有芥蒂。戊戌变法时在横滨的大部分兴中会会员转向维新派，变法失败后革命党人诱使王照揭露康有为伪称奉有光绪皇帝衣带诏两件事，使两派结下"不解之仇"①。1900年以后矛盾趋于尖锐。这一年，孙中山打算在广东发动起义，康、梁也准备武装"勤王"，梁启超到檀香山宣传"名为保皇，实则革命"，一下子把当地大部分兴中会会员和华侨争取到保皇会方面来，几乎将孙中山在海外的第一个活动基地搞垮，同时出色地完成了筹款任务，获银10万元。这使孙中山大为恼火。自立军失败后，参加起义的秦力山等"以保皇会捐款用途不明，谓其阻误义师，攻击甚力。康、梁师徒疑为革命党主使，衔恨益深"②。

此后，梁启超不时遭到革命派攻击。1903年梁放弃了"破坏"与"革命"口号，革命派对他的攻击论调随之升级。

1903年10月，孙中山返檀香山号召革命，"前时误入保皇会之兴中会员多觉悟来归，保皇党势力因之大受影响"③。康党陈仪侃"深恐该党基础为之动摇"，乃于报上丑诋孙"为假革命，且及个人私德"④。孙所发的军需债券，"因兴中会地盘已为保皇会蚕食过半，购者寥寥，全数仅得二千余元"⑤。保皇党的挑衅，筹款的失败，激起了仇恨。孙中山遂著文痛骂康、梁为"满奴""汉奸"，并决心"尽

---

① 陈少白：《兴中会革命史要》，见《辛亥革命》一，53~54页；冯自由：《革命逸史》初集，49页。
② 冯自由：《革命逸史》六集，15页。
③ 冯自由：《革命逸史》二集，94~95页。
④ 冯自由：《革命逸史》四集，20页。
⑤ 冯自由：《革命逸史》初集，20页。

力扫除此毒，以一民心；民心一，则财力可以无忧也"①。

　　未几，孙中山去美国内地进行筹款和发展革命力量，均因保皇党势力过大，收效甚微。致公堂总注册时，报名者"寥寥无几"②。大家一听购买军需债券即为兴中会会员，多谈虎色变。③ 为"扫灭在美之保党"④，1905年2月，孙中山在其手订的《致公堂重订新章要义》中，确定了"先清内奸而后除异种"⑤的方针，把同康党的斗争摆在了比对敌斗争——排满还要重要的位置，混淆了两类不同性质的矛盾。

　　民族资产阶级是个先进的阶级，又是个剥削阶级，本阶级的思想烙印，地主阶级的影响，封建主义的熏陶，使得其成员都程度不等地有些主观主义、自私自利、升官发财、权势欲望、地域观念等思想意识，这些思想意识表现在组织上，就是宗派主义，孜孜谋求本派利益，不惜危害别派利益，具有明显的排他性。上述争募捐款，争夺势力、地盘和民主运动领导权的斗争，就是民族资产阶级内部两个不同政治派别间宗派斗争的典型反映。

　　1905年开始的革命与立宪之争，仍是前一阶段孙、康两派斗争的继续和扩展。要实现自己的政治主张，必须有愿意为之奋斗的大批群众，必须有做大量宣传工作、建立组织、扩展会务、从事暗杀或武装起义的活动经费，而经费又要从支持者那里取得。谁争取的群众多，经费多，地盘大，势力大，谁就有首先战胜封建专制统治的希望，在竞争中获胜。任何一方得势，都意味着对方处于劣势。对这个极为现实的切身利害问题，双方均直觉地感到了它的重要性。邹鲁曾说："梁氏之文，盖足为当时反革命论之代表，党人知非征服此伧，无由使革命发展也。"⑥ 说得明确些，就是为了争取广大群众的同情、参加和物资支援，壮大自己，削弱对方。梁启超也是为了"与彼党争舆论之动力"⑦，防止"第三者之观听愈荧也"⑧，起而应战的。在致康有为的信中更把他的意图和盘托出："今日局面，革命党鸱张蔓延，

---

① 《孙中山全集》，第1卷，229~230页。
② 冯自由：《革命逸史》初集，152~153页。
③ 参见冯自由：《革命逸史》二集，106页。
④ 《孙中山全集》，第1卷，240页。
⑤ 《孙中山全集》，261页。
⑥ 邹鲁：《中国国民党史稿》，第2册，484页，中华书局，1960年。
⑦ 丁文江等编：《梁启超年谱长编》，362页。
⑧ 丁文江等编：《梁启超年谱长编》，363页。

殆遍全国。我今日必须竭全力与之争，大举以谋进取，不然将无吾党立足之地。故拟在上海开设本部后，即派员到各省州县演说开会。占得一县，即有一县之势力；占得一府，即有一府之势力，不然者我先荆天棘地矣（现在彼党在南方一带，已骎骎占势力。我党一面在南方与彼殊死战，一面急其所不急者先下手，以取北方……）"。"革党现在东京占极大之势力，万余学生从之者过半……东京各省人皆有，彼播种于此间，而蔓延于内地，真心腹之大患，万不能轻视者也。"①

切身利害、资产阶级派性和错误的排满口号使革命派感情用事代替了理性思考，以致许多斗争越出了论战范围。在香港，《中国报》刊载康有为之女康同璧在美洲"行骗"华侨一事，被康在法院控以毁谤名誉罪，要求赔偿损失 5000 元。②该报还攻击康党叶惠伯，康党再控以毁谤之罪，索赔丑银 1 万元。③在日本，一些革命党人在报刊或群众大会上对康、梁大肆进行攻击，诅咒他们为"汉奸"，"认贼作父"，"异族奴隶"，"非今日之中国人"，喧嚷必"诛此两妖魁"。④1907年政闻社在东京召开成立大会时，还发生了革命派大打出手的活剧。1910 年 7 月，革命派又在一次群众集会上把立宪派的白坚打得头破血流。在新加坡和缅甸，有两派对报社的争夺，也有革命派大闹政闻社的故技重演。这些不择手段的攻击、叫骂、阵地争夺，尤非严肃的政治斗争，宗派性质更为明显，益发激化了矛盾。

康、梁一派无疑也注重本派利益，有严重的派性，但客观地讲，在处理两派关系问题上要冷静慎重一些。他们认为革命党人具有高尚的品质和爱国主义思想；理解革命行为，承认革命的正义性，人民有权利也有义务推翻腐败政府；坚决反对捕杀革命党人。⑤有的慷慨激昂地宣言："若徒以诛锄杀戮威吓天下，则岂惟革命党致死于现政府，即革命党以外之人，无不致死于现政府。"⑥他们主张两派联合，反对互相倾轧。梁启超从 1902 年起，至辛亥革命爆发之前，包括他曾咬牙切齿地声称"今者我党与政府死战，犹是第二义；与革党死战，乃是第一义。有

---

① 丁文江等编：《梁启超年谱长编》，372~373 页。
② 参见冯自由：《革命逸史》初集，71~72 页；三集，223 页。
③ 参见丁文江等编：《梁启超年谱长编》，359 页。
④ 锄非（刘道一）：《驱满酋必先杀汉奸论》，载《汉帜》，第 1 期。
⑤ 参见康有为：《法国大革命记》，见《康有为政论集》上册；梁启超：《现政府与革命党》，见《饮冰室合集·文集》，第 7 册；梁启超：《粤乱感言》，载《国风报》，第 2 年第 11 期；蒋智由：《变法后中国立国之大政策论》，载《政论》，第 1 期。
⑥ 与之（黄可权）：《论中国现在之党派及将来之政党》，载《新民丛报》，第 92 期。

彼则无我，有我则无彼"①的时期在内，他始终声明：坚决反对两派互相谩骂，攻讦，倾轧，敌对，抵消力量；革命与立宪相辅相成，激烈与温和殊途同归，手段不同，各有其用，两派应节制感情，求大同，存小异，联合起来，共同对付政府，像资本主义国家的政党那样开展和平竞争，有不同意见可以进行正当的理论商榷，主动提出停止论战。②可是，革命派宣称满汉不并立，立宪派为"卖国之党"、"负友之党"，决不与之相提携。③ 1907年7月以后，梁启超不再理会革命派，毅然把斗争的锋芒转向"全力对待政府"④了。

对于梁启超的建议和呼吁，有的革命党人还是能够理解的。如汪东说："立宪党又自称但以救国为归，苟革命势力滔滔进行，决不忍妄加抵御。吾亦甚望之能自践其言也。"⑤还有的说："无论投身宪政中执何主义，均不得不痛诋政府之假立宪以愚我国民。"⑥立宪派做到了这一点，因而也能得到这部分革命党人的谅解。至于主张调和的，与立宪派蒋智由、易宗夔、雷光宇、杨度、徐佛苏、林长民交往颇多的宋教仁等⑦，对康、梁一派就更无太深的成见了。所以，革命党中也不是全都痛恨康、梁一派，有一小部分是持有不同看法的。

2. 国外革命派与国内立宪派的关系

国外的部分革命党人对国内的立宪派也多所指责，张謇、郑孝胥、马相伯、杨度、狄葆贤等人及预备立宪公会等团体都曾被点名攻击。最偏激狂热的莫过于刘道一，竟扬言"必杀庆祝立宪党"⑧。别人亦明显地带有民族偏见和资产阶级派性，把立宪派看作与清政府同恶相济、助纣为虐的坏蛋，平民的公敌，一味斥责谩骂，加给立宪派取悦官场、摇尾乞怜、沽名钓誉、升官发财、狡伪无耻各种罪名。他们对立宪运动所遇到的挫折抱着一种幸灾乐祸的心理，如1910年二次国会

---

① 丁文江等编：《梁启超年谱长编》，373页。
② 参见《答和事人》、《敬告留学生诸君》、《中国外交方针私议》、《与上海某某等报馆主笔书》，见《饮冰室合集·文集》，第4、8、10册、《申论种族革命与政治革命之得失》、《答某报第四号对于本报之驳论》附言、《杂答某报》，载《新民丛报》，第76、79、84期。
③ 参见精卫：《杂驳〈新民丛报〉》，载《民报》，第12期；民意：《希望满洲立宪者之勘察》，载《民报》，第13期。
④ 丁文江等编：《梁启超年谱长编》，409页。
⑤ 寄生：《正明夷法国革命史论》，载《民报》，第11期。
⑥ 铎人：《对于宪政之民心与立宪之不可得和平》，载《民心》，第1期。
⑦ 参见《宋教仁日记》；陈颐：《忆林长民老师》，载《中外人物专辑》，第5辑，台北，1974年。
⑧ 锄非：《驱满酋必先杀汉奸论》，载《汉帜》，第1期。

请愿失败,在东京的革命党首领"大喜",立即邀集100多同志"开会祝贺","并密议运动南洋华侨反对国会,以绝第三次请愿之后援"①。

同梁启超等一样,国内的立宪派人士也认为革命党人都是爱国主义者,革命与立宪在"扬厉国徽,外御群侮"这一点上,"则一而已";两派"所竞争者意气也,非公益也"。对于这种"无谓之攻击","同室之诟争",他们是不赞成的。②因而对于革命党人的指责斥骂一概听之任之,不予还击,表现得相当宽容大度。国会请愿同志会的机关报《国民公报》"不仅无一语诋及革命党人",且常有"左袒革命之意义"③。当革命派发动武装起义失败时,立宪派尽管不无埋怨情绪,说徒然牺牲同志,于国家无补,于人民无利,然而却无幸灾乐祸之心。不仅如此。每当起义发生一次,他们总是大肆攻击政府一番,大骂政府专制、欺骗人民一通。对于政府的"穷逮捕,广株连,厉行野蛮时代惨酷之刑法"的"暗无天日之政策"④,尤严加痛斥。指出,消弭党祸的根本办法不是"妄行杀戮",而是"党人曰政治不善,吾先整顿政治;党人曰满汉不平,吾先融和满汉";"励精图治,舍旧谋新",实行名副其实的宪政,否则革命是永远不会停止的。⑤有的立宪派所办的刊物还公然歌颂革命烈士,如广东的《半星期报》就发表过歌颂吴樾、秋瑾、徐锡麟和陈天华的诗篇,著文为秋瑾遇害鸣冤叫屈。⑥

3. 国内两派的关系

在国内,革命党人力量较小,不敢暴露真实身份,不能公然与立宪派对垒,所以大论战、大打出手的闹剧都未发生过,指责辱骂立宪派的文章也极其罕见。不过也出现了另外一种在海外见不到的情况,这就是搞点恐吓和嫁祸于人的小动作。如1910年6月,革命党人曾致国会请愿代表团负责人孙洪伊一函,内云"主张宪政,崇戴满人,殊失救国之道。乃汝持之甚力,碎汝之尸,斩汝之首,亦难蔽汝之辜"等语。⑦同年7月,又有人将书信一通掷入载沣府第,内藏小刀一把,

---

① 《申报》,1910年7月18日。
② 参见蛤笑:《平争篇》,载《东方杂志》,第4年第1期。
③ 丁文江等编:《梁启超年谱长编》,513页。
④ 《徐锡麟论》,见《辛亥革命浙江史料选辑》,447~448页。
⑤ 参见《消弭党祸根本策》,载《大公报》,1911年6月18日。
⑥ 转见《介绍辛亥革命前夕的两种刊物》,见《辛亥革命论文集》(《〈中山大学学报〉论丛》)。
⑦ 参见《盛京时报》,1910年6月14日。

信中半皆恫吓之词,下署国会同志会会员①,借此挑拨立宪派与政府的关系,破坏请愿运动,但这样的情况是极少的。

国内最为常见的现象是两派人士的和平共处,交情友谊,互助合作,共同斗争。这里不妨列举一些事实。

湖南的立宪派龙璋是革命党领袖黄兴的密友,与当地革命党人陈作新关系密切,凡反清革命的,都引为同志;他经常慷慨解囊,大力资助革命经费,不惜出卖家产,辛亥革命前捐助总数至少在 20 万元以上,还利用自己的汽船为革命党购运枪械;1904 年华兴会成立,他被邀列席;1911 年春谭人凤回湘联络同志,准备响应广州起义,龙璋也参与了密议。② 1910 年,立宪派粟戡时等十余人致函湖北咨议局,请其营救关押数年之久的同盟会会员胡瑛出狱。③立宪派陈炳焕之子陈嘉任为同盟会会员,1911 年夏黄兴之子黄一欧与同志回湘进行革命活动,事泄遭到通缉,由于陈炳焕力为掩护,他们始得安全逃脱。④立宪派的黄锳与陈作新的友谊也颇为笃深。⑤

湖北立宪派时象晋的两个儿子时功璧、时功玖都是革命党人,本人思想亦很进步,与革命党人张难先、李书城、吴禄贞等过从甚密。⑥李国镛与革命派早有联系,科学补习所、日知会创立时,他都捐款支持。⑦文学社负责人刘尧澂主动谒见过汤化龙;汤知文学社有人去武胜关察看缺少路费,主动捐助 20 元,另外资助文学社数十元。汤化龙发起成立汉口宪政同志会,革命党人詹大悲、何海鸣、谢石钦都参加了。何海鸣还参加了湖北的国会请愿运动。从海外归来的革命党人刘成

---

① 参见《申报》,1910 年 7 月 19 日。
② 参见《湖南省志》,第 1 卷,203 页,湖南人民出版社,1959 年;谢介僧等:《湖南辛亥光复事略》,见丘权政等编:《辛亥革命史料选辑》下册,1 页,湖南人民出版社,1981 年;龙绂瑞:《龙萸溪先生遗书》,见《湖南反正追记》,124~125 页;《邹永成回忆录》,载《近代史资料》,1956 年第 3 期;龙铁元:《长沙光复前后见闻》,见《辛亥革命回忆录》七,163 页;黄一欧:《黄兴与明德学堂》,见《湖南文史资料选辑》,第 2 辑;龙伯坚:《龙璋事略》,见《湖南文史资料选辑》,第 10 辑;阎幼甫:《回忆陈作新》,见《辛亥革命回忆录》七,128~129 页。
③ 参见《民立报》,1910 年 12 月 2 日。
④ 参见黄一欧:《黄兴与明德学堂》,见《湖南文史资料选辑》,第 2 辑。
⑤ 参见阎幼甫:《回忆陈作新》,见《辛亥革命回忆录》七,128~129 页。
⑥ 参见皮明庥:《武昌首义中的商团、商会》,载《纪念辛亥革命七十周年学术讨论会论文集》,340 页,中华书局,1983 年;郭晓莹:《武汉民族资产阶级与辛亥革命》,载《武汉师范学院学报》,1981 年第 3 期。
⑦ 参见湖北省政协等编:《武昌起义档案资料选编》中,458 页,湖北人民出版社,1981 年。

禺也应邀在请愿大会上发表过演说。詹大悲向汤化龙递过门生帖子，极想调和两派关系，曾对人说："当今人才，阅已多矣，约言之，无过两派（民党，宪党），一则德优于学（民党），一则学优于德（宪党），求有确实把握、完全筹划、足以救中国之危亡者，民党中不得二三，宪党中不得三四"，"将调和两派之间，为后十年之准备"①。1911年7月《大江报》发表《大乱者救中国之妙药也》时评，詹大悲遭到拘捕，《大江报》被封闭。立宪派的喉舌《时报》立即指斥当局大兴文字狱，破坏立宪制度②，予以声援。

江苏的张謇、马相伯、赵凤昌、姚文枏都是同盟会会员黄炎培的"战友"③。黄炎培与雷奋、杨廷栋、方还、刘垣、沈恩孚的关系亦非同寻常。同盟会会员蔡元培与马相伯"为莫逆交"④。立宪派沈缦云、王震与革命党人的关系更为密切。1907年革命派创办《神州日报》，得到张謇和马相伯的赞助。⑤1908年5月同盟会江苏支部长陈陶遗为两江总督端方拘捕，革命党人请张謇帮忙，张即电端方营救，端方未敢杀陈。⑥1909年革命派的《民呼日报》遭到封禁，《时报》和《东方杂志》均为其打抱不平，批评政府和官吏"压迫舆论及故入人罪之非法"⑦。1910年于右任再办《民立报》，沈缦云出资赞助。⑧

革命派对立宪派也是支持的。1907年9月12日，《神州日报》发表社论，认为国会是立宪国家的"总命脉"，救中国之"良剂"，与立宪派一起大声疾呼速开国会。⑨ 1909年5月，马相伯与狄葆贤反对政府征银变相加赋，《民呼日报》歌颂此举为"为民请命"⑩。同年7月1日该报又发表社论，指出："今日之所谓救时者，曰预备立宪，曰筹办宪政。就朝廷一方面言之，则挽救危亡之局在是，图收富强之策亦在是。就人民一方面言之，则恢复固有之权利在是，造就国民之

---

① 俞圭田：《〈大江报〉重出版祝词》，载《辛亥革命史丛刊》，第4辑，211页。
② 参见《辛亥革命史丛刊》，第4辑，216页。
③ 黄炎培：《八十年来》，53页，文史资料出版社，1982年。
④ 蒋维乔：《民国教育部初设时之状况》，见《辛亥革命史料选辑》下册，302页。
⑤ 参见冯自由：《革命逸史》二集，243页；傅学文：《邵力子生平简史》，见《文史资料选辑》，第67辑。
⑥ 参见袁希洛：《我在辛亥革命时的一些经历和见闻》，见《辛亥革命回忆录》六，277~278页。
⑦ 参见《记上海报界之风潮》，载《东方杂志》，第6年第8期。
⑧ 参见《沈缦云先生年谱》，见《辛亥革命在上海史料选辑》，982页。
⑨ 参见《论开国会当先于地方自治》，转见《东方杂志》，第4年第12期。
⑩ 《民呼日报》，1909年5月17日。

资格亦在是。是故公然詈立宪为速亡之具者,此乃脑识单简者偏激之谈,而非中正之公论也。"以鲜明的态度驳斥了其反对立宪的"偏激"的同志。10月,《民吁日报》又称赞发起国会请愿运动的张謇为伟大人物。①《民立报》创办后颂扬请愿代表为"志士",资政院通过速开国会议案的那一天为"历史上之纪念日"②。1910年12月,该报连续发表社论,就国会请愿阐述自己的立场。11日的社论说,宪法与国会是人民生命财产和自由的保障,必须力争,只要人民全力以赴,坚持到底,将来制定一部好宪法当非甚难之事,号召人民急起而图之。28日的社论再次肯定了请愿是热心爱国之举,表达了对立宪的无比渴望,还从不立宪的危险和立宪的好处两个方面立论,劝告"贤王"载沣及早明察醒悟,立即满足人民的立宪要求。这不仅是对立宪派的支持,而且是他们自身请愿的明白表示。当然,《民立报》也有宗派主义,主要表现在前面叙述的斥骂立宪派要求开放党禁的问题上,但此类文字在该报中绝无仅有,只能看作一时的意气用事,派性发作。

浙江的立宪派领袖汤寿潜由于全心全意投入铁路建设,坚决拒借外债,赢得革命派交口称赞,誉其为"廉明果毅"、"民望所归"的"国士",从内心发出"吾崇拜汤蛰仙","中国之汤蛰仙日多,吾又为中国幸"的呼喊。③

广东的立宪派人士丘逢甲当选为咨议局副议长后,即延揽同盟会会员古应芬入局担任书记长,邹鲁担任书记。1910年广州新军起义失败,巡警道查出邹鲁和咨议局议员、同盟会会员陈炯明与起义有关,带人到局拿捕,经丘逢甲极力庇护,陈、邹方得平安无事。1911年黄花岗起义失败后,丘逢甲得知邹、陈参加起义的证据已为官方所获,又及时通知邹鲁逃离。④粤商自治会也热心营救过参加1910年新军起义的革命党人,坚决反对政府追究起义士兵。⑤

福建咨议局曾向当局力争,迫使其取消禁止结社集会的命令,掩护了革命党人的地下活动。⑥还反控连江县令王荣绶控告曾检三组织光复会,回护革命党

---

① 参见《民吁日报》,1909年10月30日。
② 《民立报》,1910年10月14、29日。
③ 参见《论政府亟宜迁调汪大燮以挽浙民将去之人心》,载《民呼日报》,1909年6月27日;《河南之汤蛰仙》,载《民吁日报》,1909年7月28日;佛掌:《中央集权发微》,载《克复学报》,第2期。
④ 参见邹鲁:《回顾录》,第1册,29、30、40页。
⑤ 参见《回顾录》,第1册,30页;《中国大事记补遗》,载《东方杂志》,第7卷第3期。
⑥ 参见宋渊源:《闽省参加革命经历纪要》,见《辛亥革命史料选辑》下册,127页;中华民国开国五十年文献《各省光复》中,324页,台北,1962年。

人。① 1910年，刘崇佑、林长民曾与革命派合办过《建言报》。②

山东的同盟会骨干徐镜心、丁鼎臣、王讷、陈干与立宪派的丁世峄、夏溥斋、周树标、赵正印、侯延爽、徐佛苏均相当接近。③

直隶的同盟会会员王葆真在咨议局中有许多熟识的朋友，与议长阎凤阁、立宪派骨干齐树楷等"感情都很好"④。

山西的同盟会会员解荣辂在1908年亲自组织宪政期成会，全力支持立宪派请愿。⑤虽然解荣辂与刘绵训、王用宾等参与了1910年反对咨议局议长梁善济等"北派"议员的斗争，但他们却是站在"南派"士绅一边，从地方主义出发，"主意则在推倒北绅"⑥，争夺咨议局的领导权，为本地区谋利益，并不反映革命与立宪两派的矛盾。

奉天的咨议局议长吴景濂与革命党人张榕、蓝天蔚"时常交往"⑦。

在挽回路矿利权，保路运动，反对增加人民负担等问题上，两派的立场都是一致的。

此外，还有些同盟会会员被推选为国会请愿代表，或参加了咨议局联合会，或加入了立宪派组建的政党，郭忠清、蒙经、朱景辉、席绶、程明超、宁调元、张友栋、黄炎培、陈命官、漆运钧、彭述文均是。不论抱有什么目的，他们同立宪派的关系至少是非常融洽的。

国内两派的关系何以会与海外的两派关系有很大差别呢？首先，历史渊源不同。海外的两派最初都活动于华侨之中，而华侨人数有限，为了发展壮大本派势力，他们在争夺群众、捐款和地盘上不可避免地要发生冲突，以此结下仇恨，互不谅解，遇有机会，便要发作。国内的两派并未结下此种宿怨。当两派在海外开始笔战时，革命派在国内尚无多大力量。同盟会成立后力量渐向内地扩展，然而争取的对象多为会党，后来重点转移到新军，经费来源靠海外接济和自筹。国内立宪派主要

---

① 参见耿云志：《清末资产阶级立宪派与咨议局》，见《纪念辛亥革命七十周年学术讨论会论文集》，1202~1203页。
② 参见刘通：《辛亥福建光复回忆》，见《辛亥革命回忆录》四，455页。
③ 参见章开沅、林增平主编：《辛亥革命史》下册，165页，人民出版社，1981年。
④ 王葆真：《滦州起义及北方革命运动简述》，见《辛亥革命回忆录》五，403页。
⑤ 参见《时报》，1908年8月2日。
⑥ 《申报》，1910年7月3日。
⑦ 宁武：《东北辛亥革命简述》，见《辛亥革命回忆录》五，542页。

活动在知识分子、民族资产阶级和开明士绅中间，争取的对象和活动的范围均不与革命派发生冲突，经费自有来源，更不会产生争募捐款的矛盾。同时，国内地广民众，大有回旋余地，不至于出现你争我夺的现象。总之，没有直接的利害冲突，故能相安无事。其次，在当时的社会上，革命派之外，立宪派是唯一最进步的民主力量，他们在呼吁救亡图存，反对封建专制制度，要求人民的民主自由权利，挽回利权，保路斗争，发展资本主义工商业，兴办近代教育和文化事业，建立各种社会团体，启迪人民政治思想等问题上，均走在社会的前头，从事立宪运动也能坚持原则。这些在不持偏见的革命党人心目中都留下了良好而深刻的印象。加之根本宗旨相同，同一地区的两派人本来就有各种各样的关系和来往，私交甚笃，有些革命党人没有满汉成见或成见甚少，所以他们能够和平相处，遇事相助，共同携起手来同政府斗争。

立宪派对革命党人的基本认识和态度，同政府的对立和斗争，不仅使立宪派感到在和平手段无效时有可能转到革命方面来，而且使得力量不足的革命党人也有可能淡化派别之间的成见，同立宪派接近。而对本就熟悉了解、关系密切的国内两派来说，彼此必然相互产生影响，立宪派绝望之际尤易接受革命派以暴力推翻政府的观点，趋向革命一边，从而使两派合流。

（二）现实促人猛醒

立宪派之所以会转向革命，同革命派的影响有一定的关系，但主要是由于清政府不能满足他们的改革愿望，受到斗争实践的深刻教育，自身思想认识有了显著提高。这种情况从1910年国会请愿运动期间就开始了。

在国会请愿运动中，立宪派恭谨虔诚地呈递请愿书，诚惶诚恐地拜谒当朝大臣，始终遵循国家法律，毫无越轨行为；各省的游行请愿秩序井然，既无对长官的非礼要挟，更无暴徒的破坏扰乱。请求一次比一次赤诚，冀望朝廷终能醒悟。然而结果呢？政府"直以热心爱国之绅民与革党会匪齐观而等视矣"①，强行解散代表团，押解代表回籍，甚至加以拘捕流放。铁的事实教育了立宪派和一切期望改革的善良人们，使之认识到和平请愿无法达到目的，赤手空拳的哀求无济于事，以合法手段得不到的东西只能以非法手段去夺取，要铲除专制毒根，实现民主

---

① 《读本月二十三日上谕恭注》，载《大公报》，1910年12月29日。

政治，只有以革命暴力将现政府打倒，别无其他出路。

二次请愿失败后有些人的思想就发生了巨变。山西代表渠本翘返省后当众宣言："三次请愿国会不成，当急取葡萄牙革命主义。志士多韪之。"①据姚文倬观察，有新知识的人"皆昌言曰：不大乱不足以救亡。一般之心理如此"②。原政闻社的头面人物徐勤"亟欲为暗杀之举动"③。《盛京时报》在一篇社论中公开号召："不妨以极单纯之暗杀手段"对待政府，说"非好乱也，有逼之者也"。还明确指出，热心宪政的"和平主义"者迟早都会因"失望已甚"而转变为革命党人，因为"真热心于国事者，其意识中除国事外殆别无占其位置者，东行不达，则转而之西，非无常也，为爱国之热诚所驱迫也。"④确乎如此！

第三、四次请愿的失败又促使一些人的思想发生转变。徐佛苏回忆说："第三次请愿书中，措词则甚激昂，略谓：政府如再不恤国民痛苦，不防革命祸乱，立开国会，则代表等惟有各归故乡，述诉父老以政府失望之事，且代表等今后不便要求国会矣等语。窃按末次请愿书措词如此愤激者，其言外之意，系谓政府再不允所请，则吾辈将倡革命矣。更不料清廷因此震怒，立下明谕，勒令代表等出京还里。各代表闻此乱命，亦极愤怒，即夕约集报馆中，秘议同人各返本省，向咨议局报告清廷政治绝望，吾辈公决秘谋革命，并即以各咨议局中之同志为革命之干部人员，若日后遇有可以发难之问题，则各省同志应即竭力响应，援助起义独立云云。此种秘议决定之后，翌日各省代表即分途出京，返省报告此事。"⑤这段回忆不很准确，所谓"措词则甚激昂"的意思在第三次请愿书中就查不到，但"秘谋革命"还是有的。另一位华侨代表伍庄也说："当请愿代表被勒令出都之日，曾经秘密会议，将以各省独立要求宪政。汤化龙、蒲殿俊等同为请愿代表参与密议之人，其一触即发，并非偶然。"⑥

徐佛苏是由革命转向立宪的，此时他的思想又回复到原先的状态，1911年1月写信对梁启超说，"欲一齐放倒"；3月又写信说，"欲别出他途以从事"，即"欲

---

① 杜上化：《渠君本澄光复前后事略》，见《晋乘备采》，1页，晋新书社。
② 《汪康年师友书札》二，1257页。
③ 丁文江等编：《梁启超年谱长编》，515页。
④ 《论朝廷拒绝国会请愿后之影响》，载《盛京时报》，1910年7月9日。
⑤ 丁文江等编：《梁启超年谱长编》，514页。
⑥ 伍宪子：《中国民主宪政党党史》，16页，世界日报印行，1952年。

再倡革命"①。

国会请愿失败确使立宪派怨恨猛增，思想发生质变。有位"铁道人"记述自己的感受说："忧时之士惧强邻攘割中国，将长沦乎巨浸而不复返也，相率痛哭流涕，斫腕沥血，上书请愿早开国会，以定邦基，其忠义之气充塞两间，所以报大清二百七十年培植之恩者不为不厚。彼昏不知，漫然拒绝，甚至饬步军衙门驱逐请愿诸代表，遂使天下志士灰心疾首，一瞑不顾，势迫形驱，相率入于革命。"②张钫回顾这段历史时讲，咨议局议员就是由于屡次遭到拒绝申斥，"激起了他们的愤怒，不知不觉从和缓的立宪里扭转而走向激烈的革命途径"③。如山东的侯延爽、陈干等，"全认为清政不纲，列强环伺，岌岌可虑，舍革命而外，别无救国良策"④。广西的吴赐龄公开"论和平改革终无进步"⑤。四川的情况是："亲贵童呆，骤据要津，操海陆兵权，以新政涂民耳目，而吏治日窳，响[向]之言君主立宪者，亦怏怏失望。成都学校诸生吁请速开国会，大吏遏抑不以闻，被斥逐者甚众，士气愈形奋激，乃转而趋向革命矣。"⑥熊克武等记述略同。⑦天津一部分参加请愿的学生如刘明义、魏振东等在请愿被镇压后，"知道清廷所准备的立宪，不过是个骗人的把戏，绝对不会实行的。于是主张不要信任清廷，要推倒它，由人民自己组织政府，来管理我们的国家。有很多的同学，受他们的影响"⑧。

此时立宪派向革命转化还仅仅是个开始。对立宪派来说，实现这一转化不但是思想上的巨大转折，而且需要极大的勇气。故大多数还在观望，尚未最后下定决心。春节期间，蒲殿俊写了一篇《流年之慨》，抒发了自己的心情。他列举事实，说明人民的悲惨愁苦。但又认为，只要铲除了"专制之威"，政府悔悟，过两年召开了真正的国会，还是有希望的。"正幸其计年只屈两指耳，于流年乎何慨，而更为灰心绝望之有？"⑨他的感想正是当时大多数立宪派人士心态的写照。不过，

---

① 丁文江等编：《梁启超年谱长编》，541~542页。
② 铁道人：《铁庵笔记》，稿本，中国社会科学院近代史研究所档案。
③ 张钫：《河南辛亥革命的回忆》，见《辛亥革命回忆录》八，223页。
④ 夏溥斋：《辛亥革命山东独立前后记》，载《山东省志资料》，1961年第4期。
⑤ 《国民公报》，1910年12月31日。
⑥ 邹鲁《中国国民党史稿》，第4册，964页。
⑦ 见《蜀党史稿》，载《辛亥革命史丛刊》，第2辑。
⑧ 杨学羔：《华北协和书院师生的革命活动》，见《辛亥革命回忆录》五，442页。
⑨ 《广益丛报》，第9年第5期。

随着时间的推移，斗争实践的发展，希望的破灭，他们很快也就转向了。

1911年，清政府拒绝召开资政院临时会议，特别是成立皇族内阁，申斥要求改造内阁的立宪派，非法宣布铁路干线国有政策，签订湖广铁路借款合同，损害人民利益，违背立宪原则，更使"民气郁愤怨结上通于天"①。立宪派人士切齿痛恨，纷纷弃政府而去，咨议局联合会立即提出对内斗争第一的口号。这个口号虽则仍是采取合法手段，可是腐败的政府绝不会允许其在合法范围内如愿以偿，而立宪派在原则上也不会让步，旧的斗争方式肯定将被新的取代，更多的立宪派人士势必向革命立场转化。咨议局联合会会员密议一番以后，"各相默契，分手而别"②。

当时的社会舆论已经明确预见到武力推翻政府不可避免。《盛京时报》指出：现在"政府之权力固犹足以制我民，我民固犹不敢激起最激剧之暴动"。然而"民力屈矣，民心服乎？""我民自是亦且知以口舌争之之为无益，而别定方针，必且谋预储其实力，以与政府相见"。迨政府"施其践踏摧残手段逼人民至无可如何地位，而人民乃遂不得不铤而走险矣"③。

政府严厉镇压保路运动，逮捕蒲殿俊等人，屠戮赤手空拳的请愿群众，进一步把立宪派推向了对立面。各省咨议局议员、教育和工商界人士无不义愤填膺，"积全国多数知识界之不平，正如厝火于积薪之下，随时可以爆发"④。"天下人心，乃大动不可遏"，"仇视清吏若眼中钉，必去之而后快，其革命潮流竟成为一般人民之普遍心理矣"⑤。残酷的现实，血的教训促人猛醒，立宪派转入革命阵营的更多了。

1911年春节期间尚对政府抱存幻想的蒲殿俊在保路风潮时思想产生了飞跃："极力策动颠覆清廷，并于六月间遣江潘等分赴湘、鄂、粤各省接洽。据彼等云：四川准备已甚充足，以袍哥、棒客为基础，人数众多，遍布全川，将来举义时，尚求各省协助，以祈早日成功。"⑥

湖南的立宪派在保路运动中迅速向革命转化。左学谦将目击京中情形报告以

---

① 唐蔚芝：《中国改革建设政体论》，2页，1911年。
② 陆乃翔：《孙公洪伊行状》，载《河北月刊》，第4卷第10期。
③ 《论今日之趋势》，载《盛京时报》，1911年7月27日。
④ 刘厚生：《张謇传记》，183页。
⑤ 《湖南反正追记》，61页。
⑥ 《湖南反正追记》，6页。

后，立宪派便在"暗中增组机关，而谋革命进行愈力"。铁路协赞会、长沙自治公所都成了革命的策源地，龙璋、粟戡时、易宗羲、左学谦、黄锳、黄翼球等均是其中的积极分子。他们开始联络新军和会党，黄锳找到了原充新军排长的陈作新，陈作新又介绍了共进会的焦达峰。①革命派也想趁机将铁路风潮演变为革命风潮，推举代表与立宪派和各界人士联络。②于是湖南的两派便汇合为一，双方共同筹议革命之策。

汤化龙开完第二届咨议局联合会回鄂以后，正值保路风潮激荡，他与最亲信的胡瑞霖、阮毓嵩、时象晋数次商议今后对待时局的办法，时象晋"主张革命爆发，我们应该参加，不应该避开。汤计乃决"③。这样他们都具有了革命思想。

江苏的一部分立宪派此时也有了革命的思想准备。张謇曾因朝中亲贵掌权，举措乖张，人心离散，联合汤寿潜、赵凤昌等人上书载沣，切实规谏，而无结果，赵凤昌即"断言清廷之无可期望，谋国必出他途以制胜矣"④。5月，雷奋向张謇、孟森、刘垣指出，清政府万无不倒之理，如果各省咨议局议员不肯出头，将酿成全国混战的局面。特忠告张謇：切勿因为自己是清朝状元而死守君臣大义，须知皇帝与国家比较，国家重于皇帝。⑤沈缦云于1910年第二次请愿时被推为代表，谒见奕劻后即喟然叹曰："釜水将沸，而游鱼不知，天意难回，人事已尽，请自此辞。"⑥返沪以后帮助革命党人于右任创办《民立报》，次年便加入了同盟会。王震也在1911年加入了同盟会。⑦

浙江的汤寿潜"常与民党中人往还，虽未参加革命，行动精神早有默契"⑧。张美翊、高尔登、赵镜年、庞元澂等"或斥资接济党人，或遇党案暗中掩护，赞助之力甚大"。"咨议局中大部分议员尤同情革命，热烈拥护"⑨。

---

① 参见《湖南反正追记》，4~6、63页；《辛亥革命史料选辑》下册，5页。
② 参见《邹永成回忆录》，载《近代史资料》，1956年第3期；邹永成：《湖南辛亥光复记》，载《湖南历史资料》，1959年第1期；《辛亥革命史料选辑》下册，13页。
③ 彭伯勋：《我所知道的汤化龙》，见《辛亥革命回忆录》七，90页。
④ 赵尊岳：《惜阴堂辛亥革命记》，载《近代史资料》，1983年第3期。
⑤ 参见刘厚生：《张謇传记》，180页。
⑥ 《辛亥革命在上海史料选辑》，982页。
⑦ 参见《中国同盟会部分会员录》，载《历史档案》，1981年第3期。
⑧ 黄元秀：《辛亥浙江光复回忆录》，见《辛亥革命浙江史料选辑》，519页。
⑨ 褚辅成：《浙江辛亥革命纪实》，见《辛亥革命》七，152~153页。

山东的立宪派丁世峄、周树标等同样转向了革命，并成为"秘密组织革命活动"的中坚分子。①

奉天咨议局议长吴景濂未直接加入革命，但"表示在会外相应地起些作用"②。辽阳的张成箕、张东璧因不满清廷的预备立宪，也"逐渐接受民主革命思想"③。

吉林原自治会会长松毓在1908年请愿被迫害后就极端痛恨专制，以后产生革命思想。

广东咨议局副议长丘逢甲闻革命思想腾播国内，大喜，说："是吾志也。吾欲行民主于台湾，不幸而不成；今倘能成于中国，余能及身见之，九死无所恨也。"④立宪派江孔殷明知潘达微等为革命党人，"亦时相往来，曾为革命党尽力不少"⑤。

广西咨议局议长甘德蕃也是个激进人物，他们创办的《广西新报》与革命派办的《广西日报》、《梧江日报》，"论调趋于一致，共同宣传革命"⑥。

贵州自治学社"对于革命主义者，不特不视为异党而或事攻击，反多方迎纳，多方联络。故革命党之激烈和平两派几多数与自治党为缘，时时互结"⑦。1911年，皇族内阁成立，自治学社马上通知在省外活动的同志"加强与同盟会联系"，"收集情报"，进行革命准备。⑧秋间保路运动风云漫卷，张百麟等认为时机已至，乃决定秘密联络新军和各界人士，发动武装革命。⑨

原政闻社某些成员也有革命的打算。有人写信给梁启超说："近日内局愈蠹，外力愈急，大有废宇危墙复遭疾风甚雨之势，恐非儒生博士空言阔论所能救治。故弟仍守定曩时主意，以为非长刀阔斧，猛火洪炉，不足有为也。"⑩

---

① 参见王墨仙：《辛亥山东独立记》，见山东历史学会编：《山东近代史资料》，第2分册，81页，山东人民出版社，1958年。
② 宁武：《东北辛亥革命简述》，见《辛亥革命回忆录》五，542页。
③ 何东林：《辛亥革命在辽阳》，见《辛亥革命回忆录》五，566~567页。
④ 江山渊：《丘逢甲传》，见《中日战争》，第6册，402页，上海人民出版社，1956年。
⑤ 邓慕韩：《辛亥广州光复记》，见《辛亥革命史料选辑》下册，25页。
⑥ 蒙起鹏：《辛亥革命时期广西的报刊》，见广西壮族自治区政协文史资料研究会编：《辛亥革命在广西》上集，90页，广西人民出版社，1962年。
⑦ 凌霄：《贵州革命史》，见《贵州辛亥革命资料选编》，362~363页。
⑧ 参见吴雪俦：《贵州辛亥革命始末》，见《辛亥革命回忆录》七，429页。
⑨ 关于自治学社转向革命的时间说法不一，有谓1910年开始者，此处从多数记载。参见冯自由：《革命逸史》三集，341页，四集，224页；《辛亥革命》六，400、442页；《云南贵州辛亥革命资料》，210页；《贵州辛亥革命资料选编》，331~332、362~364页。
⑩ 《梁任公先生知交手札》一，272~273页。

总之，在辛亥革命爆发之前，已有众多的立宪派人士在思想上或行动上有了革命的准备，所以革命一旦爆发，他们就会迅速响应，投身革命阵营。

当然，还有一些没有转变过来，如张謇、孟昭常、袁金铠、梁启超等对君主立宪尚未完全失望。作为通信主任的湖南咨议局仍然遵照联合会的决定，按时函请各省咨议局通告各团体，推举代表于10月11日以前入都，继续请愿改组皇族内阁。① 有些咨议局也准备上书资政院，要求推翻皇族内阁。② 辛亥革命爆发以后，立宪派又进一步分化，态度趋于明朗，绝大多数都站到了革命一边。

---

① 参见《申报》，1911年9月8日。
② 参见《大公报》，1911年9月28日。

第十一章 失人心者亡

一、面对革命的抉择

1911年10月10日晚，湖北的资产阶级革命党人利用立宪派所造成的铁路风潮危机和端方率部分湖北新军入川之机，发动了起义，辛亥革命爆发。清政府极力想扼杀这场革命，责令总督瑞澂和统制张彪纠集清军进行反扑；12日，命陆军大臣荫昌督率陆军两镇前往镇压；14日，任命被罢官家居的袁世凯为湖广总督，负责督办剿抚事宜；27日，再召还荫昌，授袁世凯为钦差大臣，节制前线水陆各军，要其全力将革命烈火扑灭。不久又授袁为内阁总理大臣。袁所编练的北洋嫡系部队冯国璋和段祺瑞等部纷纷开往武汉附近，向起义军发起猛烈攻击。革命的前途命运未卜，立宪派面临着何去何从的严峻抉择。兹将他们在辛亥革命中的表现分别加以叙述。

（一）独立省区

湖北

经过一夜激战，革命军11日占领了武昌城。革命党人自以为"起自草野，难资号召"①，同时由于原先安排好的起义领导者或逃或伤，群龙无首，亟欲找一个声望素著的人物充当领袖。他们物色的第一个对象就是咨议局议长汤化龙，11日早晨派代表见汤，汤以文人不知治兵婉辞，但表示可"于政治民事从旁赞佐"②。接着，革命党人在咨议局召集会议，汤化龙和副议长夏寿康、张国溶，议员胡瑞霖、吕逵先、阮毓嵩、刘赓藻，书记长石山俨等都参加了。汤化龙"向首义同志

---

① 胡祖舜：《六十谈往》，见武汉大学历史系中国近代史教研室编：《辛亥革命在湖北史料选辑》，81页，湖北人民出版社，1981年。
② 逸民（黄中恺）：《辛壬闻见录》，稿本。

表示欢迎与赞美"①,并说:"革命事业,鄙人素表赞成。但是此时武昌发难,各省均不晓得,须先通电各省,请一致响应,以助大功告成。况瑞澂自遁走后,必有电报到京,清廷闻信,必派兵来鄂,与我们为难。此时正是军事时代,兄弟非军人,不知用兵。关于军事,请诸位筹划,兄弟无不尽力帮忙。"②会上,原新军第二十一混成协统领黎元洪被推为都督,汤化龙被推为民政部长。会后,汤化龙即代表咨议局通电各省咨议局,声明"维新绝望,大陆将沉",号召"奋起挥戈","立举义旗"③。又同黎元洪致电资政院和各省咨议局,"述清廷违拂民意,靳宪不予,人民愤激,不得已起而革命"④。两次通电都旗帜鲜明地表明了他与清政府敌对的革命立场。他坚决支持革命,宣称"自当尽死报命"⑤。还到处发表演说,鼓舞士气,"借维众心"⑥。13日,美国驻汉口领事到军政府询问革命后建立何种政体,他坚定地回答:"当废帝国,建民国,用共和政体。"⑦以后袁世凯派刘承恩、蔡廷干到鄂议和,提出实行君主立宪,汤化龙代表军政府断然拒绝。⑧为了扩大巩固革命战果,汤化龙还代替黎元洪给其师海军巡洋、长江联合舰队统制萨镇冰写信,劝其起义,萨见信后"始默认不与民军为难"⑨。其后又带信劝他弟弟汤芗铭策动海军早日反正。汤芗铭在萨镇冰赴沪后果策动了海军起义,被推为司令。湖北军政府再持汤化龙私函与汤芗铭联系,汤芗铭即率舰队抵达武昌,参与对清军的作战。⑩湖南独立之后,汤化龙还致电贵州杨昌铭,"催促独立"⑪。

在军政府的创立与建设方面,汤化龙参与制定了《军政府组织条例》。黎元洪被迫当上都督后诸事不管,革命党人也不想让他负责,故于军政府之外另组织了一个以蔡济民为首的握有实权的谋略处,裁决一切大事,议定于军政府之下暂

---

① 朱树烈:《回忆辛亥首义》,见《湖北文史资料》,第4辑。
② 张国淦:《辛亥革命史料》,83页,龙门联合书局,1958年。
③ 张国淦:《辛亥革命史料》,101页。
④ 逸民(黄中恺):《辛壬闻见录》。
⑤ 剑农:《武汉革命始末记》,见《辛亥革命》五,176页。
⑥ 陈旭麓主编:《辛亥革命前后——盛宣怀档案资料选辑之一》,204页。
⑦ 《汤化龙行状》,见《辛亥革命在湖北史料选辑》,388页。
⑧ 参见张难先:《湖北革命知之录》,353页,商务印书馆,1946年。
⑨ 湖北省政协等编:《武昌起义档案资料选编》中,478页。
⑩ 参见李作栋:《辛亥首义纪事本末》,见《辛亥首义回忆录》,第2辑;汤芗铭:《辛亥海军的前前后后》,见《辛亥革命回忆录》六。
⑪ 杨昌铭:《贵州光复纪实》,见《云南贵州辛亥革命资料》,201页。

设参谋、军务、政务、外交四部。但诸事凌乱无纪，"行政上尤漫无秩序。前所定之四部，半存空名"①。如不迅速改变这种情况，对革命事业是极为不利的，有识之士看到了这一点，革命党人居正、张知本都提出制定各种暂行条例的建议，汤化龙、胡瑞霖亦然，黎元洪在13日也正式表示了革命到底的决心，于是有了《军政府条例》的制定。《军政府条例》将军政和民政分开，规定军政府下设参谋、军令、军务、民政四部，均由都督统辖，对于消除起义初期的喧嚣混乱局面，加强军政府的统一领导、指挥效能，起了积极作用。同盟会的主要干部之一宋教仁来鄂后主持制定《鄂州约法》，也邀汤化龙参加了。《鄂州约法》是以资产阶级的自由、平等、博爱和天赋人权为思想基础，以三权分立为理论基础制定的，以根本大法形式确立了湖北军政府的资产阶级民主共和性质，是资产阶级革命党人拟定的第一个带有宪法性质的重要文件，对以后独立各省和临时政府的立法均有重大影响。

鉴于起义以后省属地方官吏有的逃窜，有的请示进止，政事无人过问，又值遭受水灾，社会动荡不安，汤化龙向黎元洪提出："宣布义军宗旨，使吏民还职业，蠲全年丁赋，以纾民困。移檄所至，人情帖然。"②省内秩序赖以稳定。

汤化龙在民政方面也做了大量工作，"武汉经用军后，秩序得以速复者，殆汤之力云"③。

其他立宪派人士和咨议局也迅即以实际行动支援了革命。

10月11日会议时，军政府提出饷项问题，汤化龙、张国溶等立即召集咨议局议员"集议表决，先尽官钱局、造币厂、藩署三处现存之银及铜元，约二百万串，支给军用"④。

胡瑞霖在11日听到革命党人起义后尚未吃一点儿东西，纪律特好，深受感动，马上"奔告商会，垫借五万元，分配作临时饭费"⑤。当晚交革命军"大银宝一百四十九个，又小银锭十五个"⑥。当袁世凯派刘承恩等到武昌议和时，胡亦坚

---

① 张难先：《湖北革命知之录》，285页。
② 《汤化龙行状》，见《辛亥革命在湖北史料选辑》，388页。
③ 《汤化龙》，见《中国革命记》，第2册。
④ 剑农：《武汉革命始末记》，见《辛亥革命》五，173页。
⑤ 居正：《辛亥札记》，见《辛亥革命在湖北史料选辑》，147~148页。
⑥ 向讱谟：《治国日记》，稿本。

持以成立民主国体为先决条件，否则不议。①

汉口宪政同志会会员蔡辅卿、李紫云、王琴甫利用他们在商会负责的特殊身份，于10月12日将原汉口各团体联合会加以扩充，由军政府发给武器，改为半武装性质的商团。另一名汉口宪政同志会会员万昭度与其他人组织了汉阳商团。湖北宪政筹备会会员吕逵先和李国镛则在咨议局提议组织武昌保安社，旋即成立，推李国镛为社长，经费由咨议局担任。时象晋组织了红十字会，担任会长。这些团社"以保卫地方，协助民军为要义"。分途演说，安慰人民；昼夜巡逻，救火捕盗，维持社会治安，办理粮台，购买食物，全力供给革命军，冒着枪林弹雨往前线运送武器弹药；潜入敌区，侦探敌情，捉拿奸细，抢夺敌军粮械，协同配合民军作战，抗击来犯之敌；捐助药品，救护运送伤员。立宪派人士也以身作则，给大家树立榜样。蔡辅卿星夜赶做馍馍，烧开水，送上前线劳师。李紫云在深夜以数十担馒头、酒肉犒劳军士，并发动全市蒸馍店每日送馍数百担上前线。吕逵先屡辞黎元洪委任的职务，专以担任饷糈，维持商难，消除民军后顾之忧。在为民军筹饷方面，他们不遗余力，或是由商会出资，或是发动募捐，或是个人设法，共资助民军经费100多万元。②汉口军政分府在蔡辅卿、李紫云等接济下，直到汉阳陷落，"一切用度，未动武昌官库分文"③。

湖南

湖南的立宪派首先与革命派商定了起义问题。武昌起义后的第三天，湖北派蓝综和、庞光志到长沙找革命党人焦达峰、阎鸿飞联系，阎鸿飞又把蓝、庞介绍给咨议局议员左学谦和常治，左学谦邀请了一些议员设宴为蓝、庞接风，席间交谈了武昌起义的情况，议员均倾向革命。④陈炳焕、刘善渥等均同意与革命派联合

---

① 参见《民立报》，1911年11月20日；逸民（黄中恺）：《辛壬闻见录》。
② 参见《武昌保安社绅实录缘起》、《汉阳商团大概记》、《汉口各团联合会协助民军纪实》，均见《武昌起义档案资料选编》上；朱正斋、李猿公：《汉口各团体联合会与武昌起义》，见《辛亥革命回忆录》七；《李国镛自述》，见中国科学院近代史研究所史料编译组编：《辛亥革命资料》，中华书局，1961年；皮明庥：《武昌首义中的武汉商会、商团》，见《纪念辛亥革命七十周年学术讨论会论文集》。
③ 温楚珩：《辛亥革命实践记》，见《辛亥首义回忆录》，第1辑，55页，湖北人民出版社，1957年。
④ 参见阎幼甫：《辛亥湖南光复的片断回忆》，见《湖南文史资料选辑》，第1辑。

进行。龙璋特别积极，"日夜说新军防营，为规度起兵事"①。10月13日，左学谦、黄锳、黄翼球同焦达峰等革命党人商议了共同发难办法。②19日，左学谦、粟戡时、黄锳、黄翼球、李达璋、易宗羲、曹耀才、常治、姜济寰又参加了革命党人召开的各界代表会议，商定起义日期。③"自是达峰遂与左学谦等握手共生死矣"④。

谭延闿参加咨议局联合会回湘后亦赞成革命。当时黄翼球等人游说官兵革命，官兵有的相信，有的怀疑。谭见"事势已极"，宣言于众曰："文明革命与草窃异，当与巨家世族军界长官同心努力而后可"。官兵听到议长、翰林也如此说法，知道"大事可行"，"不数日而新军、巡防不啻如响斯应矣"。⑤他还微讽中路巡防营统领黄忠浩"使起义军"⑥。湘抚余诚格防范革命极严，把33名发动起义的革命派和立宪派负责人、骨干列入黑名单，欲加捕杀，问谭有何看法。谭答："他们能干甚事，命是容易革的吗？"⑦"若辈均酒色之徒，不足惧"⑧，"是不可！是不可！是激变也"⑨。由于他的巧为掩饰和恐吓，保护了领导核心，使起义得以顺利进行。

10月22日，长沙起义，黄锳、常治、黄翼球、吴作霖等同革命党人在城内贾太傅祠首先点燃了起义的烽火，并直接率队参加了攻占军械局和抚署的战斗。⑩

23日夜，藩署警卫队坚持敌对立场，拒绝缴械，革命党人前往劝降，几被射杀。"复浼龙璋、陈文玮劝降，遂得尽收其省财赋档册"⑪。

陕西

陕西几乎没有像样的立宪派人物，活跃在立宪运动前台的只有咨议局副议长

---

① 章太炎：《龙研仙先生墓表》，见章炳麟：《太炎文录续编》卷5中，9页。
② 参见《光复长沙之会议》，见《辛亥革命史料选辑》下册，14页。
③ 参见《湖南反正追记》，64页；《辛亥革命史料选辑》下册，7~8、14~15页；鲁莹：《辛亥革命湖南光复回忆琐记》，见《湖南历史资料》，1958年第1期；邹永成：《湖南辛亥光复记》，见《湖南历史资料》，1959年第10期。
④ 《湖南反正追记》，64页。
⑤ 《湖南反正追记》，63页。
⑥ 《近代湘贤手札》，69页，台北：文海出版社，1970年。
⑦ 《湖南反正追记》，16页。
⑧ 邹鲁：《湖南光复》，见《辛亥革命》六，133页。
⑨ 《湖南反正追记》，62~63页。
⑩ 参见阎幼甫：《辛亥湖南光复的片断回忆》，见《湖南文史资料选辑》，第1辑；《湖南反正追记》，64页。
⑪ 刘约真：《醴陵革命人物纪要》，转见傅志明：《辛亥革命时期湖南的资产阶级立宪派》，见《纪念辛亥革命七十周年青年学术讨论会论文选》，中华书局，1983年。

郭忠清，而他又是同盟会会员。因此，在10月22日陕西独立的时刻难以看到立宪派的活动。不过，起义之后，咨议局便宣告了"独立"①，这可看作咨议局对革命的基本态度。

山西

10月29日，首先率领新军攻占太原的管带姚以价就是个"保皇党"②。

咨议局议长梁善济于起义后力劝提法使李盛铎出而治事。李答允为民军作书劝告各州县归顺。梁还大力赞助都督阎锡山规划军政府一切计划及筹款事宜。③

副议长杜上化被推为军政府总参议，"建白尤多"④，"其紧急时期处置一切，尤为得力"⑤。12月清山西巡抚张锡銮率曹锟第三镇攻占娘子关，阎锡山等惊恐万状，主张弃城而逃，杜上化建议如确实不能抵抗，就让居民迁出城外，搬走东西，使清军得一座空城。⑥张锡銮进占太原，梁善济、杜上化出来应付。杜上化一方面安抚百姓，一方面保全革命党人。他亲往大同，为被守困的民军续桐溪部与清军订约，续桐溪"得以全师还驻忻、代、宁三属"。又派人往绥远说服清将军堃岫勿追阎锡山残部，阎锡山"得以安抵忻县"⑦。1912年1月下旬，他还同梁善济、刘笃敬以正副议长的名义致电清内阁，要求"速组共和政体"⑧。追议和告成，太原仍为张锡銮部所盘踞，杜被推为临时省议会议长，代表全省分电南京、北京，力请阎锡山复职。袁世凯被迫任命阎锡山为都督，山西复为革命党人所掌握。⑨

晋泰官钱总局经理、立宪派人士渠本澄在起义枪声打响时，恐局中职员逃离，"亟为之演说革命宗旨，以安众心"。都督举定之后，他与革命党人"内议安抚，外筹守备"。旋被委为财政部委员。阎锡山令其速筹银洋千元，以备赴娘子关军用，他立即交付。藩库和晋泰官钱总局遭溃兵土匪抢焚一空后，军政府饷项奇绌，

---

① 《民立报》，1911年10月29日。
② 阎锡山：《掌握山西武力与太原起义前后》，见《辛亥革命史料选辑》下册，246页；贾景德：《阎锡山与太原起义》，见《各省光复》上，261页。
③ 参见郭孝成：《山西光复记》，见《辛亥革命》六，175页。
④ 《杜上化》，见黄季陆主编：《革命人物志》，第1集，台北"中央文物供应社"，1969年。该文说杜于光绪末年在日本经刘懋赏介绍给孙中山，加入同盟会，其他资料不见有此记载。
⑤ 阎锡山：《山西起义的经过》，见《各省光复》上，250页。
⑥ 参见郭孝成：《山西光复记》，见《辛亥革命》六，180页。
⑦ 《杜上化》，见《革命人物志》，第1集。
⑧ 《宣统三年十二月初十日山西巡抚张锡銮等致内阁请代奏电》，《辛亥革命》八，176~177页。
⑨ 参见邹鲁：《山西光复》，见《辛亥革命》六，174页。

他建议组织大汉银行，参与领导，倡行军用手票，劝集款项，以救燃眉之急。又为军政府出谋划策，向祁县、太谷、平遥、徐沟4县借饷，并亲自前往劝说。首至徐沟，"向各绅商缕述革命宗旨暨省城光复情形，军需匮乏实况，勖以大义，声泪俱下，至于跽请"。绅商感动，立集5000元解省。其余3县更加棘手，但他不怕困难，独任劳怨，"痛陈民国成立以后幸福"，终于借得20万元，"军事赖以确定"。为了达到借饷目的，在劝募时他"恒出以强迫手段，事后不惜负荆请罪"。他还动员其族叔、祁县巨富渠源浈"输巨款赞助民军"，渠源浈两次借给军政府银50万两。①

渠本翘接受了清政府的宣慰使名义，返省以后并未做妨碍革命之事，军政府要其捐助80万，他交出50万。②

云南

云南光复以与立宪派关系密切的新军统领蔡锷功劳最大，故被推为都督。军政府成立，立函咨议局赞助建设。咨议局欣喜无限，表示全力支持。③时三迤（迤南、迤东、迤西）有巡防军1万余人，军官之中不乏忠于清室者，平定颇不容易，为防患于未然，咨议局通电全省人民及文武官吏，"遵奉命令，拥护都督府，各安职守，勿得惊扰失职，影响治安"，巡防军未敢妄动。④还通电三迤自治团体，"规约十余条，宣告光复宗旨"⑤，有力地促进了全省的独立。

江西

10月23日，九江独立。29日，咨议局与各团体联合发起成立保安会。31日，"绅商各界在咨议局开会，议独立"，即举代表问巡抚冯汝骙是否赞成，冯汝骙不表示，"众谓此事不宜观望有误，遂联合新军举事"⑥。11月1日、2日，咨议局与各界人士召开大会，公推冯汝骙为都督，冯固辞，改推革命党人吴介璋为都督；推咨议局副议长叶先圻为民政部长，叶力辞未就。"此次江西独立，并未妄杀一

---

① 参见杜上化：《渠君本澄光复前后事略》，见《晋乘备采》，1~3页；《前晋军政府财政部委员渠本澄陈请去年军用借款请查照原案给予加息归还借券书》，见《晋乘备采》，6页。
② 参见郭孝成：《山西光复记》，见《辛亥革命》六，175页。
③ 参见《本局复军府函》，见谢本书等编：《云南辛亥革命资料》，52页，云南人民出版社，1981年。
④ 参见禄国藩：《辛亥革命前后有关云南史实三则》，见《辛亥革命回忆录》七，400~401页。
⑤ 周钟岳：《云南光复纪要——建设篇》，见《云南贵州辛亥革命资料》，48页。
⑥ 张国淦：《辛亥革命史料》，213页。

人"①。

贵州

自治学社及其控制的咨议局是贵州独立的主要策动者。清政府拒绝改组皇族内阁后，自治学社就开始联络新军、巡防队、巡警、会党、教师和学生，做革命发动的准备。赵尔丰在四川屠杀人民后，自治学社又做了紧急布置。议长谭西庚拿出大批存款，供给党人。自治学社负责人张百麟亲自游说新军标统袁保义起义，又派人数次向新军教练官杨荩诚下说词。准备就绪，自治学社决定迅速发动。此时由外地归来的蔡岳建议抛弃同宪政预备会的成见，自治学社加以采纳，任可澄的宪政预备会因势孤力单，亦接受了蔡岳的调解。11月1日，两个立宪团体的负责人达成了一致行动的协议。巡抚沈瑜庆急电义兴刘显世招募悍卒星夜来省，命巡防营火速入卫，准备捕杀自治学社骨干。自治学社于是下令起义。沈瑜庆急派人找谭西庚和张百麟商议善后，谭西庚回答说，"此时惟有曲循民意，允其自治"。沈瑜庆交出政权。11月4日，贵阳独立。咨议局召集各界人士开会，组织军政府，总揽军务，推杨荩诚为都督；设枢密院，总揽行政，推张百麟为院长；以咨议局为立法院，为全省最高立法机关，议长议员均仍其旧。②可以说，贵州的独立完全是立宪派人士促成的。

江苏

武昌起义后，江苏的许多立宪派人士都转向了革命。如沈恩孚即"不愿再以一姓兴亡，重苦斯民，力持共和之议"③。赵凤昌一听到武昌起义的确实消息，便马上会晤上海商会董事苏宝森，请商会召集各业开会，致电江督张人骏"固屹自保，万勿轻预上游之事"，冀阻其发兵援鄂，镇压起义。并嘱郑孝胥致电海军司令萨镇冰，"勿炮击武汉，以重民命"④。

上海是江苏独立最早的城市。最初同盟会的陈其美等和光复会的李燮和等均

---

① 郭孝成：《江西光复记》，见《辛亥革命》六，380~382页。
② 参见周素园：《贵州民党痛史》，见《辛亥革命》六；《贵州辛亥革命的史实》，见《贵州辛亥革命资料选编》；胡刚、吴雪俦：《贵州辛亥革命史略》，载《近代史资料》，1956年第4期；胡刚、吴雪俦：《贵州辛亥革命散记》，黄济舟：《辛亥贵州革命纪略》，杨昌铭：《贵州光复纪实》，均见《云南贵州辛亥革命资料》；吴雪俦：《贵州辛亥革命始末》，见《辛亥革命回忆录》七。
③ 沈恩孚：《无成人传》（自传），稿本，中国社会科学院近代史研究所档案。
④ 赵尊岳：《惜阴堂辛亥革命记》，载《近代史资料》，1983年第3期。

欲响应武昌，因力量微弱，改为待江浙独立后再行发动。后武汉形势危急，同盟会中部总会亟谋江浙响应，支援武汉，陈其美等乃决定先在上海发动。10月24日，陈其美等议决"以联络商团，媾通士绅为上海起义工作之重心"①。由立宪派转变为革命派的沈缦云即往见立宪派首领、上海自治公所总董李平书，李说："非东南急起响应，无以救武汉之危"。沈乘机提出愿介绍革命党人，李欣然同意。②继之，李平书约立宪派和自治公所负责人沈恩孚、吴馨、莫锡纶等密商，"佥谓时势至此，不能守闭关之义，当审察情势，以为进止"③。10月29日，立宪派倡办的半武装性质的商团联合会召开临时大会，推举李平书为总司令，议决自当夜起，每夜出巡。同日，李平书约见陈其美，"告以保民宗旨，彼此随时协商，互相尊重主义，避免侵犯"④。此后革命、立宪两派领导人每日集议。11月2日夜，商定次日举事，进攻军火工厂江南制造局。与此同时，李平书决定全体商团和救火联合会会员共同守卫重要地方，又说服主管吴淞炮台的姜国梁和主管巡防营的梁敦焯，在起义时"俱不反对"⑤。商团团员也游说巡防营和海军军官"勿助逆"，劝江南制造局的职员做内应。3日，李平书往制造局劝导总办张楚宝参加起义，张不允。⑥陈其美以上海军政府照会致李平书，请其出任民政总长。下午，陈其美率敢死队200余人，向商团借步枪40支和若干子弹，往攻制造局。驻局军队抵抗，民军失败，陈其美被执。李平书等往见张楚宝，请释陈其美，张不答应。当夜，李平书签发命令，商团进攻制造局，敢死队、巡防营亦会同攻击，敌军败溃，陈其美出险，上海独立。

上海独立之前，江苏士绅"已屡次协议，决定宣告独立"⑦。立宪派的杨廷栋"奉密命召集党人，觅得同盟会员章梓，约九月十六日（11月6日）举事"⑧。但章梓未来。上海独立后，立宪派人士不能再等，江衡、孔昭晋、尤先甲、吴本善、倪开鼎以及绅商潘祖谦、方炳勋、吴理杲、庞天笙、庞鼎君等俱谒见巡抚程

---

① 沈焕堂：《上海光复前夕的一次重要会议》，见《辛亥革命回忆录》四，48页。
② 参见吴乾兑：《上海光复和沪军都督府》，见《纪念辛亥革命七十周年学术讨论会论文集》上。
③ 李锺珏（平书）：《且顽老人七十岁自叙》，465页，中华书局，1924年。
④ 参见吴乾兑：《上海光复和沪军都督府》。
⑤ 李锺珏（平书）：《且顽老人七十岁自叙》，466~467页。
⑥ 参见黄炎培：《八十年来》，55页。
⑦ 郭孝成：《江苏光复纪事》，见《辛亥革命》七，5页。
⑧ 张国淦：《辛亥革命史料》，229页。

德全，"筹议独立"①。李平书也从上海赶至苏州，请程"宣布独立"②。上海的民军50余人在4日抵达苏州，会同枫桥新军营代表谒见程德全。程德全于武昌起义之初曾奏请速颁宪法，希图挽救。但形势的发展使他认识到清廷无可救药，"应汤寿潜之招，会晤于上海"，"密约与浙同一步骤"③。故于4日即慨然答允当地士绅的要求，5日宣布了江苏独立。5日下午，在上海的立宪派雷奋、方还、龚杰、狄葆贤等发起开会，讨论苏、松、常、镇、太5属自保办法，这时得知江苏独立的消息，立即推举代表赴苏州，请程德全赶快传檄5属归顺。江苏独立，咨议局议员和立宪派"实为主动"④。

苏州独立的次日，宁属议员召开特别会议，"决议宣布独立"⑤。副议长仇继恒等往谒江督张人骏，"力陈时势危迫，请宣告独立"。张人骏坚决不允，仇继恒等再三苦劝，张始允许召集官员开会讨论，会上，江南提督张勋、江宁将军铁良极端反对，独立之议未决。次日，咨议局议员和士绅"尚欲强迫独立，通告各界，均竖白旗，至晚而战事起矣"⑥。

在此需要特别提及张謇。前已讲到，张謇与清廷及地方当局关系密切，在立宪派中较为保守。他明知"政府之专己自遂，违拂民心，摧抑士论，其事乃屡见而不一见"，但仍"屡有所陈"，"于先帝之知，固未忍忘"。皇族内阁成立以后，他前赴北京，"复竭愚诚，进最后之忠告。即南旋以后，迄于鄂事发难，忠告亦何止一端。"⑦ 在感情上始终不忍与清廷决裂。

武昌起义的时候，张謇刚刚乘轮离开汉口东下，到安徽时才听到了起义的消息，10月13日抵达南京。第二天，他便会见江宁将军铁良，建议"亟援鄂，一面奏请速颁决行宪法之谕"⑧，主张增援武汉，镇压起义。复谒见江督张人骏，再

---

① 《记事一》，见《中国革命记》，第3册；郭孝成：《江苏光复纪事》，见《辛亥革命》七，6页。
② 钱基博：《辛亥江南光复实录》，见《辛亥革命》七，47页。
③ 章天觉：《回忆辛亥》，载《辛亥革命史丛刊》，第2辑，163页。
④ 刘厚生：《张謇传记》，183页。
⑤ 《申报》，1911年11月8日，专电。
⑥ 郭孝成：《江苏光复纪实》，见《辛亥革命》七，11页；章天觉：《回忆辛亥》，载《辛亥革命史丛刊》，第2辑，164页。
⑦ 《张謇致铁良书原稿》，见《辛亥革命在上海史料选辑》，1057页。
⑧ 张謇：《年谱》，21页；《张謇日记》，宣统三年八月二十三日。

申前说，而张人骏"大诋立宪，不援鄂"①。张謇又至苏州游说程德全奏请解散皇族内阁，惩办祸首，提前宣布宪法，收拾人心，消弭革命。10月21日，又鼓动咨议局致电内阁，请宣布宪法，召开国会。直到此时，他挽救清王朝、反对革命之心仍然未死。

然而他的这种想法很快便被迅速变化的现实所击破，转向赞成共和。最初表明这一态度的是11月6日的致袁世凯电。电报说："旬日以来，采听东西南十余省之舆论，大数趋于共和，以汉、满、蒙、回、藏组成合众，而国内响应者已见六省。潮流所趋，莫可如何。公之明哲，瞻言百里，愿征广义，益宏远谟，为神州大陆洗四等国最近之大羞，毋为立宪共和留第二次革命之种子。"②同时又致函铁良，劝其赞成共和，以便南京早日光复。③致函张人骏和张勋，"劝他们响应革命"④。继之致电清内阁，要求清帝退位。⑤在此之后，张謇还以其社会名流的身份为促使清帝退位、早日实现共和做了许多有益的工作。他发表《建立共和政体之理由书》，阐述中国宜实行共和。致函直隶咨议局，致电北方将士、内外蒙古各界，请赞成共和。11月21日，咨议局改称省议会，张謇仍为议长。在江浙联军进攻南京时，省议会派代表马相伯、凌文渊赠送联军牛50头、酒1000瓶；他的通海实业公司亦赠面1000袋、布1000匹，予以犒劳。

浙江

辛亥革命爆发后，咨议局"谋借民团发难省垣，以应武汉"⑥。10月22日，民团成立，公举汤寿潜和议长陈黻宸为正副总理。巡抚增韫察觉有异，没有发给枪械。咨议局议员曾两次秘密召开谈话会，提出独立问题。至11月3日，副议长沈钧儒面见增韫，"请拆满人营墙，尽编汉籍，宣告独立，以免惨杀"。增韫不允。次日，官绅再开联合会议，"各绅告以祸悬眉睫，后悔无及，增卒不悟"⑦。就在

---

① 张謇：《年谱》，21页；《张謇日记》，宣统三年八月二十四日。
② 《九月十六日至彰德袁世凯电》，见《辛亥革命在上海史料选辑》，989页。
③ 参见《劝告铁将军函》，见《张季子九录·政闻录》卷3。
④ 袁希洛：《我在辛亥革命时的一些经历和见闻》，见《辛亥革命回忆录》六，285页。
⑤ 参见《辛亥九月致内阁电》，见《张季子九录·政闻录》卷3。
⑥ 陈谧：《陈介石先生学行述略》，载《国史馆馆刊》，第1卷第2号；马叙伦：《关于辛亥革命浙江省城光复纪事的补充资料》，载《近代史资料》，1957年第1期。
⑦ 郭孝成：《浙江光复记》，见《辛亥革命》七，135页；章天觉：《回忆辛亥》，载《辛亥革命史丛刊》，第2辑。

这天，上海的革命党人率敢死队到达杭州，立宪派的高尔登等也从上海都督府押送军械抵达，各军士气为之一壮。① 民军迅即占领了城区，唯旗营拒不投降，特别是协领贵林，广储枪炮，誓死据营战斗。陈黻宸平素与贵林交情颇厚，见状单身入营，劝其放下武器。贵林不从。陈又入见其母，其母被说服，要贵林听从陈言。于是"旗籍始与民军和"②，杭州完全落入民军之手。各州县独立时，立宪派人士也起了很大作用。如咨议局议员张传保与宁波同盟会会员约定，及时将消息告知革命党人，促进了宁波的独立。③ 被推为都督的汤寿潜大力支援进攻南京，支持黄兴担负起全国革命的领导责任和南京临时政府北伐。

广西

10月31日，梧州首先独立。独立前后，当地的立宪派陈太龙、林绎、梁廷栋"非常活跃"，参加了独立工作。④ 林绎还到盐运道署，要道员解任，"否则以炸弹相饷"⑤。

省城桂林独立于11月7日，可说完全是由咨议局促成的。当时桂林的新军不少已倾向革命，但藩司王芝祥统领的巡防营却有22个大队，"所部又悍，以故新军不敢动"⑥。革命党人认为，"倘王芝祥同意革命，巡抚沈秉堃也就不成问题。于是大家主张由咨议局带头去向王芝祥请愿独立"⑦。议长甘德蕃"主张广西独立最力"⑧，副议长秦步衢"主独立尤急"⑨，另一名副议长黄宏宪是同盟会会员。他们和局中的同盟会会员蒙经等联合许多议员多次向沈秉堃、王芝祥分析形势，剖陈利害，要求宣布独立。11月6日，咨议局又集合百余人向王芝祥做工作。王在代表陈说下，加之其姊丈刘人熙（立宪派）劝告，终于接受了咨议局的要求。

---

① 参见黄元秀：《辛亥浙江光复回忆录》，见《辛亥革命浙江史料选辑》，519页。
② 陈谧：《陈介石先生学行述略》，载《国史馆馆刊》，第1卷第2号。
③ 顾乃斌：《浙江革命记》，见《辛亥革命浙江史料选辑》，512页。
④ 参见刘崛：《我参加同盟会和回广西进行革命活动的情况》，见《辛亥革命在广西》上集，39页。
⑤ 梁大年：《梧州独立杂记》，见《辛亥革命在广西》上集，173页。
⑥ 尚秉和：《辛壬春秋》，广西第十七，1页，辛壬历史编辑社，1924年。
⑦ 封濯吾：《辛亥革命片断回忆》，见《辛亥革命在广西》上集，133页。
⑧ 《广西名人鉴》，转见卢仲维：《举止激进的咨议局议长》，载《辛亥革命史研究通讯》，第26期。
⑨ 尚秉和：《辛壬春秋》广西第十七，1页。

次日，咨议局主持召开大会，宣布了广西独立。①

安徽

安徽独立也是由咨议局促成的。10月底，革命党人曾策动驻省城安庆的新军起义，结果为巡抚朱家宝所镇压，朱家宝将新军解散，防范特严。"咨议局及各士绅佥以沿江各省会俱宣告独立，皖不独立则上下夹攻，民生涂炭，性命财产势将不保"，两次要求朱家宝宣布独立，"情词迫切"②。革命党人也与咨议局议长窦以珏，士绅童挹芳、洪思亮等联系，企图以联合之力"迫朱家宝援苏抚程德全例，宣告独立"③。11月5日，咨议局议员与童挹芳等开会，提出三大问题，要求朱家宝回答。6日朱家宝答复说，"请诸公筹划自保，采夺遵行"。当日下午，咨议局召集议员和各界人士数百人开会，议决：将遣散的新军士兵招回，以为民军；巡警由咨议局办理；将镇压起义的江防营撤回南京；取消督练公所；财政由藩司移交议局。把军权、警权、财权都收归到咨议局。8日，咨议局宣告独立。④

广东

黄花岗起义失败，革命党人多半外逃。武昌起义后，广州革命党人只有潘达微、邓慕韩、邓警亚等少数人。他们"默察政情，认为有机可乘，决定用和平策略，使广东垂手而得"。先运动立宪派、省清乡督办江孔殷，再由江游说总督张鸣岐，"改用怀柔政策"，缓和革命党人进攻，"俾可保境安民"。江甚赞成，张亦同意。⑤ 10月25日，各团体讨论维持治安问题，江孔殷根据革命党人的意图，提出"利用官府改良独立"的方针，与会者均无异议。⑥ 当日议决外省调兵、拨饷、拨械，断不应命；协饷一律截留，以为防守之用；成立监督官吏、改良政治总机关，由各团体公举代表主持其事。⑦ 这种决定不是真正独立，粤商自治会会长陈惠普和会员

---

① 参见封濯吾：《辛亥革命片断回忆》，李任仁：《同盟会在桂林平乐的活动和广西宣布独立的回忆》等文，俱见《辛亥革命在广西》上集。
② 《宣统政纪》卷43，9页。
③ 孙传瑗：《安徽革命纪略》，见《辛亥革命》七，184页。
④ 参见郭孝成：《安徽光复记》，见《辛亥革命》七，174~175页；孙传瑗：《安徽革命纪略》，见《辛亥革命》七，184页。
⑤ 参见邓警亚：《辛亥广东独立传信录》，见广东省政协文史资料研究委员会编：《广东辛亥革命史料》，119~120页，1962年。
⑥ 参见《广东独立记》，见《广东辛亥革命史料》，125页。
⑦ 参见《广东独立记》，见《广东辛亥革命史料》，126页。

谭民三等认为，"此种政策，断不济事"①，策动各团体于 29 日再次集议。陈惠普指出，上次决定"模棱两可，应即宣布粤省独立，方免战祸"②。与会者一致认为，专制政府政治势力已失，共和政府势力已成，"应即承认共和政府"③。于是由陈惠普等领衔要求张鸣岐宣布独立，同时派出粤商自治会会员郭仙洲等赴香港，向革命党人传达商民赞成共和的意见。④当日下午在文澜书院召开的各界大会上，陈惠普又发表了赞成共和的演说。⑤革命党人发动群众数百人打出了独立旗帜。张鸣岐镇压了这次"独立"，并派江孔殷统兵迎击向广州挺进的民军。江孔殷已经站到革命方面，甫与民军接触，即率队返回，对张鸣岐说，党人声势浩大，必难取胜，及早为计，免蹈被炸而死的广州将军凤山的覆辙，张极惊惶。旋江孔殷又与革命党人潘达微、邓慕韩筹商对策。邓慕韩"献议由江商诸咨议局，召开各界大会，共同议决实行独立，使张不能再行反议"。江深以为然，立电咨议局副议长丘逢甲（议长易学清托病不出），丘"赞成首肯"⑥。11 月 8 日，绅商集会咨议局再议独立，推举张鸣岐为临时都督。9 日，又议决"欢迎民党组织共和政府临时机关"，"宣布共和独立"等办法。⑦张鸣岐已逃离广州，乃改举革命党人胡汉民为都督。咨议局遂公电胡汉民来省任事。⑧

福建

福建独立"由咨议局为之原动"⑨。11 月 7 日，咨议局召开会议，副议长刘崇佑提出"所有福建之政务，此后由新政府施行"的议案，议员一致通过。次日，照会总督松寿，要求交出政权；同时向将军朴寿提出四项条件：所有满人服从新政府之命令；旗军军械火药全部交给新政府；裁撤满汉区域；满人俸禄照旧支给。要旗兵投降，松寿同意，朴寿则顽固抗拒。民军只得进攻旗营，经两日激战，旗

---

① 郭孝成：《广东光复记》，见《辛亥革命》七，229 页。
② 《广东七十二行商报二十五周年纪念刊》，56 页。
③ 《广东独立记》，见《广东辛亥革命史料》，130 页。
④ 参见邱捷：《辛亥革命时期的粤商自治会》，载《近代史研究》，1982 年第 3 期。
⑤ 参见《广东辛亥革命史料》，131 页。
⑥ 邓警亚：《辛亥广东独立传信录》，见《广东辛亥革命史料》，121 页。
⑦ 参见邹鲁：《广东光复》，见《辛亥革命》七，225 页。
⑧ 参见《胡汉民自传》，载《近代史资料》，1981 第 2 期。
⑨ 《申报》，1911 年 11 月 20 日。

兵终于缴械。11日，都督孙道仁就任，福建宣布独立。①

四川

辛亥革命之所以能够爆发，首先应归功于四川的立宪派领导的保路运动。而当革命高潮到来时，他们又表现得比较软弱。蒲殿俊、罗纶等9人获释以后，立即刊发《哀告全川伯叔兄弟》书，说现在保路目的已达，大家应"力返和平"，"息事归农"②，错误地要求群众放弃武装斗争。然而他们并非向赵尔丰投降，"九人出而官绅间仍隐然若敌国"③，"得外省友人函告东南各情，蒲、罗诸君即思起义"④。时赵尔丰已调集巡防30营防范革命党人，新军统制朱庆澜又系其私人，所存库金逾600万，兵饷皆足，革命党人在成都很少，虽日夜策划独立倒赵而未能如愿。蒲殿俊等人枪械俱无，莫可如何。川绅邵从恩、陈崇基等睹此情状，以为赵尔丰一日不去，川乱一日不止，遂相与计议政权转移，与提法使周善培等说服赵俯从民意，让出政权。赵尔丰见川东遍举义旗，将军玉崑业已交出武器，只得答允，同意让蒲殿俊担任都督。可是他交出政权给咨议局是有条件的，否则就不答应。蒲殿俊等恐赵尔丰盘踞成都，城坚炮利，无所施为，不得已，乃行一时权宜之计，同赵尔丰签订了四川独立条约30条，主要内容有："川中一切行政事宜交四川人自办，暂交咨议局代表蒲殿俊管理"；赵尔丰赴川边办理边务事宜，兵饷及行政经费由川人担负，四川宣告独立后，仍请赵尔丰暂缓赴边，"以便遇事商求援助指导"；除赵尔丰选带边军外，一切军队交朱庆澜接管。⑤ 11月27日，成都成立了大汉四川军政府，蒲殿俊任都督，朱庆澜任副都督。蒲殿俊等签订独立条约诚然是对封建势力一种妥协，但在当时没有武装力量而敌人拥有重兵的极端困难情况下，他们以这种妥协换来了民主共和，结束了以赵尔丰为代表的清王朝在四川的封建统治。此外，立宪派人士也参加了例如綦江、宣汉、江津、叙永等地的武装斗争，摧毁了当地的旧政权。⑥

---

① 参见郭孝成：《福建光复记》，见《辛亥革命》七，280~282页；邹鲁：《福建光复》，见《辛亥革命》七，277~280页。
② 参见《辛亥革命》四，386页。
③ 《蜀军革命始末》，见《四川辛亥革命史料》上，495页。
④ 郭孝成：《四川光复记》，见《辛亥革命》六，16页。
⑤ 参见《四川保路运动史料》，503~506页。
⑥ 参见黄存勋：《立宪派与四川保路运动》，载《〈四川大学学报〉丛刊》，第9辑。

综观 14 个独立省区的情况，立宪派（不含出席资政院会议的部分议员）没有公开与革命为敌或暗中通敌，表现一般都是比较好的。他们积极响应起义，力谋各省独立，为辛亥革命做出了重大贡献。

第一，大力支援了首义地区武昌，推动了全国革命形势迅速高涨。湖北的立宪派从起义开始就成为革命政权的一员和热烈拥护者，为革命政权的建设和稳定全省秩序出了一份力。他们筹措经费，办理供给，维持社会治安，发动商团全力支援前线等工作，对于解除革命军的后顾之忧，使之专心抗击清军的反扑，扩大战果，保卫革命政权，起了极为重要的作用。而革命的胜利巩固及汤化龙等通电全国迅速响应革命，又大大鼓舞了各省人民和立宪派，推动了全国革命形势的普遍发展与高涨。

第二，也是最主要的一点，就是立宪派在各省响应革命，纷纷谋取独立，扩大了革命阵营，壮大了革命声势，改变了敌我力量结构对比，孤立了清廷，加速了清王朝的崩解和灭亡，促进了辛亥革命的胜利和中华民国的诞生。毫无疑义，辛亥革命的首功应该归于革命党人的发难，但湖北革命政权之能支撑下来，辛亥革命之能最终取得胜利，主要在于各省的响应和独立。在各省响应和独立过程中，革命党人固然劳苦功高，立宪派的功绩也应得到充分肯定，尤其是江南各省的立宪派。如贵州的独立完全得力于自治学社的发动，没有他们的积极工作，便没有贵州的独立。江西的独立是咨议局促成的。江苏的情况也很明显。上海的革命力量极其弱小，没有立宪派掌握的商团武装和做敌军的策反工作，革命党人无力占领上海，陈其美攻占制造局失败就是很好的证明。省会苏州的独立也是由立宪派促成的。广西独立决定于立宪派和革命党人对地方大吏的说服。有人指出，当时桂林革命党人可能利用的武装力量仅为地方大吏所控制的 1/10，而且新军士兵每人只配发 5 颗子弹，实战能力大受削弱，所以不敢发动一场像样的武装夺取政权的战斗。① 这是符合实际的。安徽事前缺乏起义准备，武昌起义后旅居省外的革命党人始返省仓促组织力量。驻省城的新军曾经进攻安庆，但因计划不周，结果失败。巡抚朱家宝马上依靠江防营解散了一标新军和炮营，并逼迫城内的巡防营缴械，戒备极严。继而又一标新军攻城不克散去，"安徽所精练之新军于此殆尽矣"②。

---

① 参见穆洁：《清末广西咨议局和广西新军》，载《学术论坛》，1981 年第 5 期。
② 管鹏：《安徽革命纪实》，见《辛亥革命史料选辑》下册，109 页。

革命党人无力发动新的攻击,安徽在咨议局和士绅的主持下取得和平独立。广州清军重兵云集,革命党人却没有几个,绝无武力夺取政权的可能,对此,革命党人颇有自知之明,故主张策动当局反正,正是由于立宪派和绅商的奔走,才使得革命党人掌握了广东政权。四川省会的独立也是立宪派与当局谈判的结果。以上几省的独立都是以立宪派为主取得的。湖南、云南、浙江、福建各省独立虽然经过了战斗,立宪派都参与了领导和发动,千方百计排除阻力,发挥了革命派难以起到的作用,没有他们的参与,这些省能否取得独立很成问题,至少不会如此顺利。假如立宪派站在革命的对立面,坚决支持各省督抚,进行拼死抵拒,其结局是不难想象的。因此,完全有理由说,没有立宪派的响应和参加革命,便没有各省的独立,因而也就没有颠覆清廷,肇造中华民国的坚强基础,没有辛亥革命的胜利;辛亥革命是革命派和立宪派的联合行动,辛亥革命的胜利是两派的共同胜利。

(二)关于有争议的几个问题

1.所谓立宪派"投机"

此论自民国成立即为胜利了的革命党人所大肆渲染,至今不衰。

在任何一次大革命中,总难免有个别投机分子混入革命队伍,辛亥革命也不例外。值得注意的是,此论谓在辛亥革命中所谓投机者不是个别人,而是一个政治派别,众多的立宪派人士。这就不能不使人思考一下这个论断的正确性。

立宪派响应和参加辛亥革命决定于其阶级地位,有其必然性。从阶级立场上讲,立宪派与革命派同属一个阶级,彼此之间本来就不存在不可逾越的鸿沟;从经济利益讲,两派都要求发展民族资本主义,利益完全一致;从政治主张讲,两派在政权组织形式上虽然各持一端,但根本宗旨却不相悖,实现宗旨的手段尽管分歧很大,然而则是可以妥协改变的。而在这些根本问题上,立宪派与清政府都存在着深刻的矛盾,难以调和。所以在面临历史转折关头的时刻,立宪派不变则已,如果转变,只能转到革命方面来。一味从个人的主观动机和政治品质方面妄加揣测,是无法解释一支庞大的社会力量的合理转变的。

指斥立宪派投机革命的根据何在呢?据云武昌起义前革命声势日益壮大,革命形势日益高涨,立宪派觉察到革命就要到来,清王朝迅即垮台的危机,如不转变,将无立足之地,利害所在,形势逼人,所以就摇身一变,由拥清而倒向革命。武昌起义以后呢?那是因为各省纷纷独立,革命胜利已成定局,清王朝崩溃之势已经不可逆转,立宪派才见风转舵,投机取巧,附和革命,抢先独立,攘夺政权。

这种观点首先忽视了许多革命人士都是由立宪派转变而来的这一事实。立宪派转向革命绝不是自武昌起义前开始。远的姑且不论,即以1903年以后而言,由立宪立场转到革命立场的人就不知有多少。如贵州的第一批同盟会会员平刚、张忞、彭述文等,原先都是崇奉康、梁维新学说的。① 湖北的一批革命志士也是由抱定"希望清政府立宪之主旨","一变而为民族民权革命之进行"②。广西有60多人放弃君主立宪主义而加入同盟会,马君武、曾汝景、何少川是几个典型。③ 以谋炸出洋考察宪政五大臣而闻名的吴樾,开始也是"日日言立宪,日日望立宪"④的。据革命党人田桐说,仅1904年至1906年期间,留日学生中"由恶迁良、出保皇党以入革命党者,不可以千数计"⑤。数量不可谓不多。此时加入革命党或赞成革命,不仅无名利可求,而且有被捕被杀的危险。显见一些人之所以由立宪转向革命乃是其思想认识发生变化的结果,并不在于有机可投。既然承认他们是真诚的转向革命,何以定谓后来者为投机分子?

有些立宪派转变稍迟一些,但时间只能说明一个人觉悟的迟早,不能作为投机的依据。由于社会的、家庭的、个人的、环境的诸多因素不同,人们的认识水平高低不一,总有先进后进之分,有的要经过长期斗争,总结了经验教训,头脑才能清醒过来,个别人也可能至死不悟,这是无法强求一律的。不论觉悟迟早,都完成了由立宪到革命的思想转变,不应把后觉者视为投机分子。事实上在被人们认可的革命者之中也不乏转变较晚的原立宪派人士,如上海的沈缦云、王震、叶惠钧,广西的李任仁,湖南的杨德麟,都是在1911年转向革命的,湖北的詹大悲向汤化龙索回门生帖子也在1911年,只是由于他们加入了革命队伍,才没有人说他们投机罢了。

说武昌起义前立宪派迫于革命形势高涨,才摇身一变,转而倒向革命,经不

---

① 参见胡刚、吴雪俦:《贵州辛亥革命史略》,载《近代史资料》,1956年第4期;《贵州辛亥革命散记》,见《云南贵州辛亥革命资料》。
② 《科学补习所之历史》,见《武昌起义档案资料选编》上,3页;李书城:《辛亥前后黄克强先生的革命活动》,见《湖南文史资料选辑》,第1辑。
③ 参见李任仁:《同盟会在桂林平乐的活动和广西宣布独立的回忆》,见《辛亥革命在广西》上集,44~45页。
④ 吴樾:《暗杀时代自序》,见《辛亥革命》二,374页。
⑤ 《来函》,载《民报》,第5期。

起事实的检验。前已指出,国内立宪派转向革命始于 1910 年的国会请愿失败,较多的转变在 1911 年 6 月要求废除皇族内阁遭到申斥和清政府对保路运动采取高压政策之后,根本原因在于对政府的绝望。这种转变是通过几年的斗争实践,经历了一个相当痛苦的认识过程才实现的,是十分自然的,与投机取巧渺不相涉。

还是看事实吧。

先看革命运动。1906 年有萍浏醴起义;1907 年同盟会发动了广东潮州黄岗起义、惠州七女湖起义、广西钦廉防城起义、镇南关起义,光复会会员徐锡麟在安庆举义;1908 年有广西钦州马笃山起义,云南河口起义,熊成基安庆起义;1909 年有四川广安起义;1910 年有广州新军起义;1911 年 4 月有广州黄花岗起义。由起义次数观之,1907 年共 5 次,最多,为革命高涨时期。1908 年 3 次,其后 3 年各 1 次,1911 年并不存在日益高涨的形势。以人数而论,萍浏醴起义达 3 万以上;熊成基的安庆新军起义和广州新军起义都在 1000 人以上,黄花岗起义仅 100 多人,依然不见高涨迹象。

还应指出,黄花岗之役同盟会精英牺牲惨重,元气大伤。吴玉章叙述这种情况说,同盟会立即陷于"一种分裂、涣散和瓦解的状态"。"许多优秀干部的牺牲使革命力量大为削弱,更重要的是,同盟会失去了主宰"。孙中山不再领导实际工作;赵声病故,黄兴心灰,束手无策;胡汉民躲在香港,连人都找不到。[①] 谭人凤也讲,黄兴"乃谓同盟会无事可为矣,以后再不问党事";谭本人也"不愿再问党事矣"[②]。阎锡山说,革命党人"及黄花岗惨败,皆蛰伏不动以待机"[③]。以后虽有部分同盟会会员成立了同盟会中部总会,坚持革命,但却"定宣统五年(1913 年)为大举时期"[④],根本没有打算在 1911 年发动起义。两湖的革命党人尽管不同意这一决定,继续做起义的准备,"然以时机未熟,迟未举事"[⑤]。倘若没有立宪派领导的保路运动所造成的特殊契机和革命机关的被破获,也不会在 10 月举行起义。凡此皆说明,黄花岗之役后,革命正处于低潮时期。

再看人民群众的反抗斗争。人民群众自发的抗租、抗税、抗捐斗争在清末的

---

① 参见吴玉章:《辛亥革命》,18~19 页,人民出版社,1974 年。
② 谭人凤:《石叟牌词叙录》,载《近代史资料》,1956 年第 3 期。
③ 阎锡山:《山西起义的经过》,见《各省光复》上,249 页。
④ 谭人凤:《石叟牌词叙录》,载《近代史资料》,1956 年第 3 期。
⑤ 彭楚珩:《湖南光复运动始末记》,见《各省光复》上,1 页。

最后几年里一直连绵不绝，参加的人数动辄数百数千，往往由一般骚动发展为武装反抗，据城戕官。据不完全统计，1905年各种反抗斗争共发生90余次，1907年增至160余次，1908年又增至190余次，1909年为130余次，1910年骤增至290余次。① 1911年发生的次数反而减少了，到10月8日以前共有134次，与去年同期相比，几乎减少一半。② 发展趋势表明，1910年才是高涨时期，这不仅因为发生的次数最多，而且也因为斗争规模最大。如4月长沙的抢米风潮，饥民达数万之多，焚毁了巡抚衙门、外国洋行和教堂；5月山东莱阳曲诗文领导的抗税抗捐斗争，持续1个多月，参加的群众一度发展到五六万；9月安徽涡阳、蒙城等地的饥民起事，亦发展到4万余人。1911年的斗争次数大为减少，规模亦小得多，明显地呈下降趋势。

　　革命形势是由革命运动和人民群众的反抗斗争互相激荡而成的（还应包括立宪派领导的立宪运动、保路运动等，但这属于立宪派自身的问题了）。从这两个方面来看，1911年均处于低潮时期。所谓武昌起义前革命形势日益高涨、革命声势日益壮大之说是不能成立的。前提既不能成立，由此引申出来的结论自然就站不住脚。立宪派在革命形势相对高涨的1907年、1908年和1910年，尚且看不见革命胜利的曙光，在革命低潮时期当然更看不到革命迅即胜利的希望；连革命派都不敢梦想胜利会如此之快地到来，立宪派又何从发现这种奇迹？所以，投机论是难以令人信服的。

　　再者，国内立宪派转向革命不在革命形势相对高涨时期，而在低潮时期，恰恰说明他们的转变不是为了投机。因为在革命形势相对高涨的时期进行投机尚有胜利后谋取个人名利的可能，而在低潮时期则绝对达不到目的，只有那些思想确实转变的人才甘愿在革命陷入困境时转向革命，投机分子是不会去干这种"傻事"的。

　　以各省纷纷独立，革命胜利已成定局，清王朝崩溃之势已经不可逆转为理由，给武昌起义后响应革命的立宪派扣个投机的大帽子，也欠妥当。

　　武昌起义之前已有相当多的立宪派人士转向了革命，只是还没有亲自发动武装起义的胆略和勇气罢了。但既有了革命的思想准备，革命派发难后他们迅即响

---

① 参见刘大年：《赤门谈史录》，71页，人民出版社，1981年。
② 据《清末民变年表》统计，载《近代史资料》，1982年第4期。

应也就无所谓投机了。此其一。其二，所谓革命胜利已成定局，清王朝崩溃已经不可逆转，在武昌起义之初是根本不存在的，据此评判立宪派投机没有道理，以湖北地区为例略加分析。汤化龙站出来响应参加革命时，仅距起义军打响第一枪十几个小时，革命军也只占据了武昌一城，其他每一寸土地都在清王朝控制之下。当此时刻，瑞澂、张彪正在纠集清军反扑，邻省救援部队尚未集结，大批后续部队更未来到，革命的结局还是个大大的未知数。尽管每一个参加者都抱有胜利的奢望和为此而拼死的决心，但仅据武昌一隅之地而对抗全国清军的活生生的现实，却没有也不可能使他们产生胜利在握、清王朝崩溃之势已经不可逆转的感觉。立宪派人士胡瑞霖明确讲，"成败尚未可知"①。汤化龙于武汉三镇占领后也不乐观，对众演说"成则共图勋名，败则生灵涂炭。我汉人从此扬眉吐气，在此一举，我汉人万劫不复，亦在此一举"②。何尝只论"成"而不计"败"？立宪派如此，革命派同样。起义后的第十天，革命党人胡石庵闻悉袁世凯将赴鄂督之任，竟然"阅电大忧，念袁果亲来，吾军万非其敌，大势去矣"③。此时的革命党人尚且对敌畏惧如此，何论起义之初的立宪派认定胜利已成定局！任何起义都带有几分军事冒险性质，临时决定的起义冒险性更大，谁也不能保证起义必胜，更无论起义开始胜利已成定局，同盟会以往发动的多次起义被镇压便是最好的明证。汤化龙等于起义之初又怎知武昌起义不会遭到以往历次起义同样的命运而大投革命之机！把本来不存在的东西当作事实强加给立宪派，是极不公正的。其三，这种说法也忘记了一个基本事实，即不是先有各省纷纷独立、胜利已成定局的大好局面而后立宪派响应革命，恰恰相反，正是由于立宪派的响应才有了各省的纷纷独立（其中有些省区是与革命派联合进行的）。仅凭革命派自身的力量绝不可能促成各省独立，立宪派促成各省独立就是对革命的响应和贡献。把立宪派创造的胜利局势反而说成是立宪派由以投机的条件，完全颠倒了因果关系。

　　立宪派响应参加革命本是一件值得赞扬的好事，可是，非但得不到肯定，反而被当作"投机"；而坚持君主立宪又遭到抵制革命、顽固反动的斥骂，左也不是，右也不是，让立宪派如何措手足？事物都在发展变化，研究历史必须坚持辩证的

---

① 李廉方：《辛亥武昌首义纪》，第1卷，103页，精华印书馆，1948年。
② 剑农：《武汉革命始末记》，见《辛亥革命》五，176页。
③ 胡石庵：《湖北革命实见记》，见《辛亥革命在湖北史料选辑》，39页。

发展的观点，有了进步而采取不承认主义，一棍子打死，绝不是应有的科学态度。

2.所谓立宪派同革命派争夺政权

列为立宪派争夺政权的表现有数端，一是江苏、安徽、广西、浙江、四川等地的立宪派抢先宣布独立，或由立宪派出任都督，控制了政权；二是湖南、贵州的立宪派采取血腥手段，发动反革命政变，夺取政权；三是汤化龙勾结反动军官削弱排除革命势力，企图夺权。仔细分析一下，均难坐实立宪派夺权的罪名。

关于立宪派控制政权问题。立宪派在某些省区当上都督，是由各界代表协议公举的，出任民政长也是由革命党人推举（如湖北）或提名通过的（如福建、湖南），与阴谋夺权风马牛不相及。兹以汤寿潜为例稍加说明。发难之前，浙江的革命党人专门研究过未来的都督人选问题，开始有人提议由革命党人担任，但讨论的结果，大家还是觉得"众望所归"的汤寿潜足资号召，堪膺此选。于是决定由褚辅成密商咨议局副议长陈时夏，请其赴上海迎汤。①汤寿潜"淡泊廉能"，"独不乐于仕进"②，清政府累次授以官职，均辞谢不出，故也无意担任都督，对前往上海敦请的人言："卿等欲革命，径行之耳，奈何以强人？"③经大家责以为国家和地方效力的大义，汤"始勉允，期以三月必退"④。到杭州以后，即被革命党人和各界代表推选为都督。光复会会员王金发等因传说汤曾参与杀害秋瑾提出异议（实无其事），也为革命党人所说服。⑤汤寿潜毫无权势欲望，其出任都督系迫于众情难却，权且暂理，三个月即退位让贤，根本无意抢夺政权。

一些省区的立宪派"抢先"宣布独立，也不是向革命派夺权，而是向清政府夺权，方向没有搞错。由于考虑到"武汉民军颇不获利，各地新军数寡，并难策效，自非谋各地响应，不易图功"，他们才"合群力迫长吏易帜"⑥，以实际行动响应湖北革命党人向各省父老兄弟发出的"执竿起义，共建洪勋"⑦的号召，虽其中寓有避免革命的猛烈震动的意图，但却无破坏革命的卑劣动机。责备立宪派向

---

① 参见褚辅成：《浙江辛亥革命纪实》，见《辛亥革命》七，156页。
② 赵尊岳：《惜阴堂辛亥革命记》，载《近代史资料》，1983年第3期。
③ 张謇：《汤君蛰先先生家传》，见《辛亥革命浙江史料选辑》，580页。
④ 赵尊岳：《惜阴堂辛亥革命记》，载《近代史资料》，1983第3期。
⑤ 参见褚辅成：《浙江辛亥革命纪实》，见《辛亥革命》七，156页。
⑥ 赵尊岳：《惜阴堂辛亥革命记》，载《近代史资料》，1983第3期。
⑦ 《湖北军政府文献资料汇编》，6页，武汉大学出版社，1986年。

清政府夺权，"抢先"宣布独立，同责备立宪派当都督、民政长一样，说穿了，无非是说立宪派既无资格革命，更无资格掌权。革命事业是人民群众共同的事业，绝非少数革命党人所能包办；国家是全体人民共有的国家，也不是某党某派的私有财产，每一个国民都是国家的主人，都有起来推翻腐朽统治的革命权利和议政、参政、执政的权利。如果承认革命派所宣扬的民主、自由、平等、博爱、共和、议会政治等等是当时先进正确的政治主张；承认立宪派的独立瓦解了敌人，增强了革命声势和革命力量，是促成清王朝崩解灭亡的重要因素，对辛亥革命的胜利有重大贡献；承认立宪派是民族资产阶级和国民的一分子，那就没有理由剥夺他们向清王朝夺权并执掌政权的权利，把立宪派"抢先"宣告独立视为僭越或大逆不道而加以贬抑。只允许革命派夺权掌权，不允许非革命党的资产阶级民主派夺权掌权，必然造成革命党一党专政的独裁政治，这是违背革命党人民主共和的根本宗旨和全国人民的心愿的，是非常不足取的，在事实上也是做不到的。再者，在立宪派"抢先"宣布独立的地区，不是革命党起义失败的地区，就是革命党准备不足，力量弱小，无力夺取政权的地区。不允许立宪派起来夺取政权，只允许他们坐等革命派前来解放，试问这样一来，还会有各省纷纷独立吗？至少不会独立那么多、那么快吧？还会有革命胜利已成定局、清王朝崩溃之势已经不可逆转的局面出现吗？非但如此。不允许立宪派起来夺权，还意味着让"抢先"独立地区的人民继续做清王朝的臣民，让统治者得以利用这大片国土组织反革命武装，筹措战争经费，对革命进行镇压围剿，而这正是清政府所企望的。清政府之所以解散皇族内阁，颁布《十九信条》，向各省派遣宣慰使，目的就是对立宪派让步，笼络立宪派，使他们不要闹独立，以便稳住阵脚，集中力量对付革命。不允许立宪派独立，向清政府夺权的想法做法，在客观上实质上都是有利于清政府镇压革命的，对革命派极其不利的，只能使革命派痛、清政府快。如果因此不能出现义旗遍举的革命声势，清政府得以集结全国反动力量向革命进攻，以致断送了辛亥革命，那就令人遗憾之至了。

或说立宪派掌握政权以后，残酷摧残工农群众和会党，维护封建秩序，就应予以否定。立宪派掌握政权的地区确实没有触动封建制度的经济基础，然而这是独立各省的通病，反映了资产阶级民主革命的不彻底性，不能独责立宪派。谈到镇压摧残工农群众和会党，革命派所扮演的"刽子手"角色立宪派尤望尘莫及，自叹弗如,这样的例子是众所周知的。以此为由否定立宪派夺权掌权,岂非连革命派也同时否定?

关于贵州、湖南发动反革命政变夺权的问题。贵州的自治学社原为立宪团体,并非革命党,已为史学界所公认。既然如此,独立后宪政预备会勾结云南同盟会会员唐继尧和本地会党发动政变,屠杀自治学社干部群众,虽然残暴,值得批判,但其性质无疑是两立宪团体往昔争权夺势矛盾斗争在新形势下的继续和发展,而不是立宪派镇压革命党人,倒是以唐继尧为主的革命党人镇压了立宪派。以此作为立宪派用流血政变向革命派夺权的典型事例已无任何意义了。

湖南正副都督焦达峰、陈作新于10月31日被杀害事件,史料记载不一,难以核实,据一面之词断定是以谭延闿为首的立宪派所发纵指示,为时尚早。而事变后谭延闿被"生扯活拉的拖到都督府来,请他做都督,谭吓得面无人色,向着大众作揖"① 推辞,则是确凿无疑的。革命元老谭人凤甚至拔刀严厉威吓谭说:"今日之事,你干就干;你不干,刀是现成的在这里!"② 谭延闿就是在此情况下出任都督的。此前,湖南设立的临时参议院由于职权重,都督命令要经其通过方能执行,常被视为立宪派向革命派夺权的重要步骤和表现之一。但它的设立是经过绝大多数革命党人提议并决定的。③ 起义前夕同盟会会员刘嵩衡起草的《革命政府组织法》,要点也是"分设平行的军政、民政两府,权力集中于临时参议会"④,立意与后来通过的《参议院规则》一样,不能把责任全部推到立宪派身上。况且当时也确有制定的必要。焦达峰掌握政权时治理无方,"日必委任十数人,至数十人"⑤,任熟人和会党兄弟自填职衔,竖旗招兵,滥领经费⑥,"新旧军人争功论赏,纪律很差"⑦。陈作新"种种悖谬行为,实足扰害安宁秩序",连极力支持集权于都督的革命元老谭人凤亦欲杀之。⑧ 这种极其混乱的局面不加改变,就会造成全省大乱,

---

① 《邹永成回忆录》,载《近代史资料》,1956年第3期。
② 《湖南反正追记》,21页。
③ 参见阎幼甫:《辛亥湖南光复的回忆》,见《辛亥革命回忆录》二,125页。
④ 刘道衡:《关于辛亥革命湖南史实和刘嵩衡烈士事迹的一封信》,见《湖南历史资料》,1959年第2期。
⑤ 《湖南反正追记》,67页。
⑥ 参见余韶:《湖南光复及四十九标援鄂》,见《辛亥革命回忆录》二,167页。
⑦ 周震麟:《谭延闿统治湖南始末》,见《辛亥革命回忆录》二,151页。
⑧ 参见谭人凤:《石叟牌词叙录》,载《近代史资料》,1956年第3期。

"败可立致",军学绅界正是有鉴于此,才议设临时参议院,"不得已而出此救济之法"的。① 谭延闿任都督后,平息省内各地骚乱,派兵援鄂,促进四川、广西、福建等省独立,主张北伐,主张以建立共和民国为议和先决条件,都是有目共睹的,其政权仍是革命政权,指责立宪派实行反革命复辟不符合实际。

关于汤化龙排挤革命势力,企图夺权的问题。加给汤化龙的罪名有二,一为参与制定《军政府组织条例》,取消了处理一切大事、由革命党人组成的谋略处,集权于旧军官、都督黎元洪;二为委任立宪派人士担任民政部各局要职。这两点都是实情,然而不能因此断言排挤革命势力,企图夺权。在分析之前,需要指出一件人所共知而在论及夺权时又易为人遗忘的事实,这就是在推举黎元洪之前,革命派首先是请汤化龙担任都督,汤以不懂军事婉辞。用人一般要做到知人善任,汤之将民政部各局要职多委立宪派人士,是由于了解这些人,对革命党人他不了解,革命党人确也缺乏社会政治经验,故用革命党人很少,正如他本人辞谢当都督有自知之明一样。他没有为立宪派在军令、军务、参谋各部争一个位置,也是他做此安排的旁证。将此作为排挤革命党人,企图夺权的观点有欠说服力。《军政府组织条例》的提倡和制定,都有革命党人在内,最终也经革命党人通过,不论有无过错,责任都不在汤一人,若认此举是个阴谋,那就把许多革命人士都打到阴谋集团中去了。就《军政府组织条例》本身而言,虽然未提谋略处,可是第四条却规定:"关于军政重要事项,由都督召集临时军事参议会或顾问会,议决施行。"② 可见,革命党人通过军事参议会是可以在军政重要问题上发挥其决策作用的。经革命党人重订的《军政府组织条例》将军事参议会的作用写得更为明确具体了一些,但也没有再设谋略处,总不能因此而说革命党人排挤自己吧?《军政府组织条例》集权于黎元洪,绝不是让黎元洪专制独裁,上引的第四条规定重要军政由军事参议会"议决施行"就足以说明这一点。其实《军政府组织条例》被指责的真实原因不在于其本身有无缺陷,而在于都督不是革命党人。对照一下对湖南设立参议院的指责,问题就很清楚了。与湖北的《军政府组织条例》集权于都督不同,湖南的《参议院规则》集权于参议院,"大致模仿英国立宪之精神,

---

① 《湖南反正追记》,67页。
② 《湖北军政府文献资料汇编》,50页。

而防专制独裁之弊"①。按照前种观点,湖南设立的参议院应当予以肯定,然而不然,也成了立宪派夺权的一条罪状,原因就在于院中立宪派多于革命派,院长为谭延闿,参议院束缚了当都督的革命党人。资本主义的法治远远优越于封建主义的人治,评价一种资产阶级政体可以就其完善与否论其优劣,然而不能抛弃法治,主张人治,判定是非以派划线,采取实用主义态度。独立各省迟早要组织临时政权,政权也会有一定的形式,总不能因为立宪派有点儿实权而否定一切政体。话又说回来,如汤化龙确存与革命党人争权之心,起义伊始,他就会欣然接受革命党人推举,名正言顺地登上都督宝座,这是争夺的最佳机会,何况是革命党人送给的,任何一个投机分子都不会放过,何必后来多费一番手脚通过《军政府组织条例》争权,而且不是为自己而是为他人争权?以汤化龙之聪明,焉会出此下策?他担任民政部长也未专擅揽权,"以平素主张宪政,至此稍不自安,迄未就职"②,"实则并未行使职权。所设七局,徒有其名,亦未部署完成,惟曾令财政局长胡瑞霖、副局长沈维周接受各财政机关"③。他很自觉,怕引起革命党人误会,虽有部长之名而未行使职权。要说这种人处心积虑去夺权,实在令人费解。然而怕引起误会仍然避免不了误会,"革命党人以汤为君宪派,掌握民事大权,所援引的局长皆非革命党人,深为不满;又怀疑汤篡夺军事大权,不利于革命党。党人因之对汤言语不恭,甚至要以手枪对付汤。汤见势不佳,乃悄悄离开武昌而往上海。"④

3. 所谓立宪派"拆台"

据说,南京临时政府成立前后,立宪派因不甘实权掌握在革命派手中,就施展种种权术,打击革命派,拆临时政府的台,企图搞垮临时政府。实业总长张謇被称为此类人物的典型。按之事实,未免过甚其词,且看列举的张謇"拆台"的实例。

其一,拒绝担任财政总长。同盟会为了筹措经费,起初拟定张謇担任财政总长。张謇不愿担任,特在向临时政府提出的一份财政意见书中说明了理由。他说,

---

① 《湖南反正追记》,15页。
② 张难先:《湖北革命知之录》,290页。
③ 胡祖舜:《六十谈往》,《辛亥革命在湖北史料选辑》,87页。
④ 彭伯勋:《我所知道的汤化龙》,见《辛亥革命回忆录》七,90~91页。

临时政府支出浩繁，而入款有限，所短之款很多，"值此绝续之交，财政一端，关系重要，列强之能否承认，全视此为关键"。如办理不好，"而误全局"，"虽万死无以谢同胞"。他"本无理财学识"，"事非素习，时当困难，实不敢以全无把握之事，滥竽充数"①。假若这里所讲的系对政府而言，不免显得冠冕堂皇；那么，他致密友赵凤昌的信应当是真心话了。信中说，"苟能尽力，岂有所爱"，表示乐于为临时政府效劳。可是从当前情况看，财政总长"亦不过管理江苏一省之财政而已。近如浙江，远如广东，尚为完善之区，然亦无术可使统一，其他各省更有自顾不暇之势，且如湘鄂等省，滥招军队，无饷无械，微特不能供给政府，势将向政府诛求，不遂谤怨遂之，其机甚显"。让他担任"生财一面，或犹可勉强一时"，"若兼任理财之名，则是牺牲一身而无益大局，处虚名而受实祸，智者不为。"②此信与致临时政府意见书的基本精神是一致的，讲的都是客观困难太大，事非所长，难以完成任务。不过还透露出他害怕各省向中央要款不遂，会遭到"谤怨"和"受实祸"的私心而已。一个对国家负责而又珍惜名誉的人在接受职务之前，首先考虑到的就是能否胜任，不能胜任，万无接受之理。只有那些先将官位捞到手再说的无耻政客，才会不想能否胜任、不去计较会落骂名。张謇是个实业家，生财有道，理财非其所长，他把国家与个人、公与私统一起来考虑，不想出任财政总长，是无可厚非的。即便纯从私字当头，怕落骂名，也仅是私心而已，决然谈不上"拆台"和做政府的反对派。张謇不就，自可另委高明，台子尚未搭起，何云"拆台"二字？

其二，担任实业总长不到南京就职，消极怠工，抵制和涣散临时政府。此论值得商榷。首先，张謇被推为实业总长后就认为，"时局未定，秩序未复，无从言实业也"③。当时南北对峙，除陆军、海军、财政、外交几部外，其余几部确无多少事情可办。正如教育部所说："现在军事未定，实施教育，尚非其时。"④事情很少，自无坐镇南京的必要，何况他还有许多事情要办。其次，同盟会实行"部长取名，次长取实"⑤的办法，各部几乎都由任次长的革命党人代理，主持部务，

---
① 《对于新政府财政之意见书》，见《张季子九录·政闻录》卷4。
② 《为财政事致赵竹君函》，见《张季子九录·政闻录》卷4。
③ 《张謇日记》，辛亥十一月十四日。
④ 蒋维乔：《辛亥革命闻见》，见《辛亥革命》八，58页。
⑤ 居正：《梅川日记》，72页，大东书局，1947年。

故有"次长内阁"之称。这种让次长抓实权的办法实质上是对非革命党人总长的不信任和排斥，非常错误。用人贵在信而专，不值得信任的人可以不用，既用就必须十分信赖，给以实职实权，让其大胆放手办事。任何人都不愿当傀儡。自己不能以诚待人，何能期望人以诚相待？玩弄权术，表面尊重，实际夺权，不但换不到真诚的合作，而且会把正直的人士推拒千里之外。同盟会仅给非革命党人总长以虚名，有意冷落排斥，到职又会有何作为？而且按照某些论著的观点，不到职恰恰满足了同盟会掌权的愿望，恰恰少了立宪派"掣肘"而有利于临时政府，应当表示欢迎，怎么反说拆台呢？再次，张謇不到职，并非不为临时政府办事。当时临时政府主要让张謇帮助解决财政困难，这一工作对临时政府来说远较办实业急需而重要得多。张謇也把主要精力用在了筹款上。责备张謇筹款时把责任都推在他身上，论及工作时又把他所做的努力完全忘记，这是很不公正的。

其三，大叫"勿扰商"，阻止临时政府筹款。开始，张謇为了帮助解决外省军队离开江苏的经费问题，曾嘱各商会筹垫20万元应急。临时政府成立，急需军事、行政费用，准备让商会再筹垫50万元。这时张謇出面"劝勿扰商，自任为筹"①。他自告奋勇为政府筹款，非但绝无阻止政府筹款之意，相反还减轻了政府筹款的麻烦，本是好事，有何值得非议之处？问题在于张謇是否实践了自己的许诺。政府提出的时间是1912年1月1日，张謇在同月31日便"筹款五十万成"②，交给政府。黄一欧说，张謇"一拖就是个把月"，"以他当时在实业界的地位，借几十万元并不是那么困难的，我看他就是存心掣肘，借此打击革命党人，其最终目的就是要消灭革命党"③。某些论著亦指责张謇冷眼旁观，敷衍塞责，显然把筹款看得太简单容易了。武昌起义后，各地战事迭起，社会动荡不安，独立省区的工商业经营均处于非正常状态，资本家的收入肯定要大为减少，哪会痛痛快快地往外拿钱？张謇只能做说服动员工作，不能命令，即使下令，也未必有人听从。能在一个月之内完成任务已经相当不易了。若如想象的那么容易，临时政府一声令下，谁敢不从？要多少均可立致，财政何至出现困难局面，黄兴也不致急得吐血。海外华侨资本家很多而且富有，可是在黄花岗起义失败后的半年多，孙中山筹到

---

① 张謇：《年谱》，22页。
② 张謇：《年谱》，23页。
③ 黄一欧：《辛亥革命杂忆》，见《辛亥革命回忆录》七，145页。

多少？"此次回国，未带金钱，所带者精神而已"。即便如其所言，"革命不在金钱，而全在热心"①，但当革命急需金钱的时候，以他革命领袖的地位和在华侨当中的影响，往海外发个电报，还不是百万、数百万地汇来？还会有什么困难？事实不然。可见想象代替不了实际。仅以张謇此次与前次共筹款70万元来讲，在辛亥革命中，全国做出这样贡献的有几人？革命党人当都督的省区如广东、福建、江西、陕西、山西、安徽，为临时政府解款几何？有功而不予褒扬已失持平，再加贬抑尤为不妥。

其四，垄断盐税，有意对革命派进行经济封锁，造成临时政府财政困难。有人说，依照清末的税则，张謇管理的江苏两淮15个盐场，每年税收有2235万两，除私吞舞弊的浮收外，每月收入约200万元。张謇在1911年12月至1912年2月的3个月内，至少可收400万，可是仅交政府100万两（合140万元）。不少论著随声附和，对张大加挞伐。其实这个估算是很不可靠的。第一，时间上多算了19天。张謇正式担任盐政总理为12月19日②，不能把12月算作一个月。第二，也是更主要的，估算仅依清末的税则，未将革命时期特殊情况所造成的税收损失计算在内。辛亥革命以前，各盐场所产之盐在产、运、销诸方面均较正常，收税较多。武昌起义后处于战争时期，社会秩序异常混乱，风险很大，盐商不愿承运。据张謇1912年2月向孙中山报告，经他派员向各盐商剀切晓谕，并许以"力任保护"，盐商才答应承运。正在督促进行之际，江西都督忽令本省运商"每票派借三千两"；湖北军政府则派委员在扬州设立催运淮盐公所，令本省运商启运之先，在该所报告姓名和盐数，然后发给护照；安徽某军也派员自运圩盐自卖。运商看到这种情况，极其惶惑，"又生观望"。1912年1月30日、2月1日，张謇通电湘、鄂、赣、皖四省都督，声明规划办法，请其力任保护，但未得到答复，"商人更滋疑虑"③。此外，"各军有截盐以自便者"④。财政部也向孙中山报告，沪军派沈翔云设立公司，皖军派陈策欲本省自办，"数月以来，相持未决"⑤。由于各省各军各自为政，不服从盐政局管理，令盐商认缴借款、报效银两；自设机关，征收盐税；自运自卖，

---

① 《孙中山全集》，第1卷，573页。
② 参见《张謇日记》，辛亥十月二十九日。
③ 《电报》，见《临时政府公报》，第14号。
④ 张謇：《年谱》，22页。
⑤ 《大总统令财政部呈请盐政办法文》，见《临时政府公报》，第15号。

从中获利；截盐自便，必然大大破坏盐政局的统一税收。他们的这些做法还吓得运商不敢承运，有盐卖不出去，也使税收锐减。正如财政部所指出的："自引岸梗阻，运商观望，悬欠水脚，为数甚巨，以至盐为洋商扣抵，各岸缺盐，民困淡食，盐课久亏，饷源日绌。"①张謇对这种情况很为恼火，但他指挥不动各省各军长官，气得一度打算辞职。最后没有办法，只好恳求孙中山以大总统的身份致电湘、鄂、赣、皖四省都督，帮助解决这些问题。不计运商观望不运和各省各军的干扰破坏，妄加谴责诅咒张謇，甚至说他从中牟利，太过轻率武断。

其五，以辞职反对临时政府借贷外债，打击孙中山威信，拆临时政府的台。事情是由于孙中山和黄兴秘密批准汉冶萍煤铁公司中日合资引起的。汉冶萍公司由私人集资开办，盛宣怀的资本居其大半。人民视盛宣怀为全国公敌，故武昌起义后没收了他的资产。盛宣怀不甘心，想求日本庇荫，与日人协议合资开办。日本久欲劫夺汉冶萍公司，立即同意。双方议定资本总额为3000万元，中日各半。盛宣怀于是乘临时政府急需用款之机，表示愿以500万元转借临时政府，先交200万元，请临时政府批准，俟合办合同成立，即交清500万元。孙中山、黄兴鉴于"民军待哺，日有哗溃之虞"，"急不能择"②，竟然批准，"秘密签字，而财政总长陈锦涛犹未得与闻也"③。管理实业的总长张謇更不知道。旋此事为参议院闻悉，认为不交参议院议决，显背《临时政府组织大纲》，即为违反宪法，予以严词质问。湖北、湖南、江西等省区的人民和留日学生以及社会舆论一致强烈反对。孙中山不得不咨请参议院取消前议，将已交的200万元作为私人押借之款转借给政府。后来汉冶萍公司召开临时股东大会，到会440人，全体一致否决了中日合办。④

张謇闻知汉冶萍中日合资之说以后，因其"忝任实业，于此事负完全责任"，于2月8日致函孙中山和黄兴，在指出盛宣怀别有用心的同时，着重强调了日本的阴谋和合资的危害。他认为，"我国铁业发达之日，即日本降伏于我国旗之下之日"。日本没有铁矿，"处心积虑以谋我，非一日矣"，对于我国铁矿"百端设法，思攘而有之"。如准中日合资，"于国防，于外交，皆为大失败"，"万

---

① 《大总统令财政部呈请盐政办法文》，见《临时政府公报》，第15号。
② 张孝若：《南通张季直先生传记》，175页。
③ 谷钟秀：《中华民国开国史》，66页，泰东书局，1914年。
④ 参见《汉冶萍有限公司商办历史》，57、61页。

不可行"。劝告他们考虑问题要从国家大的和长远的利益着眼,不要堕入盛宣怀的奸谋。①孙中山以"已有成议"复之,同时声称:"于众多矿中,分一矿利于日人,未见大害。"②拒绝接受意见。张謇见此,觉得"身任实业部长,事前不能参预,事后不能补救,实属尸位溺职,大负委任"③,去电辞职。孙中山加以挽留。张謇任总长之始曾与孙中山约定,任期至清帝退位为止。④2月12日,清帝宣布退位。同日,张謇复电孙中山,请"许践前约"⑤,坚辞而去。

究竟孰是孰非?汉冶萍公司章程规定"本公司专集华股自办,不收外国人股分"⑥。做此规定,完全是从爱国主义出发,避免外资渗入后丧失利权。盛宣怀固然无权自行做主中日合资,孙中山不经股东大会同意,同样无权侵害股东们的经济利益,擅自改变股东们通过的公司章程。中日合资不仅涉及债款,而且关系到国家主权。如此一件大事,既不征询股东们的意见,也不让管财政和管实业的两位总长知道,复又隐瞒了参议院,这种做法完全违背资产阶级的民主政治精神,是专制独裁行为。而主张出让利权给日本,与当时人民力图争回利权,使国家富强的愿望正好相反,无怪其遭到参议院和人民的同声反对。孙中山最后取消成议也证明他开始对此事的处理是错误的。张謇从国家大局权衡利害得失,主观动机是好的。他主张以汉冶萍抵借,解决临时政府的财政困难,但反对中日合资,以免日本吞并,获得铁矿,在军事上迅速发展,欺凌中国,亦无可非议。向总统提出劝告,总统不听,他身为实业总长,而对所管事务不能尽到责任,只有辞职一途。合则留,不合则去,在资产阶级政府中本是正常现象,怎能说打击孙中山的威信?孙中山既不让张謇知道他本该负责的事情,没有把他看作台柱子,他辞职也就谈不上什么"拆台"不拆台,何况事前有约,到了时间。在这个问题上,张謇没有过错。对孙中山的错误不提出反对意见,反而加以维护,既树立不了孙中山的威信,也补不了临时政府之台,只是一种阿谀献媚的可耻行为。有一种非常奇怪的说法

---

① 参见《为汉冶萍借款致孙总统黄部长函》,见《张季子九录·政闻录》卷4;《张謇日记》,辛亥十二月二十日。
② 张孝若:《南通张季直先生传记》,175页。
③ 《辞实业部长电》,见《张季子九录·政闻录》卷4。
④ 参见《复马次长函》,见《张季子九录·政闻录》卷4。
⑤ 《辞实业部长电》,见《张季子九录·政闻录》卷4。
⑥ 《汉冶萍有限公司商办历史》,29页。

是：人民团体反对合资是爱国的表现，张謇则是借机打击革命派。同样的事实，得出完全相反的结论，其理安在？其根据又安在？不摆事实，不讲道理，乱扣帽子，胡骂一通，实非应有的科学态度。

4. 所谓立宪派"拥袁窃权"

立宪派中的张謇、赵凤昌等人的确想拥护袁世凯担任统一之后的民国总统，张謇且为袁出谋划策，做了不少工作，其行动在客观上利于袁世凯窃取国柄。但若据此而认为立宪派这样做就是为了拍卖革命，背叛共和，则失之偏颇。

早在1911年10月15日，赵凤昌等人即策划利用袁世凯推翻清廷。他们认为，"全国人民是一致要求独立的；革命军热情、勇敢、牺牲精神都是有余的，可惜实力太不足"。要使清帝退位，"只有利用拥有实力的袁世凯去劝清廷，可能生效"①。为此，他们通过张一麐去说服袁世凯，使其"意向民军"②，赞成共和，绝非让其帝制自为。张謇等11月以后致袁的各函电和1915年反对袁称帝的事实都是确证。

革命派同样是拥护袁世凯当总统的。革命派尚且如此，有什么理由要求立宪派比他们更高明更坚强，不去拥袁呢？如果说立宪派拥袁叫作帮助袁篡夺革命胜利果实的话，那么，革命派拥袁就是将革命胜利果实直接送袁；如果说立宪派拥袁是为了拍卖革命，背叛共和，那么，革命派拥袁也是为了同样目的。同一问题，不必厚此而薄彼。其实，无论革命派还是立宪派在当时都不知道袁是在篡夺革命胜利果实，不知道他要帝制自为，背叛共和，因其真实面目尚未暴露，这个问题是后来才为人们所认识的。因此，在未认识袁的真实面目的情况下，既不能说革命派主动把革命果实送给一个反革命，为其帝制自为创造条件；也不能说立宪派蓄意助袁窃权，拍卖革命，背叛共和。从客观上讲，两派的行动均有利于袁篡窃国柄，但决不应将后来人们方才认识到的问题强加给当时尚未觉察到的人们头上。否则，便违背了历史实际，混淆了立场和认识两种性质迥异的是非界限。

有种说法是：立宪派压迫革命派向袁世凯屈服妥协，让总统给袁。这实在骇人听闻。事情明摆着，南京临时政府的大权握在革命派手里，立宪派怎么可能压迫革命派屈服妥协？如果革命派根本不赞成袁世凯当总统，哪个立宪派能够强迫

---

① 黄炎培：《八十年来》，54、58页。
② 黄炎培：《张仲仁先生传》，见张一麐：《心太平室集·传》，2页。

南京临时政府同意？革命派让袁当总统完全是自觉自愿的，不能诿过于立宪派。如湖北的胡石庵在1911年10月20日听说袁世凯接受湖广总督之命，十分担心袁到前线督师，革命军万非其敌，"乃代全鄂人民作书一通致袁世凯。而又恐难达其前，乃设法排印数百封，各加封函，尽投邮局，用各种名称由各地转往，计但有一函入袁目足矣"。信中主要说，如袁能率部下"回旗北向，犁扫虏廷"，全鄂士民当"为阁下前驱"，"汉族之华盛顿，惟足下之是望"①。10月28日《民立报》在《敬告袁项城》的短评中，也以"为第一期之大政长"相勉。再看革命党领袖。11月9日，黄兴在武昌写信给袁说，如袁"以拿破仑、华盛顿之资格，出而建拿破仑、华盛顿之事功，直捣黄龙，灭此虏而朝食，非但湘鄂人民戴明公为拿破仑、华盛顿，即南北各省当亦无有不拱手听命者"②。这些拥袁当总统的言行，均发生在议和之前，出自自己的认识和考虑，并未受立宪派的压迫。孙中山亦然。在回国之前的11月16日，他曾致电民国军政府，说："总统自当选定黎君。闻黎有请推袁之说，合宜亦善。总之，随宜推定，但求早巩国基。"③对袁当总统并不反对。回国没几天又电袁表示"暂时承乏"，"虚位以待"，望袁"早定大计，以慰四万万人之渴望"④。直至选袁为总统，孙中山的思想丝毫未变。受立宪派所"压迫"吗？孙中山坚决否认，直认不讳是自己的主意。1912年1月23日，他致电伍廷芳说："盖推袁一事，始终出于文之意思，系为以和平解决而达共和之目的。"⑤南北统一以后，所谓"压迫"问题已不存在，孙中山仍然坚信他推袁为总统是完全正确的。9月，他主张在十年之内，"仍宜以袁氏为总统"⑥。10月，他在一次向国民党党员发表的内部讲演中说："当南北统一之顷，余即推荐袁大总统，因平日甚慕其为人"。"欲治民国，非具新思想、旧经练、旧手段者不可，而袁总统适足当之。故余之荐项城，并不谬误"。还号召全体国民党员嗣后"当以全力赞助政府及袁总统"⑦。凡此充分说明，"压迫"之说纯系子虚乌有。

---

① 胡石庵：《湖北革命实见记》，见《辛亥革命在湖北史料选辑》，39~40页。
② 《闵尔昌旧存有关武昌起义的函电》，载《近代史资料》，1954年第1期。
③ 《孙中山全集》，第1卷，547页。
④ 《孙中山全集》，第1卷，576页。
⑤ 《孙中山全集》，第2卷，38页。
⑥ 《孙中山全集》，第2卷，440页。
⑦ 《孙中山全集》，第2卷，484~485页。

评价立宪派同评价任何党派和历史人物一样，都要尊重历史实际，摆事实，讲道理，实事求是，公正持平。不能以派划线，全凭个人好恶，捕风捉影，妄加揣测，乱扣帽子，乱打棍子。只有这样，才能客观地分析革命派和立宪派在辛亥革命中所起的作用，正确地总结历史经验教训。

（三）未独立省区

山东

武昌起义后，同盟会山东支部主盟人徐镜心与立宪派丁世峄、侯延爽、曲卓新自日本归国，到济南联络立宪派夏溥斋等人，运动咨议局迫令巡抚孙宝琦宣布独立。① 咨议局原为"六二党"把持，依附官府，革命党人和部分立宪派人士都主张推翻咨议局，"六二党"中的少数人如张汉章、朱承恩也很同意。经过几天酝酿发动，11月5日，革命派与立宪派向孙宝琦提出8项条件，要求代奏：1.政府不得借外债充军饷；2.政府立即停战，南军无论提出什么要求，必须允许；3.驻鲁新军不得调遣出境；4.暂停应解协饷，留作本省之用；5.宪法须注明中国为联邦国体；6.地方官制和地方税皆由本省制定，政府不得干涉；7.迅速修订咨议局章程，作为本省宪法，本省得自由改定；8.本省有练兵保卫地方之自由。如不答应，即宣告独立。孙宝琦表示为难，经夏溥斋和丁世峄等反复陈说，始允代奏。7日，各界代表召开大会，立宪派的丁世峄、周树标、王志勋、曲卓新等同与会者一起推翻了咨议局，组织了山东各界联合会，作为立法和监督行政的最高机关，夏溥斋当选为会长，委丁世峄为秘书长。不久，第五镇部分官兵要求独立。13日，联合会邀约各界人士召开大会，与会者多主独立。孙宝琦尚在游移，夏溥斋即向大家宣布，"孙抚台已经承认全省宣布独立了"。丁世峄马上将预先写好的独立宣言拿出来贴在台上。继之，推选孙宝琦为都督，第五镇代理统制贾宾卿为副都督。已经当上清内阁总理大臣的袁世凯绝不能允许山东独立，没几天便唆使第五镇中反对贾宾卿的部分官兵迫使孙宝琦取消了独立。旋又派张广建、吴炳湘接管了政权，解散了联合会。夏溥斋等与革命党人讨论今后办法，一派主张赴南方，推举革命党人谢鸿焘和立宪派雷光宇为代表；另一派主张去北方相机进行，推举夏溥斋和丁世峄为代表。② 张汉章等仍在山东继续活动，据其向梁启超报告，"现正联合同

---

① 参见孙丹林：《山东辛亥革命之经过》，见《山东文史资料选辑》，第12辑。
② 参见夏莲居：《山东独立前后》，见《辛亥革命回忆录》五。

志，重张旗鼓，以洗此羞"①。

河南

革命党人谋响应革命之始，咨议局的多数议员包括前议长杜严、秘书长胡石青即加入其中，咨议局成为秘密机关之一，"于是同盟会员与非同盟会员遂为半公开的大联合"②。咨议局"站在同盟会一方面，掩护着盟友活动，担任对官府的应付"，"致电上海赞助革命，派人赴陕、鄂联系，更有人去到豫西发动民间武力参加陕西的东征军"③。曾计划于11月10日"宣布独立"，但"未果"④。

11月下旬，咨议局通电赞成召开国民会议，决定国体问题。12月7日甫定议和，便致电内阁，要求"承认共和"⑤。16日，再电内阁，声明如不实行共和，"以不纳租税相抵制"⑥。22日，革命党人预定在开封起义，咨议局正副议长都参与了谋划，因混进坏人，张钟端等数十人被捕，咨议局立即出面保释出一部分。继之指斥内阁在议和期间进兵陕西、山西及安徽，违背公理，破坏和谈。⑦ 1912年1月2日，咨议局听说政府对于议和欲图反汗，极为气愤，又电内阁强硬声明："人民希望共和已达极点"，"倘和议稍有更动，河南人民誓与朝廷断绝关系，宁死不纳租税"⑧。此外，还纠举营务处商作霖擅毙革命党人。⑨

咨议局的一系列言行招致反动派的攻击诋毁。张镇芳、赵秉钧等30余人特致函袁世凯，指控议员"举止离奇，多方煽惑"，秘密起义；"暗助南军"，反对剿灭陕西民军，认省内"匪党"作民军；密电上海，"专俟北伐队到，即当率众前驱"；"自绝于朝廷"，要袁转饬河南巡抚齐耀琳将咨议局解散。⑩袁令齐耀琳办理，但事实上咨议局没有解散。

1912年1月下旬，袁世凯得到南方革命党人选其为总统的许诺，随即暗示其

---

① 《梁任公先生知交手札》一，555~556页。
② 邹鲁：《中国国民党史稿》，第4册，984页；冯自由：《革命逸史》三集，275页。
③ 张钫：《河南辛亥革命的回忆》，见《辛亥革命回忆录》八，221、223页。
④ 《辛亥河南革命事略》，见《各省光复》下，148页。
⑤ 《辛亥革命》八，148页。
⑥ 《大公报》，1912年1月4日。
⑦ 参见《盛京时报》，1911年12月26日。
⑧ 《辛亥革命》八，157页。
⑨ 参见郭孝成：《河南革命惨史》，见《辛亥革命》七，363页。
⑩ 参见《张镇芳、赵秉钧等致袁世凯函》，中国社会科学院近代史研究所档案。

亲信王锡彤到河南搞独立活动。王锡彤以前曾有独立之想，经与王祖同谈话后，已被王祖同的"上书朝廷，请愿共和，仍隶中央，不标示独立，则官可不更，'土匪'将无用"的说教所折服，同时认为河南是袁世凯的家乡，独立有损袁的威望，因此改为主张"请愿共和，不标独立"。袁大称善。王锡彤与王祖同遂至开封向齐耀琳和各界人士说明意图。立宪派因为此举在促成共和而表示谅解，前咨议局议长杜严，现议长方贞，副议长张嘉谋，议员胡汝麟、王敬芳等，给了王锡彤的活动以很大帮助。①2月5日，咨议局呈请齐耀琳代奏，"即时宣布共和"②。这时已距清帝退位没有几天了。

　　直隶

　　直隶总督陈夔龙、天津防务大臣张怀芝俱是反对革命的死硬派，革命力量又十分弱小，立宪派的处境相当困难。就在这种困境下，直隶立宪派仍然响应革命，力促共和实现。

　　咨议局议长阎凤阁和许多知识分子"都同情革命事业，有的公开宣传，有的组织群众参加斗争"③。立宪派的革命倾向性最明显地表现在对驻滦州新军第二十镇统制张绍曾和第六镇统制吴禄贞起义的支持上。革命党人王葆真策动张绍曾起义时，张颇担心兵饷无着。为此，王葆真于10月26日到天津会见了正副议长阎凤阁、王振尧和议员孙洪伊、齐树楷等。当王谈到张绍曾同情革命，但不知桑梓父老意见时，"阎议长和各位议员听到这话，表示非常高兴"。次日上午，王葆真对50余位议员讲了革命形势，提出希望合作，共成义举。"词毕，各议员多表赞同。继由阎议长与几位议员密商，即推王法勤、孙洪伊两人代表咨议局赴滦州访问张绍曾，表示二十镇如宣布起义，经过天津组织政府，顺直咨议局完全担任筹拨军饷，按时供应。"④孙洪伊还"日以秘密电函与各省通声气，约托同志，四出运动，并为吴公禄贞密谋光复"⑤。吴禄贞被刺后，张绍曾势孤，离开二十镇，孙洪伊仍不灰心，约王葆真介绍到津的张绍曾部下燕谈，"希望滦军能有新的办法"，

---

① 参见王锡彤：《抑斋文集》卷4，17~18页；卷5，29~30页，1939年。
② 《辛亥革命》八，179~180页。
③ 陈之冀：《北地见闻散记》，见《辛亥革命回忆录》五，432页。
④ 王葆真：《滦州起义及北方革命运动简述》，见《辛亥革命回忆录》五，403~404页。
⑤ 陆乃翔：《孙公洪伊行状》，载《河北月刊》，第4卷第10期。

并与王"相商同赴滦州接洽"①。以后咨议局密派议员李津舟和裴廷楫等到滦州"调查情形",与革命党人"约在天津响应,购置军火备补充,欣然即返"②。可惜滦州起义军尚未到达天津就被袁世凯血腥镇压了。另有立宪派人士胡源汇到迁安运动军队起义。③

立宪派不仅支持革命,自身亦谋取独立。吴禄贞、张绍曾联合攻取北京的计划失败后,咨议局议员联合士绅迭次开会,要求陈夔龙仿效山东,布告独立④,"一倡百和,情形激烈"。陈夔龙坚决不允,声言"遇有作乱犯上,扰害地方者,杀无赦"。张怀芝亦以"严阵以待","兵力制伏"相威吓。立宪派没有武力做后盾,独立计划未能实现。⑤

谋取独立不成,咨议局进一步致电清政府,要求迅速"组织共和政体"⑥。接着,与士绅共同发起,11月17日成立了保安会,公举阎凤阁、王劭廉、李榘为正副会长。20日,阎凤阁等便晋京谒见内阁总理大臣袁世凯,"主张改组共和政体",实行停战,召集国民会议决定国体,不得借外债作为战费。⑦ 11月25日,咨议局和保安会再致电忠告载沣,要清帝退位。12月3日,又电朝廷立即自行"宣布共和"。1912年2月9日,咨议局唯恐清帝退位有变,再电内阁,要求"迅速宣布"⑧。

咨议局与南方革命派函电往来,派代表参加南方会议,不承认资政院等,都表现了立宪派的政治立场。个别坚持君主立宪的也有,如《民兴报》经理刘孟扬就是。

奉天

奉天咨议局内部分为两派,一派以议长吴景濂为首,与革命派比较接近;一派以副议长袁金铠为首,与官方比较接近。在辛亥革命中两派的表现完全不同。

据一个告密分子向东三省总督赵尔巽报告,咨议局"内中革党不少"⑨。革命

---

① 王葆真:《滦州起义及北方革命运动简述》,见《辛亥革命回忆录》五,407页。
② 罗正纬:《滦州革命纪实初稿》,见《辛亥革命》六,346页。
③ 参见王葆真:《滦州起义及北方革命运动简述》,见《辛亥革命回忆录》五,407页。
④ 参见《盛京时报》,1911年11月14日。
⑤ 参见陈夔龙:《梦蕉亭杂记》卷2,65~66页,上海古籍出版社,1983年。
⑥ 《大公报》,1911年11月14日。
⑦ 参见《大公报》,1911年11月20、25日。
⑧ 《辛亥革命》八,143、144、182页。
⑨ 中国第一历史档案馆编:《清代档案史料丛编》,第8辑,60页,中华书局,1982年。

党人云集省城以后,首领张榕便与吴景濂、新军协统蓝天蔚密商,准备"联集志士,迫总督赵尔巽反正,宣告独立"①。当时舆论均认为张绍曾充当都督最为理想,吴景濂曾派李德珊持其亲笔信前去约张,张因故未同意。②张榕、吴景濂等乃计划召集各界领袖会议,成立保安会,逼赵尔巽出走,然后举蓝天蔚为关外都督,吴景濂为奉天民政长,宣布独立,"实现东三省革命"③。赵尔巽得知咨议局和革命党人"力图独立"④,急檄调防军统领张作霖率部赴省,预为防范。11月12日,吴景濂依照革命党人计议,召开保安大会,选举赵尔巽为会长,伍祥祯、吴景濂为副会长,袁金铠为总参议长,蒋方震、张榕为参议副长。由于赵尔巽陈重兵于会场之外,张作霖持枪大肆威胁,张榕与吴景濂未能达到目的。旋赵尔巽将蓝天蔚开缺,蓝天蔚出走。张榕遂约吴景濂、柳大年等另创联合急进会,"将以响应南方,牵制北军势力,使清帝不敢东归,赵督不敢中立"⑤。11月17日,联合急进会成立,举张榕为会长,吴景濂为参议。后议决张榕留省,吴景濂代表关东赴沪。行前,一批青年找到吴,吴要他们去庄河联庄会首领、革命党人顾人宜处,"向顾求援,以充实枪械"⑥。吴赴上海后,仍有少部分议员经常至张榕家开会。⑦在府县的议员如康平的李冠英也参加了革命活动。⑧

袁金铠于武昌起义后认定,"东省处特别地位,能保一日之安,即可免一日之祸"⑨,积极追随赵尔巽,同革命党人及其支持者吴景濂等作对。当赵尔巽征求对时局的意见时,袁金铠进献三策:上策为"整军保境,镇慑革命";中策为"遥作勤王,静观事变";下策为"响应民军,甘居叛逆"。赵尔巽采纳了他的上策。张榕、吴景濂曾把筹组保安会的意图告知了袁金铠,袁竟向赵尔巽告密,致使赵早有准备,迫使咨议局独立计划流产。⑩其后,他又向赵献计"和平劝谕"革命党

---

① 辽宁省档案馆编:《辛亥革命在辽宁档案史料》,146页,1981年。
② 参见张根仁:《关东革命始末记》,见《辛亥革命》七,403页。
③ 邹鲁:《中国国民党史稿》,第4册,962页。
④ 《宣统政纪》卷40,56页。
⑤ 《辛亥革命在辽宁档案史料》,143页。
⑥ 宁武:《东北辛亥革命简述》,见《辛亥革命回忆录》五,548页。
⑦ 参见《清代档案史料丛编》,第8辑,73页。
⑧ 参见《清代档案史料丛编》,第8辑,58、67页。
⑨ 袁金铠:《佣庐经过自述》卷1,11页,1935年。
⑩ 赵夏山:《我所知道的袁金铠》,见《吉林文史资料选辑》,第4辑。

人出省，或用极严厉手段"驱逐出境，稍有逗留，即行法办"。还建议"即动勤王之师，派陆军巡防提兵前往，驻扎山海关外，奏明皇上，并通电各省，与武昌革军要求实行停战，实行君主立宪。有不从者，号召勤王之师而剿灭之"。并表示："倘我帅欲建此非常之业，铠愿从事戎行，一抒怀抱，若蹈危险，甘如饴也。"①丧心病狂地要亲自镇压革命。11月30日听到辽城"有警"，他立电管带黄建中"剿之"②。另一个副议长孙百斛也站在袁金铠一边。吴景濂离奉后，咨议局在他们把持下成了赵尔巽"勤王"的得力工具。1912年1月中旬，咨议局和其他团体讨论议和问题，"均以中国国势民情非君主立宪不可，且对于革军种种行为多有不满意之处。遂共同议决致电晋京代表暨黑、吉咨议局，抱定君主立宪主义，并要求内阁将议和作罢，以兵力痛剿革党。"③他们在致晋京代表函中荒谬绝伦地说，"剿灭革党非惨杀同胞"，"非与国民宣战"，"乃救全国人民"。"为今之计，只可请将召集国会谕旨收回成命，宣示主战"。要求代表转达政府采纳施行。④1月20日，袁金铠听到清帝将退位的消息，立即鼓动咨议局联合其他团体致电内阁说："东省人士拥戴君主，矢死不能移。"对于逊位之说，"万不敢承认"⑤。并请赵尔巽嘱军界力争，"以冀挽回于万一"⑥。至2月上旬，咨议局主张君主立宪依然"达于极端热点"⑦。清帝退位、共和已成定局后，袁金铠仍顽固不化，拟定"反对共和十二条"，妄想迎宣统皇帝到东北，或另立近支皇族为临时皇帝，把东三省变成坚持君主立宪的独立王国。⑧赵尔巽以袁"赞襄"有功，特奏请以四五品京堂补用。⑨袁金铠对于自己对抗共和的"杰作"非常得意，在一封信中写道："东人有言，赵某（尔巽）能于此时尚不断送东三省，真是伟人云云。其实弟之主持力最大，无怪彼党恨弟已极，欲得而甘心，以为赵之所为皆弟之所为也。"⑩

---

① 《清代档案史料丛编》，第8辑，91~92页。
② 袁金铠：《佣庐经过自述》卷1，11页。
③ 《盛京时报》，1912年1月17日。
④ 参见《盛京时报》，1912年1月18日。
⑤ 《清代档案史料丛编》，第8辑，134页。
⑥ 《清代档案史料丛编》，第8辑，132页。
⑦ 《大公报》，1912年2月8日。
⑧ 参见《清代档案史料丛编》，第8辑，208页。
⑨ 参见袁金铠：《佣庐经过自述》卷1，11页。
⑩ 袁金铠：《佣庐日记语存》卷2，13页，1935年。

除袁金铠、孙百斛外,曾有翼、李树滋、荣升也未改变君主立宪立场。赵德函、金万福还发起成立了君主立宪保和会。

吉林

吉林的革命党人没有发动武装起义的准备,巡抚陈昭常和新军统制孟恩远都极端反对共和。立宪派顾虑重重,但还是尽可能地想摆脱清王朝统治。11月中旬,咨议局曾召集议员和绅董开会通过一项决议:"政府势力薄弱,不能行其政令,凡吉林省之事,吉林自当设法处置。若政府不能容我等之决议,或有他种要求,必以上事件拒绝之。"当即电告北京政府,促其回答。① 清政府没有同意。16日,陈昭常奉赵尔巽之命成立吉林保安会,教育界倡议独立,咨议局议长庆康则站在地方当局一方。18日研究保安会章程时,教育界坚持非独立不可,"议员中表同意者甚多,绅界亦默示承认"②。庆康却以大势已决,劝告大家接受既成事实,"诸生无奈,遂亦赞成"③。此后咨议局即与陈昭常取同一态度,反对清帝退位,而部分立宪派人士革命的决心反而更加坚定了,松毓、李芳、何印川、文耆就是其中的佼佼者。他们集众召开各界联合会,迫咨议局派何印川赴上海参加南方召集的各省代表会议④,"屡倡独立"⑤,因无实力,未能实现。松毓对"专制毒祸"切齿痛恨⑥,尤急切盼望早日实行共和。他不顾当局的迫害,发表意见书,"鼓吹共和主义"⑦。又致函孙中山,请其打倒袁世凯,打倒张作霖和冯麟阁,以救东三省人民于水深火热。⑧

黑龙江

黑龙江咨议局中也有同情支持革命的议员,孙中山的代表秦广礼到省城齐齐哈尔发动革命时,受到"进步议员等多人的欢迎"⑨。但议长李品堂(1911年5

---

① 参见《盛京时报》,1911年11月18日。
② 郭孝成:《东三省革命纪事》,见《辛亥革命》七,400页。
③ 《盛京时报》,1911年11月26日。
④ 参见《清代档案史料丛编》,第8辑,148页。
⑤ 《清代档案史料丛编》,第8辑,142页。
⑥ 参见《申报》,1912年1月30日。
⑦ 《盛京时报》,1912年1月10日。
⑧ 参见《申报》,1912年1月30日。
⑨ 才子明:《在黑龙江参加辛亥革命运动的回忆》,见《辛亥革命回忆录》五,581页。

月接替王鹤鸣任议长）表现很坏，不唯不赞助学界鼓吹独立，"反持破坏主义"①。在他的把持和巡抚周树模的高压政策下，少数进步议员难以有所作为，咨议局成为反对共和的急先锋。朝廷决定召开国民会议解决国体问题后，1912年1月3日，咨议局做出决议，"极端主持君主立宪"②。以后又电资政院和各省咨议局，要求开会地点定在北京，指斥民军主张在上海开会就是"侵我多数国民之公权"，"假托共和，实行专制"。声称若在上海"急率从事，勿论决定如何国体，断难承认"③。

甘肃

甘肃僻处西陲，经济文化落后，没有突出的立宪派人士。辛亥革命爆发以后，咨议局一直站在地方当局一边，筹办团防，与革命为敌。1912年1月6日，正副议长张林焱、刘尔炘、刘光祖等通电声称：如确定君主立宪政体，自当唯命是从，"倘力持共和主义"，"决不承认"④。直到清帝退位后的3月15日，他们见大势已去，始表示拥护共和。

上述表明，未独立省区的许多立宪派人士不顾当局的高压和处境困难，仍尽最大的努力，通过各种方式，表达了对革命的响应和支持。他们千方百计联络革命党人和新军发动起义，准备武装夺取政权；利用咨议局和社会团体的力量逼迫督抚宣告独立；威胁政府赞成共和；迫使清帝退位；公然反对政府剿灭民军。他们是活跃在清政府统治区域内的一支特殊部队，搞得政府坐卧不安，焦头烂额。他们的行动牵制了部分清军南下，减轻了民军的压力，间接支援了革命；同时，表达了清政府统治区域内人民迫切要求共和的愿望，使清政府感到更加孤立；成为促使清王朝垮台、民国成立的又一因素。辛亥革命的胜利也有他们的一份贡献在内。

少部分人仍然坚持君主立宪，反对共和，他们控制下的咨议局附和督抚，倡言自保，阻碍了当地独立活动的开展。

（四）北京党团的活动

北京是朝廷所在之地，清政府的统治中心，不仅防范戒备一向森严，而且封

---

① 《申报》，1911年12月5日。
② 《清代档案史料丛编》，第8辑，112页。
③ 《盛京时报》，1912年1月19日；《申报》，1912年1月10日。
④ 《辛亥革命》八，158页。

建势力根深蒂固。这里的革命党势力特别弱小,但由于是京师的缘故,倒成为立宪派的云集之地。武昌起义之后,立宪派人士受到很大震动,产生了分化,不少人纷纷返回本籍,从事于独立运动。如宪友会的3名常务干事都先后离开了北京,总部也处于瘫痪状态。不过还有部分会员因要参加资政院第二届会议而逗留于北京,他们的思想尚未转变过来,"咸以在中国衰弱之下,不堪再加破坏,一旦破坏,适足造成强国侵略之机"①,仍打着党的旗号活动,然而只能代表他们自己,不能再代表全党的意思了。如宪友会江苏支部听说在京各党团11月初准备派人与奕劻协商改革政治的消息,即致电总部说,现在还进行这种活动,"无异与虎谋皮,可哀可耻。总部如亦与闻,本支部决不承认"②。某些立宪团体如预备立宪公会鉴于革命形势的迅猛发展,自感"已无活动之余地",特正告在京的副会长孟昭常"勿用全体名义"③。

1911年10月30日朝旨命令将宪法交资政院协赞之后,宪政实进会的文斌等人,宪友会的黄远庸等人,辛亥俱乐部的隆福等人,八旗宪政研究会的恒钧等人,预备立宪公会的朱福诜等人,宪政公会的陆鸿逵等人,即集会对此事进行了讨论,认为"今者时局阽危,京师震动,亟宜实行立宪,以消革命之源"。制定宪法为立宪的关键,要制定一部好宪法,必须解决好政治上的问题。为此,他们联合拟出关于宪法和皇室大典方面的建议16条,政治方面的建议5条,要求资政院请旨颁布施行。④这次上书之后,除宪政实进会外,其他几个党团的活动都停止了。

宪政实进会的领导层多为钦选议员和官员,离京的很少,尚能从事正常的活动。10月31日,该会通电各省咨议局和各团体说,朝廷已不准亲贵充当内阁大臣,宪法交资政院协赞,开释党禁,并下罪己诏,实行立宪,"请即布告,以慰人望"⑤。遭到各省团体的反对。11月下旬,该会讨论了君主立宪和民主立宪问题,结果多数决计主张君主立宪。⑥后见形势大变,也不再坚持。1912年1月2日,该会代

---

① 管翼贤:《北京报纸小史》,见杨光辉编:《中国近代报刊发展概况》,422~423页,新华出版社,1986年。
② 《申报》,1911年11月3日。
③ 《申报》,1911年11月3日。
④ 参见一档档案:资政院档,2号。
⑤ 《盛京时报》,1911年11月2日。
⑥ 参见《大公报》,1911年11月25日。

表于邦华、宋育仁与全国联合进行会、临时国民公会代表张琴、朱通儒等，呈请内阁，"宣布帝国共和"。主张"尊皇帝为大圣皇，宣布共和政体，召集国会，公举大统领（即大总统），草拟宪法，实行共和立宪"。在这种政体下，"大圣皇"世世承袭，无政治责任；"大统领"由国会公举，有统治全国之权，于政治负完全责任。要求电达伍廷芳，正式订约，颁布施行。① 其直隶分会于武昌起义后选举了各股股长。

11月中旬，杨度与刚从监狱释放出来不久并投靠袁世凯的革命党要员汪精卫共同发起成立了国事共济会。此会总部设于天津，其策划与活动则在北京。12日，杨度即约集汪荣宝、黄远庸、范源廉等立宪派与汪精卫商议，决定组织国事共济会。② 继之发表宣言书，声称：君主立宪党与民主立宪党的目的，"不过成立立宪国家，以救危亡之祸而已"。现在南北以重兵相持，无论孰胜孰败，必然造成生民涂炭，财力穷困。"以保一君主为目的，而使全国流血，君主立宪党所不忍出也；以去一君主为目的，而使全国流血，民主立宪党所不忍出也"。发起此会，就是为了和平解决君主立宪与民主立宪的问题，要求南北停战，召集国民会议，以国民之意公决，无论所决如何，君宪、民宪两党必须服从，否则即为国民公敌。③ 意在制造和谈空气，以适应袁世凯的政治需要。旋杨度将此意陈请于资政院。资政院王公议员极力反对。再呈内阁代奏，亦无下文。汪精卫在南方的活动同样碰壁。这样他们便陷入了困境，不得不于12月4日宣布解散。该会在奉天设有分会，正副会长为申钟岳、荣升。

1912年1月，袁世凯有了当总统的把握，采取各种办法进行逼宫，杨度遂组织共和促进会予以配合。1月25日，杨度与薛大可、刘焘和、曲卓新、王赓、寨念益、梅光羲、周大烈、陆鸿逵、乌泽声、刘泽熙、舒鸿贻、籍忠寅、邵羲，共同在京召开了共和促进会发起大会。次日发表了宣言，说："革命事起，东南十余行省已在共和旗帜之下，欲求中国之保全，先求南北之统一；欲求南北之统一，先求北方之实行共和。"现在朝廷准备逊位，而亲贵王公及顽旧之徒忽大张君主立宪之帜，不遗余力地破坏阻挠，安心亡国。故应时势之要求，鉴国民之心理，

---

① 参见《辛亥革命》八，161~166页。
② 参见《汪荣宝日记》，1911年11月12日。
③ 参见《国事共济会宣言书》，载《大公报》，1911年11月19日。

发起此会，勉尽匹夫之责。① 加入者500余人。他们向袁世凯提出两条要求：一是停战期满不再开战；二是由内阁请旨宣布共和，不再谋于败坏国事之王公大臣。② 它的成立表明了这部分立宪派人士立场的转变，由于其主张共和，与满族亲贵为首的宗社党对抗，客观上是有利于促进清帝退位、共和实现的。

在清帝退位消息传出、袁世凯加紧逼宫之际，许多亲贵和忠于清室的满汉士民纷纷高揭君主立宪旗帜，企图保住大清王朝，少数立宪派人士如文耀、恒钧、康士铎等也参加了这一行动。

（五）梁启超

面对武昌起义后的政治形势，在日本的梁启超与其师康有为对今后的行动策略进行了密商。10月29日，梁在给徐勤的信中提出这样一个计划：联络军咨大臣载涛和统制吴禄贞，利用他们掌握的禁卫军和第六镇士兵，驱逐总理大臣奕劻和度支大臣载泽，以载涛为总理，斩盛宣怀以谢天下，立即召开国会。"当选举未集时，暂以资政院、咨议局全数议员充国会议员，同时下罪己诏，停止讨伐军，极言今日时势不容内争。令国会晓谕此意，然后由国会选代表与叛军交涉。" "告以国会既揽实权，则满洲不革而自革之义，当能折服；若其不从，则举国人心暂归于平和党，彼无能为力矣，政府一面仍下诏废八旗，皇帝自改汉姓，满人一切赐姓，以消除怨毒。"③ 何天柱谓此函多不实之词，但参照其他史料，这一计划还是大致可信的。载涛过去主张速开国会，开放党禁，梁启超对之颇有好感。吴禄贞早与梁认识，梁因其握有兵权，也极为推重，期望甚殷，亲自写信鼓励吴担负起"起衰措安"的重任。④ 这就是梁把希望寄托在载涛和吴禄贞身上的原因，也是其制订此一计划的依托。关于这一计划，在此之前，康有为在给徐勤的信中也扼要地讲了，只是稍微简略隐晦而已。⑤ 11月3日，梁将这一计划概括为"和袁慰革，逼满服汉"的八字方针。⑥ 这个方针所针对的对象有三个，一是与袁世凯联合；二

---

① 参见《申报》，1912年2月5日。
② 参见《申报》，1912年2月5日。
③ 丁文江等编：《梁启超年谱长编》，554页。
④ 参见丁文江等编：《梁启超年谱长编》，562页。
⑤ 参见丁文江等编：《梁启超年谱长编》，557页。
⑥ 丁文江等编：《梁启超年谱长编》，558页。

是逼清帝将全部政权交给国会，使其变成一个"坐支干脩的废物"①，实行真正的英国式宪政，迫其与满洲八旗一律同化于汉人；三是对南方革命党人进行慰抚说服，反对剿伐。在湖北、湖南、陕西独立之后，他们还做如此之设想，无疑是很不明智的，但并非维护清王朝的封建统治，不与革命为敌的态度也是十分明显的。

11月6日，梁启超离日返国，9日抵大连。这时吴禄贞已遭暗杀。梁闻知后又把希望寄托于张绍曾和蓝天蔚。11日抵奉天后，他对赵尔巽谈了自己的政见，认为"此次革命党之举动极有秩序，诚足令世人惊服"，且迫使朝廷颁布宪法信条19条，"其收获亦极丰"。但其为改民主至不惜革命流血，未免"视君主太重，视民命太轻"。"革命军若知及时偃武，则国家之福祉皆革命军之所赐也"。否则必造成内乱不止，引起外国干涉。②继之张绍曾又被解除兵柄，同时听说蓝天蔚将对其不利，他又匆匆返回了日本。

11月16日，袁世凯在京组阁，以梁启超为法律副大臣。梁立电袁辞职，反对政府主战，建议在北京、武昌两地之外选择一地，速开国民会议，讨论决定国体问题。袁为了利用梁，再函电劝驾，催其北上，梁亦想乘此与袁捐弃前嫌，只是他考虑自己的长处在于"以言论转移国民心理"，而要做到这一点，就不能不与政府断绝关系，故致函罗惇融，嘱其将此意转告袁世凯，始终未就法律副大臣之职。③

其后，梁启超发表了《新中国建设问题》，主张实行"虚君共和制"。南北两方均未予理会。对于今后如何行动，其亲近友好提出种种意见，有的建议他不要再谈保存皇族，免为全国公敌；有的主张他亲自整军经旅，驰骋中原；有的说他应养晦待时，徐观后变。至清帝退位之局已定，他们应取何种策略，说法也颇不一。有的认为袁世凯相待并非真心，对袁亦但可虚与委蛇；有的主张联袁，借其势力发展壮大自己；有的劝梁公开表示赞成共和，如康有为反对，那就各行其是，从此分手；有的认为孙中山、袁世凯两派有组织大政党的希望，但在行动上难以与其保持一致，主张加入黎元洪的民社。梁启超怕引起误解，虽有赴沪赴京之心，终于未能成行。

---

① 丁文江等编：《梁启超年谱长编》，553页。
② 参见《盛京时报》，1911年11月22日。
③ 参见丁文江等编：《梁启超年谱长编》，569~570页。

二、资政院于四面楚歌中消逝

（一）修改资政院章程

第一届资政院会议以后，军机大臣一直对议员的弹劾耿耿于怀，故将正副总裁溥伦、沈家本调离，改以世续、李家驹代之。同时，打算修改院章，限制议员权力。皇族内阁成立，引起全国人民愤慨。新内阁深恐第二届会议时难以答复议员的质问，演出更为激烈的弹劾倒阁风潮，益思修订院章，严加限制。在他们要求下，1911年6月26日，载沣下令资政院正副总裁会同内阁总协理大臣修改院章。

这道命令引起立宪派的愤懑，他们认为院章为国家大法，不让议员预闻，蔑视立法机关太甚。政学会和宪政实进会都决定如将重要条文删改，不经议员同意，决不承认。

7月3日，资政院和内阁将修改过的章程奏进。

新章与原章相异之点颇多，如将总裁、副总裁各2人，改为各1人；将非有议员2/3以上到会，不得开议，改为1/2以上；增添了"议事日表以特旨及奏请交议事件列前，其因紧急事件改定议事日表者，由行政衙门同意之"等等。而最重要的则为下列几点：1.将原定咨议局与督抚异议事件，咨议局之间互相争议事件，"均由资政院核议，议决后由总裁、副总裁具奏，请旨裁夺"，改为"除关于行政事宜咨送内阁核办外，其余均由资政院核议，议决后由总裁、副总裁咨会国务大臣具奏，请旨裁夺"。咨议局与督抚异议事件多属行政范围，这样一改，不仅缩小了资政院的权限，扩大了内阁的权限，连资政院单独具奏的权力都被取消了。2.将原定"各省咨议局如因本省督抚有侵夺权限或违背法律等事，得呈由资政院核办"删去。理由是业经申明改归行政审判院办理，而该院定于本年成立。3.将原定遇有紧要事件，资政院可奏明召开临时会，改为由特旨召集。此条不改，资政院犹可以临时会解决重大紧急问题，阻止纠正政府的违法行为。所以立宪派对修改这一条极端不满，斥之为"独裁政治"①，表示一定要争回此权。

资政院议员对新章是不满的，但他们看透了内阁，认为此时争之无益，决定到资政院开会时再与之较量。

---

① 《论资政院新旧院章之异点》，载《大公报》，1911年7月12日。

总裁世续与副总裁李家驹意见不合，见议员对新改章程不满，预料开会时所提议案很难措置，决心辞职，从7月下旬开始请病假，一续再续。8月31日，载沣命李家驹署理总裁，达寿署理副总裁。

（二）第二届资政院会议

召集议员之前，在京的一些议员极为关注保路运动，要求总裁转告内阁，不能听赵尔丰一面之词，认蒲殿俊等"为乱党首要"①。四川民选议员因连日为赵尔丰倾陷蒲殿俊等人、枪杀良民奔走呼号，无补于事，深感愧为本省代表，提出辞职，总裁予以慰留。

内阁对于此届资政院会议深怀疑惧，数度找李家驹、达寿商议预防办法，同时密令钦选议员要看总裁眼色行事，不得随声附和民选议员。

正在议员和内阁双方准备的时候，10月10日湖北革命党人发动了武昌起义，12日占领武汉三镇，组织军政府，推黎元洪为都督，汤化龙通电各省咨议局响应革命。这时，列强大造"非袁不能收拾"的舆论，内阁总协理大臣奕劻、那桐、徐世昌亦乘机提出重新起用袁世凯，载沣为维护清王朝的统治，忍痛于14日授袁为湖广总督，督办剿抚事宜，节制赴前线水陆各军。袁世凯嫌官小权轻，想报复开缺之仇，复电足疾未愈，不能上任；但又表示病好即可出山，给重新任命留下余地。陆军大臣荫昌到前线督师，北洋军不听调遣，京山、天门、黄州、宜昌等地相继为革命军夺得。内阁为前线紧急的军情忙得不可开交，除了不准讨论革命党人起义，已无暇过问资政院的事情了。资政院就是在这种情况之下，于10月22日举行开幕典礼的。

由于辛亥革命爆发，许多民选议员均未赴会，总计到京议员120余人，其中钦选议员居多。

23日，资政院召开第一次会议。牟琳提出修改的资政院章程必须交院议决，方有效力，得到多数赞成。

25日，召开第二次会议，此时湖南、陕西业已独立，九江新军起义。议员目睹革命烈火大有燎原之势，对于政府提出的议案俱都不愿讨论，一律交付审查。紧接着民选议员提出本标兼治，以救危亡具奏案。所谓"治标"，一是"猛治"，

---

① 《大公报》，1911年9月24日。

即严惩造成川变和鄂乱的罪魁祸首邮传大臣盛宣怀、川督赵尔丰和弃城逃到轮船上的鄂督瑞澂；二是"宽治"，即将铁道国有、铁路公债条例迅交资政院讨论，释放蒲殿俊等人，设法招抚解散川鄂"乱民"。"治本"的办法在于迅速组织完全责任内阁，明年召开国会，宪法交资政院协赞。① 立即获得全体一致通过。继又提出纠参"误国祸首"盛宣怀案，并涉及内阁总协理大臣，亦获通过。

26日，载沣同时颁下几道上谕。一、将修改的资政院章程交院协赞；二、将盛宣怀革职，永不叙用，奕劻、那桐、徐世昌于盛宣怀具奏时率行署名，交该衙门议处；三、将赵尔丰交内阁议处，释放蒲殿俊等9人以及在武汉被拘的萧湘。

在27日的第三次会议上，于邦华等提出顺人心以弭乱本具奏案。经过讨论，大家决定将其一分为三，即罢亲贵内阁、宪法交院协赞、解除党禁。次日，开第四次会议，通过了三个奏稿。

在资政院讨论折稿的时候，北方发生了两起惊人事件。27日，第二十镇统制张绍曾联合统领伍祥祯、潘矩楹、卢永祥、蓝天蔚，突然电奏"改定宪法，以英国之君主宪章为准的"。末附政纲12条，主要条款有：立开国会，本年之内召集；宪法由国会起草议决，君主不得否决；宪法改正提案权专属国会；皇帝直接统率海陆军，但对内使用应遵守国会议决之特别条件；国事犯一律特赦擢用；组织责任内阁，总理大臣由国会公举，皇族永远不得充当总理和国务大臣；增加人民负担及媾和等国际条约，由国会议决；上议院议员由国民从有法定资格者中公选；军人有参议宪法、国会选举法及解决国家一切重要问题之权。② 军人的奏请非同一般，折中"当此时局岌岌，亿众之向背，实为可虞，万一中途遄征，军心不固，大局益陷于不可收拾之地"③ 的话，更令朝廷和内阁心惊肉跳。29日，山西新军起义，击毙巡抚陆钟琦，成立军政府。这又使朝廷和内阁震惊异常。次日，云南又宣告了独立。

昔日立宪派进行和平请愿时，再三警告当权者不要丧失人心，当权者不屑一理；而今天下响应革命，他们方才知道丧失人心的可怕了。奕劻惊呼："现所患

---

① 参见《清末筹备立宪档案史料》上册，364~365页。
② 电奏时间史料记载不一，此依罗正纬《清廷颁布〈十九信条〉特赦党人》（见《辛亥革命》四）所记，及1911年11月5日的《盛京时报》报道。
③ 《清末筹备立宪档案史料》上册，99页。

者,不在革党之搆兵,实在人心之思变,故风声所至,响应如此之速。"① 他们再也不敢申斥、拒绝、镇压立宪派了,相反,尽力满足立宪派的要求,以便笼络人心,挽救危局。国务大臣宣称:"除共和政体及排满主权,凡夫请求之于宪政者,都可照准。"②

载沣更追悔莫及。30日,颁下四道上谕,内有三道系资政院奏请。其一,下诏罪己,实行宪政。说他执政三年以来,"用人无方,施治寡术。政地多用亲贵,则显戾宪章,路事朦于金壬,则动违舆论",驯至"川乱首发,鄂乱继之。今则陕、湘警报迭闻,广、赣变端又见,区夏沸腾,人心动摇","此皆朕一人之咎也"。"兹特布告天下,誓与我国军民维新更始,实行宪政。凡法制之损益,利病之兴革,皆博采舆论,定其从违。以前旧制旧法有不合于宪法者,悉皆罢除。"③其二,解除党禁,赦免戊戌以来的政治犯,"以及此次乱事被胁自拔来归者",嗣后臣民"非据法律不得擅以嫌疑逮捕"④。其三,"著溥伦等敬遵《钦定宪法大纲》,迅将宪法条文拟齐,交资政院详慎审议"⑤。其四,准备组织完全内阁:"一俟事机稍定,简贤得人,即令组织完全内阁,不再以亲贵充国务大臣,并将内阁办事暂行章程撤销,以符宪政而立国本。"⑥

罪己诏尽管是在革命形势逼迫下不得已而发的,但载沣敢于承担责任,公开向人民承认错误,还是不容易的,说明他确有悔过的诚意。然而他考虑问题的立场和人民不同,对宪政的认识也与立宪派有一定的距离,所以在诏旨中并未完全肯定人民革命的正义性,仍然不忘起草宪法时要敬遵《宪法大纲》。

同日,载沣准世续辞职,任命李家驹、达寿为资政院正副总裁。

31日,资政院召开第五次会议。议员对昨日上谕比较满意,决定向全国宣布"朝廷德意"。旋致电各省咨议局说,朝廷的四道上谕"可为与民更始,切实改革之确据。现在政体已立,政本已定",资政院准备商请政府,"不欲用兵力平内乱";起草宪法"拟采用英国君主立宪主义","先提出重要信条"。有何

---

① 《大公报》,1911年11月4日。
② 《盛京时报》,1911年11月3日。
③ 《清末筹备立宪档案史料》上册,96~97页。
④ 《清末筹备立宪档案史料》上册,96页。
⑤ 《清末筹备立宪档案史料》上册,97页。
⑥ 《清末筹备立宪档案史料》上册,597~598页。

意见，从速电院，并痛切劝诫各界，共维秩序。①

张绍曾等以为上谕对军队的要求漏掉精义甚多，非常不满，11月1日续陈一折，要求立即组织责任内阁，取消《宪法大纲》，宪法交议院制定，同时组织"立宪军"，"以兵力为请求改定宪法之最后手段"②。

为收拾已散之人心，载沣立准内阁总协理大臣奕劻、那桐、徐世昌和国务大臣载泽、载洵、溥伦、善耆辞职。11月1日，授袁世凯为总理大臣，命其进京组织完全内阁。次日，命资政院起草宪法，释放因请愿而被发配新疆的温世霖。原纂拟宪法大臣溥伦、载泽遂将宪法纂拟处裁撤，拟出的宪法草案因与现在的宗旨不合，也全部作废，不交资政院了。

在11月2日的第六次会议上，资政院重点研究了宪法信条和相应的奏稿，获得一致通过。

11月3日，资政院将宪法重大信条十九条奏上，折称："东西各国君主立宪，皆以英国为母。此次起草，自应采用英国君主立宪主义，而以成文法规定之"。"如将重大信条先行颁示天下，则天下军民皆欣欣喜色相告曰，吾君果顺臣民之请，廓然大公，掬诚相见。风声腾布，固已胜于百万之师。兹谨先拟具宪法内重大信条十九条，凡属立宪国宪法共同之规定，则暂从阙略，俟全部起草时，再行拟具"③。

其拟定之《十九信条》如下：

第一条 大清帝国皇统万世不易。

第二条 皇帝神圣不可侵犯。

第三条 皇帝之权，以宪法所规定者为限。

第四条 皇位继承顺序，于宪法规定之。

第五条 宪法由资政院起草议决，由皇帝颁布之。

第六条 宪法改正提案权属于国会。

第七条 上院议员，由国民于有法定特别资格者公选之。

第八条 总理大臣由国会公举，皇帝任命。其他国务大臣由总理大臣推举，皇帝任命。皇族不得为总理大臣及其他国务大臣并各省行政长官。

---

① 参见中国社会科学院近代史研究所档案。
② 《立宪军之义条》，中国社会科学院近代史研究所档案。
③ 《清末筹备立宪档案史料》上册，101~102页。

第九条 总理大臣受国会弹劾时，非国会解散，即内阁辞职。但一次内阁不得为两次国会之解散。

第十条 陆海军直接皇帝统率，但对内使用时应依国会议决之特别条件，此外不得调遣。

第十一条 不得以命令代法律，除紧急命令应特定条件外，以执行法律及法律所委任者为限。

第十二条 国际条约非经国会议决，不得缔结。但媾和宣战不在国会开会期中者，由国会追认。

第十三条 官制官规，以法律定之。

第十四条 本年度预算未经国会议决者，不得照前年度预算开支。又预算案内不得有既定之岁出，预算案外不得为非常财政之处分。

第十五条 皇室经费之制定及增减，由国会议决。

第十六条 皇室大典不得与宪法相抵触。

第十七条 国务裁判机关，由两院组织之。

第十八条 国会议决事项，由皇帝颁布之。

第十九条 以上第八、第九、第十、第十二、第十三、第十四、第十五、第十八各条，国会未开以前，资政院适用之。①

同日，朝廷照准，命立将信条宣示天下，同时择期宣誓太庙（11月26日宣誓）。

《十九信条》规定了制定正式宪法最基本的原则。虽然把"大清帝国皇统万世不易""皇帝神圣不可侵犯"列为首位，但这仅仅是对君主立宪国家皇帝的尊敬，并不说明实质问题，真正说明实质问题的是君权的大小。依据《十九信条》，君权以宪法规定者为限；宪法起草议决权属资政院，改正提案权属国会，总理大臣由国会公举，其他国务大臣由总理大臣推举，皇族永远不得充当总理大臣、国务大臣和各省行政长官；不得以命令代法律；皇帝对内使用兵力，应依国会议决之特别条件；缔结国际条约、制定官制官规、审议预算、确定皇室经费等，权力均属于国会；国会议决事项，由皇帝公布。皇帝已无任何实权，仅留虚名而已，一切权力全归国会。《十九信条》的内容表明，立宪派主张的政治是英国式的议

---

① 《清末筹备立宪档案史料》上册，102~104页。

院政治、虚君共和。公布之后，驻京各国公使联合照会外务部，"声述各国政府对于中国颁布宪法信条十九项，均认为有价值之立宪政体，共愿扶助中国宪法之实行"。① 有位日本法学博士评论说："宪法信条则全然颠覆其国体，将树立极端民主主义，殆世界宪法史上希有之英断也"，"直当谓之民主国也"②。

《十九信条》若是在一年前宣布，哪怕是半年前宣布，也会得到立宪派人士的同声欢呼。现在为时已晚，宣布的第二天，贵州又宣布了独立，继之江苏、浙江、广西、福建、安徽、广东与清廷脱离了关系。

11月3日至4日，资政院连续召开会议，讨论通过了惩治汉口前线清军烧杀商民罪，速开国会具奏案和准革命党人改组政党即行重用具奏案。

5日，载沣批准了资政院所奏，着资政院速订议院法、选举法，一俟议员选定，即召集国会；准革命党人按照法律改组政党，借以养成人才，收作国家之用。后者无疑是对革命党人的让步，但也是以此为诱饵，要革命党人停止反抗政府。次日，释放了因刺杀载沣而被捕入狱的汪精卫、黄复生和罗世勋，以表明对革命党人让步的诚意。

8日，资政院召开第九次会议，讨论了山东向政府提出的8条要求。接着，进行内阁总理大臣的选举。前已授命袁世凯为总理大臣，何以又进行选举呢？因为有人提出任命不合法，袁世凯也怕不经选举贻人口实，请朝廷收回成命，故又有此一举。投票的结果，袁世凯当选。

资政院维护君主立宪的立场与革命党人发生对立，革命党人发表宣言说，资政院不是民意机关，而且现在各省大半独立，从前的选举效力已失，民选议员资格随之消灭，钦选议员更不足以代表人民，从法律和事实上看，资政院皆无代表国民之价值。一些民选议员也认为资政院失去人民信用，不愿贻笑天下，如刘景烈、黎尚雯均辞职而去，还有些人不告而别。

在13日的第十次会议上，资政院提出召开临时国民会议，意在征求各省对速开国会和拟定宪法的意见。接着，召开秘密会议，研究与袁世凯协商的问题。

此时独立各省已居全国大半，清廷还想做垂死挣扎。13日，发布上谕声言，愿与主张政治改革的爱国人民"共图上理"，而要"国家强盛，民生康乐"，"必

---

① 《盛京时报》，1911年12月9日。
② 《清国宪法评》，载《盛京时报》，1911年12月13、14日。

地方安堵而后宪政可以进行"。但"背此宗旨而有心为乱"的极少数人,"实有害于公安",为"全国之公敌,当与吾民共击之"①。次日,又选派独立各省中名望素著的人士为宣慰使,让他们迅赴各地"抚慰劝导,宣布朝廷实行改革政治宗旨,俾乱事早就敉平"②。同时,令各省士绅推举代表来京,"共谋扶危定倾之策"③。企图分化革命派,拉回立宪派,稳定倾颓的大清王朝。

袁世凯 13 日抵达北京,李家驹、达寿向他通报了议员出京情况,提出解散资政院,迅速召集临时国会。袁世凯组阁不能不要民意机关装点门面,告诉他们仍要尽力维持,按时开会。

16 日,袁世凯宣告责任内阁组成,各部正副大臣为:外务梁敦彦、胡惟德,民政赵秉钧、乌珍、度支严修、陈锦涛、学务唐景崇、杨度、陆军王士珍、田文烈、海军萨镇冰、谭学衡、司法沈家本、梁启超、农工商张謇、熙彦、邮传杨士琦、梁如浩、理藩达寿、荣勋。各国通例,内阁总理推举国务大臣,必须征得本人同意。袁世凯根本没有征求本人意见,做法与当总督时任命属员一样,只此一端,也足以反映这个宪政的"倡导"者并不懂得宪政。

18 日,资政院召开了第十一次会议。议员讨论了起草宪法、议院法和选举法的问题,通过了资政院又加修改的资政院章程。由于认为不久即开国会,资政院届时不复存在,议员对修改院章已不太重视;但又觉得毕竟还要存在一段时间,所以还是做了简单的修改,恢复并扩大了资政院的权力,增加了资政院的独立性及与内阁的对抗性,这个最新章程于 11 月 20 日上奏,同日奉旨允准。

20 日,召开了第十二次会议,议决通过了剪发案和改用阳历案。

此后资政院即陷入四面楚歌、进退维谷的境地。这是由于:第一,独立省区均不承认在京的本省议员有代表国民的资格,纷纷催其回省。第二,受到外界的威胁。有的人投递匿名信,胁迫议员主张民主共和;驻京军队因议员反对向外国借款,也写信威吓说:"如一日无军钱,我等惟寸磔汝等以充饥。"④议员已成为众矢之的,感到十分难堪。第三,内部危机。一些民选议员与钦选议员特别是满

---

① 《宣统政纪》卷40,55~56页。
② 《宣统政纪》卷40,57页。
③ 《清末筹备立宪档案史料》下册,664~665页。
④ 《驻京军队致资政院书》,载《大公报》,1911年12月28日。

族议员已无多少共同语言，不愿与议。邵羲憎恨"主张痛剿"的议员"至死不悟"，拂袖出京。① 所以议员多不到会，最少时只有20余人，正式会议开不起来，只好改开谈话会。袁世凯还不想丢掉这块挡箭牌和工具，密嘱李家驹加以笼络，不让议员出京。

12月4日，资政院又召开了第十三次会议，通过了内阁向外国借款的条文（按：未与列强谈成）。

会后，民选议员籍忠寅、江辛、李榘、顾视高、李文熙、牟琳、刘曜垣、陈叔通等因所余民选议员极少，会议不足法定人数，而仍开议，且议决最重要的借债案，"是为违法"；具奏的剪发案、改用阳历案未见颁布，奏请不以兵力平定内乱而汉阳进兵未经资政院通过，"是为违宪"。"既不能附和同声，自蹈盲从之罪，更不愿依违两可，同贻非法之讥"，上书联袂辞职。② 他们的辞职和指斥，更把资政院推向绝路。袁世凯根本没有把资政院放在眼里，对剪发和改用阳历两案一直搁置不理，直到辞职议员揭发出来，才于7日奏准臣民自由剪发，而对改用阳历仍然只字不提。

辛亥革命的狂飙，清朝政府的腐败，为袁世凯重新登上政治舞台创造了非常有利的客观条件。袁世凯出山后极力运用以清政府为工具压迫革命力量，迫其就范投降，借革命力量威胁清政府，逼其交出权力的策略，达到其夺取全国政权的目的。至资政院第十三次会议后，他已迫使载沣辞去摄政王，掌握了清政府的军政大权；同时，利用又打又拉的手段，与民军方面达成了短期停战协议。12月5日，南方各省代表联合会讨论了议和纲要，推举伍廷芳为议和全权代表。7日，清廷亦授袁世凯为议和全权代表，袁即日委唐绍仪为总代表前赴南方议和。

12月20日，伍廷芳在议和会议上提出，人心倾向共和，非承认共和，别无议和之法。唐绍仪电袁世凯请示。袁复电姑先开议。

此时留在京中的钦选议员和极少数民选议员仍在活动，他们都是坚定的君主立宪分子，反对共和，主张对革命军开战。陈树楷认为以承认共和为议和的先决条件，"不但排清，直是排北"，"实系不能再为俯就"。特致函袁世凯说："为今之计，惟有固结外交，自作战备。和议不成，曲实在彼，彼党必各生意见，乘

---

① 参见《汪荣宝日记》，1911年11月24日。

② 参见《大公报》，1911年12月6日；《盛京时报》，1911年12月9日。

机取之,全国大局指日可定"。"取之之道有三,一曰间,纯粹革党之外,均可用之;二曰抚,宜先海军,次及各省;三曰战,先取湘、鄂,联合云、贵,进攻江、皖。三者并进,久之彼党必生内讧,将可不攻而自破矣。不然,以总理之威望,扼守长江,联合江北各省,犹能自立。若稍迁就,使一二无知少年肆行其志,无论如何,一定无好结果。外人从而干涉之,将来祸机更不堪设想矣。"①

12月26日,资政院、内阁和到京的东三省代表研究和议问题,李家驹提出,"和议不成,必须一战"。到会诸人提出应设法使未独立省区的国民"表示君主立宪主义","以为政府之后援,减杀革命军之势力"②。

27日,唐绍仪提出一个召开国民大会,公决民主和君主国体的折中调和方案,袁世凯认为可行,28日上奏。当日,隆裕太后批准。

伍廷芳亦同意召开国民会议。30日,唐、伍拟定召集办法4条:1.国民会议由各处代表组织,每省为一处,内外蒙古为一处,前后藏为一处;2.每处派代表3人,每人一票,不足3人者仍有投3票之权;3.人数到3/4,即可开议;4.独立各省由中华民国临时政府召集,未独立各省由清政府召集,内外蒙古、前后藏由两政府分电召集。

议员毓善等认为,"以现在上海之人强指为各省代表,草草议定。似此办法,名为共和,实则专制。诚恐君位一去,大乱斯起"。乃上书袁世凯,要求国民会议选举章程必由内阁起草,会场必在北京;唐绍仪赞成共和,应速调回;停战期内,军队万不可撤退;奏请变卖宫内宝器,以备急需。③

袁世凯也觉得唐绍仪与伍廷芳议定的办法于其不利,特别是孙中山当选为南京临时政府大总统使其感到当总统无望,不承认所定办法,准唐辞职,由他本人与伍廷芳直接电商议和问题。事实上唐仍留在上海与伍私下协商。

1912年1月1日,孙中山在南京宣誓就任中华民国临时大总统之职。也就在这一天,资政院召集了最后一次正式会议,通过了集会结社章程、承发吏职务章程和募集短期公债案。会上景安提出"即行开战"④。康詠说,推革命党人"作乱

---

① 《辛亥革命》八,233页。
② 《清代档案史料丛编》,第8辑,352页。
③ 参见《辛亥革命》八,155~156页。
④ 《大公报》,1912年1月6日。

之心，断非和平所能解决"。隆裕太后并未临朝听命，颁发召开国民会议懿旨非特涉及法律问题，而且有碍《十九信条》，应收回成命。① 会议讨论的重点是满人爱予俊、奎俊等陈请资政院"宣布革军罪状"、"取消国民会议"、"即行进攻"的问题。陈命官指出，和议尚未决裂，此案应从缓议。毓善、康詠坚持讨论。许鼎霖说，内阁自有办法，开战之议不可发之自我，宜作为建议案提出。众皆赞成。②

此后资政院再未开过一次正式会议，但仍有议员利用谈话会叫嚣开战。1912年1月3日，他们决定面谒袁世凯，取消停战议和，"速为开战，以作孤注之一掷，毋再着着让步，似增敌势"③。毓善、于邦华、崇芳还向袁世凯提出取消国民会议、预备战事办法8条。④

自从决定召开国民会议，资政院已形同赘疣，失去了存在的价值，而且人数不足，无法开会。1月16日袁世凯获得南方举其为总统的保证，奏请实行共和之后，议员皆谓《十九信条》系议员决定，若皇帝退位，则议决之案已翻，势不可复留，决定辞职。

议长（资政院修改过的院章改总裁为议长）李家驹曾接到一封匿名信，内中写道："尔虽为满人之螟蛉子（李为汉军旗人），但尔尤须念尔祖宗黄帝，如不速离尔任，则将歼尔家族。"⑤ 其原籍人民也有函电多件给他，令即辞职，否则"除将财产坟墓破坏外，另以暴烈手段对待"⑥。李屡受威胁，不安于位，见资政院不能开会，"立法之事，协赞无从"⑦，于1912年1月23日上折辞职，未获批准；26日再辞，朝廷始允。同日，简派许鼎霖为议长。

这时共和大势已定，可是喻长霖等人还写信给袁世凯，要求公布取消国民会议建议案，坚持君主立宪。⑧ 袁世凯当总统已经在握，对这些不识时务的议员不再理会了。

议员因内阁主张共和，资政院万无存在之理，纷纷离京，资政院名存实亡。2

---

① 参见《大公报》，1912年1月9日。
② 参见《大公报》，1912年1月6日；《申报》，1912年1月10日。
③ 《大公报》，1912年1月5日。
④ 参见《大公报》，1912年1月13日。
⑤ 《申报》，1911年12月13日。
⑥ 《盛京时报》，1912年2月2日。
⑦ 一档档案：录副奏折档，宣统三年，6号。
⑧ 参见《辛亥革命》八，175~176页。

月上旬，许鼎霖看到清帝退位已成定局，奏请将资政院解散。

1912年2月12日，清帝退位，随着清王朝的灭亡，资政院通过的议案大部失去效力。但是，这并不意味着毫无意义。通过会议，首先使人们更清楚地看出立宪派所执著追求的政治目标是什么。在会议期间，他们攻倒了违法违宪的内阁大臣，打倒了皇族内阁；推翻了朝廷不准抗违的宪法钦定原则，取得资政院起草议决宪法的神圣权利；废除了政府禁令，使康、梁和革命党人组织政党成为合法；排除了阻挠，争得了早日召开国会。他们起草的《十九信条》是中国第一部真正的资产阶级宪法纲领，实行英国模式的议会政治、虚君共和，彻底废除君主权力，在实质上达到了与民主立宪同等的程度。其次证明了这样一条真理：单纯的和平请愿运动难以很快奏效，只有以武力为后盾才能解决问题。往昔革命派曾经告诫过立宪派这一点，但立宪派没有认真考虑。由于和平斗争不能对政权构成致命威胁，统治者虽然对人民做出一些让步，但在许多关键问题上断然拒绝立宪派的请求，甚至动用专制工具加以镇压。在第二届资政院会议期间，统治者面对全国各地义军蜂起，立宪派纷纷转向革命阵营，深知再采取以往那种态度，势必给自己带来灭顶之灾，所以对议员有求必应，从而把预备立宪推到了顶峰。只是由于为时已晚，统治者也把预备立宪送进了坟墓。

三、预备立宪失败的原因

预备立宪与立宪运动既有联系，又有区别。前者由清政府领导，后者由民族资产阶级的政治代表立宪派领导；前者依赖各级政权自上而下地贯彻推行，后者系人民自下而上地要求请愿；前者确立的是君主大权政治，民主非常有限的政治，后者追求的是议会政治，真正的资产阶级民主政治，对前者有支持拥护的时候，而更多的是监督、批判和抨击；前者主张立宪期限从缓，后者主张从速。二者虽同向君主立宪迈进，有密切联系，然而执行的却是两条迥然不同的路线，决不可混为一谈，以致把立宪派看成清政府的帮凶。

在预备立宪时期，清政府规划了总体方案和分年执行方案，公之于众，按照方案逐一施行，做了一些实际工作，初步改革了政治制度，并非完全欺骗世人。改革表明，整个国家政治制度有了不少改进，对预备立宪应予基本肯定。可是清政府还未走完既定的过渡途程，实现预定的目标，就遭到了覆亡的厄运，预备立宪也随之彻底失败。

既然预备立宪值得基本肯定，为什么会失败呢？值得肯定的未必一定都是成功的。考察清政府实施的过程和措施，失败的原因大致有以下几个方面。

第一，缺乏主动性和紧迫感，刚愎自用，拒绝接受意见，措施保守而迂缓，以致与立宪派的矛盾日益尖锐，终于导致立宪派绝情而去，走向政府的对立面，使政府丧失了预备立宪的社会和阶级基础。

清政府搞预备立宪是在立宪派的强烈要求和世界大势驱迫之下不得已而宣布的，不是思想认识自我提高的结果，缺乏主动性和自觉性。所以在实施的过程中，无论指导思想、方针政策，还是具体措施，都不能满足立宪派的愿望，同立宪派自始至终存在着严重的分歧和矛盾。只是在开始的一段时间，由于政府的意图尚不十分清楚，立宪派的力量有待于集结，分歧和矛盾还不那么尖锐罢了。随着预备立宪步骤和措施的展开，立宪派力量的增强和认识的提高，两者的矛盾愈益不可调和，斗争愈益激化，立宪派也就由政府的支持者变为敌对势力和掘墓人。

立宪派与政府最大最根本的分歧有二，一是立宪层次的高下，二是预备立宪速度的快慢。

清政府宣布仿行宪政伊始，便确立了师法日本的指导思想。日本的立宪属于君主大权政治模式，国家权力集中于君主之手，人民的民主权利很少，是君主立宪制度中层次最为低下的一种。日本选择这种政体形式自有其特殊的国情和历史条件。当时日本刚刚讨平了幕府封建割据势力，国家面临的任务不仅仅是走向富强之路，而且需要保持统一。因此树立天皇的权威，实行中央集权，发展资本主义，有其进步意义，符合历史发展的要求和人民的利益。

与日本不同，中国早就消灭了封建割据，实行中央集权统治，人民对封建专制已经痛恨到极点，只有选取一种明显优越于封建专制的制度，才会得到人民的认可。日本式立宪尽管也优越于封建专制，但毕竟太接近了。清政府没有考虑到两国国情的差异，东施效颦，把日本模式移植过来，强加到中国人民头上，那就使立宪派难以接受了。

清政府照搬日本模式，也未考虑到中日两国预备立宪时代的不同。日本的预备立宪起自19世纪70年代，其时日本人民了解西方政治学说的很少，加上政府采取的一系列有利于资产阶级、寄生地主和一般劳动人民解放的经济政策，在政治上也时有让步，特别是以对外侵略转移了自由民权派的斗争视线，日本人民便容忍了政府的开明专制。如果清王朝的预备立宪与日本同步，哪怕迟至1898年，按照康有为设计的蓝图，沿着明治维新的足迹前进，也决不至于由于进步势力的反对而使政府出现大的危机，因为当时资本主义的发展和资产阶级的力量均很微弱，西方的政治学说传播有限，广大的知识分子思想尚未解放。至20世纪初年，各国人民的民主意识皆大大增强，各资本主义国家的政治制度也在逐步完善。更重要的是中国国内情况发生了巨变。首先，通过留学和兴办近代教育涌现出大批新型知识分子。这些知识分子一般都如饥似渴地学习了西方的政治学说，既了解资本主义制度的优越性，也了解君主立宪的各种模式和高下程度。其次，民族资本主义有了较快发展，资产阶级力量在迅速壮大。他们备受帝国主义和封建主义的压迫，有强烈的参政要求和实行民主政治的愿望。再次，经过八国联军之役的巨创深痛，目睹政府的腐败和因循守旧，有识之士无不认识到若不彻底铲除封建专制，中国就万劫不复了。这样，资产阶级的政治代言人在选择君主立宪政体时，除了极少数外，绝大部分都崇尚英国的议会政治即虚君共和模式，坚决反对政府师法日本。何况政府的预备立宪措施不是直接仿效日本立宪后的制度和精神，不少是立宪之前的过渡形态，层次更为低下！

于是围绕着立宪层次的高下，立宪派与政府展开了长期的斗争。政府权要刚愎自用，冥顽不灵，拒绝接受意见，牢守君主大权政治主义，不做丝毫让步，立宪派也不退却，矛盾逐渐激化。立宪派由不满而失望，由失望而怨恨，由怨恨而分道扬镳，走向政府的对立面。

立宪派与政府第二个最大最根本的分歧是预备立宪速度的快慢。这也是由师法日本引起的。政府最初没有确定预备立宪年限，立宪派感到遥遥无期，于1908年进京请愿。政府亦觉没有期限实在交代不过去，又照搬日本的办法，宣布自1908年起，预备立宪以九年为期，这种生搬硬套的拿来主义，显然忘记了中日两国所处的国际环境的区别。

日本自1854年在美国武力威胁下被迫开关之后，先后同十余个资本主义国家签订了不平等条约，承认外国享有领事裁判权、租界权、协定关税和贸易最惠国待遇等特权，然而这些均发生在幕府统治末期，预备立宪期间非但没有出现更为严重的危机，相反还对外进行侵略扩张，人民没有危亡在即的威胁感。

中国则大异。预备立宪之前，已同列强签订了许多不平等条约，丧失了如同日本丧失的主权，还割弃了大片领土，损失了巨额赔款，国计民生濒临崩溃，列强划分势力范围，危险不可名状。预备立宪以后，民族危机有增无减。日本在东三省设置关东都督府和南满铁路公司，肆无忌惮地进行侵略；1910年又将朝鲜吞并，直接威胁着中国的安全。沙俄不断向清政府提出无理要求，陈兵东北、西北边境，造成那一带边疆的危机。英国经常干涉西藏地方内部事务，悍然武装入侵云南，强占片马。日法协约、日俄协约、英俄协约的签订国，皆隐然视中国为保护国。其他列强亦无不鹰瞵鹗视，亟思染指。立宪派深感亡国巨患迫在眉睫。为了救亡图存、富国强兵，他们于1910年发动了数次全国性的请愿运动，迫切要求加速预备立宪进程，一年之内召开国会，建立责任内阁。政府麻木不仁，认为立宪派危言耸听，居心叵测；被迫将预备立宪期限缩短三年之后，宣称再也不准提前，坚持渐进主义，按部就班，循序前进。就常情而论，从1908年起，至1913年召开国会、颁布宪法止，以六年时间完成立宪的预备工作，速度的确不能说太慢，甚至应当说非常之快。然而立宪派认为，如不早开国会，颁布宪法，限制君主和政府权力，将立法权和监督权抓在自己手里，国家很快就会被误国殃民的当权者所断送。民族危机的严重使得他们急不可待，再次发动国会请愿，而政府竟无情加以镇压。立宪派大为愤怒，开始认识到以和平手段谋取立宪已经无望，相继转向革命。至1911年反对皇族内阁遭到严厉申斥，政府与四国银行团签订湖广铁路借款合同，违背立宪政治，拒不改正，立宪派越发感到政府无药可救，思想认识发生飞跃，由昔日的抵御外患为首一变而认为铲除内患最急，坚决主张打倒腐败专制的政府。

立宪派与政府的斗争也激化了政府与地方之间、满汉官员之间、政府和人民之间以及统治阶级内部的矛盾，使政府丧尽人心，完全失去预备立宪的社会和阶级基础，陷于绝对孤立的境地。待辛亥革命爆发，举国响应，政府再想改弦易辙，承认错误，按照立宪派的要求走完预备立宪的途程，已无人理会了。

第二，缺乏将改革事业进行到底的坚强领导核心。

预备立宪实质上是一场变封建专制制度为资产阶级民主政治的不流血的社会革命，虽由立宪派促成，而实施则在政府。要通过自上而下的方式完成这一艰巨的政治改革任务，国家政权首先要转移到资产阶级或其政治代表手中，组成一个有谋略、有才干、有决心将改革事业推进到底的坚强领导核心。清政府就不具备这一基本条件。

君权至高无上。慈禧太后在世时专断擅权,顾虑爱新觉罗王朝不保,坚决不允许损害君权。光绪皇帝如同傀儡,不起作用。后继的摄政王载沣虽然思想比较开明,有爱国热情,但对宪政知识一知半解,其特殊的身份地位又使之对旧时代的君权无限留恋,优柔寡断的性格使之易为枢府大臣所左右,也不能大有作为,做一番轰轰烈烈的伟大事业。

号称政府、具体领导预备立宪的军机大臣呢?没有一个可以当之而无愧。1906年中央体制改革至1911年5月期间,思想比较开明一些的瞿鸿禨、林绍年、毓朗均在位不久即被排斥而去,戴鸿慈任职很短便与世长辞,只有奕劻、世续、鹿传霖、张之洞、袁世凯、那桐、徐世昌任职较长。皇族内阁成立,成员几乎是各部的原套人马,奕劻、那桐、徐世昌则由军机大臣而入阁为总协理大臣,完全控制了阁权。在这些盘踞枢垣较久的人物中,世续、鹿传霖为众所周知的顽固派。张之洞是著名的洋务派。奕劻政治上相当保守,与袁世凯沆瀣一气。袁世凯也是个洋务派,不过善搞政治投机,假倡导立宪之名,行窃取中央大权之实。那桐、徐世昌均以奕劻、袁世凯之马首是瞻。这些人在预备立宪之前都是封建官僚,预备立宪之后没有考察过资本主义国家,也未认真学习研究过西方的政治学说,在潮流所驱下思想意识虽有变化,但并未从根本上转到资产阶级立场上来。也就是说,在领导核心中没有一个人可以称得上资产阶级的政治家。革命党人宋教仁1906年在报上看到改革官制和奕劻将为总理大臣之说的消息后,慨叹说:"噫,人才不适于时势,亦徒焉已耳!"① 的确,由封建思想充溢头脑的官僚领导资本主义性质的政治改革,以旧人而行新政,是绝对不适应的。他们不能代表资产阶级发言,想资产阶级之所想,急资产阶级之所急,不敢开放政权,推行宪政往往粉饰其外,措置诸多不当,有时公然违背立宪原则,压制国民的言论自由,侵害民意机关的权力;他们缺乏宪政知识,分辨不清专政与民主、宪政与非宪政,没有能力确定正确的方针政策,辅佐君主推进立宪,纵有改革之心,也是枉然;他们是时代的落伍者,本能地有一种被淘汰的恐惧心理,所以尽可能地保留君权,反对扩张民

---

① 《宋教仁日记》,230页。

权，企图依赖君主的庇荫保住自己的权位，不愿擢用有才干卓识的立宪派人士参与决策和领导，以免被取代；他们是被立宪派拖入到政治改革中来的，预备立宪后又经常受到立宪派的严密监督和猛烈抨击，因此对立宪派这支进行和平改革的社会中坚力量非但不能团结依靠，反而怀疑、猜忌、仇视，极尽摧抑压制之能事；他们是封建官僚，惯于独裁专断，从不认真听取国民的呼声，民之所好恶之，民之所恶好之，事事大反民意，断难得到国民拥护；他们头脑中没有国家和人民，只知在皇帝面前进退唯诺，献媚取宠，加上长期造成的权限不分，责任不明，诸事皆不负责任，贻误国家，制定的方针政策矛盾百出。自然，他们也无法使各级官员的政治文化素质提高，适应改革的需要，担负起贯彻执行和倡导督促预备立宪的任务。似此领导核心，无论如何也不会把预备立宪这一崭新而繁重的政治改革搞好。正如一位立宪派人士所预见的："不于其司政当权之人一洗涤刮磨之，则永无改革之望。"①

第三，政府腐败透顶。

晚清官员的来源一如从前，主要来自科举、保荐、捐纳几个途径，各色人物都有，新的成分补充很少。

戊戌变法以前，官场贿赂之风尚未大盛，狷介廉洁之士亦不乏人。至奕劻当国，情况突变。奕劻以贪婪枉法著称于世，无钱不要，无贿不收。上行下效，整个官场贿赂成风，腐败透顶，朝野皆不讳言。谁都承认："今日之政府诚腐败，且腐败至不可收拾"。"欺君病国，逐贿争权，专以献媚外人、剥削民权为唯一之天职。"②"在上者卖官鬻爵，贿赂公行，坦然无可忌惮；在下者辇金载宝，钻营奔竞，恬然绝无羞耻。"③"权势之家趋者如蚁，一旦得志，凭社假威，狗苟蝇营"。"其人但可以致富贵，虽异种殊方，巨奸大猾，俯首摇尾，不以为辱"④。"上以贿求之下，下以贿献之上"，"衣冠之俦，官署之中，宴会之场，莫不曰运动、运动。"⑤官场变成了"运动场"，"交易所"，不顾廉耻"尤亘古之所无"⑥。官以价论，

---

① 英华：《说官》，见《也是集》，30页。
② 《今日政府之真相》，载《大公报》，1910年3月10日。
③ 茶圃：《论筹备立宪当先整肃纪纲》，载《国风报》，第1年第17期。
④ 《清末筹备立宪档案史料》上册，126页。
⑤ 《论贿赂为宪政上之最大障害》，载《大公报》，1910年1月17日。
⑥ 林绍年：《财竭民穷请饬官方以兴实业折》，见《林文直公奏稿》卷7，1927年。

政以贿成,"腰金者徒步卿相,奸险者势焰薰天"①。权与利是紧密相连不可分割的,权势愈大,受贿愈多,子孙亲友受益愈广,因此,揽权植势、结纳私党、互为奥援也是清末普遍的风气。"结党援以左右政权,借名位以扩张势力,自私自利,而不知有国家,争宠争荣,而惟便其私计"②,"争权竞势,未改其常度,其相疑相嫉相倾轧之风反因此益炽"③,便是这种腐败现象的真实写照。有才而无奥援者永远沉沦下位,无才而有奥援者飞黄腾达,骤跻显位。连煌煌谕旨都坦白承认:"降及今日,人心愈幻,作弊愈工,宠赂官邪,比比皆是。或假新政为名,肆行侵蚀;或以官缺为市,巧试奸欺;或夤缘引荐,借博高官。"④ 这些人"群以做官为发财之阶级,若第二之天性然"⑤,整日忙于收贿行贿,搜括民财,钻营夤缘,拍马逢迎,揽权植势,看戏、打牌、上馆子、逛妓院,"置国事于不论不议之列"⑥,借预备立宪"为干进之阶,罔利之途,择肥而食,饱则飏去"⑦,哪里会把主要精力用于研究宪政,把预备立宪筹备好呢!

正因这样的官员都是自私自利之徒,在专制和官僚政治时代得到了好处,所以对待预备立宪的态度也以对其是否有利为标准。实行立宪,国民参政,监督行政,官员的进退不再完全属于朝廷,而取决于国民公论,其种种非法丑行势必无法遮饰,因而他们十分害怕民权发达以后不能为所欲为,丧失权位利禄,目立宪如洪水猛兽,嫉之如蛇蝎,恶之若仇敌,内心深处并不赞成,千方百计进行阻挠破坏,"务摧绝其萌芽而勿使滋长,务设为种种耸动之言以恫吓人主"⑧。"守秕政若璆宝,视舆论为寇仇"⑨。"举凡事之变更成法而便于己者,则指为宪政";"而一遇乎事之稍有近于宪政之真精神者,则相与骇怪之而破坏之"⑩。"恐实行改革则与一己之禄位权利或不免大有妨碍,于是蒙混目前者有之,暗中阻挠者有之,

---

① 《宣统元年大事记》,载《国风报》,第1年第1期。
② 《清末筹备立宪档案史料》下册,948~949页。
③ 《请开国会之理由书》,载《中国新报》,第9期。
④ 《谕旨》,载《国风报》,第1年第18期。
⑤ 《论我国今日最大之弊害》,载《盛京时报》,1909年11月6日。
⑥ 《北京政俗之一斑》,载《神州日报》,1907年8月14日。
⑦ 丁文江等编:《梁启超年谱长编》,506~507页。
⑧ 《论立宪之不利于官》,载《申报》,1905年11月4日。
⑨ 《清末筹备立宪档案史料》下册,949页。
⑩ 梁启超:《敬告国人之误解宪政者》,见《饮冰室合集·文集》,第10册。

倒行逆施者亦有之"①。故意"迁缓其途，冀及身不当其危"②，或"幸其偾败"③。

消极怠工、敷衍塞责是腐败的又一重要表现。清末时封建统治机器业已运转不灵，"虽明诏迭颁，亟欲实施宪政，而行政官吏腐朽放任，机关窒塞，执行无人，遂使良法未能实行，下情壅于上达，朝廷之大信渐坠，国民之失望愈深。"④当权者视朝旨若具文，从不认真贯彻执行。地方官吏限于考成，对筹备宪政做了些工作，但都学会了一套因循玩忽、粉饰成绩、虚应故事的本领，敷衍的也不在少数。预备立宪也被败坏在这种虚假应付的冥冥之中。

在贿赂公行和升官发财之世，上司层层向属下索贿，处于州县的基层官吏只能向老百姓大肆搜括。预备立宪以后，筹办地方自治，调查户口，兴办教育等等，又给他们增添了搜括的新名目和机会。例如直隶，预备立宪以后即借就地筹款之名，横征暴敛，地方劣绅亦借口经费鱼肉乡里。烟酒和盐斤加价、旧捐增额之外，又新设了许多苛捐杂税，米豆、菜果、鱼虾、猪羊、木石、柴草、房屋、车马，"无物不捐，且加捐上加捐"⑤。别省也是如此，"搜括新法，愈出愈奇，征赌不已，变而征娼"⑥。结果不但引起了广大人民群众对预备立宪的恶感和反抗，增加了实施的难度和阻力；而且激成了全国各地连绵不绝的民变和暴动，造成整个社会动荡不安，成为引发辛亥革命的重要因素。

对于吏治腐败黑暗，朝廷是清楚的，也曾三令五申进行整顿，利用三年大计和一年考核之机分别予以甄别奖惩。仅1909年和1910年两年，经载沣批准革职的大小不称职官员即达千人以上。⑦然而积重难返，病入膏肓，各级官员上下左右之间互相勾连，盘根错节，彼此庇护，根本整顿不下去；万一某人事发，亦可行贿免参；再者处置太轻，罚不当罪，一般仅至革职而止，既不绳之以严刑峻法，亦不追缴赃物赃款，不法之徒即便丢官，私囊已饱，仍可携带巨款回籍安享清福，也不畏惧。因此，整顿虽成为"官场之口头禅"，却没有多少效果，"整顿后之

---

① 《今日政府之真相》，载《大公报》，1910年3月10日。
② 胡思敬：《密陈立宪隐患折》，见《退庐疏稿》卷3。
③ 《论民变足以阻挠宪政》，载《大公报》，1910年9月7日。
④ 《请开国会之理由书》，载《中国新报》，第9期。
⑤ 《光绪朝东华录》，5804页。
⑥ 《清末筹备立宪档案史料》上册，432页。
⑦ 据《宣统政纪》统计。

腐败，较之曩日盖无以异，或反有加焉"①。"私亲遍植于要津，人才半成于贿赂，故日言整纪纲而小人愈肆，日言饬官常而幸门益开，日言养民而只增苛扰之烦，日言察吏而转启贪横之习，日言治军而克扣之弊转甚绿营，日言理财而挥霍之风公侵国帑。"②

广大人民把官场比之为"如虎之猛"，"如狐之媚"，"如蛇之狡"，"如蚕之毒"，"如无知之偶"，"如钻泥之鳅"，"如黑暗之洞"，"如无底之渊"，"如谷木之蠹虫"③。他们愤怒地指出："呜呼，官诚今日中国之蠹哉！""凡事之涉于官者，几无不为人所鄙夷，殆所谓天下之恶皆归者。"④他们说："做官的对待小民直如同牛马，比奴隶还不若"，"小民还说做官的好吗？那一切的感情还好的了吗？你瞧现在无论什么报纸上，只要一讽刺做官的，是看报的人就没有不拍手喝彩的。不怕有三五个人交谈，但是一提到官场一层，你就去听吧，没有说好话的，这种现象大概得属我们中国为尊了。现在小民视官长如仇敌……中国做官的确是国民的公敌。"⑤人民把官吏视为蠹虫和公敌，深恶痛绝无以复加，与政府尖锐对立，绝对不会信任政府真心预备立宪，他们也绝不会继续忍受下去，不久，人民就以革命手段将腐朽透顶的清政府推翻，也把预备立宪一同埋葬了。

四、立宪运动的进步作用

立宪运动没有完全达到目的，也可以说没有成功。然而却有力地推动了中国社会前进，具有不容否认的历史功绩。

立宪运动的进步作用在于：

第一，宣传了爱国主义，激发了人民的爱国热情。

立宪运动自始至终都充满着爱国激情。它勃发的最大动因就是"起于图救危亡之问题"⑥，"救国为前提，立宪为目的"⑦。立宪派认为，列强俱都实行了立宪、

---

① 《积习宜除议》，载《盛京时报》，1909年5月28日。
② 刘廷琛奏折语，见刘锦藻编：《清朝续文献通考》卷398，《宪政》6，商务印书馆，1936年。
③ 《官场九如颂》，载《大公报》，1904年5月5、6、7、8日。
④ 《中国今日之官箴》，载《神州日报》，1908年4月25日。
⑤ 张完固：《论中国国民对于官场感情最恶的原因》，载《京都日报》，1909年10月20日。
⑥ 吴冠英：《论资政院宜有条约承认权》，载《宪政新志》，第4期。
⑦ 李庆芳：《立宪魂》，46页。

民主制度，互相勾结，共同侵略中国，中国在世界上极其孤立，同时又是专制政体，得不到人民的支持拥护，因此屡屡被列强挫败，丧权失地，已成未亡将亡之国。"欲于处必死之地而求其生，是则必须明定宪法，上下相维，以吾通国之财之力结合为一，以御外侮。"① "若讲御外，必从政治上为根本之解决"，"质言之，所谓立宪是已"②。"振兴中国，变专制为立宪，实为当务之急焉"③。立宪派与革命派都是真诚的爱国主义者，政见虽不同，谋国之心则一，方法虽殊，救国前提则一。实行立宪就是立宪派认为的非常正确的救国救民道路。正因立宪的首要目的在于抵御外侮，所以他们在鼓吹立宪运动时，总是首先指出民族危机的严重性和紧迫性，号召人民赶快团结起来，一致为改造不足依恃的专制政体、振兴中国而奋争。每当新的民族危机出现的时候，他们总是悲愤欲绝，无情地揭露帝国主义的侵略阴谋，大声疾呼，力图挽救，并掀起立宪运动的高潮，以实际行动争取缩短预备立宪的进程，加速国家改革的步伐，以便有朝一日同列强一较雌雄。一旦政府经受不起帝国主义的压力与之签订了不平等条约，丧失了利权，他们总是勇敢地站出来带头进行抵制。他们领导的收回利权和保路运动都是顺乎时代潮流、应乎人民心理的爱国义举，具有鲜明的反帝性质。他们的思想和行动与中国近代人民坚持的反帝反封建的斗争大方向是一致的。他们的宣传鼓动激发了人民群众的爱国热情，特别是知识分子和青年学生整日为救亡图存而奔走呼号，有的为了激励别人，竟不惜断指、刺臂、割股，甚至献出了宝贵生命。更多的群众则投入到挽回利权和保路运动的洪流之中。

第二，大大解放了人民的思想，提高了人民的政治参与意识和民主主义觉悟。

立宪运动可以说是戊戌维新运动的继续和发展，而其规模之宏大、理论之精辟、成效之显著、影响之广泛，又远非维新运动所可比拟。如果说维新运动是中国近代思想解放开端的话，立宪运动就应当称之为20世纪初叶的思想大解放时代。

戊戌变法时期，维新志士在政治理论上所澄清的主要是"君权神授"的谬论，提出了制定宪法、召开国会、三权分立等主张，但缺乏具体阐述，尤不敢涉及君权这个最敏感而重要的问题。依照变法总设计师康有为所描绘的蓝图，成功后充

---

① 《论列强瓜分中国之势已成》，载《中外日报》，1907年7月28日。
② 李庆芳：《中国国会议》，载《中国新报》，第9期。
③ 《振兴中国何者为当务之急》，载《大公报》，1905年4月21日。

其量也不过实行日本的君主大权政治而已。维新派办的期刊很少,发行量极其有限,寿命又短,一些主张仅仅见之于奏折条陈,翻译的资产阶级政治学说少得可怜,影响基本限于少数官员和士大夫。

立宪运动时期完全不一样了。立宪派懂得,立宪不能单纯依赖政府,必须立足于国民自身,而一般国民缺少普通的宪政知识和参政能力,对立宪很为不利;政府也动辄以民智未开为借口,阻挠破坏立宪运动。因此,他们一直把启迪民智当作立宪运动最迫切的一环来抓,想尽一切办法搞好。

除原有的《东方杂志》、《新民丛报》,立宪派还创办了许多新的期刊,如《中国新报》、《大同报》、《政论》、《国风报》、《自治学社杂志》、《预备立宪公会报》、《宪报》、《牗报》、《广东地方自治研究录》、《蜀报》、《宪政新志》、《法政新报》、《法政浅说》、《宪政旬报》、《宪政述闻报》、《自治公报》等。日报则有《时报》、《大公报》、《国民公报》、《宪志日刊》、《宪政日报》、《黔报》、《西南日报》、《中央日报》等。这些报刊都以鼓吹立宪,普及宪政知识,开启民智为宗旨。如:《时报》"著论恒斤斤然以专制立宪政治之得失为比较,盖欲摧挫专制之末运,奖翼宪制之新机,不厌反复详言之,使政府与国民咸洞悉其所以然之故,灼然而无所疑,而一般之心理皆趋向于立宪政治之途,以舆论而造成事实。"①《国民公报》意在"监察宪政之进行,鼓吹国会之速开,培植政党之基础,巩固各省咨议局之实力,输入世界之常识。"②《国风报》"以忠告政府,指导国民,灌输世界之常识,造成健全之舆论为宗旨。"③

立宪派就是以这些报刊为阵地,本着这样的宗旨,大张旗鼓地宣传资产阶级政治学说,政治制度,民主、自由、平等思想,立宪的目的、意义和进行方法,国民的权利和义务,等等。他们根据资产阶级政治思想家卢梭等人的理论强调指出:专制国家与立宪国家决然不同,前者为"君主私有之国家",后者为"君主与人民公共之国家"④;"专制家天下,立宪公天下"⑤;专制国纯为人治,立宪

---

① 《中国将来议院制度之问题》,载《时报》,1907年6月25日。
② 《对于〈国民公报〉之感言》,载《大公报》,1910年8月24日。
③ 《申报》,1910年2月21日"广告"。
④ 《论国民不可放弃应有之责任》,载《广益丛报》,第9年第9期。
⑤ 《康有为与保皇会》,299页。

国崇尚法治。"国家由民约而成立","君主为客体,人民为主体"①。人民是国家的主人,"人民干涉国家之政治","为人类固有的自然之权利"②;人民既然为国家承担纳税、当兵等义务,就理应享受参与政治,管理国家的权利,选举自己的代表组织议会,讨论决定国家和地方大政;理应享有言论、出版、集会、结社自由,"国民咸得发表其政见,以判论国政之得失"③;理应享有监督行政、财政和外交诸权利。君主"与人民同为国家一分子"④,彼此平等,"自天子以至于庶人,壹是皆以守法为本"⑤,谁也不能越出宪法和法律范围之外。过去由于国民放弃责任,致使君主专制,国衰民贫,政治黑暗腐败;现在每一个国民都必须要有国家观念,恢复天赋人权,关心政治,提高能力,积极参政,铲除专制制度,削夺君权,扩张民权。只有如此,才能民富国强,杜绝外患。

立宪成为既定的国策之后,国内每一种报刊都成为宣传立宪的工具,其中有许多是为了适应宣讲和劳动群众听懂而用通俗语言编写的。这些报刊都跟着立宪派的主调唱和,全国的舆论完全为民主政治所主宰,连商人刊登广告都以"立宪"相标榜,如上海的中法大药房即用"立宪国民预备之资料"、"胸部立宪之重剂"之类加以渲染,招徕顾客,兜售药品。

与创办报刊相结合,经立宪派提倡,全国各地大中小城市和州县城镇乡村成立了各种各样的阅报馆、阅报所、演报社、阅报公会、讲报处、藏书阅报室、女阅书报社,购订多种书报,任人阅览,不收分文,以便知识分子增长新的知识。有些书报社所每日向群众宣讲,有些每周至各地演说重要时事新闻,有些在通衢随读随讲,有些请人在集市演说,启迪民智,开通社会风气,使劳动群众了解国家大事和宪政常识,养成立宪国家的国民资格,具有爱国保种的热忱。在此风气带动下,有些地方官吏也出资倡办,甚至免费将书报分送乡下的知识分子阅读,亲自向群众宣讲。

立宪派还大力提倡设立法政讲习所、法政学堂和各类普通学堂,向青年和成人进行宪政知识教育。

---

① 《论国民的责任》,载《广益丛报》,第6年第18期。
② 《论预备立宪国民宜具政治上之确定力》,载《时报》,1909年5月13日。
③ 长舆:《立宪政治与舆论》,载《国风报》,第1年第13期。
④ 《论国民不可放弃应有之责任》,载《广益丛报》,第9年第9期。
⑤ 《发刊辞》,载《宪政浅说》,第1期。

为了开启民智，立宪派翻译编辑出版了上百种西方资产阶级的政治、法学、行政、财政、政党、历史、教育著作，其中重要的有：《民约论》、《政治学》、《宪法精理》、《代议政体》、《国家学纲领》、《政治原论》、《万国宪法志》、《万国官制志》、《英国宪法史》、《英国制度沿革史》、《共和政体论》、《政治学新论》、《四大家政治学说》、《政治学及比较宪法论》、《万国宪法比较》、《宪法研究书》、《宪政论》、《日本宪法义解》、《日本预备立宪过去史实》、《日本议会法规》、《议会政党论》、《十六国议院典例》、《议院法提要》、《选举法要论》、《自治论》、《欧洲大陆市政论》、《地方自治要鉴》、《地方自治规范》、《立宪国法制述要》、《法学通论》、《明治政党小史》、《泰西政治学者列传》、《现今世界大势论》等。这些著作一出版，就风行海内，销售一空。他们自己也编写了多种阐释资政院、咨议局和地方自治的通俗读物，广为宣传。

在大造舆论的同时，立宪派领导了几次全国性的国会请愿运动，利用各种方式进行了相当广泛的动员宣传，有些地方已经深入到农村。

经过立宪派的努力，人民的"国家思想日盛"①，昔日不为广大群众所知的东西，如今已成为口头禅了。有个思想开明的士大夫在1907年深有感慨地说："风气至今，可谓大转移，立宪也，议院也，公然不讳，昌言无忌，且屡见诸诏旨，几等口头禅，视为绝不奇异之一名词，诚数年前余等居海上时，所梦想不及者也。"②"中国今日知与不知者，固无不有一立宪之问题，影响于心目中也。"③关于速开国会，"三五年前，国人之系念者谁？而今则贩夫竖子皆知是事之不可缓。"④"愚民乐闻君民平权，见能与官吏相抗，惟恐立宪之不速"⑤。人民的参政意识、自由民权观念大大增强，改革政治、争取民主、反对专制的政治热情非常高昂，他们说："要打算实行立宪，非绅民向官争权不可"⑥。遇有政府损失利权，人民便举派代表进京与政府大开谈判，据理力争；百余万各阶层群众参加了国会请愿签名运动和集会游行，数千万群众投入了保路运动，顽强地为捍卫已经取得

---

① 长舆：《国会与人民》，载《国风报》，第1年第16期。
② 孙宝瑄：《忘山庐日记》下，1082页。
③ 《论预备立宪时代之人心》，载《盛京时报》，1907年11月1日。
④ 《今年之希望》，载《盛京时报》，1911年2月9日。
⑤ 魏元旷：《坚冰志》，17页，潜园类编本。
⑥ 《立宪之大纪念》，载《正宗爱国报》，1907年8月21日。

的政治权利,争取更多的民主自由而斗争。立宪派不无夸张地说:"民气日益发舒","政府举措有不当于民意者,舆论得挟其所见,起而与之抗争。虽以政府之腐败,官吏之专横,亦且慑于众议,不能不屈己以从众"①。封建官僚赵尔丰承认:"自宣布立宪以来,外间官势日缩,民权日张,每议一事,权利之间,丝毫不肯退让,由来已非一日。此次川人皆以立宪国民,但能根据法律,不妨竭力以争。"②又说:"自立宪之说鼓吹,人人有自由观念。"③顽固官僚陈夔龙也哀叹说:"溯自欧风东渐,异说争鸣,一时士流喜其新奇,乐其简易,始以见异思迁之过,驯至显违礼法之忧,唾拾空言,抨弹实事,一二人倡之,千百人和之,喧呶不已,风气浇漓。"④有个御史诅咒要求立宪的人们说:"明托君主立宪之名,阴行民主立宪之实"。"学堂停课,商会罢市,议员开会演说,且以不纳税不当兵为正当办法;更有丧心病狂主张合邦者,有明目张胆提倡民主者。犯上作乱之事昔出于密谋,今见于公议;无父无君之论昔起于匪类,今创于缙绅。世变之奇,至此已极"⑤。这些恶毒的言辞从反面证明了人民民主觉悟的提高。社会在前进,人民在前进,谈宪政成为社会上时尚的话题和显示文明的尺度,某些自觉跟不上时代步伐的士大夫和旧官僚只好自惭形秽、羞于出门了。叶昌炽在1911年旧历元旦的日记中写道:"欧风浸灌,新国民、新少年如饮狂药,吾辈如陈人宿物,旧时所学,尽成土苴。过新年后只可蛰居不出,即以此日为始。"⑥

清末人民民主觉悟的提高主要是立宪派的功劳。因为他们有宣传自己政治主张和领导、发动、组织群众的自由,有可供利用的众多合法阵地和讲坛,此正表明了合法斗争的长处。革命派在海外创办的报刊遭到禁运,在国内的亦受限制,不能畅所欲言,为了免于封禁,还需经常以立宪装潢点缀,缺少立宪派得天独厚的客观条件,虽也起了一些作用,但远不如立宪派大。

人民民主觉悟的提高,主要表现在民族资产阶级、广大知识分子群体、青年学生、开明官员和地主,部分市民、工人和农民身上,并不包括绝大多数下层劳

---

① 长舆:《立宪政治与舆论》,载《国风报》,第1年第13期。
② 载执礼编:《四川保路运动史料》,290页。
③ 载执礼编:《四川保路运动史料》,297页。
④ 陈夔龙:《庸庵尚书奏议》卷11,2页,台北文海出版社,1970年。
⑤ 一档档案:《掌湖南道监察御史欧家廉奏编纂宪法宜按中国程度为准折》,朱批奏折档,111号。
⑥ 叶昌炽:《缘督庐日记钞》卷14,辛亥正月一日,1919年。

动群众，即便如此，也是十分了不起的变化与进步了。

第三，推动了清政府预备立宪，促进了国家政治制度开始近代化。

立宪运动推动着清政府进行预备立宪，而预备立宪就标志着清政府承认了封建专制制度业已破产，着手改革，逐步向君主立宪制过渡。不论统治者多么想多保留君权，也不论其方针政策和具体措施存在多么严重的错误，最后失败，以致不能使人看到正式立宪后的宪法和国会是什么样子。但不可否认的是，清末的政治制度确实发生了明显的重大变化，是中国政治制度近代化的开端。

首先，制定宪法，否定了封建的无限君权制，确立了资产阶级的有限君权制。封建君主权力无限，至高无上。1908年的《宪法大纲》尽管赋予君主很大权力，但却做了限制，君主必须遵守《宪法大纲》，不能逾越；行使权力要受到其他机关制约，不能再凭个人意志为所欲为；不经议院议决，不能颁布新的法律和更改、废止已经公布执行的法律。1911年11月公布的《十九信条》尤其彻底，采取虚君共和的政体形式，取消了君主一切实际权力。

其次，推翻了封建的集权制，确立了资产阶级的分权制。过去，君主就是国家的最高机关，一切权力集中于其手。地方长官亦然。这种各项权力高度集中于一人的体制正是专制政治的主要特征和万恶之源。预备立宪时期确定国家体制实行三权分立的原则，将立法、行政、司法三种权力分别交付不同的机关掌管，各自独立行使，相互制衡。同时，初步改革了政治体制，在中央建立了资政院、责任内阁和大理院，地方也建立了相应的机构。这种体制可以防止集权制下官员的专制与暴虐。

再次，人民主要是民族资产阶级争得了一定的民主自由权利。中央的资政院、地方的咨议局尽管没取得如同西方议会那样完全的立法权，带有过渡临时性质，但毕竟是初级形态的代议机关，具有一定的独立性，不经其议决，中央和地方政府不能颁布法律；国家与地方的预算、决算、税法、借贷外债、增加人民负担，都要经其通过认可；并有权纠举弹劾各级行政官员。府厅州县和城镇乡正在实行和建立地方自治制度，实行的区域，城镇乡人民选举代表直接管理公共事务，府厅州县人民选举代表议决公共事务。人民已经在选举代表参与管理国家和地方事务。《十九信条》大大前进一步，规定实行议会政治，把一切大权赋予了议会。人民已争得了言论、出版、集会、结社自由。报刊"对于政治之得失，内外大员之善恶，皆可尽情指责；人民之冤抑隐疾，更可尽情登载"①。往昔圣旨一下，谁也不敢妄议，否则便以"大不敬"或"大逆不道"论罪。预备立宪以后，报刊上以"恭注""谨注"或"感言"等形式著论进行批驳的屡见不鲜，立宪派的请愿书更是针锋相对。"国中言论实较已往数年为自由"②。严禁党团活动的封建禁网也被打破，只要是不以推翻清王朝为目的和秘密组织，一切公开的政党和团体（康、梁系特殊情况）均取得了合法存在的权利，资政院还可以堂而皇之地上奏赦免包括革命党人在内的议案，政治性的集会、游行、请愿、罢课、罢市已成为司空见惯的事情。昔日被斥为邪说的自由平等，"今实行于政事矣"③。

最后，初步制定并实行了一些资本主义性质的法律。以前中国只有一部以刑法为主体的封建成文法典。预备立宪以后，除了资政院、咨议局、地方自治等章制外，还初步制定了刑法、民法、诉讼法、商法、法院编制法、集会结社律、报律诸方面的法律。这些法律只有个别系临时应用、带有浓厚的封建色彩，绝大多数都属于资本主义性质，虽然有些由于立宪进程被革命打断未能实施，但中国封建法律的根本改革和资本主义法律的制定以预备立宪时期为嚆矢则是无疑的。

以上说明，清末最后几年国家不仅在政体上采用了资本主义的形式，在国体上也发生了重大变化，民族资产阶级已经开始取得一些议政参政权，单纯的封建专政制度已不存在，民主政治及有关法律有些在试行，有些在准备和确立之中，整个政治制度正在向资本主义近代化演变迈进。

第四，为辛亥革命的爆发和胜利做出了重大贡献。

立宪运动一方面无情鞭挞了封建专制的黑暗，揭露了清政府的腐朽和守旧；一方面广泛地宣传了资产阶级的政治学说和自由民主思想，启发了人民的民主主义觉悟，使广大人民特别是知识分子和市民阶层看到了清政府的不可救药，统治阶级内部也分崩离析，这就为辛亥革命的酝酿和爆发打下了思想基础和群众基础，创造了有利形势和客观条件。立宪派领导的保路运动点燃了辛亥革命的导火索。立宪派转向革命，积极响应武昌起义，纷纷谋取独立，壮大了革命阵营，加速了清王朝的崩溃和辛亥革命的胜利。

---

① 管翼贤：《北京报纸小史》，见《中国近代报刊发展概况》，404页。
② 冯自由：《革命逸史》三集，333页。
③ 刘廷琛奏折语，见《清朝续文献通考》卷400，《宪政》8。

关于立宪运动的评价史学界的认识尚不一致,这里谈些浅见。

一种观点认为,19世纪末,资产阶级革命力量尚待形成,维新派是时代的先进者。此后尤其1905年同盟会成立以后,革命已经成为时代的潮流,只有革命派才是时代的先进者,只有他们的斗争才决定着时代的主要内容和发展方向。立宪运动对抗阻挡革命潮流,是反动的。

所谓"潮流",是比喻时代或社会发展的趋势。关于历史"时代",列宁在《打着别人的旗帜》①一文中做过精辟的阐述。对"资产阶级的上升时期",他是这样说的:"是一般资产阶级民主运动特别是资产阶级民族运动的时代,是已经过时的封建专制制度迅速崩溃的时代。""人民运动是一般民主运动,也就是说,就其经济内容和阶级内容来说是资产阶级民主运动。""马克思的方法首先是考虑具体时间、具体环境里的历史过程的客观内容,以便首先了解,哪一个阶级的运动是这个具体环境里可能出现的进步的主要动力。""资产阶级反对封建专制势力的运动当时是主要的动力。"还指出:"我们能够知道,而且确实知道,哪一个阶级是这个或那个时代的中心,决定着时代的主要内容、时代发展的主要方向、时代的历史背景的主要特点等等。"

列宁的话十分明确:资产阶级的上升时期就是"资产阶级民主运动"的时代,资产阶级是推动社会进步的主要动力。需要再强调一下的是,列宁讲的这个时代是"民主运动",而不仅仅是革命;时代的中心是"阶级",而不是某一阶层或政治派别。事实上也是如此。"有各种各样的资产阶级民主制度",有德国式的、英国式的、奥国式的,也有美国和瑞士式的,应该看到"民主主义的这种程度上的差别"。同时,也应看到"有各种各样的资产阶级民主派",如俄国的君主立宪派,即"拥护上院、'请求'施行普选制、同时在暗地里偷偷摸摸地就残缺不全的宪法和沙皇政府搞交易的君主派地方自治人士,是资产阶级民主派"②。因此,凡是反对封建专制、争取民主政治的一切运动,不论采取什么斗争手段,暴力的、和平的,合法的、非法的,也不论将来建立什么政体形式,民主共和,或者君主立宪,都属于"民主运动";凡从事于这种斗争的阶级,都是"民主派"、"时代的中心",决定着时代发展的主要方向,决不能认为只有武装革命才叫民主运动,只有革命

---

① 见《列宁全集》,中文2版,第26卷,人民出版社,1988年。
② 《社会民主党在民主革命中的两种策略》,见《列宁全集》,中文2版,第11卷,34页。

派才是民主派。

19世纪末20世纪初的中国，完全符合列宁的论述，其时中国的民族资产阶级正是新生的上升的阶级，中国人民所处的也恰恰是反帝反封建的民主运动时代。在此时代中，革命派旗帜鲜明地推翻封建专制，要求建立资产阶级共和国，进行的是民主运动，固然是民主派。立宪派也反对封建专制，要求建立资产阶级的君主立宪制国家，搞的也是民主运动，同样是民主派。所以说立宪运动非但不违背时代潮流，相反，正是时代潮流的不可分割的一个组成部分。清末的民主运动潮流就是由革命运动和立宪运动两大洪流汇合而成的。民主运动本身便体现了时代的主要内容和发展方向，怎能说立宪运动反动呢？

时代潮流是时代为人民规定的历史任务，不以某一新的政治派别甚至阶级的出现为转移。在欧洲的民主运动时代，工人阶级曾经追随资产阶级战斗。在清末，革命派主张用暴力推翻封建专制是一件大好事，然而并未改变民主运动的时代性质，换句话说，在反对封建专制、实行民主政治这个实质性问题上，革命派并未提出超越立宪派的政治主张，开辟另一新的时代。不要说革命派与立宪派同属一个阶级，就是比革命派先进得多的工人阶级登上政治舞台以后，尽管此时的民主主义不再是旧的，而是在中国共产党领导之下的新民主主义，但时代的性质也未因此而有所改变，中国人民依然要进行民主运动，为争取独立和民主而斗争。

立宪运动与革命运动所起历史作用的大小、功过的多少，甚至谁是主流，谁是支流，都是可以讨论的；但无论如何，这两大洪流的流向是一致的，正如长江和黄河同发源于青藏高原、东流入海一样，根本不存在立宪运动逆革命运动而行的问题。

另一种观点认为，立宪运动引导一部分人走上歧路，抵制消除革命，还诋毁革命，争夺抢占舆论阵地，扰乱、破坏革命队伍，因而是反动的。

诋毁革命，抢占舆论阵地，扰乱、破坏革命队伍的现象，在国内没有出现过。海外的康、梁一派与革命派有些摩擦，可是这是由两派争夺地盘、群众、募集捐款和民主运动领导权引起的宗派斗争，绝大多数由革命派挑起，而且扰乱、破坏是相互的，就此而指认立宪派反动说不过去。如众所周知的政闻社召开成立大会，革命派无端跳到台上痛打梁启超，破坏大会进行一事，究竟怨政闻社，还是怨革命派？总得有个是非界限吧？只许革命派大打出手、谩骂诬蔑，不许立宪派还口辩解，恐怕不能算作持平之论。双方都搞民主运动，如说立宪派妨碍革命派是反动，反过来也有理由说革命派妨碍立宪派是反动，这在逻辑上和事实上都是站得住的。不过我们并不作如是观，而是认为他们之间的摩擦是宗派斗争，根本谈不上严肃的政治斗争和反动与否。

立宪运动的确有消除革命的意图，然而也不能据此认为反动。因为在立宪派看来，如果立宪成功了，革命派建立民主政治的宗旨（不是排满）也就实现了，革命就自然没有必要、自行消失了。他们只是期待以自己认为可行的手段达到革命的目的，尽量使国家少受破坏，也就是说，他们要达到的是革命的目的，要消除的仅是革命手段。立宪与革命既同为民主运动，根本宗旨一致，这就决定了它的进步性。再者，立宪派不赞成使用革命手段仅仅束缚了自己的手脚，限制不住革命派，对革命运动不会造成危害，与协助政府镇压革命、维护封建统治绝对不同。所以不能认为是反动的。

关于引导一部分人走上歧路，此论似是而非。在论者之意，是说因有立宪运动吸引了一些人，便使革命力量相对减少了一部分，换言之，没有立宪运动，这些人就会加入革命。

毛泽东说："事物发展的根本原因，不是在事物的外部而是在事物的内部，在于事物内部的矛盾性。……事物内部的这种矛盾性是事物发展的根本原因，一事物和他事物的互相联系和互相影响则是事物发展的第二位的原因。"① 这是绝对正确的。强调立宪运动吸引人们走上歧路，实际上是哲学上的外因论。

一个人选择走什么道路，无疑会受到各种外部因素诸如阶级、家庭、教育、亲友、环境的影响，但决定的因素则是个人的认识和决心。同样都是地主家庭，黄兴成为革命党领袖，孙洪伊则成为立宪派的风云人物。同在日本留学，有的回国后当了官僚，有的从事立宪运动，有的从事革命运动。单纯强调外因的作用是不能说明问题的。

立宪派宣传自己的主张，革命派也在宣传自己的主张，双方都期望第三者接受本派的主张，加入本派组织，但都无权强迫别人接受；作为第三者同时受到两方面的影响，因此，他走什么道路，完全出自个人的抉择。当一个人下定了革命

---

① 《矛盾论》，见《毛泽东选集》，2版，第1卷，301页，人民出版社，1991年。

的决心，立宪派的宣传便不会发生作用。同样的，假若一个人认准了立宪道路，革命派想拉也拉不动的。如杨度，初"倡言排满，与黄兴、刘揆一啮血为盟，图为刺客，将赫然革命之健者"①。到日本留学后转到立宪立场。有次孙中山听说留学生中杨度最为有名，极力想把他拉入革命阵营，与杨"聚议三昼夜不歇，满汉中外，靡不备论；革保利弊，畅言无隐"，说得唇焦舌敝，也未把杨说服。②以孙中山革命领袖的威望亲自做了三天的说服工作，而卒无效果，可见外因对人的影响是何等的微不足道。

革命不是好玩的事情，违犯清朝法律，属于叛逆大罪，抓住要被判刑，甚至杀头，参加起义很有可能牺牲，既关系到个人的前途和生命，又牵连到家庭，这是很实际的切身利害问题，并不是每个人都能轻而易举做到的，只有那些下定决心献身国家和人民的人才能参加革命。一个人若没有牺牲精神，即便没有立宪派，也不会投入革命行列。把一部分人不能献身革命归罪于立宪派是极其错误的。

对于世界观尚未确立、思想摇摆不定的青年，立宪派可能会产生一定影响，但这不过是短暂的，一旦世界观确立，影响便即消失。20世纪初年，先进的知识分子几乎都受到《清议报》和《新民丛报》的影响，曾几何时，许多人又放弃了立宪主张转向了革命。这说明立宪运动阻止不住人生道路的选择，阻挡不了革命力量的发展。

事实上，只有海外的梁启超等与革命派有过理论上的论争，国内的立宪派与革命派非但没有论争，反而相处得不错，有些立宪派赞助革命派创办报刊，有些掩护革命党人活动，有些在经济上给革命派支持。立宪派大肆鼓吹民主主义，揭露抨击腐败黑暗政治，适足以提高人民的觉悟，增长对政府的仇恨，使一部分人逐渐向革命转化。立宪派通过和平斗争也受到现实的自我教育，日渐觉醒，不断有人转向革命阵营。由此看来，立宪运动不是阻止了革命运动，而是起到了桥梁作用，为革命输送了新的力量。

社会是极其复杂的，每个阶级、阶层、集团乃至个人都在以自己的言行有意无意地影响着周围的事物，企望只受好的不受坏的影响是不可能的。外因通过内因而起作用，所以一个政党或派别能否获得发展壮大，唯有从其内部寻找原因。

① 揆郑：《哀政闻社员》，载《民报》，第23期。
② 参见章士钊：《与黄克强相交始末》，见《湖南文史资料选辑》，第1辑。

立宪派与革命派同时在竞争民主运动的领导权,谁的政治主张更能吸引人,路线方针政策正确,言论行动为人所信仰,谁的力量就会有较快的增长,反之则发展缓慢。如果说立宪运动尚能把一部分人吸引过去,那只能说明革命运动对这部分人没有吸引力。如徐佛苏早先加入过华兴会,蒋智由也"始倡革命"①,"沉醉革命"②,但后来又成为立宪运动的干将。这种原就为革命吸引反而又被立宪吸引的现象,难道不值得反思吗?为什么不从革命派内部找找原因,一味责备立宪运动呢?

同革命派一样,立宪派也是新生的上升的民族资产阶级的政治代表,是推动当时社会前进的动力。衡量评判立宪派进步或反动,不能仅仅以其反对采取革命暴力为标准,而应看其根本宗旨是否与革命派一致,是否从事民主运动,反对封建专制,代表哪个阶级的利益,其政策和实践对社会有无贡献新的东西,对生产力起了束缚作用还是解放作用,对人民和历史的发展是有益还是有害。从阶级、政治、经济、思想文化诸方面全面分析考察,毫无疑义,立宪派和立宪运动不是反动的,而是进步的。

肯定立宪派和立宪运动,决不意味着否定贬低革命派和革命运动,或认为以革命暴力推翻清王朝没有必要。马克思说:"普鲁士的专制君主国也和从前英国和法国的一样,是不愿意自动变成资产阶级君主国的。它是不会自动退位的。"③清王朝亦如此,即使在各种形势逼迫下表示进行改革,向人民做出某种让步,但为了维护自己和统治阶级的私利,他们决不会把改革进行到底,把政权彻底交给人民。一旦人民的要求超过了其所能容忍的限度时,他们就会动用专政工具进行压制。这时如果没有武装力量与之对峙,予以狠狠打击,就不可能迫使统治者就范,达到目的。清末的立宪过程表明了这一点。和平的合法斗争难于奏效,革命暴力为民主运动增添了更有效的斗争手段,大大增加了推翻封建统治的保险系数,革命派起到了立宪派所不能起的作用。革命与立宪是相辅相成的,没有立宪运动就没有 1911 年深刻的革命危机;没有革命派的毅然举义,也不可能把预备立宪推

---

① 揆郑:《哀政闻社员》,载《民报》,第23期。
② 丁文江等编:《梁启超年谱长编》,371页。
③ 马克思:《道德化的批判和批判化的道德》,见《马克思恩格斯选集》,中文2版,第1卷,186页,人民出版社,1995年。

向顶峰，更不可能在当时推翻清王朝，建立民主共和国。革命运动的历史功勋将永远彪炳史册。

恩格斯在论述19世纪中叶德国的革命时曾对君主立宪及立宪派做过这样的评价："当黑格尔在他的《法哲学》一书中宣称立宪君主制是最终的、最完善的政体时"，他便"宣布了德国中间阶级取得政权的时刻即将到来"。资产阶级进入反对专制政体的反对派队伍的时刻，"是德国的真正革命运动的开始"①。又说："当资产阶级还没有和专制君主政体彻底决裂的时候"，"自由主义的立宪君主政体是资产阶级统治的适当形式"②。以立宪政体代替专制政体是否一定要"推翻人的力量和夺取经济力量"？即"任命自己的人代替官吏"和"夺取国家的全部财政力量"？列宁说不需要："推翻专制制度究竟是什么意思呢？这就是说，要沙皇放弃无限权力，人民有权选举自己的代表来颁布法律，监督官吏的行为，监督国家资财的收支。这种由人民参与立法和管理的管理形式叫作立宪管理形式（宪法是人民代表参与立法和管理国家的法律）。总之，推翻专制制度就是用立宪管理形式来代替专制管理形式。由此可见，推翻专制制度根本不需要'推翻人的力量和夺取经济力量'，而只需要迫使沙皇政府放弃自己的无限权力和召开国民代表会议来制定宪法。"③在专制政体下能否进行进步的合法的运动？列宁回答说："我们丝毫不怀疑，即使在专制制度下，也是可以进行能够推进俄国进步的合法活动的。"④马克思主义者应当如何对待资产阶级民主派反对封建专制的斗争和立宪运动？列宁认为："像在世界各国一样，我国觉悟的无产阶级也必须支持资产阶级民主派对农奴制残余和专制制度所持的反对派立场和同它们所进行的斗争"⑤，"无产阶级应当支持资产阶级的立宪运动"⑥。这种思想，列宁曾不止一次地讲到。不

---

① 恩格斯：《德国的革命与反革命》，见《马克思恩格斯选集》，中文2版，第1卷，492页，人民出版社，1995年。
② 《恩格斯致爱·伯恩斯坦》（1884年3月24日），见《马克思恩格斯选集》，中文2版，第4卷，662页，人民出版社，1995年。
③ 《俄国社会民主党中的倒退倾向》，见《列宁全集》，中文2版，第4卷，220页，人民出版社，1984年。
④ 《地方自治机关的迫害者和自由主义的汉尼拔》，见《列宁全集》，中文2版，第5卷，51页，人民出版社，1986年。
⑤ 《从民粹主义到马克思主义》，见《列宁全集》，中文2版，第9卷，181页，人民出版社，1987年。
⑥ 《专制制度和无产阶级》，见《列宁全集》，中文2版，第9卷，114页。

但如此，列宁和俄国社会民主党还多次号召工人和全党参加和平斗争。1895年，列宁在社会民主党纲领草案的说明中写道："工人最迫切的要求和工人阶级影响国家事务的首要任务，应该是争得政治自由，即争得以法律（宪法）保证全体公民直接参加国家的管理，保证全体公民享有自由集会、自由讨论自己的事情和通过各种团体与报纸影响国家事务的权利。""党纲宣称，首先，所有反对专制政府无限权力的社会阶层都是工人的同盟者。""它将支持资产阶级中间所有反对不受限制政府的阶层和部分。"① 俄国社会民主党提出的要求有：召开由全体公民的代表组成的国民代表会议来制定宪法；公民都有普遍的、直接的选举权；集会、结社和罢工自由；出版自由；消灭等级，全体公民在法律面前完全平等；宗教信仰自由，所有民族一律平等；公民有权控告任何官吏；居民移动和迁徙自由；从事职业和行业的自由。② 1903年，为了回答沙皇颁布的诏书，俄国社会民主党又提出了三项要求：立即无条件地颁布法律，承认集会自由，出版自由，大赦一切政治犯和宗教信徒；召开全民立宪会议，会议由全体公民选举产生；立即无条件地颁布法律，承认农民同其他一切等级完全平等，消灭农奴制残余，改善农民处境。③ 还指出："工人应当要求沙皇召开人民代表大会，召开国民代表会议。""如果我们能使（我们一定能使）群众都了解这种联系（本书作者按：指减少工作时间，实行计时工资制与宪法之间的联系），那么'要宪法！'的呼声就不会只是从一个人口中喊出来，而是从千百万人的口中喊出来了，那时这个呼声就不是可笑的，而是可畏的了。"④ "现在，那种没有受到已被削弱的政府追究的公开宣传民主主义的思想和要求的工作，开展得十分广泛，以至我们倒要去适应运动的崭新规模了。"⑤ 虽然列宁也总是提醒全党，无产阶级进行这些斗争的目的是利用合法团体来加强和巩固自己的工作，激发人民，扩大力量；要注意清除资产阶级民主派对工人的影响；一刻也不容忘记自己的阶级独立性和推翻资产阶级的目的。但从一

---

① 《社会民主党纲领草案及其说明》，见《列宁全集》，中文2版，第2卷，90~91页，人民出版社，1984年。
② 参见《社会民主党纲领草案及其说明》，见《列宁全集》，中文2版，第2卷，71页。
③ 参见《专制制度在动摇中……》，见《列宁全集》，中文2版，第7卷，107页，人民出版社，1986年。
④ 《〈哈尔科夫的五月〉小册子序言》，见《列宁全集》，中文2版，第4卷，330~331页。
⑤ 《新的任务和新的力量》，见《列宁全集》，中文2版，第9卷，284页。

系列论述中可以看出,列宁对资产阶级民主派所从事的反对封建专制的合法斗争是肯定的、支持的。只有当资产阶级民主派与封建专制妥协、反对无产阶级革命的时候,才揭露它的反动性。在清末的中国,工人阶级还未成为自为的阶级和独立的政治力量,立宪派反对无产阶级革命的问题,如同国际工人运动中的资产阶级改良派企图用合法斗争欺骗工人阶级,模糊其社会主义革命意识,使之忘记社会主义革命目的的问题,并不存在,因而也没有俄国资产阶级民主派和国际工人运动中资产阶级改良派的那种反动性。再者,中国的立宪派主张合法斗争只是一时的,一旦经过事实的严酷教育,他们中间便有相当一部分觉醒了,放弃了合法手段,转向了革命,武昌起义后更多的人投入了革命斗争。所以,不应把立宪派与国际工人运动中的资产阶级改良派等量齐观。

结束语

立宪思潮兴起于1900年八国联军之役之后，1904年日俄战争期间迅速发展为全国性的政治运动。

立宪运动的目的在于挽救空前严重的民族危机，铲除封建专制，实行资产阶级民主政治，变贫困落后的中国为富强先进的中国。因而它既是爱国运动，又是民主运动，与当时中国人民所肩负的反帝反封建的历史使命是完全一致的。

立宪运动与革命运动应时同兴，虽在政权组织形式及斗争手段上存在重大分歧，一主君主立宪，从事"合法"斗争；一主民主共和，从事暴力革命；但根本宗旨无二，看似矛盾对立，实则相辅相成，两者都属于资产阶级民主运动的范畴，正是这两股民主运动的巨流共同汇合而成为20世纪初年中国的时代潮流。革命派首次高举起正式意义上资产阶级民主革命的大旗，立宪派则开了中国近代合法民主运动的先河。

具有资本主义思想和科学文化知识的先进知识分子和少数资本家充当了立宪运动的领导者和中坚力量。参加运动的基本群众为民族资产阶级本体的各个阶层、知识分子和青年学生。立宪派与革命派都代表着民族资产阶级全体的利益，整个民族资产阶级即其阶级基础。

在立宪运动推动下，清政府被迫派遣大臣出洋考察政治，确立了预备立宪的基本国策，并颁布一系列法令，着手改革政治，逐步向立宪过渡，中国数千年的封建专制政治制度由此开始了资本主义近代化。

立宪派起初对清政府宣布预备立宪抱着很大希望。但在实施时，清政府以师法日本君主大权政治模式为指导思想，采取循序渐进的方针，行动迂缓，措施皆带有浓厚的封建色彩，远不能满足追求英国虚君共和的立宪政体模式，彻底削夺君权，发扬民权，推行政党政治，迅速确立立宪制度，挽救民族危机的立宪派和全国人民的要求。立宪派对清政府大失所望，为推动其加速立宪进程，实行真正的立宪，他们一方面组织立宪团体和政党，出版报刊，翻译书籍，创办学校，猛烈揭露封建专制的腐朽黑暗，抨击清政府立宪措施的虚伪荒谬，广泛宣传民主主义，号召人民踊跃参政；一方面极力控制各级代议机关，利用合法讲坛，同清政府进行针锋相对的斗争；同时，发动各界人民群众多次游行示威，上书请愿，向清政府施加压力，并企图以至诚感化执政者俯从民意。他们开展的活动激发了人民的爱国热忱，有力地促进了人民民主主义觉悟的提高，打击孤立了清政府，为辛亥革命的爆发与胜利创造了良好契机和条件。

执政者尽管清楚地知道世界大势所趋及国内人心所向，但由于都是封建官僚，基本立场没有转变到资产阶级方面来，不懂资产阶级政治学说，缺乏推进政治改革事业的谋略、勇气和魄力，根本不可能将预备立宪搞好。而畏惧被时代淘汰、失去权柄的卑污心态又使他们置国家民族利益和人民的呼声于不顾，甘冒天下之大不韪，营谋一己私利，粉饰敷衍，抵制破坏乃至镇压立宪运动。整个官僚机构腐败不堪益发给改革增添了困难。这就决定了预备立宪必然失败的命运。

经过几年的斗争实践，立宪派知道执政者冥顽不灵，拒谏饰非，无药可救，再变失望而为绝望，悲愤难抑，遂与之分道扬镳，另觅救国之途，相率转向革命。

1911年，立宪派领导的保路运动点燃了革命的导火索，革命派不失时机地发动了武昌起义。立宪派纷纷响应支持，革命声势日益壮大，南方各省相继独立，清王朝的统治土崩瓦解，清政府武力镇压革命不成，又为革命的巨大声威所慑，乃一敛先前顽固猖狂之态，处处俯顺立宪派，罢除皇族内阁，颁布《十九信条》，一切权力归属国会，把预备立宪推到顶峰。然而为时已晚，悔悟已迟，人心失而不可复得，预备立宪尚未走完既定的途程便随着清王朝的覆亡而失败了。

立宪运动与预备立宪不同，前者是由立宪派领导的自下而上的群众性的爱国民主运动，后者是由清政府推行的自上而下的政治改革运动，而且在奋斗目标、指导思想、方针政策诸方面存在着原则差别。预备立宪只是一个由封建专制向资产阶级君主立宪迈进的过渡时期，尚非颁布宪法、召开国会后的正式立宪，不能将其视为业已完成立宪去对待。立宪运动虽取渐进形式，但绝不否定事物的质变，它恰恰是要使政治制度彻底发生质变，进而确立资本主义统治，使整个中国社会达到全面的改观，实现社会革命。当其蓬勃兴起时，中国的民族资产阶级还处于上升的阶段,是先进的阶级和新生产力的代表,无产阶级还未作为一个自觉的阶级和独立的政治力量登上历史的舞台,因此,决不应视其为反动逆流。

立宪运动作为首次合法的民主运动出现于中国近代社会,自然给后人留下了深刻的教训,值得认真反思总结,但其进步性是明显的,无可置疑的。

征引文献

一、资料著作

朱寿朋编.光绪朝东华录.北京：中华书局，1958

德宗景皇帝实录

金毓黻.宣统政纪.沈阳：辽海书社，1934

赵尔巽等.清史稿.北京：中华书局，1977

沈桐生等编.光绪政要.南洋官书局，1909

大清宣统新法令.上海：商务印书馆，1910

大清法规大全.政学社印行

钦定大清现行刑律案语.1909

钦定大清刑律.1911

刘锦藻编.清朝续文献通考.上海：商务印书馆，1936

溥仪.我的前半生.北京：群众出版社，1962

魏源.魏源集.北京：中华书局，1983

魏源.海国图志.上海：上海书局，1895

冯桂芬.校邠庐抗议.1898

王韬.弢园文录外编

郭嵩焘.郭嵩焘日记

陈炽.庸书.1897

陈虬.治平通议.1893

夏东元编.郑观应集.上海：上海人民出版社，1982

郑观应.盛世危言后编.1909

郑观应.罗浮待鹤山房诗集.1909

张树声.张靖达公奏议.光绪年间刊本

汤震.危言.1890

宋育仁.泰西各国时务采风记.1897

何启、胡礼垣.新政真诠

中国史学会主编.戊戌变法.北京：神州国光社，1953

汤志钧编.康有为政论集.北京：中华书局，1981

康有为.杰士上书汇录.故宫博物院藏本

康文佩.康南海先生年谱续编.台北：文海出版社

上海文管会编.康有为与保皇会.上海：上海人民出版社，1982

丁文江、赵丰田编.梁启超年谱长编.上海：上海人民出版社，1983

梁启超.新大陆游记.长沙：湖南人民出版社，1981

梁任公先生知交手札.台北：文海出版社

梁启超.饮冰室合集.上海：广智书局，1911

梁启超.清代学术概论

赵炳麟.谏院奏事录

赵炳麟.赵柏岩集.1922

赵炳麟.光绪大事汇鉴

赵炳麟.宣统大事鉴

张謇.张季子九录.上海：中华书局，1931

张謇日记.南京：江苏人民出版社，1962

杨立强等编.张謇存稿.上海：上海人民出版社，1987

张孝若.南通张季直先生传记.上海：中华书局，1930

刘厚生.张謇传记.上海：龙门联合书局，1958

胡思敬.国闻备乘.1924

胡思敬.驴背集.1913

胡思敬.审国病书.1923

胡思敬.退庐笺牍.1924

胡思敬.退庐疏稿.1913

魏元旷.坚冰志.潜园类编本

魏元旷．光宣金载．潜园类编本

汪康年师友书札．上海：上海古籍出版社，1986

载振．英轺日记．上海：文明编译书局，1903

孙宝瑄．忘山庐日记．上海：上海古籍出版社，1983

康继祖．豫备立宪意见书．教育品物公司校印，1906

沈其昌．议员要览．预备立宪公会印，1910

宪政初纲．《东方杂志》临时增刊，光绪三十二年十二月

英敛之．也是集．天津：大公报馆，1907

英敛之先生日记遗稿．台北：文海出版社

王彦威、王亮编．清季外交史料

余肇康．瞿文慎公行状．1919

荣庆日记．兰州：西北大学出版社，1986

宋教仁日记．长沙：湖南人民出版社，1980

故宫博物院明清档案部编．清末筹备立宪档案史料．北京：中华书局，1979

戴鸿慈．出使九国日记．长沙：湖南人民出版社，1982

载泽．考察政治日记．政治官报局印，1908

杨寿枏．思冲斋文别钞．1928

立宪盛典．上海：文宜书局，1906

李庆芳．立宪魂．1907

张一麐．心太平室集．1947

改定官制原奏全录．北京：京话实报馆，1906

汪诒年．汪穰卿先生传记．1938

岑春煊．乐斋漫笔．近代稗海．第1辑．成都：四川人民出版社，1985

金梁．光宣列传．1934

恽毓鼎．澄斋日记．稿本

郑孝胥日记．稿本

粤商自治会函件初编．1908

广东七十二行商报二十五周年纪念刊

广东咨议局编查录

杨度．国会与旗人．中国新报社，1908

杨度集．长沙：湖南人民出版社，1986

王锡彤．燕豫萍踪

王锡彤．抑斋文集．1939

王振尧．王古愚先生遗集．1925

陈谧编．陈介石先生年谱．瓯风社，1934

袁金铠．佣庐经过自述．1935

袁金铠．佣庐日记语存．1935

汪荣宝日记．稿本

预备立宪公会章程题名表

悲墨编．江浙铁路风潮．1907

杨廷栋．钦定宪法大纲讲义．上海：商务印书馆，1910

沈祖宪辑．养寿园奏议辑要．项城袁氏宗祠藏版，1938

张之洞．张文襄公奏稿，1920

盛宣怀．愚斋存稿，1938

愚斋未刊信稿．台北：文海出版社

陶模．陶勤肃公奏议遗稿．1924

载泽等．考察各国政治条陈折稿．1906

端方．端忠敏公奏稿．1918

戴鸿慈、端方．欧美政治要义．1907

周树模．周中丞抚江奏稿．1910

中国科学院历史研究所第三所编．锡良遗稿．北京：中华书局，1959

林绍年．林文直公奏稿．1927

陈夔龙．庸庵尚书奏议．台北：文海出版社

陈夔龙．梦蕉亭杂记．上海：上海古籍出版社，1983

咨议局章程及选举章程解释汇钞．山西：濬文书局

咨议局议员选举章程．单行本

浙江咨议局第一届常年会议事录

浙江咨议局议决案

江苏咨议局第一年度报告

广东咨议局第一次会议报告书

广东咨议局第二次常年会报告书

湖北咨议局第一次常年会议决案报告书

宪政编查馆奏城镇乡地方自治章程并选举章程折．单行本

钦定府州县地方自治章程暨选举章程．浙江地方自治筹办处印行，1909

直省咨议局议员联合会报告书．1910

直省咨议局议员联合会第二届报告书．1911

国会请愿代表第二次呈都察院代奏书汇录．1910

国会同志会编．国会鼓吹．上海：广智书局，1910

宣统二年第一次常年会资政院会议速记录

天津自治局文件要录

厘定官制参考折件汇存

甘厚慈编．北洋公牍类纂．北京：益森公司，1907

甘厚慈编．北洋公牍类纂续编．1910

叶昌炽．缘督庐日记钞．1919

杨逸等编．上海市自治志．1915

严中平编．中国近代经济史统计资料选辑．北京：科学出版社，1955

宓汝成编．中国近代铁路史资料．北京：中华书局，1963

中华民国元年第一次农商统计表．1914

张存武．光绪三十一年中美工约风潮

苏绍炳．山钟集

晋乘备采．晋新书社

伍宪子．中国民主宪政党党史．1952

铁道人．铁庵笔记．稿本

唐蔚芝．中国改革建设政体论．1911

王芸生．六十年来中国与日本．北京：三联书店，1980

张枬、王忍之编．辛亥革命前十年间时论选集．北京：三联书店，1960、1963、1977

中国史学会主编．中日战争．上海：上海人民出版社，1956

李锺珏．且顽老人七十岁自叙．上海：中华书局，1924

黄炎培．八十年来．北京：文史资料出版社，1982

湖南省志．长沙：湖南人民出版社，1959

章炳麟．太炎文录续编

近代湘贤手札．台北：文海出版社

尚秉和．辛壬春秋．辛壬历史编辑社，1924

沈恩孚．无成人传．稿本

天讨．上海：广智书局，1928

陈旭麓主编．辛亥革命前后——盛宣怀档案资料选辑之一．上海：上海人民出版社，1979

中国第二历史档案馆编．中华民国史档案资料汇编．第1辑．南京：江苏人民出版社，1979

冯自由．革命逸史．北京：中华书局，1981

冯自由．中华民国开国前革命史．1928

冯自由．中国革命运动二十六年组织史．上海：商务印书馆，1948

邹鲁．回顾录．上海：独立出版社，1947

邹鲁．中国国民党史稿．北京：中华书局，1960

山东历史学会编．山东近代史资料．济南：山东人民出版社，1957、1958、1961

逸民．辛壬闻见录．稿本

向瑛．治国日记．稿本

居正．梅川日记．上海：大东书局，1947

汉冶萍有限公司商办历史

中国史学会主编．辛亥革命．上海：上海人民出版社，1957

全国政协文史资料研究委员会编．辛亥革命回忆录．北京：中华书局，1961-1963；文史资料出版社，1981-1982

广东省社会科学院历史研究室等编．孙中山全集．北京：中华书局，1981-1982

中国社会科学院近代史研究所近代史资料编辑组编．辛亥革命资料类编．北京：中国社会科学出版社，1981

丘权政等编．辛亥革命史料选辑．长沙：湖南人民出版社，1981

中华民国开国五十年文献编纂委员会编．各省光复．台北，1962

中国科学院近代史研究所史料编译组编．辛亥革命资料．北京：中华书局，1961

张国淦．辛亥革命史料．上海：龙门联合书局，1958

吴玉章．辛亥革命．北京：人民出版社，1974

武汉大学历史系中国近代史教研室编．辛亥革命在湖北史料选辑．武汉：湖北人民出版社，1981

张难先．湖北革命知之录．上海：商务印书馆，1946

湖北省政协等编．武昌起义档案资料选编．武汉：湖北人民出版社，1981

辛亥革命首义录．武汉：湖北人民出版社，1957–1961

李廉方．辛亥武昌首义记．精华印书馆，1948

湖北军政府文献资料汇编．武汉：武汉大学出版社，1986

粟戡时等．湖南反正追记．长沙：湖南人民出版社，1981

贵州辛亥革命资料选编．贵阳：贵州人民出版社，1981

云南贵州辛亥革命资料．北京：科学出版社，1959

谢本书等编．云南辛亥革命资料．昆明：云南人民出版社，1981

浙江省辛亥革命研究会等编．辛亥革命浙江史料选辑．杭州：浙江人民出版社，1981

上海社会科学院历史所编．辛亥革命在上海史料选辑．上海：上海人民出版社，1981

隗瀛涛、赵清主编．四川辛亥革命史料．成都：四川人民出版社，1981

戴执礼编．四川保路运动史料．北京：科学出版社，1959

四川省档案馆编．四川保路运动档案选编．成都：四川人民出版社，1981

广西壮族自治区政协文史资料研究会编．辛亥革命在广西．南宁：广西人民出版社，1962

广东省政协文史资料研究委员会编．广东辛亥革命史料．1962

辽宁省档案馆编．辛亥革命在辽宁档案史料．1981

中国第一历史档案馆编．清代档案史料丛编．第8辑．北京：中华书局，1982

吉林省社会科学院历史所等编．清代吉林档案史料选编．1981

杨光辉编．中国近代报刊发展概况．北京：新华出版社，1986

谷钟秀．中华民国开国史．上海：泰东书局，1914

罗香林．梁诚的出使美国．台北：文海出版社

革命人物志．第1集．台北，1969

张朋园. 立宪派与辛亥革命. 台北，1969

张玉法. 清季的立宪团体. 台北，1971

章开沅、林增平主编. 辛亥革命史. 北京：人民出版社，1981

纪念辛亥革命七十周年学术讨论会论文集. 北京：中华书局，1983

中国革命记

文史资料选辑

天津文史资料

广州文史资料

湖北文史资料

湖南文史资料选辑

贵州文史资料选辑

四川文史资料选辑

山东文史资料选辑

吉林文史资料选辑

近代史资料

山东省志资料

湖南历史资料

辛亥革命史丛刊

中外人物专辑

［澳］骆惠敏编，刘桂梁等译. 清末民初政情内幕. 上海：知识出版社，1986

［日］实藤惠秀. 中国人留学日本史. 北京：三联书店，1983

［日］伊藤博文. 日本宪法义解. 上海：商务印书馆，1905

［日］宗方小太郎. 一九一二年中国之政党结社. 近代稗海. 第12辑. 成都：四川人民出版社，1988

毛泽东选集. 2版. 北京：人民出版社，1991

马克思恩格斯全集. 中文1版. 北京：人民出版社，1965

马克思恩格斯选集. 中文2版. 北京：人民出版社，1995

列宁全集. 中文2版. 北京：人民出版社

列宁选集. 中文3版. 北京：人民出版社，1995

二、档案

中国第一历史档案馆档案

中国社会科学院近代史研究所档案

三、期刊

清议报

新民丛报

江苏

国民报

湖北学生界

萃新报

东方杂志

大同报

商务官报

商务报

浙江潮

人文月刊

古今半月刊

大陆

国风报

预备立宪公会报

政论

广东地方自治研究录

自治学社杂志

民报

河南

复报

民心

中国新报

汉帜

洞庭波

醒狮

天义报

农业商报

北洋法政学报

广益丛报

竞业旬报

现世史

宪政新志

内阁官报

政治官报

丽泽随笔

蜀报

南风报

湘路警钟

克复学报

河北月刊

历史档案

国史馆馆刊

临时政府公报

宪政杂志

法政浅说

暮鼓晨钟

四、报纸

大公报

中外日报

申报

盛京时报

汇报

新闻报

时报

杭州白话报

警钟日报

时敏报

中华报

华字汇报

南方报

京话实报

北京报

神州日报

正宗爱国报

大同白话报

竹园白话报

北京时报

中华新报

国民公报

浙江日报

津报

顺天时报

官话京都日报

京都日报

帝国日报

民立报

民呼日报

民吁日报

后记

立宪运动是中国近代首次兴起的合法的资产阶级民主运动，预备立宪是清政府应立宪派的要求进行的一次政治改革，二者是同一问题的两个不同方面。我接触立宪这个课题始于1981年，其时奉命撰文参加辛亥革命七十周年学术讨论会，听说立宪问题争论较大，引起我的兴趣，于是匆忙赶写出了《君主立宪派反动论商榷》一文。由于此文是在较短时间内写就的，与传统观点相左，心中常有忐忑不安之感，为了检验自己的看法是否正确，以后不时查阅有关资料，久而久之，与之结下不解之缘。

立宪运动和预备立宪是清末政治上持续最久、影响最大的事件，既关系到当时政治制度和其他制度的改革以及人民意识观念的变化，又关系到清王朝的衰亡，辛亥革命的爆发与成败。研究清末历史，不能不注重于此。而在20世纪70年代以前，由于极左思潮的泛滥，罕有深入研究者，且均持否定态度。1981年以后出现一批颇具学术价值的论作，然而仅仅是个良好开端。台湾学者在立宪的某些问题的研究上成绩斐然，可是范围有限，而且近来成果远不如前此之盛。至于对立宪的评估，史学界更是众说纷纭，见仁见智，莫衷一是。这种情况令人感到遗憾，同时又给人一种前去探索的鼓舞。

以上两点，促使我撰写了本书。

拙著较为全面系统地叙述了立宪运动和预备立宪的过程，力求予以客观公允、实事求是的评价，以一得之愚，求教于同好，企望能对这一课题的进一步研讨有所裨益。但限于水平和时间，资料零散，发掘不易，错漏之处在所难免，敬请读者批评指正。

在搜集资料的过程中，得到不少朋友的热心帮助；撰写时吸收了当前的一些研究成果，未能一一注明。在此，一并致以诚挚的谢意！

作者
1992年于北京

再版后记

本书 1993 年出版不久，即已脱销。有些读者来函索取，均无法满足要求。现蒙中国人民大学出版社予以再版，不胜感谢。

此次再版，修改了少许文字，并将第十一章中争论的几个问题单独列为一个小节，其余均保持原貌不变。此外，原拟的征引书目初版时由于篇幅所限而删掉，为了保持书的完整性，此次附上。同时，应出版社要求，将本人著作目录附后。

不妥之处，尚希指正。

作者

2008 年 4 月于北京

第四版后记

本书 1993 年由人民出版社首次出版。2009 年，中国人民大学出版社列为当代中国人文大系之一再版，2011 年又出了一版。二十多年来，承蒙读者厚爱，多予好评，这既是对我的鼓励，也是对我的鞭策，不胜感谢。此次出版，仅修正了个别文字，删去了本人著作目录，其余均未变动。谨向支持出版的梁由之先生和辽宁人民出版社致以衷心的谢意！

侯宜杰　2018 年 6 月 5 日